LUIGI E STEFANO PIRANDELLO
NEL TEMPO DELLA LONTANANZA

Un legame affettivo e un sodalizio culturale, quello di Stefano Pirandello con il padre Luigi, che ha i caratteri dell'eccezionalità. Una singolare simbiosi parentale e letteraria, avvolta da una coltre di silenzio, ora sollevata per essere illuminata dal fitto dialogo, necessario e ineludibile, restituitoci dai carteggi fra loro intercorsi nel tempo della lontananza. Quello che copre gli anni dolorosi della Grande Guerra in Europa e della dura prigionia a Mauthausen e poi a Plan e poi di nuovo a Mauthausen, edito nel volume dal titolo Il figlio prigioniero, a cura del primogenito di Stefano, Andrea Pirandello[1], e quello, qui pubblicato, che copre il restante arco temporale, quasi un ventennio, dal 15 aprile 1919 al 30 settembre 1936. Vale a dire dalla stagione epifanica del teatro di Luigi e dal ritorno a casa di Stefano alla soglia della scomparsa del celebre scrittore, avvenuta a Roma il 10 dicembre 1936.

Una miniera preziosa cui attingere, le carte messaggere, dal fascino discreto e intrigante. Antico e nobile genere letterario ormai in via d'estinzione, contrattosi e dissoltosi in rapidi biglietti, messaggini telefonici, e-mail, dai ritmi internettizzati, globalizzati, dalle locuzioni da chat, dalle leucemie del verbo Squarci meccanici che nell'odierno mondo virtuale ammorbano, strizzano, gelano i pensieri per poi rapidamente triturarli. Archivio d'emozioni, esperienze, accadimenti, le lettere che, con Wolfgang Goethe, costituiscono «il ricordo più importante che l'uomo possa lasciare di sé», consentono di tracciare un profilo psicologico e culturale nitido per quel tanto di umanamente fragile che traspare

---

[1] Andrea Pirandello, Il figlio prigioniero, Milano, Mondadori, 2005, pp. 376.

dalla scrittura privata in presa diretta sul vissuto, diversamente percorsa dagli entusiasmi e dai crucci quotidiani. «Nell'intimità della lettera, nel calore della confidenza, quando l'idea del pubblico, dell'effetto, della posa è più lontana, il mondo dell'indole, i tratti del carattere d'uno scrittore si rivelano nella loro integrità. Tutto il vario, e mutabile, e misterioso dietroscena della vita è messo a nudo, senza finzione, com'è; e l'umile cronaca appresta i materiali alla storia maestosa; il motto e l'aneddoto dipingono un uomo ed un'epoca», annota Federico De Roberto, appassionato studioso di epistolari ed egli stesso epistolografo di eccezionale intensità. Documenti umani, dunque, le lettere, dal titolo della raccolta di novelle dell'autore de I Viceré. Ma cos'è il documento, dal latino docere, insegnare? La rappresentazione di un fatto, esso stesso un fatto o, secondo il linguaggio filosofico-giuridico, prova, vale a dire premessa, argomento, elemento atto a dimostrare la verità, l'esistenza di un fatto. Prisma dalle molteplici facce, il documento è res, è opus, è prova. La lettera è res, in ragione della sua fisicità, opus, in quanto opera dell'uomo, prova, meglio mezzo di prova, in quanto in grado di attestare un evento ponendosi al centro del processo di comunicazione. Non a caso De Roberto intitola un'altra sua raccolta di novelle Processi verbali. Quando poi i corrispondenti sono scrittori di elevato sentire, le lettere sono occasione di confronto dialettico, di riflessione intellettuale, di dibattito storico. Lettere che alla cronaca degli accadimenti familiari consegnano i segni inquietanti della società del tempo, allo spirito giocoso o dolente, che talora le innerva, i disagi d'intime nevrosi. Lettere che esibiscono quasi naturalmente le fattezze della scrittura creativa, esprimendo in vero una realtà costruita. È arduo infatti nel loro linguaggio individuare sicure linee di demarcazione tra funzione referenziale, conativa, emotiva e funzione poetica. Così nell'amoroso duello epistolare Luigi-Stefano, alternandosi e intrecciandosi senza posa l'intensa, ininterrotta attività letteraria, il mestiere, l'avventura dello scrivere ed insieme la quotidianità ingrata e in primo luogo gli assillanti problemi economici. E se il giovane subisce, com'è inevitabile, il sortilegio d'una presenza affettiva e culturale invasiva, alla quale *non può non soggiacere, non mancano gli scatti di ribellione dell'invaso fortemente teso alla rivendicazione e alla conquista di uno spazio e di una luce propri.* Per non restare «*un figlio, sempre figlio…*». «*Figlio da sempre, io*» liricamente si definì Stefano[2].

Per il padre Stefano ricopre i ruoli insieme diversi e complementari di testimone, segretario, procuratore, amministratore, collaboratore, tenendo le fila di un incessante turbinio di relazioni personali ed epistolari con giornalisti, critici, traduttori, editori, registi, attori, agenti, impresari, avvocati.

Un caso di vampirismo intellettuale naturale l'abbeverarsi tenace del figlio nel sangue del padre, più sconcertante ma non meno vero il contrario. Sicché il corpus *di lettere qui offerto è da attraversare come una* histoire extraordinaire *che contiene i verbali d'uno stregamento ma pure quelli dell'ostinata istanza di autonomia di uno scrittore raffinato, schivo, fin dagli esordi originale, tra i più significativi della letteratura del suo tempo.*

Dal carteggio – con Gérard Genette «tutto quello che uno scrittore dice o scrive sulla sua vita, il mondo che lo circonda, l'opera altrui, può avere una pertinenza paratestuale» –, stipato bagaglio spontaneo dei loro moti giornalieri di umori e sentimenti, ricco d'implicazioni, in interminabile arrovellio affiorano semenzai d'idee, disparati propositi, arditi disegni, così come l'ingranaggio della mente li va mutuando, cronache puntigliose sulla Compagnia del «Teatro d'Arte», sui rapinosi viaggi per il mondo, sulla nomina ad Accademico d'Italia, sull'assegnazione del premio Nobel. E su innumerevoli progetti non realizzati quale l'ambizioso «Teatro di Stato», accanitamente inseguito.

Il rapporto col padre è destinato ad intensificarsi sempre più via via che il ritmo dell'esistenza di Luigi diverrà frenetico, l'attività scrittoria febbrile, convulsa, con lunghi periodi lontano dall'Italia, le contrattazioni economiche affannose, specie negli anni in cui è coinvolto nell'avventura cinematografica. Senza rispar-

---

[2] Sulla figura e l'opera di Stefano Pirandello, ci sia consentito rinviare a: Stefano Pirandello, *Tutto il teatro*, a cura di Sarah Zappulla Muscarà e Enzo Zappulla, Milano, Bompiani, 2004, voll. 3, pp. 1500.

mio Stefano si prodigherà in suo aiuto per consentirgli di lavorare con quell'«energia tranquilla e inesorabile» che è il suo «più vivo desiderio», come confessa a Corrado Alvaro il 22 agosto 1932. E soprattutto per favorirne il ritorno alla narrativa, a quelle opere di vasto respiro che Luigi definiva «conclusive», le Informazioni sul mio involontario soggiorno sulla Terra e il romanzo «tra mitico e umoristico» Adamo ed Eva. Alla realizzazione di questo «lavoro enorme», concepito da quasi un ventennio, il figlio lo sollecitava amorevolmente, invitandolo ad uscire dal «vicolo cieco», ad abbandonare l'inevitabile dispersione dell'impegno teatrale ed ancor più di quello cinematografico. «Il rapporto di Stefano col padre era del tutto fisiologico: Stefano aveva un cervello simile, ma critico, e Pirandello se ne serviva come di un proprio organo», scrive Valentino Bompiani che gli fu amico, oltre che editore. È perciò che il loro sodalizio, per complessità e ricchezza, non può essere raggelato in formule, meglio in quelle «forme» di cui Luigi ha deprecato la spaventevole «fissità», né pesato col bilancino del farmacista o definito con rigore geometrico. Piuttosto paragonato, nella sua fluidità, ad uno zampillante ruscello che ora si svela ora si nega attingendo insieme dall'uno e dall'altro.

Accogliendo sin dall'esordio la tacita sfida lanciatagli dal padre, ma avvertendo a torto la propria inadeguatezza – sa di esserne il primo lettore, il confidente, l'amico ma non il delfino destinato a succedergli –, sceglie di essere Stefano Landi. Tuttavia lo pseudonimo, segno linguistico fra i più motivati, con cui il giovane scrittore intende prendere le distanze dal padre, finisce col rafforzarne il legame, non già sul piano biologico quanto su quello dell'affinità elettiva. «Si firma Stefano Landi per non mettere nella letteratura il guajo di un altro Pirandello. Ma ha un suo modo parti[co]lare di vedere e di rappresentare la vita, che non ha niente da vedere col mio» scrive Luigi a Ugo Ojetti il 10 ottobre 1921. Ma perché Landi? Illuminante il viaggio semantico cui il nome invita. Landi scaturisce, più che dalla suggestione dell'omonimo musicista romano secentesco autore dell'opera La morte di Orfeo, o del pittore piacentino neoclassico Gaspare Landi o, come suggerisce Alberto Savinio, dal nome dell'ultimo boia del granduca di Toscana (per «far giustizia» del padre, ipotizza Leonardo Sciascia), da quella di Lando Laurentano de I vecchi e i giovani, intellettuale principe-socialista. Non può, quindi, né sa sfuggire Stefano allo strabiliante «giogo letterario che si chiama Pirandello», all'implicito jeu subtil d'identità, e nello stesso tempo sentirsi «persona viva». Fragile eppure eloquente schermo lo pseudonimo, volto ad affermare un'autonomia ambita e conquistata sebbene mai riconosciutagli. «Stefano non vuole essere un ometto qualunque, un numero del gregge; Stefano vuole avere un valore suo, essere un'individualità», scrive alla moglie Olinda il 20 agosto 1921. E dieci anni dopo, il 30 luglio 1931: «Non ho avuto una vita facile, intendo quella spirituale; troppo forti e autoritarie le volontà che mi sovrastano, troppo grandi le ambizioni, esagerate preoccupazioni di non volere osare prima d'essere preparato, scrupoli di coscienza, aberrazioni...». Stefano molto deve, e non potrebbe essere altrimenti, al magistero paterno. Mai tuttavia, come scrive a Valentino Bompiani il 15 gennaio 1945, si è servito di lui, piuttosto è rimasto schiacciato dal peso di una dittatura da cui è giunto il momento di affrancarlo. Quella cui Fausto si sottrasse, non senza difficoltà e sofferenza, con la fuga a Parigi e il percorso di un diverso itinerario artistico, divenendo uno dei più apprezzati pittori del Novecento, di forte spessore simbolico-metafisico, e Lietta con un matrimonio che doveva condurla lontano dall'Italia, in Cile. Lacerato dalla giovanile traumatica esperienza della deportazione e della prigionia, segnato «da una sequela di dolori, di strazi» (Vincenzo Consolo), sospeso tra aspirazione alla purezza e volontà di scandalo, Stefano invece affida alla parola letteraria il ruolo della testimonianza e della denuncia. Impervio il traguardo cui tende. Affinare le armi contro le strumentali menzogne del potere per pervenire al superamento dei conflitti, sparsi e incontrollabili, che originano in primo luogo dalla e nella famiglia, doloroso nido, dove covano e si riproducono i germi del risentimento, con le sue tensioni, le sue incomprensioni, le sue complicità, campo di battaglia metaforico degli scontri sociali.

Nella certezza che la libertà, e ancor più quella che investe *l'espressione artistica, passa dal riscatto economico, negli anni '20 e '30 Stefano svolge un'intensa attività giornalistica, che si protrarrà con apparizioni in verità sempre più sporadiche e occasionali fino all'ultima sua stagione, senza tuttavia ottenere stabili e definitivi incarichi redazionali. Necessità primaria, vitale per il giovane Stefano, assillato dal bisogno economico, prima per le sospirate nozze con la fidanzata Olinda, sorella del compagno di studi, musicista e musicologo, Mario Labroca, poi per mantenere la famiglia. La sua corrispondenza registra con frequenza la ricerca, spesso infruttuosa, di collaborazioni, talora col sostegno del padre che la stessa trafila aveva percorso e che non si sottrae ora al tentativo di procurargli un'occupazione idonea. Inutilmente, nonostante il provato ingegno di Stefano, «giovane di coltura e di buona volontà, scrittore sicuro versato per di più in un campo nel quale pochi che se ne intendano possiedono l'arte del bello scrivere» (così il padre a Ugo Ojetti il 13 maggio 1926). Invero, pur nella loro varietà ed eterogeneità, gli interventi giornalistici di Stefano offrono non pochi motivi d'interesse. Soprattutto le brevi, essenziali, numerose storie d'animali parlanti che dalla vita quotidiana ricavano combinazioni allucinate e identificazioni bizzarre, spesso di sottile, pungente ironia. Suoi racconti e articoli appaiono in un'ampia, variegata tessitura di testate, di molte delle quali non si avevano notizie, talune, come «La Domenica dell'Agricoltore», imprevedibili oltre che di difficile reperimento. Fra le altre: «La Tribuna», «Noi e il Mondo», «L'Idea Nazionale», «Comœdia», «Novella», «Il Giornale di Roma», «Il Tevere», «La Fiera Letteraria», «La Stampa», «La Nazione», «Quadrivio», «Il Dramma», «Scenario», «Sipario», per citare le più note.*

Autore di due romanzi (Il muro di casa, Timor sacro), *un volume di poesie* (Le Forme), *diciannove testi teatrali, Stefano è uno dei drammaturghi italiani più interessanti del Novecento. Le sue commedie furono messe in scena da autorevoli compagnie: Dario Niccodemi, Sergio Tòfano, Memo Benassi-Laura Carli, Renato Simoni, Teatro Eliseo, Piccolo Teatro di Milano; da registi della statura di Anton Giulio Bragaglia, Ottavio Spadaro, Gior-*

gio Strehler; da attori famosi: Salvo Randone, Bella Starace-Sainati, Giulia Masina, Paolo Stoppa, Eva Magni, Rina Morelli, Evi Maltagliati, Gino Cervi, Paola Borboni, Lina Volonghi, Renato De Carmine, Duilio Del Prete, Ennio Balbo, Tino Carraro, Giancarlo Sbragia, Luigi Almirante, Elsa Albani, Tino Buazzelli, Romolo Valli, Ferruccio De Ceresa, Alberto Lupo. Eppure un ingiusto oblio cadeva già in vita sull'autore che, affermando un'esigenza di severa riservatezza, sempre più deluso, appartato, solitario, si chiudeva in un amaro silenzio, rinunciando a pubblicare ma non a scrivere. Un silenzio su cui non poco aveva influito il constatare, in particolare quando maggiori erano state le aspettative, come in occasione della messa in scena, al «Piccolo Teatro di Milano», il 18 febbraio 1953, di Sacrilegio massimo, *per la regia di Strehler, la desolante superficialità di giudizio di taluni critici che ribadivano abusati, comodi* clichés.

L'epistolario si apre con una lettera di Luigi, da Torino, datata 15 aprile 1919, indirizzata ai «Miei cari figli». *Di non ampio respiro, vi si coglie tanto suo universo: le faticose prove della messa in scena di* L'uomo, la bestia e la virtù, *le accorte note di regia, la severa critica sugli autori contemporanei (*La fiaba dei tre Maghi *di Luigi Antonelli, «d'un gusto così sguaiato che fa cadere il fiato e le braccia», è scoperto plagio di* Così è (se vi pare)*), sulla stampa chiassosa e impostora, i problemi economici, la speranza di ottenere dal regista Augusto Genina il compenso di £ 4.000 per il film* Lo scaldino, *tratto dalla novella omonima, il vizio del fumo. Gesto d'amore in funzione vicaria, la lettera è insostituibile* medium *d'affettività: «Vi bacio, figli miei, con tutto tutto il cuore Vi raccomando vostra Madre E pensate a papà vostro che soffre tanto a star lontano da voi». Richiesta d'attenzione, ma, soprattutto, dichiarazione d'esistenza:* Scrivo *dunque sono. Non molto diversa nei moduli narrativi la prima lettera di Stefano inviata da Macerata ai familiari il 17 settembre 1919. Sparsi ed eloquenti frammenti d'autobiografia, aristocratica consapevolezza di sé e del proprio valore, insofferenza per lavori inutili e miserandi di manovalanza, disistima per chi è «povero di spirito» e «scialacquatore delle energie altrui» e, nella forzosa solitudine*

(«Non c'è un cane con cui scambiare una parola»), le disparate letture, il vizio del fumo che condivide col padre. Quindi il congedo rapido, scherzoso e la perentoria richiesta: «Scrivetemi». Il legame tra i corrispondenti fondandosi sulla condivisione del privilegio della scrittura. Sul godimento che scaturisce dall'atto dello scrivere o ricevere lettere, già sulla soglia del testo, ancora avvolto di mistero, pregne di significanza in virtù del profumo, del colore, dello spessore, della tramatura della carta.

Ne L'impero dei segni Roland Barthes celebra quel cerimoniale del regalo di ben poca cosa, privo di pregio, «imballato con altrettanta sontuosità di un gioiello», che si scambiano i giapponesi. Solo una scatola, un involucro «rigorosamente disegnato» che può anche non racchiudere nulla, la cui funzione non è «tanto quella di proteggere nello spazio quanto di rimandare nel tempo». Allargando lo sguardo mentale, qualcosa di ben diverso da un oggetto, qualcosa di profondamente animato, grazie a quella scrupolosa cura, a quell'«arte estrema» con cui si avvolge «il vuoto». Così per la lettera, che si chiude, si affranca, s'imbuca perché inizi il suo laborioso percorso d'avvicinamento all'altro. Loquace dono in sé, a prescindere dal contenuto. Tante le lettere nell'itinerario esistenziale privato e letterario di Luigi e Stefano. Per avviare o confermare un rapporto amicale, fare chiarezza, rettificare un giudizio, consigliare, esigere, rimproverare, lamentarsi. Un moto irrinunciabile nonostante l'avvento del telefono. Per chi è malato di letteratura è più facile scrivere che parlare. Eppure, il 24 dicembre 1923, Luigi da New York ai figli: «Vi scrivo a tempesta, perché ho un tumulto di cose dentro; e sapete che non so scrivere lettere». E appena due anni prima, il 10 ottobre 1921, a Ugo Ojetti: «La vita o si vive o si scrive. Io non l'ho vissuta, se non scrivendola».

Nell'abusato aforisma, di matrice capuaniana (prelevato di peso da quel romanzo Rassegnazione non generosamente recensito), l'ulteriore conferma dell'impossibilità di esprimere a parole il pieno della vita che nella scrittura vige solo in virtù d'inestricabili nodi di realtà e fantasia. «Non so scrivere lettere» e tuttavia nessun'altra forma di dialogo è stata ed ancora potrebbe essere *più illuminante. Quasi un esercizio etico, un riordino della sintassi emotiva. Vi è inoltre un piacere fisico della scrittura che si esprime nella distensione grafica.* Corrado Alvaro ricorda che Luigi «lavorava con la sua calligrafia onesta, precisa, ottocentesca, di cui amava certe maiuscole belle ed ariose come la P del suo cognome» e Orio Vergani che «continuava a scrivere rapido, senza sosta, senza pentimento [...] con la mano leggera che stendeva un carattere sottile come un capello biondo». *Minuta, diligente, la grafia di Luigi s'increspa leggermente nei momenti di maggiore tensione; indocile, vibrante, quella di Stefano lievita per poi ricomporsi. Con gli anni l'una sembra ritrovare una giovanile baldanza, l'altra guadagna ordine e razionalità nell'uso dello spazio epistolare. Spesso la lettera funziona come terapia delle lacerazioni, mettendo all'aria i sentimenti come vestiti smessi da sottrarre al tanfo d'una chiusa miseria. Sono anni cruciali per entrambi i corrispondenti, scanditi tanto da tappe dolorose quanto da esaltanti conquiste. Tutto il carteggio n'è disseminato. La chiusura in una casa di salute di Antonietta, afflitta da irredimibile follia, avvenuta con lo straziato consenso di Stefano, al quale la madre chiede insistentemente di condurla con sé:* «Vedemmo quel giorno avvicinarsi come il condannato a morte vede il giorno dell'esecuzione, restammo, dopo il "tradimento" con cui si poté condurla e lasciarla in quella prigione, come una famiglia devastata dal lutto e dalla colpa». *Le trepidanti prove narrative e drammaturgiche d'esordio* – «Avrai saputo del mio primo successo teatrale con I bambini – tra poco si darà anche La casa a due piani» *(alla madre, da Roma il 23 maggio 1921)* –, *l'impervio itinerario verso il successo, i lusinghieri consensi, il premio* «Viareggio» *per il romanzo* Il muro di casa, *edito da Bompiani nel 1935, il forte sodalizio col padre. In preda ad indomabile travaglio, in continuo peregrinare da una città all'altra in cerca di radicamento,* «l'animo esacerbato e senza pace, gonfio di disperatissima vita» *Luigi. Orlando e Cartesio insieme, natura d'accesa passionalità e lucida ragione.*

Sempre pressante, gravoso, angosciante l'assillo finanziario. Tormentosa, travagliata la vicenda della vendita del villino di via

Panvinio. Continuo il resoconto di debiti e di crediti nel difficile bilancio di «una casa senza avvenire», come dirà Stefano nella commedia Un padre ci vuole, su cui grava «il peso vivo» degli assegni da Luigi a tutti generosamente elargiti. *Calcoli risicati che affliggono la mente. Alla minuzia informativa, quasi di stampo notarile,* Stefano associa una perfetta regia d'effetti emotivi, un gusto musicale della pausa e della variazione, reinventando, di volta in volta, il formulario dei saluti: «Basta, caro Papà, spero di ricevere un tuo cenno, un saluto, che mi accenda il desiderio di scriverti subito a lungo di nuovo»; «Ti abbraccio e ti bacio forte forte con tutti i miei annessi e connessi; «Caro Papà mio, Olinda e i nostri ben tre figliuoli si fanno avanti in ordine per salutarti e abbracciarti affettuosamente»; «Ecco per oggi. Il lavoro mi incalza, e debbo sempre scappare. Ti abbracci[am]o forte forte tutti e cinque (mi pare di avere rifatto casa nostra, come avrebbe potuto essere!), e io ti bacio e ti voglio bene». Talora lo spirito ludico investe il lessico familiare. Tenere memorie domestiche si alternano a fastidiose incombenze quotidiane. Inquieti rapporti che ora s'intramano «al preteso tutto siciliano della roba ora divengono assolutamente pirandelliani» (Leonardo Sciascia). Al fine di placare le irascibili, immotivate ansie del padre, Stefano rinnova attestati di stima, ammirazione, riconoscenza. *E non si tratta di* captatio benevolentiae *per ottenerne necessari e meritati aiuti economici. Piuttosto disinteressata disponibilità e filiale abnegazione.* Mentre azzarda suoi personali territori di scrittura, saggiandone le asperità, provandone la resistenza, misurandone le forze, sempre più insidiato dalla urgenza della crescita ed insieme condizionato da un vincolo intenso col padre ma pure per tanti aspetti frustrante per chi ha scelto di fare lo scrittore e financo il drammaturgo.

Prevalente e per molto tempo affannosa l'attività di Stefano per dar vita e far durare la Compagnia del «Teatro d'Arte», diretta da Pirandello. Le scelte innovative del repertorio (Stefano partecipa alla lettura di decine di copioni di autori non soltanto italiani), l'impostazione registica e attoriale, suscitano invidie e ostilità accanite, che finiscono con il coinvolgerlo. Con il progetto del

«Teatro di Stato», verso il quale autorevoli esponenti del regime e lo stesso Mussolini sono stati prodighi di promesse che mai manterranno, Luigi si batte inoltre per una riforma radicale del complesso sistema dello spettacolo, fortemente avversato da quanti vedevano minacciati consolidati interessi.

A proposito delle nomine alla Società Italiana Autori, ritenute scandalose, «un gioco di bussolotti», e della decisione dell'inviso Paolo Giordani di sciogliere Luigi dal contratto, infiammato Stefano propone soluzioni estreme – tra l'altro dimissioni collettive e ritiro del repertorio degli scrittori aderenti –, dichiarandosi pronto a giocare la sua vita a fianco del padre: «Caro papà, io sono con te, disposto a tutto fare, a seguirti con ogni sacrificio su ogni via» (Roma, 18 dicembre 1925). Luigi dal canto suo progetta incessantemente – «ho nell'anima un incendio d'idee» –, indicando percorsi originali, inconsueti, quale l'idea della cinemelografia, l'arte che, associando alle immagini non parole, come nel film parlante, ma musiche, precorre il capolavoro disneyano Fantasia. E ne parla con entusiasmo al figlio, di cui lamenta talora i «sordi» silenzi, ma al quale non lesina affetto né appoggio («Non credere, mio caro Stefano, che non abbia cercato di farti entrare al "Corriere della Sera"», Torino, 6 giugno 1926). Esultante «per la notizia, pur prevista, del premio Viareggio» assegnato a Stefano ingiustamente però accostato «a pari merito con quel cicalone sperduto del Massa»; orgoglioso per i successi professionali di Fausto («Ho goduto mio caro Fausto leggere il tuo nome tra quelli degli artisti alla Biennale veneziana»); inasprito per la difficoltosa vendita, «estremo bisogno e supremo tra i desiderii», del villino, «mausoleo», «tomba» di tutti i suoi risparmi destinati ai figli, dal cui ricavato spera ottenere quanto basti a por fine alle vicissitudini finanziarie, non ultima quella di onorare l'impegno dotale con Lietta.

Non mancano da parte di entrambi divergenze d'opinioni, richiami, scatti polemici, risentimenti psicologici ed esistenziali che presto si spengono in virtù del saldo legame. Se dure sono state le parole si avverte nei corrispondenti una sorta di rincrescimento, quasi un rimpianto, o un sospetto: forse sarebbe stato *meglio non infierire. Allora all'asprezza d'esordio segue una ritrovata gentilezza nel congedo. Giacché grande è sempre l'affetto reciproco anche se talora affiora una certa «contrarietà d'animo» di Luigi nei confronti di Stefano, specie durante la convivenza dopo le nozze con Olinda, avvenute nel 1922, o in seguito, negli anni Trenta, quando si ripropone la coabitazione. Irritazioni paterne, per altro momentanee e sporadiche, che il figlio giudica «pura manifestazione della* sua *vita segreta e incontrollata», un fatto «inaccettabile», una volta entrato nella sfera della coscienza. Costante l'amorevolezza per i nipotini, la nuora, i familiari, gli amici. Costante l'attenzione per le date anniversarie di ciascuno. Costante il pensiero della moglie, nutrito dalla sofferenza e dal rimorso, «l'unica donna che lo abbia 'preso' – dichiara Stefano –, tanto da divenire fonte di una delle componenti del suo spirito 'responsabile'». Almeno finché non sarà interamente 'preso' dalla* sua *giovane attrice e ispiratrice, grandemente idealizzata e sublimata, Marta Abba. Tra i genitori, dichiara Stefano, confermando il motivo autobiografico da cui scaturisce la commedia* La casa a due piani*, «fu passione, ardore, abnegazione eroica, fino al sacrificio. [...] Vedevamo quasi sgomenti che* nullità *diventassimo noi, di punto in bianco, per quei furenti amanti, quei due evasi in un loro cielo, dove un poeta non finiva più di trovare modi inauditi di glorificare la sua Dea». Accorato l'appello di Luigi ai figli perché vadano a trovare Antonietta, in quanto egli non può per non turbarne il precario equilibrio. «La pazzia di mia moglie sono io – il che ti dimostra senz'altro che è una vera pazzia – io, io che ho sempre vissuto per la mia famiglia, esclusivamente, e per il mio lavoro, esiliato del tutto dal consorzio umano, per non dare a lei, alla sua pazzia, il minimo pretesto d'adombrarsi», scrive ancora a Ugo Ojetti da Roma il 10 aprile 1914 con dolorosa consapevolezza. Toni rassicuranti, sincera sollecitudine, profonda nostalgia in Stefano: «Se sapessi quanto mi manca il poter parlare con te! come vorrei che tornassero un po' i tempi che la sera si dava l'aire alle considerazioni massime, e aria alla mente, aria ai polmoni e pietose comodità al corpo! Io credo sempre che torneranno. Adesso abbiamo preso l'abitudine di confortarci così io* *e Fausto, quasi tutte le sere. Ma tu manchi troppo, benché di te – del tuo spirito – si parli continuamente» (Roma, 10 giugno 1926). E Luigi: «Tu hai, Stenù mio, il gran conforto della tua bella famigliuola, con codesta gioja di Ninnì e l'amore dei due maschietti e la compagnia sicura, la divina "due-tudine", come dice il poeta Dehmel, con la tua Olinda. Se le cose del teatro ti vanno ancora male, ti puoi in qualche modo consolare. Verrà certo il tuo momento, perché scrivi belle cose, e* Un gradino più giù è cosa bellissima. *Ma che puoi sperare dalle compagnie italiane, come sono ridotte? Un lavoro come il tuo è fatto per un pubblico speciale preparato ed educato in un teatro adatto. Il pubblico dei soliti teatri non credo che possa sopportare tale spasimo d'umanità» (Berlino, 24 marzo 1930).*

Dall'epistolario, percorso da giudizi incisivi, graffianti, rancorosi, da esaltanti certezze e tetri dubbi, in una trama d'intriganti fantasmagorie culturali di respiro internazionale, affiora una messe di minuziose notizie sulle vicende letterarie, teatrali e cinematografiche di un'intera epoca.

Insistite le richieste dei testi verghiani per redigere il discorso celebrativo, pronunciato al «Teatro Massimo Vincenzo Bellini» di Catania il 2 settembre 1920, in occasione dell'ottantesimo compleanno dello scrittore: «Mi bisognerebbero i libri del Verga, specialmente i Malavoglia, Vita dei Campi *e* Novelle rusticane *per finire la preparazione per il discorso di Catania, non che il Saggio del Croce sul Verga, che si trova nel I volume dei suoi* Studi sulla Letteratura contemporanea della seconda metà del sec. XIX» *(Francavilla al Mare, 26 luglio 1920); «Non ricevo ancora i libri del Verga, e son disperato. Il tempo stringe e non mi son messo ancora a preparare il discorso» (Francavilla al Mare, 8 agosto 1920); «Come vedi, non mi restano che una ventina di giorni per preparare il discorso per Verga. Ma non so come fare, perché mi mancano tutti i libri! Da domani mi metterò a improvvisare» (Francavilla al Mare, 9 agosto 1920); «I libri di Verga che mi bisognavano non mi sono arrivati, e ho dovuto farne senza. Sto per finire il discorso» (Francavilla al Mare, 12 agosto 1920); «il discorso per Verga (finalmente!) è quasi finito […]. Torno alle ultime battute del discorso per Verga*» (Francavilla al Mare, 26 agosto 1920). Undici anni dopo, il 13 dicembre 1931, in occasione della «commemorazione solenne» della Reale Accademia d'Italia, per il cinquantesimo anniversario della pubblicazione de I Malavoglia, *Luigi Pirandello riprenderà con talune varianti lo stesso discorso:* «Dovresti farmi il piacere, Stenù mio, di rintracciare tra le mie carte una copia d'una vecchia rivista "L'Eloquenza", dove fu riprodotta l'orazione da me letta a Catania al Teatro Massimo nell'occasione dell'ottantesimo compleanno del Verga. [...] Dovresti anche rintracciarmi una copia delle vecchie "Cronache d'attualità" del Bragaglia, dove apparve un mio scritto intitolato Dialettalità, *nel quale parlavo del Verga*» (Parigi, 16 ottobre 1931). *Discorso, che suscitò scandalo a causa dell'esplicita polemica antidannunziana, rilevante per la rivendicazione di una letteratura regionale di valore universale di cui l'agrigentino si sentiva partecipe e per l'esaltazione dello* «stile di cose» di Verga, *che egli attribuiva a se stesso e ad autori quali Dante, Machiavelli, Ariosto, Manzoni in contrapposizione con lo* «stile di parole» *del suo grande antagonista Gabriele d'Annunzio e di autori quali Petrarca, Guicciardini, Tasso, Monti. Punto di riferimento obbligato Verga, fin dalle giovanili riflessioni teoriche sulla* Prosa moderna, *scaturite dalla lettura del* Mastro-don Gesualdo, *di cui dichiara di aver* «sempre seguito fedelmente e con orgoglio il costume come quello d'un maestro non tanto d'arte (che non si fa per scuola) quanto di vita».

Una consanguineità letteraria e morale e un passaggio di testimone ribaditi da Corrado Alvaro: «Pirandello scrisse la seconda parte dell'opera cui aspirava Verga, il dramma della piccola borghesia venuta fuori dal Risorgimento» *e da Vitaliano Brancati:* «Verga aveva gettato il primo sguardo su questi siciliani strambi e chiusi in se stessi, che il destino avrebbe assegnato per intero all'arte di Pirandello. Materialmente questa zona di poesia si estende sulla costa occidentale della Sicilia, e forma un triangolo che bagna due vertici nel mare, con Agrigento e Palermo, e tiene il terzo tra le nuvole, con Enna e Caltanissetta». *Con la Sicilia narrata da Verga, Capuana, De Roberto, Pirandello è inevitabil-*

mente chiamato a confrontarsi. La loro lezione ha alimentato senza posa il disincantato, amarissimo suo umanesimo in cui sono confluite – succus et sanguinis – le esperienze di una millenaria cultura.

Doviziose le informazioni sull'infaticabile attività di Luigi in giro per il mondo («Io lavoro, a 61 anni, dalla mattina alla sera, senza darmi un momento di tregua») che, se determinata in parte, come per Luigi Capuana, da motivi economici («mi vedo a sessantadue anni nella condizione di guadagnarmi ancora a soldo a soldo la vita, oppresso da pesi che non riesco più a sostenere, pieno di debiti che non so come pagare»), non per questo perde di vista le finalità etiche ed estetiche da cui scaturisce. Non meno impegnativa e dura l'attività di Stefano («Io lavoro dalla mattina alla sera come sotto le frustate»). La mente e la scrivania d'entrambi cantieri sempre aperti ed affollati.

Il carteggio dischiude inoltre, come accennato, ampi ed eloquenti squarci sul mondo del cinema in fermento che, affamato di soggetti, ha ancora un atteggiamento ancillare, di stretta dipendenza nei riguardi della letteratura. Scrittore di statura internazionale, Luigi non può non essere fra gli autori più ambiti dal nuovo mezzo espressivo, nei cui confronti ha nutrito un'iniziale diffidenza, ma di cui ha pure intuito le straordinarie possibilità artistiche, le grandi prospettive di guadagno e di notorietà. Per sé e per Marta Abba, ormai costantemente in cima ai suoi pensieri.

Per far fronte alla copiosa domanda di soggetti originali o di trasposizioni di opere sue, pressato da innumerevoli impegni, Luigi si avvale della preziosa collaborazione di Stefano, pronto a sostituirsi al padre nella stesura degli scenari, attività che ha carattere provvisorio in quanto si tratta di canovacci, vale a dire schemi, tracce, appunti di servizio, pretesti destinati alla transcodificazione filmica. Chiamato a sbrogliare intricate vicende contrattuali, intermediario fra case cinematografiche, produttori, registi, al fine di evitare un inutile spreco di lavoro, Stefano aveva provato ad inviare ai produttori, per una prima visione, l'opera narrativa o teatrale da cui ricavare il film. Ma «a mandare i volumi, essi non sono capaci di "vederci" il film. Non c'è altro che rimet-

25

tersi a fare i soggetti» (Roma, 18 dicembre 1934). Lasciatosi convincere a malincuore a scrivere lo scenario per la realizzazione di un film sulle acciaierie di Terni, voluto da Mussolini per celebrare il lavoro dell'Italia fascista e diffondere attraverso il potente strumento di propaganda l'ideologia del consenso, Pirandello, preso dalla supervisione del libretto della Favola del figlio cambiato *di Gian Francesco Malipiero, cede l'incarico al figlio: «Il soggetto lo scrivi tu. Io lo firmo e ti passerò il compenso che mi daranno». Consegnato in breve tempo alla casa di produzione Cines, il «soggetto originale»* Giuoca, Pietro! *(titolo che sostituisce il precedente* E lui giuoca!*), da cui il film* Acciaio *per la regia di Walter Ruttmann, è l'unico scritto appositamente per il cinema e pubblicato a firma Luigi Pirandello che se ne assunse la paternità anche per evidenti motivi politico-economici, ma di pugno di Stefano che non si è limitato alla materiale stesura del testo, dando corpo alla storia, sviluppandone i concetti, plasmandone la sostanza. Lo documenta il* Memoriale, *redatto da Stefano nel 1937, in occasione della controversia legale con il produttore Giulio Manenti circa la paternità del «soggetto originale»* Il figlio dell'uomo cattivo *da lui acquistato. Mentre chiarisce cosa debba intendersi per «soggetto originale» (vale a dire una trama ideata da Pirandello e «pensata» espressamente per il cinematografo, indipendentemente dalla mano che ha vergato lo scritto), confermando il suo fondamentale contributo, Stefano annota: «Chiunque abbia una pur superficiale conoscenza dello stile di Pirandello può accorgersi che la stesura di* Giuoca, Pietro! *[...] non è di mano di Pirandello». L'intera opera e persino l'epistolario sono, d'altra parte, una «prova vivente», per dirla con Luigi di* La morsa, *di una eccezionale simbiosi letteraria. Sebbene ad una lettura non microscopica la sceneggiatura possa apparire cromosomicamente paterna,* Giuoca, Pietro! *attesta inequivocabilmente le peculiarità scrittorie di Stefano, la sua prosa lenta e talora involuta, le sue strutture morfologiche e sintattiche e, in particolare, il suo personalissimo uso della punteggiatura, segni della sua distinta personalità stilistica. Stefano è pure l'autorevole cronista della prima di* Acciaio: *«Applausi con qualche contrasto, pubblico* *inverosimilmente affollato, impressione diffusa d'una bella cosa mancata, si sentiva dire: "peccato che...". Tutto sommato, un mezzo successo, che però veniva dopo un'attesa enorme – e anche di questo bisogna tener conto» (Roma, 17 aprile 1933). La progressiva massificazione del cinema incute però nei produttori il terrore delle «superiori qualità dell'arte di Pirandello, assolutamente inadatte» ad un pubblico eterogeneo e di media cultura. Lunghe e complesse ma senza esito le trattative per la realizzazione, più volte auspicata, del film dai* Sei personaggi. *Acre il sapore della disillusione di Luigi: «Non vedere un affare nel film dei* Sei personaggi, *non vedere un affare nelle mie "cinemelografie" come le ho definite ed esposte in un bellissimo memoriale dato al Wreede, è proprio da stupidi» (Berlino, 9 aprile 1929). Stefano prospetta allora al padre, su idea dell'avvocato Umberto Mauri, amico dello scrittore di cui curò gli interessi in Italia e all'estero, il disegno di produrre egli stesso i propri film col sostegno di validi finanziatori. I guadagni potrebbero divenire consistenti e regolari senza bisogno del grosso colpo americano, «fino al giorno che, coi nostri mezzi, qui in Italia, potessimo permetterci il lusso di buttar fuori il film dei* Sei personaggi», *scrive da Castiglioncello il 23 ottobre 1933.*

Nelle lettere di Luigi, sempre chiamato a misurarsi con l'arte sua, aleggia talora lo spettro d'una tragica solitudine, d'un oscuro male di vivere: «L'idea di chiudermi in una vita sedentaria mi fa orrore. E terrore la compagnia di me stesso. Sono pieno di nausea e d'amarezza»; «Il mio animo è agitatissimo; sono pieno di sdegno, nauseato di tutto»; «Sono, figlioli miei, in tali condizioni di spirito, che la vita non mi è più quasi sopportabile»; «La verità è che ci vendichiamo, scrivendo, d'esser nati». E Stefano? Spirito ottimista, non dell'ottimismo sciocco e miope che ignora il male, fatalmente ineludibile, ma di quell'altro pieno di equilibrio e di misura, che scaturisce dalla salda fede nei valori di libertà, verità e giustizia e dall'indomita certezza in una sempre possibile rigenerazione morale, Stefano, il cui amore per Luigi «è una cosa importante, più libero e più schiavo del comune affetto dei figli per il padre», lo invita a togliersi «il gusto dell'amaro», il «senso atroce» della vita: «*Perché devi avere, Papà mio, questo senso atroce della tua vita e di noi che ne siamo le creature? Io vedo che sei sempre arrivato ad approfittarti di ogni sciagura, di ogni contrarietà, per la tua arte – sei sempre riuscito a astrarle dalle determinazioni dei tuoi casi e a poterci lavorar sopra. Tu hai sempre dominato te stesso e la tua sorte. Se tu avessi avuto una sorte più facile a che ti sarebbe servito possedere tanta energia? Forse non la avresti avuta. Saresti stato più piccolo e più povero, ma non credere più felice o meno disgraziato!*». E ancora: «*Essere infelice, come tu sei, Papà mio, vale bene* la pena *di esserlo!*» *(Roma, 10 giugno 1926)*. In una toccante pagina scopertamente autobiografica del romanzo inedito Timor sacro *(nel carteggio citato con il titolo provvisorio* Livia Lúppia città spettacolo di cose possibili ma inverosimili*), comparando l'irrisarcibile pena per la partenza dei propri figli Andrea e Giorgio per il fronte con quella simile provata dal padre per la sua di molti anni prima – si era arruolato volontario durante il primo conflitto mondiale –, Simone Gei, lo scrittore protagonista,* alter ego *di Stefano, ostinato «nella fede che i fatti letterari avessero un'importanza suprema», attesta l'ardente e feconda relazione del padre con le impudiche infermità dell'esistenza, necessario nutricamento dell'arte sua vorace: «Sapeva ora che quell'umiltà e passione con cui il padre lo supplicava di restargli vivo, così commovente e ingenua, così tutta di cuore, di povero padre tutto padre, era soltanto il modo di non aver orrore del suo sentimento vero, vitale, dov'egli certo era oscuramente consapevole che, dopo aver dato e quasi imposto al figlio quella fiducia ch'egli potesse aver vita solo nell'àmbito della loro comunione, se lui gli fosse morto, non soltanto la sua grande forza l'avrebbe lasciato vivo, da solo, ma si sarebbe perfino rinutrito prodigiosamente di questa sventura come una pianta di una potatura, amandola come egli non poteva far a meno d'amare tutte le sue prove, le più crudeli, tutte utili, tutte necessarie alla faticosa e gloriosa liberazione del suo spirito. Dalla morte del figlio sarebbe forse nata la sua opera più bella. E pover uomo non voleva». A proposito di questa capacità del padre di metabolizzare tutte le sue sciagure, Simone Gei incalza: «Eppure suo* *padre riusciva a lavorare ogni giorno davanti alla fotografia che teneva sul piano della scrivania. [...] Suo padre era ben più sicuro della necessità del proprio lavoro (richiesto da tante parti; eppoi serviva a mantenere la famiglia), e più sicuro anche dell'animo del figlio. Egli doveva sentire dal figlio come se questo invocasse: lavora, papà, questa è vita per me». Pagine attraversate dal veemente strazio per la temuta perdita di Stefano da cui sono sgorgate copiose in Luigi le parole destinate a tradursi in deflagrante evento teatrale: «Non potevo più limitarmi a raccontare, mentre tutto intorno a me era azione... Le parole non potevano più restare scritte sulla carta, bisognava che scoppiassero nell'aria, dette o gridate».*

A distanza di quasi un decennio, in una lunga lettera di risposta al padre visibilmente affranto, Stefano addita, quale rimedio migliore al suo persistente male di vivere, il rientro in Italia dalla risoluta lontananza, il ritorno all'arte che conta: «Tu hai bisogno della tua Patria (come la tua Patria ha bisogno di te), hai bisogno dei tuoi figli, come essi di te, e dei tuoi nipoti, come essi di te: e sopratutto della tua arte: l'arte tua di prima, quella a cui davi tutto disinteressatamente, quella che non rende *(e che poi t'ha reso milioni), il lavoro fatto solo per la soddisfazione di farlo: e a uno spirito così ormai dilatato, così disperso, smanioso, enorme, libero, onnipotente come il tuo solo il lavoro enorme che può impegnarlo davvero, solo il romanzo di Adamo ed Eva;* perché *tutto il resto è diventato press'a poco giuoco per te, e tu,* per te, *non ne ricavi nulla di sostanzioso. E allora abbandonalo!* Pensa a te solo. *Pensa cioè a* darti tutto. *Da' un calcio a tutte le vanità che ti levano l'aria ai polmoni e la terra sotto i piedi: non pensare ai guadagni. [...] Guaj per te a ingannarti: con la strapotenza del tuo spirito a ogni impuntatura deve seguire un ingorgo spaventoso. La vita è stata anche troppo longanime a non stringerti prima nel cerchio in cui cominci a soffocare.* Tu non puoi fare niente di inutile, *o il tuo spirito si vendica su te stesso. E tutto è inutile se non ciò che te lo può impegnare interamente per una lotta grande e degna. Tu non puoi più stare ai mezzi termini. O tu coroni la tua vita con la vittoria più grande, e lasci il* grande libro, *che stia contro il* don Chisciotte, *contro* Guerra e Pace, *o tutta Italia, più o meno coscientemente, te ne vorrà: perché t'ha amato e s'è gloriata di te (naturalmente, per ora, nei suoi spiriti migliori soltanto) presentendo le vette a cui tu avresti fatto arrivare la nostra arte, e ora aspetta, ma comincia a guardare l'orologio: il teatro che tu le hai dato è già pei posteri» (Roma, 24 febbraio 1932).*

Ritorni in Italia, dunque, da cui sdegnato Luigi era partito: «Fuori, fuori di questo porco paese che non sa dare altro che amarezze e in cui un uomo del mio stile non può essere considerato altrimenti che un nemico», scriveva da Venezia l'11 novembre 1926. Tra quelle amarezze certamente si annoverano le maldicenze, i pettegolezzi, le chiacchiere intorno all'enigmatico legame con Marta Abba, di cui subiva il sortilegio. Luigi s'è invaghito infatti della giovane prima attrice milanese di grande fascino e personalità, che coglie prontamente i suoi insegnamenti interpretando in modo smagliante un teatro nuovo e per molti aspetti rivoluzionario. Comprensibile il disappunto di Stefano che riferisce al padre del vespaio suscitato dal cartellone della Compagnia con «a grandissimi caratteri» il nome dell'attrice, «in piccolo» il titolo La donna del mare, *sotto, «in caratteri invisibili», quello dell'autore. E ciò, prosegue, «significa la negazione dei criterii per cui tu hai fondato il Teatro d'Arte, cioè, via gli attori dal palcoscenico che è dei personaggi, e l'annullamento degli attori in essi» (Roma, 28 ottobre 1926). Vale a dire la creazione di un nuovo attore. Di rimando Luigi: «Il pettegolezzo del nome di Marta Abba in grande, è uno dei soliti, messo in giro dalla solita masnada (leggi sig.na Aillaud e compagnia). Si trattava della* serata d'onore; *invece di usare quest'espressione volgare, si pensò di mettere semplicemente: M.A. nella* Donna del mare *di Enrico Ibsen, per esprimere il particolare impegno che avrebbe messo l'attrice nell'interpretare quella parte. E questo è tutto. Ma ormai tanto io quanto questa povera figliuola siamo in mezzo alla vita teatrale italiana come il famoso asino al mercato. Il mio sdegno è arrivato al colmo» (Venezia, 3 novembre 1926). Luigi, che si segnala per il signorile ritegno sulla natura del loro rapporto, per la castità di linguaggio, per la reverenziale formalità («la signorina Marta*

Abba», cui si rivolge con *l'insistita maiuscola magnificativa* del «*Tu*», firmandosi «*il Tuo Maestro*»), *alcuni anni dopo non cela al figlio, che sembra prestare ascolto ad accuse giudicate infamanti, malevoli, la propria amarezza*: «Parliamoci chiaro, Stenù. A che vuoi alludere? Vuoi alludere alla mia relazione con la Signorina Marta Abba? Io ti dissi una volta di che natura è questa relazione: e tu, non ostanti tutte le infamie con cui s'è voluto insudiciarla, mostrasti di comprenderla e di credere a quanto io ti dissi. Dimmi ora francamente: non lo credi più? Hai torto, Stenù. Io sento per la signorina Abba un affetto purissimo e vivissimo, per le cure filiali che ha avuto per me, per il conforto che m'ha dato della sua compagnia in tre anni di vita raminga, per l'amore fervidissimo e l'intelligenza che ha dimostrato sempre d'avere per la mia arte, la difesa che n'ha sempre fatta, le lotte al mio fianco combattute, per la superiorità vera di spirito e l'abnegazione con cui, sfidando il vilipendio, m'è durata accanto, paga soltanto della sua coscienza pura e onesta*» (Berlino, 19 marzo 1929). *Già alcuni anni prima, nel novembre 1925, a proposito della «fucina di pettegolezzi», qual era l'ambiente teatrale, Guido Salvini a Stefano scriveva*: «*Da che cosa sia nata quella strana forma di* amitié amoureuse *che si sviluppò violentissima nelle forme esteriori, io non lo so. Certo i sensi non hanno parlato, né con sentimentalismo romantico né con bisogno di affetto. Fu una furia improvvisa che però si manifestava solo nelle attenzioni esteriori ch'egli le usava, e che non erano e non furono mai insozzate dal benché minimo sprazzo di sensualità.* [...] *si tratta di* cose pulite *ed il ricamo del pubblico, se è logico per la massa, è grottesco per le persone che dicono di conoscere tuo Padre*». *Più Marta lo cattura, più Luigi per ostinata fedeltà al ruolo che ricopre, adolescenziale timidezza o senile pudore, si chiude in un forzoso riserbo, esprimendo quel tumulto interiore attraverso gesti controllati oltre misura o moti di tenera protezione paterna. Talora, tuttavia, in modo incontenibile il sentimento dilaga mostrando i segni inequivocabili dell'innamoramento. Un rapporto ambiguo e inquietante quello con l'algida, affascinante attrice, 'sentita' come una «figlia d'arte», una «figlia d'elezione» (era di tre anni più giovane della secon-*

dogenita Lietta) che la complicità della condivisa passione artistica alimenta e sorregge.

Le preoccupazioni dei figli per le fatiche e i rischi di logoramento fisico e abbattimento morale che il padre corre per il dispendio con cui si espone pubblicamente in difesa della sua Compagnia e a sostegno della riforma del teatro italiano, in Lietta, la figlia tanto amata, prendono anche, com'è comprensibile, una coloritura particolare per la gelosia che la anima verso Marta Abba. Indirizza così, nell'aprile del 1926, una dura lettera al padre, suscitandone una risposta irata. Il forte risentimento di Luigi investirà, seppure in misura minore, gli altri due figli. Nell'estate dello stesso anno, in seguito ad acute difficoltà finanziarie e a operazioni non concordate, Luigi revoca la procura al genero Manuel Aguirre, suo amministratore, e prende legalmente possesso di un terreno che, acquistato con il suo denaro, è stato intestato a Lietta come garanzia della promessa dote, non ancora corrispostale. Seguirà un periodo doloroso per l'intera famiglia Pirandello. Per quanto di certo notevoli siano gli incassi della sua produzione letteraria e teatrale, che corre ormai felicemente per tutti i continenti, Luigi continuerà ad incontrare anche negli anni successivi seri problemi economici, sia, come accennato, per le conseguenze di alcuni atti incauti del genero, sia per le spese che affronta per tenere in vita la Compagnia teatrale, sia per le somme che versa ai figli. Stefano, da parte sua, ricompensa queste elargizioni con devozione amorosa e tanto lavoro pratico svolto per sbrigarne gli affari. Fatiche a cui si sente chiamato oltre che dall'affetto ardente e dalla pena per le sofferenze di «un grande spirito» (così egli definisce il padre) pure da una soggezione, talora rimproveratagli dalla moglie Olinda, che d'altra parte Luigi coltiva per trovare almeno in lui un soccorso sicuro. A Lietta, in luogo della mancata corresponsione della dote di 200.000 lire, il padre versa 1.000 lire al mese d'interessi. La famiglia si rende quindi conto che è necessario mettere in vendita il villino, costruito dall'ingegnere Federico Nardelli, di via Panvinio, non lontano dalla Basilica di Sant'Agnese sulla Nomentana. Vendita che si realizzerà soltanto nell'ottobre del 1929 (per 865.000 lire, *alla Provincia di Roma) e che consentirà a Luigi di dare a Lietta quella dote che tanti crucci aveva causato, a Stefano e Fausto le quote loro destinate e di pagare tutti i debiti. A lui non resterà nulla.*

Tra i disinganni che spinsero Luigi in volontario esilio (dura protesta contro l'incuria e il disatteso aiuto del fascismo e contro l'ambiente culturale e teatrale italiano che ostacolava i suoi progetti e le sue iniziative), in Germania prima, e in Francia poi, dal 1928 al 1933, il non congruo caldeggiato appoggio del regime alla Compagnia del «Teatro d'Arte», costituitasi a Roma il 6 ottobre 1924, venti giorni dopo la sua plateale adesione al fascismo, che in verità aveva mostrato benevolenza nei confronti del progetto al suo nascere con l'elargizione di un cospicuo contributo (nell'impresa erano intervenuti inoltre il Ministero della Pubblica Istruzione, il Comune e la Provincia di Roma e, in misura minore, alcuni privati), ma che in seguito era venuto meno nel supportare la Compagnia, soprattutto quando si trovava in gravi difficoltà economiche in Argentina alle prese con gli attacchi dell'antifascismo. Pressanti le richieste d'aiuto per il tramite di Stefano: «Raccomanda a Telesio Interlandi che si dia da fare per l'assegnazione del premio alla Compagnia da parte del Ministro Belluzzo» (Buenos Aires, 17 giugno 1927); «Bisogna insistere e star dietro per avere il premio: è necessario, più che necessario, imprescindibile, o saranno guai grossi e serii» (Milano, 12 aprile 1928); e appena quattro giorni dopo: «Inutile ogni recriminazione. Bisognano [le banconote], e dunque si debbono prendere, frenando la voglia di buttarle in faccia con tutto lo sdegno che provocano» (Milano, 16 aprile 1928). Ma Stefano informa il padre che «il premio è di sole trentamila, purtroppo: e mi mandano da Erode a Pilato per la riscossione» (Roma, 10 maggio 1928).

Mentre si prepara «per la lunghissima partenza, che forse sarà […] senza ritorno», pur manifestando agrume per taluni esponenti del regime, Luigi conferma la propria stima per Mussolini al quale rimarrà legato da un contraddittorio rapporto: «Attorno a Lui, un livello di teste che gli arrivino appena appena al ginocchio e non un dito più su. Tutto, così, resta in basso, per forza, e

33

confuso; e non c'è altro veramente che bassezza e confusione» (a Marta Abba, da Roma, 22 settembre 1928). *E alcuni anni prima, a proposito della messa in scena di* Diana e la Tuda, *in programma per il 19 novembre 1926 a Zurigo, a Stefano scrive: «Bisognerebbe prevenire un po' la stampa per l'imminente andata in iscena di* Diana e la Tuda *e su ciò che importa e significa ch'essa sarà prima rappresentata e pubblicata all'estero anziché in Italia. Possibile che Mussolini seguiti a occuparsi di tutto, tranne che del teatro e della letteratura e lasci fare ancora man bassa di tutto ai farabutti e ai ciarlatani? Io ne sono più che mai sdegnato» (Venezia, 9 novembre 1926). Maturata l'idea della creazione dell'Accademia d'Italia, sollecita notizie intorno ad una sua eventuale nomina: «Se a marzo si farà l'Accademia e io vi sarò compreso avrò almeno un piccolo sostegno fisso. Ne sa qualcosa Interlandi? Domandaglielo» (Berlino, 20 gennaio 1929); «Sai nulla dell'Accademia? Ojetti mi ha scritto, e in fine della sua lettera c'era questa domanda: "Quando ritornerai in Italia? Per l'Accademia?". Mi è parso segno che sapesse ch'io sono tra i compresi. Ma forse se lo immagina. Tutto ormai è possibile, anche che io ne resti escluso. Non mi aspetto più nulla da nessuno» (Berlino, 3 marzo 1929).*

Dopo l'agognata nomina ad Accademico, esultante per il successo, a proposito dei «nemici» che gli hanno fatto la guerra, a Marta Abba può scrivere: «Non vederli una volta prevalere, rivedermi in piedi e vivo, fatto segno d'un attestato di simpatia e di considerazione da parte del Duce, ha valso a far subito abbassar la cresta ai nemici, e rifiatare i tanti e tanti, che, credendomi in disgrazia e finito, non osavano più dir nulla in mio favore» (Berlino, 26 marzo 1929). Ma due giorni dopo, commentando con Stefano la nomina, Luigi (che ha ricevuto tramite ambasciata la comunicazione diretta da parte di Mussolini, cui fa seguire il telegramma «Sopratutto orgoglioso Suo alto riconoscimento, ringrazio Eccellenza Vostra grande onore e torno a esprimerLe mia intera profonda devozione»), se ne sottolinea il significato politico, *ne svilisce tosto il valore culturale: «Non voglio affatto negare che la mia nomina sia importantissima, ma solo per ciò che tu dici, per ciò che significa* politicamente, *contro i miei* nemici; non già come attestato di considerazione e distinzione, ché l'essere considerato pari a Beltramelli, a Marinetti e mescolato con Trombetti e Formichi e Romagnoli, è segno evidente di disistima letteraria; con questo di più, che l'esclusione di tanti più meritevoli, che non può non saltare agli occhi di tutti, e segnatamente l'inclusione di quei primi due, abbassa fin dalla fondazione il livello artistico e morale dell'Accademia, le toglie prestigio e autorità, fino al punto che, essendoci quei due, il non esserci diventa quasi segno di distinzione. E ti può poco il ridicolo che rovescia su tutto l'elenco dei nomi la nomina di Marinetti che per tutta la vita ha sparato le sue fragorose e innocue cannonate contro tutte le accademie e le biblioteche e i musei e le scuole? Forse perché un'accademia fondata dal Fascismo dev'esser diversa da tutte le altre? Ma grazie tante, diversa così? Una diversità come quella che potrà imprimerle Marinetti, non potendo esser presa da nessuno sul serio, le toglie per forza serietà e la rende ridicola. Sono sicuro che la penseranno come me tanto il Di Giacomo quanto il Panzini» (Berlino, 28 marzo 1929). Mai soddisfatto, né contento, né grato. Pirandello ha «un brutto carattere» sostiene il Duce. E Pirandello indignato, il 6 febbraio 1932, a Marta Abba da Parigi: «"brutto carattere" perché, chiamato a onorare Giovanni Verga, ha il coraggio di denunziare pubblicamente la persona e la ragione che per tanto tempo impedirono che Giovanni Verga fosse onorato, come meritava, dagli Italiani. Pirandello ha "un brutto carattere" perché trattato come è stato dal suo paese, ha avuto resi, come egli dice, "tutti gli onori" (io vorrei sapere quali, forse l'Accademia insieme con Marinetti, Formichi, Angiolo Silvio Novaro e compagnia bella?); ma poi escluso da ogni rappresentanza attiva, escluso dal teatro, escluso dalla Società degli Autori, bersaglio di una lotta accanita d'un malfattore che ha distrutto il teatro italiano, ha dovuto riparare all'estero per guadagnarsi da vivere. "Brutto carattere" veramente questo Pirandello, che seguita intanto a dir bene di Lui, a esaltarlo come salvatore del suo paese, come un genio costruttore a cui l'Italia deve tutto mentre l'Italia a Pirandello taglia i viveri, e lo vessa di tasse, e rischia di farlo morir di fame. – Lasciamo andare! Io ho per me *bisogno di levare in alto il suo mito; anche se lui mi dice che ho "un brutto carattere"». Un mito alimentato dalla fiducia (alla quale contribuiva di certo l'ancor vivo sentimento patriottico di stampo risorgimentale) nelle capacità del Duce di realizzare la grandezza del paese. Ma pure dalla mai sopita speranza di riforma del teatro italiano che tanto gli stava a cuore, dal vagheggiato sogno di un «Teatro Drammatico Nazionale di Stato». Una fiducia sempre più delusa dalle attenzioni riservate all'immaginifico Vate, il divino Gabriele d'Annunzio, l'eroe dell'impresa di Fiume, l'«Ariel corazzato», che la propria leggenda aveva costruito sin da giovanissimo, contro il quale Pirandello in anni lontani aveva indirizzato taglienti stilettate critiche. Ostilità che in occasione del Convegno Volta registra un momento di tregua con la messa in scena, l'11 ottobre 1934, al «Teatro Argentina» di Roma, de* La figlia di Iorio *di cui cura la regia, con la collaborazione di Guido Salvini, protagonisti Ruggero Ruggeri e Marta Abba. Tregua già tentata il 4 ottobre 1926 se, come attesta una lettera negli archivi del Vittoriale, Pirandello chiedeva al Vate un nuovo dramma per rinnovare il successo della precedente rappresentazione di* La Nave *messa in scena sempre al «Teatro Argentina»: «La battaglia che tentai di combattere con Voi per il risanamento della vita teatrale italiana, sarebbe certo vinta con una vostra Opera nuova affidata a me: pensateci!».*

Altro motivo di acredine nei confronti del regime, il non intervento di Mussolini per la candidatura al Nobel cui Luigi a ragione aspirava: «Non è proprio possibile che Interlandi parli a M. [Mussolini] circa al premio Nobel?» (Pesaro, 17 ottobre 1926); «né si riesce per l'assoluta noncuranza del Governo a farmi almeno entrare in candidatura per il premio Nobel» (Padova, 25 ottobre 1926). E Stefano: «Interlandi ha già parlato col Duce per il premio Nobel, avendo assicurazione che avrebbe agito. Appena Mussolini torna di Romagna, gliene riparlerà, cercando di fargli concretare i passi verso il rappresentante svedese» (Roma, 28 ottobre 1926). Luigi insistendo: «Hai visto sull'ultimo numero della "Fiera Letteraria" un telegramma da Berlino, che dice attendibilissima la voce che il premio Nobel di que-

st'anno sarà assegnato a me? Ne informerò l'Interlandi che mi ha scritto» (Venezia, 3 novembre 1926); «*Torno a ripeterti che bisognerebbe seguitare a battere per il conferimento a me del premio Nobel, prima che ci arrivi altri*» (Venezia, 9 novembre 1926). Facile preveggenza. Il premio Nobel per la letteratura nel 1927 verrà assegnato a Grazia Deledda che, fra il 1913 (appena quarantenne) e il 1927 (ogni anno tranne il 1916, il 1919 e il 1926), ha collezionato ben 11 nominations. La presenza della scrittrice sarda fra i candidati è prova certa di un progetto lungamente pensato, lucidamente condotto, fortemente caldeggiato dal Governo italiano. Dovranno trascorrere ancora otto anni perché la Reale Accademia di Svezia consegni a Pirandello, il 10 dicembre 1934, esattamente due anni prima della scomparsa, l'ambito riconoscimento. Proposto nel 1934 dalla Classe delle Lettere della Reale Accademia d'Italia per il tramite del presidente Guglielmo Marconi, passato al primo scrutinio su ventotto candidati fra cui Upton Sinclair, Eugene O'Neill, Roger Martin du Gard, Paul Valéry, Gilbert Keith Chesterton, Pirandello è subito premiato. Soltanto un membro della Commissione, il critico e storico della letteratura Henrik Schück, uno dei maggiori estimatori della Deledda, esprime parere negativo e, pessimo profeta, definisce Pirandello «*un abile fabbricante*» i cui drammi «*abbastanza presto saranno dimenticati*». Nella motivazione ufficiale, dovuta all'esperto teatrale Per Hallström, segretario dell'Accademia, si legge: «*per il rinnovamento ardito e ingegnoso dell'arte drammatica e delle scene e per il suo schietto e audace tentativo di perpetuare ai massimi livelli drammatici l'arte del teatro*». Attorniato ora da febbrili giornalisti, giunti a Roma da ogni dove per intervistarlo, con la convinzione di avere creato a se stesso uno spettacolo di varia natura, tragica farsa e risibile tragedia, canonico, tuttavia, nel suo svolgersi per antico rituale, scrive a macchina, come testimonia Stefano, fitte pagine della stessa pungente parola: «*Pagliacciate!*».

Il 10 dicembre il climax dell'evento. A Stoccolma si celebra la cerimonia raffinata e sontuosa della premiazione: «*Ho ricevuto il Premio dalle mani del Re nella seduta solenne, che ha vera-*

mente una grandiosità impressionante, con tutta la Corte e la folla degli invitati in tutto lo splendore delle decorazioni, Accademici, Ministri, Generali e, sul palco, i candidati coi loro padrini» (a Marta Abba, Stockholm, 12 dicembre 1934). *E Stefano: «Abbiamo seguito sui giornali le tappe trionfali di questo tuo giro. Dal tono delle corrispondenze si rileva la grande cordialità delle accoglienze che tutti ti fanno»* (Roma, 18 dicembre 1934).
Il 1935 è l'anno dell'avventura coloniale in Etiopia. Crescente la tensione con l'Inghilterra e la Francia. L'attacco avrà inizio ai primi di ottobre. Da luglio ad ottobre Pirandello è a New York, «impigliato fino a soffocarne in una rete di trattative» teatrali e cinematografiche «di cui non si vede ancora la fine». Preoccupato per «i richiami di milizia» nell'imminenza del conflitto, il 15 agosto a Stefano scrive: «Avrai saputo del mio contegno di fronte alla stampa americana al mio arrivo. Ora gli umori sono un po' cambiati in meglio; ma in Italia non si suppone quale idea qui si abbia generalmente del nostro Paese, l'ignoranza incredibile delle cose nostre; e non supporlo è un gran guaio, toglie ogni efficacia alla pro[pa]ganda che si vuol fare. Sto arricchendo di tante esperienze le Informazioni del mio involontario soggiorno sulla Terra. *Gli Inglesi sono impagabili. Sarebbe tempo che facessero la fine di Golia. Ho visto una recente fotografia del Duce nell'atto di parlare a Eboli: m'è parso il Davide del Bernini». Quale differenza, dunque, tra il gigante Golia da abbattere e la perfida Albione? Forse nessuna se, come sostiene Stefano, «Pirandello non faceva il* vate, *questa parte la lasciava al Carducci e al d'Annunzio: ma negli incisi, specie nei* Vecchi e i giovani, *ma anche in tanti e tanti altri luoghi, i suoi risentimenti politici trovano espressione». E Maria Luisa Aguirre d'Amico: «Il suo funerale si svolse come lui voleva: senza fasto o celebrazione ufficiale. Mentre avrebbe fatto molto comodo a Mussolini una bella cerimonia di Stato, con grandi esibizioni e parate. Come dissero gli stessi fascisti, Pirandello se ne andò sbattendo la porta in faccia al regime». Vero. Sebbene a decenni prima della scomparsa, agli anni di una vita familiare fortemente «drammatica, mossa, spezzata, ansiosa, sofferta»* (Stefano), *per la pazzia di Antonietta, risalgono le «atroci» (insi-*

stito aggettivo del suo epistolario) Ultime volontà da rispettare, *stese con «calligrafia minuta e serrata» (Ojetti).*

Nella viva immediatezza dello sfogo epistolare – ogni scritto, annota ancora Goethe, è una confessione –, tra esaltazione e sconforto, si esprime in termini liberatori lo straordinario sodalizio di Luigi e Stefano: Dedalo e Icaro, Antigone e Ismene, Eurialo e Niso, Eteocle e Polinice, Amleto e Fortebraccio, Antonio e Bassanio. Amici-nemici solidali e irriducibili, che s'incontrano e si scontrano, con ciò che di ludico e di drammatico vi è talora nella sfida, in quell'appassionato arengo di idee che l'arte richiede e l'amoroso legame comporta. E si ricompongono le molteplici tessere, interrogabili da svariate prospettive, della ricca, controversa, aggrovigliata biografia dei due dialoganti: il problematico ambiente familiare, le dinamiche poetiche, l'interscambio tra letteratura, teatro, cinema, il clima socio-politico, lo spazio privato e quello pubblico, attraversato da profonde crisi e radicali trasformazioni con all'orizzonte una società in fermento. E si anima, lungo il tracciato sicuro della dialettica epistolare, che si tramuta in tessuto narrativo, un'affascinante storia, mentre sfilano, con i componenti della difficile e tormentata famiglia Pirandello, personaggi tra i più autorevoli dei primi decenni del Novecento.

A siglare un singolare percorso esistenziale e letterario un «olivo saraceno». Quell'«olivo saraceno grande, in mezzo alla scena» con cui Luigi in limine vitae confida «molto contento» a Stefano di aver catarticamente «risolto tutto», vale a dire l'ultimo mito, quello della poesia, I Giganti della Montagna, *rimasto incompiuto, e l'intera sua esistenza. Nelle* Informazioni sul mio involontario soggiorno sulla Terra *aveva scritto: «Una notte di giugno caddi come una lucciola sotto un gran pino solitario in una campagna d'olivi saraceni affacciata agli orli d'un altipiano d'argille azzurre sul mare africano». Quell'«olivo saraceno» e quella «campagna» di Girgenti,* lu vuscu di lu Càvusu, *l'empedocleo* kaos *«mescolanza di tutte le cose», dove vorrà tornare in un'urna cineraria perché sia murata in una «rozza pietra».*

* * *

39

Con l'uscita del carteggio con il figlio Stefano dal 1919 al 1936 è pressoché completata la pubblicazione degli epistolari familiari di Luigi Pirandello: da tempo edite sono infatti le lettere a Lietta, quelle a Stefano durante la Grande Guerra (1915-1918) e molte delle lettere a Fausto. *Il carteggio abbraccia un periodo culminante della vita dello scrittore, coincidendo con la stesura dei suoi capolavori teatrali, accompagnando la fase del più grande successo e della fama mondiali, attraversando gli anni del volontario esilio in Germania e in Francia (1928-1933), quelli del ritorno in Italia, della consacrazione col Premio Nobel (1934) e insieme di un sofferto declino (che vede tuttavia la creazione di opere fondamentali) e della scomparsa (10 dicembre 1936). Oltre alla quantità, alla qualità, all'interesse delle lettere di Luigi, è anche l'interlocutore d'eccezione, il figlio primogenito, senza alcun dubbio 'speciale', a segnare il significato di questo lungo, appassionato dialogo epistolare.*

Si pubblicano qui di Luigi Pirandello 79 lettere, 10 telegrammi, 1 cartolina vaglia e 3 cartoline postali, e del figlio Stefano 52 lettere e 3 telegrammi. Sono tutte le missive che, conservate da Stefano e dai suoi eredi, sono custodite presso la Biblioteca-Museo «Luigi Pirandello» di Agrigento, a cui si aggiungono 5 lettere di Luigi (provenienti da un altro deposito di carte pirandelliane ora all'estero) che Stefano non ricevette e i cui originali perciò non erano in suo possesso (sono quelle da Napoli, 22.X.1927; da Palermo, 13.XI.1927; da Palermo, 20.XI.1927; da Berlino, 24.III.1930; da Berlino, 9.V.1930); e 4 lettere di Luigi (indirizzate a tutti i figli) i cui originali sono in possesso di altri eredi di Pirandello, i quali hanno gentilmente autorizzato la loro pubblicazione parziale in questo Carteggio (sono lettere da Köln, 20.X.1925; da Berlino, 4.VIII.1930; da Parigi, 31.I.1931; da Parigi, 15.V.1931). Nel conteggio delle missive sono comprese anche 4 lettere e 2 telegrammi di Stefano al padre e 1 telegramma di Luigi al figlio, custoditi presso l'Istituto di Studi Pirandelliani di Roma, che ringraziamo. È da presumere che le lettere di Luigi al figlio, giungendo in una casa normalmente ordinata e dove si aveva la massima cura delle cose dello scrittore, siano tutte quelle che il padre gli aveva indirizzato, ad esclusione delle suddette 5.

 Delle lettere di Stefano non si può dire altrettanto, poiché giungevano a un uomo irrequieto e di frequente in viaggio in Italia o all'estero, per anni alla direzione o al seguito di Compagnie teatrali in tournée, che si spostava da un albergo all'altro, dove quasi mai aveva la possibilità di conservare le proprie carte. Molte delle lettere di Stefano si sono dunque smarrite e ciò spiega perché, nel corso degli anni, spesso egli pare non rispondere ad alcune questioni che il padre sollevava. Se tuttavia in buona parte si sono salvate (e vengono qui pubblicate) è probabilmente anche perché quando Luigi tornava dai propri viaggi riportava al figlio quelle che aveva ricevuto negli ultimi mesi o comunque aveva custodito durante le sue peregrinazioni. Alcune delle lettere di Stefano, inoltre, ci sono giunte soltanto nei testi delle minute di quelle che, poi ricopiate, gli aveva inviato; talvolta non sono complete forse perché aveva incluso nelle lettere spedite qualche pagina delle minute che non aveva avuto la pazienza di riscrivere interamente 'in bella'. Le missive incomplete, nel testo della minuta serbata, sono quelle del 24 dicembre 1923, 20 ottobre 1925, 18 dicembre 1925, 9 gennaio 1927, 30 dicembre 1928, 10 marzo 1929 e 27 maggio 1934. Nei primi anni le lettere di Luigi sono manoscritte non possedendo ancora una macchina da scrivere; la prima battuta a macchina è quella del 28 dicembre 1925; in seguito le manoscritte si alternano alle dattiloscritte. Stefano scrive quasi sempre a mano.

 I lunghi intervalli che intercorrono talora nella corrispondenza (per esempio tra il 1924 e il 1925) non sono dovuti, salvo qualche eccezione, a contrasti, ma, naturalmente, soprattutto nei primi anni, alla vita in comune dei due interlocutori che spesso abitano insieme.

 Infine si segnala che per volontà degli Eredi da alcune lettere di Luigi e di Stefano sono stati omessi, per ragioni di riservatezza, brevissimi brani, quasi sempre di poche parole appena. Tagli segnalati da tre puntini tra parentesi quadre.

APRILE 1919 - FEBBRAIO 1924

Il 14 gennaio 1919, per l'aggravarsi dei disturbi psichici, Antonietta viene ricoverata a Villa Giuseppina, una clinica per malati di mente. Luigi e i figli si adoperano a creare quel clima di laboriosa serenità che le sregolatezze della follia avevano compromesso. Lietta assume il governo della casa ed è al centro di una intensa, pacata vita affettiva. In questi anni di tranquillità familiare e di straordinaria produzione artistica, vedono la luce capolavori quali Sei personaggi in cerca d'autore *e* Enrico IV, ma pure L'uomo, la bestia e la virtù, Come prima, meglio di prima, Tutto per bene, La signora Morli, una e due, Vestire gli ignudi, L'imbecille, L'uomo dal fiore in bocca, La vita che ti diedi, Ciascuno a suo modo, Sagra del Signore della Nave.
Il quieto ambiente privato, confortato dall'amorevole vicinanza dei figli, ha breve durata. Il 16 luglio '21 Lietta sposa Manuel Aguirre, addetto militare all'ambasciata del Cile, e nel febbraio del 1922 dovrà lasciare l'Italia per seguire il marito richiamato in patria. Luigi soffre acutamente il distacco dalla figlia cui scrive lettere accorate per implorarne il ritorno. Stefano e Fausto dal canto loro sono duramente impegnati, l'uno nella scrittura l'altro nella pittura, per scelte già maturate negli anni della Grande Guerra. Per rendersi indipendente economicamente e sposare Olinda Labroca, Stefano inizia a collaborare a vari giornali e riviste, talora assunto, ma solo temporaneamente, nelle redazioni[1]. *Rielabora*

---

[1] Cfr. al riguardo: Sarah Zappulla Muscarà, *Stefano Pirandello giornalista*, in AA.VV., *Giornalismo e Letteratura. Journalism and Literature*, a cura di Giuseppe Costa e Franco Zangrilli, Caltanissetta-Roma, Sciascia, 2005, pp. 111-122 (poi, con il titolo *Stefano Pirandello giornalista e novelliere*, in AA.VV., *Per Michele Dell'Aquila. Studi su Ottocento e Novecento*, a cura di Bruno Porcelli e Eugenio Refini, in «Italianistica», Pisa-Roma, gennaio-agosto 2007, pp. 179-187).

inoltre alcuni testi teatrali, composti durante i tre anni di dolorosa prigionia, che segneranno il suo debutto drammaturgico.

Nel 1923 a Roma vanno in scena I bambini *(l'8 maggio, al «Teatro degli Italiani», con Tullio Carminati) e* La casa a due piani *(l'8 giugno, al «Teatro Argentina», con Luigi Cimara). Tiepida l'accoglienza verso il giovane autore che, nonostante lo pseudonimo di Stefano Landi, è schiacciato dall'ingombrante condizione di 'figlio', di cui non si libererà mai del tutto. Potrà conquistare successi significativi soltanto più di dieci anni dopo.*

Mentre si avviano nuovi esperimenti di pratica teatrale, fra cui il «Teatro degli Indipendenti» di Anton Giulio Bragaglia e il «Teatro del Convegno» di Milano, e il fascismo alimenta in Luigi Pirandello la speranza, poi delusa, della sospirata e caldeggiata riforma del teatro italiano, la sua opera, che ha rivoluzionato la drammaturgia nei contenuti e nelle forme, conquista un sempre più vasto consenso di pubblico e di critica raggiungendo dimensione internazionale. Motivi quali l'inesistenza della realtà se non nella mutevole percezione che in ogni momento ne abbiamo, la fluidità della coscienza, il gioco delle maschere, le metamorfosi del personaggio, turbano ed intrigano. Il fulgore della fama induce Pirandello, tradotto e messo in scena in Europa e negli Stati Uniti, a importanti viaggi fuori dall'Italia. Il 10 aprile del 1923 è a Parigi, «meravigliosa», «cose grandi», per assistere alla prima dei Sei personaggi in cerca d'autore, *per la regia di Georges Pitoëff, presso la «Comédie des Champs Élysées»; dal 20 dicembre 1923 al 23 febbraio 1924 è a New York, la «tumultuosa», «meravigliosa città», che lo accoglie «come un sovrano». Lusingato dal «successo enorme», sorpreso dalla vitalità culturale – a New York si contano settecento teatri tra grandi e piccoli e numerose sale d'avanguardia –, dalla dovizia di mezzi economici, Pirandello spera in un «affare colossale», anche in virtù delle richieste di «cinematografie». Nella metropoli americana, scrive, «non si parla che di me, e l'Italia ha solo due nomi: Mussolini e Pirandello».*

1

Torino, 15.IV.1919

Miei cari Figli,
ritorno anche oggi stanchissimo dalle prove[1], che non mi lasciano per nulla contento. Gandusio ha una gran paura di lanciarsi nel grottesco spaventoso che darebbe la massima efficienza al lavoro e lo tiene in un comico ibrido e salace che rischia invece di non farlo accettare. Gli ho spiegato che non è un paradosso affermare che quanto più coraggiosamente sfacciata si rende la maschera della commedia, tanto più castigata essa diventa[2]. Non lo intende, almeno finora. Ma lo hanno già inteso alcuni degli attori della compagnia più intelligenti di lui. Spero che riuscirò a indurlo ad adottare, se non propriamente le maschere, qualche cosa di simile: per esempio, uno stilizzamento bestiale molto accentuato[3]. E chiamerò la commedia apologo[4].
Non c'è stato verso, finora, di veder Genina[5]. Gli ho telefonato jeri e questa mattina, invano. Jersera sono stato ad aspettarlo per più d'un'ora al Ristorante Milano, dove so che va a cenare ogni sera. Non è venuto. Finalmente son riuscito or ora a ottenere la comunicazione telefonica con l'*Itala*; gli ho parlato; ci vedremo questa sera alle 10, qua in albergo. Speriamo che si venga al pagamento delle £ 4000.
Qui la vita costa un occhio: non si mangia per meno di 14 lire a pasto (mancia compresa); e sono disperato per le sigarette che non si trovano. Il cameriere del Milano mi ha provveduto di tre pacchetti per 5 lire!! È un'indecenza! Peggio che a Napoli!
Jeri sera sono stato a sentire al Carignano *La fiaba dei tre*

Maghi dell'Antonelli[6], annunziata dai giornali di Roma come un clamoroso successo[7]. Impostori! Sta di fatto invece che il 3° atto fu fischiato, e meriterebbe di esser fischiata tutta quanta! Talli[8] ha fatto l'impossibile a tenerla su, e a furia di ritocchi c'è riuscito. Il plagio del *Così è (se vi pare)*[9] è in questo lavoro fondamentale, e lo riconoscono tutti. Cinque persone tornano da un viaggio in America in comitiva con un dramma segreto: uno dei cinque deve avere ucciso un bambino; ma quale dei cinque non si sa. Precisamente come nel *Così è (se vi pare)*, uno dei due è pazzo; quale dei due non si sa. Ma qua è tutto farsesco e d'un gusto così sguajato che fa cadere il fiato e le braccia. Sulla scena c'è di tutto, spettri vaganti, cani, piccioni, portantine: spese pazze, e una quarantina di personaggi, una buona metà mascherati, e che splendore di maschere! Devono averci speso un patrimonio! E tutto questo per Luigi Antonelli! Ah che asfissia! che asfissia!
    Basta. Vi bacio, figli miei, con tutto tutto il cuore. Vi raccomando vostra Madre[10]. E pensate a papà vostro che soffre tanto a star lontano da voi.

Luigi

2

Milano, 18.IV.1919
Splendid Corso Hôtel

Miei cari Figli,
sono arrivato a Milano[11] jeri notte, con circa tre ore di ritardo, a causa d'un ingombro nella linea per uno scontro ferroviario avvenuto il giorno innanzi. Invece delle 23,20 di jersera, sono arrivato alle 2 di stamattina. Roba da poco! Ma, sano e salvo. Alle undici ho avuto prova, fino alle 16 sono stato

all'Olympia. La commedia comincia a colorirsi un po' e ad acquistar rilievo. Gandusio va bene. Ma sono un mezzo disastro il porco e la pupa, meglio dire i coniugi Petella[12]. Poco, ormai, più di quanto ho ottenuto, potrò riuscire a ottenere. Si tratta, purtroppo, di vera e propria incapacità a intender la parte; e tutto il buon volere non basta. Rebus sic stantibus, Dio me la mandi buona[13]! M'affido a Bartolomeo[14], che fa saporitissimi sonni dentro la valigia e non si sveglia che per raccomandarmi di salutar la sua padroncina: cosa che faccio.

Hò fatto appena a tempo a Torino ad aver le bozze del Battistelli[15]; e mi son trovata in tasca la lettera che dovevo spedirgli da Roma.

Gli ultimi due giorni a Torino sono stato in mezzo ai cinematografi e ai cinematografari. Mi hanno fatto un mondo di feste: – Maestro, di qua; Maestro, di là! E mi hanno pagate le £ 4000. E mi hanno regalato un preziosissimo scaldino di terracotta. E mi hanno invitato a pranzo. E mi hanno fatto vedere allo schermo, nella sala di prova, il *film* già pronto, che è venuto una bellezza. Tutti dicono che farà furore. E in questo caso le richieste fioccheranno. Già qualcuna ne è piovuta, da parte di Ghione[16], mio fervidissimo e sviscerato ammiratore. Un'altra certamente me ne farà Genina, subito, appena verrà a Roma, ai primi di Maggio, per conto della *Medusa*.

Stasera vedrò Praga[17], e poi Ruggeri[18]. C'è anche Musco[19] a Milano; e vedrò forse anche lui. Ma Beltrami[20] è a Parigi. Cosa grave, tanto più che ho trovato le mie fiammanti mutande colorate senza nemmeno un bottone, e non so proprio come fare.

Ma non ve n'allarmate!

Ricevo or ora, Lietta[21] mia, la tua lettera. Duole tanto tanto anche a me che vi toccherà passar la Pasqua soli soli. Sarò solo solo anch'io, in un qualunque Restaurant, dove mi scorticheranno vivo, dopo avermi ben bene avvelenato. Forse voi avrete a tavola Ninuzzo[22].

L'assemblea della Società degli Autori[23], non so se ve l'ho detto, è stata rimandata al 4 maggio; così che io non potrò assistervi. Mi tratterrò a Milano fino alla mattina del 26[24]; il 27 sarò

47

a Firenze; il 28 partirò per Roma, dove sarò il 29 mattina. Seguito a esser disperato per le sigarette che non si trovano, neanche a pagarle tre lire il pacchetto. Compro tabacco e *me li* [*sic*] *faccio da me*. Tanto per non uccidermi. Basta. Tanti auguri di Buona Pasqua, figliuoli miei, e tanti baci! Andate da vostra madre e pensate anche al papà vostro. Saluti a Ninuzzo, a d'Andrea[25].

Luigi

Riapro la lettera, perché ho ricevuto la vostra bella letterona con l'unito telegramma del signor Avvocato Portolano[26]. Alla vostra risponderò domani. Intanto, Stenù mio, rispondi[27] tu a quel pregiatissimo tuo zio; digli che io sono a Milano per affari (ragion per cui rispondi tu); digli che sei stupefatto della sua stupefazione, perché Papà, gli dirai, non mancò di avvertirti del provvedimento doloroso[28] che doveva prendere, *in una lunga lettera* in risposta alla tua prima che gli parlava delle questioni della conduttura d'acqua del Russo; e in questa lunga lettera ti parlava delle sciagurate condizioni della famiglia, con Lietta fuori di casa (a te non diceva le ragioni); non solo, ma t'invitava anche a venire a Roma se tu volevi interessarti della sorella. Papà – gli dirai – non ebbe risposta a questa lettera. Anche zio Carmelo[29] – gli dirai – fu avvertito del passo che siamo stati costretti a fare per rimediare a una condizione di cose ormai insostenibili. Parlagli poi subito, per carità, dello splendore della Casa di salute in cui la Mamma è stata chiusa, perché l'unica sua rabbia è per il denaro di lei, credi, che s'immagina costituisca la ragione per cui abbiamo fatto quello che abbiamo fatto. Assicuralo; digli che tutto questo denaro non basta a coprir le spese del mantenimento di tua madre e della ricchezza mobile, e che io debbo rimetterci da 150 a 200 lire al mese. Poi digli che a Mamma non manca nulla, che è servita, curata e tenuta come non si potrebbe meglio.

Dagli l'indirizzo della Villa Giuseppina e quello del Prof. Mendicini[30]. Avverti anche Mendicini di questa commedia che vuol fare il signor Portulano [*per* Portolano], e digli che nel rispondergli non nasconda affatto le reali condizioni mentali di Mamma e la necessità riconosciuta ch'ella fosse chiusa in una casa di salute.

Dici, infine, al signor Portulano, che se egli crede di suggerire qualche altro rimedio alla sciagura di cui noi prima di tutti siamo stati colpiti, parli, suggerisca; noi lo ascolteremo. Ma purtroppo, gli dirai, se siam costretti a far così, era segno che altrimenti non poteva farsi. (Magari dicesse che vuol prendersi Mamma con sé con tutti i suoi denari! Sarei felicissimo!)

Non mancherà a te, Stenù mio, insomma, di scrivere una lettera come va scritta: particolareggiata, precisa e pietosa, con *tutte le ragioni* del provvedimento (l'orrenda gelosia per Lietta[31], ecc. ecc., la famiglia distrutta, il deperimento a cui lei stessa si condannava per non voler persone di servizio, ecc. ecc.)

– Scrivi *subito*, per raccomandata espresso, appena riceverai questa mia.

3

Roma[32], 23.VIII.1919

Miei carissimi,
aspettiamo che Papà Calogero[33] di ritorno questa sera ci dica se per la sua venuta costà ebbe o non ebbe luogo la famosa gita alla grotta.

Qua ho trovato Papà in ottime condizioni. Fa, su per giù, lo stesso caldo che a Viareggio[34]; ma si sta meglio la sera, col ponentino fresco. Papà[35] è alloggiato nella mia camera da letto, e io per il momento dormo nella camera di Stefano. Quando Stenù tornerà, se non deve andare a Macerata[36], dormirò nella saletta d'ingresso.

Annetta s'è licenziata perché vuole andare all'estero, in Germania, col fratello. Così siamo del tutto senza persone di servizio. La Cagnacci ha detto che riscriverà a quella tal sua cugina d'infelice memoria e a una certa amica di codesta cugina, per farle venire tutte e due al nostro servizio. Ma quanto c'è da fidare sulla loro venuta? L'ing.re Ciangottini[37] spera di rintracciare una servetta che s'è presentata a lui in cerca di collocamento. Ma ormai sappiamo come sono fatte le promesse e le ricerche del sig. Ciangottini. Non credo intanto che Annetta si mostri così ingrata di lasciare la casa prima d'aver trovato altra donna di servizio.

Io vorrei che la vostra villeggiatura non andasse oltre la fine della licenza di Stenù, cioè oltre il 12 settembre. C'è bisogno assoluto di rimettere in ordine stabile le due case di sopra e di sotto, e per farlo s'aspetta il vostro ritorno[38]. Così stando le cose, Linuccia non verrà a Viareggio.

Jersera io sono stato a ritirare le 5 copie della *Casa a due piani*[39] dalla dattilografa e ho pagato £ 100. Gli errori temo che siano innumerevoli. Lo desumo da una scorsa alle prime pagine. Mando sotto fascia raccomandata una copia a Stenù[40].

Mi sono dimenticato sul comodino della camera dove dormivo (quello su cui Stenù ha posato la sua biancheria) le bozze del volume *Erba del nostro orto*[41]. Le vorrei mandate al più presto, raccomandate.

Dite al signor Luchini che ho parlato di lui, calorosamente, alla *Tespi film* e che sono stato incaricato di invitarlo a mandare qualche sua fotografia. S'affretti a farlo. Può indirizzarla a me. Intanto salutatemelo e porgete i miei più cordiali saluti anche al signor Zacchi, a cui faccio spedire i due volumi di novelle *La trappola* e *Terzetti*[42].

Abbiatevi tutti, miei carissimi, tanti, tanti, tanti baci forti forti dal vostro papà e zio

Luigi

4

[Macerata, 17 settembre 1919]

Carissimi,
oggi è il 17 settembre, e l'altra lettera mia era del 15, non del 16. Ho bisogno delle scarpe che ho lasciato a casa, perché le nuove che ho comperato sono molto eleganti, ossia mi romperebbero i piedi se per disgrazia mi toccasse di fare qualche marcia. Purtroppo il programmino di stare in santa pace a lavorare per conto mio è svanito appena formulato, perché sono stato assegnato alla 4ª compagnia che è un putiferio di confusione e di disordine, comandata da un povero di spirito e disorientatissimo tenente che non sa l'arte di ottenere il necessario col minimo dispendio – è uno scialacquatore delle energie altrui. Per cui dalle 7 di stamane sono stato in moto su e giù per Macerata e fino ad ora (che sono le 3 pom.) sono riuscito a caricare su una carrettella 299 assicelle da letto e a prendermi un'ora di riposo. Adesso debbo tornare per passare in rivista un mucchio di scarpe usate, per decidere su ogni paio se sussista una possibilità di riparazione. Sono piuttosto rincretinito. Anche jeri ho lavorato tutto il giorno così stupidamente. Oggi poi, alle 6, monterò di servizio di giornata, e ce ne avrò fino alle 6 pom. di domani. Fa caldo e l'uniforme è ovattatissima, per salvarmi dal freddo. Non c'è un cane con cui scambiare una parola nei momenti di libertà, epperò me ne sto aggattatissimo per conto mio. *Il diario d'un fante*[43] l'ho quasi finito, a Dio piacendo, e prevedo che seguiterò a rincretinirmi nelle pause col Plutarco[44] che non leggerci se non fosse nell'edizione di Pio Cipicchia. Le sigarette stanno agli sgoccioli e qui non si trovano: con molto stento si può estrarre da un tabacchino compiacente un pacchetto di Popolari, quod Deus avertat. E allora scrivetemi e mandatemi le scarpe e le sigarette. Qui del congedo degli Ufficiali della mia classe non si sa nulla. Alla cassa non mi sono avvicinato perché è sempre piena di congedandi. Basta, aio aio – tantissimi bacoloni a tutti e scrivetemi

vostro Stefanone

5

Roma
[da collocare tra il 23 e il 24 settembre 1919]

Stenù mio,
io, per ultimo[45]; con la consolante notizia che ti ho spedito cinquanta lire di sigarette; e altre te ne spedirò regolarmente. La tua lettera del 16 ci è arrivata il 22; e già la mia testa mulinava... mulinava... Basta. Ora sono tranquillo, almeno quanto a te. Sono invece angustiatissimo e angosciatissimo per mamma, Stenù, che *vuole parlarmi di premura*. L'ha detto a Lulù[46], domenica, e l'ha anche scritto. Io non posso e non debbo andare. Andrò, sì, per intendermi con Mendicini. Fausto non ha avuto lì per lì la presenza di spirito di dirle che io non ero a Roma. Le promise invece che mi avrebbe riferito l'ambasciata. Ora bisognerà trovare un ripiego; e non so quale. Sono in uno stato d'animo, che puoi bene immaginarti.

Lavoro; ma di tanto in tanto crollo a piombo dal dramma che sto scrivendo al mio dramma vero, e allora mi prendo la testa tra le mani, chiudo gli occhi, e mi sento schiacciare dal peso enorme e irremovibile di questa mia ferocissima sorte!

Fortuna che sussiste ancora in me, viva, l'arte, e d'una vita sempre più profonda e potente, ma anche, ahimè, sempre più amara.

Lavora, quando e come ti è dato, Stenù mio, e ritorna presto, per attendere a comporre la tua vita. Questo sopra tutto mi preme, per te, per Lietta, per Fausto. Solo allora, quando vi saprò *vivi per voi*, sarò meno triste, o almeno, più tranquillo.

Tanti e tanti baci forti forti dal papà tuo

Luigi

6

[Roma, 25.IX.1919][47]

Caro Stenù mio,
Due paroline sole, per oggi, perché devo uscire in fretta per andar da Giordani[48]. Ho scritto finora, e sono in ritardo. Ho fatto dire a Mamma da Mendicini che sono a Macerata, chiamato da te perché, non trovandoci le carte in regola presso la sanità militare circa la tua licenza trascorsa, ti volevano procurar grattacapi; e allora tu mi hai telegrafato per venire a testimoniare presso il comandante del deposito che avevi veramente ottenuto la licenza ed eri stato sei mesi in famiglia. Tanto per saperti regolare, scrivendo a Mamma. Inteso? Ella deve sapere che sono stato e sono ancora presso te a Macerata. Tanti baci forti forti
dal papà tuo Luigi

7

Macerata, 26 settembre 1919

Carissimi,
vi scrivo in fretta due parole prima di andarmene a letto a concludere una giornata di servizio disastrosa, durata dalle 5 ½ di stamane con un raffreddore di quelli di tipo familiare e un mal di testa sopraffino. Meno male che finalmente ho ricevuto posta – le due vostre del 22 e del 25 scorso – e una lettera-risposta a volta di corriere di Ninetta. Avete fatto una bellissima frittata, piccoli miei[49]. Come si fa a non pensare che io a Mamma per sei mesi continui ho dovuto portare la scusa dess'ere [*per d'essere*] mattina e sera occupato dall'ufficio, tutte le volte che

lei mi chiedeva di andare a trovarla più spesso e tutte le volte che mi forzava a prenderla con me per andarcene a vivere insieme in qualche pensione? Eppure, Dio mio, se non ve ne avessi parlato io di questo che le dicevo sempre, – e invece ne ho parlato quasi ogni volta – dovevate ricordare, Fausto soprattutto, due cose: 1° che io sono rimasto solo a Roma quando tutti voi era[va]te in villeggiatura perché ero all'ufficio e 2° che io sono dovuto venire a Macerata perché in seguito al mio allontanamento per la licenza avuta per curarmi dell'artrite all'ufficio s'erano provveduti di un sostituto e non c'era più posto per me. Adesso voi ve la siete cavata, a quanto pare, ma io non so con che faccia potrò ripresentarmi a quella povera disgraziata che in fin dei conti merita che vi diate per lei il pensiero di escogitare meglio, meno crudelmente, i pretesti, per ingannarla con un po' più di garbo e senza darle delusioni acerbe come questa che avrà avuto, della mia sincerità, su tutti i miei patetici sconforti per la mia vita di schiavitù burocratica, che io le mettevo avanti quando lei smaniava per la schiavitù sua, a dimostrazione che la libertà è un'astrazione e non esiste. Adesso non so proprio come regolarmi. O mi odierà come impostore e sciaguratamente le cresce il vuoto attorno, oppure vorrà perdonarmi: ma non le costerà poco, e non abbiamo nessun diritto di ridurla a Mater dolorosa.

Basta, io proprio questa non me l'aspettavo. Se io ci penso mi viene l'impeto di sradicare le stelle a furia di bestemmie – e cerco di non pensarci[50].

Ninetta mi scrive che a Fiume molto contano sull'opera dei buoni rimasti in Italia, che forse saranno i più utili. Io sto in condizioni pessime per giovare. Mi hanno messo in una compagnia di inabili, tutti sotto rassegna e in attesa di congedo, che non pensano più in là d'una buona pensione e del ritorno al pacifico focolare. Degli Ufficiali colleghi è meglio non parlare: o sono cosidetti materialisti o sono assai timidi. Ogni tanto succede un gran rapporto in cui con grande pompa di solennità il Colonnello legge una sfilza di saviissimi freni e di paurose minaccie che dovrebbero per reazione suscitare il bisogno di dire che nessuno è tenuto a compromettere la sua esistenza di cittadino per far piacere a un innominabile gaglioffo. Pazienza – la storia si scrive meglio con l'arte, forse, che col sangue, quando si è in tanti pochi filosofi a pensare alla storia. Ma sono triste e umiliato di dover dire così a ventiquattr'anni.

Basta, mi arrivassero le scarpe, almeno! È una settimana che tutte le mattine ripeto: se non arrivano oggi, a stasera non ci arrivo. – Riconosco umilmente d'essere esagerato – esagerato in tutto. Nella *Casa a due piani* non ci entro da parecchio. Povera vecchia, comincio a stancarmi d'averla sempre sotto gli occhi sempre in riparazione: avessi almeno il coraggio di demolirla! Naturalmente finché non sistemate meglio le cose io a Mamma manderò solo qualche cartolina illustrata coi baci. Scrivetemi subito in proposito. Vi abbraccio forte forte

vostro Stefano

8

[Roma, 27.IX.1919]

Scrivendo Mamma dille trovarmi io costà chiamato da te appianare computazioni sanità circa tua ultima licenza. Segue lettera. Abbracciamoti Pirandello.

[Telegramma]

9

Roma, 7.X.1919

Mio caro Stenù,
quel che ci dici della visita medica d'Ancona non mi piace proprio per niente, aggiunto al dimagrimento di cui ci hai fatto cenno. Mi par mill'anni perciò di riaverti presto in casa. Ho ricevuto i vaglia di £. 4500[51]. Tratterrò le 500 che ti anticipai; le altre 4mila saranno a tua disposizione. Mamma è piuttosto calma. Jeri ha detto a Fausto che la sua vera disgrazia consiste nell'aver trovato *un marito imbecille*. Ma ce n'è una nuova: che si trova lì per le tre figliuole bastarde di suo padre, una delle quali è maritata con un certo Asaro, che certamente dev'esser parente del signor Asaro, quello del villino accanto al nostro di Via Alessandro Torlonia, ricordi? È bastata una coincidenza di nome per farle subito sospettare un rapporto di misteriosi interessi a suo danno. È purtroppo ancora ferma nell'intenzione di parlar con me; ragion per cui bisogna che io sia in viaggio ancora. Pare veramente (ancora non lo so di certo) che debba recarmi a Firenze il 10, per la riscossione delle lire 100mila[52]. Spero di non muovermi per non distrarmi dal lavoro e d'ottenere che il Bemporad[53] mi mandi il denaro per mezzo di uno chèque. Ma tu, scrivendo a Mamma, puoi farmi trattenere a Macerata fino al giorno 9 e farmi partire il 9 sera per Firenze, dicendole che mi reco colà per trattare un grosso affare, il quale mi tratterrà lontano da casa, senza dubbio, parecchi e parecchi giorni.

Questo è quanto. La commedia[54] nuova va avanti: è spaventosa. Lacerto vivo, sanguinante. Dove andrò a finire, seguitando di questo passo? Ma più scavo, e più scopro in questa porca umanità abissi di tristezza.

Basta. Torno al lavoro. Tanti baci, Stenù mio, dal tuo papà
Luigi

10

s.d. [Roma, febbraio 1920]

Impegnato prove Ruggeri[55], impossibile venuta. Rimettomi tua conoscenza mie intenzioni, esperienza Paladini. Tagliate, salvando espressioni essenziali. Sfrondate parte comica primo atto, alleggerite scena Fulvia Silvio secondo. Non volendo assumervi repsonsabilità, sospendete rappresentazioni Napoli[56].

Luigi Pirandello

[Minuta di telegramma urgente]

11

Roma, 12.II.1920

Nocendomi enormemente presentare novità Italia compagnia terzordine prendiamo pretesto essere inevitabile per me rivedere copione con tagli praticati telegrafo questo senso D'Amora, regolati conseguentemente.

Pirandello

[Telegramma urgente]

12

Venezia, 25.III.1920

Successo entusiastico quattro chiamate primo atto sette secondo quattro terzo e applauso scena aperta interpretazione Celli magnifica abbracciamovi[57].

Pirandello

[Telegramma]

13

Francavilla al Mare, 26.VII.1920
Imperial Palace Hôtel[58]

Mio caro Stenù,
qui si muore di caldo. Non spira alito di vento e sto quasi sempre in una tetra accapacciatura, che mi intontisce. Pur non di meno ho lavorato e lavoro[59].

Mi bisognerebbero i libri del Verga[60], specialmente i *Malavoglia*, *Vita dei Campi* e *Novelle rusticane* per finire la preparazione per il discorso di Catania[61], non che il Saggio del Croce sul Verga, che si trova nel I volume dei suoi *Studi sulla Letteratura contemporanea della seconda metà del sec. XIX*[62].

Vorrei inoltre che passassi da Giordani per sapermi dire se ci sono novità che mi riguardano prima di tutto circa al contratto per le traduzioni tedesche di 5 miei lavori, poi se il Ferrero ha risposto e infine se si sa qualche cosa circa all'invio del trimestre passato.

Si [è] fatto vivo il signor Reggio per la novella? Non me ne hai detto nulla e dunque suppongo di no.

Ti accludo una letterina per il prof. Aurelio Costanzo[63] perché dia a te lo stipendio di luglio che, insieme con gli aumenti di due mesi per il caro-viveri, sarà, suppongo, di £ 900 e qualche cosa. Pagherai con esso la retta per Mamma il primo d'Agosto, e il resto lo tratterrai per aggiungerlo al denaro che ti manderò per la pigione di casa. Ti mando intanto per cartolina-vaglia le £ 150 che hai spese per le sigarette.
Aspetto con impazienza il rendiconto di Treves[64] e il trimestre della Società degli Autori.
Ti raccomando, Stenù mio, di non trascurare le visite settimanali alla povera Mamma, che mi sta sempre fitta nel pensiero e innanzi agli occhi.
Che cosa ha fatto Mario[65] con lo scenario di *Una voce*[66]? L'ha portato a Campanozzi[67]? S'è concluso l'affare?
Salto, come vedi, di palo in frasca. Rimandami la posta che arriva. Fausto ha scritto quattro paroline svogliate dal Caos per dirmi che sta bene e che la campagna gli piace. Non pensi tu di fare qualche scappatina qua a Ferravilla [*per* Francavilla] per un pajo di giorni?
Basta. Addio, Stenù. Salutami la tua Olinda[68], e con tanti saluti per tutti abbiti un bacio forte forte dal papà tuo

Luigi

Caro Stenù,
riapro la lettera per darti la triste notizia che ho perduto, o mi hanno rubato il portafogli con tutto il danaro che avevo con me, circa £ 3.000!
Sono senza un soldo! Giuffrè mi darà ajuto per il momento. Recati subito da Giordani e fatti anticipare a conto del mio trimestre altre £ 4.000 che mi manderai subito per vaglia bancario con raccomandata-espresso. Mi raccomando di agire con la massima premura!
Un bacio dal papà tuo

Luigi

14

[Francavilla al Mare, 8.VIII.1920]

Mio caro Stenù,
Costanzo ha mandato a me, qua a Francavilla lo stipendio di luglio. Mi dispiace che, non avendolo avuto, tu abbia lasciato passare tanti giorni, senz'avvertirmene e perciò senza pagare né la pensione di Mamma né la pigione di casa. Ti mando subito, in due cartoline vaglia £ 1120, e cioè £ 814 (o giù di lì) per la pensione di Mamma e £ 300 per la pigione di casa. Ti puoi recare subito a Villa Giuseppina e far lì all'Amministrazione della casa la girata di questa cartolina. Col resto che ti daranno pagherai, insieme con l'altra cartolina di £ 120, la pigione a Ciangottini, e mi potrai anche girare l'altra cartolina, senza darti il fastidio, così, di cambiare l'una e l'altra.

Non ricevo ancora i libri del Verga, e son disperato. Il tempo stringe e non mi son messo ancora a preparare il discorso. Ho lavorato al romanzo[69] e al volume delle novelle per Bemporad[70]. Vorrei anche finire la commedia[71]. Campanozzi mi ha scritto che per il film *Una voce* Musatti offre £ 3000. Rifiuto, e gli dico che debbono essere 5000. Prendere o lasciare. Ho ricevuto i giornali che parlano della mia commedia[72]. In generale, son buoni. M'aspettavo una tua lettera dopo il telegramma. Ma, non so perché, non mi scrivi. Né tu da Roma, né Fausto da Porto Empedocle. E questo mi fa tanto male! Non mi resta altro che vedere i figli, anche i figli allontanarsi da me[73]! Basta. Tiriamo avanti. Qua, come puoi immaginare, m'annojo mortalmente: non ho con chi parlare, e sto dalla mattina alla sera all'albergo a lavorare. Ma Lillì si diverte, e questo per me è tutto, e basta a compensarmi della noja e della spesa.

Scrivimi a lungo, parlami di te, delle cose tue, vuoi che scriva alla Celli per la tua *Le mamme d'Amì*[74]? Son pronto a farlo. Abbiti tanti, tanti baci dal papà tuo

Luigi[75]

Lietta ti scriverà domani a lungo.

15

[Francavilla al Mare, 9 agosto 1920
Imperial Palace Hôtel]

Caro Stenù mio[76],
t'ho detto tutto, veramente, nelle due cartoline vaglia di jeri. Sono stato in attesa, dopo il telegramma, delle tue impressioni e delle impressioni generali del pubblico dopo le rappresentazioni della commedia. Vorrei sapere, sopra tutto, se t'è sembrato che la nuova commedia abbia tolto qualche cosa o qualche cosa aggiunto all'attivo dei due precedenti successi di *Tutto per bene*[77] e di *Ma non è una cosa seria*[78]. Dalla stampa[79] (e segnatamente dall'articolo del Tilgher[80]) argomento che, per lo meno, non c'è stata passività. Intanto, nei giornali di Roma che arrivano a Francavilla manca la critica teatrale; e non riesco a saper nulla delle repliche, se seguitano; quando sono state, ecc. I giornali dicono che la prima sera la sala era gremita; ma sarà vero?

Penso di ritornare a Roma verso il 27, prima di partire per la Sicilia. Il viaggio di qui a Catania sarebbe un vero disastro. Verrei a lasciar la roba che non mi serve, per portarmi soltanto quella utile per un viaggetto d'un quindici giorni al massimo.

Come vedi, non mi restano che una ventina di giorni per preparare il discorso per Verga. Ma non so come fare, perché mi mancano tutti i libri! Da domani mi metterò a improvvisare. Già il *pupo* del discorso ce l'ho in mente. Sarà quel che sarà.

Né Treves, né la Società degli Autori mi mandano ancora i rendiconti, e l'affare del film *Una voce* sembra sfumato. La mia lontananza da Roma è un guajo. Vivendo così, mese per mese sui proventi, senza nulla da parte, bisognerebbe che stessi sempre sugli affari, per provvedere all'occorrenza. S'avvicina il giorno 15, in cui vorrei mandare denari a te, denari a Fausto, denari a mio Padre, la bellezza di £ 1325, e se non m'arrivano a tempo i denari di Treves e quelli della Società, non so come

fare. Aver lavorato tanto e non avere ancora la sicurezza del domani, è proprio un avvilimento! Basta. Aspetto tue lettere lunghe, Stenù mio. Non distaccarti da me, figliuolo mio! E abbiti tanti tanti baci forti dal papà tuo
Luigi

16

[Francavilla al Mare, 12.VIII.1920]

Mio caro Stenù,
sono più tranquillo dopo la tua seconda lettera. Ti risponderò domani. Intanto ti mando £ 500, che ti basteranno, spero, fino al 28, in cui ritorneremo a Roma per ripartire il 30 per la Sicilia.
I libri di Verga che mi bisognavano non mi sono arrivati, e ho dovuto farne senza. Sto per finire il discorso.
Basta. A domani. Per questa sera tanti e tanti baci forti forti dal papà tuo, tutto tuo
Luigi

[Cartolina-vaglia di £ 125]

17

Roma, 19 agosto 1920

Carissimi,
ho ricevuto il vaglia di £ 500, ma Papà ha scambiato e ha messo nel figliolino del mio la corrispondenza che doveva avere la sua natural sede nel figliolino del vaglia diretto al Nonno.

Così io sono un po' all'oscuro dei vostri pensamenti, e da un bel pezzo, qualche cosa come quindici giorni, che, dato il modo in cui io li ho passati, mi sembrano un bel po'. Ho portato un altro articolo alla "Tribuna"[81] – e sto concludendo una novellina (la prima che ho provato a scrivere) che darò, credo, a "Noi e il Mondo"[82]. Dopo la rinfrescata di Ferragosto qui si sta d'incanto – l'aria autunnale, il cielo limpido, certe folate montanine che si rincorrono a sera per le vie pulite e sonore dei nostri passi, quasi deserte, la calma sopravvenuta dopo la partenza di Maria, il sentimento dell'amore fortissimo che ci lega me e Dodi con tanta serena passione, mi tengono nello stato d'animo del dopo la tempesta, in una grata lievezza di spirito che sento sospesa, come una culla d'aria, ma sostenuta, su tutto quel profondo che mi vive dentro ora più solidamente che mai.

Mario ha scritto da Masone un po' smarrito e fuorviato e gli ho risposto a lungo. Ho rivisto Maselli[83] qualche altra volta, e mi si dimostra tutt'altro che ostile. Chissà che il cozzo avuto con me non l'abbia scosso fortemente, in modo che possa giovargli.

Sono stato insieme con Ninuzzo a pranzo e abbiamo parlato a lungo. M'ha raccontato della vita che Fausto s'è fatta al Caos, discorsi pieni di campagna e di mare, belle cose eterne che dovremmo poter sempre sentire in noi e mescolare ai nostri turbamenti[84]. Oggi o domani, poiché non ne ho notizia da voi, voglio andare da Campanozzi per sapere del film. Quest'affare se, forse, è sfumato, costa una pregiudizievole delusione a parecchi: a Papà per primo, poi a Mario, poi a me, poi a Dodi e sorelle cui Mario aveva promesso 50 lire a testa e infine a un disgraziatissimo De Paolis, musicista balzano e famelico, che un giorno sì e uno no, viene a casa Labroca a domandare con molta compunta dignità: se il signor Pirandello ha nulla da comunicargli da parte di Mario... –

Io mi sono inteso con il simpaticissimo zio Peppino Pàstina[85] pittore, per fare una serie di articoli su la sua raccolta di quadri: ho passato un pomeriggio delizioso nel suo studio – ci sono dei Correggio, dei Tintoretto, dei Fenoglio potenti, un

Pierin del Vago [*per* Vaga] che è una maraviglia e tanta tanta altra bellissima roba: due Prete [*per* Preti] napolitano e la raccolta Piccinni con la Maternità, specialmente. Adesso sta segretamente trattando per avere nientemeno che un Raffaello. È entrato nel giro d'affari con le più ricche famiglie collezioniste: i Rothschild, i Morgan ecc. e con lo Stato. È un uomo coltissimo e intendentissimo. Dalla sua compagnia ricaverò certamente una buona conoscenza di storia dell'arte, e avrò la spiegazione esatta di tutto quello che si chiama tecnica.

Basta, adesso la smetto, sono le 12 meno ¼ e vorrei oggi pranzare insieme con Ninuzzo – poi cambierò il vaglia – poi andrò a correggere[86] l'articolo, poi sarò alle 3 allo studio di zio Pàstina, poi alle 5 a lezione di francese, poi alle 6 ½ da Dodola e andremo a villa Borghese.

Sono stato, come sempre ogni cinque giorni, a trovar Mamma, l'altro jeri, l'ho trovata più calma perché Mendicini è in licenza per un mese e il dottore che lo sostituisce le va a genio. M'ha pregato di portarle di nascosto un gocciolino di marsala: e glielo porterò, venerdì.

Io vi bacio forte forte.

Scrivetemi, se non altro per ripetermi le cose che dovevo leggere io e che invece capiteranno sotto gli occhi del Nonno.

Di nuovo

vostro Stefano

18

Roma, 22 agosto 1920

Carissimi,
vi scrivo un letteruzzo breve per rimandare a Papà un foglietto ferrigno – e per dirvi che è un po' troppo lungo il vostro silenzio.

Capisco che Papuzzo sarà così disgustato di penna e carta e calamajo che scrivere ancora per me gli debba poco sorridere, ma Lietta, piccolo sacrificio prima di iniziare la toilette notturna, perché no? Non so se verrete davvero per la fine del mese – lo spero. Io mi ritrovo benone in salute, e sto sul mio perno con mia piena soddisfazione. A dir la verità solo da una settimana a questa parte posso dire di lavorare, sul serio. Con le mani in mano non sono mai stato; ma c'è modo e modo. Il modo di quest'ultima settimana è un modo maggiore.

Ho intensificato le visite alla Mamma, per suo desiderio. Ci vado due o tre volte alla settimana – sta sempre calma; al solito per quel che riguarda le sue fissazioni. C'è in più un sempre più spiccato indirizzo verso la manìa erotica: non fa una bella impressione, ma, nel giudicare del suo stato di gravità, bisogna prescinderne, considerando che è tutta personale, inerente alla mia qualità di figlio. Tutto sommato sta un po' meglio, nel senso che il periodo di calma è stato lunghissimo e continuo: solo un giorno era eccitata, ma assai debolmente.

Ho visto altre due volte il buon Ninuzzo e abbiamo chiacchierato insieme: vuol sapere quando verrete, che verrà a trovarci, anche se voi starete un giorno solo. Oggi l'ingegnere Ciangottini parte per Genova, da dove il 24 si imbarcherà per l'America.

Io ho scritto in casa di Dodi e adesso che mi congedo da voi rimango con lei. E così m'affretto a baciarvi e sono il vostro aff.mo

Stenù

Saluti a Lei, ed a Lietta tanti baci. Olinda

19

[Francavilla al Mare, 26.VIII.1920
Grand Hôtel]

Caro Stenù mio[87],
il discorso per Verga (finalmente!) è quasi finito; ma non ho un minuto da perdere. Ho ricevuto una cara letterina della tua Olinda, e mi fai il piacere di ringraziarla tanto tanto e di dirle che l'ho molto molto gradita. Il trenta mattina saremo a Roma per ripartire il 31 sul *tripolino*. A Roma, a voce, ti dirò tante cose, tutte le cose che non ti ho scritte. Per i biglietti del vagone-letto bisogna che vada, credo, a Piazza San Silvestro; ma non lo so di certo. Domanda all'Agenzia Sommariva in Piazza Venezia. Ti mando per questi biglietti una cartolina-vaglia di £ 200. Basta. Torno alle ultime battute del discorso per Verga. Saluti affettuosi a Olinda, un bacio forte forte a te dal papà tuo
Luigi

20

[Roma, 20.X.1920
via Pietralata, 23]

Tanti e tanti baci a te, Stenù, e saluti affettuosi a Olinda. Saluti anche per la Sig.ra Maria.
Luigi[88]

[Cartolina postale]

21

Masone (Genova), 24 luglio 1921

Caro Papà,
oggi è domenica e piove. Domani lunedì andrò a fare il primo bagno a Acqui. Sabato sera partirò e domenica mattina sarò di nuovo a Roma. Ho provato jeri a lavorare, ma ho pre sto smesso. Non sono ancora ben riposato. Spero che tutta questa settimana, che ancora mi resta, mi gioverà. Qui fa quasi freddo e per me in fondo non è piacevole – a Olinda, invece, fa bene. Ma non ingrassiamo affatto a vista d'occhio, perché la serenità è un mito doverla ritrovare allontanandosi dall'ambiente che ce l'ha tolta, quando ce l'ha tolta anche nell'animo. Non sono affatto scontento però né d'esser venuto né di ripartirmene presto. E ho fierissime intenzioni di lavorare a spada tratta. Ho scritto ancora a d'Amico[89] – scriverò a Frateili[90] per sapere se l'articolo che ho lasciato è andato a verso a Tamarissimo[91]; spero di sì[92]. Vorrei mandare una corrispondenza amena da Masone, ma forse mi seccherò di farla, non essendomi ancora tolto dalle spalle il peso di questa sudatissima novella per "Novella"[93]. Quando l'avrò finita, vattelapesca poi se sarà "adatta". Ho sempre pensato a te e al mio dovere di far respirare un po' l'infelicissima Olinda e non sono stato mai lieto. E poi non posso riuscire a riposarmi, sotto l'assillo della necessità di trovare la mia via. Non sto forse un minuto senza pensarci. Meno male che così la mia vita è riempita da qualche cosa: il pensiero per te, il pensiero per Olinda, il pensiero per il mio avvenire. Ho scritto subito appena arrivato una lunga lettera a Mamma annunziandole la mia partenza improvvisa e il mio prossimo ritorno e le ho promesso che le scriverò presto, e lo farò domani. Se hai notizie di Lietta[94] e se non ti rincresce troppo scrivermi, comunicale e dimmi se Fausto è poi andato a Anacapri. Tante volte avrei la tentazione di ripartirmene prima del termine, ma penso che forse non ti farebbe

piacere. Penso che a te questi luoghi sarebbero piaciuti molto, perché sembrano proprio un misto del paesaggio di Soriano con quello di S. Marcello Pistojese, e le condizioni materiali sono ottime per la gran pulizia degli abitanti. Figurati che annaffiano perfino le strade e anzi due volte al giorno, con una fatica da pazzi: a secchiate d'acqua. E poi scopano. Non si sente niente di politica, sono tutti pacifici e credenti. Basta, Papà mio, adesso ti lascio. Olinda ti saluta affettuosamente e anche Mario.

Io ti bacio forte forte e t'abbraccio

il tuo figlio Stefano

22

Parigi, 9.IV.1923
Hôtel Meurice

Miei carissimi Figli,
arrivato benissimo[95]. Girato tutto il giorno. Parigi meravigliosa[96]. Visto Hébertat, direttore Campi Elisei. Oggi prima prova generale, detta *prova della sarta* (non so perché). Sarà per me la prima prova della commedia. Crémieux[97] mi dice un gran bene dell'interpretazione[98]. Vedremo. Jersera è arrivato col treno di lusso Niccodemi[99]. Non so se potrò accettare tutti gli inviti che mi fioccano da tutte le parti: ricevimenti, colazioni, cene. I letterati del cenacolo della Nouvelle Revue Française mi hanno invitato per sabato sera; ma o la cena s'anticiperà d'un giorno, o io non potrò accettare, perché venerdì notte Niccodemi, Giordani e io intendiamo ripartire per Roma[100]. Mi ha invitato a cena per sabato anche René Doumic[101], direttore della "Revue des Deux Monds". Insomma, *cose grandi*, come diceva quel tale.

Vi scrivo telegraficamente, perché non ho un momento di tempo. Perverrò coi giornali. Intanto vi bacio tutti.

Luigi

Ho scritto a Lietta[102]. Scrivetele. Siete andati da Mamma[103]? Baci forti forti (pelosi) a Pupina.

23

Parigi, 11.IV.1923

Esito trionfale Scrivo Abbracci Luigi.

[Telegramma]

24

New York, 24.XII.1923
The Biltmore
New York

Miei cari figli,
contentatevi di pochi righi, perché non trovo né tempo né modo di scrivervi a lungo.
Ho fatto un bellissimo viaggio[104] e non ho mai sofferto il mal di mare. Tutti sul piroscafo hanno avuto molta deferenza per me, a cominciare dal comandante Schiaffino. Ho trovato a bordo un nipote palermitano, Capitan Filati, del "Duilio", che ha avuto per me le più affettuose premure. Ho conversato tutto il tempo, un po' in francese, un po' in tedesco, con l'attore

Korff[105], intelligentissimo. Durante la traversata ho ricevuto un gran numero di radio-telegrammi, prima dall'Italia (uno di Mario), poi dall'America dell'Ambasciatore Caetani[106], dal Console Bernardi[107], di Eleonora Duse[108], della Società Italo-Americana, di I.C. Falbo[109], di Barzini[110], di tante e tante associazioni e logge siciliane, come potrete vedere dai giornali che vi accludo.

Prima di arrivare a N.Y., appena il piroscafo s'è fermato per la visita sanitaria, son saliti a bordo con Livingston[111] un esercito di giornalisti americani e italiani e di fotografi ed è cominciato il mio supplizio: sono stato bersagliato in tutti i modi. Interviste e fotografie per tutti i giornali: due ore di fuochi di fila.

Allo scalo ho trovato una rappresentanza della Società Italo-Americana, di cui sono ospite, con la Contessina Irene di Robilant[112], che ne è la segretaria, Pemberton, una rappresentanza più o meno numerosa delle innumerevoli leghe e logge e associazioni d'Italiani emigrati; Falbo, Bondois[113], altri giornalisti, e poi, all'uscita, una folla infinita, di migliaja e migliaja di persone, che mi hanno accolto come un sovrano, con grida di evviva e applausi strepitosi. Non mi sarei mai aspettato tanto! Ho trovato anche il Curci[114] ad attendermi, che poi ho perduto tra la ressa indescrivibile. Nell'automobile della Robilant, con Livingston, sono sceso a questo Albergo Biltmore, che è uno dei primi della città.

Sono, come v'ho detto, ospite della Società Italo-Americana e del Foreign Press Service[115] e trattato con una signorilità e una larghezza che non vi so dire: figuratevi che ho all'albergo un appartamento a mia disposizione, camerieri italiani addetti al mio servizio, una segretaria che sta in una stanza con la macchina da scrivere, il telefono in un tavolinetto e un memorandum dove d'ora in ora appunta i convegni, gl'inviti, le visite e via dicendo, pronta a ricevere tutti i miei ordini, a prevenire tutti i miei desiderii, ecc. ecc. Tutti mi vogliono vedere, tutti mi vogliono a colazione o a pranzo: sono l'uomo del giorno. Sono stato a cena dal miliardario Otto Kahn, da un architetto che non so come si chiami, il quale ha costruito tutto un quartiere di N.Y., da un signor Di Giorgio, siciliano-americano, anche lui miliardario; e giornalmente dalle 9 ½ alle 11 sono a disposizione dei giornalisti che m'intervistano per tutti i giornali e dei fotografi e disegnatori dei *magazines*. Sabato sera andrà in iscena in un teatro la nuova commedia di Shaw[116] *Giovanna D'Arco*, e il "New York Times" vuol che io ne faccia la critica, e la farò[117]. Si sta poi organizzando un giro di conferenze nelle Università, e altre conferenze terrò qui a N.Y. Non è possibile che ritorni presto. Già l'inaugurazione della Stagione, per cui l'aspettativa è enorme, si farà la sera del 14 gennajo, con l'*Enrico IV*[118], forse al *Mahnatan* [*sic*], che dopo il Metropolitan, è il teatro più grande di N.Y. Si daranno poi: *Così è (se vi pare)*, una ripresa di *Sei personaggi*[119], il *Piacere dell'onestà*[120], *Ciascuno a suo modo* e poi si vedrà. Intanto è uscito il volume[121] con le traduzioni di *Ciascuno a suo modo*, del *Piacere dell'onestà* e del *Vestire gli ignudi*[122], magnifico come il primo[123]. Il *Fu Mattia Pascal*[124] ha un grande successo: è già alla terza edizione e l'editore Dutton[125], che ho conosciuto, ne è entusiasta. Uscirà tra breve anche il romanzo *L'esclusa*[126] che qui piacerà moltissimo. Bisognerà avere pazienza e lasciarmi stare qua il tempo necessario per far fortuna. Verranno le cinematografie, dell'*Enrico IV*[127] e del *Fu Mattia Pascal*[128]; verranno i grandi editori di giornali che pagano le novelle 5 o 6 mila dollari l'una. Livingston m'assicura che il mio successo è enorme, e che perciò non si deve aver fretta. È un gran peccato che non sappia parlar l'inglese: guadagnerei somme favolose; però la mia personalità è quotata come di primissimo ordine, e tutti vorrebbero avvicinarmi, per parlare e discutere con me.

Sono in questo momento solo nel mio appartamento. Ho dovuto rifiutare l'invito della cena di Natale del "Players-Club"[129] che mi ha eletto socio (è un Club d'autori e attori drammatici e letterati di N.Y.), perché questa mattina ho preso uno dei miei soliti solenni raffreddori. Così passerò solo solo la vigilia di Natale. Pazienza!

Non ho ancora nostalgia. Troverò forse qualche buon momento per descrivervi la vita tumultuosa di questa città mera vigliosa. Il giorno 6 sarò a Washington per un ricevimento che darà in mio onore l'ambasciatore Caetani, il quale verrà poi a sua volta a N.Y. per assistere alla inaugurazione della mia Stagione. Non state in pensiero per me. La fatica è enorme, ma spero di resistervi. Guardo tutto come da lontano, e tutti sono ammirati della mia serenità. Nessuno sa quanto mi costi. Vi raccomando la Mamma! Il mio pensiero è sempre a Lei e con Lei. Vi riscriverò, spero, presto. Fate a Pupina i miei regali per il suo compleanno e per la Befana e ricordatemi sempre a Lei: *Gnogno*. Scrivetemi: L.P. – The Biltmore, New York – basterà così. Anche Stefano abbia il suo regalo delle solite £ 100 per S. Stefano. Fate tutto come se io fossi presente. Non passa un'ora che non pensi a voi, del resto. Salutatemi tanto tanto il caro Ninuzzo e D'Andrea; ditemi che c'è di nuovo, sul mio teatro all'estero; salutatemi anche l'ing. Ciangottini, D'Amico, la sig.na Aillaud[130], Mario, gli amici tutti. Ditemi se c'è notizie di Lietta e quali; io le scriverò di qua. Vi scrivo a tempesta, perché ho un tumulto di cose dentro; e sapete che non so scrivere lettere. Aspetto con vivissima impazienza vostre notizie. Dovreste scrivermi regolarmente almeno due volte la settimana, parlandomi di tutto.

[Luigi]

[Lettera incompleta]

25

New York, 10.I.1924
Hôtel Brevoort

Miei cari Figli,
trovo ora un altro momento per scrivervi, non più dall'albergo Biltmore, ma dal Brevoort, ove sono da due giorni in attesa che sia pronto l'appartamento di Livingston qui presso.

Lasciai il Biltmore sabato sera per il mio viaggio a Washington, ospite dell'Ambasciatore Caetani. Fui a Washington tutta la domenica e la mattinata del lunedì. L'ambasciatore, uomo veramente delizioso, fu con me cordialissimo, e diede in un [*sic*] mio onore un banchetto e un ricevimento a cui convenne quel che si suol dire il fior fiore della diplomazia e dell'intellettualità della capitale degli Stati Uniti. Figuratevi che c'era anche l'Ambasciatore di Persia (uomo, tra parentesi, coltissimo). Mi trovai tra un'accolta di Eccellenze e di bellissime donne che fanno tutte la corte a questo nostro simpaticissimo Ambasciatore gran signore, che fa un mondo di bene al nostro Paese. Dopo il banchetto, quando tutti gl'invitati al ricevimento furono nel gran salone, cominciò per me il solito supplizio dell'interrogatorio, che qui ha fatto enorme fortuna[131]. Ne avrò subìto una decina, e non sono ancora finiti. Me la cavo magnificamente. Rispondo là per là alle questioni più disparate; e tutte le risposte, appena tradotte, sono accolte da grandi battimani. Livingston è contentissimo. Dice che sono la "celebrità" europea che abbia avuto il più gran successo in America. Ma al ritorno da Washington lunedì sera me la sono vista proprio brutta. Scendendo dal treno avevo la febbre a 39 ½ e con minaccia di polmonite. Qui gli sbalzi di temperatura sono enormi, di 30 gradi, come niente. Avevo preso freddo; ero tutto un brivido; mi battevano i denti. Per fortuna ho trovato un ottimo medico italiano, il Dr. Zaccardi, abruzzese, che mi ha assistito eroicamente e fraternamente, scongiurando subito la minaccia della polmonite con potenti frizioni, e localizzando nei grossi bronchi tutto il male. Sono stato tutto l'altro jeri e tutto jeri a letto, con forte febbre: avrò perduto una decina di chili in due giorni, tanto violenti sono stati i rimedi; ma oggi sono senza febbre; e domani sera, americanamente, potrò assistere a un banchetto che tiene in mio onore il "Cosmopolitan Club", banchetto di più di 600 persone, con rappresentazione in inglese della *Patente*[132] e, inutile aggiungerlo, ancora un altro *interrogatorio*; ma spero che avranno un po' di considerazione, data la mia debolezza. Se vi volessi descrivere tutte le accoglienze che ho avute, non la finirei più. E ancora siamo a niente: *crescit eundo*. Purtroppo l'inaugurazione della stagione s'è dovuta rimandare ancora una volta; ma è improrogabilmente fissata per il 21 in uno dei più grandi e più belli teatri: quello della 41ª strada. Il ritardo è stato tutto a vantaggio della *réclame*, la curiosità è più che mai accesa, l'interesse fervidissimo.

Le massime personalità sono venute a trovarmi, tutte predicendomi un trionfo. Staremo a vedere! Io conservo la mia calma, e non mi esalto minimamente. Ho scritto per il "New York Times" l'articolo su la *Santa Giovanna* di Shaw che è piaciuto moltissimo. Finirò di scriverne un altro su Eleonora Duse[133]. Non so ancora come si metteranno le cose. Ripeto, non bisogna aver fretta. Per ora penso di ripartire col *Duilio* il 16 di febbrajo e di essere a Napoli verso il 25. Ma può darsi che il successo di *Enrico IV* sarà tale che dovrò trattenermi più a lungo per contrarre qualche grande affare. Vi mando il nuovo volume della commedia *Each in His Own Way (Ciascuno a suo modo) and two Other Plays*, cioè *The Pleasure of Honesty* e *Naked (Vestire gli ignudi)*. I lavori della stagione sono, per quest'anno, quattro, e saranno dati in quest'ordine: 1° *Enrico IV*, 2° *Così è (se vi pare)*, 3° ripresa dei *Sei personaggi*, 4° *Ciascuno a suo modo*. Appena varati, se – come si spera – con grande successo, ciascuno dei quattro lavori sarà dato in un teatro a parte. L'affare è colossale. Intanto, per l'anno venturo, sono già impegnati da due teatri *Il piacere dell'onestà* e *Ma non è una cosa seria*. E il successo teatrale porterà di conseguenza, senza dubbio, la richiesta dei film cinematografici. Abbiate pazienza, figliuoli miei: ne ho tanta io, tanta! e pensate che sono qua per voi! Dovrei rimproverarvi aspramente, perché soltanto oggi, vale a dire, a un mese preciso dalla mia partenza da Napoli, ho ricevuto una lettera: quella di Fausto in data del 27 dicembre. Vi avevo detto prima di partire di scrivermi almeno una volta la settimana, senza stare ad aspettare mie lettere. Che io non trovi modo né tempo di scrivervi, è spiegabile: sto facendo una vita d'inferno ed è un vero miracolo come riesca a resistervi. Già ho avuto una solenne picchiata che per poco non m'ha lasciato per le terre.

Ma voi il tempo di scrivermi dovete trovarlo. Ho lasciato per aria tanti contratti: quelli con la Spagna[134]; non so nulla delle rappresentazioni dei miei lavori a Parigi; non so se sono avvenuti pagamenti e in quali condizioni finanziarie vi trovate. Ma ho detto alla sig.na Aillaud, prima di partire, di non farvi mancare mai nulla, ché avremmo fatto i conti al mio ritorno.

Sono oggi tuttavia più sollevato dalla cara lettera tua, Fausto mio, e dalle buone notizie che mi dai dei tuoi lavori e del tuo tanto tanto amore che spira dalle tue parole per il tuo vecchio papà che ti vuole tanto tanto bene.

Vengo a sapere in questo momento da una telefonata di Curci che sono arrivate altre due lettere vostre. Meno male! Ma mi toccherà aspettare fino a domattina per averle. Così è meglio che lasci in sospeso la lettera per rispondere a tutte e tre le lettere in una volta. Penso sempre a Pupina mia e non mi par l'ora di rivederla e di darle tanti tanti tanti baci forti forti. Voi parlatele sempre di Gnogno!

Mi arrivano questa mattina (!!) le due tue lettere, Stefano mio, e una – acclusa – di Lietta. Apprendo con molto dispiacere che Pupina mia è stata di nuovo maluccio. Non puoi immaginarti il desiderio che ho di stringermela forte forte al petto, di baciarmela, di bearmi della sua divina limpidezza. Ma ci vorranno ancora due mesi a un di presso! Non so come devo regolarmi con Lietta che seguita a tormentarmi con la Regina Madre e il Papa e Mussolini, come se fossero tre pedine della mia scacchiera che io potessi muovere a mio piacere! C'è da credere a quello che dice circa alla decisione di partire alla fine di febbrajo[135]? In questo, dovrei mandarle di qua le £ 10.000? Non mi dici nulla del mio teatro in Francia, in Spagna[136], in Olanda[137]... Come va che non sono arrivati denari? Prezzolini deve avere concluso per tre volumi con una Casa editrice spagnola. Si vede che tu vai di rado dalla sig.na Aillaud. Bisogna che mi tenga informato di tutto. Io ho già qua con me parecchie migliaja di lire; altre ne guadagnerò prossimamente con articoli e conferenze, all'infuori dei grossi guadagni che si matureranno col tempo. Non spendo un soldo, perché sono ospite, spesato di tutto punto e mantenuto con una signorilità e una larghezza esemplari dalla Società Italo-Americana e dal Foreign Press Service. Non ho che a lodarmi di questa magnifica gente sotto tutti i riguardi ammirevole. Livingston è un gentiluomo come ne ho conosciuti pochissimi in vita mia. L'Italia ha in lui un amico sincero e prezioso. E non meno ammirevole è la contessina Irene di Robilant, segretaria dell'Italy American Society. Sono tutti e due attorno a me dalla mattina alla sera, pronti a prevenire ogni mio desiderio, ogni mio bisogno. La numerosissima colonia siciliana è addirittura impazzita per me. Domattina si terrà un banchetto di circa 1000 invitati; hanno fatto coniare una medaglia commemorativa della mia venuta in America, intendono farmi non so che grosso regalo; non so come schermirmi da tutte le cortesie d'ogni genere che mi prodigano senza mai stancarsi. Giovedì terrò la mia prima conferenza a un'Università a poche miglia di New York; altre ne terrò in seguito: più i piccoli guadagni, che ammonteranno, certo, a parecchie diecine di migliaia di lire. Ma lo sforzo che tutto questo mi consta aspetta un premio maggiore, e spero, son quasi sicuro che l'avrò: me lo daranno il teatro e il cinematografo. Bisogna aspettare. Se per caso, doveste trovarvi in bisogno di danaro, telegrafatemi, che lo spedirò immediatamente; altrimenti provvedetevi da Giordani; e intanto tenete conto di tutto. Approvo il versamento fatto per la Cooperativa; ma sia la casa di almeno 10 stanze! Sento però che sarà per me impossibile separarmi da Pupina mia. Ma di questo parleremo al mio ritorno. Di D'Andrea non avete fatto alcun cenno. È a Roma? Non s'è fatto più vedere? Inutile sperare notizie dal "Corriere della Sera". Il Ferrero sta a Washington, non a New York. Bisogna curare il "Corriere Americano" di Barzini e "Il Progresso Italo-Americano" di qua. Vi mando alcuni ritagli di giornali americani; ma state sicuri che sto avendo un successo strepitoso. A New York non si parla che di me, e l'Italia ha solo due nomi: Mussolini e Pirandello.

Basta. La lettera è ormai lunga abbastanza. Spero che troverò presto un altro momento di tempo per riscrivervi a lungo;

ma il più e il meglio ve lo dirò al mio ritorno. Saluta[te]mi nonno e raccomandategli di star buono e di aspettar con pazienza il mio ritorno. Saluti affettuosissimi per Mario, a cui cerco di fare una grande propaganda; ho parlato di lui seriamente al Curci e spero di averlo indotto a far presto qualche cosa per la sua venuta. Ma è un benedettissimo uomo, questo bravo Curci! E ha preso una moglie filodrammatica! Salutami Ninuzzo appena di ritorno, D'Andrea se non è partito, Ciangottini e famiglia, Prezzolini, Silvio d'Amico, Fratvili, Giordani, la sig.ra Aillaud che potrebbe darmi qualche notizia. E fatti tutti questi saluti, passo a baciar voi, figluoli miei, te Stefano, te Fausto, te Olinda, te Pupina mia, tante tante tante volte forte forte, con tutto il cuore e tutta l'anima mia. Il papà vostro

Luigi

Datemi notizie di Mamma.

26

New York, 22.II.1924

Parto 23 Conterosso[138] Informatevi Arrivo Napoli Baci Papà.

[Telegramma]

OTTOBRE 1925 - GIUGNO 1928

Sono gli anni del «Teatro d'Arte», della Compagnia drammatica che Luigi Pirandello dirige e accompagna attraverso l'Italia, l'Europa, le Americhe. Cambia radicalmente il suo stile di vita. Ripudia l'esistenza ritirata che gli aveva consentito di comporre le sue opere a tavolino nel chiuso dello studio. Fare teatro diviene sempre più per lui, come era stato per grandi drammaturghi del passato, quotidiana creazione di palcoscenico a contatto diretto con gli attori, i direttori, gli scenografi, gli addetti alle luci, i macchinisti, gli impresari. È necessario leggere centinaia di copioni per individuare gli autori italiani e stranieri più interessanti e innovatori. Lo spettacolo dev'essere un organismo vivo, nuovo nel repertorio, nella recitazione, negli apparati scenici, idoneo a rappresentare la drammaturgia del Novecento, tesa a rompere con la tradizione. Stefano gli è a fianco, agli inizi è anzi uno dei pochi promotori dell'impresa. L'esperimento non può realizzarsi però senza le sovvenzioni dei privati e soprattutto del governo. Nel momento di maggiore crisi del regime, in seguito al delitto Matteotti, Pirandello chiede clamorosamente l'iscrizione al partito fascista. Consapevole del ritorno di propaganda e di consenso che tale adesione comporta, anche a livello internazionale, Mussolini promette di appoggiare economicamente il progetto teatrale del celebre scrittore. Ma le promesse vengono mantenute soltanto in parte. Il «Teatro d'Arte» all'Odescalchi di Roma riceve risorse per poter durare qualche mese. Pirandello non si arrende e dà vita alla Compagnia drammatica di giro. Può così offrire un palcoscenico di prestigio alla giovane, affascinante prima attrice che lo ha infiammato e proseguire una relazione involuta e complessa di cui padre e figlio discutono con disarmante sincerità.

Nonostante qualche buona stagione in Italia e all'estero, l'iniziativa si muove fra difficoltà economiche sempre maggiori, osteggiata dai 'padroni' della vita teatrale. Unico rimedio al drammaturgo appare infrangere le strutture di un monopolio di fatto, pigre e arretrate culturalmente, che imprigionano e tolgono aria all'arte. Non gli basta creare un teatro d'eccezione, Pirandello mira alla riforma generale della scena non soltanto italiana. Tenta pertanto nuove strategie che non escludono il compromesso credendo di poter contare sul favore del regime. Sul finire del 1926 s'illude che, alleandosi con il suo fiero avversario di sempre, l'inviso impresario Paolo Giordani, possa ottenere da Mussolini l'approvazione del progetto per la costituzione di un Teatro di Stato, articolato nelle tre sedi stabili principali – Roma, Milano, Torino –, e di una grande unica Compagnia ricca di mezzi. A dispetto delle tante promesse, il progetto non compie un passo avanti rimanendo di fatto insabbiato. La sua Compagnia frattanto seguita un'attività stentata in un ambiente poco sensibile, fino allo scioglimento obbligato nell'estate del 1928. Il notevole impegno come capocomico ha rallentato inoltre in questi anni la produzione teatrale. Compone opere che destinerà a Marta Abba: Diana e la Tuda, L'amica delle mogli, Bellavita, La nuova colonia, Lazzaro.

Pirandello è al colmo dell'amarezza e dello scoramento. Si convince che ormai in Italia non può più esprimere il proprio genio né attuare il rinnovamento della cultura e dell'arte. «Fuori dall'Italia!» è l'insistito grido che si registra in molte sue lettere. Lettere tra padre e figlio che aiutano pure a meglio intendere i riflessi che sulla vita privata hanno la lontananza di Luigi dalla famiglia, il suo nomadismo, i suoi atteggiamenti, le sue reazioni, i suoi risentimenti. A precisare, tra l'altro, i motivi della dolorosa rottura, avvenuta nell'agosto del 1926, tra Pirandello, il genero e la figlia, il lavorio che ne seguì per rimediarvi sul piano pratico e su quello dei sentimenti, nella consapevolezza, a mano a mano cresciuta, che gli avvenimenti che l'avevano provocata erano stati meno gravi di quanto era apparso. Muta contemporaneamente il legame con Stefano, ormai quasi soltanto epistolare, che rimane in certi momenti intimissimo nella rivelazione di segreti del cuore, in altri segnato da stanchezza e da qualche reciproca sordità.

Stefano del resto si è staccato dall'avventura del padre, deve provvedere alla famiglia che ha formato con Olinda (dal 1923 al 1926 sono nati tre figli, Ninnì, Andrea, Giorgio). E poiché il suo desiderio non è tanto emergere nel giornalismo, praticato contro voglia (lo «faccio male, con fatica e senza soddisfazione» scrive a Ugo Ojetti il 4 novembre 1925), quanto nella letteratura, in special modo nel teatro, si accontenta di un modesto lavoro redazionale presso un foglio che si occupa di agricoltura, quasi un rifugio in un campo delimitato e tecnico che non lo impegna idealmente e moralmente. In seguito al dissidio con Manuel, per un tratto, fra il 1926 e il 1927, Stefano e Fausto devono assumere la cura degli affari di Luigi. Soprattutto Stefano ne viene soverchiato, sempre più infatti il padre esige da lui: i rapporti con giornalisti, editori, impresari teatrali e cinematografici, con il governo e le gerarchie politiche, l'amministrazione, le trattative estenuanti per la vendita di un villino edificato nel 1925-'26. Le lettere documentano anche questi affanni e i brevi conflitti che ne sorsero. Con fatica Stefano riesce a mantenere viva un'esile produzione artistica scrivendo racconti e articoli per quotidiani e periodici e a rendere più qualificata la sua collaborazione con il padre aiutandolo nella stesura della prefazione alla commedia Sei personaggi in cerca d'autore *(apparsa su «Comœdia», nel gennaio 1925, con il titolo* Come e perché ho scritto i «Sei personaggi») *e redigendo una bella premessa-presentazione del romanzo* Uno, nessuno e centomila *(apparsa su «La Fiera Letteraria», il 13 dicembre 1925, con il titolo* Prefazione all'opera di mio padre*).*

27

Köln, 20.X.1925

Miei Carissimi,
avrete letto sui giornali le entusiastiche accoglienze. Vi dirò al ritorno le emozioni provate a Bonn, e le particolarissime feste che mi si sono state fatte. Sto attraversando una tremenda crisi di spirito. Non so che ne nascerà. Sto bene. Penso a voi, sempre. Sapete che ho volato da Berlino a Francoforte, per 3 ore e mezzo, a 1800 metri? Giorno di gran conto!

[Luigi]

[Lettera incompleta]

28

Lipsia, 28.X.1925
Hôtel "Der Kaiserhof"

Miei Carissimi,
due parole in fretta in furia, per accompagnare i due vaglia girati a Manuel.
Séguita la fuga attraverso tutta la Germania[139], con accoglienze ovunque festosissime e veramente eccezionali, come poi vi dirò. Da Berlino a Francoforte, da Francoforte a Bonn, e poi a Colonia, e poi [a] Düsseldorf e poi a Dresda e poi a Kassel e jeri ad Halle e oggi a Lipsia, e doman l'altro a Magdeburgo e quindi ad Amburgo[140]... Forse andremo anche in Olanda per una settimana. Vi terrò informati. Sono stato lietissimo della nascita

della piccola Maria[141], e che tutto per Lietta mia sia andato bene. La bacio teneramente, con tutto il cuore, e bacio anche la nuova nipotina, insieme con l'indimenticabile Lillì.

Cerco di resistere con tutte le mie forze all'enorme strapazzo di questa *tournée*, che ha assunto un carattere quasi ufficiale e che perciò mi obbliga ogni sera a tenere un discorsetto al pubblico; senza contare i brindisi e le risposte che devo dare a tutti i discorsi dei sindaci, degli Intendenti dei Teatri di Stato, dei Consoli e compagnia bella. Ho quasi perduto il sonno; sono disappetentissimo; vado avanti a furia di uova all'ostrica. Ma non sto male. I nervi mi sostengono a meraviglia. Tutta questa notte ho lavorato e ho quasi finito il primo atto di *Diana e la Tuda*[142]. Tre altre notti così, e la commedia sarà finita. Ma può anche darsi che finisca io, insieme con la commedia. Me ne dispiacerebbe molto per voi; per me, nientissimo affatto.

Sono in trattative per tre *films*, con la Casa Fox[143] di New York, con l'Ufa[144] di Berlino, e con Ullstein, pure di Berlino. Spero di concludere un buon affare.

In un giornale di Berlino ho letto che sono tra i quattro o cinque candidati al premio Nobel di quest'anno. C'è uno scrittore svedese[145], c'è Shaw[146] per l'Irlanda, Thomas Mann[147] e anche un altro tedesco per la Germania, io[148] per l'Italia (portato, diceva il giornale, dal governo italiano). Ma pare che il premio, quest'anno, non sarà assegnato a scrittori, ma a una biblioteca. Dicerie di giornali. Tra pochi giorni si saprà la verità.

Anche del premio sarei contento per voi, più che per me.

Ho ricevuto una lunghissima lettera di Stefano e una (insieme) di Fausto. Stefano mi parla di cose molto serie, a cui dovrei rispondere lungamente. Me ne manca il tempo per ora, e anche la forza. Fausto mi scrive che ha preso stanza fuori di casa, come se non ci fosse la mia camera, col mio buon letto, che desidero tanto! Ma già, egli mi dice che vuol dormire. Basta, bacio forte forte l'uno e l'altro e anche Ninnì[149] che mi chiama *Nonnomìo*. Bacio Nino, Ninuzzo e Tatà. Salutatemi i cari di giù. E tanti tanti baci abbiatevi anche tutti voi dal vostro

Luigi

29

Brema, 4.XI.1925

Lietissimo saluto tuo figlio. Bacio Olinda. Scongiuroti tenere lontana bambino infelicità mio nome. Baci Papà.

[Telegramma]

30

Roma, 4 novembre 1925

Mio caro papà,
Andrea Luigi[150] (come tu vuoi!) sta meravigliosamente bene, succhia con foga e dorme. Dopo ogni succhiata fa regolarmente tre minuti di esercitazioni vocali e poi, pasce. Fa inoltre gli occhi feroci, gli sternuti a coppia e pipì con una fontanella di quaranta centimetri. Per precauzione in questi tempi di carovita si è fornito di una borsa rispettabilissima.
Ninnì mia bella dopo la prima delusione, che non gioca, non parla, non cammina "saellino no fa nente, domme", si è disinteressata. S'avvicina ogni tanto alla culla, vede che "domme", e se ne va a giocare da sola. Ora mette sul mio zoppo divanetto la tua fotografia e se ne va in camera da pranzo, poi torna nello studio e si siede sul divanetto anche lei. Questo si chiama "andare a casa di Nonnomìo". Qui giunta, mangia un immaginario "luilluì" e ti racconta gli avvenimenti del giorno. Poi fuma le sigarette di cioccolato e io gliele devo accendere col cerino. Si fa sempre più gentile e sensibile, Ninnì bella. Basta, adesso parliamo di cose meno serie. Io aspetto con ansia la tua risposta su le 10 mila lire che mi darebbero modo di avere una

casa abitabile. Il 15 del mese mio cognato Vincenzo si riporterà via i suoi mobili e resterò proprio nello squallore più avvilente. Non ti dico altro, perché sono certo che farai tutto il possibile per ajutarmi. Ma se non puoi assolutamente avvertimi presto, perché io possa tentare di tutto per provvedere in qualche modo a rabberciare la barca in tempo.

– Altra cosa. Bemporad scrive d'aver trasmesso a Prezzolini proposta seriissima olandese per la pubblicazione di tutte le *Novelle per un anno*, da parecchio tempo, e che il corrispondente olandese lo sollecita non avendo ricevuto risposta da Prezzolini. Sono andato da Prezzolini, cioè da Rendi[151] perché P. è partito per Parigi, con Manuel. Non sapevano niente di niente. È strano! Ho scritto a Bemporad di rimandare, a te direttamente, la proposta olandese[152]. Sul film *Come prima meglio di prima* niente di fatto: la casa tedesca ha risposto che le nostre richieste erano esorbitanti. Rendi, per curiosità, ha domandato quali sarebbero le loro offerte. Vedremo, forse per ridere. Rendi mi ha poi chiesto il tuo indirizzo per scriverti una cosa sull'edizione di lusso che Kra[153] vuol fare con tre tue novelle[154], e che saprai da lui.

– Altra cosa. Manuel mi prega di farti sapere che egli ha pagato la quinta rata del villino, di 60.000 lire – di modo che sono state già versate all'Impresa 300.000 lire. Restano da pagare: la 6ª rata di 60.000 lire (per pavimenti e stucchi); più £ 40.000 alla consegna del villino (fine dicembre); più altre 40.000 dopo tre mesi, e cioè a fine marzo. Bisognerà provvedere a questa 6ª rata che scadrà sui primi di dicembre.

– Altra cosa. Sto provvedendo al piazzamento internazionale degli articoli della "Nación"[155]. Di più, se tu non hai nulla in contrario (anche per questo, dammi un rigo di risposta presto!), dirò a Luigi Freddi[156] che tu per ora non potendo scrivere novelle darai al "Popolo d'Italia" questi articoli, per 600 lire l'uno[157]. Di tutto quello che si ricaverà così potremo fare a mezzo, in modo che tu potrai avere da questa parte senza colpo ferire da 1500 a 2000 lire al mese. Approvi?

– Altra cosa. Ho stretto contrattino col *Tevere* per due novelle al mese. Ne ho già pubblicate tre[158], e ho consegnato la quarta[159]. Vedo che hanno un certo successo. Sono diventato uno scrittore leggibile dacché sono riuscito a ironizzare tutta quella torbida e antipatica angoscia della mia natura. L'antipatia è scomparsa, il torbido s'è fatto generatore di meravigliosità. Lavoro come un eroe dalle 7 della mattina alla sera. Il romanzo va avanti. È intitolato:

LIVIA LÚPPIA
CITTÀ
SPETTACOLO
DI COSE POSSIBILI
MA INVEROSIMILI[160]

Il titolo risponde bene al romanzo e mi piace. Ho scritto a Ojetti[161] per dirgli quello che faccio e aver consigli sul modo di collocare le mie cose presso un buon editore[162]. Spero che mi risponderà[163].

– Altra cosa: La signora Jacobini[164] e Righelli[165] muti come due pesci. Avrebbero dovuto consegnare il 1° del mese le rimanenti 25 mila lire. Ho scritto una lettera a Pelosini[166], d'accordo con lui, in cui dico press'a poco: "Mio padre mi scrive di aver serie proposte per il film *Nuova Colonia* e mi domanda se esso è ancora libero. Al punto in cui stanno le cose con Righelli esso è effettivamente libero, ma che cosa mi consigli di rispondere a Papà? Bisogna che lo sappia presto, perché non posso tardare a rispondere. Aspetterò tre giorni: ma ti avverto che io non mi voglio assumere la responsabilità di rispondere a mio Padre che il film è impegnato se non sono state versate fino all'ultimo soldo le 25.000 lire che dovevano essere versate il 1°".

– E questo è quanto. Caro Papà mio, è tardi, la mattina m'alzo presto e la notte ora col pupo Luigi non posso quasi dormire. Perciò smetto. Del resto la lettera è scritta così fitta che è già lunga. Mi sembra d'averti detto quello che dovevo dirti. Rispondimi in stile telegrafico alle cose che mi stanno a cuore e a quelle che hanno bisogno di un tuo sì o no. Ah! Devo avvertirti che Fidora[167], non avendo più avuto le sue percentuali né risposta alle lettere scritte a Bissi[168] e a Razza[169] è deciso a protestare le cambiali. Anche molti altri creditori ricorrono ai mezzi estremi. Da questo lato la Corporazione purtroppo non ha fatto nulla! e siamo peggio di prima... Basta, è meglio che non attacco questo discorso, che mi fa dolere un certo dente. La Compagnia Niccòli[170] fa benino – poi verrà Giovannino Grasso[171]. Basta adesso proprio smetto. Olinda, che ha sofferto molto nel parto (c'è stato un momentaccio in cui il bambino stava per essere strozzato dal cordone ombelicale) è contenta anche per te e ti abbraccia affettuosamente. Ninnì ti fa lunghissime feste, ti desidera tanto, e io ti abbraccio e ti bacio forte forte a lungo

tuo figlio Stefano

31

Roma, 5 dic. 1925

Mio caro Papà,

ho ricevuto da Salvini[172] una lettera in cui tu mi hai fatto dare l'assenso a prendere la somma che mi occorre preferibilmente dopo concluso il mutuo, e le spiegazioni perché non credi opportuno per ora mettere in scena *Il minimo per vivere*[173]. Grazie, Papà mio, di tutto. Io mi sono recato da Manuel e Lietta per comunicare quel che tu mi avevi fatto scrivere circa il denaro. Non ho trovato nessuno – e ho lasciato un biglietto, con la preghiera che Manuel, passando, mi facesse un rigo di risposta a casa mia o al teatro. Ma sono passati quattro giorni, e niente. Oggi tornerò, e spero di trovarli. Come ti ho scritto, debbo pagare anche l'ascensore, 5.750 lire – perciò ho risolto di prendere da te, sempre che tu ne abbia la possibilità, tutto quello che mi serve per la quota anticipo dei mobili e per l'ascensore: cioè quindicimila lire, che aggiunte alle 46 già avute, faranno 61. A me mi giova molto di più averle così ora, cioè – mi giova più la parte che puoi darmi ora, che non tutta la somma che vorrai assegnarmi un giorno, perché, una volta sistemata la casa, lavorando come lavoro posso bastare a me stesso.

Ho scritto per Fracchia[174] l'articolo di... presentazione dell'*Uno, nessuno e centomila*[175]. Vi ho incorporato quella mia interpretazione di te che t'era piaciuta. Spero, Papà, che questa mia pagina sincera ti dia un po' di conforto – io l'ho scritta con la tua immagine nel cuore, senza preoccuparmi minimamente delle beffe che gli stupidi potranno farsi di me. Il giornale uscirà il 10 del mese – ho detto a Fracchia che se ti vede ti dica di scrivermi. Non so che darei per avere due righi da te. Perché sopratutto mi rincresce di scriverti poco io. Ma lo scrivere così, senza un cenno mai di ricevuta, fa cadere le braccia. Mandami magari qualche cartolina illustrata coi saluti! Ninnì ha il chiodo fisso di te. È davvero impressionante l'amore che tu hai saputo suscitare nella sua animuccia. Non fa altro che parlare di te, scriverti venti volte al giorno, fare il gioco di "casa di Nonnomìo". L'altra sera ci ha impressionato. Faceva la valigia per partire da Nonnomìo, quando è scoppiata a piangere irrefrenabilmente, a lungo, che nessuno poteva calmarla, e voleva te, subito, subito. Sempre piangendo ha obbligato la mamma a sedersi al tavolino per scriverti di venire subito, e si è dovuto fare uscire Tatà[176] per fingere d'imbucare la lettera. Che peccato tu non ti possa godere la freschezza di questo amore!

– Spero di definire oggi con Manuel l'affare delle spese per Fausto e Mamma[177]. Non so se tu gli hai scritto in proposito. Io proprio non ne ho più da metter fuori, e sono fuori con più di seicento lire...

Basta, caro Papà, spero di ricevere un tuo cenno, un saluto, che mi accenda il desiderio di scriverti subito a lungo di nuovo. Ti bacio forte forte, ti abbraccio a lungo con Dodi Andrea e Ninnì che ti vogliamo tanto bene

il tuo figlio Stefano

32

Roma, 12 dic. 1925

Mio caro Papà,
ti scrivo due parole in fretta per non mancare all'appuntamento con Forges[178] e per non lasciare passare la giornata senza scriverti.

Di Fausto e Lietta ti scriverò domani, perché il discorso andrebbe per le lunghe.

La lettera che aspettavi da Feist[179] è giunta qui a me stamattina: sono sei facciate dattilografate, di chiacchere. Ti scrive di mandargli altro materiale di *Uno nessuno e centomila* perché egli possa fare un contratto con qualche giornale[180]. Io, d'accordo con Manuel, ti avviso subito di non farlo per ora, finché è in vigore il tuo contratto con Prezzolini, che vieta espressamente ogni impegno non concluso attraverso il *Foreign Press*. In questo momento che Manuel mette alle strette l'Ufficio Prezzolini, rivedendo le bucce a tutti i contratti precedenti, è necessario che da parte nostra non si esca dai patti. Io scriverò a Feist di pazientare per questo contratto fino ad aprile dell'anno venturo. Anche perché non c'è ragione di dare un 20% su questo contratto al *Foreign* che non ha mosso un dito per concluderlo. Pei film, tutto ancora è in aria.

– Sono stato da Pelosini, il quale mi ha fatto un discorso che in succo è questo: Giordani non sarebbe affatto un tuo nemico[181]. Se egli Pelosini ci si mettesse di mezzo, il tuo contratto con G. sarebbe indubbiamente modificato a tuo vantaggio. Gli ho risposto che i fatti dimostrano che G. ti è stato nemico, checché egli possa dire a parole. I fatti sono: il contratto jugulatorio, il non aver voluto farti la Compagnia quando tu volevi e poi il non aver voluto associarsi all'impresa del Teatro d'Arte[182]; tutta la guerra di pettegolezzi scatenati contro l'impresa; l'averti negato 20 mila in un momento di bisogno, ecc. ecc. – Troppo tardi, ora, il pentimento.

– In treno mi è toccato pagare 82 lire di differenza, perché il controllore ha riconosciuto la mia buonafede, altrimenti avrei dovuto subire una multa di 200 lire! Informati quanto l'Albergo ha messo il biglietto, perché potrebbe darsi che ci sia sotto una truffa, se te lo mettono in conto per 148 lire, mentre era metà prezzo, cioè solo 74,50 = buono per ragazzi sotto i sei anni. Io non mi spiego come abbiano potuto darmi un biglietto per ragazzi! – Di questo dovresti scrivermi o farmi scrivere da Giovacchini, potendo io avere altre noje dall'Amministrazione delle Ferrovie.

E fammi scrivere subito dove andrete, perché altrimenti non so più, fino al 21, dove indirizzarti la posta. Fammi anzi telegrafare, nel caso che dovessi comunicarti subito qualche cosa da parte di Forges e di Farinacci[183]. – Basta, ti riscrivo subito. Speriamo che *Nostra Dea*[184] stasera vada bene… Sono stati qui a casa mia oggi Manuel e Lietta e s'è trovato anche Fausto. Ti abbiamo mandato una cartolina con tutte le firme. Ti abbraccio e ti bacio forte forte con tutti i miei annessi e connessi. T'è piaciuto il mio pezzo sulla *Fiera Lett.*? Di nuovo forte forte
                tuo Stefano

33

Roma, 18 dicembre 1925

Caro Papà mio,
 la bomba della nomina[185] della cricca, al completo, ci è scoppiata addosso stamattina come un fulmine a ciel sereno. Interlandi[186] interpreta che Morello[187] per pigrizia e indolenza si sia scelto per collaboratori gente che sia d'accordo fra di loro, in modo da non dovere assistere a diatribe: e naturalmente li ha scelti nel campo avversario perché, nella sua zucca, li reputa i più forti, poi per ripicca contro la poca stima che tu gli hai

dimostrato ora e nel passato, poi ancora perché la massoneria nazionalista (Forges, purtroppo, compreso) ha mostrato di gradire, o almeno di non disapprovare, questa porcherosa soluzione. Infatti egli Forges ha chiamato ieri mattina Silvio d'Amico imponendogli di fare un pezzo di cronaca aridissima, chiuso da un soffietto e da un attestato di illimitata fiducia per Morello, del che Silvio d'Amico mi s'è mostrato irritato e addolorato: e questo jeri, prima della nomina dei vicecommissari. Oggi, ha fatto pubblicare la pura e semplice notizia di questa scandalosissima nomina, senza credere opportuno d'accompagnarla con un rigo di commento. Va bene. Interlandi è fuori dai gangheri. Si vociferava stamattina (voce messa in circolazione da C.E. Oppo[188] – eletto vicecommissario e, come sai, stipendiato per alcuni anni da Giordani –) che da alto loco sarebbe stato posto il bavaglio a tutti i giornali per questa faccenda. Fin a stasera, però, nessuna conferma della voce. Interlandi ha preparato per domani tutta una pagina, con la tua lettera[189], il contratto e un commento, un'altra lunga lettera di Bontempelli[190], e il progetto per la istituzione dei Teatri di Stato. Solo sul "Tevere" avrei potuto pubblicare la tua lettera, perché l'"Idea" è chiusa, l'"Epoca" è meno letta, la "Tribuna" è di Giordani (Martini e Corsi), il "Popolo di Roma" ha impostato male (nella politica) la polemica e ha dovuto far marcia indietro. La tua lettera *va benissimo*. La lettera di Massimo, ottima. Nessuna informazione ti posso dare sul modo con cui è avvenuto il giuoco di bussolotti. Per induzioni io credo che Giordani abbia fatto agire, per combinare il pasticcio, il solito imbecille (e ora altro che imbecille!) di Razza, il quale è stato chiamato dal Presidente il giorno dopo che eri stato ricevuto tu, e io m'aspettavo di leggere le sue dimissioni. Invece! Quel che è certo, è che l'atto di queste nomine è tutto personale di Morello, senza alcuna responsabilità di Mussolini. Non so immaginare che giustificazioni gliene possano aver date. Jeri sera ti ho spedito a Sestri Ponente (o Sestri Levante – perché non sapevo dove) un espresso importantissimo, in cui era contenuta la copia della lettera con cui Giordani ti scioglie dal contratto. Sul "Tevere" lo annunziano, commentando che G. s'affretta ora a compire quest'atto per tentare, ma invano, di prevenire l'impressione del pubblico e il severo giudizio del contratto strozzinesco. La Aillaud ha fatto dire per mezzo di quel Gheraldi[191] che è indignata contro Bontempelli e me che abbiamo accettato di rappresentare Alvaro[192]. I parenti del fratello della Aillaud sono Adone Nosari (che però è feroce contro Giordani) e Italo Felici. Cosa di nessuna importanza! Stasera, non sapendo ancora il tuo indirizzo, ho telegrafato a Sestri Ponente: Sèguito nomina vicecommissari studia opportunità preparare dimissioni collettive società autori ritiro repertorio scrittori aderenti. – È un'idea che mi è venuta e che Interlandi e Bontempelli approvano. Ma perché abbia importanza maggiore (per il pubblico e l'elemento politico) bisognerebbe che ci fosse anche d'Annunzio. È chiaro che ormai bisogna andare fino alle ultime conseguenze. Sarebbero certo con te: Bontempelli, Beltramelli[193], Cavicchioli[194], De Stefani[195], io, Vergani[196], Alvaro; bisognerebbe avere: S Secondo[197], Rossato[198], Gian Capo[199], Marinetti[200] – c'è da tentare con Ugo Betti[201] (che mi ha mandato una bella commedia[202]) – Vincenzo Tieri[203] – ecc. ecc. Qualcuno certo verrebbe, facendo balenare la istituzione dei Teatri di Stato come fine del movimento. E la tua Compagnia che cosa reciterebbe? Ecco: discorsi terribili di Pirandello e canovacci di commedie dell'arte. Il giorno che vi chiudessero i teatri, verreste nel teatrino nostro, aspettando d'andare in America. Si potrebbe fare una cosa da fare epoca: cosa da pazzi. Avrebbe una ripercussione in tutto il mondo e specialmente nelle nazioni dove siete stati. Potrebbe, questo, limitarsi soltanto alla comunicazione da fare al Presidente che tu farai così: forse la sola comunicazione, illustrata nei suoi effetti e ripercussioni, imporrebbe la necessità di provvedere seriamente. Certo – o forse – parecchi attori non ti seguirebbero su questa via. Meglio. Più solo e più da pazzo fossi costretto a ridurti, più effetto la cosa avrebbe. Io sono certo che avresti un successo immenso di pubblico, anche andando a recitare in un baraccone da fiera, o facendoti una tenda come quella di Buffalo Bill. E questa sarebbe la più bella di tutte: la tenda trasportabile. Credo che tu possa *fare tutto*: e questo è quel che non hanno misurato Giordani e compagnia, e che non prevedono i loro protettori. Potresti anche prenderti il lusso, poi, in mezzo ai canovacci di commedie dell'arte, di rappresentare qualcuna delle peggiori commedie degli autori rimasti con Giordani e con la Società Autori, presentandole come le uniche gemme rimaste in circolazione nel teatro italiano – Cose da pazzi – Forse il pazzo sono io che te le consiglio? Ma è la situazione che fa diventare pazzi. Io mi sento di venire in compagnia a fare il clown, proclamandomi ogni tanto Giordani per prendere gli schiaffi da Biliotti[204], che poi dovrebbe chiedermi scusa, riconoscendo che sono Stefano Landi impazzito. – Per lo schifo, – direi io. Forse, per fare i pazzi e i buffoni insieme con te verrebbero la Gramatica[205] e Zacconi[206]. Gli autori solidali potrebbero fare parte della compagnia con paga di generici e viaggi pagati. Rosso di S. Secondo non verrebbe? Io credo di sì. E io, Bontempelli, De Stefani, forse Savinio[207]. Sarebbe una cosa eroica. Adesso calma. Ma bisogna prospettarsi anche questi estremi. Ricevo ora (ore 11,20) il telegramma con cui mi comunichi quello che hai telegrafato al Presidente. Hai fatto bene. Forse sei caduto in un errore di poca abilità gettando, di riflesso, un po' di colpa su Mussolini per aver officiato di nuovo Morello, perché tu dici: "dimissioni di fronte accuse"; e quindi neanche Mussolini avrebbe dovuto reincaricare un *accusato*, mentre Morello si dimise appena scoppiò la polemica, in cui egli non era accusato, e perciò Mussolini poté officiarlo di nuovo, senza colpa. – Ma, speriamo che il Presidente ci passi sopra. – Caro papà, io sono con te, disposto a tutto fare, a seguirti con ogni sacrificio su ogni via. Mi sto un po' rovinando gli affari miei, ma non mi importa. La vita è lunga e il mondo è grande. Sto spendendo l'osso del collo, sempre in giro dalla mattina alla sera! Manuel è impaurito della piega che prendono le cose. Jeri sera mi c'è voluto del bello e del buono

[Stefano]

[Lettera incompleta]

34

Torino, 28.XII.1925

Caro Stefano,
ti accludo una lettera di De Stefani ricevuta stamani e che mi sembra molto importante riguardo all'atteggiamento del Presidente. Sappimi dire se è esatto che questo giornaletto clandestino sia stato distribuito dal Giordani ed informati da Marchesano[208] se tale diffusione possa darmi modo a querelare Giordani per diffamazione.

Sono dispostissimo a ritirare il mio repertorio dalla Società degli Autori e ritengo che facendo lo stesso anche D'Annunzio il nostro atteggiamento potrà pesare molto sulle decisioni del Presidente. Ma occorre un Amministratore, che al posto di Giordani, si occupi delle cose nostre, poiché venendoci a mancare anche la tutela della Società, occorrerà per questo periodo di transizione, sia pur esso breve, fare accordi speciali con le Compagnie che intendono rappresentare il nostro repertorio. Non ho risposto a Giordani circa la proposta di scioglimento del mio contratto perché ho pensato che accettando lo scioglimento accetterei implicitamente anche la proposta che egli mi fa di rimettermi trimestralmente i proventi dell'estero. Ora non vi è ragione che io debba ricevere oggi tale rendiconto ogni tre mesi, mentre prima potevo incassare i danari man mano che essi giungevano. Il mio contratto non parla di ciò e ti prego quindi di consigliarti bene con Marchesano e di inviarmi la lettera che egli ritiene che io debba scrivere dopo aver considerato anche questo punto e tutto il danno che me ne deriverebbe. Sto pensando che la proposta di scioglimento è per il I gennaio e che perciò non fareste a tempo a mandarmela per la firma. Ritengo quindi che la lettera, preparata da Marchesano, sia firmata da Manuel quale mio procuratore e mandata prima della fine dell'anno, con l'espressa riserva che i conti all'estero mi vengano rimessi man mano che arrivano, avvertendone il mio rappresentante come per il passato.

Sappimi dire, se tu non puoi accompagnare Marchesano a Torino, quali sono le cose seriissime di cui dovevi parlarmi a Roma. Queste tue espressioni sibilline per telegramma mi mettono in agitazione e non riesco a smuovermi per la loro imprecisione.
In fretta ti bacio con tutti
tuo Papà

35

Roma, 20 maggio 1926[209]

Mio caro Papà,
[...] Anzi pensai e dissi e replicai a tutti che nessuno aveva il diritto di giudicarti, che ognuno poi pensasse come voleva, ma che io pensavo che se tu avevi trovato una donna che ti dava quest'illusione d'amore e tu avevi potuto resistere senza spezzarti ad accettare quest'illusione, benedetta la vita che te l'aveva fatta trovare – che io ero contento, ma solo preoccupato dell'avvenire tuo. Questo io ho creduto, pensato e detto quando ho potuto avere un dubbio, Papà. E mi è presto svanito, perché io sono un ingenuo, un minchione intelligente, minchione per quel che riguarda il sapermi approfittare a mio vantaggio delle cose e degli uomini, ma non per capire le nature degli uomini. Io non avrò ingegno, né volontà, ma intelligenza ne ho, troppa, e coscienza morale, moltissima.
E ho capito, quasi subito, e mi sono affannato a spiegare agli altri che tu non sei né l'amante né l'innamorato della signorina Abba, ma che – a parte la tenacia della tua volontà e la tua forza di resistenza contro coloro che ti vorrebbero impedire di fare quel che tu hai risoluto di compire, cose da te sempre dimostrate nella tua vita – tu hai seguitato a far compagnia anche per il piacere, o meglio la soddisfazione di stare accanto alla signorina Abba, che era per te quella persona che ti è sempre stata neces-

saria, e che tu hai sempre tenuto accanto a te, a cui tu hai sempre tutto dato: che si è chiamata di volta in volta S. Secondo, io, Tozzi[210], la signorina Aillaud e ora Abba, e alla quale tu non hai mai chiesto altro se non che partecipasse con perfetto accordo nei tuoi giudizii, nei tuoi sfoghi, e presso la quale tu potessi apparire senza maschere e senza costrizioni, dicendo senza pensarci due volte tutte le cose che ti veniva di dire, segreti anche, e che ti rispettasse e ammirasse grandemente come artista: una specie di risonatore che ti è sempre stato necessario, come forse è necessario a ogni vero artista, e che molto naturalmente per tutti gli altri artisti sarà stato la moglie, se l'avevano, o un'amica. E tu saresti stato felice d'averlo in Mamma, come avevi tentato. E naturalmente questo compito è proprio d'una donna, perché un uomo – ancorché tuo figlio, come ho provato io – arriva sempre il momento che non può più adempierlo, se la vita lo sforza a provvedere intensamente ai casi suoi.

Per me questa cosa è chiarissima – agli altri sembra un'astruseria. Io ti ho riportato fedelmente tutto quello che ho pensato e che ho detto su te, non mai giudicandoti, Papà – perché tu possa vedere che non hai in verità nessun motivo di sdegno contro di me. Se mi hanno fatto dire altre cose da queste che ti ho detto, è menzogna e trappola. [...]

Il tuo devoto, angosciato, affezionatissimo figlio

Stefano

36

Torino, 6.V. [*per* VI] 1926

Miei cari Stefano e Fausto,
non vorrei che credeste diminuito il mio affetto per voi, se non vi scrivo. Sono profondamente amareggiato, e ho bisogno di non pensare a nulla di quanto è avvenuto nella nostra scia

guratissima casa distrutta. Io sarò sempre, *e tutto*, per voi; oltre il mio affetto che non può mutare né scemare, avrete da me, seguiterete ad avere, con vostra sorella, tutto quanto deriva e deriverà ancora dai miei lavori, ma si faccia ognuno da sé, come sa, come può, la sua vita. Io, della mia, non so più che farmene. Lavoro a più non posso, per non avvertirne il peso. Ho finito il romanzo; ho finito *Diana e la Tuda*; ho ripreso e condurrò presto a fine *La nuova colonia*[211]. Conto d'aver finito in pochi mesi tutti gli altri lavori annunziati.

Forse, a fin d'anno, i debiti della Compagnia saranno superati dai guadagni. Il mese di Torino sarà buono. Oggi, domenica, faremo un incasso di circa quindici mila lire, in due rappresentazioni. Ci sarà da superare l'estate e il mese di riposo della Compagnia; ma poi, la seconda metà dell'annata darà senza dubbio buoni frutti. La tournée in America, l'anno venturo, salverà tutto e tutta la gestione si chiuderà, spero, con un utile non mediocre.

Non credere, mio caro Stefano, che non abbia cercato di farti entrare al "Corriere della Sera"[212]. Ma eccoti la risposta che ho avuto da Ojetti[213]. Ne sono rimasto così offeso, che non ho più mandato nessuna novella né risposto alle continue sollecitazioni che mi si fanno perché ne mandi. Mi ha indignato inoltre la condotta del fetentissimo Simoni durante la sciagurata stagione ai "Filodrammatici" nella quale ho rimesso circa 60 mila lire[214]!

Ho goduto tanto, mio caro Fausto, nel leggere il tuo nome tra quelli degli artisti accettati alla Biennale veneziana. E il pensiero della tua salute mi ha tenuto e mi tiene sempre costernato. Voglio che tu ti curi con la massima cura, senza pensare a nulla. Di' a nome mio a Manuel che ti dia tutto quello che ti bisogna. Se non avesse da dartene, telegrafami, e ti manderò io subito quanto sarà necessario perché non ti manchi nulla. Vorrei vedere i tuoi nuovi lavori! Ma va' per ora in campagna o in collina: pensa a rimetterti bene; e poi lavorerai meglio. Tu, figlio mio, sei più solo di me!

Baciami forte, Stestè mio, la mia Ninnì e il piccolo Andreuccio; salutami Olinda; e voi, miei cari figli, abbiatevi un lungo, lungo bacio per uno dal vostro

Papà

37

Roma, 10 giugno 1926

Carissimo mio Papà,
la tua cara lettera ci ha fatto uscire di pena. Tu dici: non vorrei che credeste diminuito il mio affetto per voi... – ma prima avevi scritto a Manuel[215] come se egli solo fosse degno del tuo affetto e della tua stima, e questo ci aveva messo in angoscia e in uno stato di avvilimento e d'irritazione. Io t'avevo scritto una lettera di dodici di queste facciate – non te l'ho più mandata perché troppo scombinata e affannosa, e forse ridicola. Ma te la farò leggere quando ci rivedremo. Io non so come ho potuto sopportare in quei giorni di restare sotto il tuo giudizio; se avessi avuto mezzi sarei scappato subito a Bergamo per farti conoscere il mio vero animo, che, Papà mio, è sempre quello di quel tuo Stestè di otto anni che si azzuffava con Mamma perché non poteva sopportare i giudizi temerarii sul tuo conto e avrebbe dato il suo sangue per convincerla che tu eri un uomo da amare come ti amavo e ti amo io, con devozione assoluta. Ancora oggi che ho la mia famiglia – e sia lodato Iddio, è una vera famiglia – non so che cosa non farei per darti il sentimento reale che il mio affetto, il mio amore per te è una cosa importante, più libero e più schiavo del comune affetto dei figli per il padre, e che dovresti giovartene e che trascuri e butti via qualche cosa a fare come se non lo avessi. Capisco che nei momenti di furia di creazione, come adesso, tu hai tanta pienezza di vita in te stesso che ogni altra cosa che non sia la tua fatica resta fuori di te, estranea se non fastidiosa[216]. O meglio ti diventa proprio fastidiosa

– anche la tua vita personale. Ecco, io vorrei che tu ti togliessi questo gusto dell'amaro, di sentire fastidio dove potresti, se volessi, sentire invece un po' di malinconia, un velo di cose lontane. Perché devi avere, Papà mio, questo senso atroce della tua vita e di noi che ne siamo le creature? Io vedo che sei sempre arrivato ad approfittarti di ogni sciagura, di ogni contrarietà, per la tua arte – sei sempre riuscito a astrarle dalle determinazioni dei tuoi casi e a poterci lavorar sopra. Tu hai sempre dominato te stesso e la tua sorte. Se tu avessi avuto una sorte più facile a che ti sarebbe servito possedere tanta energia? Forse non la avresti avuta. Saresti stato più piccolo e più povero, ma non credere più felice o meno disgraziato! E, comunque sia, tu hai avuto la forza d'animo tua e la possibilità di divenire così grande e ricco superando tante sofferenze, che hanno acquistato valore e peso, anche agli occhi di tutti gli altri, perché ti sono servite a questo. Sarebbe giusto che anche tu le considerassi così. E che, perciò, invece di averne afa e fastidio, ne avessi malinconia, con una certa dolcezza, considerando quanto costa essere. Ma tutte queste mie riflessioni sono fondate sul presupposto che tu dia molto peso, il gran peso che ha, il tuo essere ciò che sei, il creatore che sei, lo spirito vivo, l'uomo esemplare che sei, il maestro di vita morale e l'illuminatore degli intelletti di chi sa quante generazioni d'uomini: che, come sorte per te, per triste e combattuta che sia, ha la sua bellezza, deve averla. Non può non averla, solo che tu consideri per un momento spassionatamente qual è il valore e il gusto della esistenza degli altri. A te ti bisogna molto più orgoglio che tu non abbia per un verso: e un po' più di umiltà, per un altro verso: cioè che tu valuti quello [che] sei divenuto, con orgoglio, e, con umiltà, quello che eri nato, e che sei, uomo su questa terra, e non Dio, e che sorte piccola hanno gli uomini comunemente, e che cosa valga la loro felicità. Essere infelice, come tu sei, Papà mio, vale bene *la pena* di esserlo! E se alla vita che possono avere gli uomini gli togli anche questa giustificazione, tolta la fede, anche questa che sia degna d'essere sofferta con grandezza e potentemente, allora non diventa un delitto averla data ai figli? E questo non è, Papà mio. Io penso continuamente alla morte (è la mia fissazione!) e cerco di tenermi più che posso sereno al pensiero di doverla accogliere da un momento all'altro, ma questo è per il grande amore che ho della vita! Nei momenti che sono disgraziato più del solito mi sboccia dentro una voce che dice: soffro = sono vivo, e per un attimo mi sento pieno di voluttà, poi di coraggio e di rassegnazione. Se sapessi quanto mi manca il poter parlare con te! come vorrei che tornassero un po' i tempi che la sera si dava l'aire alle considerazioni massime, e aria alla mente, aria ai polmoni e pietose comodità al corpo! Io credo sempre che torneranno. Adesso abbiamo preso l'abitudine di confortarci così io e Fausto, quasi tutte le sere. Ma tu manchi troppo, benché di te – del tuo spirito – si parli continuamente. E Ninnì viene a fare la burlona fra le nostre gambe e ci richiama a terra. Dice mille cose buffe, che ridanno tanta freschezza alla vita, e ce la fa rivivere: questo dono che ella fa, senza sapere, io penso sempre, sempre davvero, che tu non te ne giovi e sarebbe invece pieno di valore per te!

Caro Papà mio, smetto di scrivere perché debbo andare al Ministero a lavorare, ma poiché non voglio più tardare a farti pervenire questa lettera, la metterò alla posta così mezza com'è, e la terminerò al più presto. Ti abbraccio forte forte con Ninnì tua che ogni giorno ti ricorda, ti scrive e ti vuole. Se sapessi l'impressione che le fai! Basta parlare di te per vederle negli occhi il ricordo vivo di quel senso delle cose che tu le comunicavi. Ho avuto il tuo telegramma ora, e m'affretto a rimandarti le bozze che Manuel mi aveva dato da correggere. Ti abbraccio forte forte, Papà mio, e ti bacio a lungo e con me Ninnì, Olinda e Andreuccio detto Poppeo, che non capisce niente, "perché è piccolo, ma buono", come Ninnì osserva

il tuo aff.mo figlio Stefano

38

Al.[essandria], 5 luglio 1926[217]

Caro Stefano,
occorre insistere presso il Presidente[218] per la telefonata a Gatti[219]. Dillo a Interlandi. Fra pochi giorni Fidora esigerà l'intero premio di L. 100.000 e si terrà tutta la somma in attesa che noi gli si faccia causa. Ora la causa deve essere fatta dal Consiglio di Amministrazione, ma occorre contemporaneamente poter fare l'operazione delle due annualità. Insisti dunque presso Interlandi e digli anche che si rammenti che il Presidente mi deve fissare l'appuntamento promesso[220]. Informami subito appena saprai se il Presidente ha telefonato a Gatti. Bacia tutti ed abbiti un abbraccio dal tuo
Papà

Ti accludo questa lettera or ora ricevuta. Falla leggere a Interlandi perché veda l'urgenza dell'interessamento del Presidente.

39

Genova, 2.IX.1926[221]

Caro Stefano,
spero che la malattia del mio caro "ometto responsabile" sia passata.
[...]
Quanto a Feist, non capisco perché abbia mandato M.[marchi] 1235 invece di 2000 come doveva per la pubblicazione de *L'esclusa* sulla "Kolnische Zeitung". Bisognerà domandargliene la ragione; e intanto, per la mia andata a Ginevra rispon-

dergli con la combinazione che hai pensato. Io, se avrò tempo, gli risponderò circa all'invito ch'egli chiama "ufficiale".

Non rispondere nulla a Bemporad per la copertina. Vediamo prima com'è.

Sta bene per la risposta da dare all'editore Kra. Ma intanto bisognerà scrivere a Crémieux dicendogli che avevamo rimesso a lui ogni decisione circa la controversia tra Kra e Gallimard.

Ti manderò: spero, oggi stesso, almeno due copioni de *L'amica delle mogli*[222]

Che notizie ci sono circa alla vendita del villino?

A Genova la stagione è cominciata male[223]. Il caldo è feroce. Dagli incassi serali restano per la Compagnia poco più di mille lire. Speriamo di aumentare di qualche poco la media con le novità. Pilotto[224] va bene.

Dammi notizia di tutto. Salutami Olinda, baciami Ninnimia e Andreuccio, e un bacio forte forte abbiti tu

dal papà tuo Luigi

40

Genova, 5.IX.1926

Mio caro Stefano,
rispondo per ordine:

– ti rimando la cambiale Bemporad, firmata a tergo, per Baratto: fatti rilasciare ricevuta a conto.

– sta bene quanto hai convenuto con Società Autori; ma ti faccio osservare che non ho ancora ricevuto l'esposizione esatta dalla Banca Comm. e non so ancora pertanto come regolarmi al bisogno.

– la lettera di Ferminelli, hai detto d'accludermela, ma non me l'hai acclusa. So però di che si tratta. Salvini ne aveva ricevuto un'altra da lui. Gli ho fatto rispondere che l'avvocato potrà garantirsi il pagamento del suo onorario e le spese sui due premii, come ogni altro creditore.

– Spagna. Vil[l]aregut. Firmato, spedito lettera Societad Autores. Avrai ricevuto a quest'ora e spedito a tua volta copione *Amica delle mogli*. Altri copioni per Feist, Crémieux, ecc. ti spedirò domani. Hai tu fatto cavare quelli di *Diana e la Tuda* per spedirne uno, subito, a Crémieux? Bemporad si fa sordo per l'invio degli stamponi del romanzo o li ha già mandati?

– Ha risposto Gallimard per *Uno, nessuno, centomila*[225]?

– Agire di Ninuzzo, scorrettissimo. Non doveva mai trattenersi un denaro mandato a me, per un debito tuo personale. Così io verrò a rimettercelo due volte: una volta, perché dovevano venirmi e non mi son venute, e un'altra volta, perché dovrò restituirle. E andiamo avanti! È proprio vero che non c'è più canaglia della gente onesta.

– Sempere[226]: speriamo che il rendiconto a tutto giugno non sia magro, come quello del Kra.

– E speriamo di trovare un compenso lautissimo nell'offerta di Feist da Vienna! Ma, non so perché, ci conto poco.

– Mi pare che abbiamo addosso una bella disdetta! Ci voleva proprio la morte sciagurata del Legato di Columbia! Le altre trattative circa la vendita della villa saranno certo più difficili e meno buone. Pazienza! Dall'avv. (e non ing.) Capo[227] non m'aspetto più nulla.

– Sta bene com'hai disposto circa la traduzione de *L'esclusa* in Francia.

– Ma bisogna che tu domandi a Feist come va che, invece di M. 2000 per lo stesso romanzo, come s'era convenuto, ne ha mandati poco più di mille.

– Quanto a Giordani, vada a farsi fottere[228].

– Quanto a Salvini, forse andrà a farsi fottere. Ma non credo. Ho dovuto castigarlo, mettendolo su l'ordine del giorno per negligenza: se n'è avuto per male e s'è licenziato. Ma forse ci ripenserà e non ne farà di nulla. Non posso più dargli però l'incarico che tu mi consigli.

[...]
– Qua gli affari vanno male. Jeri sera (sabato) abbiamo fatto il massimo incasso coi *Sei personaggi*[229]: in tutto L. 3200: netto per la Compagnia, 1700. E ho dovuto dare a Chellini[230] L. 6000 per completare la cinquina che scadeva jeri. Ma è già piovuto, e speriamo che la gente s'affretti a ritornare dalla villeggiatura, e che le novità ci portino un po' su e attenuino la perdita.

Mi pare d'aver risposto a tutto. Prossimamente ti darò notizie della nuova Compagnia. Seguita a dare annunzio a tutti della revoca della procura specialmente all'agente dell'Argentina.

Salutami affettuosamente Olinda, baciami Ninnimia e Andreuccio e un forte abbraccio abbiti tu dal papà tuo

Luigi

41

Genova, 9 settembre 1926

Caro Stefano,
ti mando i due moduli di procura che spedirai subito alla Commerciale a Milano dopo averne firmato uno tu e l'altro Fausto.

Ho scritto anche io alla Commerciale autorizzandola a prelevare dal mio conto ordinario di Roma le L. 12.624,75 che, per errore, non si era prese dall'ultimo versamento della Società Autori.

Ti abbraccio con Fausto

tuo papà Luigi Pirandello

42

Genova, 10.IX.1926

Caro Stefano,
– ho subito rimandato all'Ag. 2 B.C. la lettera che mi hai mandato da firmare.
– Feist ha scritto anche a me per l'affare dei films. Gli ho risposto telegraficamente indicandogli il minimo da chiedere per la *Nuova Colonia* e per i *Sei personaggi*.
– Ti ho pure rimandata, firmata, la cambiale Bemporad.
– Hai fatto male a commissionare altre copie de *L'Amica delle mogli*; ne avevo fatte fare 9 copie io, e te ne avevo subito mandato una perché tu la mandassi a tua volta a Villaregut. Ti manderò subito le altre, appena le avrò tutte rivedute.
– Ma come hai fatto a perdere la "battuta" di Giuncano[231] che ti avevo dettato? Ora ti scrivo dal camerino del teatro, mentre si recita *Il piacere dell'onestà* e non ti posso trascrivere a memoria quella battuta. Mi pare che sia così: "Potere dar loro con la forma il movimento e avviarle, dopo averle scolpite, per un viale infinito, sotto il sole, dove esse soltanto potessero andare, andare, andar sempre, sognando di vivere lontano, fuori dalla vista di tutti, in un luogo di delizia che non si trova sulla terra, la loro vita divina"[232]. Sì, mi pare che sia esattamente così.

E questo è quanto! Io ho già rimesso a Genova, fino ad oggi, ben 12 mila lire. E andiamo avanti. Lavoro! Rimando a Bemporad le bozze del romanzo corrette. Baciami Olinda, Ninni-mia, Andreuccio. Dammi notizia di tutto. E un forte bacio abbiti tu dal papà tuo

Luigi

43

Firenze, 19.IX.1926

Mio caro Stefano,
due parole, per dirti che ho ricevuto la tua lettera con le notizie d'Aguirre e della vendita del villino e sulla proposta Widmar circa l'andata a Budapest da Fiume.
Sui primi dell'entrante settimana verrà a Firenze Paradossi e gli parlerò di questa proposta di tournée in Ungheria e fors'anche in Romania. Dimmi i nomi e gl'indirizzi degli agenti dei Balcani e della Grecia e anche di Polonia[233] per cercare di fare un raccordo d'itinerario[234].
Palermi mi telegrafa da Roma offrendomi 5 mila dollari per i *Sei personaggi*. Ho telegrafato a Feist e aspetto risposta.
Ti ho mandato il copione corretto dell'*Amica delle mogli*
Qua a Firenze s'è cominciato benino[235]. Ma oggi, col caldo soffocante, abbiamo una *diurna* molto fiacca. Speriamo meglio in seguito.
Scrivimi a lungo, dandomi buone notizie. Baciami Olinda, Ninnimia, Andreuccio e un forte bacio abbiti tu dal papà tuo
Luigi

44

Firenze, 24 settembre 1926

Caro Stefano
Ti unisco questa lettera della "London General Press" nella quale mi si chiede:
1° – Il permesso per la rappresentazione del *Ciascuno a suo modo*.

2° – Ch'io scriva un articolo di mille parole su Shaw, dietro compenso di quattro sterline.

Rispondi tu direttamente dicendo, per la prima parte, che si rivolgano a Livingston e per la seconda, che io non scrivo per così poco. Ho ricevuto la lettera con gli indirizzi degli agenti e ti ringrazio.

Ti abbraccio

tuo papà Luigi

P.S. Perché non scrivi?

45

Pesaro, 17.X.1926
COMPAGNIA DEL TEATRO D'ARTE DI ROMA
DIRETTA DA LUIGI PIRANDELLO

Mio caro Stefano, mio caro Fausto,
due parole, dal camerino del Teatro Duse prima che cominci lo spettacolo[236].

Sta bene quanto al film *Sei personaggi* – Interlandi. Gli ho scritto jeri circa alla riconciliazione con Giordani, fissando i cinque punti fondamentali[237].

Mi dici, caro Stefano, che sono al mio conto corrente circa 25.000. Ma vorrei che mi fossi più preciso nell'indicarmi la provenienza del denaro che versi, per sapermi regolare.

Non so se potrò contentare Bemporad per l'articolo o altro scritto che mi chiede.

La nota del Tilgher circa al mio silenzio nel resoconto dell'annata teatrale non mi sembra così velenosa com'è sembrata a te[238]. È naturale ch'egli lo interpreti così. Si potrebbe rispondere che egli stesso nei suoi *Relativisti contemporanei* stimò conseguentissima la mia entrata nel fascismo e quella del Gentile[239]. Ma mi sembra proprio inutile rispondergli. Meglio lasciarlo cuocere nel suo brodo.

Ho dato a Salvini la lettera dell'agente del *Drei Masken* perché gli risponda, mettendo le cose a posto.

Sta bene risposta a "Nouvelle Revue Française" per *Uno, nessuno e centomila*.

Ho rimandato a te la procura per Federico Lauricella[240], non essendo sicuro dell'indirizzo. A quest'ora l'avrai ricevuta e rimandata a destino.

Non mi dici nulla circa alla vendita del villino! Non avrò pace finché non mi sarò levato dal petto quest'enorme peso morto!

[...]

Non è proprio possibile che Interlandi parli a M. [Mussolini] circa al premio Nobel?

Ho letto con molto piacere, caro Fausto, la tua lettera del ritorno da Anticoli con la buona notizia del lavoro nuovo ben riuscito. Ma vorrei la fotografia del quadro di Venezia. Io sarò a Venezia il giorno 3 e spero di poterlo ancora vedere.

Manderò da Rimini[241], dove saremo da martedì 19 a tutto il 23, i copioni di *Bellavita*[242]. Uno si potrebbe mandare a Petrolini[243]. Un altro a Villaregut.

Intanto lavoro alacremente a *La nuova colonia* e spero che presto sarà finita. Ne sono molto contento. Ho finito di correggere e subito rimandato le bozze in colonna del romanzo *L'esclusa*[244]; vi ho apportato molti miglioramenti. Bisognerà sollecitare la pubblicazione di *Uno, nessuno e centomila*[245] che sta lì in attesa d'una copertina che io [ho] detto di *non volere*. Credo che questo tempo il Bemporad lo stia perdendo apposta.

Bisognerà sollecitare anche da Livingston per *radio-lettera* l'invio del rendimento semestrale giusti i termini del contratto. Possibile che, bussato a denaro, questo Livingston si faccia sempre servo[246]?

Rispondetemi su questi punti.

E intanto coi saluti affettuosi e gli auguri a Olinda e anche a Andreuccio per la sua pronta guarigione, bacio forte forte Ninnimia e tutti e due voi, figli miei,

vostro Papà

46

Padova, 22.X.1926[247]
Politeama Garibaldi

Mio caro Stefano,
[...]
Aspetto una tua lettera particolareggiata, con le notizie di tutto l'andamento degli affari in corso. Non mi hai detto, tra l'altro, che la Società degli Autori ha risposto alla mia protesta per la rappresentazione del *Giuoco delle parti*[248] a Buenos Aires; e io da Rimini mandai un telegramma di risentimento alla Società per mancata risposta.
Basta. Baciami Ninnimia, Andreuccio, Giorgio (sono già tre!)[249], salutami affettuosamente Olinda e baci a Fausto e a te dal papà tuo
Luigi

47

Padova, 25.X.1926
Grand Hôtel Storione

Mio caro Stefano,
ricevo la tua lettera frettolosa, con le due accluse del San Secondo e del Bemporad. Farò al primo un telegramma da Verona, dove sarò il giorno 29; rispondi tu al secondo come si merita.
Mentre aspettavo la risposta di D'Annunzio al mio invito per il Teatro Argentina, hai visto la parata di Giordani e dei suoi compari Morello e Varaldo[250]? Imbalsameranno un cadavere putrefatto; ma questo, da secoli e secoli, è stato sempre l'ufficio dell'Italia; e chi è vivo, alla forca!

Non mi par l'ora di scomparire dalla scena! Ma intanto né il villino ha probabilità d'esser venduto, né nulla si combina per il film dei *Sei personaggi*, né si riesce per l'assoluta noncuranza del Governo a farmi almeno entrare in candidatura per il premio Nobel. C'è in questi giorni a Roma la Regina di Svezia: l'occasione potrebbe essere favorevole; ma sì! ne approfitteranno Papini[251] o la Deledda[252].

Basta. Vedi di darmi tu qualche buona notizia. Hai visto Andreossi[253]? Ha promosso i festeggiamenti a Chiarelli[254] a Ginevra. Io mi sono impegnato ad andare a Zurigo per i giorni 19 e 20 novembre: il 19 farò una conferenza al Leserzirkel, o un colloquio col pubblico, il 20 assisterò alla prima rappresentazione di *Diana e la Tuda* in tedesco.

Seguito a lavorare alla *Nuova Colonia*, e intanto ho pensato a un nuovo lavoro: *Lazzaro*[255]. Te ne parlerò un altro giorno.

A Macerata, ad Ancona, a Pesaro, a Rimini s'è fatto bene: festeggiamenti, banchetti, entusiasmo: nessuno ne sa mai nulla Qua a Padova, s'è cominciato benone e si andrà bene di sicuro fino al 28. A Verona siamo assicurati a L. 3500 per sera, fino al primo di novembre. Il 2, giorno dei Morti, riposo. Il 3 a Venezia, Teatro Goldoni, fino al 15.

Baciami Olinda, Ninnimia, Andreuccio e Giorgio, e un bacio abbiti tu con Fausto dal papà tuo

Luigi

48

Roma, 28 ottobre 1926

Mio caro Papà,
Olinda si è già alzata oggi per due ore; ha risentito pochissimo del travaglio del parto; Giorgio sta benissimo al latte materno; mi pare che cominci un po' a somigliarmi, nella bocca

e nell'apertura degli zigomi, ma chi sa poi se è vero. Sono sempre occupatissimo; spesso non mi riesce di rincasare prima delle dieci. Andrò a Milano, credo, il giorno 3 novembre, e vi resterò forse una settimana. Ho visto Fausto domenica scorsa; sta bene. Speravo che venisse a trovarmi stasera, perché prima di andare da quell'avvocato Pulieri volevo accordarmi con lui, ma non s'è visto. Sarà per domani. Oggi ho avuto il tuo telegramma con la rettifica degli indirizzi, e sta bene. Con gran piacere vedo che s'avvera quanto prevedevamo per gli affari della Compagnia. Perché non cerchi di mettermi su, per Venezia, *La casa a due piani*? Mi gioverebbe tanto! Veniamo agli affari.

Prima ti debbo avvertire in confidenza che Liberati[256] e Paradossi mi hanno detto, con un sacco di cautele e di eufemismi che non sto a riferirti, andando alla sostanza: che negli ambienti teatrali e anche, dicono, nel pubblico non abbia fatto buona impressione il fatto che sia stato da voi annunziato uno spettacolo (credo la *Donna del mare*[257]) con un manifesto che recava a grandissimi caratteri "Marta Abba" e poi, in piccolo, in *La donna del mare*, e sotto in caratteri invisibili il nome dell'autore. E certo, stando così le cose, difficilmente si può confutare chi dice che ciò significa la negazione dei criterii per cui tu hai fondato il Teatro d'Arte, cioè, via gli attori dal palcoscenico che è dei personaggi, e l'annullamento degli attori in essi. Bada che io capisco perfettamente che sostanzialmente non c'è nulla di mutato nei tuoi criterii artistici; capisco però anche che questi segni esteriori possono esser criticati sinceramente, senza malanimo o malafede, e perciò mi faccio lecito avvertirtene. Di più vi sarebbe il fatto, a quanto dicono Lib.[erati] e Paradossi, che manifesti come quelli non furono mai affissi né per i grandi tragici all'epoca in cui c'erano, né per la Duse in occasione della sua rentrée: che gli articoli dei giornalisti portavano titoli a quel modo, sì, ma non i manifesti dell'impresa; e,… questo è peggio, che invece usano "manifestarsi" così i mattatori di second'ordine, come Majeroni e compagni, quando girano i piccoli centri. E basta. Sono certo che tu intendi la mia sincerità nel riferirti cose che troppi dicono dietro le tue spalle e nessuno a te direttamente, non solo come mio dovere, ma per istinto di tua e nostra difesa e per amore di figlio.

31 ottobre – Non avevo potuto finire il 28, e non ho potuto riprendere prima di oggi. Oltre al lavoro, Ferraguti[258] mi prende questo tempo per raddrizzargli la concezione che ha voluto farsi del mio lavoro; in sostanza dei miei diritti e dei miei doveri. Il punto della questione, cioè la mia puntatura di piedi (il perfetto contrario della "levata di testa"), e che lui mi vorrebbe considerare come un suo impiegato, segretario, come dire l'ordinanza del capitano, mentre io se debbo fare il redattore-capo del giornale, per come sono pagato, non posso essere ordinanza, ma debbo essere sergente, magari caporale, magari appuntato: ma avere una funzione mia, un grado mio, una responsabilità mia, e, intera, la libertà d'azione necessaria per poter sopportare la mia responsabilità. È inutile che egli dica di prendersele lui tutte, le responsabilità: so che sono parole, e che alla resa dei conti come è il primo a rinfacciarmi ciò che non fosse riuscito bene per colpa mia (dunque, cose sotto la "mia" responsabilità []), così è il primo a buttar tutta la colpa addosso agli altri quando si trova di fronte a un giudice: che in questo caso sarà Mussolini in persona, che attende con grande impazienza l'uscita della rivista. L'occasione del contrasto, già da tempo latente, è stata la sua pretesa di farmi partire subito per Milano a impaginare, prima che io avessi sistemato la redazione e raccolto il materiale sufficiente almeno per due numeri, e a circa venti giorni di distanza dall'uscita del giornale[259]. Qua avevo da lavorare (e come!, dieci ore al giorno!), ed era lavoro necessarissimo, trascurando il quale il giornale non sarebbe potuto uscire a tempo, né si poteva ritardare, interromperlo e differirlo, per la stessa ragione; a Milano avrei fatto, ora, male e non interamente, ciò che avrei potuto far bene e interamente fra una settimana: ma avrei dovuto andarci lo stesso, perché c'era andato lui improvvisamente, senza consultarmi, e forse solo per trovare la moglie: ci sarei dovuto andare per fare il suo comodo e non il mio dovere e

non l'interesse del giornale. Mi sono ribellato a tre suoi ordini di partenza, e ho presentato le dimissioni. Non mi nascondo che è pericoloso, perché quegli è un uomo che si crede infallibile, accentratore al massimo grado, dispotico e privo di considerazione pei suoi collaboratori (e guai per lui se non avesse quelli che ha!); ma sarebbe stato certo più pericoloso seguirlo ad occhi chiusi su una strada che non era quella del mio dovere, alla quale mi sarebbe toccato poi tornare a precipizio, per viottoli traversi, affannato, fuori di tempo e disarmato. E poi era necessario mettere questi punti fermi, non solo per la mia dignità professionale, e per quella personale, ma anche per la regolarità – anzi la possibilità – del lavoro che debbo fare. Le cose stanno così. Ho per testimone il collaboratore più diretto e autorevole di Ferraguti, Comm. Biraghi Lossetti, Segretario Generale della Commissione tecnica, che approva interamente la mia condotta. Ferraguti torna a Roma martedì. Vedremo. A ogni modo ho diritto a diciotto mila lire di liquidazione. Ti ho prevenuto perché tu sappia, a un caso, che non è imputabile a me se perderò questa sistemazione. Interlandi mi ha già promesso di appoggiarmi perché non la perda, e, caso mai, perché possa trovare lo stesso stipendio come autore cinematografico presso la casa Pittaluga[260].

Sono risorte difficoltà fra i compratori di Girgenti. Dopo laborioso scambio di richieste e spiegazioni e disquisizioni di avvocati da ambe le parti, i compratori hanno risolto di non comprare più se non avviene in piena regola l'interdizione della Mamma. Il che porta come conseguenza la nomina del consiglio di famiglia, composto dagli zii Pasquale, Peppino e Carmelo Portulano e presieduto dal Pretore di Girgenti. Questa cosa non mi va né su né giù. Solo modo di scansarla è che l'interdizione avvenga d'ufficio da parte del tribunale di Roma, e che il tribunale di Roma stesso poi convochi questo consiglio di famiglia e proponga ad esso la tua nomina a tutore: proposta che, di solito, ogni consiglio di famiglia accoglie. Ma l'interdizione d'ufficio richiede molto lavoro d'anticamera, iniziato da Sermonti[261]. Non so quando ne verremo a capo.

Risorgono le speranze di vendere il villino. C'è un compratore probabile inglese, e uno, diciamo così, "possibile" italiano. Ma l'ingegnere Pàstina teme che non si potrà tirarne più di un milione e duecentomila. A te, comprese le 78.500 che ancora si debbono a Baratto e le 18 a Nardelli[262], viene a costare poco più di un milione, o un milione e cinquantamila. Ora che la lira è rivalutata (o meglio, che rivale quanto valeva quando tu facesti le spese) il margine di utile che resta, è effettivo. Credo che convenga: ma tu devi decidere. Eccoti quanto ti resterebbe in mano:

1.200.000 meno:		a Baratto	78.500
364.000		a Nardelli	18.000
Lit. 836.000		a Pàstina	17.500
		Mutuo Monte Pas.	250.000
			364.000

Da queste ottocentotrentasei mila lire puoi prendere le 190.000 della dote di nostra sorella, e impiegare le seicento che restano (le rotte vanno per le spese di contratto) in un immobile a rendimento del 10%, cioè di sessantamila lire annue: a meno che tu non voglia come io consiglio gravarti di un mutuo che ti ridarebbe una proprietà di un milione con lo stesso reddito fino all'estinzione del mutuo, e poi col reddito di centomila lire. Sarebbe finalmente una proprietà che rende, e non un peso.

Non ho avuto ancora tempo di andare dall'avv. Pulieri. Mi sono consultato due volte con Sermonti in proposito. Io vorrei togliere di mano la faccenda a Vitale, e darla a Sermonti, che mi ispira grande fiducia. Anche questo è bene che me lo consigli tu. Non sono andato ancora anche perché volevo prima parlarne con Fausto, che non vedo da domenica scorsa. Ho paura che non si sia sentito bene.

Ti rimando la risposta di Marco Praga.

Livingston ha mandato 104,65 dollari per piccoli diritti in Inghilterra e Australia di rappresentazioni di atti unici, e da filodrammatici per *Piacere onestà* e *Sei personaggi*. Cambiati e versati tuo C.C. in lire 2.338 =. Livi annuncia che il 28 ott. è stata rappresentata *Vestire gli ignudi* a Mamaroneck, il 29 e 30 a Stamphord [*sic*]. Se avrà successo sarà portata a New York, probabilmente al teatro Princess. Ha ricevuto *Diana*, con la quale farà il terzo volume di teatro accompagnandola con *Signora Morli* e *Giuoco delle parti*: anticipo mille dollari, poiché *Diana* è "nuova". Per tutto un anno non si può trattare vendita film *Vestire gli ignudi*, concesso impresario americano. Nessuna parola per anticipo atti unici (volume). *Si gira* ancora non esce per colpa editore inglese che perde tempo.

Ho risposto picche a Bemporad.

Interlandi ha già parlato col Duce per il premio Nobel, avendo assicurazione che avrebbe agito. Appena Mussolini torna di Romagna, gliene riparlerà, cercando di fargli concretare i passi verso il rappresentante svedese. Si occupa attivamente del film *Sei personaggi*. Oltre a Pittaluga, si è costituita ora una Federazione di Autori e Direttori cinematografici, alla quale Interlandi ha fatto parola dell'affare, accolto con grande fervore. Hanno maggiore serietà artistica del Pittaluga, ma non so [se] dispongano di forti capitali. Ma c'è questo: che le Banche hanno ricominciato a dare denaro pel cinema, perciò il difetto di capitali forti non sarebbe un impedimento.

Joseph Chapiro (Keithstrasse, 14, Berlino) telegrafa che un gruppo amici di Max Reinhardt[263] organizzando festeggiamenti per Venticinquennio artistico Reinhar[dt] ti pregano far parte comitato d'onore che è internazionale, e richiedono adesione telegrafica. È bene che tu telegrafi. L'indirizzo è quello del Chapiro.

Spero mercoledì 3 di riportare la famiglia a via Piemonte. Il 4 o il 5 dovrò partire per Milano, dove resterò un'intera settimana. Al ritorno, se Dio vuole, potrò finalmente chiudere questo periodo sconclusionatissimo, e sistemarmi un po'. A meno che non mi tocchi litigare con Ferraguti, dovendo già litigare cogli Aguirre e coi compratori di Girgenti. Sono già tre mesi compiuti da che ho scritto l'ultima volta quattro righi di roba mia. Due mesi fa, quando tu ripartisti, passai qualche settimana di rabbie e d'angosce; ora, a poco a poco, mi vado abituando. Se fosse vero, però, proprio vero, neanche la moglie e i figli mi parrebbero più una ragione per continuare a campare! Basta, speriamo che tutto questo lavoro affannoso mi darà modo fra qualche tempo di avere un po' di tranquillità e qualche ora a disposizione per servire il mio male. Per ora è veramente più saggio che cerchi di considerarmi guarito.

Caro Papà mio, Olinda e i nostri ben tre figliuoli si fanno avanti in ordine per salutarti e abbracciarti affettuosamente. E io ti voglio bene e ti abbraccio forte forte forte.

[Stefano]

49

Venezia, 3.XI.1926
COMPAGNIA DEL TEATRO D'ARTE DI ROMA
DIRETTA DA LUIGI PIRANDELLO

Mio caro Stefano,
stavo per mandarti un telegramma, irritatissimo per la mancanza di notizie in cui mi tieni, quando finalmente mi giunse la tua del 28 aggiornata il 31 ottobre, e qui arrivata il 3 mattina.
Rispondo punto per punto.
– Il pettegolezzo del nome di Marta Abba in grande, è uno dei soliti, messo in giro dalla solita masnada (leggi sig.na Aillaud e compagnia). Si trattava della *serata d'onore*; invece di usare quest'espressione volgare, si pensò di mettere semplicemente: M.A. nella *Donna del Mare* di Enrico Ibsen, per esprimere il particolare impegno che avrebbe messo l'attrice nell'interpretare quella parte. E questo è tutto. Ma ormai tanto io quanto questa povera figliuola siamo in mezzo alla vita teatrale italiana come il famoso asino al mercato. Il mio sdegno è arrivato al colmo. Se vedi il Liberati digli che per carità non si faccia portavoce di simili sudice miserie e rompa in faccia sdegnosamente a chi gliele riferisce, se veramente è amico mio. O altrimenti io rompo in faccia a lui, in malo modo. Nessuna

attrice italiana ha così poca vanità e maggiore rispetto per l'arte di Marta Abba, e per questo io la stimo e le voglio bene.

– Per ciò che riguarda le tue relazioni col signor Ferraguti, tu sai da un pezzo come io la penso, e ciò che secondo me da un pezzo avresti dovuto fare. E mi è apparso chiaro fin da principio ch'egli ti volesse sfruttare.

Se hai messo avanti ben chiaramente i tuoi fatti, hai fatto bene.

– Bisogna *assolutamente* impedire che si nomini un consiglio di famiglia nelle persone dei fratelli Portulano e del famigerato zio Pasquale. Guaj se questo accadesse! Ricusa nel modo più reciso, anche a costo di mandare a monte la vendita. Non voglio saperne!

– Sta bene per £ 1.200.000 la vendita del villino col conto che mi fai del pagamento della rata residua al Baratto, delle £ 18.000 al Nardelli, della percentuale all'Ing. Pastina e delle 250.000 del Mutuo; si potrà dare e promettere la dote alla delinquente sulle 836.000 lire, e comprare come tu proponi con le residue £ 600.000 uno stabile, gravandolo anche di mutuo in modo che si possa ricavare un reddito di £ 100.000 annue.

Ma speriamo che quest'affare si combini, e non resti in tronco come l'altro.

[...]

– Avrai scritto al Livingston domandandogli conto e ragione del perché non ha mandato ancora i 1.000 dollari degli atti unici.

– Hai visto sull'ultimo numero della "Fiera Letteraria" un telegramma da Berlino, che dice attendibilissima la voce che il premio Nobel di quest'anno sarà assegnato a me[264]? Ne informerò l'Interlandi che mi ha scritto.

– Ho telegrafato al Chapiro per Max Reinhardt.

– Ti sei dimenticato di dirmi il mio conto corrente alla banca e la nota degli introiti.

– Ti bacio con Olinda, Fausto, Ninnimia, Andreuccio e Giorgetto.

P.S. Ti sei dimenticato la lettera di M. Praga. Mandamela!

Il papà tuo Luigi

50

Venezia, 9.XI.1926
Hôtel Danieli

Mio caro Stefano,
sono di nuovo senza tue lettere e dunque senza notizie. Torno a ripeterti che bisognerebbe seguitare a battere per il conferimento a me del premio Nobel, prima che ci arrivi altri. Non mi dici nulla della vendita del villino; nulla dei miei conti con la Banca Commerciale. Il giorno 19 dovrò essere a Zurigo per la conferenza e la prima di *Diana e la Tuda*, e avrei imprescindibile bisogno d'una pelliccia, il cui costo non potrà certo essere coperto dai pochi risparmi che ho in tasca. Voglio perciò sapere lo stato dei miei conti col fab[b]isogno delle scadenze e dei pagamenti. Dài a Fausto ciò che gli abbisogna, e tu prenditi per la nascita di Giorgetto quello che hai avuto per le altre due nascite precedenti. Le tue lettere non riescono mai a darmi un quadro completo di tutta la situazione. Bisognerebbe prevenire un po' la stampa per l'imminente andata in iscena di *Diana e la Tuda* e su ciò che importa e significa ch'essa sarà prima rappresentata e pubblicata all'estero, anziché in Italia[265]. Possibile che Mussolini seguiti a occuparsi di tutto, tranne che del teatro e della letteratura e lasci fare ancora man bassa di tutto ai farabutti e ai ciarlatani[266]?

Io ne sono più che mai sdegnato. Dell'Accademia d'Italia non si parla più; possibile che sia per la misera ragione che m'hanno detto? Mi pare incredibile.

Hai ricevuto i copioni di *Bellavita*? Raggio[267] ti ha dato più notizia del *Berretto a sonagli*[268] in Inghilterra? Ti accludo una lettera del Teatro Internazionale che chiede *Così è* e *Vestire gli ignudi* per una traduzione in Fiammingo. Vedi quanto s'è chiesto per *Il piacere dell'onestà* e per i *Sei personaggi* e regolati, rispondendo al più presto, e chiedendo anche di più. Qua a Venezia si va bene: siamo su una media di L. 4000 nette per la

Compagnia. Che cosa s'è convenuto per la traduzione in francese del romanzo? Bisognerebbe che tu mi tenessi a giorno delle notizie di tutti gli affari in corso.
Basta. Aspetto tue lettere, e ti bacio con Fausto e tutti i tuoi.
Il papà tuo Luigi

P.S. Non perdere più tempo ad andare dall'avv. Pulieri e da Renzo Rossi […].

51

Venezia, 11.XI.1926
COMPAGNIA DEL TEATRO D'ARTE DI ROMA
DIRETTA DA LUIGI PIRANDELLO

Mio caro Stefano, mio caro Fausto,
la mia ultima lettera, nella quale ancora una volta mi lamentavo del lungo silenzio di Stefano e delle scarse notizie che ho di tutto e di tante dimenticanze, s'è incrociata con la tua di jeri, mio caro Fausto, che dà appunto ragione ai miei lamenti, ed è gravissima. Tanto più grave, quanto più mi fa riconoscere necessario seguire il consiglio che tu hai dato a Stefano. Mi aspettavo che tu, caro Stefano, non saresti durato a lungo al lavoro a cui la procura che ti ho fatta ti obbligava; ma non m'aspettavo, per dir la verità, che ti saresti stancato così presto.

Quello che urge sopratutto in questo momento è la vendita del villino e l'investimento della somma che se ne ricaverà in qualche modo stabile e sicuro, che sistemi una volta e per sempre la vostra posizione, così che io – assolto [il] mio compito verso di voi […] – possa disporre per il poco tempo che ancora mi avanzerà del reddito che resterà disponibile. Appena assicurata con questa vendita la nostra posizione, avocherò a me del tutto la trattazione dei miei affari, trovando qualcuno adatto alla corrispondenza con gli agenti, gli editori, gl'impresarii, insomma un segretario e amministratore mio particolare, che curi i miei affari e sbrighi tutto quello che ci sarà da fare, viaggiando con me e seguendomi da per tutto. Non è possibile che questo sia l'avv. Sermonti, digiuno affatto di cose letterarie. Mi bisogna un segretario *pratico* e che abbia anche una certa iniziativa. Non sarà certo facile trovarlo. Intanto, Stefano, fai lo sforzo di mettermi *al corrente di tutto*: stato del bilancio; introiti che debbono arrivare; pendenze e tasse da pagare; corrispondenza da sbrigare, ecc. ecc. – è un'altra tegola che mi cade sul capo: pazienza! Per il vostro bene, cari figli, adoperatevi in tutti i modi a vender il villino: poi, a tutto il resto, penserò io. La salvezza di tutto, di tutti, è lì: nella vendita del villino: salvezza vostra e mia. Comprato uno stabile che assicuri il vostro assegno, starete tranquilli voi, e starò tranquillo anch'io. Tanto più che non è detto ch'io possa resistere a dimorare in Italia in queste condizioni per me insopportabili. Voglio anche per questo sistemare al più presto la vostra posizione; tanto da non pensarci più. Dovunque, comunque, io troverò sempre da vivere: fuori, fuori di questo porco paese che non sa dare altro che amarezze e in cui un uomo del mio stile non può essere considerato altrimenti che un nemico.

Tanti baci a voi e a tutti dal papà vostro

Luigi

52

Zurigo, 21.XI.1926

Successo trionfale trentadue chiamate[269] – Papà.

[Telegramma]

53

Trieste, 24.XI.1926[270]
Hôtel Savoja

Mio caro Stefano,
ho trovato di ritorno da Zurigo la tua lunga lettera e un'altra anche più lunga di Vitale. A questa ho potuto risparmiarmi di rispondere perché, venuto a trovarmi all'albergo Peppino Marchesano e avendogli io dato da leggere la lettera di Vitale, mi disse che si sarebbe occupato lui della cosa, mandando a chiamare il Vitale stesso e suo genero Sermonti.
[...]
Un telegramma di Interlandi mi chiama a Roma per la proposta riconciliazione col Giordani[271]. Debbo ritenere che siano rimasti ben fermi i cinque punti posti da me come base; se non fosse così, me ne ripartirei subito. Mi risparmio così di rispondere anche alla tua lettera, perché sabato venturo, credo alle 14, sarò a Roma. Parleremo di tutto, e conto di mettere ogni cosa a posto. Chi t'ha detto ch'io non abbia risposto al Kra circa al film da cavare dal *Si gira*? Ho subito risposto, ricopiando la letterina in francese da te mandata, e facendola spedire per raccomandata espresso. Scrivi al Bemporad (che a quest'ora dovrebbe già aver messo fuori *Uno, nessuno e centomila*) che per *L'esclusa* già tutto composto può tralasciare la lettera-prefazione al Capuana[272], bastando la data della composizione del romanzo (1893) all'ultima pagina[273]. Così i volumi di cui deve pagare le percentuali anticipate saranno quattro: due di teatro e due romanzi; per *Uno, nessuno e centomila* le copie devono essere dieci mila. Col ricavato, ci sarà da pagar tutto; ma c'è poi l'incasso del terzo trimestre del teatro.
Basta. Ripeto, parleremo di tutto al mio arrivo. Ti telegraferò l'ora precisa, appena avrò stabilito con quale corsa partirò. A rivederci. Baci a tutti e a te dal tuo

Papà

54

[Roma,] novembre 1926

Mio caro Papà,
sono di nuovo in partenza per Milano, ma non per trattenermi una settimana. Mi basteranno due giorni: Ferraguti non ha fiatato: come se non fosse accaduto nulla. Soltanto è più cortese, e mi tratta con maggior riguardo. Ninnì tua ha un po' di febbre, per costipazione di stomaco. Ma purghe e clisteri hanno già avuto effetto; passerà presto. Gli altri due benissimo, tranne i nervi dell'ometto responsabile, privato della sua balia. Olinda bene. Fausto ha avuto mal di gola e un po' d'influenza. Domenica sera è stato da noi, lunedì io sono andato al suo studio a vedere le sue opere recenti, ottime, e abbiamo desinato insieme in un'osteria.

La lettera di Praga[274] poi mi è rimasta sul tavolino. Eccola. Insieme con una di Alberto Casella[275]. Ti rimando anche una lettera di Francesco Chiesa[276]. E anche una lettera della signora Vitta Rosa.

La Sitedrama ha versato i diritti esteri di settembre: L. 8.586=, alla Commerciale, che ha accreditato al tuo C.C. L. 4.293= e altrettante al C. Speciale.

L'ufficio Prezzolini comunica che ci sono L. 486= dal rendiconto dell'editore Hugo Geber[s] di Stoccolma[277].

L'avv. Pulieri lo vedrò al mio ritorno da Milano.

Niente di concluso circa i compratori di Girgenti.

Si aspetta risposta dal compratore inglese del villino, da Nizza, avendo egli inviato un suo incaricato, che ha trovato buono il nostro affare, e ha scritto a lui di venire a vedere.

Fausto ha bisogno in questo mese di un supplemento per scarpe, calze, cornici, quadri, ecc. Glielo dò senz'altro. Anch'io avrei bisogno di un regalo per la nascita di Giorgio: quanto posso prendere?

Ecco per oggi. Il lavoro mi incalza, e debbo sempre scappare. Ti abbracciamo forte forte tutti e cinque (mi pare di avere rifatto casa nostra, come avrebbe potuto essere!), e io ti bacio e ti voglio bene.

[Stefano]

55

Pola, 7.XII.1926

Pola fino dieci Fiume dall'undici al dicias[s]ette Gorizia diciotto diciannove Baci – Babbo.

[Telegramma]

56

Roma, 9 gennajo 1927

Carissimo Papà mio,
il tuo telegramma è giunto mentre io ero a Milano – Olinda mi ha telegrafato – ma io ero già ripartito – Ora non potrò andar su prima del 14-16: ti troverò dunque a Milano stesso.

I tuoi affari vanno bene: ma bisogna che Giordani sia libero di dare alle altre Compagnie i tuoi lavori nuovi per imporre la ripresa di tutto il repertorio. Rifletti che se non gli dai questa facoltà, butti via parecchie centinaja di migliaja di lire all'anno.

Luciano Doria mi ha chiesto il *Ma non è una cosa seria* per farne un film[278].

[Stefano]

[Lettera incompleta]

57

Genova, 25.I.1927

Cari Stefano e Fausto,
ricevo in questo momento la vostra lettera. Al solito, per ciò che si riferisce agli affari non ci capisco nulla, poiché nulla so d'entrate, d'uscite, di tutto l'andamento delle cose. Mi avevi detto qua a Milano che sul mio conto corrente c'erano più di 30 mila lire; ora mi dici che ce ne sono 21, e che 12 devi mandarli a Federico Lauricella non so perché cosa!!! Intanto io per sopperire alle perdite delle repliche di Milano, con l'onerosa spesa della messa in iscena di *Diana e la Tuda*[279], ho dovuto prelevare dal conto corrente £ 8000, essendo esaurito il fondo del conto speciale. Non è assolutamente possibile andare avanti così, senza che mi si dia conto di quello che esce, di quello [che] entra, settimana per settimana. Nessuno scrive più per sollecitare l'invio dei danari. Crémieux deve avere collocato a Parigi romanzi e novelle; dovrebbe essere uscito il 2° volume del teatro. Ah, cari, mi avete reso, o meglio, avete reso a voi stessi un bel servizio assumendovi la procura dei *vostri* affari! [...] Io farò presto a farmi saltare la testa. E vi ringrazierò del favor che mi avrete fatto.

Vi bacio

vostro Papà

58

Roma, 14 febbraio 1927

Caro Papà mio,
stiamo bene in salute, e si lavora.
Ho dovuto pagare altre cinquemila a Baratto, il cui credito è così ridotto a 15.500 lire. Tasse del bimestre per L. 5.100 =.

Con la sesta rata mensile di L. 400 ho finito di pagare la macchina da scrivere, che ha il prezzo di 3000 lire ed è venuta a costare, dando in cambio la vecchia, 2400.

Livi ha mandato l'anticipo Chatto e Windus per *Si gira*[280] Doll.[ari] 150 e l'anticipo Dutton per *Vecchi e i giovani*[281] Doll. 500, totale Doll. 650 detratto il 10% D. 65 e 3 Doll. per spese bancarie, restano a te Doll. 582, cioè lire tredicimila trecento e rotti. Ho telegrafato per avere l'anticipo del volume con le tre commedie[282] e del volume atti unici[283], che debbono essere di mille dollari ciascuno.

Nel tuo conto corrente sono depositate dunque lire trentatremila e rotti.

È venuto già tre volte Nardelli per le sue 18.000 lire. Lo porterò in lungo il più possibile. Gli ho detto che lo pagherò sugli anticipi Dutton per il volume commedie.

Con mia grande meraviglia Crémieux non mi ha risposto affatto. Che abbia scritto direttamente a te? Anche Bemporad fa il sordo.

Alla Thulin[284] ho spedito copia di *Uno, nessuno e centomila*. Hai letto la velenosa critica di Ercole Rivalta sul Giornale d'Italia, intitolata *Lo scivolamento d'una grande ala*[285]? Ti accludo dei ritagli con altre critiche.

Per tranquillarti sulla tua situazione finanziaria ho fatto, con sufficiente approssimazione per potercisi fondare, un preventivo delle tue spese e delle tue entrate nel 1927, e te lo manderò domani illustrandotelo con le considerazioni opportune. Ti dirò anche a che punto sono io con la mia sistemazione. Oggi, dato il tempo che mi manca, ti dico soltanto che questo è l'ultimo anno che avrò bisogno del tuo ajuto finanziario. Avrò invece bisogno e molto del tuo ajuto morale, sempre, e specialmente nei mesi che ti tratterrai a Roma.

Scrivimi. Il nobile veneziano Bracolin, altrimenti detto Ometto responsabile, sta imparando a dire nonno. Ninnitua ti aspetta e ti manda tanti baci. Olinda col pupo fa altrettanto e io t'abbraccio forte forte a lungo.

[Stefano]

59

Torino, 17.II.1927

Caro Stefano,
la Società degli Autori mi fa avere per mezzo del suo agente di Torino il rendiconto dell'ultimo trimestre 1926 che importa la somma di L. 63736,00 (sessantatre mila settecento trentasei). Non so perché questo rendiconto sia stato insolitamente spedito a me. Ma forse per farmi strasecolare. Vedo infatti in esso che le L. 50000 che tu mi avevi detto tolte in prestito alla Società degli Autori, furono date invece dalla Società del Teatro Drammatico, cioè a dire da Giordani, e ora sono state restituite al Giordani dalla Società, lasciando solo a mia disposizione il residuo, vale a dire L. 13203,25. E la Banca Commerciale? Tu sai bene che il 50% dei miei diritti deve essere versato a questa banca a scarico del mio conto corrente speciale (compagnia). Dunque, L. 31868. La Società del Teatro Drammatico poteva al massimo, a scomputo del suo credito, prendersi l'altra metà; ma non tutte intere le L. 50000, contravvenendo al nostro precedente impegno con la Banca Commerciale.

Assolutissimamente, assolutissimamente bisogna che Giordani, o chi per lui, ripari al più presto all'enorme scorrettezza che mi pregiudicherebbe irreparabilmente presso il Toeplitz[286].

Io t'ho lasciato prendere le L. 50000, perché mi hai dato a intendere che le avrei ottenute dalla Società Autori, e che avrei perciò potuto restituirle con tutto il comporto, a poco a poco, come tanti altri autori hanno fatto e seguitano a fare, com'io stesso feci quando ebbi bisogno di danaro [...]. Non ti avrei mai permesso di prenderle, se avessi saputo che avrei dovuto restituirle tutte in una volta sul trimestre ultimo dell'annata, che non solo sapevo per metà impegnato con la B.C., ma che contavo anche di devolvere intero alla B.C., possibilmente a saldo del mio conto speciale.

Ora il Toeplitz m'ha scritto concedendomi la riapertura del

credito di L. 150000 per l'anno comico 1927-28; ma da questo nuovo conto speciale saranno fin dall'inizio detratte tutte quelle diecine di migliaja di lire che io resterò a dare ancora del conto speciale di quest'anno. Come vedi, è mio interesse allora che il mio debito con la Banca resti quanto più basso possibile, perché io possa disporre di almeno L. 100000 per l'anno venturo.

Vedi dunque di sistemare le cose in modo per cui il mio conto speciale di quest'anno con la Banca si chiuda con un mio dare di L. 50000; regolando il debito con la SITEDRAMMA altrimenti, d'accordo con Raggio.

Conto che farai tutto questo al più presto, perché, avendo bisogno in questo momento di molti danari per le anticipazioni di tante spese per il nuovo anno comico, viaggi, trasporti, anticipazioni ai nuovi attori, ecc., sono costretto a prelevare il danaro dal mio conto corrente, non potendo più togliere nulla dallo speciale finché non è di nuovo sistemato. Qua a Torino, poi, la stagione sta andando a rotta di collo. La crisi è terribile per tutti. Non faccio nemmeno una media di L. 1600.

Aspetto sempre tue notizie precise e particolareggiate. Che hai fatto col contratto del Sempere di Valencia? Non si vede e non si sente più nulla! E tutti i film in trattazione con Raggio? Pim! Pam! Botte e fumo.

Basta. Provvedi subito a quanto t'ho detto. Baciami tutti i tuoi e Fausto. E un bacio abbiti tu dal

tuo Papà

60

Buenos Aires, 17 giugno 1927
COMPAGNIA DEL TEATRO D'ARTE DI ROMA
DIRETTA DA LUIGI PIRANDELLO

Miei cari Figli,
due parole per arrivare a tempo alla partenza del "Re Vittorio" che ritorna in Italia[287].
– Accoglienze trionfali. *Diana e la Tuda*, successone[288]: teatro gremito; presidente della Repubblica, presente spettacolo: incasso 34 mila lire. Tutta la stampa scioglie inni.
Speriamo ottimo proseguimento stagione.
– Datemi frequenti notizie di voi e delle mie cose.
– Oggi è il compleanno di Fausto; il 14 fu quello di Stefano. Vi ho ricordati bene entrambi.
– Cercate di vendere il villino.
– Non ho ricevuto nessun radiote[le]gramma circa l'affare di New York, intendo da parte del Morton. Domandatene notizia alla signorina Aillaud e tenetemi informato. Io non voglio più ritornare in Italia; e bisogna a ogni costo concludere quest'affare. Sei stato tu, Stefano, a trovare la contessina De [*per di*] Robilant? E Livingston s'è fatto vivo?
– Ho ricevuto il "benarrivato" appena attraccato alla banchina del porto di Buenos Aires.
– Che notizia c'è del premio Nobel?
Ho trovato qua un libro del critico drammatico della "Nación" Ottavio Ramirez *El teatro de Pirandello*[289] – molto bello.
– Raccomanda a Telesio Interlandi che si dia da fare per l'assegnazione del premio alla Compagnia da parte del Ministro Belluzzo[290]. Dammi presto *La Croce del Sud*[291].
– Ho preso alloggio al "Cecil Hotel"

– Buenos Aires è una bella grande città, ma *carissima*.
– Sono stato e sono tuttora *rubatissimo* dei miei diritti d'autore: si rappresentano in Argentina 4 o 5 miei lavori tradotti, e non c'è verso di recuperare nulla dalla provincia.
– Non si trova un libro delle traduzioni spagnuole del Sempere.
– Il viaggio è stato buono quasi tutto; alla fine però abbiamo avuto una vera tempesta, e s'è corso un grave pericolo. Io non ho mai sofferto, e sto bene.
– Vi raccomando di scrivermi e di tenermi informato di tutto.
– Abbiatevi tanti tanti baci forti forti dal papà vostro
Luigi

61

Rio de Janeiro, giugno 1927

Un saluto da Rio dal vostro Papà.

[Cartolina postale]

62

Napoli, 22.X.1927[292]

Cari Figli,
ho ricevuto la vostra lettera con tante notizie in sospeso; ho aspettato che mi annunziaste qualche conclusione; e invece, niente: silenzio. Sempre così! Possibile che la Sig.ra Berg non sia tornata a Roma? Si dovrà pur sapere qualcosa, già sulla fine

d'ottobre, sulla seconda votazione per il P.N. di questo anno!

E che esito hanno avuto le nuove trattative per la vendita del villino annunziatemi da Fausto? Batto sempre su questi due punti per me e per voi capitali. Ho ricevuto dalla sig.na Aillaud una lettera molto sommaria. Le ho risposto. Nulla da Bemporad!

Se il villino si vendesse, tu Stefano, potresti fare a meno di vendere la tua casa, perché io sistemerei col prezzo della vendita voi tre figli dando a Lietta la dote, a te quanto ancora ti aspetta delle 200.000 lire che ti ho promesso e interessi; a Fausto altre 165.000, oltre le 35 che ha avuto e ha ancora, competendogli poi l'assegno di L. 200[0] al mese finché ne avrà bisogno. Ma bisogna che il villino si venda. Voglio intanto sapere che disponibilità ho sulla B.C.; e questo settimana per settimana. Qui la stagione prosegue buona. Abbiamo una media netta per noi di circa 3.500, finora.

Scrivetemi, anche brevemente, rispondendomi di tutto.
Tanti baci a tutti

dal vostro Papà

63

Palermo, 13.XI.1927[293]

Caro Stefano,

poche parole. Guarda bene a quello che hai fatto; mettilo in bilancia con quello che fecero tua sorella e il signor Aguirre; e dimmi come debbo trattare te, dopo aver trattato loro nel modo che sai, se non voglio usar un peso e due misure.

Dunque sono sei mesi che non si pagano le rette di Mamma, e tu, dopo avere trascurato per tanto tempo questo debito sacro e aver lasciato che si accumulasse la somma di 9.500 lire, avendo sottomano il danaro che doveva servire a questo, te ne sei appropriato, lasciando me e Fausto e tutti nell'imbroglio, prosciugando anche la mia disponibilità alla B.C.! – E dopo questo, vorresti ancora che ti lasciassi in mano altro danaro e il trattamento dei miei affari?

Doveva toccarmi anche questo, nella vita!

Di non potermi fidare nemmeno dei miei figli! Nessuno mi ha dato conto di come siano andati a finire tutti i miei proventi, di ciò che è entrato, di ciò che è uscito. Mi vedo prosciugato, e con un sacco di debiti da pagare: tasse arretrate, rette arretrate, e tutti addosso a me, a rosicchiarmi le ossa dopo aver divorato la polpa!

Basta! basta! basta!

Voglio avere al più presto tutte le indicazioni su ciò che devo pagare, il modo e gli indirizzi; come s'è stabilito il pagamento dell'assegno a Lia, l'indirizzo preciso della Casa di Salute per le rette di Mamma; voglio che mi siano mandate le cartelle di rendita; insomma che mi si metta in grado di prendere le redini di tutta l'amministrazione; perché possa fare da me. Recati dall'avv. Gino Pierantoni[294] perché mi mandi il segretario. Ma no, lascia! gli scriverò io oggi stesso. Recati piuttosto dal Notaio Guidi per la revoca della procura a te e a Fausto: sarà meglio che lo faccia tu stesso, e mi mandi qui l'atto di revoca da firmare. Per la vendita del villino darò la procura al Pierantoni o a qualcun altro e vedrò quel che ci sarà da fare. Quello che importa per ora è mettere su un altro piede tutti gli interessi per scongiurare, se è possibile, la rovina totale[295]. Parlarti d'altro è ormai inutile: la recita, i premi Nobel, ecc. ecc.

Fai quanto t'ho detto per il bene di tutti,

tuo padre Luigi

64

Palermo, 20.XI.1927

Caro Stefano,
sta bene quanto mi dici circa al villino. Io vorrei che restassero nette, dalla vendita, le 600 mila; perciò s'era arrivato a un minimo di richiesta di L. 850 mila, dovendone dare per il mutuo al Monte dei Paschi 250 mila. Ma penso che già qualcosa si deve aver pagato di questo mutuo, che dovrebbe venire a noi dalla vendita. A ogni modo, accordati anche alla fine per 800 mila lire. Se la vendita si effettua, per come mi lasci sperare, è mia intenzione di comperare subito cartelle di rendita intestate (con vincolo dotale) per L. 190 mila a Lietta; pagare le tue 68 mila di debiti (e così potresti risparmiare di vendere la casa). E contando le lire 50 mila che già ti ho dato, darti il resto delle tue lire 200 mila; comperare per Fausto cartelle di rendita intestate a compimento delle 35 mila che già gli ho date, in modo da sistemar tutto, finalmente, vita natural durante. Va da sé, che sarà pagato Nardelli e anche il Follignami. Manderò a Mamma, appena Bemporad finirà di pagarmi le percentuali, le L. 9.500. Mi par impossibile che la signorina Aillaud non abbia ancora fatto nessun versamento per mio conto alla B.C. Dico per l'invio del denaro a Lietta e per il pagamento del guardiano della villa. Vai ad informarti all'agenzia n. 2 e dimmi se [c'è] qualche fondo disponibile per questo; altrimenti provvederei io di qua. A Palermo si va pessimamente. Abbiamo una rimessa di più di L. 1.000 al giorno. Presto avrò bisogno delle L. 50 mila del premio che ancora non si riesce a svincolare. E dire che mi avevi dato per certa la cosa! Procura per mezzo di tutte le tue aderenze e mie, per mezzo di Pierantoni, per mezzo di Interlandi e altri pezzi grossi del partito a che queste L. 50 mila mi siano versate al più presto.
　Io conto di aver pronta per Roma *La nuova colonia* e *Lazzaro* poi non so che farò. Una sola cosa, vorrei: MORIRE.

　　　　　　　　　　　　　　　　　　　　Tuo padre Luigi

65

Milano, 12.IV.1928[296]
Corso Hôtel

Mio caro Stefano,
ho ricevuto la tua lettera. Bisogna insistere e star dietro per avere il premio[297]: è necessario, più che necessario, imprescindibile, o saranno guai grossi e serii. C'è ancora tanto da pagare! E i fondi, tu lo sai, sono esauriti. Qui si tira avanti, per ora: forse andremo un po' meglio con le novità; ma non ci sarà da sperar molto.

Sono stato dalla signorina Aillaud due volte. Questa sera saranno spedite le copie dei contratti inglesi, o meglio, americani, al tuo indirizzo; e speriamo che si riesca finalmente a concludere qualche cosa di serio. La sig. Aillaud mi assicura che il vaglia a Fausto è stato spedito all'indirizzo che tu mi hai scritto; a quest'ora deve averlo certo ricevuto.

Oggi ho incontrato un signor Ferreira[298], brasiliano, che veniva da Parigi, amico – pare – di Fausto[299]. Mi ha detto ch'era stato con lui due sere fa e che stava bene, un po' più rianimato; pare che Crémieux lo colmi d'amorosissime cure. Me lo ha confermato Guido Salvini che è venuto a trovarmi, anche lui di ritorno da Parigi.

Quel signor Ferreira si occupa di affari cinematografici; ritorna a Parigi tra quattro o cinque cinque [*sic*] giorni, poi si recherà a Berlino. È rimasto impressionatissimo dall'idea di trarre un film dai *Sei personaggi*[300], e ha detto che se ne sarebbe occupato subito col massimo fervore. Se n'è interessato qua vivamente anche un certo Reboa, commendatore ricchissimo, dentro il mondo cinematografico. L'ho conosciuto per mezzo di quel Torelli che un giorno a Roma stampava il giornale "Il Contropelo" e che ora è magna pars della "Luce". Il Torelli ha messo in mente a questo Reboa che l'impresa sarebbe da tentare in grande e da darle il carattere della vera rinascita del film italiano; il che ha persuaso molto il ricchissimo commendatore; ma ci vorrebbe, dice Torelli, una spintarella politica, se è vero che il governo vuole la rinascita della cinematografia italiana. Potresti parlare a Interlandi per questa spintarella? Basterebbero forse due righe di compiacimento per l'impresa da parte di Turati. Una vernice politica.

Sono addoloratissimo per ciò che mi dici di Mamma. Speriamo che la crisi le passi presto.

Scrivimi, se hai notizie da darmi. Mi raccomando per il premio. Baciami tutti i tuoi, e un bacio abbiti per te
dal papà tuo Luigi

66

Milano, 16 aprile 1928 – Ore dieci della mattina
Albergo Corso

Caro Stefano,
rispondo punto per punto alla tua lettera, trovata in albergo al ritorno del teatro, vale a dire dopo mezzanotte[301].

Premio. – Inutile ogni recriminazione. Bisognano, e dunque si debbono prendere, frenando la voglia di buttarle in faccia con tutto lo sdegno che provocano. Ricordati che Fioravanti s'era profferto di farle versare subito, in un giorno solo. Ma già, per la riscossione bisognerà aspettare il ritorno di Cecchino.

Fai quanto più presto è possibile.

Banca Commerciale. – T'inganni, supponendo ch'io abbia trascurato d'andare dall'avv. Mattioli[302]. Ci sono andato, gli ho recato la lettera che tu mi avevi rimessa, e mi disse che l'importante era ch'io avevo avuto le L. 30 mila, ché a tutto il resto ci avrebbe pensato lui. Mi stupisce perciò moltissimo quanto ora mi scrivi. Ritornerò questa mattina stessa, verso le 11, dal Mattioli a domandare spiegazioni, e spero d'appianare ogni cosa. Tanto più che egli non mise in dubbio l'esistenza del mio conto speciale e l'accordo con me che potessi prelevare ancora qualche somma quando i versamenti avessero ridotto di molto la somma concessami. Non esiste dunque né chèque in bianco né millantato credito. Baje! Non vorrei, questo sì, che avesse noje il povero direttore dell'Agenzia.

Riprenderò a parlartene più tardi.

Ore 11,30. – Ritorno dalla Banca Commerciale. È tutto sanato. Oggi stesso sarà telefonato al Direttore dell'Agenzia Nro 2, che stia tranquillo. Tutto è dipeso dalla mancata comunicazione da parte d'un direttore assente e ritornato in ufficio soltanto questa mattina.

Film. – Ho altre trattative, che pajono molto serie, con quel signor Ferreira, brasiliano, e Alberto Megale[303], tutti e due residenti a Parigi, e interessatissimi all'affare. Sono ritornati a Parigi e andranno a Berlino. Io li ho autorizzati a trattare per un periodo di due mesi e mezzo. Qua anche Torelli della "Luce" mi ha parlato d'un soggetto da proporre per un film in glorificazione del lavoro[304]. Credo che ci sia da fare.

Articoli sul mio teatro. – Ne ho già parlato con Maffii[305], che è impaziente d'averli. Ma prima di cominciare a pubblicarne uno bisognerebbe concertare tutto e averne pronti per lo meno quattro. E per ora non ho tempo. Voglio prima finire il *Lazzaro*. Intanto, ci penso.

Villino. – Sì. Tenerlo sempre in vendita. Che tu vada intanto ad abitarlo, non credo che possa pregiudicar la vendita. E sarebbe più curato, e – coi mobili – si presenterebbe meglio. Intanto, frutterebbe almeno l'affitto del tuo appartamento. E potresti portare i tuoi figliuoli al mare. Ma non so e rifuggo assolutamente dal pensare per ora su ciò che farò io, su ciò che sarà di me, appena finiti i miei impegni.

L'idea di chiudermi in una vita sedentaria mi fa orrore. E terrore la compagnia di me stesso. Sono pieno di nausea e d'amarezza. Bisogna che per ora non pensi a questo.

Assicurata. – Ti mando questa lettera assicurata con L. 3500. Ma se non arriva presto il premio non so proprio come tirare avanti.

Ti bacio con tutti i tuoi.

Papà

67

Roma, 10 maggio 1928
"La Domenica dell'Agricoltore"

Caro Papà mio,
poche parole di fretta: ti riscrivo *subito* a comodo (oggi è giovedì!) – Il premio è di sole trentamila, purtroppo: e mi mandano da Erode a Pilato per la riscossione: Liberati freddissimo, forse per non aver avuto la copia con la dedica che sperava piena di amicizia e d'affetto: Fioravanti, pum pum davanti a te – e par che non si muova: buttano la colpa su D'Ancona che non firma: io so dal capo gabinetto di D'Ancona che la pratica non è stata presentata alla firma: Bencivenga[306] dice di sì: non so a chi credere, e sollecito tutti.

Non ho potuto vedere Interlandi. Spero fare a tempo stasera.

Ti devo informare solo d'una cosa, importante. La *United Press* accetta 20 tuoi articoli di 1200 parole ognuno sul teatro internazionale (1 colonna di giornale per uno) al prezzo a forfait di quattromilacinquecento lire l'uno. Con le mille e cinque del "Corriere" fa seimila lire ad articolo: mi sembra che convenga assai scriverli: 20 articoli brevi ti fruttano così ben *centoventi mila lire*. Che ne dici del mio talento "piazzatorio"?

C'è una lettera di Fausto da rispedirti, ma non l'ho in tasca. Partirà domani. Bisognerà intendersi sul modo di trasmettere gli articoli e sull'epoca dell'inizio della pubblicazione. L'*United Press* fa premura.

Ti abbraccio forte forte con tutti i miei
il tuo aff.mo figlio Stefano

68

Padova, 12.V.1928[307]

Caro Stefano,
gli articoli che io intendevo scrivere sul "Corriere della Sera" erano sul mio teatro e non sul teatro internazionale, come tu ora mi scrivi. Sul mio teatro avevo inesauribili cose da dire, d'ogni genere, d'ogni colore; che vuoi che dica del teatro internazionale? Dovrei, prima di tutto, esserne informato giacché per tanta parte lo ignoro; e poi, anche informato, scrivere del teatro russo, o tedesco, o inglese, o francese, o spagnuolo, ti par che possa adescarmi? Non m'adesca affatto. Sì, troverei da dire, per l'inglese su Shaw, per il francese su Romains[308] e su qualche altro. Ma 20 articoli senza vena, fuori della materia che mi proponevo di trattare, sono un onerosissimo impegno, e temo che non potrei sopportarlo, specialmente nell'animo in cui mi trovo. Non so come a te sia potuto venire in mente "questo teatro internazionale", sapendo bene quali erano le mie intenzioni per i venturi articoli sul "Corriere".
A ogni modo, ne riparleremo.
Più considero la mia situazione, quel che m'è stato fatto, quel che mi s'è lasciato fare, e più i miei propositi per l'avvenire m'allontanano da ciò che tu forse t'immagini che debba essere la mia vita, cessati i miei presenti impegni. Il mio animo è agitatissimo; sono pieno di sdegno, nauseato di tutto.
Aspetto che tu mi scriva la lettera promessami.
Qua a Padova ci sto almeno cavando le spese: tutti i giovani dell'Università sono con me. Spero che andrà bene anche a Venezia.
Ti bacio con tutti i tuoi.

Tuo papà Luigi

69

Udine, 2.VI.1928
Grande Albergo Italia
Udine

Mio caro Stefano,

mi dici nel tuo telegramma che sei a letto a Nettuno per una caduta. Dove sei caduto? quando? come? Non me ne dici nulla. Potevi scrivermi, dopo il telegramma, o farmi scrivere per darmi notizie; così non so ancora che male ti sii fatto e per quanto ancora ne avrai; ma voglio sperare che a quest'ora sia tutto passato.

Non ho risposto alla tua ultima lunga e bella lettera perché, un giorno dopo, m'arrivò un'altra lettera di Interlandi sullo stesso argomento; così la tua come quella d'Interlandi mi fecero molto riflettere e considerare tante cose, e prima di tutto il mio animo e poi le condizioni della presente vita italiana; riflessioni e considerazioni amarissime; le esposi ad Interlandi, pregandolo di comunicarle anche a te e invitandolo a riscrivermene insieme con te, dopo averci meditato su bene. Ora non so se attribuire il silenzio alla tua caduta che ti trattiene ancora a letto a Nettuno, o all'effetto che abbiano prodotto nell'animo vostro quelle mie riflessioni e considerazioni. Non so neppure se tu abbia letto la mia lettera di risposta a Interlandi, e dunque anche a te, sempre a cagione di codesta tua malaugurata caduta.

Aspetto, a ogni modo, che voi mi rispondiate.

Da Acquarone[309] ti ho fatto tracciare l'itinerario della Compagnia fino al 2 luglio: sarà una corsa da perderci il fiato, e speriamo che sia il fiato soltanto. Si potranno anche perdere le lettere, a non calcolar bene le date della partenza e dell'arrivo. E io aspetto con molta ansia quel vergognosissimo premio, che non so ancor dove mi raggiungerà.

Avrei voluto rispondere a Fausto, ma non ne so l'indirizzo; l'ho cercato nella sua lettera e non l'ho trovato. Comunicamelo subito e gli scriverò. Non ti so dire quanto m'angustiino le condizioni di spirito di questo benedetto ragazzo. Solo e senza pesi di sorta, con la libertà del suo lavoro, potrebbe almeno star tranquillo, e invece è sempre così triste e scontento e incerto!

Nella lettera a Interlandi ti dicevo che accettavo di scrivere i 20 articoli sul teatro. Bisognerebbe ora fissare la data e i termini del reciproco impegno. Appena sarà fatto, scriverò a Maffii e mi metterò subito al lavoro. Hai saputo delle rappresentazioni dei *Sei personaggi* a Londra? È stato tolto il veto della censura.

Basta. Baciami tutti i tuoi. Dammi notizie. E abbiti un abbraccio dal papà tuo

Luigi

70

Roma, 19 giugno 1928
via della Stamperia, 8
"La Domenica dell'Agricoltore"

Caro papà mio,
quattro sentite parole:
Il mandato è pronto – La tua procura a Liberati non è valida perché non porta la cifra – Mandami subito per espresso la seguente ricevuta, in carta libera, scritta di tutto tuo pugno, senza intestazione né data:

Ricevo dal Governatorato di Roma la somma di £ 30.000 (lire trentamila) concessami come da deliberazione di S.E. il Governatore N°. 3912 del 9 giugno corrente anno e di cui il mandato N.

In fede Luigi Pirandello

Appena avrò questa ricevuta, riscuoterò io stesso accompagnato dal comm. Fioravanti. Scrivimi se debbo versare la somma al tuo conto corrente, o se preferisci che ne faccia un assegno della Banca Commerciale da spedirti dove ti troverai. Autorizzami a prelevare quelle 2071 lire che mi bisognano, se non hai già pensato a farmele avere altrimenti.

– E ora, l'altra buona notizia: l'affare cinema va a gonfie vele. Il sottosegretario Lupi[310] è entusiasta. Ha preso su sé l'impegno di farti riuscire. Io sto scrivendo il memoriale che, a firma d'Interlandi, sarà allegato alla pratica, la quale comincerà a essere studiata solo il 15 luglio. *È necessario il più assoluto segreto*. Per consiglio di Interlandi ora bisogna vigilare e *non muoversi più*, per non dare l'impressione che ci si agiti troppo per fini interessati. Abbiamo le nostre vedette ai punti giusti. Ci si muoverà subito se sorgessero ostacoli. Per ora la cosa naviga col vento in poppa verso il porto. Io sono pieno d'allegria, ho finito questa mattina una bella novella[311], sto senza soldi ma non importa, e ti bacio con entusiasmo. Caro Papà mio, t'abbraccio forte forte

il tuo aff.mo figlio Stefano

71

Reggio E., 20.VI.1928

Caro Stefano,

eccoti la ricevuta firmata e scritta tutta di mio pugno. Risponderò alle tue lettere che mi arrivano insieme. Per ora mi preme far partire subito la ricevuta per aver subito il danaro del premio, di cui sono abbruciato. Ritira le £ 2071 per te e fa' del resto un assegno della Banca Commerciale da spedire a Forlì dove mi troverò il giorno 27 fino al 29.

Tuo papà Luigi

NOVEMBRE 1928 - FEBBRAIO 1932

Luigi Pirandello si vede costretto ad un volontario esilio che durerà quasi cinque anni. Sciolta nell'agosto del 1928 la Compagnia, a ottobre abbandona l'Italia per stabilirsi a Berlino, accompagnato temporaneamente da Marta Abba e dalla sorella Cele, anche lei attrice. Transfuga da una realtà dove ogni tentativo d'innovazione appare impedito, pensa di approfittare delle occasioni offerte dai fermenti culturali che in quegli anni percorrono la Germania della Repubblica di Weimar, dove si è affermata pure una potente industria cinematografica, collegata con Parigi e Hollywood, attenta alle sue opere. «Mi rifugio a peso d'oro nel cinema» dichiara in partenza dall'Italia. Ostile ai movimenti socialisti e comunisti, sembra accordarsi al clima fervido di novità di quel paese trascorso da vive agitazioni sociali e politiche. Ad animarlo uno spirito di rivalsa: ottenere notevoli successi all'estero e realizzare grandi affari per tornare poi in Italia, soltanto allora, da trionfatori, lui e la sua interprete, a dominarne la scena. Immerso in molteplici relazioni negli ambienti teatrali e cinematografici, alla ricerca di guadagni per sé e di scritture per Marta, i primi mesi a Berlino sono fertili anche nell'attività creativa: compone uno dopo l'altro Sogno (ma forse no), Questa sera si recita a soggetto, O di uno o di nessuno. *Ma l'euforia passa presto. Non avendo portato a termine alcuno dei tanti progetti ideati e talora avviati, dopo cinque mesi, nel marzo 1929, Marta e la sorella devono lasciarlo solo per cercare lavoro in Italia. La sofferenza della separazione rende Pirandello preda della malinconia e dell'angoscia. Ne risente la produzione teatrale, che dall'autunno 1929 ai primi mesi del 1932 è rallentata seppure con punte di altissima qualità:* Come tu mi vuoi, La favola del figlio cambiato, Sgombero *e la prima e la seconda parte de* I Giganti della Montagna.

Nelle lunghe e particolareggiate lettere fra Luigi e Stefano, l'argomento principale è costituito dalle ambiziose idee che avrebbero dovuto fruttare consistenti profitti e dalle difficoltà economiche. Pirandello viene ora poco rappresentato in Italia e all'estero dove negli anni passati il suo teatro aveva furoreggiato. Afferma pertanto che non può più sostenere gli impegni con i figli, gli assegni che ogni mese deve inviare loro. Neanche la nomina ad Accademico d'Italia (marzo 1929), con il suo valore economico (un assegno mensile di poco più di 2.000 lire) e morale (la conferma della considerazione in cui è tenuto da Mussolini), lo persuade a riaccostarsi al proprio paese e alla famiglia, come vorrebbe Stefano. È il tempo in cui più marcata è la lontananza. Nel maggio 1930 la prima a Berlino di Questa sera si recita a soggetto *è un clamoroso insuccesso. Pirandello avverte che l'aria in Germania è mutata e decide di trasferirsi a Parigi. La cupezza si rompe per breve tempo grazie a* Come tu mi vuoi, *scritta nell'estate-autunno del 1929, che ottiene nei due anni seguenti un rilevante favore sui palcoscenici d'Italia, d'Europa e degli Stati Uniti e viene ridotta per il cinema da una grande produzione hollywoodiana (1932,* As you desire me, *sceneggiatura di Gene Markey e regia di George Fitzmaurice, interpreti Greta Garbo, Melvyn Douglas e Eric von Stroheim). Questi esiti felici e la sospirata vendita del villino alla fine del 1929 (per 865.000 lire) hanno in gran parte risolto le difficoltà economiche ma non tanto da consentire allo scrittore di rientrare da vittorioso sulla scena italiana con una prestigiosa impresa. Per molti mesi nel '30 e nel '31 la corrispondenza familiare è sparuta. Pirandello denuncia sempre più insistentemente la propria «atroce solitudine» mentre la salute diviene cagionevole. Ostaggio volontario di un'antica tristezza, col cuore morso da tossico agrume, irredimibilmente persuaso d'una sconsolazione di tutto.*

Stefano si è liberato nell'autunno del 1930 del modesto lavoro giornalistico presso «La Domenica dell'Agricoltore». Adesso può sostentarsi con la liquidazione che ha percepito, con il piccolo capitale donatogli dal padre (come ai fratelli) in seguito alla vendita del villino e con i proventi che trae dalla pubblica-

zione di racconti e articoli. Può così rituffarsi nella vita artistica attiva fondando con altri autori e attori il «Teatro dei Giovani», che non va oltre i due primi spettacoli nel «Teatro Margherita» di Roma. I problemi sono quelli soliti della società italiana di allora: la sordità dell'ambiente e del regime, la pochezza economica delle iniziative rinnovatrici sia pubbliche che private. Stefano si chiude in se stesso, come vorrebbe facesse anche il padre, per dedicarsi al romanzo sulle sue vicissitudini di prigioniero di guerra, Il muro di casa, *che ancora non è riuscito a concludere, ai racconti, alle poesie, e soprattutto a ciò a cui tiene di più, i testi teatrali. Nel febbraio del 1932 le esistenze del padre e del figlio tornano a riavvicinarsi e intrecciarsi. Tutto solo a Parigi, mosso da un'inguaribile depressione e da un duro secondo (il primo è del 1927) attacco di cuore (di cui non ha piena consapevolezza e di cui non dice nulla, se non a Marta), Luigi si rifà vivo con Stefano e Fausto. È un'invocazione di aiuto che immediatamente il figlio maggiore raccoglie con un'ardente, lucida lettera di ampio respiro, tesa a smorzarne la febbre del teatro e soprattutto del cinema e a lenirne immedicabili ferite dell'anima intellettuali ed esistenziali. Forti, appassionati i richiami al lavoro ordinato in patria, al ritorno alla narrativa, alla «vittoria più grande» – il progettato romanzo* Adamo ed Eva, «il grande libro, *che stia contro il* don Chisciotte, contro Guerra e Pace» –, *a dare un valore assoluto agli affetti familiari. Unica àncora alla cupidigia d'annientamento che lo attanaglia. Nella commedia di Stefano* Un padre ci vuole, *alla sorprendente scoperta di una quasi adolescenziale fuga amorosa del sessantenne Ferruccio con una donna giovane e bella, la tensione emotiva del figlio Oreste, che si è assunto il ruolo di 'tutore' del padre («e chi ormai è il figlio o chi il padre... chi può distinguerlo più?»), si traduce – come spesso accade, per ansia di liberazione – in azione comica. Il dramma sciogliendosi in grottesca farsa. Da quel momento Luigi inizierà a pensare al rientro in Italia, decisione che prenderà solamente l'anno successivo.*

72

Berlino, 17.XI 1928[312]
Hitzigstrasse, 9

Caro Stefano,
ti par giusto che io debba esser lasciato così senza notizie da te, mentre pendono trattative per la vendita d'un villino che è il mio incubo, e tu lo sai? Sono forse andate a monte anche queste? Eppure, mi avevi fatto sperare che questa volta la vendita poteva considerarsi quasi sicura. Non posso supporre che il villino sia stato venduto, senza che tu me ne abbia detto nulla fin oggi.

È vero che io finora non ho avuto un solo momento di tempo per scriverti, e né l'animo di farlo, perché nel primo trambusto di questa mia nuova vita. Non ti ho neppure comunicato il mio nuovo indirizzo che è quello segnato in cima a questa lettera. Ma tu potevi bene seguitare a indirizzare al Bristol le tue lettere, che mi sarebbero pervenute lo stesso, senz'aspettare ch'io ti scrivessi.

Qua le trattative sono difficilissime e prendono un tempo infinito. Qualche cosa spero di concludere presto. Ma nulla finora per i *Sei personaggi*. Il *Pipistrello*[313] l'ho finito io.

È stato qui Fausto per alcuni giorni. Sempre lo stesso. È venuto col Ferreira, e se n'è ripartito solo. Avrei voluto trattenerlo per qualche altro giorno; non ha voluto saperne. Ora m'ha scritto una delle sue solite lettere da Parigi. Non si decide a nulla ed è sempre scontento.

Basta. Aspetto che tu ti decida a scrivermi che cosa sia avvenuto del villino e delle altre cose che possano riguardarmi.

Baciami i bambini, salutami Olinda, e un bacio abbiti anche tu

dal tuo papà Luigi

73

Berlino, 8.XII.1928
Hitzigstrasse, 9

Caro Stefano,
rispondo alla tua del 4, con la bella pillola della citazione di quella gran canaglia del Pilotto.

Finora non ho potuto concludere nulla né con l'UFA, né con TERRAFILM, né con altre case, né per *Sei personaggi*, né per il *Pipistrello*, né per altri soggetti. Le trattative sono estremamente difficili. Vogliono pagar poco e si spaventano d'ogni soggetto appena appena intelligente. Un solo contratto ho potuto concludere, impensatamente e per caso, con la Casa Eichberg[314] che cercava un soggetto per un'attrice cinese, Anna May Wong[315], e che, sapendo che Pirandello era a Berlino, ha avuto l'ispirazione di domandarlo a me. Lì per lì ne ho trovato uno; è piaciuto: ma è ancora da fare; alla firma del contratto mi hanno pagato soltanto una piccola anticipazione; e per così poco han voluto fare la strombazzatura di quella fotografia, sperando forse che possa servire per la vendita in America. Il signor Eichberg è, difatti, di tipo americano. Per dirti la mentalità di questi direttori di Case tedesche, quello della Terrafilm aveva in principio fatto intendere al Feist che avrebbe accettato i *Sei personaggi* se Pittaluga, con cui la Terrafilm ha un contratto per 6 soggetti, li avesse presi in considerazione. Ebbene, Pittaluga non solo accetta i *Sei personaggi*, ma risponde a Terrafilm che è disposto a pagare metà delle spese del film. Tra parentesi, io vengo a sapere privatamente che la ragione di questo fervido consenso del Pittaluga è *politica*, per ingraziarsi il Regime e parare il colpo dell'accordo ENTE-UFA. Lo crederesti? Il direttore di Terrafilm mi fa lavorare cinque giorni come un matto per stendere lo scenario dei *Sei personaggi*, e alla fine, non ostante il concorso di Pittaluga per metà delle spese e l'adesione anche d'una Casa francese rappresentata da un certo Dottor

Fines, che anch'essa per un terzo voleva concorrere alle spese, mi rifiuta il lavoro perché troppo artistico e non adatto alla mentalità della maggioranza degli spettatori dei cinematografi. Pittaluga risponde da Torino che è molto seccato di questo rifiuto, forse perché sa che era intenzione dell'ENTE cominciare col film dei *Sei personaggi*. Questo lo argomento dal fatto che, parendo certa in quei giorni la conclusione Terrafilm-Pittaluga, il Fiore, incontrato da me per caso nell'*hall* dell'Hotel Bristol, ebbe a manifestarmi il suo disappunto per questa conclusione, con le seguenti testuali parole: "Peccato! Ci proponevamo di farlo noi, appena firmato il contratto con la UFA". Nota che il Fiore era venuto a Berlino per preparare il terreno per il prossimo incontro Bisi[316]-Ufa. Ma il signor Bisi, venuto a Berlino, e sapendo che io ero qua, s'è guardato bene dal farsi vivo con me in qualunque modo, né con un biglietto né con un invito ad andarlo a trovare, proprio come se di me non volesse affatto sapere. Sarà bene che tu informi di tutto questo l'amico Interlandi, non perché speri nulla, ma per dargli ancora una prova di come sono trattato anche all'estero dai rappresentanti del mio paese. Il signor Bisi sa che sono a Berlino per trattare di cinematografia: viene a Berlino per un grande affare cinematografico: e non domanda neppure di vedermi e di parlarmi! Cose d'Italia! – Io spero ancora di concludere qui qualche cosa per i *Sei personaggi*, ma non mi nascondo che l'affare è già molto compromesso. Inizierò poi le trattative per il *Pipistrello* che è venuto molto bene; ma appunto per questo sarà difficile collocarlo.

Sento che tutte le trattative per la vendita del villino sono andate e seguitano ad andare a monte. Tu sai che cosa vuol dire per le mie spalle il peso morto di codesto mausoleo, di codesta tomba di tutti i miei risparmi dedicati a voi figli […]. Con codesti risparmii io dovevo liberarmi del pensiero di voi: e mi resta invece intero, oltre quel peso morto, il peso vivo dei vostri assegni mensili che mi schiacciano addirittura l'esistenza. Ho 61 anni; e mi vedo ancora costretto a campare alla giornata, dibattendomi tra difficoltà senza fine, assillato dalle continue preoc-

149

cupazioni di provvedere ai vostri bisogni, come se foste ancora bambini o ragazzi, mentre già siete tutti in età da provvedere a voi stessi e risparmiare un po' vostro padre che avrebbe pur diritto a un po' di riposo e di tranquillità. Il troppo lavoro, dacché sono a Berlino, le trattative, i dispiaceri, m'hanno stremato di forze; ho da una diecina di giorni il tormento fisso d'una nevralgia fac[c]iale che mi sta facendo impazzire; vuoto mezza scatola di cachets Fevre al giorno, senza nessun risultato, se non d'un sollievo momentaneo; e con tutto questo tormento devo ancora finire un atto per Ruggero Ruggeri venuto espressamente da Parigi per commissionarmelo; ho potuto mandargliene solo metà prima che partisse per New York, dove con questo mio atto unico darà spettacoli di mezz'ora per sera in una tournée propostagli da Mo[r]ris Guest; l'altra metà bisogna che gliela mandi laggiù al più presto.

Caro Stefano, io vedo che tu seguiti a mandare articoli alla "Nación" di cui, naturalmente, ti trattieni il pagamento; ti ho lasciato prima di partire due mensilità della mia pensione, un'altra hai potuto riscuoterne; ora ci sono queste mille cinquecento cinquantasette lire del conto Treves che puoi farti dare da Tuminelli e trattenere per te. Vuoi che ti mandi ancora altro danaro? Pensa che pago ancora per te due mila lire al mese alla Società degli autori per il tuo debito.

Sono vessato da tutte le parti. Anche qui un avvocato mi cita a comparire al tribunale di Monaco per il pagamento della sua assistenza nel processo contro l'editore Haeger [*sic*] che mi frodò più di lire 40000. Ho vinto la causa per finta, e per di più mi tocca pagare le spese dell'avvocato che ammontano a più di L. 15000.

Come se tutto questo non bastasse, ecco qua il signor Pilotto che, credendo ch'io stia sguazzando tra i milioni del cinematografo, tenta di sgranfignarmi – mica poco – cinquanta e più mila lire.

Bisogna che tu vada subito da Sermonti e metta nelle sue mani la cosa. Il signor Pilotto è un mariuolo. Non è vero niente che io assunsi l'impegno di pagargli la penale col Prandi[317]; e di questo sono testimoni l'amministratore Chellini e il Bissi che promise di mettersi di mezzo tra lui e il Prandi, assicurandomi che non c'era nessun pericolo che tale penale si dovesse pagare. A questa condizione io scritturai anzi il Pilotto, il quale anche lui mi diede tutte le assicurazioni d'avere in mano le più valide ragioni contro le ingiuste pretese del Prandi, a cui doveva soltanto L. 8000 (ottomila) per un'anticipazione ricevuta. Queste ottomila lire gli furono pagate da me. E io non dovevo pagar altro. La prova migliore che il signor Pilotto sa bene che l'obbligo di pagar la penale al Prandi, se vi fosse stato condannato, spettava a lui e non a me, sta nel fatto che realmente l'ha pagata lui. Non l'avrebbe certo pagata se da qualche documento o scrittura risultasse che avrei dovuto pagarla io: bastava esibire questo documento per farmi chiamare in causa dal Prandi e liberarsi lui. È dunque certo che il Pilotto non ha in mano nulla; e ci sono poi, com'ho detto, le testimonianze del Bissi e del Chellini. È anche da tener conto che il signor Pilotto, dopo solo sei mesi, volle di sua iniziativa sciogliere il contratto che aveva con me di *un anno e mezzo*, mettendosi a servizio della Compagnia d'Annunziana ed esponendosi da solo, con questo, alle minacce del Prandi per il pagamento della penale, non potendo naturalmente pretendere più che la pagassi io dopo questa rottura provocata da lui; questo, nel caso ch'io avessi veramente l'obbligo del pagamento di questa penale; ciò che – ripeto – non è. La rottura del contratto da parte del signor Pilotto annulla da sola ogni mia responsabilità circa al pagamento della penale, dato e non concesso che la avessi, perché con questa rottura tutti gli obblighi della scrittura del signor Pilotto con la mia compagnia furono di comune accordo annullati, e s'intende anche l'obbligo del pagamento della penale al Prandi, dato e non concesso, ripeto, che io avessi quest'obbligo.

Esponi a Sermonti questa situazione, che mi sembra chiarissima e inconfutabile. Il signor Pilotto ha pagato perché sapeva di dover pagare; ora ha immaginato anche lui ch'io stia guadagnando qui i milioni con la cinematografia e ha pensato di vedere se gli possa venir fatto di arraffarmi 50000 lire con la

pretesa buffa dei danni morali e materiali, mentre s'è beccato 600 lire al giorno con la Compagnia d'Annunziana, lasciando la mia, con cui guadagnava solo 220 giornaliere. È tempo che tutte codeste buffonerie finiscano in Italia e che io sia lasciato in pace, dopo aver rimesso col teatro più di seicento mila lire. Non sono ancora contenti?
 Basta. Ti rimando la citazione. Sorveglia perché non abbia altre noje da questa parte. Ho scritto alla Aillaud, ma non s'è degnata di rispondermi. Scriverò direttamente a Giordani. Baciami tutti i tuoi e un bacio abbiti anche tu, con tanti auguri dal tuo
Papà

74

Roma, 30 dicembre 1928

Caro Papà mio,
 la tua ultima lettera era così scoraggiante dal lato del calore degli affetti, che io, animale domestico, non ho più saputo per un pezzo che cosa scriverti. Sto io piantato qui a covare i miei bambini e i miei lavori, unica cosa che possa fare seriamente, coscienziosamente, e con qualche speranza di non sciupare del tutto il poco tempo che mi resta da vivere, poco perché esso è tanto veloce e il lavoro così lento, e tanti i bisogni a cui provvedere, che l'abbreviano. È un vero guajo nascere con una cosa da fare! e la poca libertà concessa agli uomini per la propria opera, quand'è così propria di loro come l'arte, limitata ancora dall'educazione ricevuta che ci ha tolto di poter trattare nel mondo l'acquisto a buone condizioni del posto da occupare. Rispondo in qualche modo, come posso, al tuo rimprovero di pesarti come se fossimo ancora bambini o ragazzi. L'unico posto che ho potuto acquistare, lo debbo a me stesso, misero, acqui-

stato tardi e quasi di sotterfugio da te che non volevi che "mi avvilissi" con Ferraguti[318]: acquistato così, dopo avere aspettato tanto, tentato tante cose, lavorato invano accanto a te per averne da te uno più degno, non dico di me, ma di un tuo figliuolo. Io sono disperato di pesarti economicamente oggi che tu senti sopratutto questo peso, ma che posso fare? Non mi sono mai rifiutato davanti a qualsiasi situazione, non mi sono mai tirato indietro davanti a qualsiasi lavoro. Quando tornai dalla prigionia e si trattava di chiudere Mamma in casa di salute, volli convincervi a darla a me, che mi sarei dedicato per la vita a lei. Ero uomo da farlo, e avrei saputo durare – oggi non avrei famiglia e non peserei su nessuno.

[Stefano]

[Lettera incompleta]

75

Berlino, 20.I.1929
Hitzigstrasse, 9

Caro Stefano,
non hai creduto di rispondere alla mia lettera che, per quanto grave ti prospettasse la mia situazione, pur non ti negava recisamente l'ajuto che mi chiedevi: ti scrissi, infatti, che avresti potuto farti dare da Tuminelli le L. 1700 del rendiconto Treves; e ti feci notare che tu, a preferenza degli altri figli, Fausto e Lietta, t'avvantaggiavi a ogni modo, sia pur con qualche tuo sacrifizio o lavoro, di quattro cose: e cioè, il provento della mia modesta pensione, l'alloggio gratis[319], quanto ti resta del fitto della tua casa in via Piemonte, il pagamento degli articoli della "Nación". Il che, a mio avviso, unito al tuo stipendio di giornalista di L. 1800 e al resto che riesci a guadagnare con altri articoli o novelle, poteva costituire per te e per la tua famiglia,

nelle presenti condizioni, un modo di vita sufficiente, senza venir meno alla promessa che mi avevi pur fatta di non chiedermi più altro fino all'estinzione di quel grosso tuo debito ch'io ti pagai prendendo il danaro dalla Società degli Autori.

Ora le cose, durante questo tuo sordo silenzio, si sono fatte molto più gravi.

Sono di nuovo ai ferri corti con quella canaglia di Giordani.

Dopo una mia lettera di giuste lagnanze alla signorina Aillaud che non si faceva più viva con me né per informarmi dell'andamento dei miei affari teatrali e librarii, né per mandarmi i rendiconti mensili e trimestrali, ebbi da lei una risposta che non avrebbe potuto essere peggiore: liquidazione totale; nessuna compagnia italiana voleva più sapere di me e dei miei lavori; niente veniva più dall'estero né niente si poteva più recuperare di quanto dall'Inghilterra, dall'America e dalla Spagna m'era dovuto; conclusione, L. 27595,75 di debito verso la Sitedrama per gli assegni continuati a Fausto e a Lietta e il pagamento delle tasse.

Indignato di questa risposta, scrissi direttamente a Giordani, il quale mi rispose con la lettera che qui ti unisco e che conserverai come documento. A questa lettera io risposi subito, cioè il 30 XII 1928, con una seconda lettera esauriente, di cui ti unisco copia che ugualmente conserverai come documento. Sono passati ben 20 giorni, e benché, com'hai potuto vedere, io abbia scritto in termini garbati, quasi affettuosi, e a ogni modo conciliativi, nessuna risposta mi è ancora arrivata. Ma una lettera di Fausto m'annunzia disperatamente che questo mese di gennajo non gli è stato mandato l'assegno di lire due mila; e suppongo che non sia stato mandato neanche a Lietta. La risposta dunque è stata questa. Bisogna che tu vada subito a trovare il Nannarelli[320] in via della Mercede e a informarti se veramente ha ricevuto dal Giordani quest'ordine di sospendere assegni e pagamenti. Se fosse così, tu comprendi che razza di porco sarebbe il Giordani, perché avrebbe dovuto almeno avvertirmi che intendeva far questo, e non lasciarmi per un mese Fausto a dibattersi tra le difficoltà.

Queste difficoltà, sospesi da parte di Giordani gli assegni e i pagamenti, si faranno ora gravissime. È evidente che quel poco che seguiterà a venire dall'estero, appena qualche migliajo di lire al mese, egli vorrà tenerselo tutto a scomputo del suo credito, come anche quei pochi centesimi che potranno venire dall'*Agro de limone* di Petrolini[321] o da qualche altra recita sbandata di Sgurgola o Pontelagoscuro. Tutto il mio teatro in Italia e all'estero non frutta più nulla, e non c'è più da fare su esso alcun assegnamento. La sentenza è data. Sono liquidato. Il *Lazzaro* in Italia non si vede il modo di darlo. Crémieux a cui è stato mandato per la Francia – gli ho scritto due volte, da Milano prima di partire e poi da qui – non risponde: e forse col silenzio vuol significare che il lavoro non gli piace, come non gli è piaciuta la *Nuova Colonia*. È stato anche tradotto in tedesco da Feist e consegnato a Felix Bloch-Erben[322]; ma la Germania adesso è invasa da commedie poliziesche e vaudevilles americani e non vuol sapere d'altro. Non vedo via d'uscita. Resta Bemporad, a cui non c'è verso di far pubblicare un volume dopo mesi e mesi d'attesa, con tante ristampe che ha ancora da fare, e il cinematografo. Ho scritto jeri una lunga lettera a Interlandi per informarlo di ciò che sto combattendo per i *Sei personaggi*, e pregandolo di venirmi in ajuto, se può, per mezzo dell'Ente Luce. Ho parecchie trattative; ma di concluso ancora nulla, tranne il film per l'attrice cinese Anna May Wong, per cui ho avuto soltanto una piccola anticipazione che mi ha permesso di vivere finora modestissimamente. Pare che tra giorni me lo pagheranno; ma se faccio il conto di tutto quello che devo dare, il guadagno non arriverà a coprire tutti i debiti!

Come tirare avanti, in queste condizioni, con tutti i pesi che ho addosso?

Il terribile momento ch'io prevedevo è venuto. Non riesco più a guadagnare quanto basta a sostenere il carico che mi schiaccia. E il villino resta lì!

Io lavoro, a 61 anni, dalla mattina alla sera, senza darmi un momento di tregua. Ho finito l'atto per Ruggeri. Sto per finire *Questa sera si recita a soggetto*[323]. Ma che frutto ne caverò e quando? I bisogni sono urgentissimi. A Fausto potrò mandare da qui, spero lunedì, se mi sarà pagato il film da Eichberg, le due mila lire. Ma come faccio a mandarle a Lietta da qui, se non so neppure l'indirizzo? E per quanto tempo potrò ancora mandargliele, se il villino non si ve[n]de e io non posso più contare sulla continuità dei miei guadagni per come ho contato finora? Questo vale anche per Fausto.

Bisogna assolutamente venire a un rimedio radicale. Io resto per ora qua a Berlino, perché, dovendo lavorare come lavoro, è meglio che resti in un centro d'affari dove le probabilità di concludere qualche cosa sono maggiori, e le spese, su per giù, le stesse. Resterò almeno fintanto che avrò concluso qualche discreto affare che mi dia la possibilità d'aspettare qualche mese e provvedere a far fronte a una condizione di cose così grave, un mese di respiro per orientarmi di nuovo. Intanto, per gli assegni, mi metterò a scrivere qualche novella da mandare al "Corriere"[324], o vedi di combinarmi con Morgan[325] quella serie d'articoli sul teatro[326]. Se a marzo si farà l'Accademia e io vi sarò compreso, avrò almeno un piccolo sostegno fisso. Ne sa qualche cosa Interlandi? Domandaglielo.

Stai sicuro che nulla mi lega qui e nulla mi tiene, se non il pensiero di trovare il modo di uscire – non per me, per gli altri – da questa situazione; per me, il modo d'uscirne, è sempre facile. Ma ci sono gli altri. E chi mi dà pensiero è sopratutto Fausto, che seguita a scrivermi lettere tali che fan disperare.

Salutami i tuoi, sopra tutti un bacio a Ninnì mia, e un bacio abbiti anche tu dal tuo

Papà

76

Berlino, 8.II.1929
Hitzigstrasse, 9

Mio caro Stefano,
contentati per ora di queste due parole con cui t'accompagno la somma di L. 12400 che mi levo proprio dalla bocca. Resto quasi sprovvisto di danaro; ma non voglio che manchi per me la vendita del villino. Lire 9200 serviranno per pagare su[bi]to il Monte dei Paschi; le altre per il pasticcio dell'acqua di cui m'hai parlato, ma non ci ho capito nulla. Avevo risposto alla tua prima lettera con una lettera che ora sono contento di [non] averti spedito, non perché ci fosse qualche cosa contro di te, figliuolo mio, ma perché credevo che la vendita del villino ancora una volta fosse andata a monte, e questo m'induceva a considerazioni e a propositi, che almeno per ora restano in sospeso. Spero e conto che il villino si venda. Non vedo per ora altra via d'uscita. Son sicuro che tu farai di tutto per riuscirci. Ma per ora basta. Mi preme farti arrivare subito questo danaro. Ti riscriverò presto. Intanto tu tienimi informato.
Ti bacio con tutti i tuoi

il tuo Papà

77

Berlino, 3.III.1929

Caro Stefano,
sono ancora in attesa che, in seguito al tuo ultimo telegramma e dopo aver ricevuto le lire dodici mila, tu mi comunichi l'avvenuta vendita del villino. Ogni giorno che passa, senza

codesta sospiratissima notizia, è per me una morte, perché non vedo più altro modo d'uscire da una situazione che di giorno in giorno si fa più grave e irremediabile.

Ora ti scrivo per dirti che ho cambiato alloggio. Il mio nuovo indirizzo, dal primo di marzo, è:

Hotel Herkulesbrücke
Friedrich-Wilhelmstrasse, 13
BERLIN W. 10[327]

Come debbo spiegarmi il tuo silenzio? Mi dicesti, è vero, che la vendita, nel miglior dei casi, non poteva avvenire che dentro la prima quindicina di marzo. Ma avresti potuto almeno avvisarmi d'aver ricevuto il danaro, che ti spedii per lettera assicurata e, secondo le esigenze tedesche, in due buste a parte, non essendo possibile mandare più di mille marchi alla volta. In una delle due buste doveva esserci un vaglia cambiario di lire cinque mila, mandato da Bemporad, e a te girato. Con l'avviso della recezione di questo danaro speravo che mi dessi qualche informazione, invece nulla. E puoi figurarti in che animo mi tenga codesto tuo inescusabile silenzio.

Io sto qui aspettando che mi si paghi il saldo del film scritto per Eichberg. Ho ancora parecchie trattative per i *Sei personaggi*, e non ho perduto del tutto la speranza d'arrivare a qualche conclusione. Ma bisogna assolutamente tener fermo e non mollare. Il guadagno può esser grosso e mi darebbe la tranquillità per un buon pezzo, senza contare che, se il successo fosse grande, tanto di questo quanto dell'altro film, le commissioni pioverebbero e la posizione allora sarebbe assicurata per sempre.

Intanto lavoro per il teatro.

Ha destato un grandissimo interesse in tutti i direttori di teatro l'annunzio e quanto s'è scritto del mio nuovo lavoro *Questa sera si recita a soggetto* che è già quasi finito. Ma sono ormai ai ferri corti col Feist, che mi s'è dimostrato una canaglia da trattar col bastone. Sono in mano d'un avvocato per cercare di sciogliermi dal contratto che ho con lui. Mi hanno detto tutti che le sue traduzioni son pessime, e che nessuno mai le prenderà, perché irrapresentabili. Quella di *Diana e la Tuda* pare che faccia addirittura ridere. E falsa, opaca, sorda pare che sia quella di *Lazzaro*. Non so come debba fare per oppormi che il nuovo lavoro sia tradotto da lui, finché il contratto è in vigore. Aspetto che il mio avvocato e Felix Bloch-Erben mi suggeriscano qualche mezzo. Pare che ci sia un tribunale teatrale che abbia facoltà di decidere sulle traduzioni. In questo caso, sarei a cavallo. Staremo a vedere.

Non ho ricevuto nessuna risposta da Interlandi. Il nostro ambasciatore Conte Aldrovandi[328] mi ha promesso che penserà lui a procurarmi un abboccamento con Bisi appena questi ritornerà a Berlino. Ma sarebbe bene che Interlandi facesse sapere del fervore con cui il Duce accolse la mia idea di riforma del cinematografo, e che questo signore, invece d'andare girando di nazione in nazione, come fa, coprendosi di ridicolo, approfittasse della mia idea per venir fuori con una produzione assolutamente nuova, che darebbe il vanto d'una scoperta all'Italia, senza aver bisogno di quei lumi che pare vada mendicando, con impegni avvilenti e patti da minorenne. È vergognoso! Ho sentito dire che forse verrà a Berlino in compagnia di Giordani. Possibile che questo manigoldo si sia già inteso anche col Bisi? Alla mia ultima lettera, intanto, non ha risposto; e non so perciò come intenda regolarsi con me.

[...]

Ho veduto all'Ambasciata la "Nuova Antologia" con lo *Scamandro*[329] pubblicato in due puntate. Viola[330] avrebbe potuto mandarmelo e mandarmi anche il compenso. "Pègaso" pubblicherà nel fascicolo d'aprile il prologo della mia nuova commedia[331].

Fatti vivo; scrivimi; informami di tutto. Sai nulla dell'Accademia? Ojetti mi ha scritto, e in fine della sua lettera c'era questa domanda: "Quando ritornerai in Italia? Per l'Accademia?". Mi è parso segno che sapesse ch'io sono tra i compresi. Ma forse se lo immagina. Tutto ormai è possibile, anche che io ne resti escluso. Non mi aspetto più nulla da nessuno.

Baciami i tuoi bambini, Olinda, e un bacio abbiti anche tu

dal tuo Papà

78

Roma, 10 marzo 1929

Caro Papà mio,
ho aspettato a scriverti per aver qualche cosa di più concreto da comunicarti. Era inutile che ti venissi informando di tutti gli alti e bassi, troncamenti e riallacciamenti delle trattative. Né a te, in questo periodo, interessa altro, almeno da quanto io posso giudicare col mio comprendonio.

Dunque. Jeri sera a tarda ora ho avuto finalmente la comunicazione – ma per telefono: niente di scritto in mano, ancora – che le trattative erano concluse favorevolmente. La stipulazione non più entro il 15, ma entro il mese. Ma ho dovuto cedere di altre ventimila lire. Questo non jeri sera, ma circa una settimana fa, dopo aver avuto la documentazione che il pagamento del mutuo in contanti, sul quale dapprima s'era fondata la speranza d'un beneficio di cinquantamila o sessantamila lire, si risolveva invece, purtroppo, nel quasi irrisorio rinfranco di sì e no quindicimila lire, computandovi il capitale già ammortizzato con le rate. Messo al dunque, o accettare, e firmare, per un minor prezzo, o troncare le trattative definitivamente, non mi sono sentito d'assumere di fronte a te questa responsabilità e ho firmato: ma dopo essere riuscito a furia di discussioni (abbiamo cominciato alle tre e finito alle sette) a fare il male a metà. Si dovevano perdere trentacinquemila lire, se ne perdono solo venti. La proprietà viene pagata 865 mila lire – nette da percentuali di mediazione e dalla tassa di cancellazione dell'ipoteca. Il mutuo di 250 mila lo toglieremo con 235 mila: resteranno nette seicentotrentamila, invece di seicentocinquantamila.

Ti devo fare osservare che, se si fosse venduto a 900 mila a un acquirente che avesse approfittato della facilitazione del mutuo e attraverso un mediatore, a noi sarebbero rimaste nette non 650 mila lire, come ti avevo scritto quando presumevo che il capitale pagato con le rate fosse molto di più, ma 640 mila. Perciò la perdita reale, da quella base ormai accettata di vendere a 900 mila, è di 10 mila lire, non di 20.

Io ho accettato questa perdita per queste considerazioni: la massa delle tasse da pagare forzosamente fra poco, se non si vende (le 8800 al dazio e le 3500 per l'accertamento del Registro sul lotto rivenduto da Lietta) avrebbero cancellato il beneficio – Pagate queste tasse, per ricavare in sostanza quanto si ricava oggi, avremmo dovuto vendere a 12 mila lire di più, per questo lato, e ad almeno oltre ventimila lire in più per riparazioni urgentissime, non facendo le quali nessuno avrebbe comprato, per l'aspetto con cui si presenta la villa esternamente e internamente in seguito ai geli della vernata: infissi torti, che non chiudono più – vernici saltate via – intonachi venuti giù a fette di metri quadrati, ecc. E aggiungi altre rate del mutuo. Data la situazione – la necessità di vendere al più presto – ricavando su per giù quello che ci eravamo rassegnati a ricavare evitando nuove e non piccole spese, alcune forzose (tasse e rate del mutuo) altre necessarie per vendere ad altri, cioè a privati (ora vendiamo a un istituto) cioè riparazioni e accomodi – date le tue sollecitazioni, il disinteressamento di tutti per il villino, la nessuna voglia di conservarlo come abitazione comune (scomodissima oltre tutto e dispendiosa), credo che io non dovessi fare che quello che ho fatto. Innegabilmente si sarebbe potuto ricavare di più, forse anche molto di più: ma certissimamente, *in modo assoluto*, non ora e non presentando il villino nello stato attuale: *fra molti anni*, aperta la via Ridolfino Venuti, spesi danari non pochi in restauri, abbellimenti, fatto un giardino presentabile e non ridicolo come il presente, usando della proprietà come d'un'arma, d'una forza nelle mani, e non sentendola come un peso insopportabile sulle spalle, stando uniti e non divisi (sopratutto questo) – allora sì si sarebbe potuto realizzare ben altro. Voglio dire che il prezzo che si ricava oggi è quello che ci permette di ricavare la situazione che ci impone di vendere: non quello che io ho saputo ricavarne. E la situazione è quella che è non certo per le cose, i dati di fatto, tutti riparabili e superabili: ma per gli animi e le volontà. Tengo a mettere in chiaro che il mio animo e la mia volontà erano e sarebbero ben altri. Perché so come vanno le cose di casa nostra: non passeranno due anni (o forse due mesi) che io sarò tenuto responsabile di una "svendita rovinosa": e metto le mani avanti. Io ho consumato tempo, un po' di denaro mio, e molta pazienza per riuscire a questo.

[Stefano]

[Lettera incompleta]

79

Berlino W. 10, 19.III.1929
Hotel Herkuleshaus
Friedrich-Wilhelmstrasse, 13

Mio caro Stefano,
rispondo alla tua lunga lettera del 13, punto per punto.
Vendita del villino. – Perché, figlio mio, credi che da me o da altri tu debba o possa esserne incolpato domani? Tu hai avuto da me l'ordine di vendere per questo prezzo; e l'hai avuto, non per capriccio, non per ragioni di cui io debba o possa farmi domani un rimorso, ma perché costretto dal bisogno, per uscire da una situazione insostenibile. Il tuo torto è questo: di credere che la situazione sia qual è, non per *dati di fatto* come tu dici, brutti e intricati, sì, ma tutti superabili e riparabili, bensì per l'animo, per la volontà di non ripararla, ma di toglierla di mezzo. Parliamoci chiaro, Stenù. A che vuoi alludere? Vuoi alludere alla mia relazione con la Signorina Marta Abba? Io ti dissi una volta di che natura è questa relazione: e tu, non ostanti tutte le infamie con cui s'è voluto insudiciarla, mostrasti di comprenderla e di credere a quanto io ti dissi. Dimmi ora francamente: non lo credi più? Hai torto, Stenù. Io sento per la signo-

rina Abba un affetto purissimo e vivissimo, per le cure filiali che ha avuto per me, per il conforto che m'ha dato della sua compagnia in tre anni di vita raminga, per l'amore fervidissimo e l'intelligenza che ha dimostrato sempre d'avere per la mia arte, la difesa che n'ha sempre fatta, le lotte al mio fianco combattute, per la superiorità vera di spirito e l'abnegazione con cui, sfidando il vilipendio, m'è durata accanto, paga soltanto della sua coscienza pura e onesta. Vedi? ti dico questo ora che ella non è più con me. Stava con la sorella nell'appartamentino accanto al mio; è venuto il padre a riprendersele e se le è riportate a Milano, perché Marta ora riprenda da sé la sua via nell'arte. Era venuta con me a Berlino credendo in un contratto che quel venditore di fumo di Bernsticl ci aveva assicurato di dover concludere con l'Ufa; è stata circa sei mesi ad aspettare che arrivassero a una conclusione le trattative per il film dei *Sei personaggi*; e alla fine, visto che le trattative vanno ancora per le lunghe e che lei aveva bisogno di farsi viva a Milano per le prossime formazioni, è partita. Ora io sono qua solo e molto triste per la sua partenza; la fine d'una compagnia cara a cui m'ero già abituato mi è molto dolorosa; ma ho capito ch'era giusto ch'ella partisse, e che non poteva rimanere qua attaccata a me per non lasciarmi solo, avendo il suo cammino da fare e la sua vita da vivere. Io resto qui, trattenuto dalle molte proba[bi]lità che ho di concludere qualche grosso affare; ma non bisogna aver fretta di concludere, e bisogna invece avere molta pazienza. Certo, se il grosso affare si concludesse sollecitamente, non ci sarebbe bisogno di vendere il villino. Ma questa proba[bi]lità non la vedo. E allora dimmi tu come si può fare a uscire dalla situazione in cui mi trovo. Non si tratta che di dati di fatto. Cifre. Debiti da saldare. Tasse da pagare. Assegni da corrispondere. Con quali mezzi? Dal teatro, ch'era il mio maggior cespite, non c'è nulla da sperare per ora. Ho il *Lazzaro* che non riesco a far rappresentare[332]; ho finito ora una nuova commedia, che forse potrà avere un grande successo; ma aspetta cavallo che l'erba cresce. I bisogni incalzano, il tempo di pagare i debiti stringe, il fisco non sente ragione né concede dilazioni, gli assegni bisogna pur darli. Come si rimedia? Di ritornare in Italia in queste condizioni io non me la sento. Eppoi, parliamoci ancora una volta chiari, Stenù. Ritornare dove e a far che? Tu parli d'animo, parli di volontà. L'animo, sì. Io sono con l'animo esacerbato e senza pace, gonfio di disperatissima vita, che debbo e tante volte non so come frenare. Ho bisogno di fuggire e di fuggirmi. L'idea di dover star fermo mi spaventa. Io so, Stenù, il grande grande amore che tu hai per me, lo so, ne sono certo, e sono certo che di questo amore, se io stessi con te, tu non ti stancheresti mai di darmi la prova; ma vedi, Stenù, io non dubito di te, io dubito di me, di guastare la tua pace, con quest'animo mio che non ne può avere, e penso e sento che nella vita che tu ti sei formata attorno e di cui ti gridi così felice, in questa vita che più che tua è dei tuoi perché gliel'hai data e fatta tu, io sarei di più, sarei di più per forza; ho avuto anch'io con me mio padre vecchio, e so ch'è così. Eppoi, che farei? Vuoi che a sessantadue anni, mi rimetta a tirar la carretta? Come vorresti risolvere la situazione altrimenti? Essa è tale, per dati di fatto, che si può risolvere solamente in due modi: o con un grosso affare cinematografico, o con la vendita del villino. Così soltanto, devi convenirne, io posso levarmi dalle spalle un peso insostenibile. Il lavoro alla giornata non mi è più possibile; i figli, non parlo tanto di te quanto di Fausto e di Lietta, non possono pretendere ch'io a sessantadue anni, seguiti a lavorare giorno per giorno per mantenerli come quand'erano bambini e io avevo trent'anni; trent'anni ora li hanno loro. Finché il danaro affluiva in quantità da tutte le parti, potevo darne a tutti, e l'ho dato, tanto che ora non ne ho più niente per me: c'è nel villino tutto quello che s'era potuto mettere da parte; ebbene lo do a voi figli come avevo promesso; Lietta aspetta la dote, e voi avrete altrettanto. Questo sì posso farlo, e lo faccio. Tirare avanti, portando ancora il peso di tutti, a sessantadue anni, mettendo insieme giorno per giorno con oppressura d'un lavoro obbligato tanto che basti non solo per me ma anche per i figli che hanno trent'anni e una che ha anche il marito, questo no, questo non posso più farlo; non sarebbe neanche morale che voi figli m'obbligaste a questo, quando mi vedete pronto a spogliarmi per voi di tutto quello che ho. Non è ch'io voglia levarmelo questo peso d'addosso – dico a te che parli di volontà – è che non vedo i mezzi e il modo di portarlo ancora. Se tu li vedi, dimmeli; io ti posso assicurare che la mia volontà c'è, e intera come prima e come sempre. Fare un altro debito, prendendo danaro a una banca, per uscire dalle presenti strettezze, ti pare un rimedio? Aggiungere debiti a debiti, un altro gravame, come se il danno non fosse il troppo peso che ho addosso? Bisognerà pur pagarlo il nuovo debito, e intanto tutti gli altri pesi quotidiani permarranno; l'allevio, il respiro sarebbe per un momento, per uscire da una stretta, e poi mi riavvierei con un peso più grave sulle spalle. Non ti pare che sia così? Il vero male è il guadagno ch'è venuto meno, non perché io abbia cessato di lavorare, ma per la guerra ch'è stata fatta al mio lavoro, tanto che nessuno più lo cerca e lo vuole come prima; e cessato il guadagno, tutti i pesi che sostenevo, non posso più sostenerli, è chiaro. Se tu vedi ch'io possa ancora guadagnare come prima, tanto da poter portare addosso, non dico più i pesi perché allora non sarebbero più pesi; dimmelo; io sono qua; ti ripeto che la mia volontà c'è tutta, come e più di prima. Non è mutato l'animo, insomma, come tu credi; non ci sono più i guadagni; l'animo è offeso, è esacerbato; ma per voi figli è sempre quello di prima. Anche per me ti chiedo che tu mi faccia vedere il modo – se lo sai – di dimostrarvelo.

E passiamo ad altro.

Affari cinematografici italiani. Zero, per ora, a quanto pare. C'è da fidarsi delle assicurazioni di Bisi[333] e d'Antongini[334] per l'avvenire ancora lontano di dieci mesi? Te lo domando in riferimento a quanto ho scritto più su.

United Press. Non capisco perché Morgan sia rimasto male dall'altra volta. Che gli abbiamo fatto? Io avevo tracciato i sommarii degli articoli. Si rimandò l'affare per le elezioni del Presidente. Ora vengono fuori le trattative dirette. E siano! Finora però non mi s'è presentato nessuno. Certo, assicurarmi una collaborazione fissa, non gravosa, pagata bene, all'United Press, sarebbe una gran cosa.

L'Accademia. Quando riceverai questa lettera (cominciata il 19; oggi è il 21) saprai se sarò stato compreso o escluso[335]. Lo saprai prima di me[336]. Ho ricevuto da Interlandi il 19 sera un telegramma che diceva: "Posso darle quasi certezza". *Quasi*. Vuol dire, ancora appeso per un po' di giorni.

Certo, la nomina, con un assegno fisso di tre mila lire al mese, faciliterebbe la situazione e il mio ritorno.

Ma quel "quasi" m'ha freddato. E ormai ci spero poco.

Mi pare d'averti risposto su tutto, esaurientemente. Non ti fare la minima illusione su Bemporad[337]; mi ha scritto una lettera che fa cader le braccia, perché volevo che mandasse a Fausto le 2 mila lire dell'assegno mensile. Le ha mandate questo mese, perché mi doveva danaro; ma ha detto che non può assumersi impegni di sorta, date le condizioni della sua Casa, date le imposizioni del *libro di Stato* e non so che altri guaj del genere; il commercio librario pare che sia rovinato.

Baciami tutti i tuoi, Ninnimia che ora sa scrivere, l'ometto responsabile che sa portare con dignità le sue ferite, Giorgino dal ciuffetto espressivo, e un bacio abbiti tu con Olinda

dal tuo Papà

P.S. Viola non mi ha mandato né l'"Antologia" né il compenso. L'hai preso tu?

Perché Interlandi non mi manda "Il Tevere"?

80

Berlino W. 10, 28.III.1929
[Hotel] Herkuleshaus
Friedrich-Wilhelmstrasse, 13

Mio caro Stenù,

non voglio affatto negare che la mia nomina[338] sia importantissima, ma solo per ciò che tu dici, per ciò che significa *politicamente*, contro i miei nemici; non già come attestato di considerazione e distinzione, ché l'esser considerato pari a Beltramelli, a Marinetti e mescolato con Trombetti[339] e Formichi[340] è Romagnoli[341], è segno evidente di disistima letteraria; con questo di più, che l'esclusione di tanti più meritevoli, che non può non saltare agli occhi di tutti, e segnatamente l'inclusione di quei primi due, abbassa fin dalla fondazione il livello artistico e morale dell'Accademia, le toglie prestigio e autorità, fino al punto che, essendoci quei due, il non esserci diventa quasi segno di distinzione. E ti par poco il ridicolo che rovescia su tutto l'elenco dei nomi la nomina di Marinetti che per tutta la vita ha sparato le sue fragorose e innocue cannonate contro tutte le accademie e le biblioteche e i musei e le scuole? Forse perché un'accademia fondata dal Fascismo dev'esser diversa da tutte le altre? Ma grazie tante, diversa così? Una diversità come quella che potrà imprimerle Marinetti, non potendo esser presa da nessuno sul serio, le toglie per forza serietà e la rende ridicola. Sono sicuro che la penseranno come me tanto il Di Giacomo[342] quanto il Panzini[343]. Ma se può tanto oggi la politica da permettersi di sfidare impunemente tutti i giudizii contrarii accordando una distinzione letteraria a chi non la merita affatto, tu hai ragione, *politicamente* la mia nomina vale moltissimo[344].

Non so di che intervista tu parli, che ha potuto servir di pretesto a un nuovo attacco del "Resto del Carlino"[345]; è sempre la stessa, a proposito della diversità tra me e Shaw; e io non ho mai detto "cittadino del mondo", ma sempre "un uomo sulla terra" in considerazione soltanto della qualità "filosofica" della mia arte, in contrapposto a quella "satirica, sociale, politica, civile" dello Shaw, per cui lo Shaw non è tanto, come me, "un uomo sulla terra", quanto "un cittadino del suo paese". Ma grazie tante, per il governo politico d'un paese, avere un cittidino [*sic*] come Shaw!

Lasciamo questo discorso ch'è il non plus ultra dell'insulsaggine.

La sera del 21 io ricevetti per mezzo dell'Ambasciata di qui la comunicazione diretta del Duce della mia nomina ad accademico, con le stesse parole contenute nel telegramma urgente mandato a casa costà. Risposi subito con un altro telegramma: "Sopratutto orgoglioso Suo alto riconoscimento ringrazio Eccellenza Vostra grande onore e torno a esprimerle mia intera profonda devozione". Ora, con ritardo, ho risposto a tutti gli altri di cui m'hai trascritto i rallegramenti e le congratulazioni.

E veniamo a parlare della mia situazione.

Non vedo, Stenù mio, come tu la possa considerare pienamente e definitivamente risolta. Almeno, per ora, no. Appena venduto il villino, io avrò sistemato voi figliuoli, almeno nei limiti della promessa che vi avevo fatta; darò la dote a Lietta, e mi leverò il peso degli assegni, salvo le mille lire da passare ancora mensilmente a Fausto finché n'avrà bisogno, e mi leverò anche il peso non indifferente del mutuo; pagherò il debito residuo alla Banca Commmerciale; rifiaterò; ma non credo che mi resterà un soldo in tasca.

Prospettive di guadagni. L'emolumento dell'Accademia comincerà a decorrere da ottobre in poi. Avrò tre mila lire al mese[346], più le 600 della pensione. Per ora, voglio dire fino a ottobre, questa soltanto, che è cosa irrisoria. Tu mi proponi due cose: la direzione della rivista dei "Dieci" che sarà ben remunerata, ma non mi par da accettare senza pregiudizio e compromissione della mia arte e del mio posto nella letteratura (che ne pensi tu, facendo astrazione dal lato materiale?); e la direzione del giornale settimanale letterario di Interlandi, che prima di tutto dal lato artistico, e poi dal lato morale e politico, sarebbe di granlunga da preferire. Ma la responsabilità sarebbe troppo grave da portare, a imbarcarcisi; si potrebbe fare un gran bene di sicuro, ma a costo di molti sacrifizii come sempre; io penserei più a questo bene che a me (come sempre) e allora, anziché il vantaggio materiale che ora andiamo cercando, io procurerei da questo lato il mio danno. L'altra proposta dei due articoli al "Tevere" sarebbero la deprecata carretta; e allora tanto varrebbe che che [*sic*] li facessi per il "Corriere della Sera", tanto più diffuso del "Tevere" e che mi frutterebbero al mese tre mila lire, cioè mille di più. Scrivere articoli... se devo ridurmi a questo, li potrei scrivere soltanto ottenendo almeno un contratto con un'agenzia internazionale come l'"United Press", che mi offrirebbe un discreto provento e non sarebbe più tanto una carretta. Allora sì. M'avanzerebbe tempo per scrivere liberamente le mie novelle e le mie commedie. Quello di cui ho sopratutto bisogno ora è questa libertà del mio lavoro, che a 62 anni dovrei già aver conquistata. Il solo pensiero della goccia dell'articolo obbligato mi leva il respiro.

Ringraziami tanto tanto Marchesano per la sua fraterna profferta. Non so se ci sarà necessità d'accettare, per pagamento di tasse o d'altro. Io ho qui per ora da vivere; spendo pochissimo; e appena vedrò che sarà tempo di ritornare, avrò da pagarmi il viaggio e da conservare anche qualche cosa in tasca; poco, per qualche mese. Vedi tu, ma avvertimi avanti; perché è sempre meglio non contrarre altri debiti, dato che ho la cattiva abitudine di pagarli sempre tutti, e di non avere pace finché non li pago.

Quanto mi dici della Società degli Autori, dopo la nomina di Fedele[347], mi conforta molto. Quello sì sarebbe un posto per me, almeno fino a tanto che non si faranno i Teatri di Stato. E anche un posto ben remunerato all'Ente andrebbe benissimo, e l'attuazione della mia idea, se non si potrà fare qua, prima, come spero.

Ecco, ancora un po' di tempo bisognerà dare a questa grande speranza che ho tuttora, fondata su seriissime proba[bi]lità. Piantarla per poco o nulla, sarebbe un delitto. Ho altre due proposte di film, una dello stesso Eichberg e un'altra della Britsch [*sic*] International, per cui dovrei andare presto a Londra, per una settimana[348].

Aspetto insomma, per venire una conclusione importante, veramente importante; e verrò. Qua per ora molte proba[bi]lità di venire a una di queste conclusioni ci sono, e non bisogna avere impazienze. Verrò, Stenù, lavora che verrò. Sono così triste, qua solo! Ma mi conviene aspettare ancora un po'.

Oltre il tuo gran cuore, il tuo grande amore, il tuo grande desiderio di riavermi con te, io non vedo ancora una cosa altrettanto grande per cui dovrei venire così subito come tu vorresti, lasciando qua tutto in aria dopo tanto affanno e tanto lavoro. La mia posizione, qua, era a terra e l'ho rialzata; così nei teatri, come nel giornalismo. Ci sarà una grande ripresa dei miei lavori, prossimamente; e questo, che non è poco, l'ho potuto ottenere stando qua. Ho finito come t'ho detto la nuova commedia, e già cinque teatri l'hanno chiesta; Max Rheinart [*sic*] ha promesso di riprendere *I sei personaggi*[349], cosa insolita nei teatri tedeschi; e intanto altre proposte vengono.

Scrivimi; tienimi a giorno di tutto; sono sempre pronto per partire. Baciami tutti i tuoi; salutami Interlandi e gli altri amici, e un abbraccio forte forte con tutto il cuore abbiti tu

dal tuo Papà

81

Berlino W. 10, 9 aprile 1929
Hotel Herkuleshaus
Friedrich-Wilhelmstrasse, 13

Caro Stenù mio,
visto che la lettera più lunga, promessa per "prestissimo: spero domani" non arriva (si vede che non hai ancora nulla di concreto), rispondo alla tua del 2.

Le speranze che avevo nella venuta a Berlino degli americani Warner Brothers[350] (i re del film-parlante) e degli Inglesi di Londra, in fierissima concorrenza, l'ho in gran parte perdute[351]. L'editore Felix Bloch Erben (vale a dire Fritz Wreede, titolare della Casa dopo la morte del Bloch Erben e mio presente rappresentante) ne ha ancora, convintissimo com'è della mia idea di riforma. Ma fatto sta che il Warner gli ha risposto che la cinemelografia delle nove sinfonie di Beethoven[352] non "gl'interessava", sai come fanno presto a dire gli Americani negli affari; e che gl'Inglesi, un sacco di complimenti per me, grande poeta, tutta la loro ammirazione personale, se poi ti ricantano il solito ritornello che Pirandello non è per le masse ma per la minoranza degli eletti. Insomma, con questi non se n'è fatto di nulla. Wreede dice, ci sono tanti altri, e m'ha chiesto un'opzione di tre mesi, per dimostrarmi che crede a un buon affare sulla mia idea. Ci crederei anch'io, se non avessi ormai acquistato la convinzione che questa gente è stupida anche negli affari, proprio cioè dove più si tiene. Non vedere un affare nel film dei *Sei personaggi*, non vedere un affare nelle mie "cinemelografie" come le ho definite ed esposte in un bellissimo memoriale dato al Wreede, è proprio da stupidi. La risonanza mondiale dei *Sei personaggi* fa da sola, per il film, un grande affare; e la cinemelografia, ora ch'è venuta quest'enorme infatuazione del film sonoro, è l'unico espediente per salvarne l'internazionalità, che per forza coi films parlanti verrà a mancare. E l'incongruenza poi delle ombre che parlano, l'incongruenza delle immagini che sullo schermo sono sempre fuori della sala, cioè nei luoghi che il film rappresenta, un bosco, una strada, un piroscafo, una casa lontana, e le loro voci che ti suonano dentro la sala, presenti, vicine! Ho esposte nel memoriale queste incongruenze, inovviabili, indiscutibili, per far notare invece il vantaggio della pura visione e della pura musica, che parla a tutti, e che è il solo linguaggio possibile delle apparenze, per tutti, perché tutti, ascoltando la musica, immaginano sempre qualche cosa; gli uni hanno alzato le spalle; gli altri: "bellissimo! geniale! ma non è per le masse, e non se ne fa di nulla!".

Così stando le cose, io ho cominciato a riflettere.

Tanto Eichberg quanto la British International Pictury [*sic*], che sono in società, pajono fermi nell'intenzione di darmi due nuove ordinazioni di soggetti e mi pagano il viaggio e tutte le spese per andare a vedere a Londra questo prodigio che fa trasecolare del film-parlante, perché vogliono appunto da me due soggetti di film-parlante e mi vogliono convincere con la prova del nuovo miracolo. Io andrò a vedere, perché mi giova. Tanto, non mi costerà nulla, solo lo strapazzo del viaggio. Partirò giovedì o venerdì. Starò a Londra quattro o cinque giorni. Al ritorno, prenderò le mie decisioni, e te le comunicherò.

Intanto, ciò che mi dici di Bisi, vedo che può essere veramente importante. Mi avevi prima parlato di poco danaro, ora mi dici che danari ce n'è; di quaranta mila lire per un soggetto, e ora mi dici che a Bisi pajono una miseria cento e centocinquanta mila lire per un soggetto di Pirandello. Ohè, apriamo gli orecchi; di prender qui centocinquanta mila lire per un soggetto non me lo sogno nemmeno! Se è vero che Bisi me ne darebbe anche di più, trattare subito, trattare subito, caro Stenù. Soggetti ne ho quanti ne vuole. Facendoli cascare molto molto dall'alto, per arrivare a una somma congrua, si potrebbe trattare anche dei *Sei personaggi*, premettendo, per girar bene la cosa, che forse, chi sa, sarebbe ancora possibile averli per l'Ente, rompendo le trattative ancora in corso. Dimmi, a ogni modo, la letterina che ti dovrei scrivere per autorizzarti a trattare; e se tu vedi ch'è veramente possibile far con l'Ente un ottimo affare, anche con la mia idea della "cinemelografia", dimmelo, e al ritorno da Londra verrei senz'altro indugio.

Aspetto. Salutami il caro Interlandi e tutti gli amici. Baci ai tuoi e a te, forti forti

dal tuo Papà

82

Berlino W. 10, 22.IV.1929
[Hotel] Herkuleshaus
Friedrich-Wilhelmstrasse, 13

Caro Stenù mio,
sono ritornato jeri mattina da Londra, dove in quattro giorni ho fatto più che in sei mesi a Berlino. Ma a Londra ho trovato un ometto pieno d'attività e di risorse che in quattro e quattr'otto mi ha messo in relazione con società giornalistiche, agenzie, case di films, direttori di teatro, attori, attrici. È Mario Pettinati[353]. L'Ambasciatore nostro a Londra, S.E. Bordonaro[354], avvertito dall'Ambasciatore Aldrovandi di qua, me lo ha fatto trovare alla stazione di Londra al mio arrivo. E subito, senza neanche darmi il tempo di lavarmi la faccia, s'è messo a condurmi di qua e di là. Ho fatto due contratti. Uno con l'Anglo American Newspaper Service per un articolo al mese: Prezzo L. 6000[355]; l'altro con un trust di riviste mensili e quindicinali illustrate per dieci novelle all'anno da tradurre da quelle già pubblicate nella collezione: prezzo, sterline 150 l'una da dividere col traduttore. Bisogna che tu ti affretti a mandare a Mario Pettinati tutti e tredici i volumi della collezione. Se qualcuno te ne manca, va' a comprarlo. L'indirizzo di Pettinati a Londra è il seguente:
Cav. Mario Pettinati
2, Crane Court Fleet Street
London E.C.
Ho parlato poi con uno dei maggiori direttori di teatro (non ne ricordo più il nome) che s'è interessato tanto della nuova commedia da pagar subito le spese d'una traduzione per poterla leggere in inglese e rappresentarla senz'altro nella imminente stagione di giugno, che è la massima per i teatri di Londra. Io ho dovuto promettere che sarei tornato a Londra per la prima mondiale. Così Pallemberg[356] verrebbe secondo qua a Berlino

in autunno. Ti dirò poi che cosa è avvenuto coi *Sei personaggi* e con l'*Enrico IV*, nei due teatri londinesi. Una delle migliori attrici inglesi, la signora Preice[357] [*sic*], mia fanatica ammiratrice, che ha rappresentato il *Così è (se vi pare)* e che si propone di riprenderlo prossimamente, mi ha informato di tutto. Vuole anche rappresentare *La vita che ti diedi*[358]: l'ha chiesto e richiesto all'agenzia Goldon Brait[359] [*sic*] che rappresenta a Londra Giordani, e ogni volta sai che s'è vista offrire in cambio del mio lavoro? un lavoro di Forzano[360] o uno di Chiarelli. Naturalmente li ha rifiutati, sdegnatissima.

Tiriamo via. Ho parlato col direttore d'una delle primarie case cinematografiche dell'Inghilterra. Per i *Sei personaggi* teme della censura: ma vuole assolutamente fare un mio film, muto o sonoro. Studierà con Pettinati da quale lavoro teatrale o da quale novella si potrà cavare. E Pettinati è un ometto che non molla. A Londra ho visto i films parlanti[361]: un orrore! Avrai letto ciò che ne ho detto a Rizzini che è venuto a intervistarmi per il "Corriere della Sera"[362]. Ma non ostante questo, farò un film-parlante contro i films-parlanti. Un'idea originalissima. L'uomo ha dato la sua voce alla macchina, e la macchina parla con una voce ch'è ormai divenuta sua, non più umana; è come se il diavolo fosse entrato in lei: e con spirito diabolico commenta l'azione muta del film, arresta gli attori nelle loro azioni, li chiama, suggerisce loro questo o quell'atto, li incita, ride di loro, fa cose da pazzi. Che te ne pare? È una magnifica trovata. Dovrò prima offrirla a questi signori del British International che mi hanno mandato a Londra a spese loro. Ma dovranno pagarmela fior di quattrini, se no non gliela cederò. Sono in un fervidissimo momento creativo, ho nell'anima un incendio d'idee; ma temo che mi divorerà; non mi sento bene di salute; la notte non posso più dormire. Forse verrò a morire a casa mia. Ma come va che non l'hai ancora venduta? Non me ne dici più nulla!

Salutami tutti, baciami i tuoi, a rivederci a presto, e un bacio forte forte per te

dal tuo Papà

Berlino W. 10, 16.V.1929

Mio caro Stenù, mio caro Fausto,
m'aspettavo, non so perché, che avrei ricevuto da voi due insieme una lettera che mi chiamasse a Roma per stare alla fine qualche giorno riuniti sotto lo stesso tetto. Verrò; ma non così subito! Ho bisogno almeno di dieci o dodici giorni, per lasciar qui le cose avviate, in modo che non abbiano danno dal rilascio di qualche settimana nelle trattative. Potrei venire circa al 28, per stare al massimo 6 o 7 giorni; fino ai primi di giugno, insomma; poi andrei per 3 o 4 giorni a Milano per intendermi con Giordani, e ritrovarmi a Berlino in tempo per tornare a vedere Otto Kahn[363], che ripartirà da Amburgo per l'America. Otto Kahn, con cui sono stato per più di un'ora e mezza a conversare in una colazione che m'ha offerto all'Adlon, durante la quale siamo stati sempre noi due soli, s'è interessato moltissimo di tutte le mie idee sul cinematografo, e m'ha promesso con grande fervore tutto il suo appoggio. Saprete che la sua banca a New York è quella che dà i fondi alla Paramaunt [*sic*]. Non posso lasciarlo ripartire dall'Europa senza tornare a vederlo. Ho poi qui altre serie trattative, e devo finir di sistemare la questione Feist e le ultime disposizioni da prendere per la grande ripresa del mio teatro in Germania, con *Questa sera si recita a soggetto*, e forse due altre commedie.

Che vengo a trovare in Italia? Tu mi metti bene in guardia, Stenù! Nel letto di quella triste deserta stanza, dall'intonaco roseo arricciato e cascante, tutte le spine delle tasse da pagare, dei debiti da colmare alla Banca. Per riposarmi una settimana, una magnifica prospettiva! – Fossi almeno certo di concludere con Bisi un affare, non perché mi restassero quattro soldi in tasca, ma per far fronte a questi pagamenti! Trovassi, ti dico, almeno, pronto il contravveleno per il veleno che mi vedo apparecchiato, venendo! Il veleno è certo, e tu non me lo nascondi; anzi mi chiami proprio per venirlo a bere! Il contravveleno... figliuoli miei, il vostro affetto, sì, ch'è molto dolce; ma è anche tanta, tanta, figliuoli miei, l'amarezza mia! tanta! tanta! Mi vedo a 62 anni nella condizione di guadagnarmi ancora a soldo a soldo la vita, oppresso da pesi che non riesco più a sostenere, pieno di debiti che non so come pagare, e, pur così costretto a strisciare ignudo tra i sassi e le spine, lo scherno atroce di codesto guscio di lumaca addosso, che è, signori miei, LA MIA VILLA! LA MIA VILLA!!! LA VILLA DEL GRAN SIGNORE! LA VILLA DELL' ILLUSTRE LETTERATO DI FAMA MONDIALE CHE SE DOMANI CASCA AMMALATO NON SA PIÙ COME MANGIARE! – Ho la villa! ho la villa! E se pago le tasse non mi resta da sfamarmi; se pago i debiti, mi schiacciano le tasse; e la villa è lì, la villa è lì: non c'è verso di levarmela d'addosso; è lì, è lì; non si può vendere; debbo morir di fame, debbo crepare per questa villa; debbo guadagnare per lo meno quattro milioni perché mi hanno edificato questa villa, se no la villa si mangia me, con tutto il danaro che devo ancora dare a voi mentre se l'è ingoiato lei, con tutto il mutuo fresco, mi dici, Stenù "Saprai della lettera con cui Martucci ha troncato le trattative già quasi concluse..." – C'è la Banca Commerciale che aspetta per la fine di giugno cinquanta mila lire, che si dovevano pagare con la vendita, che pareva sicura, della villa; ora ci sono altre dieci mila scoperte sul conto corrente, suppongo per le 2 mila lire della dote che la banca seguita a mandare mensilmente a Lietta; anche la dote doveva esser pagata con la vendita della villa, per non aver più addosso il peso di queste altre 2 mila lire mensili! Siamo punto e daccapo con in più le tasse non pagate e accumulate; i debiti cresciuti; e tutti i pesi addosso come prima, come quando guadagnavo 600000 mila lire all'anno!

Figliuoli miei, come volete che muti il mio animo, se non m'ajutate a mutare codeste condizioni? Tu, Stenù, con un gran grido che partiva soltanto dal tuo gran cuore per me, mi gridasti: "Sono ormai finite per sempre le preoccupazioni finanziarie!". E m'offrivi due mila lire al mese per conto d'Interlandi e 60000 per conto di Marchesano da pagare sulla vendita del villino. Ora vedi tu come mi troverei, se avessi accettato!

Non c'è via di scampo, figliuoli miei! Volentieri, se potessi, volentieri finché potrò, sconterò io solo [...] la colpa d'avere investito in codesta villa tutto il danaro ch'era destinato, com'è destinato, a voi. Ma non è giusto, non è morale, ora che i miei guadagni sono così diminuiti, ora che campo quasi alla giornata, come quando avevo trent'anni e voi eravate piccini o non eravate ancor nati, non è giusto, non è morale, ora che trent'anni li avete voi e io son vecchio, ch'io seguiti a portare un peso che non posso più sopportare! Bisogna vendere il villino! bisogna vendere il villino! bisogna vendere il villino! non darsi requie, non darsi tregua finché non s'è venduto! Questo è l'unico ajuto che mi potete dare! non potete pretenderne più alcuno da me, se non m'ajutate in questo!

Con che dovrò pagare le tasse? con che colmare lo scoperto alla banca? con che pagare le 50000 lire alla Commerciale?

Siamo sempre lì: o vendere il villino; o fare un grande affare con la cinematografia. A vendere il villino ci dovevi pensare tu, Stenù; a fare il grande affare, io. Finora non ci siamo riusciti né io né tu. Ma io è più facile che lo faccia qua, o in America, il grande affare, come lo sto trattando, anziché costà, con Bisi. A ogni modo, ti dico che anche con Bisi verrò a tentare. Preparami insieme con Interlandi il terreno: verso il 28 sarò certamente a Roma, per sei o sette giorni: di più non posso rimanere! Ho quella magnifica idea che t'ho detto, della macchina che parla; ho i *Sei personaggi*; ho la grande riforma dei films musicali! Ci sarebbe da diventar milionarii con una sola di queste idee... Ma anche dovessi diventar milionario, alla vendita del villino dovete venirci sempre, perché non potrete restare neanche voi con codesto villino addosso!

Io intanto ho finito un'altra commedia, oltre *Questa sera si recita a soggetto*; ho finito *O di uno o di nessuno*[364]. Gl'imbrogli sono per il presente. Dove trovare il danaro per pagare le tasse e i debiti? Ci vorranno circa cento mila lire! Dovrei subito combinare un affare cinematografico. Credi che potrei così subito in Italia?

Basta, vedremo. Aspettatemi. Il giorno 28 sarò con voi. Ho già scritto e m'è stato pagato il primo articolo per Anglo American. L'occhio è vivo! Sono in gamba! Ma non posso pensare al villino! Mi viene di fare, a pensarci, cose di FUOLLE!
Tanti baci a tutti e a rivederci
vostro Papà

84

Berlino W. 10, 22.VI.1929
[Hotel] Herkuleshaus
Friedrich-Wilhelmstrasse, 13

Mio caro Stefano,
non so che cosa pensare del tuo silenzio dopo il telegramma con cui, confermandoti il vecchio indirizzo, ti domandavo informazioni.

Avresti dovuto dirmi com'hai regolato insieme con l'Avv. Pàstina[365] il conto delle tasse. Con le otto mila lire residuali del conto di Mamma e non pagando per ora la rata di luglio al Monte dei Paschi, debbono essere avanzate parecchie migliaja di lire delle 60 mila date da Marchesano. Voglio esserne informato. Dove verserai codesto danaro? Il debito con Marchesano comincia a pesarmi moltissimo, perché pare che siano sorte difficoltà con la censura in America per il film contrattato con la Casa Fox. Certo i dieci mila dollari ancora non vengono; e per ora non vedo da quale altra parte mi possa venir danaro per restituire subito a Marchesano la somma che mi ha data in prestito. Tranne che non si riesca a vendere la villa: estremo bisogno e supremo tra i miei desiderii. Si sono riprese le trattative con la Provincia? a che punto sono? Io non mi darei un momento di requie, escogiterei mezzi, cercherei di metterci di mezzo persone, prometterei mance. Possibile che tu non riesca nemmeno a questo, Stenù mio? Sarebbe la mia salvezza e la mia rinascita! E una prova di fatto per te del bene che mi vuoi. Come debbo farti capace di questa necessità? Tu non ti adoperi, tu non t'adoperi, Stenù mio, come dovresti, per liberare tuo padre! E tuo padre rischia di restare schiacciato dal peso di questa villa, e tu non te ne dài per inteso! Muoviti, muoviti, datti attorno, vai da Marchesano a domandargli se ha aderenze nella Provincia, se conosce – com'è facile – codesto Prof. Maimone... Io non so più che altro debba dirti! Grido ajuto e nessuno mi risponde.

Hai mantenuto le relazioni con Bisi? C'è ancora speranza che qualche profitto possa venire di là? Anche di questo dovresti informarmi.

Intanto mandami a volta di corriere quel volume delle *Novelle per un anno* che contiene *Il dovere del medico*[366] e quel volume delle *Maschere nude* che contiene il dramma in un atto omonimo[367]. Bisogna che li abbia al più presto, avendo qualche probabilità di concludere un affare con questa novella.

Ho parlato due volte con Otto Kahn, già partito per la Norvegia. Mi ha promesso che consegnerà lui stesso personalmente il soggetto dei *Sei personaggi* ai direttori della Paramaunt [*sic*] e parlerà loro di tutti i miei nuovi progetti cinematografici, dicendone quel che ne pensa, e prima di tutto, questo: che sono grandi affari coi quali si potranno guadagnare molti e molti dollari. S'è licenziato da me con questo augurio: "A rivederci a NewYork!". Ma a New York egli non sarà che ai primi d'agosto.

Intanto, mi do da fare qua a Berlino[368], trattando adesso direttamente con uno dei più influenti direttori della UFA, per nome Joe May[369]. L'UFA cerca un soggetto per Jannings[370], ritornato dall'America. Io ne ho presentato uno a Joe May, scritto a tempesta in due giorni e una notte. A Joe May il soggetto è piaciuto moltissimo; tanto che è partito espressamente per comunicarlo a Jannings che si trova in un luogo di cura in Austria. Se, come spero, a Jannings piacerà, l'affare si può dir concluso[371]. Ma le offerte sono infinite; e anche qui la camorra è potentissima, e naturalmente nemica delle cose pulite e delle persone perbene. Fortuna che Joe May ha anche lui la sua potenza negli affari della UFA.

Basta. Vedremo che nascerà.

Aspetto i due libri e la buona notizia delle trattative per la vendita della villa. Aspetto le altre informazioni.

Baciami Olinda e Ninì, Andreuccio e Giorgio, salutami Ercolino e D'Andrea e un bacio abbiti tu, forte forte, dal tuo
Papà

85

[Milano,] 6.VIII.1929[372]
Hôtel Corso Splendid

Caro Stenù mio,
la notizia che mi dài sulla perizia dell'ingegnere governativo mi ha gettato a terra. Tu sai bene che non mi è possibile tornare a galla, se non a patto di vendere codesta villa. Si vede che debbo per forza affogare! Ormai non mi trovo più fiato neanche per domandarti se ci sia ancora qualche lontana speranza. Codesto signor Martucci è proprio l'ultimo degli imbecilli. Da che mondo è mondo, le perizie sono state sempre combinate avanti e preparate dai sensali. Lo spolverino legale sui contratti stipulati. Ho paura che la combinazione ci sia stata, ma ai danni nostri, in un accordo segreto tra codesto ingegnere che ha parlato troppo e il signor Martucci che non ha detto nulla. E allora, il signor Martucci non sarebbe più un imbecille, ma un imbroglione di tre cotte anche lui. Imbroglione e imbecille. Perché, se ha voluto fare all'ultimo codesto imbroglio, ha commesso una bestialità, perché noi non saremo così gonzi da credere alla perizia e abbassare le nostre pretese. Forse per troppa ingordigia di guadagno, s'è data la zappa sui piedi.

Dimmi, a ogni modo, se non debbo pensarci più.

Mi hai mandato la tessera della libera circolazione sulle Ferrovie dello Stato. M'immagino che, insieme con la tessera, sarà venuto l'onorario di L. 2000 (per questo primo mese). Dov'è? Non me ne fai parola. Io non potrei lasciarti anche questo, come faccio per la pensione, Stenù. Codesto onorario rappresenta, ormai, ciò che ho di sicuro finché campo, e non posso in alcun modo rinunziarci. Ti prego pertanto di darmene notizia, se è arrivato, se deve ancora arrivare, se mi sarà mandato e dove e in qual modo. Voglio riceverlo mensilmente. Tu dici che uno degli incubi della tua vita è "la miseria". Hai torto, Stenù mio, a dire così. Tu hai circa quattromila lire al mese e la casa gratis. Se questa è miseria, che sarà quella dei tanti e tanti che non hanno neppure la metà di quello che hai tu? Non dico che hai da sguazzare, con la moglie e tre figli, ma di miseria non devi parlare, se regola ed economia governano la tua casa. Con casa franca e quattromila lire al mese dovresti poter campare tranquillamente e decentemente. Se non riesci a camparci, il difetto dev'essere nella regola e nell'economia.

Ma lasciamo anche questo doloroso discorso. È veramente una fatalità crudele ch'io debba lavorare fino all'ultimo in mezzo alle amarezze e alle contrarietà!

Più volte, e sempre invano, t'ho chiesto notizie sul mio progetto dei teatri regionali. Che ce n'è più? Dovrei scrivere un articolo per il "Corriere della Sera". Se credi che per mezzo di Fedele non ci sia nessuna speranza di venirne a capo, mandami tutti gli appunti, ne scriverò sul "Corriere".

Io mi tratterrò ancora un po' di giorni qua. Poi andrò a Torino. Poi verrò a Roma. Indirizza qua. Non averti a male di quanto ti ho potuto scrivere di spiacevole. Papà tuo ha pur bisogno di sfogarsi certe volte. Ma ti vuol bene sempre allo stesso modo, Stenù, come quand'eri piccino come i tuoi figliolini. Baciameli, baciami Olinda e un bacio forte forte a te

il tuo Papà

86

Roma, 24 ottobre 1929[373]

Caro Papà mio,
finalmente ricevo la tua lettera. Molto malinconica e che mi stringe il cuore. Sapevo, da una lettera di Mondadori[374], che tu non eri più a Berlino da parecchi giorni, e mi si chiedeva il tuo indirizzo. Anche Bemporad[375].

Tu non ci crederai: ma ancora la stipula del villino non è stata fatta! di giorno in giorno, ora per una cosa ora per l'altra! Ora mancano i soldi: o meglio si deve aspettare che un titolo nominativo di un milione e mezzo intestato all'Istituto sia trasformato in titoli al portatore... È cosa esasperante.

Io non sono ancora rimesso interamente: mi fanno iniezioni intramuscolari di jodio molto fastidiose. Ma ho dovuto riprendere il giornale perché Serneri, appena scaduto il mio mese di licenza – che ho trascorso tutto fra letto e poltrona – si è dato ammalato lui per costringermi a riprendere servizio.

La divisa d'accademico è finita e la porteranno a casa domani o doman l'altro. Io non so, ma forse non sarebbe male che tu potessi anticipare d'un giorno il tuo arrivo qui – sabato invece di domenica – perché se ci fosse bisogno di provvedere a qualche cosa per la parata di lunedì mattina (alle 10 in Campidoglio), coi negozii chiusi e l'Unione Militare chiusa anch'essa di domenica, non si potrebbe fare nulla.

Ho avuto alcuni colloquii con zio Calogero. Mi fece chiamare a casa sua, dove trovai zio Nino che mi diede due dita di mano voltando la testa. Poi è venuto lui qui quando io stavo male. Poi telefona. Insomma dice che vorrebbe 4000 lire – di cui ha estremo bisogno, altrimenti non le avrebbe mai richieste – a titolo di compenso per quanto fece qui al villino all'epoca della costruzione e poi per la perizia giurata che si dovette presentare contro quella Morbidelli. – Dapprima me ne domandò duemila a questo titolo e duemila come regalo a Pinì[376] che tu avevi promesso. Poi mi telefonò dicendomi di domandartele tutte come suo compenso. Ho avuto poi molte misteriose telefonate – chi sa perché tanto mistero! – che mi domandavano il tuo indirizzo e tue notizie: quasi a strapparmi le informazioni, come se io non volessi darle. Zia Annetta[377]... Si sono messi in testa, è chiaro, che io abbia svolto chi sa quale tenebrosa macchinazione per alienarti da loro. Tu mi puoi essere testimonio che l'ultima volta che venisti qui io cercai di indurti a fare una visita a zia Lina, e tu dicesti di no, perché non ti ritrovavi tanto da dare il regalo a Pinì. – A zia Lina è arrivata una lettera di Lietta con un'altra acclusa per te. Adesso che ho telefonato loro, come mi era stato domandato, la notizia del tuo prossimo arrivo, zio Calogero si è raccomandato di nuovo di spiegarti chiaramente che quelle 4000 le chiede a titolo di favore per ringraziamento di quanto lui fece al villino, e le chiede solo perché ha bisogno estremo: non le chiede per regalo a Pinì, perché a titolo di regalo non si possono chiedere, ma che se tu gliele dai, loro le considereranno come tu desideri che siano considerate.

Ecco qui. Fausto mi ha scritto che tu saresti andato a Vienna per la sua mostra[378]. Ma non mi ha detto se ci andava anche lui. Mi domanda come penso d'impiegare io il denaro che tu ci dividi. E io pure, dopo questa artrite, sono in un mare d'incertezze. La campagna col frutteto industriale, cui pensavo, mi sembra ormai irrealizzabile. Io dovrò curarmi, evitare l'umidità e gli strapazzi: condizioni inconciliabili con quel divisamento. Avrei un altro progetto di cui ti parlerò a voce: che servirebbe anche a te, senza dispendio tuo. Ma è difficile realizzarlo: avere un villinetto nella cooperativa dei giornalisti all'Aventino. Ne parleremo. Può darsi che la stipula avvenga sabato: speriamo. Tutti i miei ti abbracciano: io forte forte con tutto il mio amore, Papà mio. Ti vorrei stare vicino!

il tuo aff.mo figlio Stefano

87

Roma, 29 dic. 1929

Caro Papà mio,
qui tutto tace. Forges non s'è fatto vivo. Ti mando le lettere trasmesse dalla Soc. Autori circa le piazze per il *Lazzaro*[379] alla compagnia Melato[380].

Marchesano ha trovato il collocamento del capitale di Lietta e ora vado da lui a portargli le 200 mila lire insieme con Fausto, che gli chiederà consiglio per l'investimento del suo. Sono stato due giorni a casa con forte raffreddore.

Sono arrivati gli inviti di Corte per i ricevimenti e le cerimonie del matrimonio del Principe[381] – è inutile che te li rimandi. Di posta, nient'altro, oltre questo che ti trasmetto, e cioè lo stipendio d'Accademico e il nuovo permanente ferroviario per il 1930.

Che farai in questi giorni? Non abbiamo la minima idea.

A proposito: J[i]rina[382] ha scritto a me che il giorno 4 gennajo si darà a Praga la prima dell'*Amica delle mogli*, al Teatro di Stato, e che tutti ti aspettano per festeggiarti: che lui ti ha scritto più d'una volta in proposito e che ha ricevuto solo una volta da Berlino un'assicurazione generica da parte di Solari[383] che tu saresti andato: e ora vorrebbe saperlo con precisione.

Scrivigli, se hai voglia.

E scrivi anche a noi. Verrai a passare la sera di Capodanno con noi? Ti aspettiamo. Abbiti tanti tanti baci da tutti noi e da me un abbraccio forte forte

il tuo aff.mo figlio Stefano

Sto senza un soldo, viva l'Italia!
Tanti e tanti auguri per l'anno nuovo e un abbraccio e un bacio
dal tuo aff.mo Fausto[384]

88

Berlino, 24.III.1930[385]

Mio caro Stenù,
non so se Fausto t'abbia fatto leggere la mia lettera. Sono ancora trasecolato. Ma come? Si fa così col padre? Con un padre come me, che voi figliuoli conoscete pur pieno d'umana comprensione? Non dirmene nulla! Nessuna confidenza! E non so ancora nulla di nulla: né come, né quando, né da chi gli sia nato questo figlio, né che abbia fatto, né che voglia fare. E pretendeva che così al bujo di tutto io lo andassi a vedere a Parigi questo bambino [...] e per tre giorni io lo cercai, al boulevard St. Germain e in rue de Rome, dove mi dissero che s'era trasferito, e sono anche andato in casa del pittore Martinelli a cercarlo, e poi allo studio d'una pittrice russa, di cui non ricordo più il nome, per averne notizia. Al boulevard St. Germain alla signora Crémieux dissero ch'era arrivata una signora con un bambino, che Fausto l'aveva sposata al Consolato d'Italia e ch'era partito. [...] Dal ritratto del bambino che Fausto mi ha mandato mi pare che non possa sorgere il minimo dubbio che sia suo figlio. Il bambino è magnifico. Pare un putto di Donatello. Ride, ch'è un amore. Nel mandarmelo, Fausto m'ha scritto una lettera che non diceva nulla e che m'ha lasciato più al bujo di prima. Aspetto che almeno tu mi dica come stanno le cose. Io gli ho mandato intanto cinque mila lire. Ma come farà a vivere, non più solo, con l'assegno che ha? Bisogna che si metta a guadagnare, procurandosi lavoro.

Tu m'informi, Stenùmio, dell'accoglienza che la critica e il pubblico romano ha fatto al LAZZARO. Ho letto quel che ne ha scritto il D'Amico. Non avrei mai creduto che potesse arrivare fino a tanto. Rovescia tutta la sua unta volgarità di sudicio prete sulla favola, nel riferirla a modo suo, per modo che appaja illogica e incredibile, e osa dire che Sara (la cui figura scenica parve al "Manchester Guardian" g l o r i o s a) "s'accoppia *sic et simpliciter* col primo contadino che capita" per figliargli come una bestia due bambini. Che vuoi, figlio mio? Quando s'arriva fino a questo punto, bisognerebbe dare una querela per calunnia e diffamazione. Ogni discussione non è più possibile. Ma come si spiega che a Milano, la prima sera, il LAZZARO, rappresentato così male dalla stessa compagnia, ebbe ventiquattro chiamate, con una grande ovazione a me alla fine del secondo atto? E tutta la critica, a Milano, fu favorevole, senza nessuna eccezione! Cose d'Italia! – Ho visto però dai giornali che nonostante la cattiva accoglienza del pubblico delle prime e della stampa, il lavoro, almeno fino a sabato, s'è replicato.

Il vero pubblico, spregiudicato, è ancora per me e con me. L'ho visto a Torino, l'ho visto a Milano, a Bologna, a Firenze, in tutta la provincia anche piccola, lo sto vedendo ora anche a Napoli, dove il "Come tu mi vuoi" seguita a replicarsi trionfalmente. Il resto non conta. Tanto più che il LAZZARO è veramente una bella cosa.

Sì Stenù, le feste di Königsberg[386] sono state grandiose. Feste non solo di teatro, ma di tutta la città, di tutta la Prussia orientale, rappresentata, al grande banchetto che mi fu offerto, dal suo Governatore in persona. E l'Oberburgmeister di Königsberg volle offrirmi in nome della cittadinanza, onorata dalla prima rappresentazione del mio lavoro in tutto il mondo, un magnifico regalo: un sigillo d'ambra contornato di zaffiri[387].

Non ti parlo dei discorsi. Parlò anche, esaltatissimo, quel maestro Cherchen (*per* Scherchen)[388], che venne al nostro Odescalchi, ricordi? a dirigere l'*Histoire d'un* [*sic*] *soldat* di Strawinsky[389], e che fu purtroppo trattato così male. Ora è direttore dell'Operahaus di Königsberg, e se tu avessi sentito il bene che disse di Roma, dell'ospitalità nostra, dei nostri attori e del nostro piccolo teatro! Ne restai commosso, perché si dimostrò veramente generoso.

Ora, certo, *Questa sera si recita a soggetto* verrà rappresentata anche a Berlino[390], e tra la fine di questa stagione e il principio della nuova, tutti i teatri della Germania la rappresenteranno. E la ripresa di tutto il mio teatro segnerà una nuova data memorabile. Qua le cose si fanno così.

Non ti dico il fervore di questi giorni attorno a me; non so come liberarmene. Figurati che si parla anche della fondazione d'un Teatro Pirandello per la rappresentazione dei miei lavori. A capo di questi fanatici è una piccola signora ebrea tutta fuoco, Ninfa Egeria di tutti i direttori di teatro di Berlino e di tutti i critici drammatici più in vista, a cominciare da Alfredo Kerr, la signora Betty Stern, che ha il salotto più frequentato di Berlino e di tutta la Germania: pare una matta; vuole a tutti i costi il Teatro Pirandello. Le è compagna in questo entusiasmo Tilly Wedekind, vedova di Frank Wedekind[391], che è una brava attrice.

Ma parliamo d'altro.

Non ho scritto la lettera che tu m'hai dettata per la Banca Commerciale perché non ho voluto, specie in così triste momento, diminuire l'assegno di Lietta[392]. Come seguito a dare il supplemento a Fausto, come ho lasciato a te quanto mi viene dalla pensione di professore, così seguiterò a mandare a Lietta le 2 mila lire dalla Banca Commerciale, e tu mensilmente seguiterai a versare alla Banca la pigione della casa di Lietta, trattenendoti la prossima volta, cioè sulla pigione d'aprile, le spese che hai fatto per me.

A proposito della Banca Commerciale debbo dirti che sarà bene che tu domandi come stanno ormai i miei conti. Dall'ultimo trimestre del '29, che fu di circa 42.000 lire, furono versate alla Comit L. 20.670,35; L. 10.335,20 furono trattenute dalla S.I.A.E. a sconto dell'altro mio debito con essa, e L. 10.335 sono venute a me. Ora, con la fine di marzo, è maturato il primo trimestre di quest'anno, che deve ammontare a più di L. 60.000, secondo i calcoli che ho fatto. Versando, al solito, la metà alla Banca Commerciale, io dovrei aver finito con questo trimestre di saldare il mio debito che s'aggirava intorno alle 50.000 lire.

Quanto al debito con la S.I.A.E., mi restano ancora da pagare poco più di tre mila lire. Mi dovresti fare il piacere di andare a chiarire tutta questa situazione sia alla Comit, sia alla Società degli autori. Pazienza, Stenù mio: è necessario!

Vorrei sapere intanto che decisione hanno preso circa le mie dimissioni da socio. Non mi è stato comunicato più nulla. Salvini mi scrisse da Milano che Gino Rocca[393], in seguito alla lettera da lui scritta al Di Giacomo, aveva ricevuto invito di andare a parlare a Bottai[394] insieme con me, e che Gino Rocca mi avrebbe scritto in questo senso.

Non mi ha scritto nulla; ma so che è stato a Roma, e forse avrà parlato con Interlandi prima di recarsi dal Bottai per come io gli feci suggerire dal Salvini. Il quale nella sua lettera soggiungeva che il Giordani sarebbe stato buttato a mare dal Bottai: che le azioni della Suvini-Zerboni[395] sarebbero state comprate dall'industriale Ponti[396] di Milano per le sollecitazioni del Bottai stesso, e che il Giordani se ne sarebbe andato in America.

Che c'è di vero in tutto questo? A una decisione debbono pur venire circa alle mie dimissioni: non possono farne a meno. Le accetteranno? Le respingeranno? Bisogna pur che l'Assemblea si riunisca e deliberi in un senso o nell'altro. Che intende fare Interlandi con tutto il mio incartamento? Io ho pur messo il signor Forges Davanzati con le spalle al muro.

Ma facciano poi quello che vogliono! Me ne strafotto! Non ho voluto mai nulla da nessuno! Ho dato sempre a tutti, e seguito a dare, anche al mio Paese: tutto un teatro. Non se ne dimostra degno? Peggio per lui. Finché l'estro m'assiste io sono salvo, e nessuno mi può far male.

Tu hai, Stenù mio, il gran conforto della tua bella famigliuola, con codesta gioia di Ninnì e l'amore dei due maschietti e la compagnia sicura, la divina "due-tudine", come dice il poeta Dehmel[397], con la tua Olinda. Se le cose del teatro ti vanno ancora male, ti puoi in qualche modo consolare.

Verrà certo il tuo momento, perché scrivi belle cose, e *Un gradino più giù*[398] è cosa bellissima. Ma che puoi sperare dalle compagnie italiane, come sono ora ridotte? Un lavoro come il tuo è fatto per un pubblico speciale preparato ed educato in un teatro adatto. Il pubblico dei soliti teatri non credo che possa sopportare tale spasimo d'umanità.

Scriverò domani a Lietta. Ti bacio forte forte con tutti i tuoi
il tuo papà

89

Berlino W. 10, 7.V.1930
[Hotel] Herkuleshaus
Friedrich-Wilhelmstrasse, 13

Mio caro Stenù, mio caro Fausto,
rispondo con questa lettera, indirizzata a tutti e due, alle vostre due lettere separate, e rispondo con ritardo perché non sono stato bene tutto questo tempo e non sono ancora del tutto rimesso. M'è anche sopravvenuta una forte nevralgia alla guancia sinistra, che mi fa molto soffrire; e con questa sofferenza mi toccherà questa sera alle nove intervenire a un grande ricevimento che dà in mio onore l'Associazione Internazionale degli Studenti e leggervi anche qualcosa di mio.

Andiamo avanti. Affari. Io non ricordo nulla del prezzo a cui furono vendute le terre e la casa di Mamma; e non pensai affatto a guardarmi di Federico Lauricella[399], prima di tutto per la fiducia che ho avuto nella sua onestà e poi perché il tribunale e il notaio hanno presieduto alla vendita. Certo è però che io non ho mai avuto da lui alcun danaro supplementare sulla vendita della Petrusa, né alcun danaro è mai passato per le mie mani. C'è però stato – ricordo in confuso – non so che imbroglio per quel deposito delle caparre manomesse dall'Aguirre e di qualche cosa che s'è dovuto fare per supplire a quella manomissione[400]. Mi par difficile (e sarebbe enorme) che il Lauricella si sia appropriate 49 mila lire. Codesto signore ch'è venuto ad accusarlo, dovrebbe portar le prove della sua accusa. Le cartelle depositate alla Banca Commerciale ammontano a circa 600.000 lire, e questa somma sarà certamente superata quando saranno vendute le due terre di Labiso e di San Francesco. Dunque, un capitale per voi di più di 200.000 lire a testa. Come fai tu, Fausto, a dire che di tutto il patrimonio di Mamma non si caverà nemmeno 400.000 lire? Ti avverto, Stenù, prima che mi passi di mente, che il Lauricella, mesi or sono, o forse qualche anno fa, a Milano ebbe a dirmi che un pezzo del podere di San Francesco era stato venduto, non so se alla Provincia o al Comune di Montaperto, e che egli del denaro della vendita ne avrebbe fatto un'altra cartella intestata a Mamma. L'ha fatto? Bisogna che tu gliene chieda conto. Ora se voi trovate convenienza a investire più proficuamente codesto patrimonio materno, io son qui pronto a darvene l'autorizzazione. È stata anzi in principio una idea mia. Ma bisogna agire con la massima avvedutezza. Certo il danaro di Mamma e il vostro messo insieme, e non più lasciato lì inerte in cartelle o depositato in una banca, potrebbe fruttar tanto da pagar la retta a Mamma e il vostro mantenimento. Bisogna che tu Fausto, figliuolo mio, mi venga in ajuto e ti risolva una buona volta per l'impiego del tuo danaro, e mi sappia dire chiaro e tondo quanto ti debbo mandare di supplemento ogni mese. Per mandarti il mese scorso quattrocento marchi pari alla somma in lire che t'è pervenuta, m'è toccato perdere più di tre ore di tempo, in calcolazioni che non so fare, e non ti dico le bestemmie e le arrabbiature. Ora unisco qui, girato a te, Stenù, il vaglia dell'Accademia d'Italia; darai a Fausto il supplemento che egli ti dirà e verserai il resto al mio conto corrente alla Banca Commerciale Agenzia N. 2, insieme con l'importo di un altro vaglia di L. 888 che ti rimando parimenti girato a te. Bisogna che tu poi avverta l'Amministrazione dell'Accademia d'Italia che il mio stipendio mensile io desidero che sia versato ogni volta all'Agenzia N. 2 della sede romana della Banca Commerciale, la quale però mi deve mandare un libretto di chèques che io non ho più. Così la Banca avrà il fondo costantemente per mandare a Lietta l'assegno e per pagare a Fausto comodamente il supplemento. E io, una riserva, con la pigione del quarto di Lietta che seguiterai a versare alla stessa Agenzia. Siamo intesi? Non credo che la Banca, con l'entrata mensile dello stipendio dell'Accademia abbia più bisogno d'altro per coprirsi dei versamenti. Mi spoglio, come vedete, anche dello stipendio dell'Accademia, come mi sono spogliato della pensione. Ora vorrei essere lasciato un poco in pace, figliuoli miei.

Mi parlate del vostro disegno di passare insieme i mesi estivi[401]. Voglio che siate insieme, voi che avete il bene delle vostre famigliuole; e voglio che i vostri bambini abbiano il benefizio della campagna o del mare, a vostra scelta. Pagherà il Nonno la casa che affitterete su una spiaggia o in collina per i miei nipotini, e io verrò certo a salutarvi prima di partire in Agosto per l'America[402].

Ho firmato lunedì scorso un contratto con la Paramount. Mi fa specie che i giornali italiani non abbiano pubblicata la notizia, che qui è apparsa su tutti i giornali[403]. La Paramount stessa ne ha fatto fare la comunicazione per mezzo dell'"United Press". Ma forse c'è stata l'imposizione del silenzio[404]. Dunque un contratto che m'impegna per tre mesi, con l'opzione di altri tre mesi, parte a New York e parte a Hollywood. Viaggio pagato, andata e ritorno. Mille dollari alla settimana per il mantenimento. Contratto per quattro lavori: due assicurati, due d'opzione. Trattative a parte per il film dei *Sei personaggi*. Queste, le condizioni. Ho fatto il contratto direttamente col Lasky[405] venuto a Berlino. Come se la Germania fosse l'Italia, i giornali di qui se la pigliano con l'industria cinematografica tedesca che non ha saputo avvalersi della mia presenza a Berlino per più d'un anno, e fanno anzi il rimprovero a tutta l'Europa d'avermi fatto portar via dagli Americani. Via dall'Italia, via dalla Germania, via da tutta l'Europa: in America! Prima mi fanno andar via, e poi dicono: "Che vergogna è la nostra d'averlo fatto andar via!". E quando morrò diranno: "Che vergogna è la nostra di non averlo tenuto vicino, di averlo fatto andar lontano, sempre più lontano, tanto lontano che alla fine è scomparso dalla nostra vista!". Buffoni. Me ne vado con quest'amarezza, e forse per non rimettere piede mai più in Europa. Tu fammi il piacere, Stenù mio, di mandarmi dalla mia biblioteca una grammatica inglese-italiana, che dev'esserci di certo e anche un dizionarietto inglese-italiano.

Dì a Interlandi, ti prego, che non ho affatto ricevuta la sua lettera. Gli mando da pubblicare sul suo giornale (per fare un piacere allo scultore e non a me), questa fotografia d'un busto

191

che l'Isenstein[406] mi ha fatto. L'Isenstein è uno dei più valenti giovani scultori tedeschi.

Sulla fine del mese andrà al "Lessingtheater" di qui *Questa sera si recita a soggetto*, sotto la direzione di Gustavo Hartung[407], che è uno dei più grandi régisseurs di Berlino e di tutta la Germania. Le prove sono cominciate da parecchi giorni. Anche a Milano il lavoro ha avuto un trionfo da parte del pubblico. Tutte le grandi città tedesche hanno già accaparrato il lavoro per il prossimo autunno. Peccato che io non ci sarò più. M'imbarcherò per l'America da Amburgo o da Brema, secondo il piroscafo che sarà fissato da New York.

Mi pare d'avervi risposto su tutti i punti e d'avervi dato tutte le notizie che dovevo darvi. Tanti baci a tutti i vostri, e a voi, forti forti, figli miei,

dal vostro Papà

90

Berlino, 9.V.1930

Caro Stenù mio,

ricevo la tua del 6, che s'è incrociata con la mia dell'altro jeri. Casco dalle nuvole, alla notizia che mi dài del telegramma di Lietta. Io non le ho mai scritto. Tante volte mi sono provato a scriverle, e ogni volta me ne sono distolto, non riuscendo a vincere tutto il subbuglio dei sentimenti che mi suscita il dover rimettermi in comunione con lei, dopo quanto è avvenuto. Ho fatto per lei assai più che per te e Fausto, e tu lo sai e lo sa anche Fausto.

In cuore le ho perdonato tutto il male che m'ha fatto, tutto il danaro buttato via stoltamente come se non fosse costato a suo padre sudori di sangue, le ho abbonato tutto, ho seguitato a mandarle intero il suo assegno: scriverle, non ho potuto. Ora, vuol tornare. Ma come?

Sola. Con 15 mila lire non può tornare che sola. Il viaggio costa tanto! Non so neanch'io che pensare. Certo è che non si sente più di durare nelle condizioni in cui si trova, con quel marito, e straniata.

Ma in quali condizioni si troverà ritornando, abbandonando la sua casa e trovando distrutta la mia? Io sono un uomo con una valigia in mano[408], ormai: oggi qua, domani là, finché sto in piedi; e non posso prenderla con me.

In Agosto o in Settembre, partirò per l'America, e non so se e quando ritornerò. A ogni modo, hai fatto bene a mandarle il danaro richiesto. Quando arriverà, sapremo e, comunque, si prenderà una decisione[409].

Fausto mi aveva già parlato di codesto acquisto della palazzina a Monteverde. Che vuoi che ti dica io di qua? Sai che d'affari m'intendo poco, anzi niente.

Le tue considerazioni mi pajono giuste; non so da che dipendano le molte incertezze di Fausto. Se a te l'affare par buono, e Marchesano ve lo consiglia, io sono del parere che si debba fare, per dare – ma avvedutamente, per carità! – un maggior frutto al danaro, ora specialmente che Lietta ritornerà.

Io non posso in questo momento lasciare Berlino. Ho le prove al Lessingtheater[410]. Debbo vedere molte persone, che ora sono in viaggio dall'America, della Paramount, e poi impresarii americani, come Gilbert Miller[411] e altri. Sarò di ritorno in Italia verso la prima quindicina di Giugno, e allora potremo parlare di tutto a lungo[412].

Sono molto turbato, molto stanco, e non sto ancora bene in salute.

Quando finirà?

Basta. Ti bacio forte forte con tutti i tuoi

il tuo Papà

91

Berlino, 4 agosto 1930
Eden Hôtel

Miei cari Stefano, Lietta e Fausto,
Saluti da Berlino, dove sono stato chiamato per l'affare Paramount[413]. Ritornerò per tre giorni. Non potrò essere a Positano che verso la fine della settimana ventura.
Baci a tutti

Papà

92

Positano, 24 agosto 1930

Caro Papà mio,
no, no, caro biondino no, così non va! Questo si chiama cambiare le carte in mano, tradire, sgattajolare, vendere fumo, gettar polvere negli occhi, far la parte del corista: partiam partiam. Sei pessimo e cattivello. Noi siamo sfiduciati e scompartiti. A furia di tenderle ce le troviamo asinesche, le orecchie, a furia d'allungarli, i musi, suini, a furia d'aguzzarli, illumachiti, gli occhi: vedi di quali imbestiamenti sei responsabile. Senza dire della sospensione d'animo. Siamo tre palloncini. Potrai più riconoscere i tuoi figli? Ecco, ora basta: racioniamo [*sic*]. Hai visto di che colore è? Se è sanguinante o no? TANTO PIÙ che io sto scrivendo il romanzo. TANTO PIÙ che Lillì ha avuto una malattia con gonfiamento di garge e facciazza di *pagnotta* la quale è guarita e abbiamo lo stesso visino di prima. TANTO PIÙ che Dodi è ridicolissima: quasi una signora sul serio, *maritata e con prole*. TANTO PIÙ che il mare è placido e Fausto

tritoneggia con mani schifosamente spellate da sandolini e barchitti, da cui grida invitante, col pie' fra i merletti di candida spuma, fermo all'approdo tendendo la man: Un giretto? Un giretto? Un giretto? MA VENGA CON NOI! FACCIA IL VIVEUR! LA SI DECIDA! C'è Alvaro! C'è zuppa di pesce! C'è triglie fragranti! C'è forno in casa per sfincioni! C'è silenzio, pace, tranquillità, bella vista, sanità!

[Stefano]

93

Roma, 7 ottobre 1930

Caro Papà mio,
ho visto dal *Corriere* che sei stato a Venezia[414] per la prima del *Come tu mi vuoi*[415] – ma forse sarai tornato a Milano. Penso che s'approssima la data della tua partenza per l'America, se non è accaduto nulla di nuovo, e aspetto che tu venga o che tu mi chiami per vederti prima di salpare. Ti sono gratissimo di ciò che devi aver detto di me al Mondadori: mi sono visto arrivare una sua letterina in cui mi domanda in lettura il romanzo, per studiare la possibilità di pubblicarlo. Ma crede che sia un libro di guerra e che possa inquadrarsi nella sua collezione rossa de "i romanzi della guerra": ho dovuto avvertirlo che il mio, pur essendo pieno della guerra, non era propriamente un romanzo di guerra. Ora aspetto la risposta[416]. Ho sistemato col Direttore Amministrativo del Popolo d'Italia la mia uscita dal giornale: mi daranno la metà della liquidazione, quindicimila lire. Lavoro con entusiasmo, dalla mattina alla sera, e sono sicuro di finire entro l'anno, se non mi càpitano guai imprevisti. – Io ho parlato a lungo con Sermonti circa la continuazione in Cassazione della causa Pilotto: mi ha dato cento ragioni che sconsigliano di farlo: e io gli ho detto che te le ripetesse in una

lettera sua, direttamente a te, perché chi ne deve restare persuaso sei tu. Ti scriverà dunque, se già non t'ha scritto.

Ricevo frequenti telefonate da Massimo Bontempelli che ti aspetta ansiosamente per l'Accademia, che si riunisce appunto il 9 per l'elezione dei nuovi accademici[417]. Ha telefonato anche Lucio D'Ambra. Io credo che tu non faresti male a venire per questa cosa: in sostanza è per te un mezzo di farti valere. E poi, sapendoti in Italia, sarebbe un atto di disprezzo un po' troppo spinto, il non degnarsi di partecipare a uno degli atti più importanti dell'Accademia.

Marchesano ha fatto firmare a Lietta tutti gli atti, di modo che ora anche questa faccenda è a posto. Del capitale di 200 mila lire che tu gli affidasti perché fosse impiegato per Lietta, è rimasta una differenza liquida di circa tredicimila lire, che Lietta vorrebbe avere per sentirsi più tranquilla, con una piccola riserva. Ma Marchesano, interpretando in senso rigoroso l'incarico che tu gli hai dato, non ha voluto rimettergliele in contanti, e credo che pensi di comprare qualche obbligazione. La somma non è tale che, dagli interessi che frutterebbe, Lietta potrebbe ricavarne un vantaggio reale, mentre un vantaggio reale sarebbe per lei avere quella riserva liquida in mano. Tu dovresti mandare due parole in questo senso a Marchesano, e Lietta te ne sarebbe grata. L'intransigenza a voler sistemare l'impiego come se se ne dovesse render conto legalmente a qualcuno – il che non è – porterebbe in questo periodo dei serii imbarazzi a Lietta, perché la vita in albergo, e tu puoi saperlo bene, costa molto di più di quanto pare dapprima. La retta che Lietta paga è di 75 lire al giorno, all'Albergo Eliseo, che Alvaro stesso ha consigliato come il più modesto: ma ogni settimana, al pagare il conto, si trova che la retta è molto aumentata da tante piccole cose. E la scuola della bambina, è un'altra spesa, che in principio è stata forte, perché ha dovuto corredarla di tutto. Insomma, di quella scorta Lietta ha proprio bisogno. Il marito scrive che verrà appena venderà la casa, dopo il dicembre. E pare che voglia stabilirsi in Spagna o in Francia.

Ti rispedisco, fra l'altra posta, una lettera del Prefetto di

Palazzo, che, credo, conterrà l'annuncio del fidanzamento di Giovanna con lo Zar Boris[418]: e ti ricordo che è consuetudine che i grandi dignitarii dello Stato rispondano a queste comunicazioni esprimendo i loro rallegramenti e augurii. Impara a vivere, o fa' finta d'avere imparato, Papà mio!

La Banca Commerciale, alla quale tu avevi il 30 giugno, a chiusura del semestre, £ 3644, ha ricevuto da allora tre assegni accademici, per l'importo di £ 8.232 (totale £ 11.876) e ha pagato: a Lietta £ 10 mila più £ 1744 del primo chèque, e a Fausto £ 1000, idem: totale £ 12744 + £ 1166 mandate a Federico Lauricella = £ 13910.

Dunque c'è un deficit di £ 2034 – alle quali si devono aggiungere le piccole spese per i servizii e gli interessi passivi. Mandando un 2500 lire, avresti un po' di spiccioli in attivo, oltre all'aver saldato il deficit.

E con ciò ho esaurito gli argomenti.

Vorrei sapere qualche cosa di te, che fai, se ci sono novità. Basta: se tu mi chiami io vengo. Ancora per quest'anno i viaggi mi costano poco. Dall'anno venturo avrò il ribasso solo per otto viaggi, invece che per ventiquattro: come pubblicista invece che giornalista professionista. Ho collocato una novella nella Nuova Antologia, una l'ho mandata a "Novella" e una l'ho portata al *Tevere*[419]. Insomma, si lavora. Dodi ha ripreso con accanimento il pianoforte; Ninnì e Andreuccio vanno a scuola, Giorgio ha imparato a correre sul "patinét" e a fare "l'occhio di Nonno", cioè un cipiglio terribile.

Fausto ha trovato un appartamento conveniente qui vicino, in via Augusto Valenziani 5 e forse domani stringerà il compromesso. Gli costerà 120 mila lire e, con le spese e gli accomodi, un 135.000. Col resto comprerà rendita. Negli ultimi giorni di Positano fece un ottimo quadro "Sogno del 1° settembre", veramente felice e finito, e ora è pieno di voglia di lavorare.

Basta, sospendo l'incomodo. Tutti ti abbracciamo, aspettiamo di rivederti, e io ti abbraccio forte forte

il tuo aff.mo figlio Stefano

94

Roma, 2 dicembre 1930

Caro Papà mio,
scriverti una lettera è da un mese la mia ossessione, e non riesco a capire perché da un giorno all'altro ho differito il sollievo di farlo. Basta, ora ci siamo. Non ho da darti nessuna notizia. Quella delle tasse puoi apprenderla dal pezzetto che ho dovuto stampare sul Tevere, che ti accludo, insieme con le varie risposte e controrisposte. – Poi c'è, purtroppo, una lettera del 31 ottobre del signor Roberts, che è rimasta chiusa fino a jeri, perché, dall'intestazione della busta, dell'Istituto Internazionale d'Agricoltura, l'avevo presa per una delle solite informazioni agricole che mi mandano tutti i giorni e non avevo nemmeno fatto caso che ci fosse scritto Luigi invece di Stefano.

Io lavoro da mattina a sera come sotto le frustate. Adesso collaboro regolarmente con 4 pezzi al mese al Tevere e 2 pezzi al mesi [*sic*] al Lavoro Fascista[420]. Sono 6 novelle al mese. Ho collocato poi un racconto all'Italia Letteraria[421], ne ho mandato uno lungo a Pégaso e uno uscirà il 16 dic. nella Nuova Antologia[422]. Ne ho già pronto un altro, lungo, e due, di vaste proporzioni, li sto facendo. Il romanzo giace, e io non ho pace. Mi mancano certi ricordi, ho bisogno di consultare una collezione di giornali del 1919 e non ho trovato di meglio che averla in lettura alla Vittorio Emanuele: cosa così scomoda e seccante che ci sono andato due volte sole e poi l'ho piantata. Una settimana dopo che ci tornai, avevano ritolto il fascicolo dalla circolazione e bisognava rifare la domanda al capo bibliotecario: la prima volta c'erano voluti tre giorni di premure. Io avrei bisogno di tenerla in casa, la collezione, un pajo di settimane. A parlar di prestito, pare che si voglia rubare. – Basta. Col teatro non si fa niente. Io vedo ancora la via chiusa da tutte le parti; ma ormai posso forzare il muro solo in un punto, forse in quello più spesso e duro, non ho più scampi e ne ringrazio Dio. Si tratta di "vincere o morir"! A morire non ci tengo affatto, dunque si tratta solo di vincere: la prospettiva è buona. – T'ho fatto rispedire due grossi pacchi di volumi mandati dalla "Stampa". Non altro. I ragazzi, Dodi, io, tutti bene. Vedo spesso Lietta, di rado Fausto. Mi dispiace non averti scritto, ma come vedi, ora che l'ho fatto, non avevo niente da dire.

Non so nulla di te, neanche indirettamente. Solo Massimo m'ha detto d'averti visto a Milano e che aspettavi mie notizie, e che stavi bene. Abbiti, caro Papà mio, tanti baci da Ninnì in particolare, e dai pupi e dalla loro mamma e da me un abbraccio forte forte forte

il tuo aff.mo figlio Stefano

95

Parigi, 31 gennaio 1931[423]

[...] Ah figli miei che vi siete messi ciascuno per sé nella sua vita, come avete voluto, o era destino che fosse, come posso volervi più io e che altro volete ormai più da me? Io sono condannato a questa atroce solitudine, e affogo in una tristezza senza più riparo né altro scampo, fuori che nella morte. Voi non potete darmi ajuto, né io posso darvene, per il male che tutti staccandoci per forza ci siamo fatti. Né a tornar col pensiero a quando si era tutti insieme, c'è da esser lieti: quanto male anche allora, che ancora duole!

Per un disperato è già qualche cosa non aver da rimpiangere, ricordando. Disperato fisso, senza né su né giù di provvisorie altalene. [...]

Vostro padre

96

Parigi, 15. V. 1931
5, Avenue Victor Emmanuel III

Caro Stenù mio, cara mia Lietta, caro Fausto mio[424],
è un secolo che non vi scrivo, pur pensando tante volte di scrivervi, cari figli miei, sia per rispondere alle vostre lettere, sia per darvi notizie di me; ma ogni volta o la stanchezza o i fastidii senza fine che mi hanno oppresso e continuano ad opprimermi mi hanno fatto rimandare ad altro giorno la lettera che finalmente v'arriva adesso. [...] Tutto il male proviene dal non avere accanto nessuno che badi con onestà e zelo ai miei affari e li guidi con amore intelligente e conservi e tenga in ordine le mie carte. Io le carte non le perdo; ma quando le cerco, non riesco mai a trovarle, tanto è il mio disordine e la confusione: non trovo contratti, non trovo lettere che mi sono state scritte, nelle quali pur ricordo che ci sarebbe una prova in sostegno di quanto affermo, non faccio copia delle lettere che scrivo. Ma come pretendere da me quest'ordine e questa diligenza d'archivista e di contabile? L'altra mia colpa più grave è l'essermi messo senza discernimento con gente incapace e disonesta, o a dir più propriamente, incapace se onesta, e se capace, disonesta. [...] Mi duole, miei cari figli, di non poter stare in frequente comunione con voi; ma vedete che ho molto molto lavoro; e potete esser sicuri che, se non vi scrivo, penso sempre a voi e sempre con voi è tanta parte del mio cuore qua solo.
[...] Caro Stenù mio, il tono è questo, purtroppo, d'un addio che si ripete in ogni mia lettera, con la più grande angoscia; perché non so più proprio quando potremo rivederci per rimpiangere insieme la vita, quale avrebbe potuto essere e l'avversità della sorte e l'inimicizia degli uomini non ha permesso che fosse. Ma bisogna essere forti. Accettare e resistere, non per gusto di vincere, ma per questa coscienza di forza che sempre più s'illumina e si purifica. Andiamo avanti. La lettera per la Melato non

te la scrissi, perché costei mancò a tutte le promesse fatte, sia per il *Lazzaro* sia per altre mie commedie che avrebbe dovuto riprendere e tenere in repertorio, *Così è*, *Come prima* e *Vestire gli ignudi*; non solo, ma dopo aver proibito alla Abba di dare il *Lazzaro* perché doveva darlo "nuovo" lei, quando le sarebbe toccata la stagione colà, non lo diede e trovò connivente la Società degli Autori per non pagare la penale per le sue mancate recite e i danni per le mancate recite della Abba, con la scusa che le sue presenti condizioni finanziarie non le consentivano di pagarla. L'articolo che mi mandasti perché te lo rimandassi firmato dopo averlo letto e approvato[425], non te lo rimandai, non perché non lo approvassi, ma perché mi trovo ormai in un bell'imbroglio col contratto che ho stipulato con questa Agenzia Letteraria Internazionale (ALI), a cui tutti gli articoli dovrebbero essere consegnati. Ho potuto salvare soltanto questi che tu fai sotto il mio nome per "La Nación", dicendo allo Schwarz[426], proprietario dell'Agenzia, ch'era un contratto precedente, che datava ormai da più di dieci anni e col quale perciò la sua Agenzia non aveva nulla da vedere; ma non ho potuto concederti che lo passassi al Morgan perché cercasse di collocarlo anche altrove. Ho parlato allo Schwarz dell'intenzione che avrei di collocare anche altrove, nell'America del Nord, in Inghilterra, in Germania, questi articoli, e lo Schwarz se ne sta occupando, cosicché spero di poterti dare presto una buona notizia. Ma bisognerebbe trovare argomenti d'interesse generale; pensaci e mandane. La tournée nell'America del Nord e Centrale è tuttora in trattativa; è stata una proposta dello Shubert[427] stesso e sarebbe pagata e senz'alcun rischio; non la farei io, del resto, ma la Marta, e io vi figurerei soltanto in qualità di "ospite", con un contratto a parte, senza nessuna responsabilità. Ora vorrei, Stenù mio, che tu mi facessi il piacere di raccogliere dal cassetto della scrivania tutti i miei versi perduti e me li mandassi, *Mal giocondo*, *Pasqua di Gea*, *Zampogna*, *Fuori di chiave*, *Elegie renane*, e tutti gli altri manoscritti o stampati in giornali[428]. Mi bisognano. Ti ho fatto fare la fatica della ricerca dei volumi; ma costano un occhio, e ti prego di rinviarne per ora la spedizione, perché spero d'averli da Mondadori che finalmente, in seguito a un accordo, ha riscattato tutte le giacenze del Bemporad e si metterà ora a preparare le nuove edizioni. Sento con piacere che sei tornato al romanzo e che conti di finirlo presto[429]. Gli articoli con lo Schwarz (basterebbe un articolo al mese) potrebbero risolvere la tua situazione, naturalmente come un rimedio precario, finché io vivo. Ho provato molto dolore per la scomparsa del povero Zio Calogero, tanto buono. Ho fatto un telegramma a Zia Lina; spero che lo abbia ricevuto. Ma forse neanche la morte sarà una liberazione!

Basta, figliuoli miei, la lettera è lunghissima! L'ho cominciata il 15 e più volte ripresa partirà oggi che è il 18! Scrivetemi, datemi vostre notizie, e abbiatevi per voi e per tutti i vostri tanti baci forti forti

dal vostro Papà

97

Parigi, 22.VI.1931
5, Avenue Victor Emmanuel III

Caro Stenù mio,
non so come spiegarmi il fatto che la mia lettera raccomandata non ti sia pervenuta. Mi pare impossibile. La lettera fu presentata da me all'Ufficio postale di Rue de la Boétie, che è una traversa dell'Avenue dei Champs-Elysées, dove di solito mi reco a impostare, prima di recarmi a Rue Marbeuf al ristorante del Quirinal. Naturalmente, non trovo più la ricevuta della raccomandata, dopo averla cercata in tutte le tasche e tra tutte le carte della mia scrivania. Ma ho trovato invece lo chèque che t'avevo mandato prima, con la correzione del nome del mese, da te firmato a tergo. Nella raccomandata (che ormai devo ritenere smarrita) ti avevo unito un nuovo chèque tratto dal nuovo carnet di chèques che Fausto mi fece ultimamente mandare da codesta

Agenzia N. 2 della Banca Commerciale. Ora ti rimando l'antico chèque, su cui ho scritto: "Accetto la correzione". Spero che non ti faranno altre storie. Intanto non ho potuto sapere che danari ci siano al mio conto corrente presso codesta Agenzia N. 2. Fausto mi aveva scritto che c'erano le 3 mila lire per la compera dei 2 quadri; ma poi è sopravvenuto il guajo del pignoramento sull'assegno dell'Accademia, e ormai non so più che pesci pigliare. Vedi in nome di Dio, Stenù mio, di levarmi da questo imbroglio per mezzo del Pàstina. Ho scritto a Nulli[430] di mettersi d'accordo col Pàstina, per un'azione comune. Tolto il pignoramento sulla SIAE e potendo il Nulli incassare le L. 13800 del mio I trim. di quest'anno, egli dovrebbe pagarmi un'anticipazione di L. 25000, che io verserei subito al Fisco, come prima rata del mio debito. Altre L. 20000 dovrebbe versare Allatini[431] all'Agenzia N. 2 della Banca Commerciale al mio conto corrente; so che ha dato l'ordine di questo versamento alla famiglia del Conte di Robilant[432] (il Generale), da cui il Pàstina potrebbe recarsi a sollecitarlo. È un danaro che ho prestato all'Allatini prima della sua venuta a Roma e per cui egli m'ha rilasciato uno chèque su questa Banque Française & Italienne. Dovevo presentare questo chèque il primo Maggio per la riscossione, ma l'Allatini mi pregò di pazientare un altro po', perché non aveva i fondi sufficienti, e mi disse che avrebbe dato ordine ai Robilant a Roma di vendere alcune sue cartelle di rendita in deposito presso di loro. Io voglio sapere adesso dal Pàstina se quest'ordine è stato dato veramente o altrimenti, come stanno le cose. Ti unisco qui un biglietto di presentazione che io faccio al Pàstina per la Contessa di Robilant[433], che conosco. Espongo nel biglietto il motivo della visita. Un altro biglietto ti unisco dello stesso Allatini per la figlia maggiore della Contessa[434], che abita nella stessa casa della madre, al Palazzo del Grillo. Con queste 20000 lire che mi deve Allatini e le 25000 che devono venirmi dal Nulli, intendo pagare subito la metà della somma che devo al Fisco; ottenere che sia levato il pignoramento tanto dall'Accademia quanto dalla SIAE; tenere depositato all'Agenzia N. 2 della COMIT il resto, per garanzia che il resto della somma sarà pagato a rate; e che saranno d'ora in poi pagate regolarmente ogni bimestre le tasse, come gli assegni a voi, ritornando mensilmente all'Agenzia gli assegni dell'Accademia.

Grazie, Stenù mio, di quanto farai per il tuo disperatissimo papà. Vedo che il biglietto dell'Allatini presenta senz'altro il Pàstina alla Marchesa Margherita Chanaz-Robilant; non c'è dunque bisogno che gli faccia io un altro biglietto di presentazione per la Contessa madre. Può andare al Palazzo del Grillo con questo solo biglietto dell'Allatini. Il Pàstina deve appurare dalla visita: 1) se è vero che l'Allatini ha in deposito presso i signori di Robilant (per come mi ha assicurato più volte) cartelle di rendita al portatore; 2) se è vero che ha dato ai signori di Robilant ordine di venderle per pagare il debito che ha con me di L. 20000, e che finora i signori di Robilant non gliel'hanno voluto vendere per non fargli fare un cattivo affare, data la depressione dei titoli in borsa; 3) se è vero che nel suo ultimo telegramma (fatto sotto la mia pressione) egli ha dichiarato ai signori de [*per* di] Robilant ch'era per lui un debito d'onore versare al mio conto corrente presso l'Agenzia N. 2 di codesta B.C. le L. 20000 che mi deve. Voglio ancora credere che tutte queste cose siano vere; perché, se mi risultassero false, protesterei subito l'effetto che ho in mio potere e lo manderei in galera senza pietà. Il Pàstina si sappia regolare, da bravo avvocato, e parli chiaro e senza ambagi per scoprire la verità e ottenere senza la minima dilazione l'intera somma, facendo notare l'urgenza e la mortificazione che mi ha cagionato questo ritardo dell'Allatini a pagare. Egli mi deve la somma dai primi d'Aprile.

Ricevo in questo momento la tua del 20. Le notizie che mi dài dello scandalo che è stato fatto da codesta Esattoria m'indignano talmente, che quasi quasi non vorrei più dare la soddisfazione di pagare. Da 47000 il mio debito è saltato a 52000 in pochi giorni, e pretendono che io paghi in una volta sola? Io mi vendo l'Italia. Cessate le recite della signorina Abba, io non guadagnerò più un soldo col teatro in Italia, e così il Fisco vedrà che cosa gli frutta il pignoramento alla SIAE. E se aspetta di rifarsi con gli assegni dell'Accademia, starà fresco: dovrà aspettare tre anni per pagarsi, e intanto si sarà accumulato un altro patrimonio! Figurati se io vado a parlare all'Ambasciatore di simili cose! Il Capo del Governo ha voluto essere informato? Gli son bastate le informazioni del Fisco? Ebbene vada ora il Fisco a dirgli che Pirandello non vuol pagare. E venga allora il Capo del Governo a domandarmi, se vuole informazioni, perché non voglio pagare! Avrei anch'io da domandargli a mia volta tant'altre cose. Per esempio, che ha fatto del mio progetto sui teatri di Stato, approvato dal Consiglio dei Ministri, e diventato legge dello Stato, che ora mi lascia rubare come niente dal signor Silvio d'Amico[435]! E quante mai altre cose avrei da domandargli! Ha potuto permettere, coi suoi Bottai, coi suoi Corradini[436], coi suoi Forges-Davanzati che Pirandello fosse cacciato dal teatro italiano; e ora che Pirandello non guadagna più in Italia nemmeno un soldo, osa pretendere che paghi le tasse al suo paese coi denari che come un povero bracciante è venuto a guadagnarsi all'estero per non morir di fame? E tu, figlio, dopo questo mi consigli le suppliche e mi predichi il ritorno all'ovile? Io ho ormai tanto schifo della vita, che posso gettarla da un momento all'altro. Non ho più paura che di me.

Ti bacio con tutti i tuoi.

Il tuo Papà[437]

98

Parigi, 16.X.1931
37, rue La Pérouse

Miei cari figli,

non ho tempo di scrivervi delle grandi feste che mi sono state fatte in tutto il Portogallo[438]. M'è parso di fare un viaggio in Sicilia; ma in una Sicilia invasa dai Napoletani. Vi racconterò poi tutto a voce. Per ora mi preme annunziarvi che ho ricevuto dal Presidente Marconi[439] il seguente telegramma: "Accademia ha deciso commemorazione solenne Giovanni Verga entro corrente anno. Classe lettere unanime designa vostra eccellenza oratore celebrazione grande Siciliano cui per vostra parola anche governo nazionale gradirebbe tributare degne onoranze entro quindici dicembre. Prego vostra eccellenza accettare designazione e indicarmi telegraficamente data da lei prescelta. Con particolare Osservanza. Marconi". Tegola sul capo. Mi son sentito obbligato a rispondere così: "Accetto, ringrazia[n]do Vostra Eccellenza e colleghi classe lettere designazione. Occupatissimo prove due mie commedie Parigi prego Vostra Eccellenza fissare data subito dopo adunanza elezioni novembre. Con particolare ossequio. Pirandello". Questo, per non fare due volte il viaggio. Le commedie che ho in prova a Parigi sono: *L'uomo, la bestia e la virtù* al teatro Saint-Georges, e *Come tu mi vuoi* al teatro Montparnasse[440]. È per me veramente un enorme sacrificio muovermi in questo momento e attendere ad altro lavoro. Non avrei potuto accettare, se a trattare di Giovanni Verga non fossi già preparato. Ma tu dovresti farmi il piacere, Stenù mio, di rintracciare tra le mie carte una copia d'una vecchia rivista "L'Eloquenza", dove fu riprodotta l'orazione da me letta a Catania al Teatro Massimo nell'occasione dell'ottantesimo compleanno del Verga. Mi par d'avere inteso che questa mia orazione fu poi ripub[b]licata negli "Studi Verghiani" pubblicati da una donna studiosa del Verga, di cui non ricordo più il nome[441]. Tu mi dovresti insomma, Stenù mio, far riavere a tutti i costi questa mia orazione, senza la quale sarei ora perduto e non potre[i] assolvere al compito che mi sono assunto[442]. Dovresti anche rintracciarmi una copia delle vecchie "Cronache d'attualità" del Bragaglia[443], dove apparve un mio scritto intitolato *Dialettalità*[444], nel quale parlavo del Verga. Mi raccomando a te, Stenù mio. Intanto t'annunzio che ho mandato al "Corriere della Sera" l'articolo *I muricciuoli, un fico, un uccellino*[445] e ti manderò le L. 1,20 appena me le manderanno. L'altro articolo è più difficile da collocare; ma proverò.

Sento, Lietta mia, le notizie che mi dài di tuo marito e del

Cile. Stàttene per ora in Italia, e speriamo bene[446]. Ti manderò prima che finisca il mese gli altri assegni mensili.

Ho saputo da una lettera d'Ojetti, Fausto mio, della tua accettazione alla Biennale Veneziana, e puoi figurarti quanto me ne sia compiaciuto[447].

Ho fretta d'impostare questa lettera e non aggiungo altro.

Abbiatevi con tutti i vostri, cari figli miei, tanti baci forti forti

dal vostro Papà

99

Parigi, 21.II.1932
37, rue La Pérouse

Mio caro Stenù, mio caro Fausto,

è un secolo che non vi scrivo, e non mi posso neanche lamentare che le vostre lettere, per questo mio prolungato silenzio, si siano fatte di mano in mano più rare. Non passa giorno che non pensi a voi, ma ogni qual volta mi propongo di scrivervi, subito me ne manca l'animo e rimando la lettera al giorno dopo. Il rimorso me lo spunto con la scusa d'avervi risparmiate tutte le afflizioni che avreste avute leggendomi[448]. Sono, figliuoli miei, in tali condizioni di spirito, che la vita non mi è più quasi sopportabile. Mi s'è freddata in un disamore di tutto, così squallido e vano! Scrivervi per farvi saper questo, mi sembra una crudeltà che farei meglio a gettare in bocca, come un lacerto putrefatto, a questi cani sdrajati a terra, ammalati di noja, che sono i giorni della mia vita presente; anziché al vostro cuore, figliuoli miei, che certo ne soffrirà.

Le rappresentazioni de *L'uomo, la bestia e la virtù* furono 64, quanto quelle dei *Cento giorni* al teatro Ambigu. Ma la mia commedia, in un teatro molto più piccolo come il Saint Georges, fu levata con una media d'incasso di Fr. 8000 per sera, mentre la media dei *Cento giorni* era scesa a poco più di Fr. 2000. I direttori del Saint Georges commisero la sciocchezza di scritturare per *L'uomo, la bestia e la virtù* un complesso d'attori che costava seralmente circa Fr. 6000, più il 12% di diritti d'autore, più le tasse: cosicché non restava loro più nulla, in un teatro che eccezionalmente non può fare più di Fr. 120000 [*sic*] o 13000. La media di 8000 era normale per tutti i teatri di Parigi in questo momento di crisi: ma bastava appena a coprire l'esagerata spesa. Così pensarono di metter su un altro lavoro che costava molto meno. Questo avvenne il 5 Gennajo.

Ho fatto rimandare al prossimo ottobre la rappresentazione del *Come tu mi vuoi*, destinata per contratto a passare dopo *Bifur* di Gantillon[449]. *Bifur* durerà fino a tutto marzo, probabilmente. Aprile sarà troppo tardi. E allora, d'accordo col Baty[450], ho stabilito il rinvio ad autunno, col patto che il *Come tu mi vuoi* sarà la prima "novità" del teatro Montparnasse.

Dullin[451] darà *Il berretto a sonagli* e il Pigalle *Questa sera si recita a soggetto*. Sempre alla ripresa autunnale.

È uscito a New York (ed. Dutton) un volume di novelle *Horse in the Moon*[452]. Due volumi di novelle usciranno in Francia, uno da Grasset e l'altro da Fayart. Gli Shubert, data la terribile crisi in America, hanno rimandato la rappresentazione di *Questa sera si recita* in autunno; ma il Dutton la pubblicherà il prossimo marzo[453]. A Londra hanno ripreso i *Sei personaggi* e a Berlino sarà presto rappresentato il *Come tu mi vuoi* con Maria Barth.

Sono in trattative per due soggetti di film.

Queste le notizie che posso darvi. Ah, dimenticavo che è in programma al Teatro Nazionale di Lisbona *O di uno o di nessuno*.

So da Marta Abba, che in questo momento è a Roma (ella lasciò Parigi il 18 gennajo), che Marpicati[454] mi deve scrivere, non so che cosa[455]. Pare che abbia parlato al Duce per me, o di me. Son curioso di sapere; ma voi non v'occupate affatto della cosa e fate come se non sapeste nulla. Non so neanche io, del resto, di che si tratta. E vi confesso anche che non m'importa nulla di saperlo. Vorrei sapere piuttosto, se l'Avv. Pàstina ha fatto il reclamo per quella tassa ingiusta sul "valore locativo" d'una casa che non ho più, e che esito ha avuto il reclamo. Il "Tevere" dovrebbe smettere di "speculare" sui letterati italiani che stanno a Parigi, perché non c'è solo Aniante[456] ma anche Pirandello, e perché Pirandello sta a Parigi e non in Italia, Interlandi lo sa bene[457]. Mi spiego?

Basta, figliuoli miei. Parlatemi di voi, di quello che fate. Tu, Stenù mio, baciami Olinda, Ninì (non credere, Ninì mia, che t'avessi dimenticata! Credevo d'avere scritto "Olinda e Ninì, Andreuccio e Giorgino", e con sorpresa, rileggendo, vedo che Ninì non c'è! Ma figurati se tu non ci sei nell'amore del tuo Nonnino, tu che sei l'unica nipotina che gli scrivi!)[458], Andreuccio e Giorgino, tu, Fausto mio, Pompilia e il piccolo Picci. Lietta m'ha scritto tristemente da Santiago. Le scriverò. Tanti baci forti forti a voi due

dal vostro Papà

Bisogna pagare £. 12 per ritirare dalla "Nuova Antologia" gli estratti de *I fantasmi*[459] che vorrei avere. Te ne potresti occupare tu, Stenù?

100

Roma, 24 febbrajo 1932
via Piemonte, 117

Caro Papà mio,
devo rispondere sùbito alla tua giunta di sorpresa oggi. Parlarti del tuo disamore alla vita: esortarti a un esame di coscienza[460]. Il tedio che te ne deriva – perché esso è effetto, non causa di quel "disamore" – bisogna che tu arrivi a consi-

derarlo come un *provvidenziale* ammonimento: non è un'ingiusta soperchieria della tua sorte. È per me impensabile come tu possa infierire contro te stesso: col sentimento che hai delle cose, la capacità di affetto, la soddisfazione di dare a piene mani – esserti costretto fuori di tutte le possibilità di compenso: il sentimento delle cose, non aver più davanti altro che le straniere, col loro senso di malinconia e di disperazione inevitabile in chi vi s'accosta fiducioso come fa un poeta, che non può nemmeno sospettare i loro rifiuti, la loro estraneità. Queste reazioni servono ad allargare lo spirito; ma una volta utilizzate non possono più dare altro che veleno. La tua capacità d'affetto: si vede appena torni, con tutto che sii sempre più di là che di qua, affannato di ripartire; ma è sempre intatta: enorme: è un fiume, che tu non lasci scorrere, si sperde sottoterra. Non rispetti le leggi della vita voltando le spalle a ciò che la giusta vita offre a tutte le età dell'uomo e perché hai voltato le spalle a ciò che la vita è pronta ad offrirti, a ciò che è giusto che tu ne riceva, il disamore per quella manchevole che hai scelto t'occupa lo spirito e lo grava di tedio. Sono umilissime ed elementari le tue mancanze: tu trascuri cose umili e ciò provoca in te contraccolpi di valore grandissimo. I nostri figli non hanno il loro Nonno. Penso al Padre di mia moglie, che sarebbe stato vivendo un Nonno meraviglioso, perché era un uomo pieno di vita – la morte li ha privati di lui: che cosa li priva di te? Io ti posso parlare così, perché come te sono uno nato a donare, e non mi tirerò indietro mai. Fra giorni s'aprirà qui a Roma la mostra al Palazzo delle Esposizioni in cui Fausto figura con tredici quadri e ha una delle sale centrali[461]: sarà la sua prima vittoria, già Roma è piena della voce di questa rivelazione: e tu non sei qui a godere di questa gioia, di questa soddisfazione: di questo *regalo* della vita: domani la tua vita di padre te ne offrirebbe certo altri per mio mezzo, e tu li lasci passare così. Per forza tutto ti si svuota: l'esser padre ti diventa un peso e un fastidio, un timore senza speranza – l'esser nonno, se non avessi dimostrato il contrario quando ancora non avevi cominciato a mancare contro la vita, parrebbe che t'appaja troppo stupido perché tu possa interessartene. E sei tu il filosofo che ha compreso nettamente il giuoco del *pieno* e del *vuoto*, tu l'artista che ha espresso Leone Gala[462]! Bada che ciò è gravissimo contro di te: tu cominci a mescolare nella tua vita elementi già espressi nella tua arte: di cui perciò, come uomo, ti sei pienamente liberato. Màcini doppiamente a vuoto. Leone Gala non aveva figli, non era nonno, non era poeta, non era grande dignitario dello Stato, non era così capace di vita così multanime come sei tu: Gala è perfetto, tu che ti riduci volontariamente nel tuo personaggio no, Papà mio adorato. Lascia che questo lo facciano i mezzi artisti, gli incapaci di liberarsi. Fa' che la tua vita non si macchi d'avventura letteraria: tu sei troppo schietto, troppo onesto, per resistere a questo giuoco. È semplicissimo il modo d'uscire dal vicolo cieco in cui ti sei messo. Da un vicolo cieco non c'è altro che *tornare indietro*. Tu hai bisogno della tua Patria (come la tua Patria ha bisogno di te), hai bisogno dei tuoi figli, come essi di te, e dei tuoi nipoti, come essi di te: e sopratutto della tua arte: l'arte tua di prima, quella a cui davi tutto disinteressatamente, quella *che non rende* (e che poi t'ha reso milioni), il lavoro fatto solo per la soddisfazione di farlo: e a uno spirito così ormai dilatato, così disperso, smanioso, enorme, libero, onnipotente come il tuo solo il lavoro enorme che può impegnarlo davvero, solo il romanzo di Adamo ed Eva[463]; perché tutto il resto è diventato press'a poco giuoco per te, e tu, *per te*, non ne ricavi più nulla di sostanzioso. E allora abbandonalo! *Pensa a te solo*. Pensa cioè a *darti tutto*. Da' un calcio a tutte le vanità che ti levano l'aria ai polmoni e la terra sotto i piedi: non pensare ai guadagni: le diecimila lire al mese che ti bastano ti verranno sempre a trovare, ci penserà un altro, Colin[464], io, uno qualunque. Qui *si vive la nostra vita*: anche se *si soffrissero* soltanto i nostri dolori, e non ci fosse alcuna soddisfazione, alcun orgoglio per compenso, sarebbe sempre meglio che il non aver nulla da dare fuori, né gioja né dolore, a un altro popolo. L'essere *uomo sulla terra* non impegna affatto a non vivere nel proprio Paese. Tutti i sommi uomini, come tutti gli umilissimi, non sono altro che "uomini sulla terra": e solo dei borghesi il gretto nazionalismo:

ma vedi poi com'è rovesciata la cosa: che solo i sommi e gli umili sentono veramente la poesia della propria terra, degli aspetti particolari che la vita assume dentro certi confini; mentre i borghesi, tanto nazionalisti, potrebbero ritrovare la loro vita piena in qualunque clima, senza mutamento: un borghese italiano vale un borghese francese o americano o giapponese, e per essi la Patria non è una *necessità umana* come per noi: è un'abitudine, è una ristrettezza mentale. Sarebbe strano che tu ti lasciassi andare a una dimostrazione di non essere un borghese: saresti caduto in una trappola senza avvedertene. Queste cose le possono fare Aniante, Malaparte[465], eccetera: senza volerli disprezzare, ma sono giovanetti, in diritto di fare esperienze. Guaj per te a ingannarti: con la strapotenza del tuo spirito a ogni impuntatura deve seguire un ingorgo spaventoso. La vita è stata anche troppo longanime a non stringerti prima nel cerchio in cui cominci a soffocare. *Tu non puoi fare niente di inutile*, o il tuo spirito si vendica su te stesso. E tutto è inutile se non ciò che te lo può impegnare interamente per una lotta grande e degna. Tu non puoi più stare ai mezzi termini. O tu coroni la tua vita con la vittoria più grande, e lasci il *grande libro*, che stia contro il *don Chisciotte,* contro *Guerra e Pace*, o tutta Italia, più o meno coscientemente, te ne vorrà: perché t'ha amato e s'è gloriata di te (naturalmente, per ora, nei suoi spiriti migliori soltanto) presentendo le vette a cui tu avresti fatto arrivare la nostra arte, e ora aspetta, ma comincia a guardare l'orologio: il teatro che tu le hai dato è già pei posteri e del resto le colpe di pochi farabutti non possono essere colpe nazionali. Ha sempre torto chi evade. Socrate diceva che bisogna "tenersi fermi al posto assegnato". Se non abbiamo fede noi nella vittoria dello Spirito, chi deve averla? Il nostro dovere, forse la sola giustificazione della nostra vita, è lottare. Milioni di creature, per millennii, possono scontare amaramente lo smarrimento d'uno spirito consacrato. Non è un'iperbole: queste creature che soffrono cominciano da noi che ti amiamo. Che devo fare per te? Sono pronto a tutto! Vedo così chiaramente in te! *Io ti dico la verità*! Le tue energie sono intatte, il tuo organismo vuol vivere: è la verità. La tua capacità di amare noi e di godere del nostro amore è grandissima: è la verità. Confessati a Dio e riconosciti e torna alla *tua* vita, alla vita piena. È il tuo diritto! Avremo tanto tempo di essere morti, che far entrare il sapore della morte nei nostri pochi giorni di attività è certamente cosa contraria alle necessità da cui fummo espressi: ciò vale per tutti, ma per uno segnato come te! Il giorno che ti sei ingannato, che t'è accaduto di desiderare di prendere anche tu, come un tuo diritto, dalla vita qualche cosa: denaro, non so, amore, non so – quel giorno è cominciata veramente la tua rinuncia; hai cominciato a perdere. Tutto è *lusso* per te, fuorché il dare: e uno spirito *necessario* non può andar dietro ai lussi. Vive e si sente vivere soltanto se opera duramente sul suo terreno proprio. Allora si potrà concedere anche gli svaghi, anzi se li dovrà concedere – e tu sei in condizioni di poterli aver tutti. Basterebbe che tu intendessi chiaramente in che cosa è finito per scivolare quel tuo benedetto "orrore" *di fissare in un luogo il tuo corpo*: è diventato, senza che tu te ne avvedessi, "l'impossibilità" di *impegnare il tuo spirito*! E tutto il tuo spirito non reclama altro! E tu non puoi vivere altro che se esiste questo impegno, anche affliggente per te, anche amaro: ma che lo fa consistere! Tu non puoi dire: e che vale? Mettiti davanti a Dio, che t'ha fatto operare finora! Vale per gli altri, vale per te: vale in sé: giustifica la tua vita: sei tu che hai insegnato che la nostra vita dev'essere giustificata momento per momento, così, davanti a Dio, e che tutta l'opera fatta jeri, in questo senso, non basta a giustificarla oggi. È chiaro che il tuo spirito soffre di non avere la libertà di operare come oggi gli è necessario. Se tu séguiti a farlo lavorare pel teatro (peggio pel cinematografo), lo contristi vanamente con le amarezze per le combinazioni che occorrerà metter su per rappresentare l'opera. (Oltre al fatto che non lo impegni più *interamente* come ormai vuol essere impegnato). Se tu gli dai finalmente la libertà di impegnarsi nella creazione del romanzo, evadi subito da un canto da tutte le preoccupazioni fittizie, e dall'altro ritorni e ti radichi su un terreno solido. Ora vivi di compromessi, alla mercè degli altri, costretto a rinunciare a tutto il pieno della tua vita d'uomo; con niente ritorneresti padrone assoluto di te stesso, a posto su ogni punto. Di ciò sono sicuro. E tu potresti almeno farne la prova. Uno libero, con l'animo che ti sei fatto, non incontra nel mutar direzione tutte le difficoltà che forse apparirebbero troppo gravi a un povero sedentario. Tu capisci bene che io non ti chiedo di diventare sedentario materialmente. Io ti chiedo di provare a tornare in Italia mettendoti a lavorare al romanzo: ma, naturalmente, partire e girare quanto vuoi: più per tuo piacere, però, che per "necessità". Necessità è per te la tua vita vera, in modo esclusivo, assoluto. E tu l'hai, l'hai lasciata, la puoi ritrovare subito: è tua. C'è Massimo Bontempelli che s'è allogato per lavorare a Frascati e ci si trova benissimo. Ma c'è in vendita, a porta col mio appartamento qui in via Piemonte, un appartamentino di tre stanze, bagno ingresso e cucina, sullo stesso pianerottolo. Credo che per 75 mila lire lo lascerebbero. Ma se tu non volessi comprare e preferissi affittare soltanto un quartierino, e avessi cara la vicinanza nostra, noi sloggeremmo di qui volentieri e si troverebbero senza dubbio due appartamenti contigui. Ma la soluzione più semplice e più bella sarebbe che tu accettassi le due camere che posso riservarti nella mia casa, e ti farei patti esosi: mille lire al mese. Se tu mi domandi: "ma l'essenziale non è che mi metta al romanzo? Non posso lavorarci dovunque?", ti rispondo che no: almeno per cominciare vedo la necessità che tu lasci dietro le tue spalle tutta l'inconsistenza della tua vita presente. La lunga lista delle cose combinate che tu mi fai nella tua lettera, rappresentazioni fissate, volumi usciti e da uscire, è veramente lugubre, Papà mio, se rappresenta tutto il risultato concreto su cui tu puoi fermarti per non avere il capogiro: leggendola io me ne compiaccio, certo, per te in quanto rappresenta la dimostrazione della vitalità e della forza d'espansione della tua opera, e anche perché vuol dire che guadagni e guadagnerai denaro a sufficienza; ma che valore vero ha per la tua vita? Me lo dicono amaramente le parole tue stesse. Ti prego di esaudirmi, Papà mio. Prova soltanto. Poi giudicherai. Intanto t'aspetto fin da questo momento con grandissima ansia. – L'avv.to Pàstina fece subito il reclamo e [ha] anche sollecitato lo svolgimento della pratica, che è sempre lentissimo: ci vorranno certamente molti mesi prima d'ottenere la cancellazione dell'articolo e la restituzione delle rate, che frattanto bisognerà seguitare a versare: ma la giustizia è certa. Degli estratti dei "Fantasmi" m'occuperò subito. – Perdonami se ciò che t'ho scritto non ti appare vero, è vera la mia buona fede, e io credo che il mio amore per te non mi debba far sbagliare. Tornando faresti felice tutti coloro che t'amano, contenti tutti gli amici e impensieriresti i nemici, così come oggi con la tua lontananza fai desolati noi e contentissimi *loro*. Ti abbraccio forte forte forte forte.

il tuo aff.mo figlio Stenù

LUGLIO 1932 - SETTEMBRE 1936

D'improvviso, sullo scorcio dell'inverno del 1932, nella vita di Luigi Pirandello (e di riflesso di Stefano) muta lo scenario. Pare che non debba più subire l'amarezza dell'esilio, avvilito in quella esclusione dall'arte italiana e lontano dall'attività viva di realizzazione scenica dell'opera teatrale. Si è mosso il regime, Mussolini in persona ha convocato il drammaturgo e lo ha ricevuto il 13 marzo. Il capo del governo, che è stato investito da iniziative separate di Stefano e di Marta, già da tempo ha giudicato rischiosa la presenza a Parigi, dove vivono tanti esuli antifascisti, di quell'autorevole scrittore (il quale ha una volta dichiarato che all'estero non bisognava badare al colore politico, si era tutti italiani) di cui bene si conoscevano gli sdegni per la situazione culturale in Italia. Uno scrittore, da Mussolini definito dal «brutto carattere» in un colloquio con Marta Abba, che avrebbe potuto, secondo l'avvertimento di Stefano, anche compiere gesti clamorosi «troncando tutti i ponti che lo legano alla società degli uomini». Urgente pertanto riportarlo in patria. Durante l'incontro a Palazzo Venezia, mirabolanti le promesse, troppo gridate e troppo ardite per risultare credibili: l'attuazione della grande riforma agognata dal drammaturgo da tanti anni, dei suoi vasti progetti (dieci teatri regionali sostenuti pubblicamente). E Pirandello a capo di tutto l'apparato. Quasi sbalordito, il giorno dopo scrive a Marta che il colloquio è stato «magnifico» e che Mussolini gli ha detto testualmente: «credo veramente che sia la via più giusta per risolvere la questione del teatro in Italia». D'ora in avanti, dal 1932 al 1936, gli stati d'animo di Luigi e di Stefano ondeggiano tra picchi di esultanza e di scoraggiamento. Di quelle tante promesse, più volte ribadite nel corso degli anni, neppure una verrà mantenuta. Sempre destinata alla bancarotta la spe-

ranza. Ma lo scopo è stato raggiunto. Lo scrittore chiude nel maggio 1932 la casa di Parigi (aiutato da Marta e dalla madre di lei), si trattiene per molti mesi in Italia e ritorna stabilmente a Roma accanto a Stefano e alla sua famiglia sullo scorcio del 1933. È un cambiamento sostanziale nella loro vita che dischiude nuove fasi creative. I momenti migliori sono quelli durante le villeggiature, quando Luigi è accanto a Stefano nel villino Conti di Castiglioncello. Nell'estate del 1932 compone due commedie, Trovarsi *e* Quando si è qualcuno; *nell'estate del 1933 la splendida terza parte de* I Giganti della Montagna, *uno degli apici della sua arte, in cui esprime una piena potenza fantastica; nell'estate del 1934* Non si sa come, *frutto d'intense, accese discussioni di Stefano col padre che ne avrebbe voluto fare una commedia a protagonista femminile, ancora una volta per Marta. Un estenuante confronto dialettico approdato alla vittoria finale di Stefano che a prezzo di fatiche, nervosimi, irritazioni riesce a imporre che il ruolo principale sia quello del protagonista maschile. Stefano ha raggiunto infatti una tale simbiosi col padre da potersi sostituire a lui nella scrittura.* Non parlo di me, *un lungo articolo-conferenza, apparso su «Occidente», gennaio-marzo 1933, è uno squarcio di confessioni intime e profonde dove sono presenti certamente ampi brani riconducibili a Luigi ma il cui filo conduttore e la cui struttura sono architettati da Stefano.*

Più radicato nella realtà italiana, Stefano, convinto che il suo dovere morale consista nell'indagare con lucente rigore la ragione di regole, comportamenti, convenzioni, aporie sociali. In preda alle inquietudini dell'esistere, Luigi, siciliano ed europeo insieme, in grado di presagire e intendere con stralunato furore quelle che in una lettera a Marta chiama «le grandi correnti del mondo», foriere di nuova vita. Tra loro sorgono talora risentimenti e momenti di difficile sopportazione, da cui la necessità di fasi di distacco. L'uno e l'altro giungono a temere che la vicinanza possa rendere impossibile lavorare autonomamente. A Luigi ora non sempre riesce di creare come vorrebbe e ne è avvilito. Lo salverà dallo sconforto la gloria del conferimento del Premio Nobel nel dicembre 1934. Anche se il suo «dolce» non può cancellare l'«amaro di quanto è costata». Le accoglienze entusiaste che riceve in molti paesi gli fanno ancor più sentire la freddezza che gli è stata riservata in Italia, dove tuttavia poco tempo dopo paiono aprirsi nuove opportunità per la sospirata riforma del teatro. Ma le attese vengono frustrate pure questa volta, e Luigi guarda agli Stati Uniti (sebbene il secondo viaggio a New York nel luglio-ottobre 1935 lo abbia fortemente deluso, anche per la tensione politica internazionale) come a più estesi orizzonti «In America! in America!» il suo grido. Non sentendosi più in grado di partire, poco prima della scomparsa, induce, quasi costringe, Marta ad avventurarsi al di là dell'Atlantico.

Il 27 aprile del 1935, a Firenze, nella sala del Dugento a Palazzo Vecchio, tiene una conferenza, Introduzione al teatro italiano, *quasi un manifesto della nuova drammaturgia, che si deve in gran parte a Stefano. Scrittore ormai maturo, Stefano nel 1935 ha completato il romanzo* Il muro di casa, *edito nello stesso anno da Bompiani, che ottiene il Premio Viareggio, e la prima commedia di successo,* Un padre ci vuole, *messa in scena il 21 gennaio al «Teatro Alfieri» di Torino dalla Compagnia Tòfano-Maltagliati-Cervi. Negli anni immediatamente successivi alla morte del padre il suo teatro verrà rappresentato da registi e attori di primo piano riscuotendo riconoscimenti critici autorevoli. Ma dopo l'amara delusione per l'infelice esito della tragedia* Sacrilegio massimo, *messa in scena il 18 febbraio 1953 al «Piccolo Teatro di Milano», per la regia di Giorgio Strehler, si chiuderà in un orgoglioso, ostinato, ma non inoperoso, riserbo e isolamento.*

101

Lido di Camajore (Viareggio), 11.VII.1932[466]
"Albergo Oceano"

Mio caro Stenù,
di dove t'è venuto fuori quel "Lecco"? Lecco, sarà forse "Secco", che è il nome di questo punto del Lido di Camajore. Ma l'Albergo si chiama "Oceano" e basta; e non c'è bisogno d'indicare il punto "Secco" di questo lido. L'indirizzo basta farlo com'è segnato in capo alla lettera. È un punto solitario e delizioso, davanti al mare: pago sole £. 25 al giorno; e lavoro a finire la commedia *Trovarsi*[467]; spero, tra pochi giorni... Mi pare che venga molto bene. Vado a prendere i pasti nel villino Abba, che è circa a un chilometro e mezzo da qui; vado con la macchina e ritorno in pochi minuti.

Sto bene; non faccio bagni, non scendo mai alla spiaggia. Del resto, il tempo è così contrario per chi vuol bagnarsi... Io sono fortunato, perché mi godo il fresco lasciato dalle piogge... Ho visto soltanto il Pea[468] con il Ludovici [*per* Lodovici][469], venuto da Carrara a leggere alla Signorina Abba la sua commedia. Sono contento del lavoro, e sto sereno.

Scrivimi. Io verrò prima che finisca il mese. Ti abbraccio forte forte con tutti i tuoi e ti bacio

il tuo Papà

102

Napoli, ?.X.1932[470]
Hôtel Excelsior

Caro Stenù mio,
ho il tuo espresso di jeri. Ti ho già telegrafato il titolo della commedia *Bellavita*[471], e ho telegrafato a Volpi[472] e a Lietta affermativamente. Dio me la mandi buona. Son quasi al secco, e tutte le spese cresciute, e i guadagni, se ce ne saranno, di là da venire. Basta, pazienza. Ho intanto quasi esauriti i pochi denari che avevo in tasca venendo a Napoli; ti mando perciò qua unito uno chèque di L. 5.000 che mi porterai, venendo a Napoli il 27. Questo danaro mi servirà per pagare qua i conti e per partire per Parigi, credo il 5 novembre, perché Marta farà di tutto per varare il 4 la commedia *Trovarsi*. Così potrò assistere anche alla prima di *Come tu mi vuoi* a Parigi[473]. Mi tratterrei colà pochissimo. Ma conto su te per la conferenza di Malta[474] il 4 dicembre. E vorrei che prima della tua venuta sistemassi lo scenario di *Giuoca, Pietro!*[475] per lo "Scenario" di d'Amico[476]. Qua a Napoli all'*Excelsior* non potresti alloggiare per meno di L. 50 al giorno con mezza pensione, dovendo prendere una stanza con un letto a due. Certo al *Londres* troveresti da spender meno. Ma questo si vedrà alla tua venuta. Il 27 mattina io ti mand[e]rò la macchina con l'autista provvisorio, e il 27 stesso tu ritornerai con quello fisso. La Compagnia di Marta, specie per gli attori di sesso maschile[477], mi pare ottima. Le prove proseguono alacremente, mattina, pomeriggio e sera, fino a mezzanotte. Il giovane Erler mi pare che sia entrato bene nella parte: è sciolto, fervido, animoso; ha forse qualche difetto di dizione, ma si correggerà. Non vedo ancora abbastanza realizzata la prima parte del primo atto e la seconda del terzo. Ma c'è ancora tempo per ottenere tutti gli effetti opportuni. Per *Quando si è qualcuno*[478] il signor Riboldi[479] e Ruggeri[480] non si fanno ancora vivi, e io non posso più restare in attesa delle loro

decisioni. È evidente che il Riboldi non è ancora riuscito a ottenere da Lupi[481] la rinunzia per la tournée di Ruggeri. Io aspetto ancora tutt'oggi, e domani gli telegraferò.

Portami quel vecchio fascicolo della "Nuova Antologia" dove apparve la prima parte de *I giganti della montagna*: ci devono esser dentro alcune carte d'appunti per la seconda parte che mi bisognano[482].

A rivederci presto, e ti bacio forte forte con tutti i tuoi
il tuo Papà

103

[Roma, 9 novembre 1932]

Suvini comunica attuale compagnia Ruggeri inadatta lavoro stop Tournée esclusiva impossibile dato numero attori stop Scrivo. Baci.

Stefano

[Telegramma]

104

[Parigi, 10 novembre 1932][483]

Accordati SIAE azione contro Suvini presentando lettera Ruggeri dove Suvini promette rifornire Compagnia elementi necessari renderla adatta rappresentazione commedia. Attendo impaziente tua lettera. Baci Papà.

[Telegramma]

105

[Roma, 10 novembre 1932]

Forges Fedele assenti Roma torneranno lunedì forse sabato. Parlato De Santis[484]. Da documentazione scritta non risultano ragioni giuridicamente fondate azione contro Suvini. Confido Forges svolgerà efficace azione persuasiva. Telegraferò dopo colloquio. Baci Stefano.

[Telegramma]

106

Roma, 10 nov. 1932 XI
via Piemonte, 117

Caro Papà mio,
ecco il testo del telegramma inviato a te il 7 scorso alle 19,20 all'Excelsior di Napoli e qui respinto il giorno 9, cioè jeri:
«Pregiamoci informarla che riteniamo attuale formazione compagnia Ruggeri non prestarsi rappresentazione suo lavoro mentre impegni già assunti et brevità stagioni non consentirebbero sfruttamento adeguato importanza lavoro[485]. Tournée esclusiva non possibile dato enorme numero attori necessario ossequi. Chiarella Suvini Zerboni»[486].
Appena ricevutolo te ne ho telegrafato il sunto e sono andato alla S.I.A.E. dove non ho trovato che il segretario di Forges. Assente Forges per l'inaugurazione dell'Istituto di cultura di Atene e assente Fedele, in Germania: ma di sicuro sarebbero tornati lunedì mattina, per la seduta del Consiglio della Società, e anzi, Forges, forse sabato sera. Premendomi di pren-

der contatto con lui prima della seduta del Consiglio, in cui egli avrebbe certo visto Giordani, ho pregato insistentemente il segretario, e mi sono fatto promettere che mi avrebbe procurato un colloquio o sabato sera stessa o domenica mattina, o al peggio, se Forges fosse tornato a Roma solo la sera della domenica, il lunedì mattina prima della seduta. Lo ho informato della gravità della cosa ed egli s'è impegnato. Ho anche telefonato a casa di Forges e ho pregato che il suo ritorno mi fosse comunicato subito, lasciando un appunto per lui che si tratta di cosa urgentissima e grave. Ho cercato dell'avv. De Santis[487], ma era in giro.

Stamattina ho telefonato a De Santis e lo ho informato di tutto. Ci siamo dati appuntamento per il pomeriggio nel suo studio in Via Collina 48, perché oggi non aveva orario d'ufficio alla Società. Il tuo telegramma è arrivato alle 5, proprio quando uscivo per andare da lui. Abbiamo esaminato attentamente la lettera di Ruggeri. Come ti ho telegrafato, essa, che è l'unico documento di qualche consistenza, non offre un vero fondamento per un'azione legale, perché è tutta espressa in forma condizionale, ma d'altra parte è tanto esplicita da consentire a Forges grandi possibilità di discutere con vantaggio assoluto di posizione dal lato morale. Come io ho detto all'avv. De Santis, leggere questa lettera e dopo il telegramma dei consocii, risulta evidente che quel telegramma è una mascalzonata. Pensando a un'azione legale De Santis vede, non ben fondata neppure, ma insomma possibile, solo una richiesta di rifusione di danni morali verso Ruggeri personalmente, non mai contro i Chiarella Suvini Zerboni, i quali, nei fatti, non hanno altra figura che questa: il loro scritturato Ruggeri ottiene da Pirandello un lavoro; nel consegnar loro il copione, perché esaminino le spese della rappresentazione, fa presenti alcune difficoltà; un loro incaricato ne discute con Pirandello prospettando le possibili soluzioni; in fine si riuniscono per esaminare a fondo la situazione e decidono per il no. Nel comunicarti la decisione evidentemente prendono le giustificazioni meno vere ma più prospettabili, che non mortificano né te né loro. La verità che non dicono è questa: che la compagnia Ruggeri è un disastro, per la quale non conviene spendere un soldo più dello stretto necessario nei limiti degli impegni già assunti e legalmente inderogabili. È evidente che essi possono sottrarsi a quello con te perché sicuri in linea giuridica non solo, ma perfino, grosso modo, a posto con le norme delle buone consuetudini commerciali. Invece la posizione personale di Ruggeri verso di te è meno corretta: egli, in fondo, l'impegno di rappresentare il lavoro a Roma, Milano e Torino l'ha preso, con la speranza di poterlo dare anche in altre "piazze" se la Compagnia non si scioglieva il 14 febbrajo. Ma c'è da osservare: che tu, come io ho detto al De Santis, desiderio di chiamar responsabile Ruggeri non lo puoi avere, sapendo come sai che certo la rappresentazione non manca per lui; e che lui può dire con ragione che gli impegni suoi personali non possono avere forza, perché non è in suo potere rispettarli contro la volontà di chi gli dà i mezzi.

Io ho pensato che Ruggeri ti dovesse almeno una spiegazione. E dopo molto pensarci, d'accordo con l'avv. De Santis gli ho spedito questo telegramma:

«Ruggero Ruggeri Teatro Paganini Genova

Le sarei grato se volesse subito fornire direttamente a mio Padre Hotel Frontenac 54 Rue Charron Parigi chiarimenti circa situazione determinatasi per rappresentazione lavoro. Grazie ossequi. Stefano Pirandello».

Sono certo che ti telegraferà o scriverà: è opportuno che tu mi comunichi immediatamente la sua risposta.

Io penso:

che la compagna Ruggeri è "un disastro";

che *Quando si è qualcuno* è il tuo capolavoro;

che perciò va benissimo se la compagnia Ruggeri non lo rappresenta.

Ma: Ruggeri, lui, è l'attore che meglio può fare ***[488]. E allora, poiché è verosimile che dopo il 14 febbrajo i Chiarella Suvini Zerboni scioglieranno la Compagnia, e dato che Ruggeri ha un debito con te per il modo con cui s'è comportato, perché non si conducono le cose in modo che Ruggeri prepari fin d'ora una "sua" tournée col lavoro? Certamente i capitali per questa "speculazione" si possono trovare: se ne può interessare Forges, credo. Che Ruggeri sia minacciato di sequestri se fa Compagnia propria non è impedimento: è facile trovare la mascheratura legale dell'impresa.

Intanto c'è sospeso Lupi, che s'è regolarmente impegnato con te, e col quale tu sei impegnato. Bisogna risolvere. Domani mattina De Santis dalla Società mi telefonerà, dopo avere esaminato l'incartamento che riguarda questi impegni con Lupi, qual è il suo consiglio. Intanto gli pare che spedirgli il copione non comprometta nulla, e ti ponga in salvo da una sua possibile azione. Ma vedrà meglio domani, coi documenti sott'occhi. Intanto tu, se vedi dal canto tuo una linea di condotta, scrivimelo.

De Santis, con cui ho parlato due ore, tiene ad assicurarti che s'adoprerà col massimo zelo e con tutto l'acume di cui è capace a tuo vantaggio.

Sono quasi le undici di sera, smetto per andare a impostare alla stazione. Se ho dimenticato di dirti qualche cosa, domani ti riscrivo. I giornali hanno riportato bene il grande successo di Parigi[489]. Sei contento dell'interpretazione?

Basta. Io ho di nuovo un raffreddore coi fiocchi; e qui piove a dirotto. Tutti miei ti baciano forte e io forte forte.

La Marta mi ha telegrafato che le repliche di *Trovarsi* vanno sempre meglio, sabato e domenica tutti esauriti. Le ho risposto ringraziandola. Di nuovo!

il tuo aff.mo figlio Stefano

107

Roma, 11 novembre 1932

Caro Papà mio,
Ruggeri mi ha telegrafato d'averti scritto, pregandomi di respingerti a Parigi la sua lettera indirizzata qui. È arrivata ora, l'ho voluta leggere: conferma la mia impressione e quella dell'avv. De Santis che non ci sia un fondamento giuridico per agire contro i capocomici di Ruggeri; c'è soltanto da esortarli, con molte e gravi considerazioni, ad avere il coraggio di affrontare quelle grosse spese che essi, esaminando la cosa unicamente rispetto alla convenienza materiale, giudicano impossibili. C'è insomma da chieder loro un tratto che risponda a una più lungimirante e coscienziosa visione della loro funzione nel teatro italiano, e non da reclamare l'adempimento d'un impegno che da parte loro non era ancor definito e consisteva, come dice Ruggeri, nell'aspettativa fervorosa di poter realizzare, anche superando difficoltà di spese nella messa in iscena, un fatto artistico e insieme commerciale d'importanza straordinaria.

Ciò che lo stesso Ruggeri confessa, e cioè che "l'enorme numero dei personaggi, in questo momento d'affari men che mediocri, rappresenta certamente un serio ostacolo per una ragionevole speculazione", mi fa dubitare che l'idea in cui mi ero fissato subito, di una "tournée" messa su da Ruggeri appena sciolto dagli impegni di questa Compagnia, non sia più così felice e risolutiva come mi pareva. Penso perciò che l'unica sia un "richiamo all'obbligo"[490], un monito severo di Forges ai Chiarella, Suvini e Zerboni. Ma d'altra parte vedo, oltre alla difficoltà che questo mezzo ci conduca in porto, vedo purtroppo dubbia la tua convenienza d'affidare il lavoro a una Compagnia che, t'assicuro, è screditatissima. A quel che so, lo stesso Ruggeri raccoglie più critiche che elogi e si sostiene personalmente col suo passato, che non può procurargli altro che un "successo di stima"; non ha detto nulla di nuovo. E il pubblico non gli risponde. Certo col tuo lavoro sarebbe tutt'altra cosa: ma allora saresti tu a chiamarlo, il pubblico. Ma a che spettacolo lo chiameresti? Ammetto facilmente che Ruggeri troverebbe nella parte di *** quello proprio che gli ci vuole per riafferrare il vero successo, lui sì: ma lo spettacolo in sé non avrebbe nessuno stile, com'è consuetudine dei suoi, quando nel tuo lavoro lo stile dello spettacolo è una vera necessità: e poi, dove trovare oggi, che tutti i buoni elementi sono già scritturati, una buona attrice libera per "Veroccia"[491]?

De Santis mi ha telefonato questa mattina per avvisarmi che Forges sarà qui domani, e domani stesso lo vedrò. Io penso, senza tralasciare affatto tutta l'azione da fargli svolgere sui Chiarella e C., di trovare altre vie d'uscita. Una, vedere se Lupi ha stagioni nelle grandi città, per modo che sia, non dico una soluzione ideale, ma un buon rimedio, affidare a lui solo il lavoro; e questo specialmente per uscire dal groviglio in cui si è, dati gli impegni già assunti con lui per le "piazze" di provincia. L'edizione che ne darebbe Lupi, tranne per ciò che riguarda la sua personale interpretazione, sarebbe certo superiore a quella che potresti sperare dalla Compagnia di Ruggeri: è vero che, dopo l'annunzio dato alla stampa che il lavoro sarebbe stato rappresentato da Ruggeri, suona un po' male. Ma è un rimedio. Una vera soluzione la ho in mente da che è arrivato il telegramma dei Chiarella e C., senza il coraggio di dirtela: cioè la Compagnia della Palmer[492], che qui sta avendo un successo pazzo, tanto che bisogna prenotare i posti due giorni prima: la prima Compagnia "d'insieme" e di stile che si sia vista dopo il nostro Odescalchi; lei un'attrice straordinariamente intima, quasi povera d'espressione, ma essenziale e efficacissima, assolutamente nuova; finora senza ambizioni di primeggiare fra i suoi compagni, che sono tutti a posto, un complesso ottimo; una cura di messa in scena davvero perfetta; mezzi, per ora almeno, a profusione e, poiché gli affari vanno a gonfie vele, una grande larghezza a usarli. Tutti dicono che sarà la Compagnia più fortunata dell'annata. La critica è unanime nell'invogliare il pubblico ad accorrere, e, come t'ho detto, il pubblico esaurisce il teatro il giorno prima. Se io mi presentassi *di mia iniziativa* alla Palmer e le facessi intravedere la possibilità di avere una tua "novità"? Il discorso sarebbe: che la rappresentazione mi ha fatto una grande impressione, mi congratulo, scriverò a mio Padre che lei è veramente un'attrice e che meriterebbe che egli pensasse a lei, ecc. Vedere come reagisce, e se la vedessi bene infervorata, tra una cosa e l'altra, in confidenza farle sapere, come vanno le cose del teatro italiano!, che il tuo capolavoro, *Quando si è qualcuno*, che dovrebbe essere rappresentato da Ruggeri, la rappresentazione è in sospeso perché non si riesce a trovare un'attrice per la parte di "Veroccia" e tu hai puntato i piedi che la Borboni[493] non può farlo, mentre la Evi Maltagliati[494] che sta con Lupi lo farà benissimo, ma purtroppo solo nelle "piazze" secondarie... e dirle che io credo che lei, potrebbe fare un'interpretazione magnifica, ecc.: a casa c'è un copione del lavoro, glielo potrei prestare per un giorno... Insomma, senza scoprirsi, vedere se gli [*sic*] nascesse la speranza, come d'una grazia, di poter aver l'onore di rappresentare il tuo lavoro.

Se tu credi che io metta in atto questo mio pensiero, telegrafami "segui tua idea".

Domani, dopo il colloquio con Forges ti telegraferò e poi ti riscriverò. Smetto perché è tardi, la cena mi s'è freddata e i bambini sono venuti a salutarmi per andare a letto. Ti mandano tanti tanti baci, con Dodi; e io t'abbraccio forte forte.

il tuo aff. mo figlio Stefano

P.S. Ruggeri, se tu volessi rispondergli, è a Genova (Paganini) fino al 17 – poi a Napoli (Fiorentini) fino al 30 nov.
Il primo attore della Palmer è Pilotto[495].

108

[Roma, 14 novembre 1932]

Nessuna conclusione colloquio odierno. Indispensabile ottemperare impegni Lupi già reclamante. Vedrò domani nuovamente Forges Nicolai[496] baci Stefano.

[Telegramma]

109

Roma, 15 novembre 1932

Caro Papà mio,
non temere che Lupi, con la Compagnia che ha oggi, possa rappresentare il *Quando si è qualcuno*: fra tante disgrazie ci sarà almeno la fortuna che, dovendo noi sottostare agli impegni assunti con lui per non pagare tutte le penali che i teatri gli richiederanno se non mantiene l'obbligo di dare il tuo lavoro, sarà Lupi stesso a mancare tirandosi indietro appena vedrà l'elenco dei personaggi. Sappi per tua tranquillità che la Compagnia di Lupi non ha capitali ed è composta da numero dodici attori. Non è sovvenzionata da nessuno. Ha quel giro in provincia perché non ne ha voluto altro, allo scopo di poter sbarcare la cinquina facendo le cose in economia.

Quando egli stesso si sarà tirato indietro, penserà poi lui a sbrogliarsi dagli impegni che ha assunto coi teatri: se invece la possibilità della rappresentazione dovesse mancare per causa nostra, saremmo noi chiamati in causa a rispondere per lui; e questo Forges non vuole. Perciò sono stato obbligato a spedire a Lupi il copione. Come ti dico, questo fatto serve soltanto a metterci in regola e a lasciar lui nella peste. È ASSOLUTAMENTE IMPOSSIBILE che egli possa mettere in iscena il lavoro: a meno che non trovi finanziatori che gli ingrandiscano la Compagnia e che gli consentano di far le spese: nel qual caso penserebbe la Società a ottenergli le tre "piazze" importanti.

Sgombrato il terreno da questa apprensione, veniamo al colloquio di oggi, con Sacerdoti (e non con Nicolai come ti avevo telegrafato). Il colloquio precedente con Forges, Fedele e De Santis era servito soltanto per mettere a punto nella mente di Forges la situazione, le richieste da fare e ne era uscita soltanto la necessità d'assolvere gli impegni con Lupi mandandogli il copione. Sacerdoti ha chiesto che prima di iniziare la discussione gli si consentisse di esporre alcune cifre. Sono queste:

La Compagnia di Ruggeri, circa 25 persone, costa tremilasettecento lire al giorno;

La media degli incassi non arriva a questa cifra; quindi la Compagnia incassa poco più della metà del suo costo giornaliero, perciò sarà disciolta al termine degli impegni e, potendo, anche prima;

Il lavoro di Pirandello comporta una spesa di scene e attrezzi valutabile a circa ventimila lire, che dovrebbero essere ammortizzate in tre sole "piazze";

Importa la scrittura di altri attori che, impegnati solo per un periodo di due mesi e mezzo, costerebbero più del normale, preventivando settecento lire giornaliere si starebbe forse al disotto del vero: il costo della Compagnia aumenterebbe a L. 4400 giornaliere;

Importa l'assunzione a ogni rappresentazione di comparsame (i "quattro poeti", le due suore, i 3 fotografi, i 2 camerieri d'occasione, 4 ragazzi (perché gli altri 4 parlano) e almeno 7 o 8 "invitati") che accrescerebbe il costo della rappresentazione stessa di almeno altre 400 lire da sommare alla quota d'ammortamento delle spese di messa in iscena sulla base di 35 rappresentazioni in previsione del grandissimo successo del lavoro, cioè L. 550 per rappresentazione, che nel caso deprecabile di un buon successo normale del lavoro, cioè di 7 o 8 repliche a Roma e Milano e di 4 o 5 a Torino, salirebbe a L. 1000 per recita;

Rende perciò necessario che la media degli incassi della Compagnia non discenda al disotto di novemila lire giornaliere per raggiungere il pareggio, senza la remunerazione d'un soldo ai proprietarii, o almeno raggiunga la media di settemila lire per non aggravare la perdita che ha attualmente: compia cioè uno sbalzo in avanti di sei, o almeno quattro, mila lire, nella *media*, per sola virtù del lavoro di Pirandello. E questo, nelle condizioni presenti del mercato teatrale, è assurdo: tutto ciò che si può sperare nelle più rosee previsioni è che il lavoro di Pirandello faccia salire la media della Compagnia a 5000 lire, il che sarebbe una benedizione per essa: i capocomici erano pieni di fervore in questa previsione, che si sarebbe realizzata certamente se la commedia avesse richiesto soltanto una gran messa in iscena, ma non aumento di personale; mentre così la media di 5000, che significa poco più di 3000 per la compagnia, si può ottenere soltanto a costo di circa 5500-6000 lire di spesa per ogni recita: le spese certe, e gli incassi (non già i guadagni che sono esclusi in modo assoluto) gli incassi incerti.

Di fronte a questa esposizione, il richiamo morale che Forges tentò era naturalmente poco convincente. Sacerdoti tenne a ripetere che non solo non c'era mai stata nei capocomici una prevenzione contraria al lavoro, ma anzi, date le cattive condizioni della Compagnia, la viva speranza che il lavoro risolvesse la situazione: il copione era attesissimo, le prime difficoltà avanzate dall'Autore li trovarono pronti a ogni tentativo di risolverle, si fondavano sul lavoro le speranze di poter seguitare la Compagnia oltre il termine fissato, in modo vantaggioso per tutti, e anche se l'esito finanziario non fosse stato quale si sperava sarebbe rimasta la soddisfazione di aver dato un valore artistico al giro di Ruggeri: con amarezza avevano dovuto piegarsi a rinunziare al disegno. Disse poi che probabilmente, se il lavoro fosse stato pronto al tempo in cui si formava la Compagnia di Ruggeri, tutto sarebbe stato diverso: si sarebbe formata la Compa gnia sul lavoro, più numerosa e con la stessa spesa dell'attuale, e il lavoro si sarebbe sfruttato fin da principio anche nelle "piazze" di Genova e di Napoli, e certamente non si sarebbe verificato il deficit della Compagnia, che ha scoraggiato tutti. Il colloquio finì con la sua proposta di studiare la possibilità di una tournée alla fine degli impegni di questa Compagnia; ma senza impegno preventivo e inoltre non una tournée esclusiva che, data la mole dello spettacolo, sarebbe stata troppo rischiosa, ma con uno o due altri lavori del loro repertorio, intendendosi però che la Compagnia sarebbe stata formata sulle necessità del tuo lavoro. All'accenno che Lupi potesse intanto pregiudicare tutto, rappresentando ora il lavoro, si mise a ridere: una cosa che non potevano, con tutta la buona volontà e anzi con l'interesse, sostenere essi, era assurdo immaginare avrebbe potuto farla Lupi, privo d'ogni mezzo. Le cose sono rimaste a questo punto.

16 nov.

Jeri non ho potuto finire la lettera. Per il *Quando si è qualcuno* non ci sono altre novità; c'è solo che ho telegrafato a Ruggeri di volermi far rispedire il copione, che m'occorreva per tirarne altre copie: invece lo tengo pronto per il caso che occorra farlo leggere alla Palmer, che Fedele stesso s'è preso l'incarico di sondare. Certo neanch'io stimo Pilotto capace di trarre dal personaggio tutto quello che c'è; ma m'immagino un'interpretazione forte e colorita, perché Pilotto è un attore che ha bisogno, ho visto, della parrucca e d'impersonare tipi d'una certa età, e allora si sente sicuro, trova appoggi interiori che gli permettono di valere più di quanto vale di solito con la sua faccia scoperta. A ogni modo aspetto una tua lettera, ora che hai tutti gli elementi della situazione.

FEBO MARI[497] (via del Lauro, 2 – Milano), ti scrive per sapere se tu, stimando lui e la sua prim'attrice Letizia Bonini[498] adatta a interpretare *Trovarsi*, di cui sa che la priorità spetta alla signorina Abba, glielo concederesti. Poiché ha letto il lavoro e domanda il copione, io ho risposto dicendogli che è pubblicato in volume e perciò prima lo legga, e poi, se crede, rinnovi la domanda a te: per evitare che tu prima prenda in esame la sua richiesta e poi lui se ne esca dicendo che non è un lavoro adatto per lui. Ma non so se tu vuoi concederlo ad altri: è bene che me lo scriva.

DE ZUANI[499], richiesto da me, mi ha comunicato che il compenso per la conferenza in Egitto è da considerare più che altro nel viaggio e nel soggiorno in piroscafi e alberghi di lusso, che all'Istituto degli Italiani all'estero vengono a costare, per te e chi ti accompagna, più di dieci mila lire: il nostro Ministero degli Esteri dà poi mille lire, non come compenso alla conferenza, ma come atto di gradimento del Governo per il servizio reso alla propaganda nazionale: il Liceo francese, che si limitava a concorrere alle spese locali della conferenza, per decoro nazionale è stato ringraziato del suo contributo, che viene devoluto in opere di beneficenza a nome dell'Italia. Sono rimasto molto male e De Zuani l'ha capito: gli ho detto che per te il viaggio non era un divago, dato che tu viaggi sempre, ma una fatica e un intralcio fra tante cose da fare e tanti impegni. Egli dice che, se tu non sei contento, certo Parini[500] farà di tutto per venirti incontro. Così siamo rimasti. Intanto penso che si potrebbe cercare: o d'abbreviare il viaggio, o d'eliminare l'accompagnatore.

È arrivato l'avviso dell'Accademia che la seduta inaugurale, cui interverrà il Re, è definitivamente fissata per martedì 22 alle ore 10,15. Prescritta uniforme.

Null'altro, mi pare. C'è una lettera di Lietta, che leggerai al tuo ritorno. Aspetto due righe. Il "Mattino Illustrato" di Napoli ha pubblicato un'orribile pagina a colori con la scena del second'atto di *Trovarsi*, che dev'essere stata un'ottima réclame per le recite[501]. Riflettendo a tempo che la Compagnia Abba era pagata dai teatri, si poteva benissimo chiedere il 25 alla prima rappresentazione: peccato non averci pensato.

Noi tutti bene. (Dovrei farti un lungo discorso sull'appartamento nuovo, che non abbiamo avuto il coraggio di affittare ancora, viste le spese che occorrono: ma sono stanco, e lo differisco: non ha urgenza). Tutti i miei ti baciano affettuosamente e io t'abbraccio forte forte

il tuo aff.mo figlio Stenù

110

Parigi, 18.XI.1932
Le Chateau Frontenac
54, rue Pierre Charron

Caro Stenù mio,
rispondo alla tua del 15-16 c.m.

Hai fatto bene, a scanso d'un male maggiore, a mandare il copione a Lupi. Ma temo forte che il lavoro, dopo il rifiuto della Suvini-Zerboni, sia ormai irrimediabilmente compromesso, tanto nell'aspettazione del pubblico quanto per l'accettazione da parte di altre compagnie. Si spaventeranno tutte, appena si saprà la ragione del rifiuto, cioè che s'è già spaventata la più potente impresa teatrale italiana, che aveva a sua disposizione tutti i mezzi per mettere in scena il lavoro e l'attore più adatto, per cui il lavoro era stato scritto, come già tutti i giornali avevano annunziato[502]. La jattura, che colpisce il lavoro prima ancora che sia rappresentato – non ci facciamo illusioni – è enorme[503].

Come avete fatto ad accettare così a occhi chiusi i conti dell'Avv. Sacerdoti[504]? Sono esageratissimi; talmente esagerati che, se prima non si voleva credere alla nimicizia o alla cattiva volontà della Suvini-Zerboni, bastano essi soli a darne una prova irrefutabile. Posso ammettere tutte le attenuanti: le difficoltà impreveelute e un rischio di maggiori spese dove invece si prevedeva un rimedio facile a sanare lo sbilancio d'una compagnia sgangherata, e da per tutto accolta male, tutto quello che voi volete; ma i conti dell'Avv. Sacerdoti sono un'accusa e non una scusa.

Non è vero, prima di tutto, che la compagnia Ruggeri costi L. 3700 al giorno. Costerà al massimo 2700, e neppure, se si calcola che Ruggeri ha solo L. 700 di paga giornaliera. Basterebbe questo soltanto per far crollare tutti gli altri calcoli della loro impossibilità di mettere in scena il *Quando si è qualcuno*, che, secondo i loro stessi conti, importerebbe una spesa maggiore di altre L. 1000 al giorno. E poi, VENTI MILA LIRE di messa in iscena? ma quando? ma dove? Neanche DIECI MILA. Lo spettacolo si fa in gran parte da sé, con poco, naturalmente a saperlo fare. Ma l'enormità, che dimostra lampantissimamente la mala fede, è nel calcolo dei nuovi attori da scritturare, come se per tanti personaggi secondarii non si potessero fare i doppioni! Con una compagnia di 25 persone (che è forse oggi la più numerosa che agisca in Italia) e un po' di comparsame per l'ultimo atto, io mi fiderei di mettere in iscena qualunque più popoloso lavoro. A chi vuol darla a intendere l'Avv. Sacerdoti? Pensa che Salvini mise in scena con niente *Questa sera si recita a soggetto*. Mi fa specie che tu, Stenù mio, ti sia lasciato mettere nel sacco senza protestare, senza tirar mai per la manica l'Avv. Sacerdoti per farlo calare da quei suoi voli. Ma pazienza! Contro la cattiva volontà è inutile lottare, e io non avevo da aspettarmi nulla da quei signori[505]. Potevano però non pigliarsi anche il gusto di prendermi per fesso con codesti calcoli sballati!

Non so che altro ci sia da fare adesso. Ho fatto tradurre in francese il lavoro, e la traduzione sarà pronta fra pochi giorni. Lo manderò all'estero, un po' da per tutto, sperando di collocarlo fuori d'Italia. Ma non sarà facile, senza la risonanza del successo in Italia. Già *Trovarsi* mi è stato richiesto per l'Inghilterra e per l'America, dopo il successo di Napoli.

Qua sono affogato dalle tante feste che mi fanno. Jeri un invito a colazione di Cecil [*sic*] Sorel[506] e la sera un ricevimento solenne in casa di Jean Jack [*sic*] Bernard[507]. I giovani *sociétaires* della "Comédie Française" hanno progettato di farmi anche loro un gran ricevimento, e un altro ne vuol fare la "Société des Autours [*sic*]". La "Comédie Française" progetta di nuovo di mettere in scena un mio lavoro, di cui da un canto si vuol far madrina Cecil Sorel e dall'altro promotori i giovani *sociétaire*. Il successo di *Come tu mi vuoi* è veramente grandissimo, straordinario. Nonostante la grave crisi, Gaston Baty prevede già le 100 repliche. Il successo della Jamois[508] nella parte dell'Ignota è enorme. A Parigi non si parla d'altro, in tutto il mondo teatrale[509].

Tutte le amarezze debbono venirmi dal mio Paese.
Conto di ritornare verso la metà della settimana ventura. Te n'avviserò per telegramma.
Intanto, baci a tutti e a te, forti forti

dal tuo Papà

111

Parigi, 4.III.1933[510]
Le Chateau Frontenac
54, rue Pierre Charron
REALE ACCADEMIA D'ITALIA

Caro Stenù mio,
ho la tua del 27-28 feb. e del 2 marzo.
Ho già raccolto tutti gl'incartamenti e relative corrispondenze che si trovavano in mano del Colin e mercoledì sera, cioè il giorno 8 conto di partire per Milano per depositarli nella Segreteria del Dr. Mauri[511]. Mi tratterrò a Milano il 9 e il 10 fino alla partenza del treno che alla mattina del giorno 11 mi porterà a Roma, e così potrò assistere alla seduta dell'Accademia per l'assegnazione del premio Mussolini[512]. A Milano vedrò il Mauri, s'intende, e anche il Gianturco[513] e infine il signor Mondadori. Per l'arbitrato il [*per* di] Foà[514], che vuoi che ti dica? mi fa l'amico, ma quando penso che è l'artefice del contratto, andarmi a mettere proprio nelle sue mani... Basta, mi consiglierò col Gianturco stesso...[515].
Qua non ho avuto la minima assistenza dalla Sig.na Scialtel[516] rappresentante parigina della Kurtiss-Brown [*sic*]: l'ho vista una volta sola e poi s'è assentata da Parigi, lasciandomi – come dirò al Mauri – una pessima impressione. Prima del mio arrivo aveva scritto al Crémieux una lettera nella quale presentava la Kurtiss-Brown come *rappresentante* di Pirandello. O

questa donna non capisce nulla, o il Mauri l'ha male informata. A vederla, a parlarle, non le si darebbero due soldi. Non so se riuscirò a rivederla al suo ritorno a Parigi prima della mia partenza. Ho buttato giù una lista di tutte le cose che ci sarebbe da fare a Parigi; ma tanto poco me ne fido, che non ho alcuna voglia di affidargliele. Meno male che per il teatro ho l'assistenza di Crémieux, che durante questo mio soggiorno mi s'è dimostrato premurosissimo; s'è recato per me dal Ministro De Monzie[517] dell'Educazione Nazionale e il De Monzie ha scritto subito un'efficacissima lettera a Émile Fabre[518], direttore della "Comédie Française", perché *Chacun sa vérité* entri nel repertorio della Casa di Molière[519]. "La mia, – gli ha scritto – non è una raccomandazione, ma una sollecitazione". Staremo a vedere la conclusione.

Ti dirò al mio ritorno tante cose sulla Francia.

Ho visto Dino Alfieri[520] e Fedele a colazione al *Quirinal*; ma molto freddi, dopo il colloquio che l'Alfieri ha avuto, a quanto pare, a Palazzo Venezia circa al progetto dell'"Argentina"[521]. È stata questa almeno la mia impressione.

Non mi parli nelle tue lettere della "Cines" né di Di Cocco[522], se ha finito lo scenario di *Donna Mimma*[523] insieme con Ercolino. Bisognerà pur venire a una conclusione di quest'affare al mio ritorno.

Tutti i miei libri sono passati alla N.R.F., cioè da Gallimard, che d'ora in poi sarà il mio solo editore in Francia.

Ma parleremo di tutto al mio ritorno.

Ho saputo della tua *influenza* e anche del disturbo di Giorgino. Voglio trovarvi tutti in buona salute. Io sto bene. L'inverno è passato. Riprenderemo a lavorare. Mi pento di [non] aver portato con me la macchina da scrivere.

Basta. Baci a tutti, anche a Fausto. E a te, Stenù mio, uno forte forte

dal tuo Papà

112

Roma, 7 marzo 1933 XI

Caro Papà mio,
ho telefonato a varie riprese alla *Cines* per comunicare con Cecchi[524] o con Toeplitz. Finalmente oggi ho avuto la comunicazione che ti riferirò (con Toeplitz); ma prima t'informo di come si dice che siano andate le cose all'assemblea tenutasi a Milano il 28 febbrajo. Pare dunque che la Commerciale si sia ritirata interamente dall'azienda, che siano dimissionarii Toeplitz e Artoni[525] e che, invece del Mattioli di cui si faceva il nome, sarà eletto a consigliere delegato... Paolino Giordani: ciò avverrebbe alla fine dell'interregno in cui si va avanti ora, con Toeplitz rimasto al suo posto per il disbrigo dell'ordinaria amministrazione e per prepararsi a dare le consegne di tutta la gestione il giorno 31 marzo, data in cui sarà convocata un'altra assemblea per deliberare definitivamente su questi cambiamenti. Sembra che Cecchi, il cui contratto scade appunto alla fine di marzo, sarà riconfermato[526]. Questo è quanto si sa alla Cines, e me l'ha detto Di Cocco. Il quale ha consegnato il 28 febbrajo la sceneggiatura di *Donna Mimma*, giudicata ottima da Cecchi. Ercolino che, come sai, ci ha lavorato anche lui, giudicava spassionatamente che se ne sarebbe potuto trarre un film originale, novissimo, pieno di movimento dal principio alla fine e ritmato in modo perfetto. La telefonata è stata questa: io ho finto che tu m'avessi scritto da Parigi incaricandomi di far presente che col 28 febbrajo era scaduto il termine del pagamento della seconda rata del film: e chiedevi perciò, mancando di ogni comunicazione al riguardo, una... non dirò spiegazione, ma un chiarimento, una parola. Toeplitz sembra irritato, dapprima finge di capire che io gli abbia detto che tu aspetti il pagamento come se il termine fosse scaduto da sei mesi: io rettifico, con calma. Non ho detto questo, ho detto che sono scaduti i sei mesi dalla firma del contratto, e che col 28 febbrajo s'è maturato il

termine per il pagamento della seconda rata: e perciò tu desideri sapere qualche cosa. Lui dice che richiamerà il contratto: se le cose stanno così, farà approntare lo chèque e lo manderà subito. Benissimo – dico io – le cose stanno senza dubbio così, e perciò il babbo attende il pagamento; ma non è tutto: s'era anche rimasti d'accordo che si dovesse definire il soggetto da filmare: il Babbo desidera anche una risposta precisa al riguardo. E qui – incredibile! – Toeplitz dichiara che non può aderire. Come non può aderire? "La prego di chiarirmi". No, dice, il soggetto di *Donna Mimma* non va assolutamente: o almeno la sceneggiatura che ne è stata fatta. Egli non permetterà assolutamente che si faccia un film su quello scenario, non può far spendere invano delle centinaja di migliaja di lire: proverà se è possibile rifare una sceneggiatura possibile, altrimenti si sceglierà un altro soggetto. "Ma – interloquisco io – scusi, non si può andare avanti così all'infinito!" "Bene: e allora preferisco pagare a vuoto 70 mila lire e non fare nessun soggetto". Io casco dalle nuvole, stento a raccapezzarmi: tutto m'aspettavo fuorché una simile pazzia. Riesco a frenare tutti gli impulsi a risposte compromettenti e, dopo un silenzio credo eloquentissimo, rispondo con la massima calma: "Lei è libero di decidere così, se lo crede opportuno; ma occorre che mio Padre abbia sollecitamente una risposta scritta". Risponde che l'avrai subito, qui al domicilio di Roma e che io dovrò incaricarmi di trasmettertela. Nessuna difficoltà, saluti, tolta la comunicazione. Che te ne pare? Io penso – da quanto ho saputo anche da Di Cocco – che Toeplitz non sia rimasto per questi due mesi nella situazione di menomato prestigio in cui si trova altro che per far dispetti a Cecchi. Il dispetto su *Donna Mimma* è il più grave che gli possa fare, in quanto proprio su questo film ora Cecchi fondava il suo massimo titolo di benemerenza verso la *Cines*: e contava d'aver pronto il film entro aprile al massimo per restare in carica fino alla fine di esso, e oltre, con maggior sicurezza di quanta ne abbia ora, se il film fosse riuscito bene. Anche Di Cocco, da che una commissione di cineasti tedeschi che ha ispezionato la Cines e la sua produzione giudicò che il suo *short* era l'unica cosa che avesse un valore cinematografico, è oggetto dell'odio e delle rappresaglie di tutti i colleghi e dei loro varii protettori, e l'unico suo appoggio è Cecchi. Insomma, una situazione davanti alla quale l'unica è di tapparsi il naso, tanto è fetente.

Per mezzo della Società Autori è arrivata una richiesta della Società Autori Spagnuola per l'autorizzazione a tradurre e rappresentare il *Trovarsi*. Ma poiché mancava ogni indicazione di chi avrebbe tradotto e rappresentato, ho incaricato Fedele di avere queste notizie prima di dare un consenso così a occhi chiusi.

Null'altro. Io lavoro con entusiasmo e vado avanti in quel racconto lungo che ti piaceva, cominciato a Castiglioncello: mi si sviluppa bene e prende proporzioni più vaste di quanto avessi immaginato. Alvaro ha letto quanto ne ho scritto e m'incoraggia molto, gli pare una cosa di prim'ordine. E tu? non mi fai saper nulla. Mauri vorrebbe sapere se con Colin è finita, in modo da poter riprendere seriamente le trattative con la M.G. Mayer[527] per i *Sei personaggi*. Manda un rigo. Noi tutti bene. Tutti i miei t'abbracciano affettuosamente e io forte forte
il tuo aff.mo figlio Stenù

113

Milano, 28 marzo 1933
REALE ACCADEMIA D'ITALIA

Mio caro Stenù,
seguita il grande successo di *Trovarsi*[528], con magnifici incassi. Marta finalmente respira. Speriamo che duri...
Hai riscosso jeri lo *chèque* da Toeplitz? Non ho potuto insistere per *Donna Mimma* perché "il consigliere delegato uscente per dimissioni volontarie" non ha voluto assolutamente imporsi

al nuovo con una scelta d'argomento che, tra l'altro, – mi disse – non era affatto nei suoi gusti. Pagare il *film*, sì; imporre alla nuova gestione anche il soggetto, no.

Ti mando nell'unito vaglia cambiario di L. 13248, la seconda rata da versare a Livorno in pagamento a saldo della macchina (L. 12000) e la tassa per la targa (L. 1248).

Sta bene quanto mi scrivi per la tassa locativa, e penseremo a compensare Mimì[529].

Sbrigherò tutto il resto con Mauri.

Saluti e baci a tutti da tutti. Sarò il 7 mattina a Roma. Un bacione a te forte forte

dal tuo Papà

114

Roma, 28 marzo 1933 XI

Caro Papà mio,

jeri mattina fui alla Cines – tutto liscio come l'olio – ritirato lo chèque (che è datato dall'8 marzo! quante arrabbiature avrebbe potuto risparmiarci quel cazzabubbolo di Toeplitz!) il segretario mi fece le sue scuse, generosamente accettate da me. Quindi il cazzabubbolo molto autorevole mi comunicò che lasciava con la fine del mese la Cines. – Facemmo in modo con Cecchi di incontrarci poi al portone, e in breve mi manifestò il sollievo procuratogli dagli ultimi avvenimenti. "Siamo a cavallo" – diceva: aveva avuto assicurazioni che ora gli sarebbe consentita una maggiore libertà d'azione, e pensava di lavorare e far lavorare molto seriamente, di spingere la produzione, d'attaccare subito con *Donna Mimma* opportunamente riveduta secondo i tuoi lumi, ecc. – Dimmi ora che vuoi che io faccia con lo chèque, se devo conservarlo o spedirtelo: depositarlo alla banca non posso finché non è firmato da te. – Dall'Accademia hanno telefonato due volte, da parte del Presidente e del Segretario (Volpe) per avere assicurazione che tu saresti intervenuto alle sedute segrete – ho risposto che eri a Milano per affari e che ti avevo regolarmente trasmesso la circolare di convocazione: non potevo dir nulla, credevo di sì.

Domattina si sono invitati a colazione Bontempelli e la Paola[530]: sentirò da Massimo che cosa si dice per il probabile eletto[531].

Non altro. Sono le 10 di sera, Cele[532] è arrivata adesso dallo stabilimento e sta mangiando – io scrivo in piedi perché il sederino non vuol più saperne della seggiola. Smetto, che ora usciamo e s'imposta. Tutti bene. Saluti da tutti alla Marta e a te abbracci forti forti

il tuo aff.mo figlio Stenù

115

Roma, 7 aprile 1933

Caro Papà mio,
tu mi dici che potrei almeno sprecarmi per assicurarti d'aver ricevuto il denaro, e hai ragione, perché sarai stato in pensiero. Mi pareva d'averlo fatto, invece si trattava del denaro riscosso dalla Cines. Ma t'aspettavo per oggi, anzi con la speranza che anticipassi dopo la preghiera che gli artisti romani t'avevano fatto per mezzo di Dodi. La notizia di Mauri, che saresti invece arrivato il 9, giuntami l'altro ieri, mi fu come una sollecitazione a scriverti, e me l'ero proposto per la sera stessa. Avrei dovuto farlo, d'accordo, ma tu non ti sai rappresentare come la mia giornata sia piena d'inciampi, di soste snervanti, ore perse, cose tutte che non mi vengono addosso per mia volontà. Tanto per dirti, tre mattinate ho dovuto subire quel brav'uomo del dott. Maselli con la sua storia delle strade di

Pescolanciano e un'ora sana perdere un pomeriggio per trovare la comunicazione telefonica con Marpicati, e un'altr'ora il pomeriggio dopo per portargli altri documenti, e poi doverli restituire al dottore. Ieri tutto il pomeriggio, dalle 4 alle 7 ½, ho avuto in casa la Mamma. La sera, che ti volevo fare almeno due parole, è venuto quel regista russo Herskowitz, mandato dall'*Habima*[533], per prendersi la *Nuova Colonia*, che vogliono rappresentare, ed è stato un altro bel bottone. Scendono da Frascati Massimo e Paola e vengono a riposarsi qui, Massimo mi fa rimestare un'ora fra le carte vecchie per pescare un qualche pezzo tuo da ripubblicare su "Quadrante"[534]; tre volte sono venuti, e una non se ne andavano più. Poi arriva Di Cocco con Ercolino, col chiodo fisso di *Donna Mimma*, vengono, tornano, ore sane a girare sugli stessi argomenti – fumare sigarette e chiacchiere asfissianti. E viene, stroncato dalla paralisi con la bava alla bocca e fetente di piscio il vecchio giornalista Martinelli a contarmi le sue disgrazie e la sua amicizia col glorioso Luigi, per pigliarsi altre dieci lire, lasciando tanti saluti per te. E squilla ogni cinque minuti il telefono, gente che vuol sapere del Maestro, quando torna, dov'è, Casella[535] da Napoli che vuole la conferenza agli Ellusi, Max Sonino[536] da Firenze che protesta angosciato perché si vede spossessare l'America dalla Curtiss Brown, Silvio d'Amico che mi tiene mezz'ora per raccontarmi che del suo progetto alla Corporazione dello Spettacolo se n'è lavate le mani definitivamente, perché il teatro vero, senza la sala nuova, moderna, non si può fare, perché se anche lo fai il pubblico non ci va e non lo sostiene; e Massimo che si sente tradito, non sa come fare all'Accademia, inventerà che tu gli hai scritto che affidi a lui di "portar" Papini, e la sua commedia andrà in iscena solo il 18; e di nuovo Silvio che, per conto della Palmer, vuol sapere se c'è un tuo atto unico mai rappresentato: *Sogno (ma forse no)*; e la Banca Commerciale che vuole le altre ricevute firmate della pensione della S.I.A.E.; e Mario Federici[537] venuto per pochi giorni da Barcellona dove ti vorrebbero per una conferenza, 2000 pesetas e una settimana tutto spesato al Grand Hotel; e Nino Savarese[538] che è stato un'oretta a farsi nutrire le speranze del premio Mediterraneo e poi ogni due o tre giorni fa la timida prova per telefono, per sapere se ci sono novità; e la contessa Pecci Blunt[539], e Margherita Sarfatti[540], e l'Accademia, e Malipiero[541], e via e via. E ora devo anche cominciare a ricevere le commissioni per Fausto, che poi bisogna andarlo a cercare, c'è Sabatello che vuole questo, Adriana Pincherle gli deve far sapere quest'altro, e comunicargli quanto scrive Mauri. Adesso per esempio sento qualcuno che sfoglia un giornale di là nel salottino, credevo che in casa non ci fosse nessuno —————————— (interruzione per rispondere al telefono ad A.G. Bragaglia che mi parla per la Palmer, ancora *Sogno (ma forse no)*: te ne scriverà) – dunque nel salottino c'era Paola Masino. Adesso sento che c'è anche un'altra persona: se vuoi, vado a vedere. Il quale, poveraccio, era Alvaro: l'unico e solo che venga veramente *per me*, amico mio, e sto finendo con l'odiarlo, ché almeno potrebbe fare a meno di farmi perdere tempo anche lui; visto che siamo amici. E c'è Cele Abba, caro Papà, a pranzo e a cena ogni giorno, da "spupazzare" e intrattenere, che prima delle 3 ½ non se ne torna all'albergo, e la sera bisogna farla divertire; questo nelle giornate in cui non ha niente da fare, che poi quando lavora non si sa a che ora verrà a mangiare e la tavola resta apparecchiata fino alle tre del pomeriggio o alle 11 di sera e magari poi non viene, e noi non si sa che cosa possiamo fare, se siamo liberi di noi, d'uscire per conto nostro o d'andare a letto, o se restiamo di servizio, con la casa in disordine, la servitù col broncio, i bambini nervosi, sfrenati o disorientati: e il telefono chiama di nuovo. Lo scultore Marci[a]lis (?), per Fausto. Ho preso il caffè con Paola e nel frattempo ha telefonato Castelnuovo[542], che avrebbe avuto caro rivederti. Paola mi dice i nomi che si sono discussi all'Accademia: Papini (che non sarà, pare, eletto perché il Duce vorrebbe tenerlo un po' in quarantena), Palazzeschi[543], Govoni[544], Betti (!), Pastonchi[545], quotatissimo il cateriniano nero Misciattelli portato da Balbo[546] che ha scritto una lettera anche a te, Notari[547], il Poeta Luigi Orsini[548] e il filologo (?) Merlo[549] (?). Ora la lascio parlare con Dodi. Vedi, caro Papà mio, che tu hai sì ragione di telegrafarmi "potresti almeno sprecarti": ma non perché, come mostri di credere, io sia avarissimo di me e appena tu volti le spalle mi dia in preda al mio cieco egoismo di artista e di uomo felice a casa sua con la moglie e i figli; anzi, perché io non faccio altro che sprecarmi dalla mattina alla sera, ed è una vera stupidaggine incorrere poi nel rimprovero per non aver avuto la forza di scriverti due righe, cioè di sprecarsi 31 dopo essersi sprecato per 30. Ma che ci vuoi fare! Io sono sempre quello che arriva a farsi pagare il medico a Castiglioncello, dopo aver liquidato in quattro mesi le ventimila lire prese dal film per pagare i debiti, tenendo corte imbandita e senza nessun merito: [...][550] e Papà vi ha pagato *anche* il medico... Per la rilegatura dei *Sei Personaggi* destinati ad Alessandri[551] ho dovuto fare tre viaggi, uno per portare il libro, un altro per avvertire il legatore che mi servisse prima poiché De Zuani mi aveva telefonato che partiva venerdì invece che sabato, e poi per ritirarlo. E a casa di De Zuani a portargli i tre volumi. E ora devo andare dal portiere di Lietta a lasciare la ricevuta del mese, poi dovrò tornare a prendere il fitto, portarlo alla Commerciale perché sia spedito. Ma Lietta scrive che Manuel, benedetto, non ha piacere che me ne occupi io; si fida di più che se ne occupi Ninuzzo. Il quale, telefonatogli, non se ne può occupare, che è ammalato seriamente. Intanto all'ufficio del Registro, per registrare il contratto e ritirarlo, due viaggi li ho fatti io.

Sono miserie, Papà mio, miseriole che ti avviliscono a notarle: quelle che riesco a ricordarmi, che sono tante ma tante di più tutte quelle di cui è ormai fatta la mia giornata, e tutte le mie giornate l'una dopo l'altra. Infatti, fra queste miseriole io affondo, lentamente, irremediabilmente, ogni giorno di più. Non servo a niente e a nessuno, ma sono il luogo comodo di tutti. Non capisco, proprio non capisco, come mai tu mi dia, per un lavoro che non vale niente, ben duemila lire al mese: come non capisco poi che per 2000 lire al mese io mi sia ridotto a sprecarmi in tutte queste miserie. La verità è che per il lavoro vero e redditizio che ci sarebbe da fare per te, io non sono adatto: avrò io bisogno di qualcuno che lo faccia per me il giorno che avrò affari intrecciati sull'opera mia. Non ho nessuna passione per gli affari; e mi meraviglio dentro di me nel vedere che tu speri sempre di farne qualcuno.

È venuto Massimo Bontempelli.

Che se ne è andato alle sei, dopo avermi raccontato delle difficoltà che ora gli fanno Tofano[552] e la Merlini[553], che non si sentono di rappresentare quei personaggi – per cui non sa se la commedia andrà o no in iscena. Ha detto che anche d'Amico è stato portato: da Ojetti – per l'Accademia. Questa lettera – anch'essa una perdita di tempo – l'ho cominciata alle 3 ½, quando Cele se n'è tornata all'albergo. Ora è ora d'andare per gli affari di Lietta. […]

Fra l'altro il rinvio del tuo ritorno mi fa passare questi giorni a vivere d'espedienti, perché sono rimasto al secco. Il piede di casa è troppo cresciuto e non si può più fare nessuna di quelle economie che erano possibili con la casa chiusa fra noi. Io non so come fare. Ora che, scrivendotene, ho toccato il fondo dell'avvilente condizione in cui a poco a poco mi sono ridotto, vedo che bisognerà fare qualche cosa per uscirne. Ma è venuto a trovarmi… Spinelli, fratello di quello che comandava la mia compagnia in guerra; e mi ha portato il signor Farinacci, suo collega, che ha scritto una commedia, e desidera il tuo parere. Così sono le sei e mezzo – ho mal di testa e benché piova esco lo stesso, e non per fare gli affari di Lietta, perché non ne posso più.

Ma prima debbo dirti:

– che la Fiat è stata saldata puntualmente il 30 u.s., e ho di ritorno le ricevute debitamente quietanzate[554].

– è stata pagata la tassa del nuovo bollo della macchina.

– la S.I.A.E. ha mandato jeri assegno per £ 10.200, a saldo tuoi incassi di gennaio 1933.

– è arrivato da Verona l'avviso che sono stati timbrati ottomila frontispizii di varii volumi, secondo l'elenco che troverai al tuo ritorno.

– ho ritirato dallo sportello raccomandate voluminose 4 copie di *Uno, nessuno e centomila* spedite da Dutton[555].

Mi pare che non ci sia altro. Ho letto sul Corriere il bellissimo "pezzo" per *L'uomo, la bestia e la virtù*[556], ne sono stato contentissimo. Saluti affettuosi alla Marta da me e da Dodi – e a te, caro Papà mio, un abbraccio forte forte da tutti noi e da me più lungo e più forte

il tuo aff.mo figlio Stenù

116

Roma, 17 aprile 1933

Caro Papà mio,
ho passato una brutta Pasqua, col petto bruciante perché ci si formava un nodo duro di catarro che pareva di ferro – un colpo d'aria, sudore rappreso (per colpa di Dodi, naturalmente). Basta, ora s'è sciolto e sono un vecchio cane catarroso e scaracchiante. Sabato sera andammo alla "prima" di *Acciaio*[557]: applausi con qualche contrasto, pubblico inverosimilmente affollato, impressione diffusa d'una bella cosa mancata, si sentiva dire "peccato che…". Tutto sommato, un mezzo successo, che però veniva dopo un'attesa enorme – e anche di questo bisogna tener conto. Il *Come tu mi vuoi*[558] ancora non l'abbiamo visto. Si sente dire che è un bel film.

Sono rimasto con la curiosità di sapere che cos'era che voleva comunicarti Colin. Speriamo una buona cosa.

Abbiamo già cominciato a cercare la casa in campagna. Domani andremo con Alvaro a Tivoli. Anche Alvaro si stabilisce in campagna e vorrebbe sistemarsi nei nostri paraggi. Sarebbe un'ottima cosa. Qui, l'appartamento mio, forse già sarebbe fittato a tre persone anziane senza bambini, che offrono 900 lire e forse forse 950 al mese. Avremo la risposta fra due o tre giorni. Alvaro m'ha detto che venerdì scorso si parlava quasi esclusivamente di te dalla Sarfatti, e si notava una gran simpatia e finalmente l'orgoglio dichiarato che tu fossi un italiano. Alvaro crede che diffondendosi questi sentimenti non possa mancare a lungo andare una specie di pressione dell'opinione pubblica perché tu sia accontentato in ciò che vuoi fare, cioè i teatri di Stato. E crede, con me, che sarebbe il momento per te di veder crollare le opposizioni meschine che ti si fanno: solo che tu presentassi, per esempio, i *Giganti della Montagna* ad aggravare la situazione già anormale stabilita col *Quando si è qualcuno*. Che se poi tu scrivessi il romanzo d'Adamo ed Eva, diventeresti un semidio. La letteratura italiana ha bisogno di sostanza! Basta. – Vorrei sapere come va la mostra di Fausto[559]. Oppo ha qui un critico cekoslovacco, che si trattiene un mese, molto interessato di Fausto. Egli Oppo ne ha parlato a Praga. Mi dice che è necessario Fausto si intenda fin da ora con lui per la Quadriennale: *in vista dei premi cospicui* di cui sarà dotata: Fausto gli sembra maturo per portarsene via uno. Bisogna, dice, che si cominci a preparare. Ecco quanto. – Ti rispedisco la lettera del Sonino, il quale mi pare che non abbia tutti i torti: in fondo egli è uno che a New York sta sul posto e tratta per sé come per te con lo stesso interesse. Io gli risponderei che l'unica colpa sua è di starsene a Firenze, quando tu gli hai affidato un compito così importante, e del quale egli stesso valuta bene tutta l'importanza. Non ti pare? Basta, adesso smetto per impostare stasera stessa. Tutti i miei ti abbracciano affettuosamente e io forte forte

il tuo aff.mo figlio Stenù

117

Roma, 20 aprile 1933

Caro Papà mio,
    stiamo male in salute Dodi e io – ella con dilatazione e abbassamento di stomaco, atonìa intestinale e dolori di reni, io con un attossicamento per tabacco. Poverissima vita, piena di scon-

certo. Ti scrivo solo per avvisarti che è arrivato il telegramma circolare dell'Accademia che vi convoca sabato 22 per ricevere Mussolini. Dice: "Per ricevere Farnesina nota visita fissata sabato ventidue ore diciassette prescritto tight. Stop. Adunanza conferimento premi domenica ventitrè accademici indosseranno uniforme". Io non so che dirti a questo proposito, temo che sia male non intervenire, e d'altra parte la tua presenza a Milano, se tu ti sei messo di buzzo buono ad ajutare Fausto, può essergli di sommo giovamento. Ho visto la critica del «Corriere», ottima[560]. Non so se gli altri giornali di Milano ne abbiano parlato[561]. Io qui ho provveduto perché Neppi ne parli sul Lavoro Fascista[562], riproducendo qualche cliché. Farò lo stesso con Oppo per la Tribuna. – Per ogni evenienza t'ho fatto tirare fuori e rinfrescare il tight. – D'altre novità non ce n'è. Mario Labroca dice che sarebbe contento d'affittarti il suo villino. Io non so. Fuori in campagna non siamo più stati, date queste condizioni di salute. Dodi vide una villetta alla Camilluccia, con un ettaro di terreno, vista bellissima. – Per quei cinque giorni in più di te e Cele, col po' di rinfresco di quella sera, Dodi dice se puoi mandarci trecento lire: ho fatto poi a tuo nome l'uovo di Pasqua ai bambini, spendendo una ventina di lire per uno. Se tu non venissi per sabato, ti prego di mandarmi questa sommetta, che bisogna. Grazie. Saluti affettuosi alla Marta, alla Cele e ai signori Abba da tutti noi. Un bacio e mille augurii a Fausto. E a te, caro Papà mio, tanti tanti baci da tutti e un abbraccio forte forte

dal tuo aff.mo figlio Stenù

118

Castiglioncello, 20 giugno 1933

Caro Papà mio,
tanti tanti augurii per la tua festa[563]. Siamo arrivati benissimo, alle 6 – impressioni gradevolissime nel ritrovare i luoghi – adesso abbiamo cenato e stiamo per andare a letto.
 Ti scrivo queste due righe per metterti in guardia di *non firmare* nulla, assolutamente, con Contessi, prima che si sia fatto esaminare a Villa il progetto e il capitolato dei lavori. Fra l'altro, ci manca il garage, il bucatojo, una cantina, necessaria per deposito mobili, carbone ecc. Capito? Basta, siamo stanchissimi.
 T'aspettiamo al più presto. Tanti tanti augurii fervidissimi ancora da tutti e tanti baci, e un forte abbraccio
dal tuo aff.mo figlio Stenù

Ricordami alla Marta, che è stata tanto cara con me, e alla Cele.

119

Castiglioncello, 24 giugno 1933

Caro Papà mio,
qui il tempo non si rimette ancora e la gente non viene. Noi facciamo vita ritiratissima. Io ho ripreso il romanzo. Abbiamo visto Biagini[564] e la moglie, ospiti della signora Samuelli – Biagini però riparte domani. Poi la signora Del Grosso, i Galluzzi – e basta. Alle 10 ½ andiamo a letto con l'idea d'alzarci presto, invece non ci si alza prima delle otto e mezzo. Ma questo riposo

fa bene a Dodi. Io devo aver preso troppo caffè, perché sto male di viscere e ne ho l'abominio – del resto sto bene. I bambini se la godono, e sono rifioriti. Quasi ogni giorno, di mattina o nel pomeriggio, è piovuto; ma poi schiarisce e col sole c'è il compenso del profumo della terra bagnata. Il mare ancora gonfio e freddo è inaccostabile.

Mauri ha scritto. In seguito al tuo telegramma per la richiesta Fischer[565] sul *Trovarsi* egli ha telegrafato a Kurt Fiedler. Mauri mi trasmette una lettera a te indirizzata, di Feist, che si rifà vivo: vorrebbe tradurre lui *Trovarsi*, per la Elisabeth Bergner[566], che la reciterebbe in tedesco e inglese (ma dal contesto si ricava che, al solito, sono supposizioni e speranze – non ci vedo niente di concreto). Alla fine dichiara che se tu il diritto di tradurre non glielo dai con tutto il cuore, lui rinunzia. Credo che, dopo la offerta Fischer, non sia il caso nemmeno di parlarne. Rispondo in questo senso al Mauri, che mi chiede chiarimenti in merito e notizie sul Feist, del quale non sa nulla. Gliele darò.

Informerò Mauri anche del tuo viaggio a Buenos Ayres. Mauri vorrebbe battere altri cinque copioni del *Quando si è qualcuno*: sarebbe meglio che Mondadori facesse le bozze – e anche il volume[567], forse, non per metterlo in vendita qui, ma per spedirlo a Buenos Ayres in occasione della *prima*[568]. Scrivi a Mauri in questo senso.

Non altro. Vorrei sapere quando conti di venire – e se ci sono novità importanti. Magari, fammi scrivere dalla Cele, che non ha niente da fare.

Saluti affettuosi da tutti noi alla Marta (e anche alla Cele, via). Tutti i miei ti abbracciano con affetto e io forte forte
       il tuo aff mo figlio Stenù

120

Roma, 17.VII.[1933] XI
Hôtel Excelsior
Ristorante "Il fagiano" con ritrovo "La fagianetta"
Roma, piazza Colonna

Caro Stefano,
mandami a volta di corriere la lettera di Mauri che si riferisce alle trattative con la Spagna fallite per colpa di Pierantoni, cioè per il ritardo di circa due mesi con cui mi fu comunicata la richiesta di quel teatro nuovo "de los Est[ud]iantes" per l'inaugurazione con mio spettacolo pirandelliano. Forse potrà essere la buccia sotto il piede per far cadere Pierantoni. Io aspetto Fausto da Anticoli, o una risposta al telegramma che gli ho spedito oggi.

Baci dal tuo Papà

Saluti da tutti a tutti.

121

Castiglioncello, 18 luglio 1933 XI

Caro Papà mio,
purtroppo lettere di Mauri che denunzino un ritardo di due mesi della Corporazione nella trattativa del teatro spagnuolo non ce n'è nessuna. L'unica è questa che ti mando, dove si parla d'un'ora d'anticamera. E non ce ne possono essere altre, perché questa del 7 luglio è la sua penultima: dopo questa, in cui la trattativa pare ancora in piedi, Mauri ci ha riscritto un'altra volta sola in data 12 luglio, non facendo più cenno della Spa-

gna. Incuria da parte della Corporazione v'è stata certamente, ma noi non abbiamo in mano nessun documento per dimostrarlo. La Corporazione può sempre giustificarsi, d'altra parte, mettendo avanti che il presidente della "Residencia de Estudiantes" Alberto Gimenez [sic] Frand[569] avrebbe dovuto scriverti direttamente: ciò che non fece.

Non commettere imprudenze. Se io non ti ho fatto fare nessun passo in questa faccenda, nessuna protesta, avevo le mie ragioni.

Nel ricercare fra la posta vecchia ho trovato la lettera della S.I.A.E. in data 3 luglio con cui Fedele ti ha rimesso l'assegno di £ 8.500 sui tuoi proventi di aprile e maggio: la busta era aperta: evidentemente tu ci hai dato un'occhiata senza accorgerti che c'era il malloppo.

Fausto – Ripensando a quanto mi dicesti il giorno prima di partire, cioè che tu non gli avevi accordato il prestito che t'aveva chiesto, ho capito che tu non riuscisti a sentire che Fausto, per vincersi e farti una richiesta, doveva essere in gravi angustie. Egli non è capace di parlare. Avrà certamente pensato che tu potevi dargli la somma per la villeggiatura, senza costringerlo a venire a Castiglioncello se lui non ne aveva voglia: intanto, per non pregiudicare la cosa con una decisione, te la chiedeva per ora sotto forma d'anticipo sul pagamento dei quadri. Poi t'avrebbe magari scritto: a Castiglioncello non mi va di villeggiare, le 2.500 che mi hai dato (se erano 2500) considerale per la villeggiatura che farò a x. Io credo che sia così: desiderava quella sommetta che tu di solito ci dài per la villeggiatura, e non voleva dispiacerti sul momento dichiarandoti che a Castiglioncello non ha voglia di venire.

Io seguito a lavorare bene. Dodi jeri sera è stata male di nuovo con lo stomaco. Bisognerà che si faccia la radioscopia. Ieri ho scritto a Mauri; e alla Ahnfelt[570], dicendoLe che le avremmo mandato, appena pronte, le bozze del *Quando si è qualcuno*.

Credo che tu tornerai prestissimo, ma mi pare difficile domani. Faccio conto per giovedì. Affettuosi saluti alla Marta da me Dodi e pupi, che ti abbracciano. E io t'abbraccio forte forte
       tuo aff.mo figlio Stenù[571]

P.S. Non so che fare dell'assegno: telegrafa se debbo rispedirtelo. Di nuovo.

122

Castiglioncello (Livorno), 23 ottobre 1933 XI

Caro Papà mio[572],
appena tornato qui ho scritto lunghe lettere a Mauri e al prof. Gabetti[573] – ora ho avuto le risposte, e ti scrivo. (Ho anche scritto e spedito a Parigi l'articolo per la Nación).

Di Mauri ti rimando senz'altro la lettera: ho segnato in margine due linee dove parla della questione Bloch Erben, che è il punto più importante della lettera: leggilo attentamente. Delle "veline", numerosissime, ti rimando solo le più importanti: sarebbe bene che tu perdessi una mezz'oretta di tempo per leggerti almeno quelle delle lettere spedite a Kurt Fiedler.

A proposito di Mauri voglio dirti, caro Papà mio, che mi ha stretto addirittura il cuore vederti non del tutto ben disposto verso di lui. Per me, Mauri, è il *primo* uomo che tu abbia trovato adatto in tutto e per tutto a servirti utilmente. Io lo ritengo molto intelligente e accorto, onestissimo, e *capace*: uno che non dorme sulle cose, rapido e pronto, preciso fino al capello in tutto, chiaro, ordinato e che arriva o può arrivare dovunque. Certo non ti gonfierà mai la testa di grandi speranze illusorie come hanno fatto sempre tutti i vili farabuttelli che ti sei trovato attorno, e ti parrà sempre, quand'è davanti a te, un po' impacciato: perché ti rispetta davvero. Ma io so bene che non è impacciato per nulla affatto, davanti a nessun altro: anzi è estremamente deciso e sicuro di sé, e perfino aggressivo quando tratta i tuoi interessi.

Tu devi pensare che gli hai dato in mano una situazione imbrogliata in modo tale che uno non può fare un passo – nel buio – senza sentirsi strozzare da un filo impreveduto. Tutta la sua attività è per ora, come si dice, handicappata da uno svantaggio iniziale di partenza. E bisogna bene che finalmente qualcuno ti rimetta in sesto tutta la tua situazione passata. Ora se quest'uomo non è Mauri, che pare fabbricato apposta per questo, io non so proprio dove tu puoi sperare di trovarne un altro.

Per meglio giudicare la sua opera tu devi tener presente che lui, pure attenendosi al giustissimo criterio che il fondamento vero d'un affare è sempre l'occasione, persegue poi con la sua attività tre scopi ben definiti: 1) mettere una volta per sempre in chiaro la tua situazione passata (e in questo senso ha già svolto una mole di lavoro *enorme*); 2) la penetrazione della tua opera nei grandi teatri del West End a Londra (e perciò sta spingendo, "formando l'opinione" nella testa dei dirigenti della Curtiss Brown: più di venti lettere, dosate piano piano, insistenti e prementi, come lui sa che si deve fare coi cervelli anglosassoni: e mi dice che cominciano a capire: e tutto è che abbiano capito davvero, perché poi non si dovranno più seguire fino alla riuscita: e quello sarà il tuo *vero grande affare*: certo e matematico, e non aleatorio e casuale come quello d'un nuovo film in quest'America d'oggi, che si sta riducendo *insolvibile verso l'estero*); e 3) *se tu volessi*, l'organizzazione d'una produzione in Italia di tuoi films: ma sulle basi che tu non volesti prendere in considerazione quando io te ne accennai. E tuttavia io credo che sia l'unico mezzo serio di tentare la sorte. Mauri, con me, aveva pensato press'a poco questo meccanismo d'affare: in cui tu avresti corso certamente un rischio, ma non quello di rimettere soldi: di rimettere, se le cose andavano male, un certo *tempo* e una parte del valore economico d'un *soggetto*: ma per avere la possibilità, e anzi la probabilità, se il film riusciva bene commercialmente, di guadagnare un due o trecentomila lire: e con l'agio di ripetere l'affare due, tre, quattro volte l'anno... Questo lo schema dell'affare: tu davi a lui Mauri, tuo uomo di fiducia, la possibilità di mettere davanti a un capitalista, trovato da lui, un tuo soggetto e il tuo nome come "ditta" (*Pirandello film*: come c'è, con lo stesso sistema, la "Forzano film"), e la garanzia della tua prestazione al lavoro del film, scenario e ripresa, contro un *minimo* di "premio" (e non di compenso), così: un 20 mila lire. Il capitalista – o gruppo di capitalisti – avrebbero messo fuori tutto il denaro occorrente per fare il film: insieme con Mauri, che avrebbe fatto parte integrante del gruppo come tuo rappresentante dalla parte economica, si sarebbe provveduto allo sfruttamento: l'incasso sarebbe andato: prima ai capitalisti fino al rimborso del capitale esposto, e quindi diviso al 50% fra te e loro. In questa "società di fatto" tu saresti stato garantito fino all'ultimo centesimo da ogni possibilità di truffa, dalla presenza di Mauri, che avrebbe dovuto esser procuratore della società, ossia avere il diritto di controfirma su ogni scrittura, che, priva della sua firma, non sarebbe stata valida. Come tu vedi, in questo modo: se il film cade davanti al pubblico, e non remunera il costo, il capitalista perde del suo, tu perdi lavoro tuo e soggetto restando con sole 20 mila lire in mano, e, cosa più grave di tutte, si getta il discredito sull'efficacia commerciale di un *tuo* film. Ma è un'evenienza assurda. Se il film invece ha il suo normale esito, pagato il costo sulle 600 mila lire, restano due o trecentomila di utili, da dividere in parti uguali: e la sicurezza matematica di rifare l'affare subito, migliorato dall'esperienza, e con la fondata speranza d'un esito migliore: e così via. A fare quattro films per anno, non ci sarebbe di sicuro di meno, per te, di cinquecentomila lire, con la fondatissima probabilità di liquidarne sette o ottocentomila. Cosa che potrebbe divenire... regolare e normale: senza più bisogno del *grosso colpo* americano. Fino al giorno che, coi nostri mezzi, qui in Italia, potessimo permetterci il lusso di buttar fuori il film dei *Sei personaggi*, garantendoti un milione non più sugli utili, ma sugli introiti, e il resto negli utili: il giorno, naturalmente, che avessimo già in mano tutta un'organizzazione commerciale di diffusione e vendita che ci potesse garentire lo smercio mondiale del film. Mauri, in tutto questo lavoro, potrebbe avere un modestissimo stipendio mensile dalla società come suo *procuratore* (che gli servirebbe solo di rimborso spese per viaggi ecc.) e correrebbe dietro di te l'alea del guadagno col suo 10% sui tuoi incassi. A me non c'è da pensare: se posso esser utile, mi si pagherebbe il lavoro effettivo.

Io non so. Consigliati con Marta. Il mio consiglio è implicito nel fatto d'avertene riparlato. E aggiungo solo che un affare che ti proponesse Mauri, solo perché te lo propone lui, che ha tanto vero affetto devoto per te, si presenta con un buon fondamento.

Di Gabetti e viaggio nel nord, ti parlerò domani, altrimenti questa non parte più stasera.

Cordiali saluti a Marta da me e Olinda. Tutti noi t'abbracciamo forte forte e io più forte di tutti

il tuo aff.mo figlio Stefano

123

Castiglioncello, 25 ott. 1933 XI

Caro Papà mio,
la lettera di Mauri e le "veline" mi sono rimaste fuori dell'espresso che t'ho spedito jersera. Poco male, eccole qui.

Ti mando anche un elenco di persone da invitare alla "prima" del *Quando si è qualcuno*[574] e al banchetto. Non ti dimenticare di farlo avere a Serretta[575]: bada che Gabetti aspetta l'invito, ed è bene che venga per vederti prima della tua partenza per il Nord. Basta che tu dia l'elenco a Tamberlani alle prove, incaricandolo della consegna a Serretta.

Gabetti mi telegrafò subito appena ricevuta la lettera con cui gli comunicavo la tua accettazione definitiva e la data di partenza al 10 novembre, con la clausola esplicita che ti si dovesse garentire il viaggio organizzato in modo che per il 30 novembre, massimo 1° dicembre, tu fossi di ritorno. Nel telegramma mi dava notizia che telegrafava subito al Ministro Paternò[576] (Stoccolma), che avrebbe assunto l'organizzazione del giro.

Subito dopo m'ha scritto, e dice: che ha avvertito Paternò e Tamaro; che il giro in 20 giorni si può fare agevolmente: tutto è che tu resista alle inevitabili pressioni che ti si faranno dovunque perché tu ti trattenga di più: perché in ogni posto cercheranno d'averti per più tempo possibile: ma tu saprai prima, alla partenza, quanto ti devi trattenere per non alterare la misura prestabilita; che riceverai presto la lettera ufficiale del Senatore Gentile, con cui sarai invitato a compiere un giro nel Nord per iniziativa dell'Istituto Fascista di Cultura.

Io gli ho risposto subito dicendo: che tu ora eri rassicurato circa tutte le spese di viaggio e soggiorno, specificate a carico delle diverse istituzioni italo-nordiche e dell'Istituto Fascista di Cultura. Ora volevo sapere come e da chi ti sarebbero state compensate le conferenze. Aspetto che mi risponda, per mettermi in contatto diretto coi Ministri Paternò, Tamaro[577], De Marsanich[578] (Oslo) e Capasso-Torre[579] (Copenaghen) ai quali comunicherò la notizia, richiedendo chiarimenti.

– Ho visto che purtroppo ho dimenticato costà il volume dell'*Umorismo*[580] da cui dovevo far copiare le pagine per la conferenza su Ariosto e Cervantes. È meglio che, ormai, tu l'affidi a Tamberlani, perché te le faccia copiare in una copisteria di S. Remo.

Credo che io arriverò costì il 6 sera, e starò con te finché tu non partirai per il Nord. Mi pare che sia inutile che tu vada a Roma: dopo la rappresentazione del 7, potresti passare ancora a S. Remo l'8 e il 9, partendo il 9 sera per Milano, dove avresti tutta la giornata del 10 per fare gli acquisti necessarii, e di lì ripartiresti per su la sera: che è come se fossi partito da Roma la mattina presto.

– Negli inviti la Mad.lle Liisi Karttunen è quella che s'è interessata per la rappresentazione del *Trovarsi* in Finlandia[581].

– Scrivo ora stesso del tuo viaggio a Keuls. Come tu vedi, il giro dell'Istituto Fascista di Cultura comprende solo: Norvegia, Svezia, Danimarca e Finlandia. Glielo comunicherò, dicendogli che se in Olanda hanno piacere di averti, provvedano alle spese e si mettano in relazione subito col nostro Ministro Paternò. Gli consiglierò anche di mettersi d'accordo col nostro

Romano Guarnieri, che potrebbe agevolare la cosa per mezzo della nostra Legazione in Olanda.

– Ora devo scrivere il "pezzo" dei tuoi studi in Germania per la rivista di Gabetti, ed è una disperazione con le poche notizie che tu m'hai date. Ma pazienza.

– Penso che tu sarai assorbito dalle prove e preoccupato degli "effetti" ora che si sarà cominciato a provarli anch'essi. Vorrei essere con te! Marta si prodigherà con tutta se stessa e si piglierà dieci arrabbiature al giorno... Eppure è una vita bellissima! Quando la riprovo, poi tutto mi sembra più grigio.

– Della casa e studio dei Bertoletti[582] ho notizie indirette da parte di Elena, che ce li lasceranno per metà novembre; ma, benché la abbia chiesta, ancora nessuna conferma da parte di Bertoletti stesso. Aspettiamo...[583]

Cordialissimi saluti a Marta da tutti noi. E a te baci dai pupi e un abbraccio forte forte da Dodi e
dal tuo aff.mo figlio Stefano

124

Firenze, 25.I. [1934] XII
Excelsior Hôtel Italie

Caro Stenù mio,

qua sono andati trionfalmente *Quando si è qualcuno* e *O di uno o di nessuno*. Firenze ha voluto farmi feste calorosissime.

Ha risposto Amicucci[584]?

Marta mi dice che anche a Livorno la rappresentazione di *Quando si è qualcuno* è passata senza incidenti al III atto e con grandissimi applausi.

Io dovrei tornare sabato 27 a Roma; ma penso che non mi conviene, perché dovrei trovarmi il 30 a Genova per la prima colà al "Paganini". E allora ho deciso, trovandomi già a mezza

261

strada, di risparmiarmi il doppio strapazzo di due viaggi consecutivi, senza il tempo di riposarmi. Vado a Genova e ritornerò a Roma nei primi di febbrajo.

A Genova si deciderà se mettere in scena il lavoro di Giraudoux[585], finalmente consegnato dal Panzini. Intanto le parti del tuo sono già cavate[586], e Marta pensa di metterlo in prova prima di quello di Massimo, che ha avuto parere contrario da parte di Almirante[587]. Anche Marta non mi pare molto favorevole. E io non so come combattere la loro avversione.

Bisognerebbe che Silvio pensasse alle lettere d'invito, voglio dire a formularle insieme con Bruers[588] per le più eminenti personalità. Io vedrei queste lettere al mio prossimo ritorno, e si potrebbero spedire.

Oggi intanto vedrò Ojetti per intendermi con lui circa alla riunione del Comitato in febbrajo. Voglio che ci sia e che ci sia anche Massimo, il quale mi ha scritto prima di partire per Milano, dove il 30 Ruggeri darà la sua commedia. Bisognerà che Silvio e Bruers facciano correggere il comunicato che l'Agenzia "Ala" va diffondendo ai giornali sul "Convegno Volta"[589], comunicato nel quale Marinetti figura da segretario del Convegno. Bisogna mettere a posto le cose con molta discrezione. L'indirizzo dell'Agenzia Ala è "Via del Macao, 6 – Roma". Forse sarebbe bene avvertire che dei comunicati relativi al Convegno sono attendibili soltanto quelli emanati dalla Presidenza.

Quanto al Capitani[590] è bene che tu non ti muova più. Marta gli ha scritto. Se hanno intenzione di mettersi in relazione con te, ti cercheranno; e se no, pazienza.

Mauri ha scritto? Nessuna notizia dalla Svezia? Nessuna dalle altre parti? Purtroppo questo Curtis[s] Brown non conclude nulla, tranne il collocamento di qualche novelletta in Inghilterra[591], dove ci sarebbe tanto da fare.

Speriamo il suo viaggio a Parigi e a Londra giovi, che vuoi che ti dica?

Qui fa un tempo bellissimo, e Firenze è in una gloria di luce; ma i teatri sono vuoti: i due unici incassi della compagnia si son fatti con le mie novità; nelle altre sere, un pianto!

Basta. A rivederci, Stenù. Scrivimi a Genova al "Bristol". Ti bacio con Olinda e i bambini e anche Fausto

il tuo Papà

Saluti da Marta a te e ai tuoi.

125

Roma, 27 gennajo 1934 XII
via Antonio Bosio, 15[592]

Caro Papà mio,
sono esultante che il *Quando si è qualcuno*, staccatosi dai porti infetti, trovi mare aperto col vento in poppa. Amicucci ha risposto, e ti accludo la lettera. Sarà interessante sapere come arzigogolerà la sua giustificazione il Corsi[593]; epperò non bisognerebbe lasciare senza seguito la lettera di Amicucci. Ma io purtroppo sono stato questi tre giorni a letto con una ripresa di influenza, e non ho più visto la Gazzetta del Popolo – non so dunque se e come sia stata fatta la rettifica promessa: e così mi manca l'elemento più importante per prepararti la risposta ad Amicucci. Ti mando la sua lettera.
– E un ritaglino dal "Messaggero" di stamane con la notizia riguardante *Donna Mimma*[594].
– Silvio è rimasto malissimo del comunicato ALA. Il bello si è che Marpicati, con cui ha parlato, gli ha confermato che Marinetti sarebbe il segretario del Convegno. Io ho spiegato a Silvio che il povero Marpicati non deve sapere nulla di preciso e lo ho informato che il comunicato ALA è parto della penna stessa di Marinetti, e che in adunanza è stato tassativamente stabilito che non ci sarebbe stato un Accademico segretario, ma una commissione composta dei tre già designati come segretarii, cioè Marinetti Ojetti e Bontempelli, e del quarto aggiunto, Romagnoli. Lunedì, o al massimo martedì, Silvio avrà una riu-

nione con Marpicati e Formichi per chiarire la faccenda e farà presente come stanno le cose. Egli m'ha detto che, come sarebbe disposto a tutto per lavorare sotto di te, così a nessun patto vuol lavorare sotto Marinetti, che ha già arrecato tanto nocumento al prestigio e alla serietà del nostro Paese in altri congressi internazionali, nei quali essi si sono trovati insieme a rappresentarlo. Silvio dice che ha troppo sofferto in quelle occasioni per ricaderci un'altra volta. Naturalmente né lui né Bruers possono prendere l'iniziativa, come tu consigli, di fare una smentita del comunicato Ala, e nemmeno ora che, attraverso Bontempelli, si sa come è nato questo comunicato e che cosa sia l'agenzia *Ala*.

(Della quale, ora che ci penso, darò l'indirizzo a Mauri, perché le comunichi le notizie che ti riguardano e che ci interessa diffondere).

Il meglio, secondo Silvio, è parlar chiaro alla riunione di lunedì con Marpicati e Formichi e vedere che ne nasce. Quanto alle lettere d'invito egli ne ha già parlato con Bruers, il quale non sa o non vuole decider nulla senza la sanzione di Marpicati: e anche di questo perciò si tratterà lunedì. Silvio è sicuro che bisognerà prima di far qualsiasi invito, sottomettere la lista degli invitati all'approvazione di Mussolini, perché per alcuni potrebbe essere una complicazione la loro situazione politica nei loro stessi paesi, o i loro rapporti personali politici col nostro. Anche Silvio stima necessario che alle riunioni della commissione intervengano sempre Ojetti e Bontempelli, e crede anche che, se egli deve essere – anche non nominalmente, ma effettivamente – il segretario del Convegno, debba essere invitato ad assistervi anche lui: senza dirmelo chiaro, me l'ha fatto intendere, e ho finito col dirglielo io, tanto mi pareva naturale.

Nessun'altra notizia, né di Capitani, né di Mauri, né della Svezia... Ti scriverò subito, o telegraferò, se ci sarà qualche cosa. Della mia salute t'ho detto – Ninnì è raffreddata, carognetta – gli altri bene, il tempo prodigioso, che fa perfino malinconia. Mi sono rimesso al romanzo: non ne posso più di tenerlo su le spalle! Spero di finirlo, ora. Fa a Marta tutti i nostri cordialissimi saluti.

Telegrafa almeno 2 giorni prima del tuo ritorno, perché si possa provvedere a riscaldarti l'appartamento, hai capito? Noi tutti t'abbracciamo forte forte e io più forte di tutti
il tuo aff.mo figlio Stenù

P.S. Gli elenchi delle traduzioni li mandai puntualmente a Bruers la mattina del secondo giorno dopo la tua partenza.

126

Roma, 2 febbrajo 1934 XII
via Antonio Bosio, 15

Caro Papà mio,
con d'Amico ci siamo spesso telefonato in questi giorni. Doveva vedere Marpicati lunedì scorso, invece gli hanno sempre differito il colloquio, sicché potrà vederlo soltanto domani, domenica. Egli è risoluto a risolvere la questione dell'autosegretariato Marinetti: se non è chiarita questa faccenda, con molto dispiacere, si ritira: e non perché lo aombri il fatto che ci sia qualcuno che abbia la veste, a lui ufficialmente negata, di segretario: ma soltanto perché questo segretario sarebbe Marinetti – uomo sleale, pavido, incapace di sostenere responsabilità: in una parola, buffone. O cialtrone. Se segretario fosse Bontempelli o Ojetti, d'Amico non avrebbe nulla da ridire. Bruers m'ha comunicato che Mussolini ha concesso il suo contributo al convegno, ma non nella misura sperata: soltanto centomila lire, in più delle 200 mila del fondo. Bruers già pensava a riduzioni anche nel numero degli invitati. D'Amico invece è del parere di non limitare per nulla, anzi di fare prima un bel programma concreto anche delle rappresentazioni, e fatto il preventivo, presentare a chi di ragione il programma, illustrandone

la bellezza: e allora il resto dei denari occorrenti salterebbe fuori senz'altro.

– Mauri è venuto a Roma a portarmi i conti Mondadori. Ne abbiamo discusso un'intera mattinata. Sono incredibili. Vi figurano, oltre alle 10 mila dell'anticipo che non ti era stato calcolato, più di seimila lire di tuoi debiti verso la Casa: incredibili debiti, formati, niente di meno, per la massima parte, di volumi presi in conto da te: a botte di 900 lire una volta, 450 lire due volte: e questo in sei mesi di tempo! 1800 di libri: cioè, calcolando lo sconto a cui Mondadori deve darteli, qualche cosa come quattrocentocinquanta volumi: Dove? quando? Per tutta giustificazione, nei conti è segnato: "Come da nostra fattura N°. tot." – ! E poi, ancor più incredibile: interessi per più di mille lire. Che interessi? Mauri suppone: gli interessi sulle anticipazioni. E quando mai un editore s'è preso interessi sulle anticipazioni? Che è, una banca? E quando mai t'ha avvisato che intendeva prenderseli? Se te l'avesse avvisato, le anticipazioni tu non le avresti prese! Pensare che tu devi *vendere* ben duemila volumi, cioè un'edizione: per niente! che ti viene calcolata a rimborso d'interessi sull'anticipazione: che è di patto, e di costante consuetudine, quasi come unica e sola giustificazione d'ogni contratto editoriale. Cose che fanno schifo. Ma assai più schifo fa quello che abbiamo scoperto spulciando le cifre, piccole cifre, che, insieme sommate, fanno – con le fatture e gli interessi – il tuo debito: cioè le cifre delle timbrature dei frontespizii, a te addebitate, secondo il contratto. Le abbiamo confrontate coi bollettini di timbratura che la S.I.A.E. ci manda: ebbene, *non una* cifra era esatta. *Tutte* alterate, e tutte alterate in più, ai tuoi danni: dove la S.I.A.E. denunziava 18, conteggiato 23; dove 15, 20; dove 60, 70; dove 48, 55; e via seguitando.

Ho incaricato Mauri di andare a fondo su ogni voce di questi conti sbalorditivi e – senz'impegno – di parlarne intanto a Mondadori come cosa sua personale, lasciando libero te di agire in qualunque modo riterrai opportuno. Secondo me, e di quest'avviso è anche Mauri, Mondadori dev'essere all'oscuro di tutta questa faccenda: in cui gioca lo spirito d'imbroglio di qualche ragioniere, che dev'essere abituato a mettersi in tasca le differenze. Comunque, vedremo il seguito della faccenda.

Dalla Scandinavia sono arrivate le risposte: quella cordialissima del Ministro Paternò a te, e una della Thulin a Mauri. Il silenzio di Linden si spiega con una sua malattia, per cui da due mesi è ricoverato in clinica, ora in via di guarigione, e con l'assenza della Thulin dalla Svezia, per due mesi anche lei in giro all'estero. Linden è pronto a sottoscrivere il nostro contratto, purché l'à valoir sia di 1000 Korone svedesi, invece che 1500. Ho detto a Mauri che gli dia subito lo sta bene. È dolente di non ritenere adatto, almeno per ora, il *Quando si è qualcuno*: invece punterà tutti i suoi sforzi per piazzare subito *Vestire gli ignudi*[595], di cui c'è già la traduzione, e che gli sembra destinato a grande successo. – Paternò dice che il Geber[s], avute e fatte tradurre le tue conferenze, s'è tirato indietro: non crede che il volume potrebbe incontrare. Si limiterà a procurare di collocarle in riviste letterarie. Da Helsinki hanno mandato i rendiconti delle recite del *Trovarsi*, e il residuo dei tuoi diritti, detratte le 1500 kor. dell'à valoir: sono 492 kor.: cioè un centinajo di lire...

– La S.I.A.E. ti ha mandato un assegno di £ 5000, come acconto sugli incassi dei tuoi diritti in novembre.

– Mario Corsi t'ha scritto una lettera in cui si giustifica.

– L'architetto Fiorini è venuto a trovarmi per dirmi che il Capitani gli ha parlato del tuo film: dicendo che è deciso a farlo, ma che in Germania non vorrebbero l'*Esclusa*, ma un altro soggetto. Io l'ho incaricato di dire a Capitani, confidenzialmente, quanto sarebbero fessi a lasciarsi sfuggire l'*Esclusa* che, oltre a essere una trama di film meraviglioso è *sentita* fortemente dall'attrice che dovrebbe interpretarla: e questa è un'arra di successo che solo i ciechi non vedono. Vedremo che ne sarà. Con me nessuno s'è fatto vivo.

Null'altro di notevole.

La Banca Commerciale ha mandato i rendiconti, il tuo c/c. si chiudeva alla fine del semestre con 33 mila lire e rotti.

267

Ricordati d'avvisarmi due o tre giorni prima del tuo ritorno, perché si possa riaccendere: col freddo che s'è messo altrimenti troveresti davvero una ghiacciaja[596].

Saluti affettuosi a Marta da tutti noi. E a te, caro Papà mio, i nostri abbracci forti forti e uno più lungo da me
il tuo aff.mo figlio Stenù

127

Roma, 15 maggio 1934[597]
via Antonio Bosio, 15

Caro Papà mio,
ho visto stamane sul Messaggero[598] l'ottimo successo del *Quando si è qualcuno*, e ora uscirò a prendere il *Corriere*[599]. Sulla *Stampa* di domenica ho visto riportata la tua conferenza[600]: spero che ti sarai fatto pagare a parte per concedere il permesso di stamparla.

– Ti mando la lettera di Pettinati giunta ora. Speriamo bene.

– Marchesano mi richiese l'altrieri (?) il tuo contratto con la Pittaluga-Cines per il secondo film. L'ho trovato e gliel'ho portato. Ha preparato la scrittura per il *Pensaci Giacomino*[601], con tutte le clausole di garanzia per te. Credo che te ne abbia scritto direttamente: non so se veniva a Milano a parlarti.

Ti rimando: un ritaglio spedito da Borgese[602]; la lettera del Sign. Horia Erdelea, romeno, da passare a Mauri: sarà bene, se Alexandru Marcu[603] ridiventa il tuo rappresentante in Romania, passare a lui la richiesta di questo Erdelea per la trattativa.

Petrolini t'ha inviato i programmi del Kurfüstendamm-Theater dove ha dato *Zitronensaft*, ossia *Agro de limone*.

– Ieri, da d'Amico alla redazione di "Scenario", ho visto uno degli ultimi numeri di *Comœdia* francese, con l'annunzio di una ripresa de *La volupté de l'honneur*: mi sono scordato ora a che teatro: il Montparnasse? L'annunzio era piuttosto buffo: diceva che la direzione del teatro era costretta a sospendere le repliche dello spettacolo in corso, avendo per precedenti impegni l'obbligo di dare almeno dieci rappresentazioni del lavoro di Pirandello; dopo le quali sarebbe stato ripreso lo spettacolo interrotto. Sarà una scusa per non dire che quello spettacolo non fruttava più? Se così fosse, non sarebbe simpatico verso di te. – Io ero andato a *Scenario* per dire a d'Amico che non mi era piaciuta per niente la recensione di Zingarelli[604], da lui pubblicata, tutta contraria ai *Sei personaggi* dati da Reinhardt: e d'Amico m'ha detto che la aveva tutta castrata, perché era addirittura una stroncatura feroce di quell'edizione del lavoro. Anche ammesso che l'edizione di Reinhardt fosse pessima, è opportuno che un italiano faccia così il difficile? E mi pare sommamente inutile consolarsi dicendo che, tanto, tutti sanno che Zingarelli è un antico idiota.

– Vorrei tanto sapere che cosa avviene a Marta per la "Stabile", se state passando giorni d'ansie e di tribolazioni. Fammi scrivere qualche cosa da Mauri.

Fausto è sempre ad Anticoli. Ho visto le prime critiche di Venezia: nessuno lo nomina[605]. Comincio a temere che ci sia una levata di scudi contro di lui, perché è chiaro che la parola d'ordine è contro le "deformazioni" "novecentiste" e non vorrei che facessero di lui il capro espiatorio di questi sozzi alti e bassi della politica artistica. Dio non voglia!

Noi, tutti bene. Io lavoro. Tanti affettuosi saluti a Marta, da tutti noi. Ti abbracciamo forte forte, caro Papà mio, e io più forte di tutti

il tuo aff.mo figlio Stenù

128

Roma, 25 maggio 1934
via Antonio Bosio, 15

Caro Papà mio,
sempre nessuna notizia da te, né diretta, né attraverso Mauri. Ti rimando:
– l'invito della Società degli Autori Polacchi, giunto con ritardo attraverso la nostra Società Autori, ma al quale sei sempre a tempo a rispondere due parole di ringraziamento.
– la lettera dell'Amministratore della "Comédie Française" che l'Accademia, al solito, ha respinto qui a casa, benché ti fosse indirizzata alla Farnesina come Presidente del Convegno Volta. A questa lettera bisognerà rispondere d'accordo con d'Amico: se tu me la rimandi con l'appunto da sviluppare penserò io a portarla a Silvio.
– e la lettera del Copley, che ha urtato presso la Curtiss Brown in un'altra traduzione del *Trovarsi*. Io non so nulla delle notizie dirette da Londra che tu avrai certamente attraverso Mauri, e non posso pronunziarmi. Ma pareva che il Copley avesse tutto pronto: attrice, regista, editore…
Alvaro sta preparando la "voce" che ti riguarda per l'Enciclopedia Treccani, e verrà da me un pomeriggio in questi giorni per buttar giù insieme la parte biografica[606].
Io lavoro sempre da mattina a sera, non vedo nessuno. Ieri sera ho rivisto Fausto, contento della vendita di Venezia[607] e d'una commissione che gli dà Fulvia Giuffrè. Vorrei tanto sapere notizie di Marta, di come si comporta il De Santis[608], che ne sarà della Compagnia… Basta: falle i nostri più affettuosi saluti. E a te, caro Papà mio, tanti abbracci da tutti noi e uno forte forte

dal tuo aff.mo figlio Stenù

129

Milano, 26.V.1934 XII
Hôtel Corso

Caro Stenù mio,
sono costretto a rimanere a Milano almeno fino a tutto il lunedì prossimo venturo, perché ho promesso di fare una breve presentazione al pubblico della commedia del povero Fracchia[609] che sarà recitata appunto la sera di lunedì.

Il *Quando si è qualcuno* ha avuto qua un ottimo esito, otto repliche che al giorno d'oggi significano un'enormità, con sei compagnie di prosa (e non tre) in concorrenza tra loro. Benissimo è andato anche il *Come prima, meglio di prima*[610].

Mi sono aggiustato col Nulli, dopo un'udienza al Tribunale, per invito del giudice stesso[611]. Ho pagato L. 6.000 (sei mila) in contanti e pagherò due mila al mese per tutto un anno a cominciare dal prossimo giugno sui miei diritti d'autore; ho rilasciato inoltre il 10% accantonato per il Nulli presso la Società degli Autori. Mi toccherà poi di pagare l'Avv. Gianturco, che non mi ha ancora presentato la sua parcella. Come vedi, un ottimo affare. Ma mi servirà di lezione, se un'altra volta mi pigliasse la pazzia di rivolgermi alla giustizia. Trenta mila lire le avrei avute soltanto di spese, se l'Avv. Rimini patrono del Nulli mi avesse trascinato fino in Cassazione con la speranza di farsi pagare da me ciò che il suo cliente non avrebbe potuto mai pagargli. E nessun interesse aveva il mio stesso avvocato a farmi vincere la causa, per la medesima ragione. Basta. Ho tagliato corto per non sentirne più parlare.

Mauri, che vedo quasi ogni giorno, mi ha dato il rendiconto di questi ultimi mesi, nel quale trovo segnato a mio debito un "Contributo mensile spese segreteria, dicembre, gennajo, febbrajo, marzo, aprile (L. 300 mensili)" vale a dire la somma complessiva di L. 1500. Ora, mio caro Stenù, ti prego di non avere moti inconsulti di generosità di cui poi ti penti, lasciandone il carico a me. Queste L. 300 mensili dovevi rilasciarle tu sulle 2000 che ti pago mensilmente e altre 300 avevi promesso di darne a Fausto; poi non le hai più date né a Fausto né a Mauri. Io non posso assolutamente assumermi il peso di queste altre L. 600 mensili. Non si fanno promesse sulla pelle altrui; è facile così essere generosi. Ho pagato al Mauri, oltre i due viaggi di Roma, anche L. 1000 di contributo per il viaggio Parigi-Londra che non ha portato alcun frutto, le spese postali di 5 mesi, in tutto L. 3484,80; oltre il 10% su tutti gl'introiti anche provenienti da affari non trattati da lui, come il *Trovarsi* in Finlandia e l'Articolo sul Romanzo italiano pubblicato sulla rivista inglese. Insomma, da un introito di circa otto mila lire, sai che parte ne è venuta a me? la metà: L. 4064,45. Mi pare troppo. Ma devo riconoscere che la colpa non è soltanto sua.

Qui le cose coi signori di S. Remo si son messe male. Propongono o lo scioglimento del contratto col pagamento d'una penale o un assegno mensile di una diecina di mila lire alla Compagnia soltanto per i mesi (otto) ch'essa reciterà. Roba da ridere. Nel contratto non è previsto il pagamento d'una penale e la parte inadempiente dovrà pagare perciò tutto l'importo del contratto e non la terza parte come sarebbe nel caso d'una penale. L'assegno, a conti fatti, non potrebbe essere inferiore a L. 300000 annue per tre anni. Ho paura che si verrà a una lite. Domenica prossima si avrà la risposta da S. Remo. Marta è assistita per ora dall'Avv. Giaconìa indicato da Marchesano.

Fausto mi ha scritto due volte e mi ha mandato la fotografia della natura morta che gli hanno comprata a Venezia per quella Galleria Nazionale d'Arte moderna. Ho passato la fotografia all'"Ambrosiano" per la pubblicazione. Nel giorno che sono stato a Torino per la conferenza ho letto sulla "Stampa" alcune parole che riguardavano il suo quadro in una rassegna generale; dicevano press'a poco: "Siamo certi che F.P. si libererà presto di certi elementi surrealistici e perfezionerà le ottime qualità cromatiche che si notano nel suo quadro *La Scala*".

La commedia di Contini e Sarazani all'Odeon è stata un fiasco clamoroso[612].

Spero di ritornare martedì sera alle otto o mercoledì mattina. Telegraferò.

Giacompol[613] in questo momento mi comunica per cablogramma da Buenos-Aires il grande successo colà del *Tutto per bene* interpretato da Arata[614]. So che Ruggeri interpreterà l'*Enrico IV*[615] il venturo giugno qua a Milano al teatro Odeon per prevenire il Moissi[616], il quale allora, forse, non lo darà più.

Basta. Baci a te e a tutti e a presto rivederci

il tuo Papà

130

Roma, 27 maggio 1934 XII
via Antonio Bosio, 15

Caro Papà mio,
ricevo la tua di jeri con tutte le notizie. Purtroppo non mi facevo illusioni né sull'accomodamento con Nulli, né su quello di Marta con San Remo: ma francamente non m'aspettavo che le cose andassero tanto contrarie in tutt'e due i casi. Bada che è enorme rilasciare al Nulli tutte le percentuali accantonate presso la S.I.A.E. come un di più delle 30 mila della transazione, e col carico di pagarti il tuo avvocato: almeno questo doveva esser compensato nel cumulo della transazione, e le percentuali accumulate esser conteggiate nel totale. E la proposta fatta alla Marta, del sussidio di 10 mila al mese per otto mesi (credo però oltre la sua paga così com'è ora), è un terzo di quello che io fra me avevo pensato che potesse essere offerto e discusso.

Basta – su questi punti non posso fare altro che addolorarmi... sterilmente. Ma per quello che si riferisce a Mauri no: io non avevo mai pensato di sottrarmi a dargli le 300 lire mensili sulle 2000 che tu mi dài, stimandolo giusto, e infatti ho qui accumulato per questo mille lire che ti darò al tuo ritorno, e le altre 500 te le tratterrai dal mensile di giugno. Non potevo aspettarmi che Mauri ti presentasse di persona i conti, trovandoti tu a Milano: egli stesso m'aveva scritto che me li avrebbe mandati quando si fosse accumulato un certo utile. Il mio ragionamento è che tu, con le 2000 che dài a me, come prima le davi a Colin, debba esser servito molto meglio di come ti serviva Colin: da me con Mauri, o da Mauri con me: secondo a chi tocca, mese per mese, di lavorare di più. E sono sempre convinto che il nostro binomio frutterà. Intanto quello che a te, troppo semplicisticamente, pare un resultato negativo è già confortante, perché nei 5 mesi di cui hai avuti i conti Mauri aveva già mandato altre somme, e tu ne devi togliere le 1500 lire che non riguardano te, ma me: ossia sempre le 2000 mensili del tuo segretario. Allora non sono più 8000 lire d'incasso e 4000 di spese, ma almeno 10 o 11 mila d'incasso e 2500 di spese: nelle quali 2500 vanno le 1000 del viaggio in Inghilterra, che è una spesa d'una volta tanto, e che se non ha fruttato nulla oggi, è certo che non è stata sciupata. E questo è un movimento di soldi tutto fondato su piccole somme, d'ordinaria amministrazione, senza nessun grosso affare… Devi mettere che ora il lavoro di segreteria comprende anche la sorveglianza su Mondadori: s'è fatto lo sbaglio nelle verifiche delle percentuali, che è una lezione, e non si ripeterà più; ma intanto ha messo in chiaro e su un altro piano tutti i tuoi rapporti con l'editore: in modo che ormai s'è riattivata una fonte di guadagno. Io credo che qualche affare si farà, prima o poi: ma la sola cosa che mi sta veramente a cuore, caro Papà mio (forse in contrasto con te), è quella di tenere ben sturati tutti i condotti che possono apportare, continuamente, gli utili "normali"; e adoperarsi a incanalarli tutti, che non ne sfugga nessuno. Questo solo ti darebbe la tua tranquillità intera.

Per Fausto è un altro discorso: tu sai che ho sempre sostenuto che gli squilibrii, che ti mettono in apprensione sul suo conto, sono per tre quarti dovuti alle sofferenze per le sue ristrettezze economiche: veri, e purtroppo inalleviabili, solo per un quarto. T'avevo spinto a fare 31, facendo tu già 30: per meglio convincerti che quel piccolo sacrificio di 300 lire al mese giovava allo spirito di Fausto, l'ho avviato io stesso. Del resto, sollecitato e non per moto inconsulto di generosità: Fausto stesso le voleva da te e non da me, e mi metteva in croce perché io intercedessi; la mia situazione si faceva antipatica come quella d'un figlio privilegiato, e lui faceva di tutto per dipingermi la sua come quella del parentuccio povero. Il sacrificio per me era grave; ma forse lo avrei seguitato se non mi fossi accorto che, purtroppo, finiva con l'essere interpretato a rovescio e che proprio in quella figura di privilegiato mi faceva consistere: d'uno che ha le mani in pasta e chi sa quanti soldi gli restano attaccati alle dita, per cui levarsi 300 lire è niente. Avrei fatto più male che bene dando corpo ai sospetti: e ho preferito sinceramente dirgli che a conti fatti era un sacrificio che non potevo sostenere: e che perciò avesse il coraggio di chiederlo direttamente a te, se non poteva farne a meno. Ora non so se, di fronte alla necessità di far da sé, si sia rimangiato il bisogno che davanti a me dimostrava, per togliere la castagna dal fuoco con

[Stefano]

[Lettera incompleta]

131

Castiglioncello, 8 luglio 1934 XII
REALE ACCADEMIA D'ITALIA

Caro Papà mio,
non c'è niente di nuovo: altro che quest'assegno del *Corriere*, che ti rispedisco, e una lettera di Mauri, in cui ci dà notizia che Pettinati ha accettato le nostre proposte (5%) e s'è messo puntualmente all'opera, d'accordo anche lui che l'unica cosa da fare a Londra è di puntare decisamente sui teatri del West End. Dice che rivedrà e farà rivedere la traduzione del *Trovarsi* fatta dal Fernald[617], che è solito prendersi libertà esagerate, fino a

dare sviluppi arbitrarii e contrarii alla tesi dell'autore: onde la sua traduzione della *Maschera e il volto* diede luogo a liti con Chiarelli e scandali.

Quest'è tutto, per ora. Castiglioncello è un porto di pace: silenzio e belle giornate. Io m'alzo presto e lavoro molto. Dante Deri è fallito, ma poi ha trovato chi gli ha fornito denaro a prestito e ha rilevato lui stesso un'altra volta il caffè, e anzi l'ha fatto più pulito, che pare un bagno majolicato – con gli abatsjours [*sic*]. C'è ancora poca gente: le donne Pavolini[618] e De Pirro[619], Paolo Milano[620], Ercolino sono per ora tutta la compagnia.

Non so niente del mondo perché non ho più aperto un giornale: sapessi come mi sento meglio.

Basta, cari saluti a Marta (e a Cele, se c'è) da tutti noi.

Ti abbracciamo tutti, caro Papà mio, e io forte forte.

Il tuo aff.mo figlio Stenù

132

Castiglioncello, 15 sett. '34
REALE ACCADEMIA D'ITALIA

Caro Papà mio,

il progetto che leggemmo quella sera mi pare fosse, non quello grande per 10 teatri, ma l'ultimo per l'Argentina, e credo che sia rimasto in sala da pranzo: era la brutta copia, con correzioni a penna, perché di copie buone non ce n'è più nessuna. Ma tu vorrai il progetto grande – e bisogna cercarlo nel mio studio: o sul tavolinetto tondo di mogano, o sull'ultimo ripiano della libreria, vicino alla finestra: dentro una delle cartelle di cartoncino (ma potrebbe essere anche dentro una delle altre cartelle che sono messe sul secondo ripiano della libreria, verso il centro). Per entrare nello studio bisogna prendere la chiave nel tiretto del piccolo mobile all'ingresso: sono tutte lì, involtate in pezzi di carta, sui quali è scritto il nome della stanza. Mi raccomando di rimettere ogni chiave al suo pezzo di carta. E raccomando a chi cercherà nel mio studio di non buttarmi troppo le carte all'aria. Cercate prima nel tavolinetto di mogano: è più probabile che il progetto stia lì. Poi vicino alla finestra, l'ultimo ripiano della libreria. Credo che in questi due posti lo troverete.

– È arrivata la lettera che Mauri aveva trattenuta aspettandoti a Milano. A Campa[621] e a Moissi scrisse subito appena ricevuta la mia in cui ne lo incaricavo, sicché il telegramma di Moissi è in risposta alla sua lettera, come io avevo capito. Ti rimando le veline di queste lettere a Campa e a Moissi.

– Ti mando i contratti spagnuoli da firmare. Appena firmati, dalli a Francesco[622] che li spedisca senz'altro, espressi, al
Dott. Umberto Mauri
39, via Corridoni
Milano
Io da qui gli scrivo che gli saranno rimandati a Roma. Non te ne scordare.

Le cose con Salabert si mettono male, perché hanno già ricorso alle vie legali incaricando lo studio degli avv.ti Oviglio, Pizzoli e Di Giacomo di condurre la trattativa. Colin non s'è fatto vivo. Ora risponderemo alla prima sollecitazione di questi avvocati mandando a loro la lettera che era pronta per Salabert, insieme con un'altra d'accompagno nella quale sia ribadito in termini anche più strettamente giuridici il nostro punto di vista: che tu prendesti un anticipo per un'operetta, che sei pronto a fare: se Salabert non la vuole più, aspetti che tu comunque la abbia fatta e si riprenda l'anticipo su quello che tu guadagnerai sull'affare. Naturalmente, bisognerà sollecitare la definizione di esso col Maestro Ibert[623]. Diventa sempre più opportuna una tua affacciata a Parigi, dove potrai andare dopo Vienna, o, speriamo, dopo Stoccolma...

Altro per ora non c'è. Noi tutti bene. Io lavoro forte. Saluti

affettuosi a Marta, che t'avrà raggiunto. (A Salvini abbiamo risposto subito)
Qui c'è anche la lettera per D'Annunzio. Ti baciamo tutti e io forte forte
il tuo aff.mo Stenù

133

Castiglioncello, 17 sett. 1934
REALE ACCADEMIA D'ITALIA

Caro Papà mio,
mi sono impazzito a cercare fra le tue carte, le mie e in tutti i cassetti il contratto dell'Argentina, che m'hai fatto richiedere da Rissone[624]: per fortuna m'è venuto in testa di parlarne con Silvio e di cercare anche fra le sue carte, dove si trovava a sua insaputa. Eccolo qui.

Ti rimando anche la lettera di Valentino Piccoli che ti raccomanda la Dominici[625] per la parte di Ornella[626]. Se la prendete è inutile rispondergli; se invece la scartate, fammelo dire e ti preparerò due righe con una scusa e l'espressione del tuo vivo rammarico.

Silvio d'Amico con Elsa hanno passato due brutte giornate (e nottate) con Ninetta che a un certo punto si temè dovesse andarsene, ci fu bisogno di due iniezioni d'oli[o] canforato per ridarle il cuore e aveva cominciato a freddarsi dalle gambe. Ora è venuto Memmo e appena potrà muoversi la riportano a Roma. I dottori dicono che ha un fibroma all'utero, e che i fenom[en]i cardiaci e isterici che si sono avuti dipendono da questo. Intanto Silvio è stato sottosopra e non ha potuto quasi lavorare alla sua relazione. Perciò ritarderà la sua partenza fino a dopodomani, perché teme che una volta a Roma non avrà più un momento di quiete, e vuol fare un lavoro serio.

Non altro per ora. Saluti affettuosi a Marta da tutti noi,

e tanti baci a te dai bambini. Dodi e io t'abbracciamo forte forte,

       il tuo aff.mo Stenù

    134

    Castiglioncello, 22 sett. 1934
    REALE ACCADEMIA D'ITALIA

Caro Papà mio,
ti rimando con la lettera e il ritaglio di Campa, la lettera di Zweig[627]: e t'ho preparato la risposta da firmare con la busta da far spedire da Francesco.

 – Mauri ha scritto di nuovo dando parecchie notizie: tra cui quella che Moissi non risponde alle sue lettere. Che abbia risposto direttamente a te? Se così fosse, mettimi in una busta la sua lettera, o il suo telegramma e mandamela: non occorre che tu mi scriva niente, capirò quel che c'è da capire.

 – a Londra, il 2 ottobre, la Forbes Robertson darà al Royality [*sic*] Theatre il *Come tu mi vuoi*[628], e Pettinati scrive che sarà un avvenimento e sarebbe opportuna la tua presenza. Poiché chiede telegraficamente l'assicurazione, ho telegrafato io a Mauri che non puoi andare. (Se invece tu potessi, dico per dire, telegrafa a Mauri la rettifica).

 – Nell'affare Salabert è entrato in ballo, con una lettera a Mauri, anche l'avv.to Giulio Vitale. Mauri gli ha risposto una lettera esauriente, mandandogli copia della lettera nostra ultima a Salabert. Sempre più è necessario affrettare la soluzione dell'affare con Ibert, e la tua andata a Parigi dopo la prima di Vienna, per concertare il libretto insieme col collaboratore che Ibert dovrebbe procurarti. Rinnovo a Mauri l'incarico di preparare una tua lettera a Ibert.

 – Mauri, a proposito degli accenni della Price e della Fassett[629] a una possibilità d'affare cinematografico ne *La vita che ti diedi*, mi scrive che la situazione è risultata a Londra molto complicata, e che stanno cercando di chiarirla insieme Pettinati, la Curtiss Brown e la Price. Egli ne ha parlato a Nulli, che, bontà sua, ha riconosciuto anche lui che è molto intricata: sono ben tre i traduttori inglesi e i loro aventi causa che si contendono l'esclusività di rappresentazione. Ma, chi abbia veramente diritto, non lo sa: passerà gli incartamenti a Mauri... Purtroppo io temo che, quando saremo riusciti a districare la matassa, l'affare cinematografico sarà sfumato, perché gli americani quando sentono odor di lite si ritirano: e anche questo sarà da mettere in conto al signor Nulli.

– In Ungheria, Radó Antal[630] aspetta il copione del *Non si sa come*[631], che Mauri gli invierà il più presto possibile, per tradurlo e collocarlo.

– In Argentina è uscito *Tutto per bene*[632], e Giacompol ha inviato ha inviato [*sic*] il riassunto degli incassi effettuati fino al 30 luglio, che si chiude con un saldo a tuo favore di oltre £ 200 (oltre le 241,98 inviate il 29 maggio e le 4831,33 del 17 luglio), che arriveranno per mezzo del Banco di Napoli. Intanto il *Quando si è qualcuno* si rappresenta col consueto successo in altre città argentine; mentre al Politeama di Buenos Aires una compagnia italiana locale (Soffici) ha dato con molto successo *Pensaci, Giacomino!*

– C'è una richiesta rumena per il *Come tu mi vuoi*.

– E la nostra Società degli Autori si è interessata dell'incasso delle tue percentuali sulle recite dei *Sei personaggi* nella tournée di Reinhardt: speriamo che riesca a incassarle presto.

– Sono arrivati ben 324 dinari (77 lire!) da Zagabria, per rappresentazioni dell'*Uomo, la bestia e la virtù*.

Questo è quanto. Hai trovato il progetto del Teatro di Stato? Ma è inutile che ti rivolga domande: col da fare che avrai, non posso sperare risposte. Però, se avessi qualche cosa da farmi sapere, puoi incaricare Silvio che potrebbe scriverla in una delle sue lettere ad Elsa. Io lavoro bene a *Liberazione*[633]. Noi tutti bene – abbiamo avuto un uragano, con fulmini caduti vicini:

ora le giornate sono rimesse al bello. Saluti affettuosi a Marta. Ti abbracciamo tutti, caro Papà mio, e io forte forte
il tuo aff.mo Stenù

135

Roma, 19 nov. 1934
via Antonio Bosio, 15
REALE ACCADEMIA D'ITALIA

Caro Papà mio,
continuano a giungere lettere e biglietti di congratulazione[634], e io continuo a rispondere con telegrammi, biglietti di visita, e quelle lettere che mi hai lasciato firmate[635]. Particolarmente commovente la lettera del Principe di Scalea, che, per la morte del fratello, non aveva saputo nulla del premio Nobel, e appena avutane notizia non ha potuto fare a meno di scriverti con affetto, nonostante il suo lutto. Te la rimando perché gli si deve rispondere, e io non ho più fogli firmati.
– Ti rimando la lettera della Signora Crémieux[636] che ho ritrovata.
– Angioletti[637] avrebbe fissato così il programma del tuo soggiorno a Praga[638]: 16 dicembre arrivo – 17 – Conferenza all'Università. Pranzo alla Legazione Italiana – 18 – Ricevimento del PEN club[639] e dell'Istituto di Cultura italiana, con recita *in italiano* da parte di artisti cechi delle *Lumie di Sicilia* – 19 – The alla Legazione con intervento di Benes[640] e altre grandi personalità politiche, degli ambasciatori, e dell'elemento di primo piano del mondo artistico e culturale. Sera: rappresentazione del *Non si sa come* al Teatro Nazionale – 20, ricevimento alla Società tedesca "Urania", alla Società Ceca "Umělecka Beseda" – Angioletti dice che farà di tutto per trovarsi presente a Stoccolma il giorno del conferimento del Premio: farebbe così

il "servizio" per il "Corriere della Sera"[641], e potrebbe accompagnarti nel viaggio a Praga. Chiede fotografie: che gli mando.

– Ti mando l'invito della "Stockholms-Tidningen" per la festa di "Lucia", che pare sia una grande festa nazionale svedese: Paternò ti dirà se ci devi andare.

– A Malipiero[642] ho risposto, che ti mandasse alla Legazione di Stoccolma i 2 spartiti della *Favola*: che tu avresti chiesto consiglio o incaricato Paternò, se era il caso di fare qualcosa per la rappresentazione colà.

– Ti farà piacere la lettera di Ciano[643], che ti mando.

– Ho trasmesso a Mauri una richiesta di traduzione dei *Quaderni di Serafino Gubbio* per la Polonia – e una richiesta di Nagel Lajos, che incaricato dall'editore Marton desidera il *Non si sa come*, per l'Ungheria.

– Da New York, in seguito a quell'intervista in cui tu lamentavi i tuoi guai giudiziari con la Shubert Corporation[644], sono arrivate due lettere di due avvocati che si profferiscono a fare tutto il lavoro d'indagine sulla tua situazione giuridica assolutamente gratis. Le trasmetto all'avv.to Graziadei, chiedendogliene il parere.

Non ti scrivo altro per imbucare subito, se no si fa troppo tardi per uscire. Tutti noi ti abbracciamo forte forte, caro Papà mio, e io più di tutti

il tuo aff.mo figlio Stenù

136

[Parigi,] 30.XI.1934
Hôtel George V
Avenue George V – Paris

Caro Stenù mio,

i festeggiamenti che mi sta facendo Parigi sono veramente indescrivibili[645]. Crémieux m'assicura che non s'erano mai fatti per nessuno in tale misura e con tale calore d'affetto. Al "Figaro" c'erano più [di] 1500 persone, tutta Parigi, tutta la letteratura francese, tutto il teatro, e Ministri e Accademici: uno splendore! M'è toccato stare in piedi tutta la serata a stringere la mano e a rispondere alle congratualzioni d'una sfilata interminabile di personalità di primo piano, come si dice. Non una nota stonata. Un consenso unanime. E simpatia umana, ciò che vale di più e più mi piace e mi conforta. Mi pare di respirare un'altra aria.

Gli altri giornali, il "Paris-Soir", l'"Intransigéant", il "J[o]urnal", "Comœdia" non han voluto essere da meno. Jeri la "Société des Aut[e]urs" mi ha fatto presiedere a una sua adunanza e poi m'ha invitato a una colazione intima; domani, cioè no, lunedì, sarà la volta della "Société de Gens des lettres". Inviti privati, senza fine; ma non posso accettarne che pochi. Lunedì sarò a colazione da Bernstein[646]: non posso farne a meno. Jersera m'ha invitato ad assistere nel suo palco alla sua ultima commedia *Espoir*, che è brutta. Crémieux è entusiasta del *Non si sa come*, dice che dopo *Enrico IV* non ho scritto nulla di meglio e prevede un gran successo: Fabre, al "Figaro", gliel'ha chiesta in lettura per la "Comédie Française" appena sarà tradotta, ma Crémieux insiste perché sia data invece *Chacun sa vérité* come più adatta al pubblico della "Comédie". Intanto, sono già cominciate le prove di *Ce soir on improvise* ai "Mathurins" con Pitoëff. Andranno in iscena prima di Natale, il 21 o il 22; e io penso allora di ritornare qua a Parigi dopo i giorni che passerò a Praga dal 15 al 20. Pare che colà la prima del *Non si sa come* sia fissata per il 19. Sarò certamente stanchissimo; ma sarei più stanco ritornando a Roma per ripartire subito dopo per Parigi. E forse è più utile che stia qui, per ora, a definire gli affari, sia con Londra, sia con l'America del Nord. A Londra ho parlato con Corda[647] [*sic*] che è dispostissimo a trattare per un soggetto per la "London film". Cinque case americane, come t'avrà detto Mauri, si sono rivolte alla Curtis[s] Brown di New York. Ma della Curtis[s] Brown, dopo l'esperienza di Londra, io non mi fido affatto. Qua a Parigi ho parlato con Irwing [*sic*] Marx[648], che è venuto a trovarmi. Gli ho detto che non tratto che su queste basi: un milione cinquecentomila anticipate per tre film da scegliere in 6 mesi su tutta la mia produzione ancora libera, romanzi, novelle, teatro. Ed egli ha già telegrafato in America in questo senso. Ma spero di concludere prima col Corda [*sic*]. Questi parla in italiano benissimo e ha per me una grande ammirazione; ha detto che per la parte finanziaria non ci sarà nessuna difficoltà. Adesso Mauri a Londra parlerà con lui insieme con Pettinati.

Formichi mi ha scritto la lettera che ti rimando, nella quale mi rimprovera di non aver risposto alle personalità della Svezia. Ma non abbiamo risposto già a tutti? Vedi di sbrigartela con lui. Mi ha meravigliato il tuo telegramma di jersera. Ho ricevuto da Paternò qua a Parigi lo stesso telegramma che tu mi trascrivi, e telegraficamente gli ho risposto pregandolo di risparmiarmi la conferenza dell'Accademia svedese, date le mie condizioni d'estrema stanchezza. Temo che il mio telegramma non gli sia arrivato perché senza indirizzo della strada, ma ho messo "Légation d'Italie". Tu hai avuto il torto di non dare a Mauri gl'indirizzi che potevano servirgli. Non so come rimediare.

Aspetto la tua lettera annunziata. Intanto, in gran fretta, ti bacio forte forte con tutti i tuoi e con Fausto

il tuo Papà

P.S. Non trovo la lettera di Formichi; ma, tanto, te l'immagini. Telefonagli, o va a trovarlo all'Accademia per chiarire la cosa.

137

Roma, 30 nov. 1934
15, via Antonio Bosio
REALE ACCADEMIA D'ITALIA

Caro Papà mio,
sto passando altri guai, coi denti, ora. Al ritorno dall'averti accompagnato alla stazione mi feci cavare il primo, che, ti ricorderai, già mi doleva. Poi mi se n'è infiammato un altro; non l'ho potuto levare subito ma solo farmelo limare per non sentire lo spasimo ogni volta che mi toccava il dente di sopra – cinque giorni di dolori per togliere l'infiammazione tanto da poterlo estirpare, e ora da quattro giorni ho l'inferno in bocca, la guancia gonfia, le glandole ingorgate: per il lavoro che il dentista ha dovuto fare, alla pesca dei pezzetti di radice marcita dentro la gengiva ridotta a poltiglia: tre quarti d'ora con la bocca aperta... Ormai è quasi due mesi che patisco dolori fisici e non ne posso più! Lo jodio con cui ho combattuto i reumatismi mi ha attaccato i denti.
In queste condizioni ho fatto lettere e telegrammi di risposta alle congratulazioni, e – con Francesco – ricercato gli indirizzi per i più che duecento biglietti da visita partiti, se Dio vuole, tutti quanti.
Ma ora, col telegramma a Paternò, m'avvedo che proprio una lettera non ho fatto: quella per Per Hallström, segretario perpetuo dell'Accademia Svedese, in risposta alla sua lettera in inglese con cui ti ragguagliava sulle cerimonie del conferimento. Gli dovevo chiedere, come rimanemmo fra noi, quale argomento dovevi toccare nel breve discorso che ti toccherà di dire al banchetto ufficiale. Non sono più a tempo a far questa lettera – che proprio m'è passata di mente – spedendola da qui: è fatto pubblico che tu sei in giro... Scusami, e dì a Colin che te la prepari lui. L'indirizzo è: dott. Per Hallström
Svensk Akademien
Stockolm.

T'ho detto lo stato in cui sono da tanti giorni e non aggiungo altro.

Mauri è stato qui a parlare con Campa del disegno di riunire la signorina Abba alla Compagnia per una tournée pirandelliana patrocinata dalla Società Autori – hanno discusso – vagliato – Campa ha informato della cosa Moissi, e poi due volte è venuto a trovarmi. Moissi è contentissimo di unirsi con la Marta e Campa vede bene la cosa dal lato commerciale: dice che è desiderabilissima. Ma non realizzabile subito per una difficoltà che è come quella della mancanza della polvere per sparare il cannone, e cioè che Moissi, in un mese, non può mettere su altro che un lavoro: un mese per l'*Amleto* (anzi, un mese e mezzo), un mese per *Spettri*, un mese per *Cadavere*: lavori tutti recitati da lui centinaia di volte[649]. Improvvisare un repertorio di quattro lavori gli è *impossibile*. Confessa che lui, per recitare in italiano, deve farsi la pronunzia: ancora non gli viene spontanea. È questo un ritardo e un impiccio di cui nessun altro che lui può misurare la portata. Inoltre, è sempre stato abituato a lavorare con una larghezza di tempo tale, per cui egli *non conta* le prime dieci prove: le considera semplici approcci, necessarii per eliminare tutti gli impedimenti materiali che dapprima s'oppongono all'*inizio* del vero lavoro. Egli dice che l'idea d'una tournée pirandelliana con la Abba e lui è magnifica, e che bisognerebbe stabilirla senz'altro fin da oggi, e cominciare a prepararla: ma naturalmente per la stagione ventura. Marta tornerà a Roma fra pochi giorni, e si parleranno. Campa, come t'ho detto, vede bene la cosa. Vedremo.

Io, intanto, se vuoi sapere il mio parere, sono quasi contento che questa tournée patrocinata dalla Società Autori non si possa realizzare subito. Spero che, realizzandosi dopo, ci sarà tempo di mutarne l'impostazione. Che c'entra il patrocinio della Società Autori? Forse per dare la sensazione che anche tu, come D'Annunzio, sei ormai un autore giubilato, che ha bisogno di queste etichette? Tanto più che, nel tuo caso, non metterebbero fuori un soldo. E allora perché? Proprio per metterti il bollo, gratis? Io non so come queste cose, che saltano agli occhi, non le abbiate considerate. Questi non sono onori: sono fregature indorate: stai attento! Ma ne parleremo. Io ne parlerò francamente a Marta.

Per me, l'unica cosa seria in tutto questo è la tournée mondiale in tedesco, col tuo solo lavoro, che Moissi può fare spicciandosi qui il 13 marzo dopo S. Remo: quella sì è una cosa grossa, un attore di risonanza mondiale che ti porta in giro in tutta l'Europa e in America la tua commedia nuova, e quella sola! È un fatto unico: e ancora stiamo tentando di mettergli i bastoni tra le ruote. Andrà a finire che anche questo non si potrà più fare... Basta. Leggo tutte le feste che ti fanno a Parigi e mi consolo un po'. Credo che ora Pitoëff metterà su *Questa sera*. Dì a Colin che mi scriva notizie. Qui tutti bene, tranne io e Andreuccio con la febbre, ma niente di grave, stomaco. Francesco è andato stamani in licenza.

Tutti noi ti baciamo, caro Papà mio, e io forte forte

il tuo aff.mo Stenù

138

Roma, 18 dicembre 1934

Caro Papà mio,

abbiamo seguito sui giornali le tappe trionfali di questo tuo giro. Dal tono delle corrispondenze si rileva la grande cordialità delle accoglienze che tutti ti fanno. Qui purtroppo tutto stagna. Io ho sempre aspettato a scriverti per avere qualche buona notizia da comunicarti, ma non ce n'è. La posta porta a mucchi richieste d'autografi, e invocazioni di sussidii. Fra esse ce n'è anche una di zio Giovanni, minacciato di sfratto perché da cinque mesi non paga la pigione... Ha scritto, ha fatto telefonare da zia Annetta, ha telegrafato insistendo per una risposta: io gli [ho] scritto che t'avevo informato, ma che non potevo dirgli nulla perché tu non hai tempo di scrivermi. Egli chiede quattromila lire. – Non ti dico nulla delle altre seccature.

Mauri svolge un'intensa attività rispondendo immediatamente a tutte le richieste che vengono, tutti piccoli affari di traduzioni di romanzi o novelle; ma soprattutto deve faticare a sbrogliare i contrasti che risorgono tutti da ogni lato in base alle situazioni contrattuali preesistenti. Anche la Shubert Corporation, figùrati un po'!, si rifà viva nella persona d'una "Select Theatres Corporation", rilevataria delle sue attività, per reclamare l'immediata consegna dei *Giganti della montagna* e del *Quando si è qualcuno*, in base ai contratti... Qui si farà in primo piano, purtroppo, la necessità di un *lavoro di difesa* contro l'assalto dell'ingordigia degli speculatori e di tutti quelli che cercano d'intrufolarsi vantando pretesi diritti, che sorgono ogni giorno da tutte le parti.

Ti riassumo qualche dato.

I paesi scandinavi pullulano di contestazioni. Fatto l'accordo con l'editore norvegese A[s]che[h]oug[650] per *Fu Mattia*, l'editore danese Jespersen[651] contesta; non si contesta la sua contestazione, il norvegese si ritira aspettando che la situazione sia chiara – Svezia: Strachosch[652] contesta per il *Piacere dell'onestà*[653]. La Thulin protesta per la pubblicazione di 5 novelle tradotte dalla Dela Val [*sic*][654], asserendosi unica traduttrice... Ma lasciamo queste cose che t'irriteranno. Ti dico solo le cose concluse:

Danimarca – concluso con editore Hagerup per *Uno nessuno e centomila*[655].
    "   "   "   Berlupke [*sic*][656] per un volume di novelle[657].

Svezia – Contratti quasi conclusi (che si concluderanno certamente) con Gebers 1° per *Trovarsi* – 2° per *Sei personaggi* (ristampa) – 3° per *Fu Mattia Pascal* (ristampa)[658]. Trattative, che certo approderanno, con Linden per varie commedie.

Polonia – Concluso con Agenzia Teatralna Zwiazku per *Enrico IV* (à valoir di 2000 lire). Probabile conclusione per *Sei personaggi*. Trattative per *Vestire gli ignudi* – anche per *Trovarsi*.

Romania – Concluso per *Come tu mi vuoi*, per mezzo d'Alexandru Marcu.

Trattative bene avviate ci sono col Belgio, con l'Ungheria, con la Jugoslavia e con la Svizzera sia per rappresentazioni sia per pubblicazioni di volumi.

Per il cinematografo niente ancora. Pettinati ha scritto a Mauri che confida di stringere con Korda (col quale ha avuto due colloqui) per un film. La Bernestein[659] [*sic*] della Goldwin Mayer ha risposto che un contratto sulla base d'un'opzione generale su tutta l'opera, come aveva cercato di combinare Mauri, non entra nelle consuetudini della Casa: la quale desidera vivamente esaminare *altri* soggetti singoli. È evidente, perciò, che quelli già mandati in esame sono stati scartati. E allora, che fare? S'è visto che, a mandare i volumi, essi non sono capaci di "vederci" il film. Non c'è altro che rimettersi a fare i soggetti: ma allora è una cosa che va per le lunghe[660]. Ho cercato di tenermi in contatto con Marchesano per *Romolo*[661], ma lui aspettava sempre, prima di tentare altre vie, di sapere da Gallenga che si concludeva. Gallenga è tornato solo oggi dall'estero. Gli ho parlato per telefono e m'ha detto che tutto è fermo per le imprevedute difficoltà che hanno incontrato "i suoi amici" nella costituzione della società; che Gallone deve ripartire ancora una volta per Parigi proprio in questi giorni, e si spera finalmente in una conclusione; che Gallone intanto è entusiasta del soggetto e vedrebbe benissimo d'incominciare con esso l'attività della nuova casa. Gallenga ti saluta con molta cordialità e ti prega di credere che egli non ha trascurato la faccenda, che, assicura, gli sta a cuore. E questo è quanto, per il cinema.

Per il teatro in Italia. Le uniche cose che andranno in porto per ora sono le iniziative di Mauri, sue personali, con la Aillaud – e cioè le prossime riprese di *Pensaci Giacomino* e *Liolà* con la Tofano-Rissone-De Sica; di *Ma non è una cosa seria* con la Merlini; e di *Così è (se vi pare)* con la Melato-Mari.

Quanto alle combinazioni tra Campa-Moissi e la Marta Mauri mi scrive che la Marta non ha ritenuto sincero l'interessamento di Campa e non riguardoso verso di lei: ha voluto che Mauri stesso rispondesse al Campa "che non riteneva fosse ormai il caso di officiare la Abba". Di una tournée pirandelliana con lei si vedono soltanto le difficoltà: non si trova chi voglia assumerne il capocomicato. Marta è pronta a entrarvi come attrice e ad apportarvi il materiale scenico, ma non altro. Direttamente non ho saputo più nulla né da lei né da Moissi; fui in contatto solo con Campa, che mi parve pronto ad accordarsi con la Marta; ma poi non so in che termini abbia scritto[662].

Non altro, per ora. Io mi sono rimesso abbastanza. Ho ancora un chiodo di dolore all'attaccatura del collo e la bocca nelle mani del dentista (mi sono ridotto a dover mangiare come te, roba tritata), ma se Dio vuole, questo si sopporta. I miei tutti bene. Ti abbracciamo tutti forte forte, caro Papà mio, e io più forte di tutti

il tuo aff.mo figlio Stenù

139

[Parigi,] 28.I.1935[663]
Hôtel George V
Avenue George V – Paris

Mio caro Stenù,
questa mia permanenza a Parigi s'allunga, trascinandosi di giorno in giorno, e non ne vedo ancora la fine. Vorrei a ogni modo che non andasse oltre il gennajo. Tutto è ancora in aria. Il Mauri ha lasciato trascorrere circa 10 giorni per dare al Reece[664] le notizie promesse. Ora il Reece dovrebbe venire a Parigi prima della fine del mese per intendersi con me e presentare il progetto al Pinker di Londra. Lo aspetto di giorno in giorno. D'altra parte dovrebbe ancora arrivare la risposta della Metro-Goldwin dall'America. Non so però ancora se l'affare si farà o no. È un grosso affare e pare che lo stiano studiando. Ma io sono ormai stanco d'aspettare, e se le trattative minacciano

di andare ancora per le lunghe, farò fagotto e ritornerò in Italia.

Tu non mi hai più dato alcuna notizia di costì, cosicché non so più nulla di nulla.

Non so se Silvio t'ha informato delle straordinarie feste che mi sono state fatte a Parigi. Ne parleremo presto a voce.

Mio fratello Enzo[665] mi ha scritto da Porto Empedocle per ricordarmi il prossimo matrimonio di sua figlia Lauretta. Non so come debbo fare a mandargli il danaro prima della fine del mese, da qui. Dovrebbe conoscere le difficoltà e le limitazioni. Manderò un assegno di £. 3000 intestato a lui sul mio conto corrente e tu mi farai il piacere di farglielo avere al più presto con tutti i miei più affettuosi auguri. Ti mando anche girati a te e firmati due vaglia barrati uno del Credito Italiano di £. 1500 e l'altro della Banca Francese e Italiana per l'America del Sud di £. 1205,50 (il primo porta il Nro 372409, il secondo il Nro 81958), perché tu possa esigerli e far fronte alle spese. Faremo poi i conti al mio prossimo ritorno.

Ti bacio con Fausto e con tutti i tuoi

il tuo Papà

140

[Londra,] 29.IV [*per* III].1935[666]
Savoy Hôtel, London

Mio caro Stenù,

prevedo che non mi sarà possibile trovarmi a Roma per la fine del mese. Ho passato circa 8 giorni a Londra sempre in attesa d'un telegramma di Reece che mi richiamasse a Parigi o m'invitasse ad andare alla Costa Azzurra per definire col Davis[667]. Ancora nulla! Davis però ha incaricato Reece di farmi sapere, anzi d'assicurarmi che non lascerà cadere l'affare. Questo è già molto; ma bisognerebbe che non differisse indeterminatamente la conclusione. Oggi spedisco un telegramma a Reece ad Amburgo per avvisarlo che ritorno a Parigi al "Giorgio V", per non stare più oltre qui al "Savoy" che costa un occhio. Al "Giorgio V" spendo molto meno. Lo pregherò di provocare una risposta definitiva avendo già aspettato tanto tempo e non potendo tenere ancora a lungo sospeso il corso dei miei affari.

Sono ancora sotto l'incubo della morte del povero Moissi[668]. Non ho potuto e non posso ancora pensare al danno che me n'è derivato, per non detrar nulla al cordoglio che sento per la perdita dell'uomo.

Sono molto preoccupato per la conferenza[669] che dovrei tenere a Firenze il 26 aprile[670]. Non potrò essere a Roma, a quanto prevedo, prima dell'8 o del 10, se non più tardi. Puoi tu occupartene a prepararmela?

Ti mando intanto un vaglia di L. 2500 per le spese di casa. Faremo i conti al mio ritorno.

Lamento che né tu né Mauri mi scriviate per darmi qualche notizia. Sarò domenica sera a Parigi.

Baci forti forti a te e a tutti i tuoi e anche a Fausto

dal vostro Papà

141

Roma, 10 maggio 1935 XIII
via Antonio Bosio, 15
REALE ACCADEMIA D'ITALIA

Caro Papà mio,
scusami se ho tardato a scriverti. Cose urgenti non c'erano da comunicarti, e io sono stato un po' sossopra per varie cose, tra cui quella con Bompiani che ancora non ha risposto sui ritocchi chiesti da me al contratto. Non so se tu lo hai più rivisto e

se t'abbia parlato in proposito. Io non ho potuto accettare di firmare Pirandello: dopo quindici anni che scrivo come Landi sarebbe una volgarità[671]. Lasciamo stare quest'argomento.

– Ti rimando, perché tu li veda e li passi a Mauri, i tre avvisi di timbratura di 2020 copie di *In silenzio* e di 1020 copie di *Tutt'e tre* e de *La mosca,* in data 6 maggio u.s.[672]

– Poi la lettera di Bottai, con relativa risposta da firmare.

– Idem, la lettera di Mignosi[673], e risposta[674].

– Idem, quella del prof. Levi, e risposta.

– Per visione, una lettera di Mondadori.

Bontempelli, che parte stasera per Genova, è stato incaricato d'officiarti a ripetere colà, per inaugurare il Teatro Nazionale di recente assunto in gestione diretta dal Partito, che vuol farne un gran centro di cultura e di vita cittadina, la tua conferenza di Firenze. Bontempelli m'ha trasmesso la lettera dell'avv.to Comm. Umberto Ferraris (via XX Settembre 18-4 – Genova) che ti rivolge l'invito – e m'ha detto che ti darebbero 2000 lire. Per mio consiglio Bontempelli ha risposto che per ora tu non saresti stato libero, perché in procinto di recarti di nuovo all'estero, e che al tuo ritorno egli avrebbe fatto saper loro la tua risposta. Se però tu credessi d'accettare, potresti far rispondere da Mauri che hai avuto comunicazione da Bont. dell'invito, e che... quello che vuoi dire, insomma, rispetto alla data.

Olinda mi dice che vorrebbe presentarti il conticino seguente, di quello che ha pagato per te:

Luce elettrica 415,60
Casa 435,25
Carbone 100,00
950,85 a cui ci sarebbe da aggiungere
500 lire per i 20 giorni che hai passato in casa e per vitto di Francesco.
240
1690,85

Ora tu ci hai dato £ 2500, cioè 1500 per mio stipendio e 1000 per la casa: ce ne mancherebbero 690,85. Anche il mese scorso ci desti la stessa somma, e i conti di casa furono 1263,95, con una differenza perciò di 263,95. In tutto ci dovresti mandare ancora 954,80 lire. Olinda mi dice che ne avrebbe bisogno.

– Mimì Maselli t'ha scritto una lettera per invitarti a nome della Federazione Fascista e del Prefetto di Belluno a... ripetere la conferenza... dicendo per di più che sono poveri e che non potrebbero fare altro che offrirti una cordiale ospitalità e gite in automobile nei dintorni e molte feste. Io, senza bisogno di sapere il tuo avviso, gli ho risposto che tu sei troppo impegnato, e con molto rincrescimento non puoi accettar l'invito.

– Fammi sapere se, quando arriverà il manoscritto del prof. Levi (la traduzione letterale della Ninã Boba) te lo devo rispedire, o lo devo trattenere qui.

Basta. Abbiamo avuto Giorgino ammalato, con una tonsillite che si manifestò con un febbrone a 40,7, alle 10 di sera, e ci fece spaventare: ma è finita per fortuna jeri. Io patisco d'insonnia, jeri notte fu notte bianca, questa notte ho preso sonno alle sei, a giorno chiaro. Mi sento perciò un po' imbalordito. Ma il lavoro mi pare che proceda bene lo stesso, e questo è l'importante... Tanti forti baci da tutti i miei, caro Papà mio, e da me abbiti un abbraccio forte forte

il tuo aff.mo Stenù

P.S. Da Mauri, caro Papà, dovresti farti prendere una tua fotografia, scriverci sopra "a Pietro Mignosi, con affetto vivo" o qualcosa di simile, e fargliela spedire in via Federico Re 127 – Palermo. Quanto ai critici stranieri cui mandare il suo libro, io non so proprio che nomi indicargli: non ne conosco nessuno, all'infuori di Crémieux... vedi tu, se te ne viene in mente qualcun altro. Di nuovo, t'abbraccio forte forte.

142

[Londra,] 1.VI.1935
Savoy Hôtel, London

Mio caro Stefano,
due parole per accompagnarti questo *chèque* di L. 2500 che ti serviranno per le solite spese mensili. Faremo i conti al mio prossimo ritorno. Reece promette di darmi notizie per il noto affare lunedì mattina. Staremo a sentire; ma ormai non mi faccio più nessuna illusione. L'Inghilterra è sorda per me. Ho trovato solo di fare un articolo per il "Daily News", pagato 40 sterline (prezzo enorme per qui) un articolo di 700 parole.
Ma ho cominciato a scrivere *Informazioni su un involontario soggiorno sulla Terra*[675]; e sono contento.
Conto d'essere a Roma il 7 o l'8. Ti telegraferò da Milano il giorno e l'ora precisa del mio arrivo.
Ti bacio con tutti

il tuo Papà

143

[New York,] 15.VIII.1935 XIII[676]
The Waldorf-Astoria New York

Caro Stenù mio,
puoi immaginarti la mia gioja nel ricevere la notizia, pur prevista, del primo premio Viareggio[677] assegnato a te; ma non dovevano metterti accanto a pari merito quel cicalone sperduto del Massa[678]. Speravo che col ritorno del "Conte di Savoja" oggi di nuovo qui avrei avuto una seconda tua lettera;

finora non ho avuto nulla. Come vedi, sono ancora a New York, impigliato fino a soffocarne in una rete di trattative di cui non si vede ancora la fine. Non so se e come e quando concluderò. Forse non concluderò nulla, benché Colin sia sicuro del contrario[679]. Certo, ho potuto vedere che l'interesse per me è qui vivissimo, sia nel mondo teatrale, sia in quello cinematografico e della radio. Tra tutte le trattative la meno incerta mi sembra quella con la Metro; per definirla bisognerà aspettare il ritorno del Rubin[680], che è l'uomo d'affari della compagnia, dall'Europa, dove è andato fors'anche con l'incarico di fare un contratto con me. L'argomento dal fatto che durante la mia venuta mi sorprese in viaggio sul piroscafo un marconigramma di Irwing [*sic*] Marx da Londra, che diceva: "Rubin qui, può trattare contratto Metro, telegrafatemi vostro indirizzo New York". Ora Rubin arriverà lunedì col "Normandie", e vedremo. Il rappresentante della Metro a New York era sicuro che Rubin avesse già firmato il contratto con me in Europa; dunque sapeva che questo contratto era incluso negli affari da trattare nel suo viaggio. Speriamo che sia così. E aspettiamo. Non faccio altro che aspettare. Forse partirò per Hollywood sui primi della settimana entrante. Mam[o]ulian[681], che ne viene, m'ha detto che tutti colà m'aspettano, e questo m'ha fatto un gran piacere, perché si vede che non sono io solo ad aspettare. Quanto a concludere è un altro affare. Pur non di meno credo che il viaggio alla fine non sarà stato inutile, per tante ragioni. Non foss'altro, avrò chiarito tante situazioni, con gli Shubert, col Livingston, col Dutton. Il contratto Shubert non ha più alcun valore e tutte le minacce che questi briganti mi hanno fatto sono vani tentativi di ricatto e nulla più. Ci sarà senza dubbio una buona ripresa teatrale quest'autunno a New York. La Guild s'interessa molto al *Piacere dell'onestà*, e qui si è tanto a corto di soggetti che basta che un lavoro abbia un successo teatrale, anche mediocre, perché venga di conseguenza la riduzione cinematografica. Colin è ancora pieno di confidenza e sicurissimo che faremo grandi affari; io intanto preferisco dubitarne; e vedremo chi avrà ragione. Naturalmente, mi auguro che abbia ragione lui. Ma sono anche preparato ad aver ragione io.

Come state a Castiglioncello? Sto in pensiero per tutti questi richiami di milizia. Avrai saputo del mio contegno di fronte alla stampa americana al mio arrivo. Ora gli umori sono un po' cambiati in meglio; ma in Italia non si suppone quale idea qui si abbia generalmente del nostro Paese, l'ignoranza incredibile delle cose nostre; e non supporlo è un gran guajo, toglie ogni efficacia alla pro[pa]ganda che si vuol fare. Sto arricchendo di tante esperienze le *Informazioni del mio involontario soggiorno sulla Terra*. Gli Inglesi sono impagabili. Sarebbe tempo che facessero la fine di Golia. Ho visto una recente fotografia del Duce nell'atto di parlare a Eboli: m'è parso il Davide del Bernini.

Olinda e i bambini stanno bene? Andrete in montagna? Fausto verrà a Castiglioncello? Non so più nulla di nulla. S'è accomodata la faccenda del pagamento della Lancia? Non ho più pensato che c'erano di mezzo le cambiali. Ma spero che avrai rimediato. Marta m'ha scritto da Venezia e so che ora è a Cortina d'Ampezzo, ma non so per quanto tempo vi si tratterrà. Tu certo stai lavorando sotto la pace di codesti pini. Lavoro anch'io dentro di me. La stupidità umana non m'è parsa mai tanto grande quanto in questa gigantesca città che, non so perché, questa volta mi sembra di cartone.

Basta, speriamo, Stenù mio, che la mia prossima lettera sia più consolante di questa. Ti avvertirò per telegramma della mia partenza per Hollywood e dell'indirizzo di colà. Intanto lascerò questo indirizzo qua al Waldorf Astoria per il caso che qualche tua lettera sia in viaggio e arrivi dopo la mia partenza.

Ti bacio forte forte con tutti i tuoi

il tuo Papà[682]

144

[New York,] 23.IX.1935 XIII
The Waldorf-Astoria New York

Caro Stenù mio,
ho ricevuto col "Rex" la tua del 12, e m'affretto a mandarti qui unito l'assegno di L. 3.000 sul mio c. cor. alla Banca Commerciale, per il prossimo mese d'ottobre. Parte col "Rex" di ritorno, domani; cosicché l'avrai a tempo, credo non più tardi del due. Io m'imbarcherò il 5 per il ritorno, di nuovo sul "Conte di Savoja", su cui ho viaggiato così bene, tra la cortesia e le cure di tutti gli ufficiali di bordo che già conosco. Arriverò, credo, il 12, non so se a Napoli o a Genova: te lo preciserò con un telegramma prima di mettermi in viaggio. Tu intanto incarica il Mauri di avvertire il Ruggeri del mio prossimo ritorno, perché so ch'egli ha annunziato la prima di *Non si sa come* al "Carignano" di Torino per l'ottobre[683]. L'idea d'affrontare ancora una volta il giudizio del pubblico mi provoca una repulsione invincibile. Forse ne è causa la nausea di cui m'ha riempito fino alla gola il contatto continuo di tre mesi con questa gente che s'occupa di spettacoli, che vive di spettacoli, offendendo brutalmente l'arte e quanto essa ha di più intimo e segreto. Ho riassaporato il gusto dell'arte narrativa, che parla senza voce, da una pagina scritta, direttamente a un lettore. Ho scritto cinque novelle[684] e ho lavorato un po' anche al romanzo. Non voglio più saper d'altro ormai. Inutile ripeterti che non sono riuscito a concludere alcun affare. Le condizioni del mercato cinematografico americano sono molto mutate, ed è cresciuto il terrore delle "superiori qualità dell'arte di Pirandello", assolutamente inadatte al cinematografo. Potrei ripartire domani stesso col "Rex". Non lo faccio, perché non si dica che non ho voluto aspettare un'ultima risposta che s'annunzia prossima del Lubi[t]sch[685] e un'altra del Selznich[686] [*sic*] che è qui a New York e sta leggendo il *Piacere dell'onestà* per suggerimento della

Guild, anch'essa in trattative per la rappresentazione della stessa commedia probabilmente in dicembre. E questo è quanto.

Ho sofferto molto in questi tre mesi di dura prova[687]; e ora basta; la prova è fatta e non mi resta più da pensare che a una sola cosa: rimettermi tranquillo al lavoro, cosa che farò col più vivo piacere, come se dovessi cominciar daccapo. Ho scritto le cinque novelle, una dopo l'altra, di seguito, e ne ho in mente tante altre; e non finirò più di scriverne, fino al compimento dell'opera promessa. Ma vorrei anche sparire e non veder più nessuno e non sentir più parlare di nulla.

Basta fare un tuffo in America per acquistar la piena convinzione della stupidità e volgarità degli uomini.

Anche tu, figlio mio, ne stai facendo esperienza; e mi fa piacere sentirti dire che seguiti a lavorar contento come se nulla fosse. La verità è che ci vendichiamo, scrivendo, d'esser nati.

Basta; a tra poco, Stenù mio. Tra venti giorni, o poco meno. Attendi il mio telegramma. Mi leggerai subito *Il lato morale della cosa*[688]. Marta non ha mai mancato di darmi notizia di tutto quello che ha fatto, o meglio, non ha fatto. Ha anche lei, povera creatura, in fondo così sola, una vita molto difficile e non facilmente contentabile. Il maggior pericolo è purtroppo nella sua età; e nessuno di noi può darle ajuto o rimedio. Ma ho molta fiducia nel suo orgoglio e nel suo buon senso innato. Con tutti i difetti innegabili del suo carattere, la sua indecisione, le sue incertezze, ha un'anima nobile e retta[689].

Baciami Olinda, Ninnì, Andreuccio e Giorgino. Buon lavoro e tanti baci forti forti per te, Stenù mio,

dal tuo Papà

145

Villabassa (Pusteria)[690], 22 luglio 1936 XIV
Albergo Ebner

Caro Papà mio,
qua abbiamo ritrovato la pioggia e il freddo, ma anche qualche schiarita di sole che compensa di tutto, perché allora si può camminare e i luoghi diventano bellissimi. Comunque, è meglio che tu abbia resistito alle nostre lusinghe[691]. Veramente non sono posti per te.

Avrai avuto da Mauri i rendiconti. Io qui ho trovato la sua lettera del 16, che ti rimando perché tu mi dica come rispondere circa la sua richiesta di percentuali anche sul *Berretto a sonagli*. Non so se tu ne abbia già parlato a Milano. Per non sbagliare, aspetto perciò di sapere da te come regolarmi. A me pare assai pericoloso dare l'interpretazione che la percentuale gli sia dovuta per i lavori presentati «dopo l'inizio dell'attività della Segretaria anche per il mercato teatrale italiano». Credevo d'avergli fatto capire che invece s'intendeva dargli la percentuale solo per i lavori «collocati» da lui. E il *Berretto*, se ben ricordo, è stato preso dai De Filippo[692] spontaneamente, Mauri almeno non ci disse mai d'aver fatto premure in proposito. Dimmi qualche cosa, per potermi regolare.

Io mi sono rimesso a lavorare questa mattina, con un po' di fatica. Ma domani andrà meglio. Sono stanco, e non mi viene in testa null'altro da dirti. Ti riscriverò presto; subito se tu mi mandi due righe. Dodi e i bambini ti abbracciano con me forte forte, caro Papà mio

il tuo aff.mo Stenù

146

[Anticoli, 28 luglio 1936]

Caro Stenù mio, baci a te e a tutti i tuoi da

Papà
(pittore)[693]

[Cartolina postale]

147

Roma, 11.VIII.1936 XIV
via Antonio Bosio, 15
REALE ACCADEMIA D'ITALIA

Caro Stenù mio,
jeri la Clementina[694] mi ha dato da leggere la lettera d'Olinda per sapere come regolarsi nel risponderle.
Così ho saputo che soffri di reumi, che il tempo costà seguita ad esser variabile, con tendenza alla pioggia o, per lo meno, all'umido, e che voi perciò pensate di venir via il 20 c.m., cioè tra 9 giorni. Vorreste andare per un mese a Castiglioncello, cioè fino al 20 settembre. Io intanto mi domando, se non sarà troppo tardi, così, il vostro ritorno a Roma, col tanto da fare che ci sarà per il rimpatrio di Lietta[695]: scelta della casa, sgombero, apprestamento anche sommario della casa di Lietta, sistemazione delle famiglie. Per la fermata a Castiglioncello, che, secondo me, non dovrebbe durare più d'una ventina di giorni, non potete fare alcun assegnamento su me. Io parto giovedì 13 per Viareggio[696], per prender parte alla Commissione del Premio, che sarà assegnato la notte del 16; poi andrò a Milano per l'arrivo della Marta

che forse avverrà il 18 o il 19; ritornerò forse per qualche giorno a Viareggio, e poi sui primissimi di Settembre sarò a Vienna per la rappresentazione di *Questa sera* che avverrà il 4 e per il Congresso che durerà fino al giorno 8[697]. Il 10 sarò a Genova per la partenza di Marta sul "Conte di Savoja"[698] e l'11 ritornerò a Roma. Verso il 24 mi toccherà partire con Alfieri e Bodrero[699] per Berlino[700]. Sarò di ritorno entro la prima settimana d'ottobre, certamente. Come vedi, non mi è possibile in alcun modo venire a Castiglioncello, né d'altronde, ormai, mi piacerebbe più. Raccogliermisi per lavorarvi in pace tre mesi filati, sì, mi sarebbe piaciuto; ma per pochi giorni, chi sa dove, a parte che non potrei più per le ragioni che t'ho dette, no. Invece del raccoglimento e del lavoro proficuo, quest'estate è stato lo scompiglio, un po' qua, un po' là. Ho fatto lo spettatore a Venezia e il pittore ad Anticoli. Ora Fausto è qui con me a Roma per qualche giorno a tenermi compagnia, credo fino al 13 giorno della mia partenza per Viareggio[701]. Francesco mi ha chiesto un permesso di 15 giorni per andare a vedere la madre che non ha più rivisto dopo la morte del padre, e gliel'ho concesso. Basta per me che si trovi a Roma per il giorno 11 al mio ritorno da Genova dopo la partenza di Marta.

Ho qui una montagna di bozze da correggere, tutti i volumi delle novelle per l'edizione definitiva. Capitani mi ha mandato la seconda rata di L. 20.000 per il *Pensaci Giacomino*. Ma io, oggi, debbo pagare il viaggio di Lietta, perché altrimenti non farei più a tempo al mio ritorno a Roma l'11 sett. Non sono ancora ben sicuro che per le due bambine basteranno 2 mezzi biglietti; bisognerebbe saper gli anni precisi dell'una e dell'altra; non vorrei che poi nascessero pasticci. Ho deciso di spedirle un telegramma con risposta pagata così concepito: "Dimmi se per viaggio bambine bastano due mezzi biglietti". Immaginati che disastro avverrebbe se, con la data di nascita segnata sul passaporto, risultasse che la maggiore ha superato quel limite d'età per cui si ha diritto di viaggiare col mezzo biglietto.

Francesco ha già fatto tutto quanto occorreva per farle avere a tempo gli arretrati delle pigioni e anche la pigione d'agosto. Ma chi sa quante spese avrà per il viaggio. Ho ricevuto di lei la lettera che qui ti unisco.

Del mio animo è meglio che non ti parli.

Non ho risposto né alla tua lettera né a quella tanto cara della mia piccola Ninì, collega autrice drammatica.

Baciamela coi fratellini[702]. Salutami tanto tanto Olinda, e tanti baci forti forti abbiti tu, Stenù mio, dal tuo

Papà

148

Berlino, 30.IX.1936 XIV
Hôtel Bristol
REALE ACCADEMIA D'ITALIA

Caro Stenù mio,
come vedi, sono sceso al Bristol e non all'Adlon, ma non ho ricevuto lo stesso tutta la posta. Jeri ho preso uno dei miei raffreddori e per prudenza oggi sto riparato in albergo e domani non andrò in gita a Dresda, com'è nel programma.

Pietro Solari, che ho trovato il primo giorno ancora a Berlino, e che dev'essere arrivato jeri sera a Roma nella casa vicina a noi, ti parlerà, se non ti ha già parlato, dell'affare concluso per suo mezzo con l'agenzia teatrale e letteraria Alen e Sirock per cinque lavori, tre di ripresa, e due nuovi, per il rilancio di Pirandello in Germania, con nuove traduzioni fatte da scrittori *ariani*. Il contratto sarà firmato oggi. L'à valoir sarà di 1500 marchi per lavoro. Vorrei che tu mandassi subito a questo indirizzo:

Herr Fred A. Angermayer
Kaiserdamm 3ª
Berlin-Charlottamburg
il testo italiano dell'*Enrico IV* e la versione francese del Cré-

mieux che troverai nel sec. volume dell'edizione Gallimard N.R.F[703]. Manda anche una copia dell'estratto della tua commedia *Un padre ci vuole*[704].

Ripartirò da Berlino la sera del 3 ottobre e il 4 verso le 2 del pomeriggio scenderò a Verona, donde con un altro treno proseguirò per Milano. Vi arriverò senza un soldo, perché, come sai, ho dovuto lasciare a Roma i soldi che intendevo lasciare a Mauri a Milano, quando ho saputo che non saremmo passati da questa città. Tu avrai ricevuto da un impiegato di De Pirro le 700 lire lasciate. Mandami a Milano le dieci mila lire pagate dal "Roma film", indirizzate all'Hôtel Corso perché possa cambiarlo il lunedì mattina. Avrei da riscuotere il vaglia del "Corriere della sera" per la novella, ma non so quando mi sarà pagato.

Hai già provveduto per la casa di Lietta?

Io non so ancora se verrò a Roma dopo aver parlato con Ruggeri. Forse sì, perché mi seccherò certamente ad aspettare a Milano fino alle 14. Ma deciderò a Milano, se restare o partire. A ogni modo, ti telegraferò.

Mi dispiace del tuo disturbo di gola, ma son contento che per Giorgino non ci sia stato bisogno d'intervento chirurgico.

Il naso mi sgocciola maledettamente e bisogna che smetta di scrivere.

Baciami tutti e un bacio forte forte per te

dal tuo Papà[705]

NOTE

[1] Pirandello ha raggiunto la Compagnia Gandusio a Torino per avviare le prove della commedia in tre atti *L'uomo, la bestia e la virtù* (dalla novella *Richiamo all'obbligo* del 1906), messa in scena per la prima volta al «Teatro Olympia» di Milano, il 2 maggio 1919, interpreti Antonio Gandusio, Tina Pini, Olinto Cristina.

[2] Il 22 febbraio 1919 Luigi Pirandello scrive ad Antonio Gandusio, a cui a metà febbraio aveva inviato il copione di *L'uomo, la bestia e la virtù*, dandogli indicazioni sul significato della commedia e sul modo in cui deve essere interpretata: «Ella avrà certamente notato il riposto senso di essa, pieno d'amarezza beffarda, che la fa una delle più feroci satire contro l'umanità e i suoi astratti valori. La comicità esteriore della favola non è che la maschera grottescamente arguta di questa amarezza: l'avrei voluta anche, se non avessi temuto d'offender troppo il pubblico e gli attori che debbon recitar le parti, più sguaiata, per una superiore coerenza estetica. Deve avere per forza una faccia di buffoneria salace, spinta fin quasi alla sconcezza, vorrei dire una faccia di baldracca, questa commedia ove l'umanità è beffata così amaramente e ferocemente nei suoi valori morali» (Archivio Antonio Gandusio, presso la Casa di Riposo per Artisti Drammatici di Bologna, ora in Luigi Pirandello, *Maschere nude*, a cura di Alessandro d'Amico, Milano, Mondadori, Collana «I Meridiani», 1993, vol. 2°, p. 289).

[3] Alessandro d'Amico nota che i termini usati nelle lettere a Gandusio e nelle didascalie «non pongono dubbi sull'immagine scenica auspicata dall'Autore. Quanto all'uso di vere e proprie maschere, che Pirandello non arriva a imporre ma che propone come modello, è il naturale sbocco della sua idea registica» (ivi, p. 291). Gandusio non adottò le maschere. Soltanto nella messa in scena del 25 giugno 1926, al «Teatro Chiarella» di Torino, Compagnia del «Teatro d'Arte», interpreti Marta Abba e Lamberto Picasso, la commedia *L'uomo, la bestia e la virtù* sarà messa in scena in chiave grottesca, con maschere bestiali sul volto dell'attore, secondo il primitivo intendimento dell'autore.

[4] La dicitura «commedia in tre atti» («Comœdia», Milano, 10 settembre 1919) fu corretta da Pirandello in «apologo in tre atti» in occasione dell'edizione Bemporad del 1922.

[5] Augusto Genina (1892-1957), regista cinematografico e sceneggiatore, in circa quaranta anni di attività realizzò 150 film. Nel 1920 diresse *Lo scaldino*, dall'omonima novella di Luigi Pirandello del 1906, per la Itala Film di Torino e la Tespi di Roma, aiuto regista Arnaldo Frateili, interpreti Kally Sambucini, Franz Sala, Alfonso Cassini.

[6] Luigi Antonelli (1882-1942), autore drammatico e critico, dal 1930, de «Il Giornale d'Italia». L'interesse odierno per l'opera di Antonelli *La fiaba dei tre Maghi*, pubblicata da Treves nel 1920, scaturisce soprattutto dai rapporti che legarono lo scrittore a Pirandello. Il commediografo abruzzese frequentava infatti quel manipolo di giovani che solevano riunirsi presso il «Messaggero della Domenica» (o «Messaggero verde»), di cui Pier Maria Rosso di San Secondo era redattore. Altri suoi titoli: *L'uomo che incontrò se stesso* (1918); *Bernardo l'eremita* (1919); *L'isola delle scimmie* (1920); *Il dramma, la commedia e la farsa* (1926); *L'uomo che vendette la propria testa* (1933); *Bellerofonte* (1936).

[7] La prima de *La fiaba dei tre Maghi* ha luogo al «Teatro Carignano» di Torino, l'11 aprile 1919, Compagnia Virgilio Talli, interpreti Maria Melato, Annibale Betrone, Augusto Marcacci.

[8] Virgilio Talli (1857-1928), attore e direttore teatrale. Dal 1918 al 1921 guidò, con Luigi Chiarelli, la semistabile del «Teatro Argentina»; dal 1921 al 1928 la Compagnia Nazionale; nel 1926 assunse la direzione del «Teatro Arcimboldi» di Milano. A Talli così scrive Nino Martoglio: «Sono più che intimo, fraterno amico di Luigi Pirandello che è, come uomo, non meno profondo e delizioso che come scrittore. Con lui ho finito una commedia in collaborazione per Musco ed altra ne cominceremo presto; con lui passo tutte le mie ore libere in un godimento intellettuale infinito... e sono stato io a imporgli di mandarle la sua originalissima e profondissima parabola *Così è (se vi pare)*, sicuro che Ella fosse il solo capocomico nostro capace di comprenderne l'alto significato filosofico e il grande valore letterario» (in Sabatino Lopez, *Dal carteggio di Virgilio Talli*, Milano, Treves, 1931).

[9] La prima del *Così è (se vi pare)* (dalla novella *La signora Frola e il signor Ponza, suo genero*) ha luogo al «Teatro Olympia» di Milano, Compagnia Virgilio Talli, il 28 giugno 1917, interpreti Annibale Betrone, Maria Melato, Ruggero Lupi.

[10] Luigi aveva sposato Maria Antonietta, detta Antonietta (1872-1959), il 27 gennaio 1894. Cfr. al riguardo: *Lettere d'amore di Luigi ad Antonietta*, a cura di Alfredo Barbina, «Ariel», Roma, settembre-dicembre 1986, pp. 211-229.

[11] Pirandello si era recato a Milano per seguire le ultime prove della Compagnia Gandusio di *L'uomo, la bestia e la virtù*. Gandusio aveva infatti spostato il debutto a Milano perché riteneva necessarie ulteriori prove e perché il pubblico meneghino era meno ostile alle provocazioni dell'agrigentino. Cfr. la lettera di Luigi Pirandello a Ruggero Ruggeri del 4 aprile 1919 (in Lucio Ridenti, *Teatro italiano fra due guerre 1915-1940*, Genova, Della Casa, 1968, p. 33). Allorché l'attore decise di rinviare la prima de *L'uomo, la bestia e la virtù* a Milano nel periodo della Pasqua, Pirandello chiese a Ruggeri, che negli stessi giorni doveva mettere in scena nel capoluogo lombardo *Il giuoco delle parti*, di lasciare la precedenza a Gandusio. Un mese dopo, il 18 maggio 1919, a Maria Freschi, moglie di Giuseppe Antonio Borgese, da Roma scriverà: «Quel che è avvenuto al Manzoni per la prima del *Giuoco delle parti*

m'ha dato seriamente da pensare. È chiaro che il pubblico crede di vedere in me un proposito ch'io non mi son sognato mai d'avere, di mettere cioè a soqquadro il teatro, facendomi conduttore d'una nuova falange di giovani scrittori. [...] La vera ragione di quanto è accaduto l'altra sera al Manzoni è questa, creda. I clamori, le lotte, il contrastato giudizio non sono stati pro o contro la mia commedia, per quello che essa è in se stessa, ma pro o contro il così detto "teatro nuovo", "impresa cooperativa", "pirandellismo" come ora lo chiamano». *Il giuoco delle parti* sarà messo in scena l'8 maggio 1919 (Renato Simoni sul «Corriere della Sera» del 10 maggio scrive: «Ruggero Ruggeri recitò con molto garbo la sua parte, assai graziosamente secondato dalla Vergani. Il primo atto non piacque, il secondo fu applaudito tre volte con calore, e il terzo quattro volte non senza contrasti e dibattiti»).

[12] Il cognome, *Petella* nella novella e nel copione dato a Gandusio, diviene *Perella* nel testo a stampa.

[13] Fu un insuccesso. Renato Simoni sul «Corriere della Sera» del 3 maggio 1919 scrive: «È vero, quello di ieri sera non è il teatro solito, ma è un teatro che ha troppa voglia di non esser quello solito; e non è né nuovo, né rinnovatore. [...] Il Gandusio raggiunse una certa comicità agitata e affannosa: la Pini recitò come dal fondo d'un cupo sotterraneo. La cronaca della serata è malinconica: dopo il primo atto tre chiamate assai contrastate, disapprovazioni aperte dopo il secondo, proteste dopo il terzo, le ultime parole del quale furono coperte da alti clamori».

[14] Come informa Alessandro d'Amico, «Bartolomeo era un portafortuna di Lietta: un elefantino di *peluche* dalla proboscide volta verso l'alto» (Luigi Pirandello, *Maschere nude*, cit., vol. 2°, p. 292).

[15] Nel 1919 l'editore fiorentino Luigi Battistelli pubblica la raccolta di novelle *Il carnevale dei morti* e nel 1920 la «seconda edizione aumentata» de *L'Umorismo*. Poco tempo prima, il 21 marzo 1919, Luigi Pirandello scrive all'amico Nino Martoglio del progetto, non realizzato, di dar vita a una rivista: «Torno oggi da Firenze, dove mi son recato per trattare intorno alla fondazione d'una rivista con l'editore Battistelli» (in Pirandello-Martoglio, *Carteggio inedito*, a cura di Sarah Zappulla Muscarà, Milano, Pan, 1979, p. 174; 2ª ed., Catania, C.U.E.C.M., 1985).

[16] Emilio Ghione (1879-1930), attore e regista, fu, tra i pionieri del cinema italiano, uno dei più originali e sensibili. Fra le sue serie di film gialli ricordiamo: *La banda delle cifre* (1915); *I topi grigi* (1917); *Il triangolo giallo* (1918); *Dollari e fracs* (1919).

[17] Marco Praga (1862-1929), commediografo, romanziere, critico teatrale. Presidente della Società degli Autori dal giugno 1896 al maggio 1911 e, per quattro anni, dal 1913, direttore della Compagnia del «Teatro Manzoni» di Milano. Dal maggio 1916 Presidente della Società degli Autori, da cui dà le dimissioni nel maggio 1919 in seguito all'adesione di vari attori e commediografi, fra cui Luigi Pirandello, alla Società Italiana del Teatro Drammatico, la futura «Sitedramma» o «Sitedrama».

[18] Ruggero Ruggeri (1871-1953) è stato uno dei maggiori interpreti del teatro pirandelliano, da *Il piacere dell'onestà*, *Il giuoco delle parti*, *Tutto per bene*, *Non si sa come*, all'acclamatissimo *Enrico IV*. Nel corso delle sue numerose interviste Pirandello ha definito Ruggeri «magnifico attore», «uno dei più grandi attori del mondo», e le sue interpretazioni «mirabili incarnazioni», «insuperabili» (cfr. al riguardo: *Interviste a Pirandello*. «*Parole da dire, uomo, agli altri uomini*», a cura di Ivan Pupo, prefazione di Nino Borsellino, Soveria Mannelli, Rubbettino Editore, 2002). Circa la corrispondenza intercorsa fra Pirandello e Ruggeri cfr., ora, *Un carteggio in chiaro-scuro*, a cura di Alfredo Barbina, «Ariel», Roma, maggio-dicembre 2004, pp. 303-370.

[19] Angelo Musco (1872-1937), straordinario interprete della prima stagione teatrale, quella siciliana, di Pirandello. Sui rapporti tra Pirandello e Musco ci sia consentito rinviare a: Pirandello-Martoglio, *Carteggio inedito*, cit.; Sarah Zappulla Muscarà e Enzo Zappulla, *Musco. Il gesto la mimica l'arte*, Palermo, Novecento, 1987; Idem, *Musco. Immagini di un attore*, Catania, Maimone, 1987; AA.VV., *Angelo Musco e il teatro del suo tempo*, a cura di Enzo Zappulla, Catania, Maimone, 1990; Luigi Pirandello, *Tutto il teatro in dialetto*, a cura di Sarah Zappulla Muscarà, Milano, Bompiani, Collana «Nuovo Portico», voll. 2, 1993 (nuova ed., con glossario dei termini dialettali, Collana «I Delfini Classici», 1994; 2ª ed. 2002).

[20] Beltrami, titolare di una sartoria-merceria molto nota a Milano in quegli anni. È vero che c'era a Milano, fra i dirigenti della Casa editrice Treves, il commendatore Giovanni Beltrami ma l'accenno nella lettera a un capo di biancheria lascia pensare che l'esatto riferimento sia al titolare della sartoria-merceria.

[21] La secondogenita Lia, detta Lietta, nata a Roma il 12 giugno 1897 e ivi morta l'11 marzo 1971.

[22] Antonio Lauricella, chiamato Ninuzzo, figlio di Giacomo Lauricella (parente acquisito di Luigi per parte di madre), era intimo dei Pirandello, sia del padre che dei figli.

[23] La Società Italiana degli Autori (S.I.A.) nasce a Milano nel 1882 per la tutela della proprietà letteraria ed artistica, su iniziativa di alcuni scrittori, musicisti, commediografi, giuristi, studiosi, editori. Presidente onorario viene nominato Cesare Cantù, presidente effettivo Tullo Massarani; del primo Consiglio direttivo fanno parte Giuseppe Verdi, Giosuè Carducci, Francesco De Sanctis, Paolo Ferrari, Edmondo De Amicis, Giovanni Prati, vicepresidenti Enrico Rosmini, Emilio Treves. Fra i promotori: Arrigo Boito, Ruggero Bonghi, Felice Cavallotti, Gerolamo Rovetta, Eugenio Torelli-Viollier, Edoardo Sonzogno, Giovanni Verga, Pasquale Villari, Giuseppe Zanardelli. Nel 1891 è eretta in ente morale; nel 1927 assume il nome di Società Italiana degli Autori e degli Editori (S.I.A.E).

[24] Annunciata per il 25 aprile, la prima de *L'uomo, la bestia e la virtù* sarà rinviata al 2 maggio a causa di uno sciopero degli attori che coinvolge anche la Compagnia Gandusio.

[25] Umberto D'Andrea era un amico di Stefano ma amato da tutti i familiari; soleva chiamare «Papà» Luigi il quale da parte sua lo chiamava «figliuolo». Aveva subito in guerra una grave mutilazione.
[26] Giuseppe Portolano, uno dei fratelli della moglie di Pirandello, Antonietta.
[27] Ha cancellato: «tu telegrafa da costà».
[28] Il ricovero, il 14 gennaio 1919, per l'aggravarsi dei disturbi psichici, di Antonietta a Villa Giuseppina, una casa di salute in via Nomentana, 126, dove rimarrà fino alla morte, avvenuta il 17 dicembre 1959. Stefano è ancora sotto le armi anche se gli viene accordata in gennaio una prima licenza di circa un mese per partecipare con i familiari al triste distacco dalla madre. Un altro permesso più lungo gli è accordato dal 14 marzo al 14 settembre.
[29] Carmelo Portolano, l'altro fratello di Antonietta.
[30] Medico curante di Antonietta.
[31] Nei riguardi della figlia Lietta, Antonietta aveva da qualche tempo iniziato a nutrire una violenta gelosia. Alcuni anni prima, il 16 aprile 1916, alla sorella Lina Luigi scrive: «Mi trovo in uno dei più tristi frangenti della mia vita. La sciagurata donna che m'è moglie, dopo aver martoriato dacché è tornata dalla Sicilia la mia povera Lietta, ora, in preda a una delle sue più terribili crisi, s'è voltata con inaudita ferocia contro di lei. E la mia povera bambina, presa d'orrore, in un momento di sconforto s'è chiusa in camera e ha tentato d'uccidersi. Per fortuna il colpo non è partito dalla rivoltella perché la capsula non è esplosa. Sconvolta dal colpo mancato, allora, di nascosto, così vestita di casa, senza cappello, se n'è scappata. Per tutto un giorno, come un pazzo, io l'ho cercata per Roma; disperato, mi sono rivolto alla questura; finalmente la sera, sono stato avvertito ch'ella s'era rifugiata in casa di alcune sue amichette, antiche compagne di scuola» (in Luigi Pirandello, *Lettere della formazione 1891-1898*, a cura di Elio Providenti, Roma, Bulzoni, 1996, p. 400).
[32] Luigi è tornato da Viareggio, dove aveva raggiunto i figli Lietta e Fausto (Stefano era rimasto a Roma), ospiti degli zii Rosolina, detta Lina (1865-1956), sorella primogenita di Luigi, e Calogero De Castro (1857-1931). In occasione del matrimonio della sorella, celebrato il 16 ottobre 1887, Pirandello fece dono agli sposi dei versi *Nozze di Lina* (Palermo, Amenta, 1887), poi confluiti in *Mal giocondo* (Palermo, Libreria Internazionale Luigi Pedone Lauriel di Carlo Clausen, 1889). Scrive Elio Providenti: «L'unione dovette essere ben vista da Stefano Pirandello, in quanto il De Castro, giovane e brillante ingegnere del Real Corpo delle miniere, poteva riuscire di molta utilità al suocero, che esercitava la mercatura degli zolfi» (in Luigi Pirandello, *Lettere giovanili da Palermo e da Roma 1886-1889*, introduzione e note di Elio Providenti, Roma, Bulzoni, 1994, pp. 87-88).
[33] Calogero De Castro, vedi nota precedente.
[34] Luigi aveva scritto da Viareggio, il 29 luglio 1919, in coda a una lettera dei figli Lietta e Fausto, indirizzando oltre che a Stefano alle due nipoti, le figlie di Lina e Calogero, le quali erano in quei giorni a Roma ospiti in casa

Pirandello. Il suo tono era scherzoso: «Miei Carissimi, avrete notato qua e là, leggendo le lettere antecedenti, parecchie correzioni a questi polli d'India dei miei figliuoli (maschio, femmina). La *Giuditta* di Hebbel [Il 20 febbraio 1917 da Mauthausen, dove è prigioniero, ai familiari Stefano scrive di aver letto il teatro di Ibsen, Gorkij, Hebbel: «Sono stato in buona compagnia, come vedete»], lavoro classico! Mi viene di piangere... (anche a me!) [La parentesi è di pugno di Lietta]. Basta. Dico a Calogero che se non pensa a far pulire *da un uomo* la scala di marmo, ridotta (1) [Lietta ha corretto un precedente «ridotto» e ha aggiunto in calce la nota «(1) Bravo il Maestro!»] in uno stato pietoso da un anno e più, per non dire due, d'abbandono; se non pensa a far verniciare la cancellata che cinge il villino, tutta mangiata dalla ruggine; il villino cadrà in un precocissimo deperimento, non più rimediabile! Io vorrei dipingere. Ma mio figlio Fausto non ha pennelli piccoli. Mio figlio Fausto non ha altro che sonno. Ha inoltre tre belle camice franciate di ferro con due belli bottoni a due colori. Io vorrei dipingere. (L'amassi davero?) [La parentesi è di pugno di Fausto. La frase si riferisce a una domanda, che era rimasta scherzosamente nel lessico familiare, a indicare un candido micidiale desiderio, di quando lui, piccolissimo, andato a protestare presso il genitore che era seduto a lavorare alla scrivania contro una sopraffazione del fratello maggiore, al padre che levando gli occhi dalle carte rimproverava Stefanuccio cercando d'apparire terribile («devi finirla, tu sei più grande, insomma bada che t'ammazzo»), aveva domandato innocente: "L'amassi davero?"] Correggo bozze di stampa. Ieri ho passato la mattinata al mare, assistendo al bagno di Lillì. Io vorrei farmi un bagno, e vorrei dipingere; ma correggo bozze di stampa. Con le quali vi abbraccio e vi bacio tutti forte forte. Vostro Luigi».

35 Stefano Pirandello *senior* (1835-1924), padre di Luigi (la madre, Caterina Ricci-Gramitto, 1835-1915), era stato invitato a trasferirsi da Porto Empedocle a Roma per essere ospitato alternativamente in casa della figlia Lina De Castro e in quella del figlio Luigi che, come detto, abitavano nello stesso villino. Vi era giunto appena da pochi giorni. Morirà nel mese di giugno 1924 in casa del figlio, nel villino Ciangottini, via Pietralata, 23.

36 Di ritorno, «dopo mille peripezie», dai lager di Mauthausen e di Plan, dove era stato tenuto prigioniero, Stefano era approdato il 13 novembre 1918 al porto di Ancona. Dopo aver ottenuto una breve licenza nel gennaio 1919, aveva dovuto riprendere servizio il 10 febbraio presso il deposito del suo reggimento, a Macerata. Il 1° marzo era stato trasferito in un ufficio militare a Roma, per poi ottenere, il 14 marzo, una licenza della durata di sei mesi. A settembre dovrà far ritorno a Macerata, per essere definitivamente congedato il 18 novembre. Cfr. al riguardo: Andrea Pirandello, *Il figlio prigioniero*, cit.

37 Nei primi di marzo del 1918 la famiglia Pirandello si era trasferita dalla casa di via Alessandro Torlonia al nuovo appartamento nel villino Ciangottini nella vicinissima via Pietralata, 23 (oggi via G.B. De Rossi), presso la via Nomentana. Il villino Ciangottini è stato poi demolito per far posto ad un nuovo fabbricato.

[38] Calogero De Castro, ingegnere minerario, assunto nella primavera del 1919 presso le Acciaierie Ilva, dopo le vacanze estive si trasferirà con la famiglia da Firenze a Roma, dove ha affittato un appartamento nello stesso stabile dei Pirandello, in via Pietralata, 23.

[39] Commedia in tre atti, scritta da Stefano durante la prigionia a Mauthausen, tra il 1915 e il 1918, riveduta negli anni successivi, *La casa a due piani* sarà messa in scena per la prima volta l'8 giugno 1923 al «Teatro Argentina» di Roma, Compagnia diretta da Luigi Pirandello, in sostituzione di Dario Niccodemi, interpreti Ruggero Lupi e Luigi Cimara, e pubblicata su «Comœdia» (25 agosto 1924). Poi rielaborata, nella stesura definitiva è ora in Stefano Pirandello, *Tutto il teatro*, cit. Il 5 luglio 1923, a proposito della messa in scena de *La casa a due piani*, Luigi scrive a Lietta: «Stefano non ha più tempo da far nulla. Chi sa da quanto tempo non ti scrive! Non ti ha scritto neppure dell'esito contrastato della sua *Casa a due piani* replicata per due sere all'Argentina. Non puoi immaginarti quanto ne abbia sofferto! Il pubblico dimostrò fin da principio il suo mal animo, beccando e ridendo. Ma con tutto ciò, il terz'atto ebbe il potere di far tacere tutti i malintenzionati e di imporsi magnificamente; tanto che la fine della commedia fu salutata da sette ovazioni. Insomma, serata di battaglia. E Stefano, se non ha vinto del tutto, se n'è uscito con onore» (in Luigi Pirandello, *Lettere a Lietta*, trascritte da Maria Luisa Aguirre d'Amico, con la postfazione di Vincenzo Consolo, Milano, Mondadori, 1999, pp. 101-102).

[40] Alcuni anni dopo, nel corso di un'intervista apparsa su «La Sera» del 21 febbraio 1922, Walter Vaccari chiede a Luigi Pirandello notizie del figlio «chiamato Stefano Landi»: «No, adagio, non si chiama; si fa chiamare. Stefano, sì: quello è il suo nome di battesimo. Ma Landi è il suo nome di battaglia. Perché questo giovane sta per affrontare delle battaglie molto serie: quelle del palcoscenico. Ha scritto un dramma. La cosa merita di essere raccontata. Suo padre lo aveva già da due anni lontano, chiuso nell'inferno della prigionia austriaca e un giorno si vede capitare a casa sua un ufficiale italiano che gli consegna un plico di carte. Queste carte avevano valicato il confine austriaco, avevano traversato tutta la Svizzera, in contrabbando, ventriera di nuovissimo genere sul corpo di un grande invalido. Erano un lavoro di suo figlio, una commedia: *La casa a due piani*. L'arte, raffinato godimento di ben altri tempi, gli aveva dato un supremo conforto in certi tempi che… Basta; meglio non ricordargliele. E Luigi Pirandello la lesse colle lagrime agli occhi… L'argomento? D'una certa audacia non c'è che dire. Il dramma di una famiglia in cui i genitori "si amano troppo", nella quale, sotto gli occhi dei figli già grandi, sono soltanto due amanti in capelli grigi che si idolatrano… Si rappresenterà fra un mese. Sarà interpretata dalla compagnia di Niccodemi. Io penso che forse sarà quella la prima sera in cui Luigi Pirandello spierà con trepidazione l'umore del pubblico, col cuore che batte forte, commosso, in attesa che battano le mani». La prima, come ricordato, avrà luogo invece un anno dopo.

[41] La raccolta di novelle *Erba del nostro orto*, già pubblicata dallo Stu-

dio Editoriale Lombardo di Milano nel 1915, vedrà la luce per i tipi di Facchi, Milano, 1919.

42 Entrambi editi dalla Treves di Milano, rispettivamente nel 1915 e 1912.

43 *Il diario d'un fante* era un racconto di guerra di Luigi Gasparotto (1873-1954), uomo politico, militante antifascista, membro dell'Assemblea costituente (1946-1948).

44 L'opera di Plutarco, *Le vite degli uomini illustri*, Roma, Pio Cipicchia, voll. 7, 1824-1825, è custodita presso lo studio romano di via Antonio Bosio. Cfr. al riguardo: Alfredo Barbina, *La biblioteca di Luigi Pirandello*, Roma, Bulzoni, 1980, p. 106.

45 Luigi scrive in calce ad una lettera di Lietta che reca i saluti della zia Lina.

46 Il terzogenito Calogero Fausto (Lulù), nato a Roma il 17 giugno 1899 e ivi morto il 30 novembre 1975.

47 Questa è la data apposta da Lietta a una sua lettera, cui Luigi aggiunse le righe che seguono. Lietta dava a Stefano notizia della vita di casa. Tra le altre, che qualche sera prima erano venuti la cugina Giuseppina De Castro (detta Pinì), figlia minore di Lina, sorella di Pirandello, e Arnaldo Frateili con la moglie, e avevano fatto musica: in particolare erano state suonate alcune composizioni di Stefano, il quale, prima di partire per la guerra, aveva studiato per divenire compositore.

48 Paolo Giordani (1887-1948), avvocato, giornalista, impresario teatrale, membro del Consiglio direttivo della Società Italiana degli Autori, consigliere delegato della Società Finanziaria Italiana per la gestione di aziende teatrali e commerciali, fondatore nel 1919 della Società Italiana del Teatro Drammatico (chiamata poi anche «Sitedramma» o «Sitedrama» o, più spesso, Suvini-Zerboni, agenzia teatrale milanese, situata in via G. Sacchi, 11, con filiale a Roma, in via della Mercede, 11, da lui controllata), aveva il monopolio dell'esportazione del repertorio italiano all'estero per cui gli scrittori pagavano una percentuale del 10% sui diritti d'autore. In qualità di socio dei diversi importatori di opere straniere in Italia, controllava le compagnie che a loro volta dipendevano da lui per ottenere i teatri di Milano (pressoché tutti gestiti dalla Società Suvini-Zerboni). Curò gli interessi di Pirandello per anni, ma ebbero non pochi dissidi, con scambio di attacchi reciproci sulla stampa. Lo scrittore infatti lo accusava, non a torto, di avere nelle sue mani tutti i settori strategici del teatro italiano. Per qualche tempo, però, nel 1926, si riavvicinarono, come si vedrà più avanti, per la mediazione di Telesio Interlandi e insieme elaborarono e presentarono a Mussolini il progetto di un Teatro Drammatico Nazionale di Stato. Un sogno a lungo ma invano accarezzato da Pirandello, finalizzato alla creazione di strutture alternative che contrastassero le speculazioni dell'industria teatrale privata, a garanzia della qualità degli spettacoli e quindi non soltanto degli autori ma pure degli attori, non più randagi ma stabili.

49 Stefano, come si evince anche dal prosieguo della lettera, non aveva detto alla madre di avere ottenuto una licenza di sei mesi.

⁵⁰ Tutto questo malinteso a proposito delle licenze militari di Stefano e del modo come n'era stata informata la madre fu chiarito pochi giorni dopo da una lettera di Lietta, che rassicurò il fratello: ad Antonietta non era stato detto nulla che fosse in contrasto con quanto lui stesso le aveva raccontato. E il pretesto inventato di una permanenza di Luigi a Macerata funzionò: la malata credette che davvero al marito in quelle settimane, essendo presso Stefano, si era reso impossibile incontrarla; poi, almeno per qualche tempo, sembrò dimenticare la sua richiesta.

⁵¹ Si tratta di una somma che Stefano ha ricevuto per arretrati dovutigli del servizio militare. Lietta pochi giorni prima, annunciando in una lettera al fratello l'arrivo del vaglia, gli consigliava di affidare quattromila lire allo zio Calogero De Castro, il quale avrebbe potuto investirle con profitto, e Stefano sarebbe stato poi in grado di pagarsi gli studi universitari con quella somma e i relativi interessi.

⁵² Fatti i dovuti accertamenti è risultato che Bemporad non versò questa grossa somma, prevista nel contratto con lo scrittore come anticipazione dei futuri diritti d'autore. Luigi Pirandello ottenne invece alla fine del 1920 l'anticipazione di 100.000 lire dalla Società Italiana degli Autori, garantita dal Bemporad, nel senso che l'editore s'impegnava a rimetterle il 40 per cento di ogni versamento dei diritti che avrebbe via via corrisposto all'autore per la pubblicazione delle sue opere e delle relative ristampe. In tal modo, dal 1921, quando l'editore iniziò a pubblicare le sue opere, Pirandello saldò via via il debito con la Società Italiana degli Autori.

⁵³ Enrico Bemporad (1868-1944) continuò fino al 1938 l'attività editoriale del padre Roberto (1835-1889) fondata sull'eredità del suocero Alessandro Paggi. È nel biennio 1918-1919 che si è verificata la rottura di Pirandello con Emilio Treves e il passaggio a Enrico Bemporad.

⁵⁴ *Come prima, meglio di prima* (dalla novella *La veglia* del 1904).

⁵⁵ Pirandello sta seguendo a Roma le prove di *Tutto per bene*. Cfr. lettera del 9 agosto 1920.

⁵⁶ La commedia *Come prima, meglio di prima* sarà messa in scena il 14 febbraio 1920, al «Teatro Sannazaro» di Napoli, dalla Compagnia Gemma D'Amora, diretta da Ettore Paladini, primattore Augusto Mastrantoni, nonostante il parere contrario di Pirandello che giudica il livello artistico della Compagnia molto basso. La prima sarà pertanto considerata la rappresentazione al «Teatro Goldoni» di Venezia, il 24 marzo 1920, Compagnia Ferrero-Celli-Paoli, interpreti Ernesto Ferrero, Maria Letizia Celli, Marcello Giorda. La commedia sarà pubblicata da Bemporad nel 1921. Nel corso di un'intervista, non firmata ma molto probabilmente di Silvio d'Amico, Pirandello dichiara di aver affidato la commedia a Emma Gramatica: «ma sono stato costretto a ritirarla, perché il poco tempo che la Gramatica resterà ancora al Quirino non le avrebbe permesso di dedicare alla concertazione della mia commedia quel numero di prove che essa richiede» (–, *Quel che prepara Luigi Pirandello*, «L'Idea Nazionale», Roma, 10 febbraio 1920). Su «L'Illustrazione italiana» del 21

313

giugno 1920 Marco Praga paragonerà la commedia a *La seconda moglie* di Arthur Wing Pinero esprimendosi a favore della seconda, osservazione che Pirandello aveva già previsto in un'intervista di qualche mese prima: «*La seconda moglie* di Pinero! Diranno a questo punto i critici, ne son sicuro. Già! Con questa bella differenza: che qui è la madre stessa che deve passar da matrigna. Situazione insostenibile. E difatti scoppia il dramma che costringerà questa donna a scappare come prima, ma meglio di prima» (V.B. [Vincenzo Bucci], *Pirandello e lo specchio*, «Corriere della Sera», Milano, 28 febbraio 1920).

57 Maria Letizia Celli (1890-1969) ha esordito in teatro nel 1913 ed è stata primattrice in diverse compagnie. Molto ammirata la sua interpretazione di Fulvia nel *Come prima, meglio di prima*. Il telegramma si chiude con un saluto al plurale perché Luigi è a Venezia insieme con Lietta, la quale, oltre a governare la casa ed essere al centro della vita affettiva dei tre uomini (il padre e i due fratelli), è stata anche promossa ad accompagnatrice del padre nei suoi viaggi fuori Roma, allo scopo pure di accudirlo.

58 Luigi è a Francavilla al Mare (Chieti) in compagnia di Lietta perché vuole finalmente offrire alla figlia, dopo gli anni duri che hanno trascorso, una vera villeggiatura che le dia anche l'occasione d'incontri e amicizie con giovani della sua età. Stefano rimane a Roma sia per lavorare sia perché uno della famiglia deve sempre fare visita ad Antonietta in clinica e assisterla per ogni evenienza; Fausto passa le vacanze a Girgenti, ospite al Caos dello zio Enzo.

59 Circa un mese prima Fausto Maria Martini, su «La Tribuna» del 16 maggio 1920, scrive: «Pel teatro Luigi Pirandello sta preparando la commedia da noi annunciata, e quasi finita, dal bizzarro titolo *Sei personaggi in cerca d'autore*».

60 Nella biblioteca dello scrittore residuano i seguenti libri di Giovanni Verga: *Don Candeloro & C.*, Milano, Treves, 1909; *Teatro*, ivi, 1912; *Novelle*, ivi, 1914; «*Cavalleria rusticana*» *e altre novelle*, ivi, 1917; *I Malavoglia*, ivi, 1919 (cfr.: Alfredo Barbina, *La biblioteca di Luigi Pirandello*, cit., p. 100). In un'intervista concessa a Giuseppe Villaroel, vent'anni dopo la pubblicazione di *Il fu Mattia Pascal*, Pirandello racconta di aver donato a Verga, nella sede della «Nuova Antologia», una copia fresca di stampa del romanzo e di aver poi ricevuto una lettera di ringraziamento in cui diceva di veder spegnere «la sua lucerna accanto alla quale si accendeva il lumicino dell'arte mia». Nella lettera di risposta (recuperata da Gianvito Resta) Pirandello manifesta a Verga una «profonda ammirazione» e l'intenzione di «cercare un'altra via, in arte, e una diversa espressione, per non ripetere con voce minore quel che altri, Lei ad esempio, aveva già detto con maggior voce» (cfr. Nino Borsellino, *Il dio di Pirandello*, Palermo, Sellerio, 2004, pp. 70-71).

61 Il 2 settembre 1920, al «Teatro Bellini» di Catania, ha luogo una solenne manifestazione in onore di Giovanni Verga, in occasione dell'ottantesimo compleanno. Il discorso commemorativo è tenuto da Luigi Pirandello. Fra i presenti, con le autorità cittadine, Dario Niccodemi, Federico De Roberto, in rappresentanza dello scrittore volutamente assente, Nino Marto-

glio, che la sera precedente, nell'intervallo tra il primo e il secondo atto della messa in scena del dramma verghiano *Dal tuo al mio*, da parte della Compagnia di Angelo Musco, recita quattro sonetti dedicati a Verga. Cfr. al riguardo: *La grande serata al Massimo in onore di Giovanni Verga*, «Corriere di Catania», Catania, 2 settembre 1920; *L'omaggio augurale dell'Italia intellettuale e della città di Catania a Giovanni Verga nel suo ottantesimo compleanno*, «Giornale dell'Isola», Catania, 2 settembre 1920; *L'opera di Giovanni Verga nella magnifica orazione di Pirandello*, «Corriere di Catania», Catania, 3 settembre 1920; *L'opera gigantesca di Giovanni Verga attraverso l'alata parola di Luigi Pirandello*, «Giornale dell'Isola», Catania, 3 settembre 1920. Il 1° giugno 1922, al «Teatro Comunale» di Bologna, «per l'inaugurazione solenne di quel teatro sperimentale e la commemorazione di Giovanni Verga» (scomparso il 27 gennaio dello stesso anno) si svolgerà una manifestazione organizzata da Lorenzo Ruggi. Il discorso inaugurale sarà tenuto da Tonino Niccodemi, la commemorazione da Luigi Pirandello, che rileggerà il discorso del 1920. Il 3 dicembre 1931, chiamato dal «Governo Nazionale» a celebrare il cinquantesimo anniversario della pubblicazione de *I Malavoglia* nella Reale Accademia d'Italia, lo scrittore pronuncerà l'antico discorso, lievemente rielaborato. Un discorso che non piacerà a Mussolini (assente alla manifestazione), basato com'è sulla contrapposizione di due filoni etico-culturali che percorrono la letteratura italiana, «i costruttori e i riadattatori, gli spiriti necessarii e gli esseri di lusso, gli uni dotati d'uno "stile di cose", gli altri d'uno "stile di parole"», ai primi appartiene Verga (e lo stesso Pirandello), ai secondi d'Annunzio. I due discorsi, il primo nel testo apparso sulla rassegna di *Studi verghiani* diretta da Lina Perroni (Palermo, Edizioni del Sud, 1929, fascicolo I; poi in *Studi critici su Giovanni Verga*, Roma, Ed. Biblioteca, 1934), il secondo nel testo apparso su «Il Tevere» del 4 dicembre 1931, sono ora in Luigi Pirandello, *Saggi, poesie, scritti varii*, a cura di Manlio Lo Vecchio-Musti, Milano, Mondadori, 1960, pp. 390-428; e, quello del 1931, in Luigi Pirandello, *Saggi e interventi*, a cura e con un saggio introduttivo di Ferdinando Taviani e una testimonianza di Andrea Pirandello, Milano, Mondadori, 2006, pp. 1417-1435. Ma cfr. pure: Luigi Pirandello-Vittorio Emanuele Orlando, *Scritti su Verga*, prefazione di Giuseppe Giarrizzo, Catania, Maimone, 1992, pp. 37-66. Per quanto concerne alcuni appunti preparatori del discorso verghiano si veda: Alfredo Barbina, *Appunti inediti di Pirandello su Verga*, in AA VV., *L'ultimo Pirandello. Pirandello e l'Abruzzo*, a cura di Francesco Nicolosi e Vito Moretti, Chieti, Vecchio Faggio, 1988; e *Idem*, *Appunti autografi di Pirandello su Verga*, «Ariel», Roma, maggio-agosto 1994, pp. 61-69.

[62] Benedetto Croce, *Giovanni Verga*, «La Critica», Bari, 20 luglio 1903; poi in *Letteratura della nuova Italia*, Bari, Laterza, 1915.

[63] Figlio di Giuseppe Aurelio Costanzo (1843-1913), poeta e drammaturgo, direttore dell'Istituto superiore femminile di Magistero di Roma dove, nel 1897 a Luigi Pirandello era stato conferito l'incarico, già di Giuseppe Màntica, dell'insegnamento della lingua italiana. Con i due volumi di saggi

Arte e scienza (Roma, W. Modes Librario-Editore, 1908), Pirandello aveva ottenuto, nel 1908, la nomina a professore ordinario di «Lingua italiana, stilistica e precettistica e studio dei classici, compresi i greci e i latini nelle migliori versioni» nel primo biennio del predetto Istituto. Continuò ad insegnare, seppur di controvoglia, fino al 1922. Cfr. al riguardo: Salvatore Comes, *Scrittori in cattedra*, Firenze, Olschki, 1976.

[64] In quell'anno, 1920, esce presso la Casa Treves il terzo volume delle *Maschere nude*.

[65] Mario Labroca (1896-1973), apprezzato musicista e musicologo, membro dell'Ispettorato del teatro, fratello di Olinda, futura moglie di Stefano, del quale era compagno di studi. Fu uno dei promotori della Corporazione per le Nuove Musiche fondata da Alfredo Casella, Gianfrancesco Malipiero e Gabriele d'Annunzio nel 1923. Sulla famiglia Labroca cfr.: Elena Labroca Maselli e Maria Labroca Bisceglie, *Le dolcezze della memoria*, Firenze, L'Autore Libri, 2004.

[66] Luigi Pirandello era in trattative col produttore cinematografico Musatti per la realizzazione del film *La voce*, tratto non si sa se dall'omonima novella del 1904 o dall'atto unico del 1918, mai rappresentato e andato perduto. Il progetto, però, non ebbe seguito.

[67] Antonio Campanozzi (1871-1944), giornalista, poeta, commediografo (*L'imperatrice*, 1931; *Maschere del Novecento*, 1934), socialista, dirigente sindacale, fu a Roma nella laica Giunta comunale Nathan e poi deputato socialista, quindi perseguitato politico dal fascismo, inviato al confino. Nella biblioteca di Pirandello è conservata una raccolta di versi *Fides* (1900), con dedica: «Al chiarissimo prof. Luigi Pirandello devotamente, l'Autore. Roma, 6 maggio 1902». L'amicizia e la stima affettuose che Pirandello nutriva per lui sono documentate dall'interessamento per le sorti di *Racanaca*, messa in scena al «Teatro Alfieri» di Torino, il 10 maggio 1918, dalla Compagnia di Virgilio Talli. La commedia ebbe vita difficile a causa dell'impegno politico dell'autore, costretto a ricorrere allo pseudonimo di Carlo Villauri (cfr. Pirandello-Martoglio, *Carteggio inedito*, cit., pp. 83, 165, 168, 177). Presso la Houghton Library della Harvard University è custodito l'autografo del romanzo *Il fu Mattia Pascal* con dedica al Campanozzi: «In segno di fraterna amicizia offre al suo carissimo Nino Luigi Pirandello Roma, 26.V.1904» (cfr. Nino Borsellino, *Ritratto e immagini di Pirandello*, Roma-Bari, Laterza, 1993, pp. 169-173). Un'altra dedica «ad Antonio Campanozzi» troviamo premessa alla novella *In silenzio* (in *Erma bifronte*, Milano, Treves, 1906). A Ruggero Ruggeri, nel dicembre del 1919, Pirandello raccomanda la commedia dell'amico *Il prof. Segulin*. In occasione del conferimento del Premio Nobel a Pirandello, il 14 novembre 1934, da Roma, Campanozzi gli scrive: «ho tardato a mandarti i miei rallegramenti per non esser confuso fra gli ammiratori del "tempo felice". Spero che ti giungeranno graditi, anche perché ti ricordano i venti anni della nostra fraterna amicizia, che furono quelli della tua migliore creazione. Con immutabile affetto» (in Alfredo Barbina, *La grande (e piccola) «conversazione» Pirandello-Cesareo*, «Ariel», Roma, gennaio-aprile 2002, pp. 139-

156). Si veda inoltre: Elio Providenti, *Pirandello impolitico*, Roma, Salerno, 2000, pp. 40-54. Bisogna precisare però che Antonio Campanozzi non va confuso, come si è soliti fare, con il fratello Francesco Campanozzi (1858-1953), anch'egli commediografo, autore della commedia *'U baruni di Carnalivari*, portata al successo da Angelo Musco, né con Primiano Campanozzi, sempre commediografo, autore, fra l'altro, de *L'avvocato Spezzaferro*.

[68] Nel maggio 1920 Stefano si è fidanzato con Maria Olinda (detta Dodi) Labroca (nata a Roma il 9 giugno 1898 e ivi scomparsa il 14 ottobre 1972), musicista sensibile, figlia di Nicola, ingegnere laureato alla Sorbona, scomparso prematuramente, e Albina Pàstina, rimasta vedova con sei figli piccoli, con Olinda, Natalia, Mario, Maria, Adriana, Elena. Si sposeranno il 18 marzo 1922. Dopo avere trascorso sette giorni di luna di miele a Sorrento, vanno ad abitare a casa del padre in via Pietralata, 23. Il 1° aprile, a Lietta, Luigi scrive: «Sono alloggiati in casa con me, come due buoni figliuoli» (in Luigi Pirandello, *Lettere a Lietta*, cit., p. 29). Tuttavia la convivenza si rivela tutt'altro che facile. Timida e in soggezione dinnanzi al singolare temperamento del suocero e agli scatti ombrosi del cognato Fausto, Olinda riesce a fatica ad inserirsi nell'anomalo ambiente familiare dei Pirandello. Inoltre patisce l'influenza che il padre ha su Stefano, di quella «subordinazione spirituale» in cui Pirandello induce il figlio, non certo volontariamente ma «per forza di natura». In un racconto scritto da Stefano molti anni dopo, in cui si descrive il *ménage* di tre suoi personaggi, un padre, il figlio e la nuora, si parla di «tre infelici, che si reputavano offesi dall'altro, rendendosi amara la convivenza, macerata di vuotaggine e vergogne», dove è forse possibile ravvisare una rappresentazione di qualche tratto più sofferto di quell'esperienza (cfr. al riguardo: Andrea Pirandello, *Quella tristissima estate del Ventuno*, «Ariel», Roma, settembre-dicembre 1986, pp. 230-246).

[69] Luigi Pirandello, *Il fu Mattia Pascal*, Firenze, Bemporad, 1921 («Nuova ristampa con un ritratto per prefazione e infine un'*Avvertenza sugli scrupoli della fantasia*»).

[70] All'editore fiorentino Bemporad il 23 agosto 1919 Pirandello ha scritto: «Sarei disposto da parte mia a cedere alla Sua casa tutta quanta la mia opera letteraria (narrativa, drammatica, poetica e critica) impegnata per ora con varii editori, e segnatamente con la Casa Treves» (in Alfredo Barbina, *Editori di Pirandello*, «Ariel», Roma, gennaio-agosto 1998, pp. 296-298). Le *Novelle per un anno* sono pubblicate in 15 volumi da Bemporad-Mondadori dal 1922 al 1937. I primi tredici volumi vedono la luce tra il 1922 e il 1928 per i tipi di Bemporad. Scaduto il contratto, di durata decennale, nel 1929 Pirandello passa alla Casa editrice Mondadori presso cui esce il quattordicesimo volume (*Berecche e la guerra*) nel 1934. Della pubblicazione dell'ultimo volume si occuperà Stefano, dopo la morte del padre, avvenuta il 10 dicembre 1936, come documenta la lunga e dettagliata lettera del 10 marzo 1937, da Roma, ad Arnoldo Mondadori. Cfr. al riguardo: Stefano Pirandello, *Tutto il teatro*, cit., vol. 1°, pp. 251-253.

71 *La signora Morli, una e due*, ultimata nell'autunno, come si legge nella lettera del 12 ottobre 1920 a Ruggero Ruggeri il quale, dopo il successo ottenuto con *Tutto per bene*, aveva chiesto a Luigi una nuova commedia: «La commedia nuova? Ecco: ne avrò due pronte, presto, cioè prima che finisca l'anno: *La signora Morli, una e due*, e *Sei personaggi in cerca d'autore*. Avrei dovuto averle già ultimate tutte e due durante l'estate; ma ne sono stato frastornato prima dalla lunga preparazione d'un discorso sull'opera e l'arte di Giovanni Verga, che sono andato a leggere a Catania, il 2 settembre, poi da urgenti impegni con l'editore Bemporad» (*Lettere di Pirandello a Ruggeri*, «Il Dramma», Torino, agosto-settembre 1955). *La signora Morli, una e due* sarà messa in scena, con esito contrastato, il 12 novembre 1920, al «Teatro Argentina» di Roma, dalla Compagnia Emma Gramatica, interpreti Emma Gramatica, Camillo Pilotto, Memo Benassi.

72 *Come prima, meglio di prima*, in replica, il 3 agosto 1920, al «Teatro Quirino» di Roma, Compagnia Ferrero-Celli-Paoli. Recensendo la commedia Arnaldo Frateili scrive: «[il successo] sarebbe stato certo più caloroso, pari a quello d'altre città, se l'estate non avesse allontanato da Roma gran parte del pubblico più intelligente». E ancora sottolinea che il teatro di Pirandello non è più «teatro d'eccezione», «tagliato fuori dalla passione dei grandi pubblici», «il suo dialogo è rapido, essenziale, quasi scarno. E da questo suo carattere risulta quell'aria di secchezza, di aridità, che hanno ancora qua e là le commedie di Pirandello, nonostante la pienezza di vita che freme in esse. Colpa felice, del resto, in tanto mare di vuota verbosità in cui pareva dovesse annegare il teatro italiano» («*Come prima, meglio di prima*» *di Luigi Pirandello al Quirino*, «L'Idea Nazionale», Roma, 5 agosto 1920).

73 Dopo la separazione dalla moglie, Luigi si rende conto che la giovane figlia prima o poi si sposerà e comincia a provare un'angoscia di abbandono vedendo che Stefano e Fausto, l'uno a Roma, l'altro ad Agrigento, non gli scrivono con l'assiduità che egli desidera.

74 Con *Le mamme d'Amì* Stefano intende sviluppare uno dei temi della commedia in un atto *L'uccelliera*, legato al personaggio di Amerigo (Amì). Finito di comporre il lavoro, che rimarrà un atto unico, preferirà tornare al titolo originario *L'uccelliera* (ora in Stefano Pirandello, *Tutto il teatro*, cit.).

75 Luigi scrive in due diverse cartoline-vaglia, entrambe con timbro postale dell'8 agosto. Il primo dei due vaglia dava riscontro di un versamento di 1.000 lire; il secondo di 120 lire.

76 La lettera è in calce a una di Lietta che reca la data del 7 agosto 1920.

77 Scritta su misura per Ruggeri («Caro amico, sì, è vero, ho pensato per Lei una commedia in tre atti [...]. L'ho sceneggiata e studiata ormai in ogni particolare», da Roma, 7 dicembre 1919), *Tutto per bene* era stata messa in scena, al «Teatro Quirino» di Roma, il 2 marzo 1920, dalla Compagnia Ruggeri, interpreti Ruggero Ruggeri, Amilcare Pettinelli, Tilde Teldi. «Le nove repliche raggiunte al Quirino testimoniano che la commedia piacque [...]. Successo confermato da sette recite a Milano (più tre a una ripresa in novem-

bre), tre a Genova, tre a Torino [...] due a Bologna» (cfr. Luigi Pirandello, *Maschere nude*, cit., vol. 2°, pp. 393-414). Alcuni giorni dopo la prima, su «L'Idea Nazionale» del 13 marzo 1920, appare una umoristica lettera in cui l'autore, che risponde in calce, affida al personaggio Martino Lori l'incarico di difenderlo dalle accuse che i critici avevano rivolto alla commedia. Lettera e replica, che vedono la luce col titolo *Cose che capitano ad uno scrittore di commedie*, si leggono ora in Sarah Zappulla Muscarà, *Pirandello in guanti gialli*, Caltanissetta-Roma, Sciascia, 1988, pp. 181-186.

[78] La commedia in tre atti *Ma non è una cosa seria*, tratta dalle novelle *La signora Speranza* (1903) e *Non è una cosa seria* (1910), fu messa in scena, il 22 novembre 1918, al «Teatro Rossini» di Livorno, dalla Compagnia Emma Gramatica. Il pubblico livornese la accolse tiepidamente, così come poi fecero quello fiorentino e torinese. Soltanto nella messa in scena del 19 aprile 1920, al «Teatro Valle» di Roma, *Ma non è una cosa seria* riscosse il successo sperato.

[79] Favorevoli i giudizi della stampa: «Lo spettatore si è trovato di fronte ad uno scrittore di originalissimo ingegno che getta a piene mani sulla scena materia, in parte elaborata pazientemente, scavata con abilità prodigiosa, in parte grezza, così come si presenta al suo fantasioso cerebralismo: e, naturalmente, lo spettatore a momenti è stato un po' disorientato. Perciò quello di iersera al "Quirino" è stato un successo conquistato non senza fatica, perché l'arte del Pirandello non è solita andar incontro al facile gusto delle platee: ma appunto per questo tanto più notevole. Applausi sobri ce ne sono stati, e senza contrasti, al primo e al secondo atto: ma al terzo tutta la sala ha prorotto in entusiastiche acclamazioni e, calato il sipario, gli interpreti sono stati evocati infinite volte» (M.G., *«Come prima, meglio di prima» di Luigi Pirandello*, «La Tribuna», Roma, 5 agosto 1920); «La nuova commedia di L. Pirandello *Come prima, meglio di prima*, ebbe ieri sera nella magnifica interpretazione di Maria Letizia Celli, di Ernesto Ferrero, di Marcello Giorda e degli altri artisti, pienamente confermato il successo della prima sera. Nella grande scena del terzo atto, il pubblico affollatissimo decretò a Letizia Celli ovazioni entusiastiche» (-, *Come prima, meglio di prima*, «L'Idea Nazionale», Roma, 6 agosto 1920); «Replica a richiesta generale della nuova commedia di Pirandello: *Come prima, meglio di prima*, che nella superba interpretazione della compagnia Ferrero-Celli-Paoli riportò anche ieri sera il consueto grande successo» (-, *Come prima, meglio di prima*, «Il Tempo», Roma, 7 agosto 1920).

[80] Così scrive Adriano Tilgher: «Come sempre, quando si tratta di queste figure di oppressi schiacciati, stritolati dalla vita, dalla penna di Pirandello escono tocchi di potente e dolorosa umanità. [...] Il tragico della situazione è tutto e solo nel contrasto tra ciò che un personaggio (qui, Fulvia) è per se stesso e ciò che, ad un certo punto, egli si accorge di essere per gli altri. A un certo momento, noi ci vediamo quali siamo per gli altri, e l'immagine che gli altri riverberano di noi a noi stessi è così diversa da noi di ora, che essa è per noi stessi come un'altra persona che noi guardiamo con stupore, in cui non

ci riconosciamo, che ci guarda ci domina ci impaura che non si può né rimuovere né distruggere, ed è là, viva presente attiva nociva come un'altra persona. In fondo, è il contrasto stesso di *Tutto per bene*. La debolezza artistica di Pirandello – secondo me – in *Tutto per bene* come qui, è di non aver saputo dare valore e senso universalmente umano a questo contrasto» (*Come prima, meglio di prima*, «Il Tempo», Roma, 4 agosto 1920); e pochi giorni dopo, lo stesso critico afferma che in questa commedia lo «specchio spiega la sua malefica potenza più ancora che in *Tutto per bene*» dove pure «lo specchio, Livia, rimanda a Fulvia l'immagine di sé quale la vedono gli altri e qual ella non si vedeva prima di ora: un'avventuriera capace di tutte le turpitudini» (*Come prima, meglio di prima*, «La Stampa», Torino, 18-19 agosto 1920).

[81] L'articolo *Dipanando… Il fine e la fine* vedrà la luce su «La Tribuna» dell'8 settembre 1920.

[82] La novella *Brigidino vergine* apparirà su «Noi e il Mondo», supplemento mensile del quotidiano romano «La Tribuna», il 1° gennaio 1921.

[83] Ercole (Ercolino) Maselli, amico ed ex compagno di scuola di Stefano, critico d'arte. Sposerà la sorella di Olinda, Elena. Dalla loro unione nasceranno Modesta (Titina, 1924-2005), pittrice e scenografa teatrale, e Francesco (Citto, 1930), regista cinematografico.

[84] Qualche giorno dopo, il 31 agosto, Fausto, dal Caos, scriverà a Stefano: «Perché non si dica che sia passata un'estate senza che tra il nostro reciproco sangue fraterno siano corse non più di due lettere, rispondo alla tua del 25 che m'è arrivata questa mattina appunto *ad onta* di tutti gli espressi e raccomandate di questo universo e conosciuto mondo. Già da jeri avevo ricevuto un telegramma di zio Tano Lauric[ella]. [...] Salutami molto affettuosamente Olinda e tutti di casa Labroca» (in Stefano Pirandello, *Tutto il teatro*, cit., vol. 1°, p. 97). Fausto, che ha iniziato a coltivare la passione della pittura, nel 1927 si trasferirà a Parigi, ritrovo dei più grandi artisti del tempo, dove sposerà la modella Pompilia D'Aprile (1898-1977). Dalla loro unione nasceranno, il 5 agosto 1928, Pierluigi e, il 18 gennaio 1937, Antonio. Negli ultimi decenni Fausto è stato oggetto di un più attento ed approfondito interesse critico che ne ha messo a fuoco il ruolo di primo piano nel panorama pittorico del Novecento europeo. Fra i volumi a lui dedicati ricordiamo: Virgilio Guzzi, *Pirandello*, Roma, Editalia, 1976; Francesco Gallo e Claudia Gian Ferrari, *Pirandello*, Caltanissetta-Roma, Sciascia, 1983; Guido Giuffrè, *Fausto Pirandello*, Roma, Edizioni della Cometa, 1984; Giuseppe Appella e Fabrizio d'Amico, *Pirandello*, Milano, De Luca e Mondadori, 1986; Giuseppe Appella e Guido Giuffrè, *Fausto Pirandello*, Roma, De Luca, 1990; AA.VV., *Fausto Pirandello*, Milano, Charta, 1999. Anche Luigi aveva attitudini alla pittura che coltivava come hobby durante il periodo estivo. Così ricorderà Stefano: «Compiuto dopo tre o quattro sedute il quadretto, lo faceva vedere in famiglia e a qualche amico o conoscente occasionale: lo esponeva. Non tanto per mostrare un prodotto a cui volesse dar pregio, quanto per essere ammirato lui, per la sua bravura. Era quasi un giuoco; e vi giocavano difatti sentimenti lontanis-

simi da quel pudore quasi triste che serbava verso le sue opere vere; [...] diceva anche che, se non avesse avuto da fare lo scrittore, avrebbe potuto fare benissimo il pittore» (in AA.VV., *Fausto Pirandello*, cit., p. 34). Cfr. inoltre: Antonio Alessio, *Pirandello pittore*, Agrigento, Edizioni del Centro Nazionale di Studi Pirandelliani, 1984; AA.VV., *I Pirandello ritornano al Caos*, a cura di Antonino Perniciaro, Filomena Capobianco, Cristina Angela Iacono, Palermo, Regione Siciliana, 2003.

[85] Parente di Olinda.

[86] Cancella «e a consegnare».

[87] Luigi scrive in calce ad una lettera di Lietta al fratello la quale reca la data posta fra parentesi quadre.

[88] I saluti di Luigi sono in una cartolina postale di Lietta, in cui compaiono anche due righe di Fausto. Stefano è per una breve vacanza a Grottaferrata (Roma) in compagnia delle sorelle Olinda e Maria Labroca.

[89] Silvio d'Amico (1887-1955), scrittore, critico e storico teatrale, organizzatore di teatro, fondatore dell'Accademia d'Arte Drammatica di Roma e, nel 1954, dell'Enciclopedia dello Spettacolo, di cui fu direttore, maestro di generazioni di attori. Vastissima l'opera saggistica, ci limitiamo a ricordare: *Il tramonto del grande attore* (1929); *La crisi del teatro* (1931); *Il teatro non deve morire* (1945); *Mettere in scena* (1954). In occasione del cinquantesimo anniversario della scomparsa è apparso, a cura di Teresa Viziano, *Silvio d'Amico & Co. 1943-1955. Allievi e maestri dell'Accademia d'Arte Drammatica di Roma*, Roma, Bulzoni, 2005, ed è stata portata a termine, a cura di Alessandro d'Amico e Lina Vito, l'edizione delle *Cronache 1914-1955, 15 tomi di scritti giornalistici*, Palermo, Novecento, 2005. A d'Amico, amico di famiglia dei Pirandello, che si è dato da fare per farlo assumere a «L'Idea Nazionale», pochi giorni prima, il 19 luglio 1921, Stefano ha scritto: «Mattina per tempo. Adesso finisco l'articolo per l'"Idea" – quello dei contadini; gli ho levato Teodora e il superfluo, ma l'ho rifatto tutto quanto, senza più neanche un giochetto di parole. È adesso allo stato di brodo ristretto, tuttavia alessante, ma forse la sua vera immagine è un pane di piombo. Speriamo che a Tamaro piaccia: è un articolo serio. Mezzanotte e quaranta = allora diciamo: 20 luglio – ore 0,40. Domani sera, ossia questa sera, caro Silvio, alle 9,20, insieme con la mia fidanzata, la mia cugina, il mio zio, salutato alla stazione dai parenti miei, della mia fidanzata, della mia cugina, munito di scarso peculio e di molta fede in una divinità purchessia mammonica, caro Silvio, oh caro Silvio, oh, oh mio carissimo Silvio, sì sì, anch'io salirò sul treno e partirò e me ne andrò lontano, oltre Pisa, oltre Genova, oltre Campo Ligure, e a Masone (Genova) mi arresterò spontaneamente, sempre che un qualche – absit – scontroso accidente non ci abbia lui provveduto prima, però, dico, a fermarmi [disegni di scongiuri: corna, ferro di cavallo, 13, corno, gobbo, chiave]. Ma non ti struggere in lacrime: fra dodici o vuoi quindici giorni – ossia due o cinque dopo il tuo ritorno – anche io rivedrò la via dell'Orso e mai più, o Silvio, mi staccherò dal tuo fianco. Suvvia, Silvio, sorridimi. Papà non può fare a meno di salu-

tarti cordialmente, e io sono della stessa opinione nonché il tuo aff.mo Stefano» (in Stefano Pirandello, *Tutto il teatro*, cit., vol. 1°, pp. 107-108).

[90] Arnaldo Frateili e la moglie erano amici e assidui frequentatori di casa Pirandello.

[91] Il 1° agosto, ritornato a Roma, a Olinda, rimasta in villeggiatura a Masone, Stefano scrive: «Tamaro mi comunica cortesemente che il mio articolo gli è piaciuto e che è già composto. [...] Richè adesso si chiama Ciccino, e gli sta meglio. Ho lavorato di lena fino alle sei ½. [...] Tutto sommato, Olinda, oggi mi sono speso assai, ma ho concluso poco. La novella va veramente bene, credo. Ma domani difficilmente potrò lavorarci, oltre la mattina che mi alzerò alle 6 ½. Dovrò andare all'"Idea" – e fare le compere per Mamma in mattinata. Nel pomeriggio andare da Mamma, poi alla "Tribuna", poi dallo scatolajo, poi a casa tua a deporre il fardello. Subito dopo andrò da Piacitelli o da Giordani: secondo quanto mi dirà Papà, che però credo voglia mandarmi da Giordani, perché lui non ci va, essendo in freddo». E lo stesso giorno a Silvio d'Amico: «O immenso Ftà, centro invisibile e perno dell'universo, io sono qui venuto [alla redazione dell'"Idea Nazionale"] ma tu no. Telefonami al 31.6.7.8. se domani qui verrai, perché io senza te mi sento un'anima spersa e non ho coraggio neanche di fare i teatrini. Un mio articolo è piaciuto e Tamaro m'ha detto che è già composto. Sei venuto a Roma solo soletto o hai rimorchiato anche la tua famiglia? Se solo sei, io allieterò con affabili conversari il vuoto delle tue stanche ore, ed eziandio il Genitore ti prega di accedere quando tu voglia alla nostra pura ospitale e modesta dimora» (in Stefano Pirandello, *Tutto il teatro*, cit., vol. 1°, pp. 111-112).

[92] L'articolo *Lo spirito della terra e l'arte della città* vedrà la luce su «L'Idea Nazionale» il 5 agosto del 1921. Al riguardo lo stesso giorno ad Olinda scrive: «Ti mando anche l'"Idea" di jeri col mio articolo, che ha fatto una buona impressione a tutti». E il giorno dopo: «Stasera penserò l'articolo per l'"Idea", che debbo portarlo lunedì. Il soggetto mi pare d'averlo trovato, un po' bizzarro. Il buon d'Amico è preoccupato per me e per Mario: siamo due "pratiche" difficili. È partito anche lui stasera e torna lunedì mattina – parleremo con più comodo di sera, che verrà a trovarci in casa. È certo che il momento per entrare in pianta in un giornale è brutto, tre volte brutto. Il momento specifico poi per un fattispecie di commediografo Stefano Landi, figlio di Luigi Pirandello contro cui s'accentua una campagna avversa per demolirlo, è tre per tre brutto. Contro Papà è diventato parola d'ordine il dire che egli fa un teatro assolutamente d'eccezione per cui non può essere di repertorio. Dicono: è interessante, e perciò siamo contenti quando egli scrive una novità, il pubblico quella sera affolla il teatro, ma poi basta, è sempre uno spettacolo d'eccezione, per una o due sere, repertorio niente. Cosicché Papà dovrebbe scrivere le sue commedie per aver diritto a una o due rappresentazioni d'ognuna, alle "prime". Le commedie di Pirandello, dice, non val la pena di riprenderle. Figurati come sto combinato io che, a priori e senza possibilità di scampo, sono bollato: uno che è il figlio di Pirandello ma che poi certo non può essere Pirandello! Dovrò andare

avanti, Dodi mia, lottando a coltello. Basta, domani intanto facciamo questo articolo bizzarro e divertente» (ivi, pp. 112-113).

[93] «Novella» era un fascicolo quindicinale, fondato nel 1919 dalla Casa editrice Italia di Milano, poi passato dal 1921 alla Mondadori che nel 1923 lo trasformò in mensile.

[94] Qualche giorno prima, il 16 luglio 1921, Lietta ha sposato Manuel Aguirre, addetto militare presso l'Ambasciata del Cile a Roma. Al momento del loro fidanzamento, Pirandello aveva promesso alla figlia e al genero una dote di duecentomila lire, somma notevole a quel tempo. Di essa però, invece di una pronta e completa erogazione a cui si era in un primo tempo impegnato, poi (quando si comincerà a sapere che Manuel sarebbe stato prestissimo richiamato in patria, naturalmente portando con sé la moglie), preferirà versare alla figlia mensilmente fino al 1929 gli interessi (a un tasso lievemente superiore a quello di Stato: cioè il sei invece del cinque per cento). Forse temendo che, data la legislazione sul diritto di famiglia allora in vigore, più di oggi favorevole al marito rispetto alla moglie (e in misura ancora maggiore in Cile, a quanto sapeva), la consegna della dote intera potesse rendere più debole la posizione di Lietta e più improbabile il ritorno della coppia in Italia, ardentemente desiderato da Luigi quando (dal febbraio 1922 al gennaio del 1925) la figlia sarà da lui lontana. Solamente nel 1929, in seguito alla vendita del villino fatto costruire in via Onofrio Panvinio (sulla Nomentana), egli potrà versare l'intera dote alla figlia, ben vincolata, e concedere agli altri due figli somme uguali. Da una parte la vicenda della dote e differenti valutazioni di problemi etici ed economici, e dall'altra il difficile ambientamento sia di Lietta in Cile e sia di Manuel in Italia (quando ritornerà a Roma e in una famiglia complicata e disordinata come quella dello scrittore), furono fonte d'incomprensioni nei rapporti tra parenti determinando in quegli anni molti crucci e perfino rotture dolorose.

[95] Era partito il 6 aprile ed era arrivato l'8 alle ore 10.

[96] Pirandello si è recato a Parigi per assistere, il 10 aprile 1923, presso la «Comédie des Champs Élysées», alla celebre messa in scena dei *Six personnages en quête d'auteur* di Georges Pitoëff (1834-1939), regista russo emigrato in Francia, nella traduzione di Benjamin Crémieux. Lo spettacolo fu molto discusso, a causa delle scelte registiche di Pitoëff: l'ingresso dei personaggi sulla scena, ad esempio, avveniva attraverso un montacarichi che scendeva sul palcoscenico, inondato da una luce verdastra. Cfr. al riguardo i giudizi della stampa: André Beaunier, *Six personnages en quête d'auteur*, «Echo de Paris», Paris, 12 avril 1923; Dario Niccodemi, *Six personnages en quête d'auteur*, «Figaro», Paris, 14 avril 1923; Antoine, *Six personnages en quête d'auteur*, «Information», Paris, 16 avril 1923; Lugné-Poe, *Six personnages en quête d'auteur*, «Avenir», Paris, 17 avril 1923; Benjamin Crémieux, *Six personnages en quête d'auteur*, «Nouvelle Révue française», Paris, 1 juin 1923. Non mancarono le accuse di plagio: «Or voici qu'un sujet de cette comédie dont le succés repose surtout sur l'originalité du sujet, una singulière préoc-

cupation sinon de plagiat du moins d'inspiration se pose dans l'esprit de tous ceux qui ont été appelés à lire une nouvelle de l'écrivain anglais F. Anstey: *Pourquoi j'ai rénoncé à écrire des romans*» (Paul Achard, *Pirandello, pou écrire «Six personnages» s'est-il inspiré d'une nouvelle d'Anstey?*, «Comœdia», Paris, 17 décembre 1923). La commedia rimase in cartellone per 39 sere. Il notevole successo consacrò la fama di Pirandello in tutta Europa. Su «L'Arte drammatica» del 5 settembre 1925 è riprodotta un'intervista a Leopold Lacour, apparsa sulla parigina «Comœdia» del 31 agosto 1925, in cui Pirandello, a proposito della messa in scena di Pitoëff, osserva: «Il signor Pitoëff faceva scendere sulla scena i miei *Sei personaggi* da un ascensore e se ciò, al primo momento, mi parve troppo arbitrario, ho poi finito con l'approvarlo. Nondimeno ho preferito al teatro Edouard VII di farli passare dalla platea (o dai corridoi dei palchi) e farli salire sul palcoscenico e quel passaggio degli attori tra il pubblico mi pare debba produrre un effetto singolare, misterioso, perché il pubblico, seguendo questo concetto che è del signor [Firmin] Gémier, in quei minuti secondi avvicinandosi materialmente agli interpreti, pare debba aumentare il suo interesse per il dramma stesso».

[97] Benjamin Crémieux (1888-1944), critico letterario e traduttore. A lui si deve la diffusione in Francia del teatro di Pirandello a cui era legato da affettuosa amicizia. Nell'aprile del 1926, al «Teatro Filodrammatici» di Milano, la Compagnia del «Teatro d'Arte» di Pirandello mette in scena con scarso successo la novità assoluta di Benjamin Crémieux, *Qui si balla*, protagonisti Uberto Palmarini e Marta Abba.

[98] Interpreti: Georges Pitoëff (il Padre), Ludmilla Pitoëff (la Figliastra), Marie Kalff (la Madre), Michel Simon (il Capocomico).

[99] Dario Niccodemi (1874-1934), commediografo molto popolare e capocomico. Nell'ottobre 1919 fu nominato presidente della Società Italiana degli Autori. La sua Compagnia mise in scena la storica prima dei *Sei personaggi in cerca d'autore*, al «Teatro Valle» di Roma, il 10 maggio 1921, protagonisti Vera Vergani e Luigi Almirante. In un'intervista apparsa su «Il Mondo» del 17 marzo 1923, a Livia Tilgher che gli chiedeva notizie su *Ciascuno a suo modo*, la commedia in due atti (o tre atti con intermezzi corali) che doveva rappresentare Niccodemi, Pirandello rispondeva: «Posso ingannarmi ma credo che essa susciterà uno speciale interesse nel pubblico. [...] *Ciascuno a suo modo* si ricollega al genere dei *Sei personaggi*; ma il dramma della protagonista è precisamente l'opposto di quello del Padre nei *Sei personaggi*. In costui domina il desiderio di veder fissato nell'eternità il suo dramma; in quella, l'orrore di vederlo fissare e perpetuare nella finzione». E il 17 ottobre 1923, a Luigi Bottazzi, sul «Corriere della Sera», dichiara che *Ciascuno a suo modo* è «la più indiavolata» delle sue commedie. Destinata alla Compagnia Niccodemi, che deve inizialmente rappresentarla nel maggio 1923 al «Teatro Argentina» di Roma, la commedia va in scena, con molto successo di pubblico, il 23 maggio 1924 al «Teatro Filodrammatici» di Milano, protagonisti Vera Vergani, Luigi Cimara, Sergio Tòfano. Fra le sue opere: *L'aigrette* (1912);

Scampolo (1916); *La nemica* (1917); *La maestrina* (1918); *Il principe* (1929).

[100] Alla prima parigina avevano preso parte, fra gli altri, Dario Niccodemi e Alessandro Varaldo, presidente e direttore della Società Italiana degli Autori, Paolo Giordani, Adriano Tilgher, Enrico Palermo.

[101] Il critico che più ha contribuito a lanciare Pirandello e d'Annunzio in Francia.

[102] Come si è già accennato, dopo pochi mesi dal matrimonio, l'11 febbraio 1922, Lietta, insieme al marito Manuel, richiamato in patria, si era trasferita in Cile. Il distacco dal padre era stato dolorosissimo. Nelle lettere alla figlia Luigi non cesserà mai di sollecitarne il ritorno in Italia con il marito e i figli, la lontananza essendo per lui insopportabile. Cfr. al riguardo: Luigi Pirandello, *Lettere a Lietta*, cit.

[103] Il 23 maggio Stefano informa la madre del successo de *I bambini*, dramma in un atto composto in prigionia e rivisto dopo il ritorno dalla guerra, messo in scena al «Teatro degli Italiani» di Roma l'8 maggio (su «La Tribuna» del 10 maggio Fausto Maria Martini scrive: «Questo breve atto segna una pura limpidissima vittoria del teatro di poesia»), e della prossima rappresentazione della commedia in tre atti *La casa a due piani*, anch'essa composta durante la prigionia, che avverrà l'8 giugno al «Teatro Argentina» di Roma.

[104] È il primo soggiorno di Pirandello in America (20 dicembre 1923-24 febbraio 1924) dove riscuoterà un successo straordinario. A New York l'impresario-regista americano Brock Pemberton sta organizzando tutta una stagione pirandelliana, su suggerimento di George Bernard Shaw, che nel febbraio, alla Stage Society di Londra, ha assistito ai *Six characters in search of an author*.

[105] Arnold Korff (1871-1944), attore americano di origine austriaca, che intepretò *Enrico IV*. A Lietta, da Roma, l'8 dicembre 1923, il padre scrive: «Viaggerò con l'attore americano che interpreterà la parte di Enrico IV, con cui avrà principio la stagione. Quest'attore è di passaggio in Europa e s'imbarcherà a Genova sul "Duilio" stesso, un giorno prima di me. C'incontreremo sul piroscafo. So che a New York si sono fatti preparativi enormi per questo avvenimento unico nei teatri d'America. Poiché non si è mai dato il caso di nessun autore straniero che abbia avuto un teatro tutto per sé» (in Luigi Pirandello, *Lettere a Lietta*, cit., p. 108).

[106] Gelasio Caetani (1877-1934), ambasciatore a Washington (1922-1927).

[107] Temistocle Filippo Bernardi (1871-1962), diplomatico, nel 1939 sarà nominato senatore.

[108] Per Eleonora Duse (1858-1924), che avrebbe voluto interpretare *Come prima, meglio di prima*, ma vi aveva rinunciato perché troppo avanti negli anni (aveva allora 63 anni), Pirandello scrisse *La vita che ti diedi* e gliela inviò in America dove si trovava, ma la grande attrice morì prima del programmato ritorno in patria. Alla vigilia della partenza Pirandello aveva rilasciato un'intervista in cui aveva dichiarato: «A New York spero di incontrare

la Duse, la quale potrà trasfondere alla mia concezione tutte le più delicate sfumature della mia creatura d'arte» (G.M., *Con Pirandello a Napoli*, «Rivista d'Italia e d'America», Roma, gennaio 1924).

[109] Italo Carlo Falbo (1876-1946), calabrese, giornalista, si trasferì nel 1897 a Roma e qui, insieme con Luigi Pirandello, Giuseppe Màntica, Ugo Fleres, Italo Mario Palmarini, fondò la rivista «Ariel». Nel 1923 lasciò l'Italia per trasferirsi a New York, dove diresse «Il progresso italo-americano», fu corrispondente dell'agenzia «Stefani» e divenne presidente della locale società «Dante Alighieri».

[110] Luigi Barzini (1874-1947), giornalista e scrittore, inviato speciale del «Corriere della Sera», autore di numerosi libri di viaggio fra cui *La metà del mondo vista da un'automobile. Da Pechino a Parigi in sessanta giorni*, pubblicato nel 1908 contemporaneamente in undici lingue. Trasferitosi negli Stati Uniti, dirige dal 1923 al 1931 il quotidiano italo-americano «Corriere d'America».

[111] Arthur Livingston (1883-1944), professore di Lingua e Letteratura italiana alla Columbia University, traduttore di alcuni drammi di Pirandello, e per qualche anno suo agente negli Stati Uniti e negli altri paesi di lingua inglese.

[112] Irene Nicolis, Contessina di Robilant, nata a Torino, scrittrice, figlia del Conte Mario Nicolis di Robilant e di Desy Francesetti di Hautecour, svolse un'intensa attività di promozione della cultura italiana negli Stati Uniti, grazie anche al sodalizio «Italy America Society». Tornata in Italia pubblicò, tra l'altro, il volume *Vita americana (Stati Uniti del Nord-America)*, Torino, Bocca, 1929.

[113] Virgilio Bondois, giornalista, scrittore, traduttore, delle sue opere ricordiamo: *La tua colpa* (1919, presente nella biblioteca di Luigi Pirandello); *La sarabanda* (1920); *I tre delitti di Barbablù* (1920); *Si cerca un mecenate* (1921); *Messa di mezzanotte* (1922); *La vita e le favole* (1923); *La presa di tabacco* (1926).

[114] Gennaro Mario Curci (1888-1955), italo-americano, scrittore, attore e cantante lirico, cognato di Amelita Galli-Curci (1882-1963), soprano. Nel settembre 1923 sposò Elvira Caccia (1900-1984), attrice. Fra i suoi testi teatrali: *A Woman Denied* (1931) e *Foolscap* (1933), in collaborazione con Eduardo Ciannelli, in cui ironizza su Gorge Bernard Shaw e Luigi Pirandello.

[115] Sul «Corriere della Sera» dell'11 dicembre 1923, in una corrispondenza da Napoli del 10, si legge: «Oggi si è imbarcato sul *Duilio* Luigi Pirandello, che si reca a New York per presenziare l'1 gennaio 1924 all'inaugurazione della stagione pirandelliana organizzata dal Foreign Press Service, rappresentato in Italia da Giuseppe Prezzolini. La stagione avrà inizio con *Enrico IV* e sarà diretta da Brock Pemberton e da Arturo Livingstone [*sic*] del Foreign Press Service».

[116] George Bernard Shaw (1856-1950), autore drammatico irlandese. Fra i numerosi autori in programma per la Compagnia del «Teatro d'Arte», Pirandello annuncerà anche *Arma virumque* di Shaw, poi non messo in scena. Cfr. «La Tribuna», Roma, 18 gennaio 1927.

[117] Pirandello assiste alla rappresentazione di *Saint Joan* di George Bernard Shaw al «Garrick Theatre» di New York. Nella recensione apparsa sul «New York Times» il 13 gennaio 1924, in inglese, con il titolo *Pirandello Distills Shaw* (e, in italiano, con il titolo *La «Santa Giovanna» di B. Shaw*, su «Lo Spettatore Italiano», Roma, 1 maggio 1924; poi su «Il Dramma», Torino, novembre-dicembre 1966), Pirandello definisce la *pièce* «opera di poesia dal principio alla fine».

[118] La tragedia in tre atti *Enrico IV* era stata messa in scena per la prima volta al «Teatro Manzoni» di Milano, il 24 febbraio 1922, Compagnia Ruggero Ruggeri (sul rapporto Pirandello Ruggeri cfr.. Franca Angelini, *Tradizione, tradimento, traduzione su tre interpretazioni di «Enrico IV» (1922-1925)*, ora in *Serafino e la tigre*, Venezia, Marsilio, 1990, pp. 137-150). Lo spettacolo, col titolo *The living mask*, avrà poi luogo a New York il 21 gennaio 1924 al «Forty-Fourth Street Theatre».

[119] L'idea dei *Sei personaggi in cerca d'autore*, «commedia da fare» in tre atti, deriva dalle novelle *Personaggi* (1906), *La tragedia di un personaggio* (1911) e *Colloqui coi personaggi* (1915). Scritta tra il 1920 e il 1921, la prima rappresentazione dell'opera ebbe luogo, il 9 maggio 1921, al «Teatro Valle» di Roma, Compagnia Niccodemi, interpreti Luigi Almirante, Jone Frigerio, Vera Vergani, Luigi Cimara, Margherita Donadoni. Contrastato l'esito, come si ricava dall'articolo di Arnaldo Frateili su «L'Idea Nazionale» dell'11 maggio 1921: «La lotta tra plaudenti e disapprovanti ha toccato intensità sonore mai raggiunte. Venti minuti dopo la fine dello spettacolo buona parte del pubblico era ancora a teatro a discutere ad alta voce, chiamando tra grandi applausi l'autore che dovette presentarsi un numero infinito di volte, mentre i più fieri avversari della commedia urlavano in coro il loro sdegno» (cfr. al riguardo: AA.VV., *La «prima» dei «Sei personaggi in cerca d'autore»*, a cura di Guido Davico Bonino, Torino, Editrice Tirrenia-Stampatori, 1983). Nel 1922 nel Regno Unito la rappresentazione della versione inglese dei *Sei personaggi in cerca d'autore*, tradotta da Edward Storer, venne censurata, perché sarebbe stata «a real scandal», e costretta ad essere messa in scena, in forma privata, esclusivamente per i soci della London Stage Society. Il 15 giugno 1925, la Compagnia del «Teatro d'Arte», in *tournée* a Londra, ottenne il permesso di recita al «New Oxford Theatre» poiché lo spettacolo si sarebbe svolto in italiano. La prima rappresentazione in inglese della commedia si tenne soltanto il 21 maggio 1928, al «London Arts Theatre» di Londra. Allorché Pirandello sottopose, nel 1929, il soggetto cinematografico dei *Sei personaggi in cerca d'autore* ad «una delle primarie case cinematografiche d'Inghilterra», gli fu proposto di scegliere altri lavori teatrali o novelle per timore della censura.

[120] Tratta dalla novella *Tirocinio* (1905), la commedia in tre atti *Il piacere dell'onestà* era stata rappresentata per la prima volta il 27 novembre 1917 al «Teatro Carignano» di Torino, protagonisti Ruggero Ruggeri, Vera Vergani.

[121] Luigi Pirandello, *«Each in his own way» and two other plays* [*The

pleasure of honesty, Naked] («*Ciascuno a suo modo*» *e altri due drammi [Il piacere dell'onestà, Vestire gli ignudi]*), traduzione di Arthur Livingston, pubblicato contemporaneamente per i tipi della londinese Dent e della newyorkese Dutton nel 1923.

122 La commedia in tre atti *Vestire gli ignudi*, derivata dalla novella *Nel segno* (1904), era stata messa in scena il 14 novembre 1922 al «Teatro Quirino» di Roma, protagonisti Maria Melato, Augusto Marcacci, Ernesto Sabbatini. Grande successo di pubblico e di critica. Subito dopo la prima Adelaide Bernardini, vedova di Luigi Capuana, che con Pirandello aveva già avuto qualche mese prima una polemica per aver egli denunciato, sul «Giornale di Sicilia» (Palermo, 17 luglio 1922), di aver visto in vendita, a Bologna (dove si era recato per commemorare Verga), il manoscritto de *I Malavoglia* a lei affidato dal marito, scrive a «Il Giornale d'Italia» una lettera (apparsa il 20 novembre 1922) in cui accusa Pirandello di aver tratto la situazione del dramma dalla novella *Dal taccuino di Ada* del Capuana. Pirandello si giustificherà asserendo di essersi servito, per l'«antefatto» del dramma, di «documenti umani», di cui erano stati testimoni Lucio D'Ambra, Ugo Fleres, il maestro Saya, letti nella cronaca estiva di un giornale romano prima di essere narrati in una novella da Capuana con modi diversi dai suoi. Cfr. al riguardo: Sarah Zappulla Muscarà, *Capuana e De Roberto*, Caltanissetta-Roma, Sciascia, 1984, pp. 27-33; Gianvito Resta, *Vicende dell'autografo de «I Malavoglia»*, in AA.VV., *Giovanni Verga. Una biblioteca da ascoltare*, Roma, De Luca, 1999, pp. 123-133.

123 *Three Plays. Right you are (if you think so)* (traduzione di Arthur Livingston); *Six characters in search of an author, Henry IV* (traduzione di Edward Storer), pubblicato contemporaneamente per i tipi della Dent e della Dutton nel 1922.

124 *The late Mattia Pascal*, tradotto da Arthur Livingston, pubblicato contemporaneamente per i tipi della Dent e della Dutton nel 1923.

125 Edward Payson Dutton (1831-1925) editore statunitense, fondò nel 1852 una compagnia di vendita-libri a Boston. Nel 1864 aprì una filiale a New York City.

126 Il romanzo *L'esclusa*, nella traduzione di Leo Ongley, apparirà, col titolo *The outcast*, per i tipi della Dent e della Dutton nel 1925.

127 Diretto nel 1926 da Amleto Palermi (1889-1941), che ne scrisse la sceneggiatura con Adolf Lantz, il film *Die Flucht in die Nacht* (*La fuga nella notte*), tratto dall'*Enrico IV*, fu prodotto dalla Nero Film di Berlino, protagonisti Conrad Veidt, Oreste Bilancia, Agnes Von Esterhazy.

128 Affascinato dalla messa in scena dei *Six personnages* di Pitoëff, il francese Marcel L'Herbier volle trarre un film da un'opera pirandelliana. Entusiasta, Pirandello così commenta in un'intevista: «Se alcuni si stupiscono del mio tardivo giungere alla cinematografia, sappiano che io non ho disprezzato la grandezza del suo dominio né la larghezza delle sue possibilità. Fino ad ora i rapporti che ho avuto con le case di edizione sono stati poco importanti. Sono stati girati tre miei racconti, senza tradirli ma senza abbellirli. In Ame-

rica, una grossa casa, si è letteralmente gettata sopra uno dei miei libri. Mi offrì un numero rispettabile di dollari se io avessi permesso che la mia storia venisse filmata, però modificando la chiusa. Era la condizione essenziale dell'affare. Io avevo anche una condizione essenziale da opporre a questa richiesta: la mia dignità di scrittore, che precisamente mi vietava, e mi vieterà sempre, di sacrificare il mio interesse morale, le mie idee filosofiche e la mia coscienza a uno scopo commerciale. Ora dò con entusiasmo al L'Herbier, di cui stimo infinitamente il carattere e l'ingegno, *Il fu Mattia Pascal*» (N.P., *Pirandello e il cinematografo*, «Il Secolo», Milano, 29 ottobre 1924). Realizzato nel 1925, per la Cinematographic Films L'Herbier e Albatros, il celebertimo film muto dell'Avanguardia francese *Feu Mathias Pascal*, di cui L'Herbier firmò, oltre che la regia, anche la sceneggiatura, fu interpretato da Ivan Mosjoukine, Marcelle Pradot, Löis Moran, Marthe Belot, Madeleine Guilty, Pauline Carton, Michel Simon. Cfr.: Dominique Budor, *Mattia Pascal, tra parola e immagine*, nota prefativa di Roberto Alonge, Roma, Carocci Editore, 2004 (anticipato, sotto forma in parte diversa, in *Da Pirandello a L'Herbier: Mattia Pascal e l'ombra sua*, in AA.VV., *Il cinema e Pirandello*, a cura di Enzo Lauretta, Agrigento, Edizioni del Centro Nazionale di Studi Pirandelliani, 2003, pp. 269-276); e i contributi di Antonio Costa, Cezary Bronowski, Manuela Geri, Egle Palazzolo, in AA.VV., *«Il fu Mattia Pascal», romanzo teatro film*, a cura di Enzo Lauretta, Agrigento, Edizioni del Centro Nazionale di Studi Pirandelliani, 2005.

[129] Il «Players Club» è stato fondato nel gennaio 1888 dall'attore teatrale americano Edwin Booth (1833-1893).

[130] Olga Aillaud, segretaria di Paolo Giordani, principale intermediaria per tutti gli affari tra Luigi Pirandello, Marta Abba e Paolo Giordani.

[131] Al giornalista che gli aveva chiesto qualche tempo prima della partenza in cosa consistessero le «interviste» che contava di concedere al pubblico americano, Pirandello aveva risposto: «È una cosa semplicissima. Io conosco l'inglese ma non lo parlo speditamente, perciò andrò in teatro col mio traduttore, il signor Livingston, che è professore di lingua e letteratura italiana alla "Columbia University", e con alcune domande e risposte preparate. Questa sarà la prima parte del programma. Dopo il pubblico sarà invitato a rivolgermi delle domande, anche su argomenti estranei al teatro e alla letteratura, e il signor Livingston ripeterà le mie risposte. Non Vi sembra un'intervista originale?» (L.B. [Luigi Bottazzi], *Pirandello va in America*, «Corriere della Sera», Milano, 17 ottobre 1923).

[132] Tratto dall'omonima novella (1911), l'atto unico in siciliano *'A patenti* era stato messo in scena, per la prima volta, il 23 marzo 1918, al «Teatro Alfieri» di Torino, Compagnia Angelo Musco, protagonisti Angelo Musco e Iole Campagna. Cfr. al riguardo: Sarah Zappulla Muscarà, *«'A patenti» di Luigi Pirandello*, «Teatro Archivio», Roma, Bulzoni, maggio 1986, pp. 29-107; Luigi Pirandello, *Tutto il teatro in dialetto*, cit.

[133] Luigi Pirandello, *Eleonora Duse: Actress Suprema*, «The Century

Magazine», New York, giugno 1924 (poi in *Eleonora Duse, Bildnisse und Worte*, a cura di B. Segantini e F. Mendelssohn, Berlino, 1926 e, in italiano, in Vito Pandolfi, *Antologia del grande attore*, Bari, Laterza, 1954). Scrive Pirandello, riprendendo un giudizio già anticipato in *Illustratori, attori e traduttori* («Nuova Antologia», Roma, 16 gennaio 1908, poi in *Arte e scienza*, cit.), che l'attore nella recitazione deve dissolvere la propria individualità per identificarsi con il personaggio, rinunciando all'«io», non alla personalità, che si può realizzare in un'infinità di nuove vite: «Fin dai primi inizi della sua lunga carriera Eleonora Duse venne guidata dall'ambizione di dissolvere la propria individualità dietro la figura che ella impersonava sulla scena. Solo un giudizio superficiale poteva considerare ciò una rinuncia alla personalità. A partire dalla Duse, invece, esso rappresenta il primo dovere di un attore: rinuncia ben meditata al proprio "io", che non comporta la creazione di una vita nuova, ma di tante vite, quante egli ha occasione di rappresentare» (ivi, p. 373).

[134] Qualche tempo prima, l'8 dicembre 1923, da Roma, così aveva scritto Luigi a Lietta a proposito dei suoi affari spagnoli: «Intanto vi annunzio che anche la Spagna è stata conquistata dal mio teatro. Il giorno 28 novembre è stato rappresentato al teatro Romea di Barcellona *Il berretto a sonagli* con enorme successo: tutti i giornali ne parlano entusiasticamente e dicono che l'avvento del mio teatro sulle scene spagnole segna un fasto glorioso. Nella prossima settimana saranno rappresentati contemporaneamente a Madrid e a Barcellona *I sei personaggi in cerca d'autore*; e altri cinque lavori sono stati accaparrati: l'*Enrico IV*, il *Così è (se vi pare)*, *Ma non è una cosa seria*, *Ciascuno a suo modo*, e il *Giuoco delle parti*. Due case editrici, una di Madrid e l'altra di Barcellona, pubblicheranno presto sei miei volumi: il *Fu Mattia Pascal*, tre volumi di novelle, due di commedie» (Maria Luisa Aguirre d'Amico, *Vivere con Pirandello*, Milano, Mondadori, 1989, p. 129; poi in Luigi Pirandello, *Lettere a Lietta*, cit., p. 108). *El difunto Matias Pascal*, tradotto da Rafael Cansinos-Assens, vedrà la luce per i tipi della madrilena Biblioteca Nueva nel 1924.

[135] Lietta e Manuel faranno ritorno in Italia soltanto nel gennaio del 1925. Alloggeranno nella casa di via Pietralata, al posto di Stefano e Olinda trasferitisi in un piccolo appartamento acquistato da Stefano in via Piemonte nel quartiere Ludovisi. Manuel sostituirà Stefano come segretario di Pirandello.

[136] Il 7 dicembre 1923, al «Teatro Goya» di Barcellona, aveva avuto luogo la messa in scena dei *Seis personajes en busca de autor*, traduzione di Félix Azzati.

[137] *Zes personages op zoek naar een schrijver* (*Sei personaggi in cerca d'autore*), nella traduzione di Herman C.J. Roelvink, era stata messa in scena nel novembre 1923 al «Centraal Theater» di Amsterdam. Nella stessa stagione la Compagnia Rotterdamsch Hofstad Tooneel aveva rappresentato *Het leven dat ik je gaf* (*La vita che ti diedi*), traduzione di Henricus W.J.M. Keuls.

138 Scrive Luigi Bottazzi: «Roma, 7 marzo, notte. Luigi Pirandello, reduce dall'America, è sbarcato ieri mattina a Napoli dal Conte Rosso e ieri sera è giunto a Roma. Stamane il commediografo ha dovuto subire la prima visita dei giornalisti, in quella sua casa nascosta dietro i cipressi di Villa Torlonia, sulla via Nomentana, che, col suo silenzio e la sua solitudine, è come l'antitesi del mondo tumultuoso da cui il Pirandello è ritornato» (*Le impressioni d'America di Luigi Pirandello*, «Corriere della Sera», Milano, 8 marzo 1924). E Orio Vergani: «Durante la sua permanenza in America, Pirandello non ha potuto assistere che al principio della sua season. La stagione pirandelliana è infatti ancora quasi al suo inizio, dopo due mesi di rappresentazioni, e continuerà per tutto l'anno. Finora, infatti, non sono stati rappresentati che la ripresa dei *Sei personaggi* e l'*Enrico IV*, come novità. Le altre commedie verranno rappresentate nella prosecuzione della stagione. Essendosi anzi aggiunta alla compagnia pirandelliana la celebre attrice francese Simone, della *Comédie Française*, che recita in inglese, verrà subito messa in scena *Ciascuno a suo modo* (nuova ancora per l'Italia, dove verrà rappresentata per la prima volta a Milano da Vera Vergani tra qualche settimana) che è già nota al pubblico americano per esserne stata pubblicata la traduzione, e che la Simone rappresenterà poi questo prossimo inverno alla *Comédie Française*» (*Con Pirandello, di ritorno dall'America*, «L'Idea Nazionale», Roma, 8 marzo 1924). In un'intervista concessa a Giacomo Gagliani, Luigi Pirandello parla del suo successo americano: «Il successo è stato maggiore con i *Sei personaggi in cerca d'autore*. Ma è stato un successo di pubblico, giacché la commedia da fare è più comprensibile e i comici sono stati abbastanza caricati nella loro scarna comicità. Il pubblico americano, le ripeto, si è divertito un mondo. Ma la critica, ed è logico, ha elogiato *Enrico IV* per la spiritualità che lo agita e via via lo consuma con un crescendo disperato. A questo successo ha contribuito in maniera speciale la messa in scena che è quanto di più lussuoso si possa immaginare; per l'allestimento scenico sono stati spesi quarantaduemila dollari: una miseria, quasi un milione di lire italiane. E il pubblico accorreva e pagava con piacere: due, tre dollari per assistere a una rappresentazione» (*Conversando con Luigi Pirandello*, «L'Ora», Palermo, 14 aprile 1924).

139 Queste le tappe della *tournée* della Compagnia del «Teatro d'Arte» in Germania: 10 ottobre 1925, Basel, «Staatstheater», *Sei personaggi in cerca d'autore*; 12 ottobre, Berlino, «Staatstheater», *Sei personaggi in cerca d'autore*; 13 ottobre, Berlino, «Staatstheater», *Enrico IV*; 14 ottobre, Berlino, «Schauspielhaus», *Il piacere dell'onestà*; 15 ottobre, Francoforte, «Stadtische Bühnen», *Sei personaggi in cerca d'autore*; 16 ottobre, Francoforte, «Schauspielhaus», *Così è (se vi pare)*; 17 ottobre, Bonn, «Staatstheater», *Enrico IV*; 18 ottobre, Bonn, «Staatstheater», *Sei personaggi in cerca d'autore*; 19 ottobre, Colonia, «Vereinigte Städtische Theater», *Sei personaggi in cerca d'autore*; 20 ottobre, Colonia, «Schauspielhaus», *Il piacere dell'onestà*; 21 ottobre, Düsseldorf, «Städtische Theater», *Il piacere dell'onestà*; 22 ottobre, Düsseldorf, «Grosses Haus», *Sei personaggi in cerca d'autore*; 23 ottobre, Kassel, «Staatstheater», *Sei personaggi*

in cerca d'autore; 25 ottobre, Dresda, «Schauspielhaus», *Sei personaggi in cerca d'autore*; 26, 28 ottobre, Lipsia, «Altes Theater», *Sei personaggi in cerca d'autore*; 27 ottobre, Halle, «Staatstheater», *Sei personaggi in cerca d'autore*; 30 ottobre, Magdeburgo, «Städtische Bühnen», *Sei personaggi in cerca d'autore*; 31 ottobre, Hannover, «Deutsches Theater», *Sei personaggi in cerca d'autore*; 1 novembre, Amburgo, «Deutsches Schauspielhaus», *Sei personaggi in cerca d'autore*; 2 novembre, Amburgo, «Deutsches Schauspielhaus», *Enrico IV*; 4 novembre, Brema, «Staatstheater», *Sei personaggi in cerca d'autore*; 7 novembre, Münster, «Staatstheater», *Sei personaggi in cerca d'autore*.

140 Nell'ottobre 1924 Luigi costituisce la Compagnia del «Teatro d'Arte» insieme al figlio Stefano, che ne ha progettato la formazione con l'amico Orio Vergani. Così scrive Stefano all'editore spoletino Claudio Argentieri, sostenitore dell'impresa, a proposito dell'udienza concessa da Mussolini ai promotori dell'iniziativa: «Da Mussolini siamo stati: Papà, Beltramelli, Bontempelli, Vergani, Picasso e io. Siamo stati accolti *con affetto*. Il Duce sapeva tutto da Federzoni e da Beltramelli. Ci ha prevenuti in tutto: ci ha assicurato che il Governo si *assumeva interamente* il finanziamento dell'impresa con una erogazione di duecentocinquantamila lire: cinquanta ce le ha consegnate subito, dal suo portafoglio personale (per cominciare i lavori), altre cinquanta ce le darà fra giorni; altre cinquanta ce le farà dare dal Comune e le ultime cento le avremo dal Ministero della Pubblica Istruzione» (1 ottobre 1924). Pochi giorni dopo, il 6 ottobre, presso il notaio Metello Mencarelli viene firmato l'atto costitutivo del «Teatro d'Arte» di Roma. Luigi Pirandello assume il ruolo di direttore e sceglie Marta Abba come prima attrice. A Ugo Ojetti, il 22 dicembre 1924, Pirandello scrive: «Saprai che mi sono messo anima e corpo a un'impresa nuova: fondo un teatro, senza che me ne venga nulla in tasca, per "amore dell'arte". Cioè, anche un po' per vergogna di come si rappresentano le cose in Italia, e di come non si rappresentano le cose buone, e un po' per pagarmi questo lusso di far vedere una buona volta che cosa un povero autore vede quando scrive. Voglio dare "spettacoli esemplari". Sono con me Bontempelli, Prezzolini, Casella, Beltramelli, Virgilio Marchi, la Signorina Celli, Giovanni Cavicchioli, Orio Vergani, Leo Ferrero e altri, che si sono messi in società per costituire un primo piccolo fondo per aver modo di raccoglierne altri, e prendere in affitto un locale, e scritturare gli attori. Mi sono venute centomila lire da Mussolini, cinquantamila dal Comune di Roma, ho la promessa di averne altre centomila dal Ministero della P.I. istituendosi ora il premio annuale per l'arte drammatica, e ancora qualche decina dalla Provincia e dalle Banche. Ma ce ne servono di più. Ho stabilito perciò di costituire un comitato di Patroni = da additare pubblicamente alla riconoscenza degli amatori ed intenditori d'arte = fra i più intelligenti e ricchi signori d'Italia. *Dimmi francamente* e senza scrupoli se posso contare anche su te. Certo mi piacerebbe molto che tu ci fossi. Io chiedo liberamente a tutti, perché chiedo per un'impresa d'arte a cui dò tempo, lavoro, passione, e che in cambio mi dà responsabilità, grattacapi e nessun utile materiale. Ho scritto perciò anche a Riccardo Gualino; scriverò

a Borletti, ad Agnelli, ai principi romani, ai banchieri... e consigliami tu a chi altro. Farai qualche cosa per me?» (in Luigi Pirandello, *Carteggi inediti (con Ojetti, Albertini, Orvieto, Novaro, De Gubernatis, De Filippo)*, a cura di Sarah Zappulla Muscarà, Roma, Bulzoni, 1980, pp. 88-89). A causa degli insufficienti incassi e dell'oneroso affitto del «Teatro Odescalchi», dove la Compagnia opera, e nonostante le numerose sovvenzioni pubbliche e private, il «Teatro d'Arte», però, soltanto dopo pochi mesi dalla sua inaugurazione, ha accumulato debiti per 336.000 lire. Nella speranza di riassestare il bilancio viene allora organizzata una *tournée* all'estero con le commedie pirandelliane *Sei personaggi in cerca d'autore*, *Enrico IV*, *Vestire gli ignudi*, *Così è (se vi pare)* e *Il piacere dell'onestà*. Dopo il debutto londinese (15 giugno 1925), al «New Oxford Theatre», e la tappa parigina (1 luglio), al «Théâtre Edouard VII», la Compagnia del «Teatro d'Arte» approda il 10 ottobre allo «Staatstheater» di Basel e il 12 a quello di Berlino, diretto da Leopold Jessner. Quattro gli spettacoli: *Sei personaggi in cerca d'autore*, *Enrico IV*, *Così è (se vi pare)*, *Il piacere dell'onestà*, protagonisti Lamberto Picasso, Jone Frigerio, Gino Cervi. Grazie al notevole successo riscosso, la *tournée* si prolungherà fino al 7 novembre, toccando ben altre tredici città tedesche. Cfr. al riguardo: Alessandro d'Amico e Alessandro Tinterri, *Pirandello capocomico*, Palermo, Sellerio, 1987. Ma i successi all'estero non risolvono i problemi della Compagnia in Italia. In una minuta di lettera a Mussolini, datata «Modena, 15 novembre 1925», probabilmente non inoltrata (non presente nel volume di Alberto Cesare Alberti, *Il teatro nel Fascismo. Pirandello e Bragaglia*, Roma, Bulzoni, 1974), dopo aver segnalato quelle magnifiche e fruttuose accoglienze, Pirandello lamenta che la Compagnia, rientrata in Italia, per il sabotaggio di Giordani e Paradossi, non può accedere ai maggiori teatri e deve girare nelle piccole città di provincia. Si sollecita che il teatro italiano venga liberato dalla «camorra che l'opprime» e si annuncia la presentazione di un progetto per il teatro chiedendo un'udienza per illustrarlo. Al riguardo cfr. pure: Luigi Sedita, *Pirandello, l'apolitico spiato*, «Belfagor», Firenze, 31 gennaio 2006, pp. 17-34

[141] Il 18 ottobre è nata a Roma la terzogenita di Lietta, Maria Luisa (scomparsa a Roma il 22 agosto 2008). Il primogenito Manolo, nato il 23 maggio 1922 a Santiago del Cile, era morto il 3 settembre 1925, in seguito a gravi problemi di salute dovuti alle lesioni subite durante il parto prematuro. La secondogenita, a cui era stato dato il nome della madre Lietta, era nata il 7 giugno 1924.

[142] La tragedia in tre atti *Diana e la Tuda* sarà messa in scena al «Schauspielhaus» di Zurigo il 20 novembre 1926, nella traduzione tedesca di Hans Feist, protagonista Mea Hauser; la prima italiana avrà luogo il 14 gennaio 1927 al «Teatro Eden» di Milano, Compagnia del «Teatro d'Arte», protagonista Marta Abba.

[143] La Casa di produzione cinematografica americana Fox Film Corporation darà vita, nel 1935, insieme alla 20th Century Pictures, alla 20th Century-Fox.

[144] La Casa di produzione cinematografica tedesca U.F.A. (Universum

Film Aktiengesellschaft), fondata nel 1917 su iniziativa di Paul van Hindenburg e di Erich Ludendorff, con il contributo dello Stato e delle grandi industrie Krupp, Farben e A.E.G., assorbì successivamente le altre principali case tedesche, giungendo ad operare in condizioni di monopolio grazie anche all'acquisizione, nel 1936, del brevetto Agfacolor.

[145] Allude allo scrittore danese (non svedese) Johannes Vilhelm Jensen (1873-1950). Fra le sue opere: *I danesi*; *Ejnar Elkjaer*; *Storie dello Himmerland*; *Poesie*; *Miti*; il ciclo epico *Il lungo viaggio*. Ottenne il premio Nobel nel 1944.

[146] Nell'edizione del 1925 il premio Nobel sarà «riservato» e poi assegnato a George Bernard Shaw (consegnato l'anno successivo).

[147] Allo scrittore tedesco Thomas Mann (1875-1955) il premio Nobel verrà assegnato nel 1929 «per l'eccellenza del suo grande romanzo *I Buddenbrook*», apparso nel 1901, mentre non verrà nemmeno nominato il romanzo *La montagna incantata*, ben più recente, del 1924.

[148] Pirandello dovrà attendere il 1934, terzo italiano, dopo Giosuè Carducci (1906) e Grazia Deledda (1926, consegnato nel 1927), per ottenere il conferimento del più prestigioso riconoscimento del mondo. Cfr. al riguardo: Kjell Espmark, *Il premio Nobel per la letteratura. Cento anni con l'incarico di Nobel*, con saggi di Enrico Tiozzo su *Il premio Nobel e la letteratura italiana* e Sarah Zappulla Muscarà e Enzo Zappulla su *Luigi Pirandello: il premio Nobel o della solitudine*, Catania, la Cantinella, 2002.

[149] Maria Antonietta, detta Ninnì, primogenita di Stefano, nata a Roma il 1° gennaio 1923 (ivi scomparsa tragicamente il 1° gennaio 1971). Così, il 5 gennaio, Luigi ne aveva dato il felice annuncio alla figlia Lietta in Cile: «È avvenuto il parto d'Olinda il primo giorno dell'anno, alle ore 10,05 della mattina. Un amore di bimba, del peso di quattro chili e 300 grammi: spettacolosa, bellissima. Si chiamerà Maria Antonietta. Il parto è stato rapido e felicissimo: le doglie sono cominciate la notte verso le 3 e ½, alle dieci della mattina la bimba era nata» (in Luigi Pirandello, *Lettere a Lietta*, cit., p. 80).

[150] Corregge un precedente Luigi Andrea, secondogenito di Stefano, nato a Roma il 1° novembre. A Ugo Ojetti, pochi giorni dopo, il 10 novembre, Stefano così scrive: «Lo sai che il mio Luigi è Andrea? A tempo, mentre uscivo per andare all'Anagrafe, ricevo un telegramma "scongiuroti tenere lontana bambino infelicità mio nome". Sono più contento» (in Luigi Pirandello, *Carteggi inediti (con Ojetti, Albertini, Orvieto, Novaro, De Gubernatis, De Filippo)*, cit., p. 94).

[151] Renzo Rendi, uno degli «Undici» che firmarono il 6 ottobre 1924 davanti al notaio l'atto costitutivo del «Teatro d'Arte» di Roma: Antonio Beltramelli, Massimo Bontempelli, Giovanni Cavicchioli, Giuseppe Prezzolini, Lamberto Picasso, Maria Letizia Celli, Orio Vergani, Renzo Rendi, Stefano Landi, Claudio Argentieri e Pasquale Cantarella.

[152] Verranno pubblicate soltanto 15 novelle, col titolo *Vijftien verhalen*, traduzione di H.P. Berdenis van Berlekom, Amsterdam, Maatschappij voor goede en goedkoope lectuur (Wereldbibliotheek), 1926.

[153] Presso l'editore parigino Kra, aux éditions du «Sagittaire», era già apparso, nel 1925, il romanzo *On tourne*, traduzione di C. de Laverière.
[154] Luigi Pirandello, *Ignorantes* [*Ignare, Felicità, Zafferanetta*], traduzione di C. de Laverière, Parigi, aux éditions du «Sagittaire» (Kra), 1926.
[155] Ulteriore conferma che gli articoli per la «Nación» sono scritti da Stefano.
[156] Luigi Freddi (1895-1977), direttore de «Il Popolo d'Italia», poi divenuto direttore generale per la cinematografia.
[157] Il 30 dicembre, infatti, apparirà su «Il Popolo d'Italia» l'articolo *Il guardaroba dell'eloquenza*, firmato Luigi Pirandello ma di Stefano
[158] Queste le novelle pubblicate, come di consueto, con lo pseudonimo di Stefano Landi, su «Il Tevere»: *Felicissimamente. Avventura possibile ma inverosimile* (24 settembre); *Il falso Poeta. 2ª Avventura possibile ma inverosimile* (26 ottobre); *Sonnambulo convinto. 3ª Avventura possibile ma inverosimile* (4 novembre).
[159] *La morte del "pollo"* (3 dicembre). Durante il 1925 di Stefano su «Il Tevere» appariranno ancora *La "Battaglia del grano". Voci del popolo contadino* (13 dicembre, firmato Stefano Pirandello); *Tre storielle di bestie. 1-Avventura dell'orso. 2-Nuvole e fichi. 3-Le grida nell'aria* (23 dicembre).
[160] Progetto poi abbandonato di cui qualche elemento confluirà nel romanzo inedito *Timor sacro*.
[161] Ugo Ojetti (1871-1946), giornalista, scrittore, poeta, critico d'arte, direttore del «Corriere della Sera» dal 1925 al 1927, nel 1929 fonda la rivista «Pègaso» che dirige fino al 1933. Nel 1930 è proclamato Accademico d'Italia. Tra le sue opere: *I capricci del conte Ottavio* (1908-1909), *Cose viste* (1923-1929). A lui Pirandello fu legato da un'affettuosa amicizia.
[162] Lo stesso giorno, 4 novembre, da Roma, Stefano a Ojetti scrive: «Le scrivo una pazzia, ma non posso fare a meno di giocare la carta su cui è puntato tutto un sogno di lavoro calmo e coscienzioso. Ecco. Per togliermi dalla necessità di procurarmi uno stipendio col giornalismo militante (che faccio male, con fatica e senza soddisfazione), e data l'intenzione mia di cavare dal lavoro solo il necessario per lavorare ancora, e null'altro, ho pensato di rivolgermi a una casa editrice con questa proposta: 1° – Datemi uno stipendio mensile di L. 1.200, per quattro anni. 2° – Vi consegnerò ogni anno un romanzo (o un volume di novelle) e due commedie (in 3 o più atti). 3° – Ognuno di questi lavori resterà in vostra proprietà per 5 anni. Potrete sfruttarlo con la rappresentazione teatrale e la pubblicazione del volume. Io godrò dunque dello stipendio per 4 anni, mentre voi avrete lo sfruttamento dei lavori fino alla liberazione dopo cinque anni, che, per quelli consegnati nell'ultimo anno dell'impegno, cadrà il nono anno. Otto commedie, due romanzi e due volumi di novelle. Solo i diritti d'autore sulle sole prime rappresentazioni rimborserebbero quasi del tutto la casa editrice. Ma è un affare tutto fondato sulla fiducia in me. E questa bellissima proposta a chi la faccio? a Treves? a Bemporad? a Mondadori? Io sono un "figlio di papà" per tutti, però mio Padre

non ha creduto di dovermi sistemare come ogni "figlio di papà" che si rispetti. Ho bisogno di consiglio e d'ajuto. Presentarmi direttamente a quei signori, che NO! Lei dice: e proprio a me ti dovevi rivolgere? Ma sì, ma sì. Io credo. Se a Lei no, a nessun altro al mondo. Dunque! Ora, a Ognissanti, m'è nato Luigi Pirandello – e così ho due figli. Ho pronte due commedie nuove, sto lavorando al romanzo. Basta, sono un po' mortificato e m'avvedo che cercherei di fare quattro chiacchiere sull'uscio, evasive. Mi perdoni. La saluto con affetto, rispettosamente suo Stefano... Landi» (in Luigi Pirandello, *Carteggi inediti (con Ojetti, Albertini, Orvieto, Novaro, De Gubernatis, De Filippo)*, cit., p. 92).

[163] Due giorni dopo, il 6 novembre, da Firenze, Ugo Ojetti gli risponde: «Caro Stefano, un momento. Rispondi a una domanda: tu il romanzo l'hai pronto? Non sarebbe meglio offrire prima un buon romanzo a un editore, e poi, pubblicato e ben venduto il romanzo, proporgli di darti un compenso mensile a *forfait*? L'editore vuole di certo una prova palmare che l'affare è buono o almeno che il rischio è minimo. Ma nella tua idea, ciò che mi sembra più improbabile, per non dire impossibile, è la proposta delle commedie. Che può fare un editore d'una commedia? Solo stamparla. Non ha tempo né uomini né modo per farla leggere e rappresentare. Dunque il meglio mi sembra è offrire, mettiamo, a Treves un buon romanzo. L'hai? Posso offrirglielo io, volentierissimo, e cordialissimamente difenderlo. Risultato? Treves, ad esempio, è in un periodo di spavento. Ma bisogna tentare. Tentiamo. Treves dà (resti tra noi) 1200 lire al mese a Marino Moretti per un romanzo o un vol. di novelle all'anno. T'ho dato del tu (me ne avvedo ora) perché ti penso e ti vedo sempre come tanti anni fa, e perché voglio troppo bene a Gigi e a te. Baciami il nuovo Luigi. Con affetto, il tuo Ojetti» (ivi, p. 93).

[164] Maria Jacobini (1892-1944), attrice del cinema muto. Protagonista, nel 1921, del film *Il viaggio* (dalla novella omonima di Pirandello del 1910), regia di Gennaro Righelli, che ne aveva scritto la sceneggiatura insieme ad Adriano Piacitelli.

[165] Gennaro Righelli (1886-1949), regista e scenarista cinematografico, diresse, tra gli altri, film tratti da opere pirandelliane, quali: *Il viaggio*; *La canzone dell'amore* (1930), primo film sonoro italiano, liberamente tratto dalla novella *In silenzio* del 1905, di cui curò, tra il 1930 e il 1931, anche la versione francese (*La dernière berceuse*) e quella tedesca (*Liebeslied*); *Pensaci, Giacomino!* (1936-1937), dalla versione italiana del 1917 dell'omonima commedia in tre atti, scritta originariamente nel 1916 in dialetto siciliano (*Pensaci, Giacuminu!*) per Angelo Musco.

[166] Mario Pelosini (1889-1950), avvocato di Luigi Pirandello, fine dicitore e, successivamente (dal 1937 al 1950), maestro di recitazione presso l'Accademia d'Arte Drammatica «Silvio d'Amico» di Roma, fervente dannunziano, a lui il vate ha dedicato la *Contemplazione della morte* (1912) in cui lo ribattezza Mario da Pisa.

[167] Romano Fidora, proprietario del «Teatro Odescalchi».

[168] Giovanni Bissi, componente della Corporazione Nazionale del Teatro.
[169] Luigi Razza (1892-1935), giornalista, segretario generale della Corporazione Nazionale del Teatro. Per il governo fascista elaborò un piano per la riorganizzazione finanziaria della Compagnia di Pirandello. Nell'agosto 1926 diede però le dimissioni avendo perduto il favore di Mussolini. Circa il suo rilevante rapporto con Luigi Pirandello, cfr.: Alberto Cesare Alberti, *Il teatro nel Fascismo. Pirandello e Bragaglia*, cit.
[170] Fondata dall'attore Raffaello Niccòli (1891-1952), che ne era anche capocomico. Legato alla commedia musicale e al teatro in lingua, Niccòli fu anche autore di alcune commedie fra cui *Il mondo d'ieri* (1925), tratta dalla novella pirandelliana *Donna Mimma*, rappresentata il 13 novembre 1925 al «Teatro Odescalchi» di Roma dalla Compagnia Niccòli.
[171] Giovanni Grasso *junior* (1888-1963), cugino (figlio di un fratello, anch'egli puparo, di Angelo) del più grande suo omonimo, dopo aver debuttato nella Compagnia dell'altro attore suo cugino, Domenico Grasso, fratello minore di Giovanni Grasso *senior*, nel 1911 passa con Angelo Musco e Marinella Bragaglia. Con Virginia Balistrieri, che poi sposerà, sarà chiamato da Nino Martoglio a far parte della Compagnia Drammatica del Teatro Mediterraneo, recitando al «Teatro Argentina» di Roma nel *Ciclope* di Euripide, tradotto in siciliano da Pirandello, poi in *Il berretto a sonagli* al «Teatro Eliseo». Costituita una Compagnia siciliana con la moglie, debutterà alla fine del 1919 al «Teatro Biondo» di Palermo con *Dal tuo al mio* di Giovanni Verga, quindi girerà l'Italia mettendo in scena, fra l'altro, le commedie dialettali di Pirandello. Intensa anche la sua attività cinematografica.
[172] Guido Salvini (1893-1964) fu uno dei più stretti collaboratori di Pirandello sin dalla fondazione del «Teatro d'Arte», al cui progetto lavorò come scenografo e assistente alla regia. Egli aveva scritto da Firenze a Stefano una lettera senza data, ma da collocare tra il 26 e il 27 novembre 1925, in risposta ad una precedente dell'amico, affrontando innanzitutto i numerosi problemi della Compagnia teatrale diretta da Pirandello, che dovrebbe «essere la bandiera del suo grande progetto della trasformazione del Teatro italiano con la fondazione dei Teatri Statali». Il progetto verrà presentato di sorpresa entro pochi giorni come disegno di legge alla Camera. La scelta del repertorio della Compagnia è problematica per il dissidio artistico sorto tra Pirandello e Lamberto Picasso. «Tuo padre ha intenzione di mettere in scena in Quaresima le commedie che più gli stanno a cuore, fra le quali c'è la tua [*Il minimo per vivere*] e quella di Savinio» nelle piazze di Bologna, Firenze e al «Valle» di Roma. Salvini aggiunge poi che, da alcune frasi dette da Pirandello, ha inteso che «tu dovevi aver scritto a tuo Padre qualche cosa sui pettegolezzi che si fanno in Italia circa una sua presunta passione per la signorina Abba». A questo punto parla di una «strana forma di *amitié amoureuse* che si sviluppò violentissima nelle forme esteriori». Se ne è preoccupato vedendo che Pirandello «non mangiava, non dormiva ed era nervoso benché di buon umore». In seguito però si è convinto che «non c'è alcun peri-

colo vero e proprio, poiché tuo Padre oltre ad essere l'uomo che è, ha la testa così solidamente piantata sulle spalle che in confronto tutti noi facciamo ridere». Questa lettera prende dunque le mosse dalle chiacchiere che l'«affettuosa amicizia» di Pirandello con Marta Abba non poteva non suscitare, specialmente nell'ambiente teatrale. Un rapporto esaltante che percorre tanta parte della vita e dell'opera dello scrittore agrigentino, al quale la sensibilità morale fa vivere con tormento l'attrazione per l'affascinante donna, che egli 'sente' come una «figlia d'arte», una «figlia d'elezione» (era di tre anni più giovane di Lietta). Di «un'atroce notte passata a Como» si parla in una lettera di Pirandello a Marta del 20 agosto 1926, episodio a cui si è fatto talora riferimento nel commento della scena di *Quando si è qualcuno* (il dramma composto nel 1932) dove la giovane Veroccia ricorda di essersi un giorno offerta all'anziano poeta, al quale – «vile» – rimprovera di non aver avuto il coraggio di «prenderti la vita ch'io t'ho voluto dare». «Atroce» è aggettivo che ricorre 3 volte nell'epistolario con Stefano (2 da parte del padre ed una da parte del figlio), ha un alto tasso di frequenza in quello con la Abba e, come sottolinea Roberto Alonge, «resta inquietantemente impressionante che "atroce" ricompaia nell'ultimo capoverso dell'ultima lettera che Pirandello scrive alla Abba, il 4 dicembre 1936, a sei giorni dalla morte» (in *Madri, baldracche, amanti. La figura femminile nel teatro di Pirandello*, Milano, Costa & Nolan, 1997, pp. 135-136). Così infatti sigla la lettera: «Marta mia, la lettera è già lunga, ed è tempo che la mandi alla posta. Ma quando Ti arriverà? Se penso alla distanza, mi sento subito piombare nell'atroce mia solitudine, come in un abisso di disperazione. Ma Tu non ci pensare! Ti abbraccio forte forte con tutto, tutto il cuore. Il Tuo Maestro» (in Luigi Pirandello, *Lettere a Marta Abba*, a cura di Benito Ortolani, Milano, Mondadori, 1995, p. 1392). La lettera giungerà il 14 dicembre, come attesta il timbro postale di New York. Pirandello era scomparso il 10, nella sua casa romana di via Antonio Bosio, 15.

[173] Originario titolo della commedia in tre atti *Un padre ci vuole* (poi rielaborata col nome *La scuola dei padri* e successivamente riscritta col primitivo titolo, ora in Stefano Pirandello, *Tutto il teatro*, cit.), la cui prima rappresentazione ebbe luogo il 21 gennaio 1936 al «Teatro Alfieri» di Torino, Compagnia Tòfano-Maltagliati-Cervi, interpreti Sergio Tòfano, Evi Maltagliati, Gino Cervi.

[174] Umberto Fracchia (1889-1930), critico letterario e teatrale, narratore, drammaturgo, fondatore nel 1925 de «La Fiera Letteraria».

[175] L'articolo *Prefazione all'opera di mio padre ("Uno, nessuno e centomila")* apparirà su «La Fiera Letteraria» il 13 dicembre: «Io credo, Papà, che le ore di stanchezza ti siano divenute assai più penose da quando hai concluso il tuo sotterraneo lavoro al dramma dell'*Uno, nessuno e centomila*. Ora tutto è più chiaro e definito in te. Ora la tua coscienza morale è implacabile. Perché non hai scritto un libro. Hai esercitato il tuo spirito, come in atti di vita: non per divenire un più bravo letterato, ma per esser meglio te stesso, un migliore uomo. Perciò associavi i tuoi figli alle scoperte del tuo lavoro, che

è stato nella vita della nostra casa. *Uno, nessuno e centomila!* Che pena che sia ultimato. Ma non so se anche per te, che vi hai durato quindici anni di fatica. Certo, è stato per quindici anni un rifugio del tuo spirito. Per carità! Rifugio di pace? T'hanno sforzato spesso le necessità della vita, e le tue stesse intime di creatore, a divagarti da questo lavoro. Ma ad esso sempre col desiderio tendevi. Raggiungerlo, ritrovarlo, non appena conclusa una fatica, è stato per quindici anni lo scopo che ti ha fatto lavorare con tanta alacrità. Rifugio tormentoso. Anche evitato, talvolta, e temuto, lo so. Forse non avresti scritto qualcuna delle tue commedie, se non ci fosse stato in attesa sul tuo tavolino il manoscritto incompiuto di *Uno, nessuno e centomila*. Perché, se non potevi non lavorare, non sempre potevi reggere all'implacabile movimento di spirito cui esso t'obbligava. Ora, questo tuo da fare, anche questo, è un fatto, per gli altri. So che non ti potrà interessare quel che ne diranno, ma sento che resterà nella tua vita. Non come un fardello, come una ricchezza. Nella tua vita, perché l'ha fatta più nuda e più profonda. Però viene a mancare alla tua attività di creatore quasi un sostegno, e uno stimolo. Un altro puntello esteriore che cede. Sempre più sulle tue forze, Papà, sempre più vivo nell'attimo. Ti resta ancora per lavorare ancora quel sentimento stesso che ti ha fatto immaginare i casi di Moscarda. Quel senso d'angoscia della tua vita: Vita senza quasi più sostegni materiali, così estranea ai fatti, alla dominata e quasi distrutta animalità del tuo corpo. Vita dell'Uomo».

[176] Gaetano (Tano, Tatà) Lauricella, come il fratello Antonio (Ninuzzo), già nominato, frequentava talvolta le famiglie di Stefano, Lietta e Fausto.

[177] Dell'amministrazione degli affari di Luigi seguita ancora per qualche tempo ad occuparsi il genero Manuel Aguirre. Ma anche Stefano ha molti incarichi sia come figlio affettuoso che più ha seguito e più sa delle varie attività del padre, in particolare della Compagnia del «Teatro d'Arte», sia come autore egli stesso e con tante conoscenze nell'ambiente letterario, teatrale e giornalistico.

[178] Roberto Forges-Davanzati (1880-1936), uomo politico, direttore de «La Tribuna» e dal 1929 presidente della Società Italiana degli Autori e degli Editori (S.I.A.E.).

[179] Hans Feist, traduttore in tedesco delle opere di Pirandello. Allorché i loro rapporti si guasteranno, Feist citerà Pirandello per aver rotto il contratto. Questi attribuirà al tedesco il boicottaggio della rappresentazione di *Questa sera si recita a soggetto* a Berlino.

[180] La traduzione in tedesco di Feist dell'*Uno, nessuno e centomila* appare nel 1927, col titolo *Einer, keiner, hunderttausend*, per i tipi della Orell Füssli di Zurigo. Ma in questi anni vedono la luce numerose traduzioni in tedesco di opere pirandelliane, per i tipi della Casa editrice Häger di Berlino: *So ist es, wie Sie meinen* (*Così è (se vi pare)*), traduzione di Margit Veczi, 1925; *Heinrich der Vierte* (*Enrico IV*), traduzione di Hans Feist, 1925; *Die Wollust der Anständigkeit* (*Il piacere dell'onestà*), traduzione di Emma Hecht, 1925; *Der Mann, das Tier und die Tugend* (*L'uomo, la bestia e la virtù*), traduzione

di Paul Prina e Max Buchhein, 1925; *Das Leben das ich dir gab (La vita che ti diedi)*, traduzione di Hans Jacob, 1925; *Jeder nach seiner Art (Ciascuno a suo modo)*, traduzione di Otto Zoff, 1925; *Die Nackten kleiden (Vestire gli ignudi)*, traduzione di Francesco von Mendelssohn, 1925; *Die Wandlungen des Mattia Pascal (Il fu Mattia Pascal)*, traduzione di Edgar Wiegand, 1925; *Der Tod im Rücken (La morte addosso)*, traduzione di Ludwig Wolde, 1925; *Der zweite (E due!)*, traduzione di Kurt Runge, 1925; *Sechs personen suchen einen Autor (Sei personaggi in cerca d'autore)*, traduzione di Hans Feist, 1926; *Wie früher, besser als je früher (Come prima, meglio di prima)*, traduzione di Francesco von Mendelssohn, 1926 (cfr. al riguardo: Luigi Pirandello, *Saggi, poesie, scritti varii*, cit., pp. 1352-1358).

[181] Stefano si riferisce all'aspra polemica che esplose nel dicembre 1925, ma che si preparava da mesi, a causa della «soggezione morale e materiale» degli intellettuali italiani sacrificati alle speculazioni dell'industria editoriale e della Società Italiana degli Autori. Portavoce di un gruppo di autori contro l'«odiosa rappresaglia e cinica sfida», come accennato, Pirandello accusava «il despota» Giordani, *leader* riconosciuto della «ben organizzata bottega Società Autori», di favorire gli autori stranieri e di rendere impossibile la sopravvivenza del teatro italiano. A tal proposito non esiterà ad inviare a Mussolini un telegramma accompagnato da una lunga nota di denuncia del danno che, grazie al monopolio del teatro italiano e al sostegno di autorevoli esponenti del regime, il Giordani arrecava al repertorio italiano, compromesso da quello straniero, in situazione di notevole vantaggio: «Il Giordani, avendo nelle mani il sindacalismo fascista per la devozione illimitata del Razza, godendo di alte quanto cieche protezioni del Partito, e potendo perciò far passare ogni suo atto d'arbitrio sotto il "visto e approvato" del Partito, potrà ora senza contrasti tirare un colpo mancino non solo al repertorio italiano, con l'importazione del repertorio straniero, ma alla vita stessa delle Compagnie drammatiche italiane, facendo venire le Compagnie straniere con sfacciate condizioni di favore (assicurazioni fortissime, fino a 16.000 lire al giorno!, viaggi pagati, affitto dei teatri gratis)» (in Alberto Cesare Alberti, *Il teatro nel Fascismo. Pirandello e Bragaglia*, cit., p. 179). Della polemica e dei tentativi d'indurlo a una riconciliazione con Giordani, Pirandello riferirà anche a Marta Abba nella lettera del 10 agosto 1926: «Ora sta di fatto, che mio figlio Stefano, per invito di Raggio (che, come sai, è ora il consigliere delegato della Società di Giordani) è stato due volte in lungo abboccamento con lui. Per mio consiglio, Stefano è stato riservatissimo e ha detto che io non ho il minimo interesse a riconciliarmi col Giordani, e che anzi non lo desidero affatto; com'è del resto la verità. S'è cercato un punto d'intesa, un pretesto qualsiasi per venire alla riconciliazione: oltre alla lettera pubblica, di cui t'ho fatto cenno, il progetto del teatro Argentina. Stefano ha scartato anche questo, dicendo che io ero già stato a conferire col Governatore di Roma e che, d'altra parte, non potevo buttare a mare Paradossi e Liberati, per servirmi di Giordani in questo progetto che ormai andava da sé. Il Raggio confessò, tanto a Feist

quanto a Stefano, che il Giordani aveva avuto un gravissimo danno all'estero quando aveva dovuto dichiarare che non era più il rappresentante di Pirandello, ma disse che anche Pirandello aveva avuto danno da questo, perché più di dodici affari si erano perduti, di richieste venute dall'estero che non si erano potute trattare. Stefano rispose che a questo danno io ero preparato, e che ormai il mio animo è tale che non riesce a dar più importanza a cose di questo genere. Nessuna considerazione di vantaggio personale poteva aver presa su me. Forse una sola intesa era possibile, o almeno probabile: un'intesa che fosse di vantaggio *nazionale*, e non *personale*: che, cioè, avendo il Giordani in potere tutti i teatri di Milano, favorisse il mio progetto nazionale dell'istituzione dei tre Teatri di Stato, senza obbligare il Governo alla costruzione di un teatro a Milano, cedendo il teatro Manzoni, perché insieme con l'Argentina di Roma e il teatro di Gualino a Torino fosse uno dei tre istituendi Teatri di Stato. Raggio promise che avrebbe riferito tutto al Giordani e che presto avrebbe dato una risposta, e intanto pregò Stefano di lasciarlo trattare per mio conto con l'Inghilterra, che chiede insistentemente *Il berretto a sonagli*; ma questo senza mio impegno con la Società del Giordani. [...] Mussolini ha telefonato oggi al Governatore per venire subito alla conclusione del concordato per il teatro Argentina» (in Luigi Pirandello, *Lettere a Marta Abba*, cit., pp. 15-16).

[182] A proposito delle difficoltà per la realizzazione del progetto del «Teatro d'Arte», Luigi, il 6 aprile 1925, così aveva scritto ad Adriano Tilgher: «Caro Tilgher, so che a Voi come a me sono molto a cuore le sorti del "Teatro d'Arte di Roma". Ho bisogno dell'aiuto di tutti i miei amici, di tutti gli amici dell'arte, per sostenere questa mia bella e disinteressata impresa. Bisogna scuotere l'apatia e l'indifferenza di questo pubblico romano, dandogli un po' di contravveleno per immunizzarlo dallo scetticismo, dalle facili ironie con cui lo smontano i troppi che ci danno guerra, dandogli fiducia nella bellezza di questa opera con l'autorità di un giudizio che gode il maggior credito presso il pubblico italiano. Con l'ajutarmi in questo mio nuovo e, ripeto, disinteressatissimo tentativo, Voi, mio caro Tilgher, non fareste se non continuare quella coraggiosissima battaglia che avete sempre mosso contro la stupidità e l'ignoranza, a favore dell'arte genuina. E per questo io vi chiedo liberamente di fare per il teatro nostro quanto più potrete: ajuto preziosissimo, data l'inimicizia, le ostilità volgarmente interessate e l'astiosa indifferenza sotto la quale si tenta di soffocare la nascita di questo primo teatro d'arte italiano. Vi ringrazio di cuore e Vi saluto affettuosamente» (in Leonardo Sciascia, *Pirandello e il pirandellismo*, Caltanissetta-Roma, Sciascia, 1953, pp. 96-97).

[183] Roberto Farinacci (1892-1945), avvocato, gerarca fascista, avversario di Pirandello.

[184] Si tratta di una ripresa della commedia di Massimo Bontempelli al «Teatro Paganini» di Genova.

[185] Stefano si riferisce a un avvenimento inatteso e che fece scandalo,

341

perché a Dario Niccodemi, presidente della Società Italiana degli Autori, era stato chiamato a succedere per la prima volta un 'non autore', cioè Vincenzo Morello, nominato da Mussolini Commissario straordinario con pieni poteri. Il Morello, legato a interessi mercantili e politici, difatti operò una totale rivoluzione della Società Italiana degli Autori.

[186] Telesio Interlandi (1894-1965), giornalista, fascista della prima ora, fu in quegli anni molto amico di Luigi Pirandello e in qualità di direttore del quotidiano «Il Tevere», fondato nel 1924, fece spesso da suo portavoce nelle adesioni e talvolta anche nelle polemiche nei confronti della politica culturale e degli atti del regime in campo teatrale. Al suo giornale invitò a collaborare molti giovani scrittori destinati a divenire famosi. Fondò anche il settimanale «Quadrivio» (1933-1941), insieme a Luigi Chiarini e Vitaliano Brancati. Il suo nome rimarrà però tristemente associato soprattutto al sostegno da lui dato, dopo la metà degli anni trenta, alle leggi razziali e alle persecuzioni contro gli ebrei.

[187] Vincenzo Morello (1860-1933), presidente della Società Italiana degli Autori. Avvocato, senatore, giornalista (divenuto famoso per gli articoli pubblicati su «La Tribuna» e firmati con lo pseudonimo balzachiano di «Rastignac»; fra il 1894 e il 1895 fondò e diresse «Il Giornale»), poeta, commediografo. Fra le sue opere ricordiamo: *La flotta degli emigranti* (1907); *Il malefico anello* (1910); *I condottieri* (1921).

[188] Cipriano Efisio Oppo, pittore, vicecommissario della Società Italiana degli Autori, divenne Segretario Nazionale del Sindacato Fascista Belle Arti.

[189] Accusato da Pirandello, su «Il Corriere del Teatro» del 15 dicembre 1925, di essere «il più falso dei fascisti» e di aver pronunciato «vituperii contro il regime», Paolo Giordani, il 16 dicembre, in una lettera a Vincenzo Neri, direttore de «L'Impero», risponde aspramente vantando la propria fedeltà al regime e accusando a sua volta lo scrittore di mentire sul suo conto perché «sull'orlo del fallimento, vede esaurirsi le mammelle a cui aveva preso il vizio di attaccarsi». Nella sua controreplica, pubblicata ne «Il Tevere» del 19 dicembre, Pirandello dapprima insiste nell'attacco personale al Giordani e quindi riporta il discorso sulla vera questione: «Le mie accuse contro di lui erano ben altre, e riguardavano prima, il suo passato, e poi la sua presente potenza e prepotenza sulla vita teatrale italiana. Venuto su col preciso intento di costituire un gruppo di scrittori nuovi che si opponesse ai vecchi che governavano allora la Società degli Autori, quando finalmente riuscì ad ottenere la mia adesione e tutta la forza che poteva venirgli dal mio nome e dalla mia opera, sgominò agevolmente e disperse la vecchia organizzazione e si insediò lui con nomi nuovi (compreso il mio per brevissimo tempo) nel Consiglio della Società. Subito dopo, cominciò a richiamare, asserviti a lui, gli stessi elementi che prima aveva cacciato in nome della difesa degli Autori italiani contro gli importatori e gli speculatori. Può egli negare di essere ormai divenuto l'importatore per eccellenza di tutto il teatro straniero, riunendo attorno a sé tutti o quasi tutti gli importatori? Ma l'avv. Giordani può dire che egli non importa soltanto il teatro straniero in Italia, ma anche esporta il teatro italiano all'e-

stero. Ora anche ammesso che questa esportazione produca abbondantissimi frutti agli autori italiani (il che resterebbe da dimostrare), è questo un merito patriottico, di cui l'avv. Giordani possa menar vanto? Egli impiantò un ufficio a questo scopo e percepisce regolarmente le sue percentuali per ogni affare che tratta. Il merito, se mai, non è suo, ma del teatro italiano che si lascia esportare, e che dà mezzo all'avv. Giordani di farci i suoi interessi. Merito patriottico sarebbe, se egli disinteressatamente, o previa una efficace opera di propaganda avesse cercato di imporre e di diffondere questo teatro all'estero; ma finché lo fa per il suo utile e col suo utile, il suo merito, se mai, sarà di bravo commerciante e non di buon patriota. Non credo del resto che almeno finora questi utili venuti agli autori italiani siano stati poi tanti». Pirandello si riferisce qui al suo caso, ricordando che il grande successo ottenuto in quegli ultimi anni dal suo teatro in Europa e negli Stati Uniti non era stato dovuto al Giordani, ma era stato favorito da iniziative prese all'estero da autori (per esempio G.B. Shaw), da artisti, italianisti e persone colte, che avevano avuto modo di conoscere e apprezzare i suoi lavori e ne avevano proposto la traduzione e la rappresentazione nei loro paesi. Ma un'opera di promozione all'estero di commedie di autori italiani aveva compiuto egli stesso rappresentandole con la Compagnia del «Teatro d'Arte», che era nata dalla sua iniziativa, la quale non era stata però sostenuta dal Giordani. Anzi, dichiara, «sono stato obbligato a girare con la Compagnia per varie città di provincia le quali, come l'avv. Giordani deve saper bene, hanno risposto magnificamente alla mia opera di propaganda artistica, procurando, in ogni teatro, incassi superiori ad ogni aspettativa. Se, invece che nelle minori città, l'avv. Giordani e i suoi Soci mi avessero dato di recitare nelle città maggiori e nei migliori teatri, si sarebbe rinnovato ovunque il grandissimo successo finanziario verificatosi a Milano, nel settembre, ai "Filodrammatici", ed ora ripetutosi al "Paganini" di Genova. Ma è proprio lui che vuol ridurre *all'orlo del fallimento* questa impresa viva e vitale che riscuote dovunque ammirazione della critica e del pubblico; lo vuole perché sa bene il fine a cui tendono tutti i miei sacrifizi, tutto il mio lavoro, tutto il fervore di quanti hanno cooperato alla fondazione del Teatro d'Arte: fine che è in assoluto contrasto con gli interessi dell'avv. Giordani. Io voglio che presto in Italia sorgano i Teatri di Stato: almeno tre in principio, uno a Milano, uno a Roma, uno a Torino: teatri responsabili, che di fronte a gli stranieri che visitano l'Italia, dimostrino che nel nostro Paese l'arte scenica è curata e rispettata come nel loro; che permettano una esistenza decorosa agli attori e lo svolgimento di degni programmi artistici. Tutto questo Paolo Giordani, commerciante e speculatore e sfruttatore dell'ingegno altrui, lo deve vedere come il fumo negli occhi. E di qui la guerra che egli ha fatta fin ora subdolamente, e che adesso fa a viso aperto alla Compagnia del Teatro d'Arte di Roma, primo nucleo di questa grande futura formazione nazionale. Dopo tutto questo, chiamo il pubblico a giudicare se sia io attaccato per vizio alle "mammelle" altrui, o non sia lui piuttosto attaccato da vera sanguisuga a quelle abbondantissime delle mie commedie, come può vedersi dal contratto che qui trascrivo per bollare, col termine che gli è proprio, l'avv. Giordani nella stima di tutti coloro che sono abituati a trattare i loro affari con onestà e discrezione. Luigi Pirandello» (in Alberto Cesare Alberti, *Il teatro nel Fascismo. Pirandello e Bragaglia*, cit., pp. 182-190).

[190] Massimo Bontempelli (1878-1960), poeta, narratore, drammaturgo, critico, traduttore, grande amico di Pirandello fino alla sua scomparsa, fu uno del «Teatro degli Undici» (o «Dodici») che diedero vita alla Compagnia del «Teatro d'Arte». Per la sua *Nostra Dea*, quarta commedia data al «Teatro Odescalchi», messa in scena il 22 aprile 1925, direttore artistico Luigi Pirandello, fu scelta come attrice Marta Abba, segnando il suo debutto trionfale nella Compagnia. Il 7 marzo 1928, al «Teatro di Torino», la Compagnia della «Pantomima Futurista», diretta da Enrico Prampolini, rappresenta *La salamandra*, scenario di Pirandello, musiche di Bontempelli. Altri suoi titoli: *La scacchiera davanti allo specchio* (1922); *Minnie la candida* (1927); *Vita e morte di Adria e dei suoi figli* (1930); *Gente nel tempo* (1937); *L'avventura novecentesca* (1938); *Cenerentola* (1942); *Venezia salva* (1947); *L'amante fedele* (1953). Degli scritti di Bontempelli dedicati a Pirandello ricordiamo la *Commemorazione* letta il 17 gennaio 1937, circa un mese dopo la scomparsa, alla Reale Accademia d'Italia (in *Bibliografia di Pirandello*, a cura di Manlio Lo Vecchio-Musti, Milano, Mondadori, 1937, pp. XIV-XXXIV), poi, con il titolo *Pirandello o del candore*, in «Nuova Antologia», Roma, 1 febbraio 1937, pp. 271-282 e in *Tre discorsi: Pirandello, Leopardi, d'Annunzio*, Milano, Bompiani, 1938, pp. 9-28.

[191] Gheraldi, agente di Paolo Giordani a Parigi.

[192] Corrado Alvaro (1895-1956), giornalista, poeta, narratore, saggista, è stato, con Nino Martoglio, Pier Maria Rosso di San Secondo, tra gli scrittori più cari a Pirandello, nonostante la differenza d'età. Grande anche l'amicizia che intercorse fra Stefano, Corrado Alvaro e le rispettive famiglie. Insieme firmeranno nel 1939 la sceneggiatura *Terra di nessuno*, dal soggetto cinematografico *Dove Romolo edificò* di Stefano Pirandello, a sua volta tratto dalle novelle pirandelliane *Requiem aeternam dona eis, Domine!* e *Romolo*, da cui Mario Baffico realizzò nel 1939 l'omonimo film. Fra le sue opere: *Poesie grigioverdi* (1917); *L'amata alla finestra* (1929); *Gente in Aspromonte* (1930); *L'uomo è forte* (1938); *L'età breve* (1946); *Ultima notte di Medea* (1949); *Mastrangelina* (1960); *Tutto è accaduto* (1961). Degli scritti di Alvaro dedicati a Pirandello ricordiamo l'intervista, dal titolo *Pirandello parla della Germania, del cinema sonoro e di altre cose*, da Berlino (dove Alvaro si trovava per sfuggire alle persecuzioni fasciste), in occasione del soggiorno dell'agrigentino, apparsa su «L'Italia Letteraria» del 14 aprile 1929 (ora in Corrado Alvaro, *Scritti dispersi 1921-1956*, introduzione di Walter Pedullà, a cura e con postfazione di Mario Strati, Milano, Bompiani, 1995, pp. 213-218); la 'voce' *Luigi Pirandello* per l'*Enciclopedia italiana*, fondata da Giovanni Treccani, Roma, Istituto Poligrafico dello Stato, vol. 27, 1935; il commento al *Taccuino segreto* (in AA.VV., *Almanacco Bompiani 1938*, Milano, Bompiani, 1938, pp. 29-31); la prefazione a *Novelle per un anno* (Milano, Mondadori, 1956, vol. 1°, pp. 5-

41). Quanto alla corrispondenza di Stefano con Corrado Alvaro e i tanti altri frequentatori di casa Pirandello e amici si rinvia a: Stefano Pirandello, *Tutto il teatro*, cit.

[193] Antonio Beltramelli (1879-1930), tra i fondatori del «Teatro d'Arte», giornalista, poeta, narratore, favolista, commediografo. Aderì al fascismo e scrisse una biografia encomiastica di Mussolini: *L'uomo nuovo* (1923). Nel 1929 fu nominato Accademico d'Italia. Fra i suoi scritti: *Gli uomini rossi* (1904); *L'ombra del mandorlo* (1920); *Ahi Giacometta, la tua ghirlandella* (1921); *Il cavalier Mostardo* (1921); *Fior d'uliva* (1925). Ma, allorché entrò in urto con Pirandello, si unì alla Compagnia dei «Dieci», di cui facevano parte Lucio D'Ambra, Filippo Tommaso Marinetti, Alessandro De Stefani, Fausto Maria Martini, Cesare Giulio Viola, Alessandro Varaldo.

[194] Giovanni Cavicchioli (1894-1964), tra i fondatori del «Teatro d'Arte», commediografo, romanziere, poeta, favolista, critico. Fra le sue opere: *Romolo* (1923); *Lucrezia* (1925); *Bambino senza madre* (1943).

[195] Alessandro De Stefani (1891-1970), giornalista, narratore, commediografo, traduttore, soggettista cinematografico e regista. Fra le sue opere: *Il calzolaio di Messina* (1925, Premio Nazionale per il Teatro, messa in scena dalla Compagnia di Pirandello); *L'urlo* (1934, in collaborazione con Ferruccio Cerio); *I pazzi sulla montagna* (1936); *Una notte a Barcellona* (1937); *Dopo divorzieremo* (1938); *Il curioso impertinente* (1954).

[196] Orio Vergani (1899-1960), amico di Stefano, con cui realizzò il progetto del «Teatro d'Arte», giornalista, narratore e commediografo. Nel 1926 fu chiamato da Ugo Ojetti nel «Corriere della Sera», dove lavorò per 34 anni. Fra le sue opere: *Un vigliacco* (1923); *Cammino sulle acque* (1926, messa in scena dalla Compagnia di Pirandello); *Io, povero negro* (1928); *Domenica al mare* (1931); *Passo profondo* (1939, Premio Viareggio); *Il primo amore* (1940); *S'egli tornasse* (1940); *Recita in collegio* (1942, Premio della Reale Accademia d'Italia); *Udienza a porte chiuse* (1957, Premio Marzotto); *Memorie di ieri mattina* (1958). Fu fra i fondatori del Premio Bagutta.

[197] Pier Maria Rosso di San Secondo (1887-1956), commediografo, narratore. Fra le sue opere: *La sirena ricanta* (1908); *Ponentino* (1916); *La bella addormentata* (1919); *Tra vestiti che ballano* (1927); *Il ratto di Proserpina* (1954). Profonda l'amicizia che lo legava a Pirandello («Lei è stato per me un padre, Lei solo mi ha incoraggiato a fare. Lei solo potrà veramente pensare a me e cercare di collocarmi come meglio potrà. [...] Vorrebbe parlare a Falbo e ottenermi che mi si pubblicasse nel "Messaggero" due novelle dialogate al mese o anche una sola?», così gli scrive da Caltanissetta il 21 febbraio 1908). Una delle sue *Sintesi drammatiche*, pubblicate nel 1911, intitolata *La fuga*, che precede nel titolo il più noto romanzo del 1917, è dedicata a Pirandello, che del romanzo sarà recensore (in «L'Illustrazione italiana», Roma, 1 luglio 1917). Nella biblioteca di Pirandello residuano soltanto due suoi volumi: *L'occhio chiuso* (1911, con dedica: «A Luigi Pirandello, maestro, Rosso di San Secondo») e *L'ospite desiderato* (1921, con dedica: «A Luigi Pirandello, con

affetto Rosso di San Secondo»). Quando il 4 marzo 1918 Virgilio Talli mise in scena *Marionette, che passione!*, al «Teatro Manzoni» di Milano, e scoppiarono dispute «acerbe», l'11 aprile 1918 Luigi Pirandello scrive a Nino Martoglio: «Vorrei che assumessi una fiera e valida difesa di San Secondo contro le critiche acerbe di cui mi fai cenno. Da chi partono codeste critiche? Che dicono? Non bisogna cedere minimamente terreno a codesta gente: prenderla di fronte e gridarlo forte che noi siamo quelli che lavoriamo» (in Pirandello-Martoglio, *Carteggio inedito*, cit., p. 127). Scrive Anton Giulio Bragaglia: «Egli esitava a darsi al teatro per intero e Rosso lo incoraggiava a farlo mentre Martoglio assiduamente lo tentava. Questi tre siciliani stavano sempre insieme. La passione per il teatro di Martoglio e Rosso maturarono l'interesse che stava ricevendo per la finzione scenica, questa che magicamente poteva dar corpo alle immaginazioni, a fare essere persino quello che altrimenti riesce appena a sembrare. Fu dopo due anni di queste accese conversazioni, piene di progetti, che Pirandello, Martoglio e Rosso riuscirono a fare la "Compagnia del Teatro Mediterraneo", alla quale io appartenni come scenotecnico, e che agì al Teatro Argentina nel 1919» (*Pirandello: l'uomo* in AA.VV., *Almanacco Letterario Bompiani 1938*, cit., p. 87). In realtà l'interesse di Pirandello per il teatro risale ai verdi anni, come documentano le lettere giovanili. Sulla loro intensa relazione umana e letteraria e sullo scambio reciproco di scritti cfr.: Paolo Mario Sipala, *Pirandello e Rosso di San Secondo*, in *Poeti e politici da Dante a Quasimodo*, Palermo, Palumbo, 1994, pp. 243-257.

[198] Arturo Rossato (1882-1942), giornalista, poeta, drammaturgo. Fu anche librettista di successo: *I cavalieri di Ekebù* (1927) di Riccardo Zandonai, dal romanzo *Gösta Berlings saga* (1891) della svedese Selma Lagerlöf, premio Nobel 1909; *Le preziose ridicole* (1929) di Felice Lattuada, dalla commedia omonima di Molière; *La bisbetica domata* di Mario Persico, dalla commedia omonima di William Shakespeare; *Il favorito del re* di Arturo Veretti.

[199] Gian Capo, pseudonimo di Giovanni Capodivacca (1884-1934), giornalista, drammaturgo, narratore, direttore de «L'Illustrazione italiana» tra il 1933 e il 1934. In collaborazione con Arturo Rossato scrisse *Nina, non far la stupida*, uno dei maggiori successi del teatro veneto.

[200] Filippo Tommaso Marinetti (1876-1944), poeta, narratore, drammaturgo, saggista. Fondatore del Futurismo, di cui il 20 febbraio 1909 sul «Figaro» di Parigi appare il *Manifesto*. Nel 1912 pubblica il *Manifesto tecnico della letteratura futurista*; nel 1913 il *Manifesto del Teatro di varietà*; nel 1915 il *Manifesto del Teatro sintetico*. Interventista (nel 1915 scrive *Guerra sola igiene del mondo*), partecipa come volontario alla Grande Guerra, verso la cui fine scrive il *Manifesto del partito futurista italiano*. Nel 1929 è nominato Accademico d'Italia. Uno degli ultimi suoi atti eclatanti è l'adesione alla Repubblica di Salò.

[201] Ugo Betti (1892-1953), poeta, narratore, commediografo, alternò l'attività letteraria con quella di magistrato. Fra le sue opere: *Il re pensieroso* (1922); *La padrona* (1926); *La casa sull'acqua* (1928); *Caino e altre novelle*

(1928); *L'isola meravigliosa* (1929); *Canzonette – la morte* (1932); *Le case* (1933); *Una bella domenica di settembre* (1935); *I nostri sogni* (1936); *Il paese delle vacanze* (1937); *Uomo-donna* (1937); *Corruzione al palazzo di giustizia* (1944-1945); *Acque turbate* (1948); *Una strana serata* (1948); *La Piera alta* (1948).

[202] *La padrona*.

[203] Vincenzo Tieri (1895-1970), giornalista, commediografo, critico e regista teatrale. Nel 1925 fondò e diresse il giornale «Il Corriere del Teatro». Direttore del «Piccolo Teatro» di Palermo dal 1955 al 1957, rivestì importanti cariche anche in S.I.A.D., I.D.I. e S.I.A.E. Fra le sue opere: *Taide* (1932); *Le donne* (1935); *Chirurgia estetica* (1940); *L'ape regina* (1941).

[204] Enzo Biliotti (1888-1976), attore teatrale e cinematografico, Pirandello lo scritturò nella Compagnia del «Teatro d'Arte». Nel film *I promessi sposi* di Mario Bonnard (1923) interpretò l'Innominato.

[205] Emma Gramatica (1875-1965), attrice teatrale, cinematografica e televisiva, figlia d'arte, ottenne i primi successi col personaggio di Sirenetta nella *Gioconda* di d'Annunzio, a fianco di Eleonora Duse. Nel 1900 fu primattice con Ermete Zacconi, lavorò poi con Flavio Andò, Ermete Novelli e Tina Di Lorenzo. Spesso recitò insieme alla sorella Irma. Fra gli autori italiani interpretati Pirandello, Rosso di San Secondo, Lodovici, fra gli stranieri Ibsen, Shaw, Bataille.

[206] Ermete Zacconi (1857-1948), figlio d'arte, nel 1894 divenne capocomico, nel suo repertorio opere di Ibsen, Tolstoj, Maeterlinck, Giacosa. Dal 1897 effettuò numerose *tournées* all'estero. A fianco della Duse interpretò anche drammi dannunziani. Di rilievo le sue interpretazioni shakespeariane (*Amleto*, *Macbeth*, *Otello*, *Re Lear*). Prese parte a numerosi film tratti dai suoi successi teatrali: *Gli spettri* (1917), *Il Cardinale Lambertini* (1934), *Processo e morte di Socrate* (1940).

[207] Alberto Savinio, pseudonimo di Andrea De Chirico (1891-1952), narratore, drammaturgo, musicista, pittore, fratello del pittore Giorgio. È coinvolto nella realizzazione degli spettacoli del «Teatro d'Arte» come traduttore del libretto della *Storia del soldato* di Charles-Ferdinand Ramuz e Igor Strawinsky; accompagnatore pianistico della *Gaia morte* di Nikolaj Evreinov; autore della «tragedia mimica» in un atto *Morte di Niobe*, per la quale scrive anche la musica. Non va in scena invece il dramma in tre atti *Capitan Ulisse*, dopo vari annunci e rinvii. Forse Pirandello (che lo aveva definito «opera di *ironia lirica* sull'eterno mito dell'inquietudine di Ulisse») era stato dissuaso da Marta Abba perché il ruolo protagonistico, come evidente, era maschile. Altri suoi titoli: *Hermaphrodito* (1916); *Achille innamorato* (1938); *Dico a te, Clio* (1939); *Narrate, uomini, la vostra storia* (1942).

[208] Giuseppe (Peppino) Marchesano, avvocato, marito di una cugina di Pirandello.

[209] Come spiega egli stesso nella successiva del 10 giugno, Stefano non spedì al padre questa lettera, in una parte della quale, che omettiamo, affrontava alcune questioni familiari. A rigore, poiché non spedita, la lettera non fa

parte del carteggio; ne riportiamo tuttavia dei brani che rendono un'idea delle discussioni in famiglia in quelle settimane. Egli scrive per il bisogno di segnalare al padre la sua particolare posizione riferendosi a una lettera di accesa polemica che Luigi aveva indirizzato a Lietta, nella quale evidentemente si erano sentiti in qualche misura coinvolti anche i due figli maschi (della lettera di Pirandello non si conosce il testo, che non è stato conservato). Pochi giorni prima anche Fausto, avendo appreso dal cognato Manuel dell'esistenza di una «feroce lettera» del padre, aveva voluto replicare al genitore e distinguersi. Sono gli evidenti segnali di un malessere che cresceva ormai da qualche mese. Era il tempo del più grande scompiglio nella loro esistenza. Dopo il ritorno di Lietta dal Cile all'inizio del 1925 con il marito e i figli (il piccolo Manolo molto malato e la secondogenita Lietta; la terza figlia Maria Luisa nascerà nell'ottobre successivo) non si era ristabilito l'atteso clima domestico intimo e chiuso che era abituale. Luigi Pirandello aveva ottenuto successi strepitosi non più solamente in Italia ma anche nei paesi più importanti dell'Occidente, e la sua opera una risonanza mondiale. Manuel Aguirre era stato nominato amministratore e procuratore dei suoi affari, e aveva cominciato a mettere ordine e a svolgere un lavoro efficace anche se talvolta non del tutto in linea con i disegni del suocero. Il drammaturgo infatti aveva sorprendentemente modificato l'intero assetto della propria vita. Aveva compreso che per creare teatro, oltre a scrivere i testi, decisiva per lui diveniva la realizzazione scenica. Il teatro si caricava del suo senso vivo proprio nello spettacolo, giorno per giorno, il lavoro con gli attori diveniva momento essenziale della creazione (in particolare il rapporto con la nuova, giovane prima attrice, Marta Abba, di cui si stava innamorando). Era mutato via via lo stesso modo di concepire e comporre il testo (aspetti segnalati, in particolare, nei citati due volumi pirandelliani dei «Meridiani», il terzo delle *Maschere nude*, a cura di Alessandro d'Amico, e *Saggi e interventi*, a cura di Ferdinando Taviani). Pirandello era uscito dal suo guscio. Il lavoro a tavolino non era più esclusivo. I figli, specialmente Lietta, soffrivano la sua lontananza, di cui non capivano le ragioni vere. Neanche Stefano che pure, pochi mesi prima, si era dichiarato pronto a mettere in gioco la propria esistenza per sostenerne l'avventura teatrale. Né il padre ne dava spiegazioni. Egli stesso non aveva chiara la prospettiva e l'eventuale durata dell'impegno, anche se mai più avrebbe potuto rinunciare alla nuova passione per un'arte diversamente intesa e realizzata e alle relazioni in cui era entrato per essa. Denaro (frutto dei diritti d'autore) in quel tempo ne affluiva tanto, da ogni parte, a centinaia di migliaia di lire all'anno. Ma alle spese di casa, alla retta per il mantenimento di Antonietta e agli assegni ai figli, si erano aggiunte, a partire dalla metà del 1925, quelle ingenti dell'acquisto di un terreno in periferia (a cui subito s'era sommato un altro più vasto lotto adiacente) e dei lavori, seguiti da Manuel, per la costruzione di un grande villino, nel quale avrebbero dovuto abitare insieme lo scrittore e la famiglia della figlia. Adesso poi entravano nel conto anche le frequenti e notevoli richieste di denaro da parte di Luigi per sostenere la Compagnia, e non sempre gli esborsi venivano compensati dagli incassi delle recite. Il genero Manuel Aguirre come amministratore se ne preoccupava e rendeva partecipi delle proprie ansie i figli dello scrittore. D'altra parte la vita randagia del drammaturgo a capo della Compagnia, nella quale si distingueva la giovane e bella prima attrice, solleticava ormai l'interesse della stampa e specialmente quello malizioso e spesso volgare dei giornali satirici. Non avrebbero nociuto un'esperienza così straniante e un comportamento troppo esibito? Alla fine di aprile o ai primi di maggio del '26, spinta anche da rivalità e gelosia per una donna che poteva contenderle il posto nell'animo del padre, e interpretando probabilmente dubbi e timori che i fratelli sia pure con intensità minore e motivazioni meno radicali avevano condiviso con lei, Lietta lo aveva rimproverato per il distacco dalla famiglia, in una lettera che non è stata conservata, nella quale doveva aver usato espressioni severe e accennato alle voci di una relazione con la prima attrice. La lettera aveva provocato il terribile sdegno paterno. Da quelli che per lui erano insinuazioni e giudizi inaccettabili, a Pirandello parve di misurare un abisso che ormai lo separava non solamente dalla figlia e in qualche misura dall'intera famiglia ma da tutta una morale che adesso lo disgustava. Lietta se ne giustificò e chiese comprensione al genitore. Anche Fausto e Stefano, come abbiamo visto, scrissero e Luigi, nella successiva lettera a loro indirizzata (in cui sbaglia il numero del mese segnando maggio invece di giugno), terrà conto della loro posizione distinta.

210 Federigo Tozzi (1883-1920), narratore, poeta, drammaturgo, scomparso giovanissimo a soli trentasette anni, di polmonite. Delle sue opere ricordiamo: *Bestie* (1917); *Con gli occhi chiusi* (1918); *Tre croci* (1920, dedicato a Luigi Pirandello); *Giovani* (1920); *L'amore* (1920); *Il podere* (1921); *L'incalco* (1923); *Novale* (1925); *Ricordi di un impiegato* (1927); *L'immagine e altri racconti* (1946); *Nuovi racconti* (1960); *Adele* (1979). Luigi Pirandello ha recensito *Con gli occhi chiusi* sul «Messaggero della Domenica» del 13 aprile 1919.

211 Il mito in un prologo e tre atti *La nuova colonia*, verrà messo in scena il 24 marzo 1928 al «Teatro Argentina» di Roma, protagonisti Marta Abba e Lamberto Picasso.

212 Alcuni giorni prima, il 13 maggio 1926, a Ugo Ojetti, Pirandello ha scritto: «Ed ora ti vorrei rivolgere una affettuosa preghiera. Tu conosci mio figlio Stefano: so anzi che lo stimi giovane serio e d'ingegno, scrupoloso, fin troppo, nel suo lavoro; tale io lo stimo e tu sai che l'essergli padre non fa velo al mio giudizio. Stefano non è più un ragazzo, è, anzi, padre di famiglia e padre anche di un Luigi Pirandello in fasce, che Dio preservi dalle Lettere e dalle Arti!! Tu intendi quanto io desideri che mio figlio si sistemi, trovi cioè una via sicura per la sua attività che è molta, ed una remunerazione onesta per le sue pretese che son poche. Ma proponendotelo per la Redazione romana del Corriere, e fidando soprattutto nella tua vecchia amicizia, io non credo di venderti una delle merci comuni che si trovano sul mercato letterario e giornalistico italiano. Stefano, da oltre un anno, lavora con Ferraguti per la compilazione del Giornale agricolo che si stampa sotto gli auspici del Mini-

stero di Agricoltura. Egli si è fatta, in questo tempo, una vera e propria competenza riguardo a tutte le questioni gravi e complesse che si agitano, anche nel campo politico, per la battaglia del grano e circa tutti i problemi agricoli che interessano grandemente la vita del nostro paese. Ho pensato che un giovane di coltura e di buona volontà, scrittore sicuro versato per di più in un campo nel quale pochi che se ne intendano possiedono l'arte del bello scrivere, potesse essere non inutile ad un grande Giornale. Ti sarò tanto, tanto grato, caro Ugo, se vorrai pensare a questa mia proposta ed esaudire questa mia preghiera. Stefano si sente stranamente oppresso da una specie di giogo letterario che si chiama Pirandello ed è bene che qualcuno gli dica che anche lui è una persona viva. Se lo merita, e da nessuno meglio che da te potrà venirgli la buona novella» (in Luigi Pirandello, *Carteggi inediti (con Ojetti, Albertini, Orvieto, Novaro, De Gubernatis, De Filippo)*, cit., pp. 98-99).

[213] Questa la tempestiva risposta di Ugo Ojetti, da Milano, del 15 maggio 1926: «Caro Luigi, ho sempre pensato, da quando sono qui, al tuo Stefano; ma nel *Corriere* sono troppi i redattori, diremo, letterari; e desidererei anzi col tempo, diminuirne il numero. Quello che ho cercato e con difficoltà trovato, è stato il personale tecnico, cioè quello che deve impaginare il giornale, quello che deve stenografare e tradurre le trasmissioni stenografate, ecc. ecc. Ti ripeto che non dimentico il desiderio di Stefano e il tuo, e se troverò un posto vuoto subito ti scriverò. Aspetto la novella e ti abbraccio con affetto. Il tuo Ojetti» (ivi, p. 100).

[214] La stagione della Compagnia «Teatro d'Arte» al «Teatro Filodrammatici» di Milano va dal 3 al 25 aprile 1926. L'esordio, il 3 aprile, è con *Vestire gli ignudi*, il congedo, il 25 aprile, con *Qui si balla* di Benjamin Crémieux. Di Pirandello, insieme a *Vestire gli ignudi*, vengono messe in scena: *Due in una*; *Tutto per bene*; *Sei personaggi in cerca d'autore*; *Così è (se vi pare)*; *Il giuoco delle parti*. Gli altri lavori, insieme a *Qui si balla*, sono: *Il vulcano* di Filippo Tommaso Marinetti; *I pazzi sulla montagna* di Alessandro De Stefani; *Il cammino sulle acque* di Orio Vergani. Le cronache di Renato Simoni non sono mai entusiaste, alternando, nell'ambito dello stesso articolo, critiche severe a qualche giudizio positivo. La media degli incassi giornalieri è di £ 1.219,50.

[215] Stefano evidentemente non riteneva che soltanto Manuel dovesse rimanere esentato dalle critiche sdegnose che il padre aveva rivolto a Lietta e, in qualche misura, attenuate, agli altri familiari. Da noi interpellato sulle vicende di quei mesi cruciali, il figlio di Stefano, Andrea, ha osservato che, per capire certi atteggiamenti e umori, bisogna guardare anche a quella remissività dei Pirandello, i quali, sentendosi superiori d'intelletto e vivi di un'altra realtà, ma insieme sapendosi (più con dolore che con orgoglio) dei diversi, degli irregolari nell'esistenza comune, disadatti nelle relazioni pratiche e nello stabilire i giusti rapporti con numerose e differenti persone, si affidavano volentieri, lo scrittore per primo ma pure i suoi figli, a colui che appariva capace dove loro erano carenti, specialmente quando erano stretti da una congiuntura difficile. Del resto Manuel Aguirre, fin dal primo momento in cui

l'avevano conosciuto, nel 1921, era apparso maturo, positivo, serio e inoltre dotato di esperienza giacché era un alto ufficiale dell'esercito cileno e inserito in un ambiente diplomatico come addetto dell'ambasciata del suo paese in Italia. E poi, questo era certamente ciò che più dovevano apprezzare di lui, si era innamorato e aveva sposato la loro Lietta. Non per nulla dopo il ritorno in Italia nel '25 Luigi aveva nominato il genero suo amministratore e procuratore ponendolo al centro degli affari e della vita pratica della famiglia da cui i figli non si erano ancora staccati traendone in tutto o in parte il loro sostentamento. Se si esclude qualche malinteso o conflitto nello stabilire competenze e limiti di ciascuno, Manuel d'altra parte aveva dato buone prove. Oltre a mettere ordine nell'amministrazione del denaro che affluiva dai diritti d'autore, conteggiando entrate e uscite, aveva iniziato a stabilire regole e criteri più precisi nei rapporti con le compagnie, gli editori, la Società Italiana degli Autori, i traduttori stranieri; designato qualche nuovo corrispondente all'estero e avviato positivamente le pratiche per la vendita delle terre e delle case di proprietà di Antonietta Portolano a Girgenti (mentre i rapporti con le autorità del governo e del regime e con gli ambienti giornalistici erano rimasti prerogativa di Stefano). Può darsi che i Pirandello con quella remissività e il pieno affidamento avessero senza volerlo disorientato Manuel, inducendolo in qualche errore nel senso che egli si poté sentire come autorizzato, pensando di agire bene e di averne l'approvazione, anche a iniziative o tentativi non concordati, e che comunque si allontanavano dai disegni del suocero, se addirittura non rischiavano di compromettere la sua impresa teatrale. E chi è più portato ad affidarsi agli altri di solito è colui che con maggiore acredine e fino all'eccesso reagisce quando sospetta delle mancanze nella persona a cui si è rimesso.

216 In un'intervista di Stefano al padre, firmata con lo pseudonimo di Fortunio e apparsa poco tempo dopo, il 31 luglio 1926 su «Il Tevere», *Se Pirandello scrivesse il romanzo di Adamo ed Eva*, a proposito del fervore creativo di Pirandello, oltre che al romanzo, dalla «tela vastissima», ideato da tempo e mai realizzato (cfr. pure la lettera di «Stenù» del 24 febbraio 1932), su cui il figlio lo interroga e a cui lo sollecita, Pirandello, seppure affascinato dal progetto, accenna all'impossibilità di «disertare un campo di lotta sacrosanto», quello teatrale, e alla mole di opere da cui comunque è preso («Ho già ultimato *Diana e la Tuda*. Sto ultimando *La nuova colonia*. Ho scritto tutto il primo atto de *La moglie di prima*»), ma che non potranno essere rappresentate in Italia «prima che sia moralizzata la situazione del teatro italiano» (ora in Luigi Pirandello, *Saggi e interventi*, cit., pp. 1305-1310).

217 Dopo questa del 5 luglio, la corrispondenza riprenderà soltanto il 2 settembre successivo con una lettera sempre di Luigi. Un intervallo di due mesi durante il quale era precipitata la crisi in famiglia, culminata all'inizio di agosto nella dolorosa rottura tra Pirandello e il genero Manuel e la figlia Lietta. Il figlio di Stefano, Andrea Pirandello, ha ricordato che certamente, nel momento dell'urto duro e poi ancora per qualche tempo, furono compiuti atti e pro

nunciate parole gravi. Ma i contrasti verranno in gran parte chiariti e se ne daranno reciprocamente giustificazione già alla fine degli anni Venti Lietta e il padre e i fratelli; e ancora più compiutamente dopo il ritorno di lei con le sue bambine dal Cile (fine estate 1936). Il loro desiderio anzi era di non parlarne più, neanche nel giro dei parenti stretti. È vero che Manuel Aguirre rimase come escluso, non riammesso nel rinnovato affetto della famiglia. Su questo versante restò dunque qualcosa di non completamente sanato, forse perché amor proprio e orgoglio impedirono agli uomini di riaprire una discussione in modo franco; oppure li fermò il timore che parlandone invece di acquietarli si sarebbero riaccesi i risentimenti di allora. Per questo Andrea afferma che fu solidale con l'animo che mosse nei decenni scorsi Maria Luisa Aguirre d'Amico, figlia di Manuel e Lietta, a rompere il silenzio e (adesso che erano da molto tempo scomparsi tutti: Luigi, i suoi tre figli, il genero Manuel) a raccontare nei suoi libri con una forte partecipazione emotiva e anche con poesia quelle vicende penose, i dissidi e alcune delle cause, le sofferenze patite per essi dal padre e dalla madre. Emergeva che per il suo ramo della discendenza pirandelliana non potevano essere dati per giusti e inclusi in quell'oblio motivi che invece ancora dolevano e il ricordo di diffidenze, comportamenti unilaterali, accuse lanciate nell'ira e poi non più indagate con pensiero più calmo. Raccontando della loro vita, l'autrice ha voluto compiere dunque una riparazione che era stata parziale nelle generazioni precedenti: una rivisitazione postuma che è valsa a riportarli entrambi, Lietta e Manuel, pure nel corso distinto delle loro esistenze, nel sentimento vivo della vicenda comune, cioè nella storia di Luigi Pirandello e dei suoi parenti, com'erano stati di fatto. Questo lavoro rimane e non si può tornare alle vicende familiari senza averlo presente. Per cercare di tenersi qui all'essenziale, non pare ad Andrea che di quella storia sia adesso questione per lui di puntualizzare questo o quel punto di ragione o di torto, di accordo o di diverso giudizio su particolari momenti, salvo soltanto aggiungere qualche notizia e spiegazione ulteriore dal punto di vista suo, cioè di figlio di Stefano. Quel che vale è la piena attenzione alle persone che vi furono coinvolte e lo sforzo di comprenderle. Dopo tanti anni, per nuovi chiarimenti secondo lui si deve partire dal fascino di Luigi Pirandello che inventava vita in ogni momento, una creazione di cui non tanto viveva lui (che in movimento vitale veramente era con i suoi personaggi nella fantasia e non tanto con le persone), quanto piuttosto coloro a cui ne prodigava, che n'erano coinvolti, chi gli stava vicino, e specialmente i figli. Chi in quella invenzione trovava il proprio campo e una ricchezza e dilatazione sconfinata della mente, e aveva l'impressione di divenire solo con lui bravo a rappresentare la propria e l'altrui esistenza con quella vivezza e fragranza, veniva preso da un'inquietudine che turbava fortemente se temeva di poterlo perdere, quel bene, quando Luigi Pirandello sembrava distrarsi da lui mentre accanto emergeva un'altra persona, ch'egli accoglieva e inondava del suo dono. I figli stessi potevano diventare gelosi in un modo innaturale, non come familiari avviliti nel sentirsi un po' trascurati ma come amanti abbandonati. Sentivano di perdere addirittura la propria sostanza. Non fu dunque una gelosia ordinaria a influire nelle vicende dei due anni cruciali, il 1925 e il 1926. E giocò pure quella remissività dei Pirandello a cui si è accennato. Dopo la fiducia riaccordatagli a giugno, nei mesi successivi Pirandello aveva cominciato a esprimere al genero qualche riserva, a chiedere delle spiegazioni. Luigi voleva che dei suoi guadagni una buona parte si investisse a rendita o in beni e perciò aveva concordato con molte delle proposte del suo amministratore e disposto infatti per i terreni e il villino. Ma gli pareva di constatare che il suo impegno pieno nell'attività teatrale, specialmente in quel periodo decisivo per le sorti future della Compagnia, non fosse più visto come preminente nella scelta della destinazione del proprio denaro. Si allargava la divaricazione dalle preoccupazioni di Manuel, il quale temeva che seguitando di quel passo poco si sarebbe potuto salvare di un flusso di ricchezza che poteva interrompersi o ridursi; anzi si stava forse andando alla rovina; almeno si doveva assicurare la dote di Lietta (che il padre, si ricorderà, non aveva corrisposto limitandosi a versarle mensilmente gli interessi). Si pensò di garantirsi da quel lato intestando a lei la metà (un valore di circa centoquarantamila lire) del terreno che era stato aggiunto al primo lotto del villino e che era stato acquistato naturalmente con i denari del padre. Forse il timore di un possibile disastro si accrebbe ancora sotto l'incalzare dei pagamenti. Il 2 agosto un avvocato informò Pirandello (che, conclusa la stagione teatrale, era rientrato a casa appena il giorno prima) di essere stato consultato sulla eventualità d'inabilitare lo scrittore alla direzione della Compagnia in quanto a rischio di bancarotta. Che si fosse trattato di un sondaggio per appurare se, nell'eventualità peggiore, si potesse contare su argomenti validi giuridicamente, e non della determinazione presa di giungere a un atto formale, sembra dimostrarlo il fatto stesso che l'avvocato scelto fosse un amico di famiglia dei Pirandello, l'avv. Giulio Vitale. Il quale però per scrupolo volle subito avvisare di quel colloquio i parenti e riferirne anzi di persona allo stesso Luigi. A proposito di questo passaggio, Andrea Pirandello affaccia l'ipotesi che possa essere stato un serio errore di Stefano e Fausto non avere inteso che un loro intervento tempestivo (se c'era ancora un margine), discutendo a parte con Manuel e Lietta cioè chiarendo questi punti tra loro, avrebbe forse scongiurato il corso rovinoso che prese la vicenda quando ne fu edotto e investito il padre. Le conseguenze avrebbero potuto essere diverse, almeno secondo quanto è dato giudicare tanto tempo dopo e non possedendo tutti gli elementi di valutazione. Probabilmente non si era considerato che per lo scrittore apprendere che erano state messe in discussione la piena disponibilità di sé e la libertà di movimento equivaleva ad avvisarlo che domani gli potesse giungere un colpo inaspettato che per lui, già vessato da tante inimicizie fuori della famiglia, sarebbe stato moralmente e di fatto quasi mortale. Ne fu sconvolto; i familiari vennero tutti presi in quella furia e in poche ore si consumò la rottura. Al primo scontro esagitato non seguì infatti, a quanto si apprende dalle lettere e dalle memorie, la capacità di dare e accettare spiegazioni sui motivi di certi comportamenti. In quello stesso 2 agosto fu revocata la procura a Manuel, in un primo tempo

Pirandello pensò di poter trattare i propri affari personalmente; poi il 26 agosto ne affidò il mandato a Stefano e Fausto. Egli prese inoltre legalmente possesso del terreno che era stato acquistato con il suo denaro. Era parso sul momento che si dovessero adottare provvedimenti drastici per rimediare la congiuntura finanziaria e si era pensato prima di tutto di dover vendere d'urgenza il villino di via Onofrio Panvinio con annessi i terreni. Ma nel giro di poche settimane si vide che non era necessario; anzi che il timore di imminente rovina era stato eccessivo. Grazie ai suoi grandi guadagni, in pochi mesi Pirandello riuscì infatti a saldare tutte le spese per i due lotti e la costruzione della villa, a pagare le prime rate del mutuo che era stato acceso e a mantenere il suo impegno con la Compagnia. Questa sopravvivrà sino all'agosto del 1928, fin quando cioè riuscirà a navigare pur essendo ormai da tempo priva di un efficace sostegno da parte delle autorità di governo e osteggiata dai padroni della vita teatrale italiana. Quando dovrà licenziarla, per Pirandello non si tratterà soltanto di smettere quel tipo di vita e rassegnarsi a ritornare all'ovile; egli romperà con il proprio paese e in un certo senso anche con i suoi, allontanandosi dall'Italia e iniziando una esistenza ancor più raminga all'estero. Quanto al villino qualche tempo dopo se ne deciderà la vendita per togliersi di dosso il peso della sua manutenzione ora che era definitivamente tramontata la possibilità e la voglia di abitarlo insieme (era tra l'altro scomodissimo per la sua ubicazione in una lontana periferia). Fu venduto non per salvarsi, tanto è vero che quando finalmente si trovò il compratore, alla fine del 1929, il padre incassò una modesta parte del ricavato, che destinò quasi tutto ai figli, allo scopo di assegnare finalmente l'intero importo della dote a Lietta ed eguali somme a Stefano e Fausto. Riteneva, con queste erogazioni, di liberarsi da quel momento del peso degli assegni mensili ai figli. Tuttavia, come sottolinea ancora Andrea, anche dopo la vendita del villino, e grazie del resto ai suoi guadagni quasi sempre ingenti, Pirandello vorrà e potrà seguitare a dare loro il suo sostegno, qualche volta lamentandosene.

[218] Il capo del Governo, Mussolini.
[219] Salvatore Gatti (1879-1951), magistrato amministrativo, consigliere di Stato, deputato (1924), presidente dell'Istituto Nazionale delle Assicurazioni (dal dicembre 1928), nel 1929 è nominato senatore. Nel giugno 1926 Pirandello prega Telesio Interlandi di recapitare una sua lettera a Mussolini, ma non è certo che la lettera, che reca la data 22 giugno 1926, sia stata inoltrata, ne è stato comunque conservato il testo, custodito presso la Biblioteca-Museo «Luigi Pirandello» di Agrigento. Il commediografo ricorda quanto si è prodigato per la sopravvivenza della Compagnia del «Teatro d'Arte», che era «sorta sotto il patronato dell'E.V.» e che egli tuttora dirige affrontando anche sacrifici economici («la mia esposizione supera le L. 150.000»). Di ciò non si lamenta né chiede aiuti a nessuno. Ma fa presente che il presidente dell'I.N.A., on. Gatti, «dopo avermi dato le più ampie assicurazioni per l'operazione di mutuo che l'E.V. mi consigliò», adesso all'improvviso e senza dare alcuna spiegazione si rifiuta di eseguirla. Pirandello fa presente che l'importo di tale mutuo non

sarebbe destinato a lui (per rientrare della sua esposizione) ma soltanto a far vivere la Compagnia ed evitare la bancarotta pagando i creditori. Il fallimento, a cui mira, e di cui si approfitterebbe chi «vuol continuare a spadroneggiare nel teatro per i suoi bassi scopi» e addirittura vorrebbe creare «una specie di stabile romana che sfrutterebbe il nome del Teatro d'Arte», sarebbe uno scandalo perché per poche decine di migliaia di lire si determinerebbe la rovina di «una Istituzione che fu fondata sotto l'egidia del Regime» e che oltre agli altri meriti è «l'unica che seguendo un programma italianissimo porti alla ribalta le opere dei giovani autori italiani». Pirandello chiede quindi un intervento del capo del governo perché la promessa del mutuo venga mantenuta.

220 Alcuni giorni prima, il 24 giugno 1926, da Roma, a Stefano Folmina scrive: «Carissimo Pirandello, mi giunge stamani un espresso di Salvini il quale mi dice che il Maestro ha scritto a Interlandi minacciandolo di recarsi a Palazzo Chigi e far presente il nuovo atteggiamento dell'Istituto Naz.le. Ho risposto subito a Salvini facendogli presente che in tal modo andremo ancora per le lunghe e senza la presenza a Roma di Pirandello non si combinerà nulla o quasi. Le pare? Ad ogni modo se Interlandi avesse intenzione di fare qualche cosa o a Palazzo Chigi gli facessero delle obiezioni o gli raccontassero frottole, mi faccia avvertire in modo che io possa illuminare la questione presso chi di dovere. Saluti, per ora, cordialissimi aff.mo Folmina».

221 La Compagnia del «Teatro d'Arte», rinnovati pressoché totalmente i suoi componenti, debutta il 31 agosto 1926 con *Ma non è una cosa seria* al «Politeama Margherita» di Genova, dove rimane fino al 14 settembre, per poi proseguire la *tournée* il 15 settembre al «Politeama Nazionale» di Firenze e il 12 ottobre a Pesaro, dove s'inaugura il nuovo «Teatro Eleonora Duse».

222 Derivata dall'omonima novella giovanile, la commedia in tre atti *L'amica delle mogli* era stata scritta appositamente per Marta Abba, come si evince dalla lettera di Luigi del 21 agosto 1926, da Roma, all'attrice: «Mi sono rimesso al III atto de *L'amica delle mogli* e spero che domani la commedia, anche quest'altra commedia, sarà finita. Vedi che, pure in mezzo a tanta tempesta, *e con l'animo a terra*, ho mantenuto la promessa. E credi pure che l'ho mantenuta, soltanto perché questa promessa l'avevo fatta a Te. Il mantenimento è dovuto al sonno delle mie notti: tutte queste notti che non ho potuto dormire. *E ho scritto*, per non impazzire. Vorrei che almeno un po' della tua contentezza fosse anche per questo. Questa nuova commedia è nata da Te e per Te. E anch'essa è Tua. Ti ricordi la prima notte, quando ne parlammo insieme? E ora, in pochi giorni, è finita. Scrivere, tante volte, è anche un modo di stare insieme con qualcuno» (in Luigi Pirandello, *Lettere a Marta Abba*, cit., p. 22). *L'amica delle mogli* sarà messa in scena il 28 aprile 1927 al «Teatro Argentina» di Roma, Compagnia del «Teatro d'Arte», protagonisti Marta Abba e Lamberto Picasso. L'esito positivo della commedia consentì alla Compagnia di effettuare numerose repliche.

223 La Compagnia del «Teatro d'Arte» diretta da Pirandello ha inaugurato le recite al «Teatro Margherita» di Genova il 30 agosto con *Vestire gli*

355

ignudi e si congederà il 14 settembre con *Sei personaggi in cerca d'autore*. Le altre opere messe in scena sono: di Pirandello *Ma non è una cosa seria*; *Il giuoco delle parti*; *La vita che ti diedi*; *Due in una (La signora Morli, una e due)*; *Così è (se vi pare)*; *Il piacere dell'onestà*; *L'uomo, la bestia e la virtù*; e di Benjamin Crémieux *Qui si balla*, nella traduzione di Pirandello che presenterà la novità prima dello spettacolo. Su «Il Lavoro» di Genova del 5 settembre, a proposito di questa «attesissima novità», è detto che «in altre città ha scatenato le più diverse opinioni e i più opposti pareri, dal pieno dissenso all'entusiastico consenso» e su «Il Secolo XIX» di Genova dell'8 settembre: «Un lavoro che ha tutti i requisiti per piacere, anche dove esso è discutibile, anche dove esso è amaro, impudente, o forse assolutamente cinico».

224 Camillo Pilotto (1888-1968), figlio d'arte, esordì nel 1903 con Ermete Zacconi. Primo attore della Compagnia del «Teatro d'Arte», subentrato nell'agosto 1926 al posto di Uberto Palmarini, che aveva chiesto lo scioglimento del contratto per motivi di salute. Già sotto contratto con la Compagnia in formazione di Francesco Prandi, Pilotto aveva accettato l'offerta di Pirandello, rischiando così il pagamento di una penale. Il 20 agosto 1926 Luigi scrive a Marta: «Pare che la penale per Pilotto non si debba più pagare, perché la compagnia di Prandi non si farà più» (in Luigi Pirandello, *Lettere a Marta Abba*, cit., p. 20). Successivamente Prandi pretenderà un risarcimento (cfr. al riguardo la lettera dell'8 dicembre 1928). Fra le sue maggiori interpretazioni, Sganarello nel *Don Giovanni* di Molière e Cotrone ne *I Giganti della Montagna* di Pirandello.

225 L'edizione in francese del romanzo *Uno, nessuno e centomila* (*Un, persone et cent mille*), tradotto da Louise Servicen, apparirà per i tipi di Gallimard nel 1930.

226 Francisco Sempere Maciá (1859-1923), di Valencia, nel 1896 crea la ditta Francisco Sempere Editor, poi chiamata, quando, nel 1901, ne entrò a far parte lo scrittore Vicente Blasco Ibáñez, Francisco Sempere y Compañia Editores. Nel 1914, dopo l'ingresso del genero di Vicente Blasco Ibáñez, Fernando Llorca, viene ribattezzata Editrice Prometeo, ancor oggi operante. Nel 1923, gli eredi di Sempere si staccano da Prometeo e rifondano l'omonima Casa editrice, non più operante, che ha curato la pubblicazione di molte opere pirandelliane: *Seis personajes en busca de autor* (*Sei personaggi in cerca d'autore*), traduzione di Félix Azzati, s.d.; *La razón de los demás* (*La ragione degli altri*), traduzione di Francisco Gómez Hidalgo, s.d.; *El hombre, la bestia y la virtud* (*L'uomo, la bestia e la virtù*), traduzione di Ricardo Baeza, s.d.; *Vestir al desnudo, ¡Sea todo para bien!* (*Vestire gli ignudi, Tutto per bene*), traduzioni di Francisco Gómez Hidalgo, s.d.; *El turno, Lejos...* (*Il turno, Lontano*), traduzioni di Luis De Taran, s.d.; *Y mañana, lunes...* (*E domani, lunedì...*), traduzione di Miguel Jiménez Equino, s.d.; *Tercetos* (*Terzetti*), traduzione di Juan Chabás Martí, s.d.; *Cuando estaba loco* (*Quand'ero matto...*), traduzione di Felix Azzati, s.d.; *El carnaval de los muertos* (*Il carnevale dei morti*), traduzione di Adela Carbone, s.d.; *Un caballo en la luna* (*Un cavallo nella luna*), traduzione di Francisco Diaz Plaza, s.d.; *El manton negro* (*Scialle nero*), tra-

duzione di Ricardo Permanyer, s.d. (cfr. al riguardo: Luigi Pirandello, *Saggi, poesie, scritti varii*, cit., pp. 1385-1389).

[227] Carlo Capo, probabile acquirente del villino di via Panvinio. Così, il 20 agosto 1926, da Roma, Luigi scrive a Marta Abba: «Sono in trattative per la vendita del villino con un certo signor Carlo Capo che me lo pagherebbe 950 mila lire, dandone però 250 mila all'atto di vendita e il resto con gl'interessi in cinque anni. Non so se accetterò queste condizioni, pure di uscirmene; tanto m'è ormai odioso e di peso questo villino. Se le garanzie per il pagamento rateale sono buone, forse accetterò. Ma che ne farò? Che debbo più farmene, della mia vita, se non ho a chi darla? A me, non serve più! Non domando più altro tempo, oltre a quello che mi bisogna per finire i lavori che ancora mi restano da scrivere; perché sento come obbligo imperioso della mia coscienza, che *debbo* scriverli. Senza questo, chi sa dove sarei a quest'ora; fin da un'atroce notte passata a Como!» (in Luigi Pirandello, *Lettere a Marta Abba*, cit., pp. 19-20).

[228] Paolo Giordani cerca di ricucire i rapporti ormai logori con Pirandello, confidando nella complicità di Telesio Interlandi, conterraneo e amico di vecchia data dello scrittore. Così, il 24 agosto 1926, Luigi scrive a Marta Abba: «Sai che l'opera d'aggiramento continua più che mai da parte di Giordani? Ieri Raggio è stato a trovare al "Tevere" Interlandi, per invitarlo a mettersi di mezzo per la riconciliazione. Interlandi è venuto a trovarmi; e domani tornerà da me, oggi sarà a tavola con me, a casa mia. Io non mi sono mosso di un punto dalla mia posizione. Ho detto che non volevo più sapere di lui (Giordani) per ciò che poteva riferirsi a relazioni personali o d'affari; un'intesa, se era possibile, per fini disinteressati, fuori e oltre la persona mia o la sua. Interlandi, per incarico del Giordani, o meglio, per preghiera insistente del Giordani, pare che stia lavorando in questo senso. L'incarico sembra piuttosto che l'abbia ricevuto da Mussolini, a quel che m'è parso di poter capire. Ma io non transigo! Quando li avrò ai miei piedi, vedrò quello che dovrò fare» (ivi, p. 24).

[229] Su «Il Lavoro» di Genova dello stesso giorno, 5 settembre, leggiamo. «La più celebre commedia di Luigi Pirandello *I sei personaggi in cerca d'autore* ha attirato al Margherita un pubblico più numeroso del solito: non ancora però quanto meriterebbero l'importanza degli spettacoli attraverso i geniali ed interessanti drammi dell'autore siciliano, e l'interpretazione ottima che di essi dà la Compagnia del Teatro d'Arte. Anche ieri sera difatti Marta Abba, interprete bravissima della "figliastra", Camillo Pilotto, il Ruffini, la Chellini, Banchelli e gli altri attori sono stati vivamente acclamati e chiamati ripetute volte alla ribalta ad ogni fine d'atto».

[230] Didaco Chellini, amministratore della Compagnia del «Teatro d'Arte» per la stagione 1926-1927.

[231] Personaggio di *Diana e la Tuda*.

[232] Lievi le differenze (uno spostamento e qualche modifica della punteggiatura) con il testo a stampa (Milano, Bemporad, 1927): «Potere dar loro, con la forma, il movimento — e avviarle, dopo averle scolpite, per un viale inti-

nito, sotto il sole, dov'esse soltanto potessero andare, andare, andar sempre, sognando di vivere lontano, fuori dalla vista di tutti, in un luogo di delizia che su la terra non si trova, la loro vita divina».

[233] Sul teatro di Pirandello in Polonia cfr.: Wlodzimierz Krysiński, *Pirandello in Polonia*, in AA.VV., *Atti del Congresso internazionale di studi pirandelliani*, cit., pp. 223-228; Alicja Forysiak Strazzanti, *Il teatro di Pirandello in Polonia negli anni 1918-1939*, Agrigento, Edizioni del Centro Nazionale di Studi Pirandelliani, 1990; Cezary Bronowski, *La presenza teatrale italiana in Polonia negli anni 1918-1939*, in *Il teatro italiano fra 1918-1940*, Toruń, Wydawnictwo Uniwersytetu Mikołaja Kopernika, 2004, pp. 191-220.

[234] La *tournée* estera toccherà le città di Praga, Vienna e Budapest (14-22 dicembre 1926). La Compagnia metterà in scena *Così è (se vi pare)*, *Sei personaggi in cerca d'autore* e *Vestire gli ignudi*.

[235] Il debutto è avvenuto con la messa in scena di *La vita che ti diedi*.

[236] Il nuovo «Teatro Eleonora Duse» è stato inaugurato qualche giorno prima, il 12 ottobre, con la rappresentazione dei *Sei personaggi in cerca d'autore*, preceduta dalla commemorazione dell'attrice da parte di Pirandello.

[237] Grazie alla diplomatica mediazione di Telesio Interlandi, Luigi Pirandello e Paolo Giordani si riconciliano. Nel segno della ritrovata intesa, redigono insieme un progetto, presentato a Mussolini, per la creazione di un Teatro Drammatico Nazionale di Stato (pubblicato sul «Corriere della Sera» del 1° dicembre 1926; poi su «L'Arte drammatica» del 4 dicembre 1926 e «La Fiera Letteraria» del 5 dicembre 1926; ora in Luigi Pirandello, *Saggi e interventi*, cit., pp. 1334-1336). L'intervento, non più sporadico e di breve durata, dello Stato, vi si sottolineava, avrebbe dovuto consentire la creazione di un Teatro Drammatico Nazionale che operasse, inizialmente, nelle tre piazze più importanti, Roma, Milano, Torino, evitando così interferenze di speculatori privati. Le finalità prospettate erano quelle di una maggiore cura dell'allestimento scenico dei lavori, della recitazione, della scelta di un repertorio d'arte, più rispondenti alle moderne esigenze. La novità più rilevante sarebbe consistita nella formazione di un'unica grande Compagnia la cui «direzione generale sarebbe affidata a un direttore unico che dovrebbe sovrintendere a tutto il movimento artistico dei tre teatri, coadiuvato da tre direttori tecnici, uno per ciascun teatro, ed assistito da una commissione di pochi esperti per la formazione di un programma artistico di ogni singola Compagnia e per la rotazione dei diversi lavori nei tre teatri». Gli attori avrebbero dovuto essere scritturati annualmente e senza ruoli definiti. L'attrezzatura scenica nei tre teatri avrebbe dovuto costituire dotazione fissa, sicché la scena ideata in un teatro si sarebbe potuta riprodurre negli altri due trasportando soltanto pochi materiali particolari. La stagione nei tre teatri sarebbe dovuta durare dai primi di novembre alla fine di maggio, senza che fosse consentito loro ospitare altre compagnie. Al progetto, come detto, non verrà dato seguito. Eppure notevole era stato il contributo che Pirandello mediante il «Teatro d'Arte» aveva offerto, con grande personale dispendio economico, al rinnovamento e all'am-

pliamento del repertorio italiano dando spazio a giovani, facendo conoscere autori e testi nuovi del panorama internazionale, divulgandoli anche all'estero e offrendo pure agli attori non comuni opportunità.

[238] Adriano Tilgher, *«Pirandello e il suo modo» di Emma Alajmo*, «Italia che scrive», Roma, ottobre 1926. In polemica con il Tilgher dei *Relativisti contemporanei* (prefazione di Mario Missiroli, Roma, Libreria di Scienze e Lettere, 1921), Maria Emma Alajmo, ex allieva di Pirandello, nega la presenza nell'opera dell'agrigentino di quella «sicurezza e [...] baldanza che la verità relativistica presuppone», quella «valorizzazione della infrenata potenza creatrice del soggetto», quella «trionfante asserzione della potenza dell'io», fondata com'è sul relativismo pessimistico, angosciato, negatore d'ogni certezza, del tutto incompatibile con l'«ansia attivistica o relativistica-positiva del nostro tempo». L'Alajmo getta anche luce, seppure in modo indiretto, sui rapporti fra arte pirandelliana e fascismo, fra pirandellismo e attualismo gentiliano, giacché Tilgher aveva definito l'emergente fascismo «l'assoluto attivismo trapiantato nel terreno della politica» e l'attualismo «l'ala estrema del relativismo e dell'attivismo contemporanei». La conferenza di Maria Emma Alajmo su *Pirandello e il suo modo*, tenuta al Circolo di Cultura di Girgenti il 10 gennaio 1925, è apparsa sul 3° Annuario del Regio Istituto Tecnico di Girgenti, Tipografia Montes, 1926, pp. 54 (ora in Maria Emma Alajmo, *Sintesi di Pirandello*, a cura di Biagio Alessi, Agrigento, Ed. Centro Culturale Pirandello, 1986, pp. 1-41). Sul rapporto fra Pirandello e Tilgher, ci limitiamo a rinviare a: Leonardo Sciascia, *Pirandello e il pirandellismo*, cit.; Alfredo Barbina, *Sulla stagione tilgheriana di Pirandello*, in AA.VV., *Adriano Tilgher. Manifestazioni del centenario*, Atti a cura di Gian Franco Lami, Milano, Giuffrè, 1992, pp. 223-237; Ivan Pupo, *Un frutto bacato. Il Pirandello di Tilgher alla luce di nuovi documenti*, in *Un frutto bacato. Studi sull'ultimo Pirandello*, Roma, Bulzoni, 2002, pp. 79-146.

[239] Scrive Adriano Tilgher: «Nulla esiste più se non l'atto puro del pensiero pensante nel vuoto infinito della sua libertà illimitata. È l'*idealismo attuale* di Giovanni Gentile, ala estrema del relativismo contemporaneo. [...] Sotto i nostri occhi abbiamo visto in Italia, nell'improvviso venir meno dell'autorità statale sotto l'assalto proletario, insorgere il moto fascista, proclamante che lo Stato non *è*, ma di volta in volta *si fa* da quelli che credono in esso e lo vogliono. Il *Fascismo* non è che l'assoluto attivismo trapiantato nel terreno della politica. Questo punto di vista – nuova prova dell'unità assoluta di ciascuna cultura – trova sua espressione attuale nell'arte di Luigi Pirandello, il poeta ancora in parte inespresso ma possente e geniale dell'attivismo assoluto, che ha portato sul teatro il dramma dell'incomunicabilità degli spiriti, che di quello è conseguenza ineluttabile. Noi siamo – tale l'intuizione centrale dell'arte pirandelliana – ciò che costruiamo: ma la costruzione che io fo di me non è quella che gli altri ne fanno, e tra esse non c'è comune misura né comunicazione. L'uomo crede di essere uno, ed invece è, insieme, *uno nessuno centomila*: e affacciandosi nello *specchio* del concetto che gli altri si sono fatti di lui non vi si riconosce, e rabbrividisce di orrore quando gli si dice: *tat*

tvam asi, questo sei tu» (in *Relativisti contemporanei*, cit., pp. 61-63).

240 Come Ninuzzo e Tatà Lauricella, già nominati, anche Federico, loro cugino, era parente di Pirandello dal lato materno. Egli era stato incaricato da Luigi, già anni prima (durante la Grande Guerra), di seguire l'amministrazione dei beni di Antonietta a Girgenti (case e terreni ereditati alla morte del padre Calogero Portolano); poi, nel 1926, era stato in contatto con Manuel Aguirre per avviare le pratiche della vendita di quei beni. Adesso la procura di Luigi gli occorreva per concludere l'affare.

241 Tappa della *tournée* della Compagnia del «Teatro d'Arte» dove debutta con i *Sei personaggi in cerca d'autore*.

242 La commedia in un atto *Bellavita*, tratta dalla novella *L'ombra del rimorso* (1914), fu messa in scena il 27 maggio 1927, al «Teatro Eden» di Milano, Compagnia Almirante-Rissone-Tòfano.

243 Ettore Petrolini (1884-1936), attore ed autore, con le sue filastrocche, le sue macchiette, le sue improvvisazioni, percorse il tempo dell'Italia giolittiana e del primo fascismo. L'ammiccante sarcasmo, la satira, l'ironia dei suoi testi trae ispirazione a volte dalla produzione pirandelliana.

244 Il romanzo *L'esclusa*, apparso a puntate su «La Tribuna» (giugno-agosto 1901), poi edito da Treves nel 1908, vedrà la luce, per i tipi di Bemporad, nel 1927 («Nuova stampa riveduta e corretta»). Nel 1932 sarà pubblicato da Mondadori.

245 Il romanzo *Uno, nessuno e centomila*, apparso a puntate su «La Fiera Letteraria» dal 13 dicembre 1925, con una premessa di Stefano, al 13 giugno 1926, vedrà la luce in volume per i tipi di Bemporad nel novembre 1926. Nel 1932 sarà pubblicato da Mondadori.

246 Ad Arthur Livingston, da Varese, l'8 febbraio 1926, Pirandello aveva scritto: «Certo i miei guadagni, quest'anno, in America non sono stati lauti. Lei mi scrisse che, se alla fine del 1925 non avessi guadagnato almeno dieci mila dollari, avrei avuto tutto il diritto di darle dell'imbecille. Io non glielo dò; ma i miei dieci mila dollari avrei voluto guadagnarli davvero. Speriamo che sia quest'anno». E, alcuni mesi dopo, il 7 maggio 1926, in risposta ai ripetuti inviti di Livingston per una *tournée* della Compagnia del «Teatro d'Arte» negli Stati Uniti, precisa le condizioni: «1° Minimo di permanenza in America SEI SETTIMANE. 2° Forfait di Dollari 4500 (quattromilacinquecento) per settimana. Nella settimana sono comprese otto recite. Per ogni recita in più delle otto, Dollari 500 per recita. 3° Viaggi pagati di andata e ritorno e viaggi interni. 3 cabine di lusso 6 prima classe 18 seconda classe bagaglio di circa 40 Quintali. Deposito o garanzia bancaria per quanto concerne il viaggio di ritorno. 4° Anticipo di Dollari 5000 da scomputarsi in tante rate settimanali. Queste sono le condizioni di massima. S'intende ch'io seguirei la *tournée* in ogni piazza e che potremmo combinare qualche conversazione col pubblico come già facemmo assieme» (in Giuseppe Prezzolini, *L'Italiano inutile*, Milano, Longanesi, 1953, pp. 226-227).

247 La *tournée* prosegue in Veneto. La prima rappresentazione ha luogo,

pochi giorni dopo, il 27 ottobre, al «Teatro Garibaldi» di Padova, con *Come prima, meglio di prima*, interpreti Marta Abba, Camillo Pilotto, Elena Pantano, Alessandro Ruffini.

248 La commedia in tre atti *Il giuoco delle parti*, derivata dalla novella *Quando s'è capito il giuoco* (1913), fu scritta nell'estate del 1918 e messa in scena il 6 dicembre dello stesso anno al «Teatro Quirino» di Roma, Compagnia Ruggero Ruggeri, protagonisti Ruggero Ruggeri e Vera Vergani. Pochi giorni dopo, l'11 dicembre 1918, Luigi scrive a Lietta: «*Il giuoco delle parti* (che senza dubbio è una delle mie migliori commedie), in conclusione ha vinto, come non si poteva meglio, una difficilissima battaglia: buttata giù alla fine del 1° atto per una improvvisa incomprensione del pubblico all'uscita finale d'un personaggio, s'è risollevata alla fine del 2° magnificamente, costringendo il pubblico ostilissimo a un formidabile applauso, che si è ripetuto due volte. Il terzo atto ha poi confermato la vittoria del lavoro, che nelle repliche è stato ogni sera applaudito in tutti e tre gli atti. Notate che, fra i tre atti, a mio giudizio, e a giudizio degli intelligenti, il migliore è il primo» (in Luigi Pirandello, *Maschere nude*, cit., vol. 1°, p. 121).

249 Giorgio, terzogenito di Stefano, nato a Roma il 20 ottobre 1926, ivi scomparso il 4 settembre 1999.

250 Alessandro Varaldo (1876-1953), giornalista, poeta, narratore, commediografo, critico teatrale. Ricoprì anche la carica di Direttore generale della Società Italiana Autori. Fra le sue opere teatrali: *Diamante o Castone*, *La conquista di Fiammetta*, *L'altalena*, *Appassionatamente* (raccolte nel *Teatro completo*, 1922-1924); fra i suoi scritti saggistici: *Fra viso e belletto* (1910); *Profili di attrici e di attori* (1926); *Maschere vive* (1936).

251 Giovanni Papini (1881-1956), scrittore prolifico, dopo il 1929, vale a dire dopo la Conciliazione e il Concordato, aderì al fascismo. Ma per la fedeltà alla Chiesa il suo ingresso alla Reale Accademia d'Italia fu ritardato con l'accusa di essere «servo del Vaticano», la sua candidatura fu rigettata, infatti, per sette volte. Di Pirandello scrisse: «Nel Teatro, che gli dette fama intercontinentale, Luigi Pirandello continuò, a suo modo, Leopardi e Ibsen. Dal norvegese la smania di sbuzzare e pesticciare sui palcoscenici i luoghi comuni della morale borghese; dal recanatese l'eroica volontà di perseguitare negli ultimi ripari gli ideologici idoli delle tribù umane. Leopardi, però, s'era contentato di abbandonare, gemendo, le illusioni della gloria, della gioventù, della durata, della Natura e del Sommo Bene. Pirandello, più armato e più crudele, s'è proposto di liquefare le illusioni superstiti: l'unicità dell'io, la monocromia del carattere, la possibilità di conoscere e di prevedere i moti dell'anima, la comune onestà, quasi ogni forma di amore. Invece di piangere su tante rovine pareva che di quella universal eversione si compiacesse e ridesse. In realtà ne soffriva più dei lacrimosi. Era talmente assetato di verità che non poteva contentarsi di contraffazioni e di facsimili. E nel furor distruttivo trovava il suo estro creativo; nell'eracliteo fluire dell'essere il suo punto d'appoggio; nella disperazione una specie di severo conforto» (in *Epigrafe per*

Luigi Pirandello, in AA.VV., *Almanacco Letterario Bompiani 1938*, cit., p. 69). Fra le sue opere: *Un uomo finito* (1912); *Vita di Cristo* (1921); *Gog* (1931); *Poesia in prosa* (1932); *Racconti di gioventù* (1943); *Lettera agli uomini di Papa Celestino VI* (1946); *Il diavolo* (1953); *Strane storie* (1954); *Il Giudizio universale* (1957). Nella biblioteca di Luigi Pirandello figurano *Il tragico quotidiano* (1906, recensito da Pirandello sulla «Nuova Antologia» del 16 gennaio 1906); *Le memorie di Iddio* (1911); *L'altra metà* (1916).

252 Grazia Deledda (1871-1936), fra le sue opere: *Elias Portolu* (1903); *Cenere* (1904); *Canne al vento* (1913); *Marianna Sirca* (1915); *La madre* (1920); *Il Dio dei viventi* (1922); *Il paese del vento* (1931). Sul «retroscena stuzzicante» relativo al romanzo *Suo marito* e all'intervento della Deledda, riconosciutasi, insieme al marito, nella protagonista dell'annunciato romanzo, per impedirne la pubblicazione con l'editore Treves, gettano luce le lettere di Pirandello a Ugo Ojetti («Che povertà di spirito, che angustia mentale in quella Deledda! Non capire che, facendo così, stuzzica peggio la curiosità morbosa di questo sporco e meschino cortile di pettegolezzi che è il nostro odierno mondo letterario!», in Luigi Pirandello, *Carteggi inediti (con Ojetti, Albertini, Orvieto, Novaro, De Gubernatis, De Filippo)*, cit., pp. 60, 62). Il romanzo *Suo marito* uscirà lo stesso anno 1911, per i tipi dell'editore fiorentino Quattrini, con la dedica «A Ugo Ojetti fraternamente». Sulla seconda edizione, apparsa postuma nel 1941, Stefano, a cui si deve, val la pena di ribadirlo fermamente ancora una volta, l'amorevole, scrupolosa, devota cura dell'opera del padre e della sua volontà, si sofferma a lungo nella lettera ad Arnoldo Mondadori del 22 novembre 1939, in cui precisa, contrariamente al parere dell'editore, la necessità di comprendere, nell'«edizione definitiva» di tutti i romanzi, anche questo, al cui rifacimento lo scrittore aveva a lungo lavorato, «forse il romanzo più gradevole alla lettura» (in Stefano Pirandello, *Tutto il teatro*, cit., vol. 1°, pp. 282-284).

253 Victor Andreossi (Victor André), giornalista svizzero, nel 1927 tradurrà *La maschera e il volto* (*Le masque et le visage*) di Luigi Chiarelli. Cfr. al riguardo: Renée Lelièvre, *Le théatre dramatique italien en France 1855-1940*, Paris, Editions Armand Colin, 1959.

254 Luigi Chiarelli (1880-1947), novelliere, commediografo, critico teatrale, organizzatore di compagnie, pittore. La sua *La maschera e il volto*, messa in scena dalla Compagnia Drammatica di Roma, nel 1916, segnò l'avvio del genere cosiddetto «grottesco». Altri suoi titoli: *Chimere* (1920); *Fuochi d'artificio* (1923); *Un uomo da rifare* (1932); *Una più due* (1935); *La follia dell'oro* (1935); *Il cerchio magico* (1937); *Ninon* (1940); *Il teatro in fiamme* (1945). Era segretario del Sindacato degli Autori Drammatici, come si legge sul «Corriere della Sera» del 10 aprile 1926: «Ieri l'altro nella Casa delle Corporazioni in via Manfredo Fanti, s'è costituito definitivamente il Sindacato degli Autori Drammatici. All'invito del dott. Razza aderirono quasi tutti gli scrittori italiani. Il Direttorio rimase composto da F.M. Martini, Marinetti, Alessandro De Stefani, Piero Mazzolotti, Guseppe Antonio Borgese, Gino Rocca, Giovacchino Forzano, Arnaldo Fraccaroli e Luigi Chiarelli segretario».

[255] Mito in tre atti, *Lazzaro*, tradotto in inglese da C.K. Scott Moncrieff col titolo *Lazarus*, sarà rappresentato per la prima volta a Huddersfield (Inghilterrra), il 9 luglio 1929. La prima italiana avrà luogo il 7 dicembre dello stesso anno, al «Teatro di Torino», Compagnia Marta Abba.

[256] Franco Liberati, direttore della Scuola di Recitazione «Eleonora Duse», collaborò, fra l'altro, nel 1928, alla prima de *La nuova colonia* come direttore delle masse.

[257] Nell'estate 1926 Luigi riduce, per Marta Abba, il dramma in cinque atti *La donna del mare* di Henrik Ibsen, servendosi della traduzione dall'originale di Astrid Ahnfelt. A proposito dell'interpretazione dell'attrice, il 17 agosto le scrive: «Come sei stata brava! In piedi, alle sei del mattino, Tu! E allo studio! Sì, l'approfondimento che Tu fai della parte di "Ellida" è perfetto. La smania della libertà è certo in lei smania d'amore. Tu vedi giusto. Il marito è vecchio, il mare grande, sempre irrequieto; l'onda si rivolge in sé, prorompe fragorosa e poi si risucchia vertiginosamente, per tornare a rivolgersi in sé, senza requie. Non ho capito tanto il mare, io che ho nell'anima tante delle sue onde voraginose, sempre nuove! E sento come Te, questa povera Ellida. Falla come intronata di fragore marino» (in Luigi Pirandello, *Lettere a Marta Abba*, cit., p. 17). Dopo una prima rappresentazione il 28 settembre 1926, al «Politeama Nazionale» di Firenze, lo spettacolo viene ripreso l'11 novembre 1926 al «Teatro Goldoni» di Venezia. A questa rappresentazione è legata la polemica cui accenna Stefano.

[258] Arnaldo Ferraguti, direttore de «La Domenica dell'Agricoltore», a cui Stefano ha iniziato a collaborare senza, tuttavia, l'approvazione del padre che desidera per il figlio una migliore sistemazione, come documenta la citata lettera a Ugo Ojetti del 13 maggio 1926.

[259] I primi articoli di Stefano su «La Domenica dell'Agricoltore» dove, contrariamente al solito, firma Stefano Pirandello o con le sole iniziali S.P., appariranno rispettivamente il 14 novembre 1926 (*Presentazioni. Comizi di propaganda agraria*) e il 21 novembre 1926 (*Vita e miracoli del «mago delle piante»*).

[260] Prestigiosa casa cinematografica, fondata dall'imprenditore Stefano Pittaluga (1887-1931), che rileverà in seguito anche gli stabilimenti della Fert, dell'Itala di Torino e della Cines di Roma.

[261] Avvocato, genero dell'avvocato Giuseppe Marchesano.

[262] Federico Vittore Nardelli (1891-1973), ingegnere, progettò la villa di via Onofrio Panvinio, 11. A lui si deve la prima biografia dello scrittore: *L'uomo segreto. Vita e croci di Luigi Pirandello*, Milano, Mondadori, 1932. Così, da Parigi, il 4 luglio 1931 Pirandello gli scrive: «Caro Nardelli, sì, questi, su per giù, sono i casi che mi sono occorsi; e questo è l'animo con cui o li sopportai o li superai o li promossi. Ne risulta una vita che posso, senza orgoglio e con pietà, riconoscere per mia, se Lei me la dà, convinto. Quella che mi do io, cangia di continuo, secondo l'animo che promuove altri casi e altri ne sopporta o ne supera; e so che non ha mai pace. Grazie, caro Nardelli, della sapiente delicatezza con cui ha trattato la mia dolorosa umanità

segreta, e del suo cosciente affetto» (nelle nuove edizioni, col titolo *Vita segreta di Pirandello*, Roma, Vito Bianco Editore, 1962, p. V; e *Pirandello l'uomo segreto*, a cura e con prefazione di Marta Abba, Milano, Bompiani, 1986, p. V).

[263] Max Reinhardt, pseudonimo di Maximilian Goldmann (1873-1943), regista e attore del teatro e del cinema austriaco e tedesco. Curò, il 30 dicembre 1924, la regia della importante prima berlinese dei *Sei personaggi in cerca d'autore*, in occasione dell'inaugurazione del «nuovo tempio teatrale» «Die Komödie», costruito da Oskar Kaufmann espressamente per Reinhardt, interpreti Max Gülstorff, Lucie Höflich, Max Pallemberg, Franziska Kinz.

[264] «Si annunzia che il Premio Nobel per la letteratura sarà quest'anno assegnato a F. Molnar, il noto drammaturgo ungherese, autore del poema drammatico *Liliom*, che ha fatto il giro dei principali teatri d'Europa. Più attendibili sembrano altre voci secondo le quali il Premio Nobel per la letteratura verrebbe assegnato a Pirandello» (K.K., *Il Premio Nobel a Molnar o a Pirandello?*, «La Fiera Letteraria», Roma, 31 ottobre 1926).

[265] Amareggiato per il disinteresse del Governo nei confronti della sua opera, Luigi Pirandello aveva deciso di voler riservare ai teatri stranieri le sue novità. Così avviene per *Diana e la Tuda* (cfr. lettera del 28 ottobre 1925).

[266] Alcuni giorni dopo, su «Il Popolo di Roma» del 21 novembre 1926, appare un'intervista rilasciata a Zurigo il 20, poche ore prima della rappresentazione di *Diana e la Tuda*, in cui Luigi Pirandello, a proposito della scelta dell'estero per la sua opera dichiara che in Italia non saranno rappresentate «nemmeno *L'amica delle mogli*, *La nuova colonia*, *La moglie di prima*, *O di uno o di nessuno*, *Pari* ed altri lavori che ho creato ultimamente. Saranno probabilmente tutti rappresentati prima nelle traduzioni che in italiano. Poi, in italiano, le farò rappresentare nell'America del Sud, quando vi andrò con la mia nuova Compagnia stabile del Teatro Argentina nel giugno prossimo. Ma prima, dal marzo al maggio, sarò a Roma, all'Argentina. La Compagnia conserverà sempre prima attrice Marta Abba, il Pilotto fra gli attori e qualche altro del vecchio complesso. E il repertorio sarà vasto ed interessante. Voglio riportare alla ribalta quanto è di sopravvissuto o di degno di sopravvivenza fra tutte le manifestazioni artistiche contemporanee ed anche del passato. Riesumerò la *Niña boba* di Lope De Vega e opere di Shakespeare e di Ibsen. Ho chiesto agli autori di tutti i Paesi di mandarmi le loro opere: porrò in scena i lavori più significativi di Jules Romains e di Crommelynck, di Lenormand e di Charles Vildrac; Ferenc Molnár ha scritto una commedia apposta per me; Georg Kaiser e George Bernard Shaw, lo spagnolo Moreto ed il Crémieux avranno diritto di cittadinanza nel mio teatro che vuol essere degno del rinnovato prestigio mondiale di Roma. Roma, per volontà di Mussolini, sta adesso spendendo più di un milione di lire per dotare il Teatro Argentina degli ultimi requisiti della tecnica teatrale. Ciò è già qualcosa. Ma è ancora poco. Mussolini, al cui riguardo ed alla cui prodigiosa attività nulla sfugge, è un appassionato del teatro ed è profondamente pensoso delle sue sorti. Lo so. E spero

in lui. Spero che si possa almeno giungere alla creazione di tre grandi Teatri di Stato, uno a Roma, un altro a Milano, il terzo a Torino».

267 Enrico Raggio, drammaturgo (*I vestiti della donna amata*, *Storia galante*), fu consigliere delegato della Società Suvini-Zerboni. Nel 1926 fu coinvolto nella polemica per la nuova legislazione sui diritti d'autore.

268 Derivata dalle novelle *La verità* e *Certi obblighi* (entrambe pubblicate nel 1912), la commedia in due atti *Il berretto a sonagli* era stata scritta in pochi giorni nell'estate del 1916, in siciliano, per Angelo Musco, con il titolo *'A birritta cu 'i cianciàni*, poi corretto in *'A birritta cu 'i ciancianeddi*. La prima rappresentazione aveva avuto luogo il 27 giugno 1917 al «Teatro Nazionale» di Roma, protagonisti Angelo Musco, Maria Longo, Turi Pandolfini. Ci sia consentito rinviare a: Sarah Zappulla Muscarà, *Odissea di maschere. «'A birritta cu 'i ciancianeddi» di Luigi Pirandello*, Catania, Maimone, 1988 (in cui sono riprodotte le due novelle e la versione in dialetto e in italiano della commedia); e Luigi Pirandello, *Tutto il teatro in dialetto*, cit.

269 Un «successo trionfale» che è documentato dalla stampa: «La tragedia ha avuto un successo clamoroso, quale poche volte ha registrato la cronaca teatrale a Zurigo. Quattro chiamate alla fine del primo atto e sei alla fine del secondo. Durante la rappresentazione del terzo atto il pubblico è scoppiato spessissimo in applausi clamorosi, irrefrenabili gridando "viva Pirandello!" Alla fine dell'atto tutta la sala è scattata in piedi chiamando alla ribalta l'autore. Il sipario si è dovuto alzare dieci volte. Finalmente Pirandello si è presentato. L'ovazione che lo ha accolto è durata per oltre dieci minuti calorosissima, vibrante» (–, *Diana e la Tuda*, «Il Popolo di Roma», Roma, 21 novembre 1926).

270 Dopo il viaggio a Zurigo, per assistere alla messa in scena di *Diana e la Tuda*, Pirandello si reca a Trieste per proseguire la *tournée* della Compagnia del «Teatro d'Arte». La prima avrà luogo il 30 novembre 1926, al «Teatro Verdi», con *Pensaci, Giacomino!*, interpreti Camillo Pilotto, Elena Pantano, Ezio Banchelli.

271 Poco tempo dopo, nel dicembre 1926, riconciliatosi con Giordani, come accennato, Pirandello presenterà a Mussolini il progetto per il Teatro Drammatico Nazionale di Stato che non sarà mai realizzato.

272 Circa la storia dell'amicizia che legò Luigi Capuana (1839-1915) e l'agrigentino a cui, in occasione delle nozze con Maria Antonietta, il mineolo fece dono di una *plaquette* di dodici poesie, dal titolo *Le Istantanee*, lo scambio di recensioni che ne documentano la relazione letteraria e le lettere che residuano del loro carteggio, si rinvia a: Alfredo Barbina, *Capuana inedito*, Bergamo, Minerva Italica, 1974; Paolo Mario Sipala, *Capuana e Pirandello. Storia e testi di una relazione letteraria*, Catania, Bonanno, 1974; Sarah Zappulla Muscarà, *Luigi Capuana e le carte messaggere*, Catania, C.U.E.C.M., 1996.

273 «Fino a tutto il 1892 non mi pareva possibile che io potessi scrivere altrimenti che in versi. Devo a Luigi Capuana la spinta a provarmi nell'arte

365

narrativa in prosa»: così Luigi Pirandello nella *Lettera autobiografica* (databile 1912-1913) indirizzata a Filippo Sùrico (pubblicata anni dopo in «Le Lettere», 15 ottobre 1924 e 28 febbraio 1938), riconoscendo un debito che era stato più esplicitamente dichiarato nella lettera dedicatoria, datata Roma, dicembre 1907, della prima edizione in volume del romanzo (poi eliminata, quasi per prendere le distanze dal maestro d'un tempo, nella «nuova ristampa riveduta e corretta» del 1927 per i tipi di Bemporad). Nella lettera dedicatoria a Luigi Capuana si legge: «Illustre Amico, Lei conosce le vicende di questo mio romanzo, e sa che con esso per la prima volta (ora son circa quattordici anni) io mi provai nell'arte narrativa, e che esso era – nella sua prima forma – dedicato a Lei [...]. Io l'ho, illustre amico, riveduto amorosamente da cima a fondo e in gran parte rifuso; e nel presentarlo al pubblico, per la prima volta raccolto in volume, voglio che sia ancora dedicato a Lei» (cfr. al riguardo: Sarah Zappulla Muscarà, *Pirandello, Verga, Capuana e De Roberto*, in AA.VV., *I libri in maschera. Luigi Pirandello e le biblioteche*, a cura di Annamaria Andreoli, Roma, De Luca, 1996). A Pirandello per il suo romanzo qualche suggestione sarà giunta da un episodio che suscitò non poco clamore negli ambienti mondano-letterari del tempo, la cacciata di casa a Catania di Giselda Fojanesi da parte del marito, il poeta-vate Mario Rapisardi, che l'aveva scoperta con una compromettente lettera di Verga in mano. Cfr. al riguardo: Nino Borsellino, *Ritratto di Pirandello*, Roma-Bari, Laterza, 1983, p. 28 (2ª ed. ampliata, col titolo *Ritratti e immagini di Pirandello*, ivi, 1991, p. 25); Marise Farnetani Del Soldato, *Giselda Fojanesi Rapisardi ovvero «L'esclusa» di Pirandello*, Firenze, Arnaud Editore, 1992; Gianvito Resta, *Giselda Fojanesi*, in AA.VV., *Da Malebolge alla Senna*, Palermo, Palumbo, 1994, pp. 539-566.

[274] Circa un anno dopo, il 25 dicembre 1927, poco più di tredici mesi prima della volontaria morte avvenuta il 31 gennaio 1929, Praga siglerà un testamento che riconduce in modo inquietante alle *Mie ultime volontà da rispettare* di Pirandello, presumibilmente di epoca anteriore: «Voglio funerali di ultima classe, dei poveri, faccio divieto di pronunciare discorsi sulla mia bara, o commemorazioni in qualsiasi luogo, e prego i giornali amici e nemici di dare l'annuncio della mia morte col minor numero di parole possibile» (Marco Praga); «Sia lasciata passare in silenzio la mia morte. Agli amici, ai nemici preghiera, non che di parlarne sui giornali, ma di non farne pur cenno. Né annunzi né partecipazioni. [...] Carro d'infima classe, quello dei poveri. Nudo. E nessuno m'accompagni, né parenti né amici» (Luigi Pirandello).

[275] Alberto Casella (1891-1957), commediografo, critico teatrale, autore e regista radiofonico. Fra le sue opere ricordiamo: *Prometeo* (1924); *La Morte in vacanza* (1924); *Parentesi chiusa* (1927); *Le ombre del cuore* (1930); *L'Imperatrice si diverte* (1936, in collaborazione con Tatiana Pavlova); *Anche a Chicago nascono le violette* (1938); *La seconda vita di Briscola* (1944); *La delusione* (1944); *Il deviamento del direttissimo 2* (1944); *Mio figlio ha un grande avvenire* (1952).

[276] Francesco Chiesa (1871-1973), poeta, narratore, saggista, insegnante di Italiano al Liceo di Lugano (di cui poi divenne rettore), fu pure docente di Letteratura italiana al Politecnico di Zurigo. Fra le sue opere: *Tempo di marzo* (1925); *Racconti del mio orto* (1929); *La stellata sera* (1933); *Sant'Amarillide* (1938); *L'artefice malcontento* (1950). Nel Fondo Francesco Chiesa della Biblioteca cantonale di Lugano residua soltanto un telegramma di Pirandello, datato Milano 3 novembre 1924, in cui declina un invito: «Ringraziovi cordialmente invito dolente non potere accettare dovendo rientrare subito Roma saluti Pirandello».

[277] L'editore svedese Hugo Gebers ha curato la pubblicazione di molte opere pirandelliane: *Sex roller utan författare* (*Sei personaggi in cerca d'autore*), traduzione di Nils Agrell, 1924 (2ª ed. 1934); *Henrik IV* (*Enrico IV*), traduzione di Rudolf Wendbladh, 1925; *För att skyla sin nakenhet* (*Vestire gli ignudi*), traduzione di Nils Agrell, 1925; *Alla har rätt* (*Così è (se vi pare)*), traduzione di Nils Agrell, 1925; *Salig Mattias Pascal* (*Il fu Mattia Pascal*), traduzione di Elsa Thulin, 1925 (2ª ed. 1934); *Anständighetens vällust* (*Il piacere dell'onestà*), traduzione di Elsa Thulin, 1927; *En till!* (*E due!*), traduzione di Birgit Möller, 1927; *Att finna sig själv* (*Trovarsi*), traduzione di Elsa Thulin, 1934.

[278] Nel 1920 era già stato tratto un film dalla commedia *Ma non è una cosa seria*: regia di Augusto Camerini, sceneggiatura di Arnaldo Frateili, interpreti Fernanda Negri-Pouget, Romano Calò, Ignazio Lupi. Del progetto cui accenna Stefano non si hanno ulteriori notizie. Qualche anno dopo, tra il 1935 e il 1936, il regista Mario Camerini, fratello di Augusto, realizzerà un'altra pellicola derivata dalla commedia, adattata e sceneggiata insieme ad Ercole Patti e Mario Soldati, protagonisti Vittorio De Sica, Elisa Cegani, Ugo Ceseri. Cfr. al riguardo: Luigi Pirandello, *Saggi, poesie, scritti varii*, cit., pp. 1389-1390.

[279] Lo scrittore attribuisce la responsabilità di perdite economiche consistenti anche al non sostegno, anzi all'ostilità, del «Corriere della Sera» e segnatamente di Renato Simoni. Il 31 gennaio 1927, fortemente irritato, a Ugo Ojetti in una lunga lettera lamenta la precisa volontà di danneggiarlo, anche economicamente, dando scarsa eco sul quotidiano milanese degli «onori trionfali» tributatigli all'estero, a Praga, a Vienna, a Budapest, utile anche a preparare il pubblico «inquinato da due anni di lotta ferocissima» contro di lui ad accogliere il nuovo lavoro *Diana e la Tuda* e ciò mentre si osannavano i lavori di Forzano e di Niccodemi. Cfr. Luigi Pirandello, *Carteggi inediti (con Ojetti, Albertini, Orvieto, Novaro, De Gubernatis, De Filippo)*, cit., pp. 101-103.

[280] Già pubblicata dalla newyorkese Dutton nel 1926, la traduzione in inglese di *Si gira* (*Shoot*), realizzata da Charles Kenneth Scott Moncrieff, vedrà la luce per la londinese Chatto and Windus nel 1928.

[281] La traduzione in inglese de *I vecchi e i giovani* (*The old and the young*), ad opera di Charles Kenneth Scott Moncrieff, apparirà contemporaneamente nel 1928 per i tipi della Chatto and Windus (2 voll.) e della Dutton.

[282] *Three plays*, cit., 3ª ed., 1929.
[283] *The one-act plays* (*Cecè, Lumie di Sicilia, La patente, La morsa, L'altro figlio, All'uscita, L'imbecille, Sagra del Signore della nave, Il dovere del medico, La giara, L'uomo dal fiore in bocca*), traduzioni di Elizabeth Abbott, Blanche Valentine Mitchell, Arthur Livingston, New York, Dutton, 1928.
[284] Elsa Harriet Thulin (1887-1960), traduttrice in svedese delle opere pirandelliane.
[285] Ercole Rivalta accusa l'arte di Pirandello di non essere «italiana» e «fascista»: «L'arte di Luigi Pirandello è quella che è: un insieme di ispirazioni gagliarde, di riflessioni cristallizzate, di abilità inferiori e di compiacimenti non utili certamente al progredire di un artista. Ora quest'arte di Luigi Pirandello si spaccia come l'espressione più completa dell'arte d'Italia nel primo Novecento e corre il mondo con il sigillo più netto dell'italianità modernissima. Io ammiro ed amo troppo l'arte autentica del Pirandello maggiore per non sentire il dovere di dire tutto ciò che penso di questa attuale, che è una sua arte decisamente minore e che non è arte nostrana. Ne è prova il suo ultimo romanzo, edito dal Bemporad e prima pubblicato dalla "Fiera Letteraria": *Uno, nessuno e centomila*, tutto fabbricato con gli sviluppi più esasperati del concetto, già antico negli studi filosofici, della relatività della realtà, la quale non esiste unica per se stessa, sì diversa nella sensazione che di essa ha ciascuno di noi. Romanzo, ha chiamato l'autore questo suo libro, che romanzo non è: ma collezione di tutte le variazioni possibili di quell'unico tema filosofico, constatate in una singola vicenda immaginata. [...] Arte italiana questa, no. Le manca la serenità, la compostezza, la sobrietà, la demarcazione solare, vigile ai confini della creazione, la sensibilità schietta che è dell'arte nostra e che fu del Pirandello della prima maniera. È un'arte che rampolla da un processo cerebrale, non un'arte che per la sua evidenza serena suggerisca alcun che al cervello e all'anima dei lettori. Questo procedere inverso è abituale in altre, non nella nostra migliore letteratura. Luigi Pirandello è un siciliano dalla schietta e poderosa sensibilità, formatosi prima alla tradizione superba dei novellatori siculi, contaminato poi dalle influenze germaniche. [...] L'arte attuale di Luigi Pirandello è avulsa interamente dalle odierne condizioni spirituali e morali d'Italia, non ne interpreta in alcun modo i bisogni e le volontà, se in un periodo storico che ha preciso il carattere delle fedi assolute, delle volontà rigide, della rinascente tradizione nostrana per linee di nitidità classica, lo scrittore non sa liberarsi da quel suo spietato gioco di negazioni e di scetticismi e, mentre intorno a lui ferve un'accanita ansia di ricostruzione, tutto riduce nell'espressione deleteria di una relatività vagabonda e inconsistente, su cui ogni edificio traballa per la sconnessione rabbiosa che ne sconvolge le basi» («*Uno, nessuno e centomila». Lo scivolamento d'una grande ala*, «Il Giornale d'Italia», Roma, 21 giugno 1927).
[286] Lodovico Toepliz del Grand Ry (1893-1973), amministratore delegato della Banca Commerciale italiana dal 1917 al 1933. Nel 1932, in seguito alla scomparsa di Stefano Pittaluga, assumerà la direzione della Cines fino al 1935.

[287] È questo il primo viaggio in Sud America, dopo il fallimento di quello progettato nel 1922, di Pirandello, partito il 25 maggio da Genova, a bordo del «Re Vittorio», ed arrivato a Buenos Aires il 13 giugno. Con i ricavi della *tournée* (dal 15 giugno al 7 agosto: Buenos Aires, Córdoba, Rosario, Bahía Blanca) sperava di risollevare le sorti finanziarie del «Teatro d'Arte» ma raccolse, nonostante il grande successo, scarsi guadagni e numerose amarezze per le accuse in patria di dichiarazioni antifasciste all'estero. Le polemiche erano state alimentate anche da un'intervista apparsa sulla «Nación» del 14 giugno 1927 in cui lo scrittore replicava alle critiche di avere intrapreso quel viaggio per scopi di propaganda fascista dichiarandosi «apolitico» e interessato esclusivamente alla diffusione e promozione della sua opera artistica: «Non vengo come rappresentante del governo italiano, né come membro di un determinato partito. Non sono né voglio essere un politico in giro di propaganda, ma semplicemente quello che sono. Un artista con un unico obiettivo del suo viaggio: girare il mondo dietro le sue opere; un padre tenero e amantissimo che accompagna i suoi figliuoli per guidarli con sollecitudine, avvertirli di un qualche pericolo e prodigare sempre un po' di calore amico. Questo io sono, qui come nella mia patria, in casa o in viaggio: un artista che non ha altra preoccupazione né altro difetto che quello di essere innamorato perdutamente di quello che ha creato». Dichiarazioni, queste, che in Italia suscitarono attacchi livorosi da parte del governo e degli avversari di Pirandello, già tanto rattristato dalla sorda guerra che gli facevano gli impresari e dalla delusione nei riguardi del regime che non gli aveva assicurato il sostegno economico promesso per il suo «Teatro d'Arte». Cfr. al riguardo: Gabriel Cacho Millet, *Pirandello in Argentina*, Palermo, Novecento, 1987; Elio Providenti, *Pirandello impolitico*, cit.; Franco Zangrilli, *Pirandello nell'America latina*, Firenze, Cadmo, 2001. Dopo l'Argentina, la Compagnia fece tappa a Montevideo, San Paolo e Rio de Janeiro, dove la *tournée* si conclude.

[288] *Diana e la Tuda* viene messa in scena il 15 giugno, al «Teatro Odeón» di Buenos Aires, interpreti Marta Abba, Lamberto Picasso, Piero Carnabuci, Lina Paoli Verdiani, Maria Zanoli.

[289] Octavio Ramirez, *El teatro de Pirandello*, Buenos Aires-Montevideo, Agenzia General de Librería y Publicaciones, 1927. Un altro volume pubblicato in Argentina sul drammaturgo italiano è: Homero Guglielmini, *El teatro del disconformismo*, Buenos Aires, C.A.N.A.A.N. Sociedad de Publicaciones El Inca, 1927.

[290] Giuseppe Belluzzo (1876-1952), scienziato e uomo politico, ha ricoperto le cariche di Ministro dell'Economia Nazionale (1925-1928), Ministro dell'Educazione Nazionale (1928-1929), Ministro dell'Industria (1940-1943), senatore della Repubblica. In una minuta di alcuni mesi dopo di un esposto, datato «Roma, 21 settembre 1927», è riassunta la questione dello stanziamento delle 100 mila lire annue a favore del «Teatro d'Arte» ed è sollecitato il pagamento del premio per l'anno in corso a cui il Ministero ora si oppone.

[291] *La Croce del Sud*, dramma in tre atti di Telesio Interlandi e Corrado

Pavolini, era stato messo in scena per la prima volta l'11 maggio 1927, al «Teatro Argentina» di Roma, dalla Compagnia del «Teatro d'Arte», protagonisti Lamberto Picasso, Marta Abba, Piero Carnabuci, Lina Paoli Verdiani. Lo spettacolo sarà replicato a Buenos Aires l'11 luglio 1927. Nel *Preambolo* al testo a stampa de *La Croce del Sud*, pubblicato dalle Edizioni del Lunario Siciliano nel 1930, Luigi Pirandello scrive: «Ho pregiato e amato profondamente questa commedia che, sotto nuovi aspetti, chiude in sé l'eterno mito di Ulisse. Nella vicenda stessa della mia vita, prima così raccolta, ora così raminga, ho potuto saggiare con la più intima angoscia la giustezza della sua poesia».

[292] Ritornata in Italia, a bordo della nave «Principessa Mafalda», e approdata a Napoli il 3 ottobre, la Compagnia dà una serie di recite al «Teatro Mercadante». Il debutto avviene l'8 ottobre con *La ragione degli altri*. Della lettera del 22 ottobre 1927, come delle due successive del 13 e del 20 novembre, non si possiedono in Italia gli originali. Siamo tuttavia in grado di pubblicarle perché anni fa furono rimesse al figlio di Stefano, Andrea, le fotocopie non degli originali ma di tre testi dattiloscritti che li riproducevano. La provenienza: Stati Uniti, da persona o istituzione che aveva ricevuto o potuto comunque prendere visione delle carte consegnate da Marta Abba a istituzioni statunitensi, anche se queste tre lettere non risultano tra quelle della donazione dell'attrice alla Princeton University. Le lettere erano state scritte da Pirandello durante la *tournée* della Compagnia teatrale a Napoli e a Palermo. È da supporre che esse, non spedite da Luigi, fossero rimaste però, nel disordine con cui lo scrittore teneva la corrispondenza, per qualche ora o qualche giorno sul tavolino o in un cassetto nella stanza d'albergo che occupava a Napoli e poi a Palermo, e che Marta Abba, la quale solitamente alloggiava in un'altra stanza del medesimo albergo del Maestro, poté leggerle e in qualche modo entrarne in possesso insieme con altre destinate a Stefano. Si ritiene che i dattiloscritti siano sostanzialmente fedeli agli originali, anche se è lecito dubitare della esattezza di qualche parola o frase trascritta da chi forse non aveva una piena conoscenza della lingua e delle cose italiane. In questa prima lettera, che era destinata a Stefano e Fausto insieme, si legge per esempio «P.N.F.» dove sicuramente Luigi Pirandello aveva scritto «P.N.» intendendo Premio Nobel; si legge inoltre «Ailland» invece di «Aillaud» e «Bomperde» in luogo di «Bemporad». Inesattezze sono certamente anche nel terzo capoverso. Si legge «rendita» anziché «vendita». Oscura è poi la frase «[...] che ti ho promesso, e interessi a Fausto oltre le 165.000, oltre le 35 che ancora ha, completandogli poi l'assegno di L. 200 al mese finché ne avrà bisogno». Trascrivendo qui la lettera, abbiamo provveduto ad attuare le correzioni necessarie. Oltre a queste tre, anche di altre due lettere di Luigi Pirandello al figlio Stefano Marta Abba era entrata in possesso non si sa a quale titolo: sono quelle del 24 marzo e del 9 maggio del 1930 (che il lettore troverà più avanti), le quali vennero pubblicate parecchi anni fa rispettivamente sul «Corriere della Sera» e sul «Sole 24 ore», senza che l'attrice ne avesse fatto conoscere

preventivamente i testi agli eredi di Luigi e di Stefano, né chiesto l'autorizzazione a renderle note. Le cinque lettere non farebbero parte, teoricamente, del Carteggio tra padre e figlio poiché Stefano non le ricevette, quindi non entrarono nel vivo della loro corrispondenza e Stefano non poté rispondere. Le pubblichiamo, per volontà degli eredi, quali documenti che tuttavia hanno un loro interesse e che prima o poi sarebbero usciti dal cassetto o cassaforte dove sono stati riposti. Mentre Stefano, dopo la morte di Luigi Pirandello, aveva restituito alla Abba tutte le lettere che lei aveva indirizzato al Maestro, nessuna esclusa, ella non ritenne di ricambiare tale gesto di correttezza e cortesia rendendo a Stefano le cinque lettere che Luigi Pirandello aveva scritto al figlio ma che per qualche motivo non aveva poi spedito. Anzi, molti anni dopo, più di trenta per la precisione, l'attrice fece un uso particolare di una delle tre lettere «americane», quella del 13 novembre 1927, poiché le parve conveniente esibirla durante una delle cause che ebbe con i figli di Pirandello, con l'idea di nuocere in giudizio a Stefano come una prova di una sua cattiva condotta e di contrasti gravi per ragioni di denaro tra padre e figlio.

293 Dopo la tappa napoletana, la Compagnia si sposta in Sicilia. Il debutto ha luogo a Palermo il 3 novembre con i *Sei personaggi in cerca d'autore*. La *tournée* nell'isola si prolungherà fino al 3 gennaio 1928, toccando le città di Agrigento, Catania, Messina, Siracusa. Anche nel dattiloscritto della lettera del 13 novembre si nota, come nella precedente, qualche parola dubbia. Per esempio «qualcun'altro» invece di «qualcun altro»; proprio alla fine poi si legge «la ferita» mentre probabilmente l'originale doveva essere diverso (forse «le recite»). Noi abbiamo corretto in questo senso. Ma di questa lettera vale naturalmente considerare piuttosto il contenuto che è molto grave. Stefano non la ricevette: probabilmente Luigi si rese conto che non poteva rivolgersi in quei termini a un figlio come Stefano e per questo non la spedì. Si è detto come sia emersa dai lontani Stati Uniti e quale utilizzazione ne fece chi l'aveva tenuta nascosta per più di trent'anni. Un giorno, tra la fine degli anni Cinquanta e i primi Sessanta del secolo scorso, la moglie e i figli di Stefano furono infatti convocati dall'avvocato Enzo Scipioni di Roma (che oltre a essere il loro procuratore assisteva gli eredi di Luigi Pirandello in una causa legale con Marta Abba) per informarli dell'esistenza della lettera, che la parte avversa aveva presentato alla Corte. Non è da escludere che l'avvocato abbia compiuto successivamente un passo per convincere la parte avversa a ritirare la lettera. Ma lo scopo dei familiari fu di darne con cautela la notizia a Stefano, il quale aveva accusato in quei mesi seri disturbi cardiaci, per prevenire una eventuale apparizione della lettera in un giornale. Stefano, dapprima sorpreso eppure tranquillissimo ma invitato a sforzare la memoria, disse che sì, rammentava anche più di un momento della loro vita, quando aveva dovuto scrivere al padre o riferirgli a voce di qualche giro imprevisto tra entrate e uscite di soldi (soldi del padre ch'egli allora amministrava con Fausto), tra prelevamenti e rattoppi, con cambiamenti di destinazione di certe somme, a cui era spesso costretto per rispondere alle emergenze, per esempio tacitare creditori che ancora riven-

dicavano somme per crediti che risalivano ai tempi del «Teatro d'Arte» (1924-1925) o della costruzione del villino di via Onofrio Panvinio (1925-1926) e minacciavano azioni legali. Sì, era anche potuto accadere di rinviare il pagamento di mensilità della retta della madre: cosa tuttavia che non aveva creato alcuna sofferenza ad Antonietta, alla quale non era mancato nulla, anche se, passata la scadenza, l'amministrazione della clinica cominciava naturalmente a sollecitare. Del resto soltanto perché erano figli, osservava Stefano, il padre poteva avvantaggiarsi di amministratori disposti a una grande elasticità e che, non essendo dei contabili professionisti, per ripararlo almeno da qualche preoccupazione potevano nascondergli per un po' di tempo certe difficoltà. Premure che, si può presumere, dovevano essere state prestate al suocero anche da Manuel Aguirre nei mesi precedenti per rimediare a inattese necessità. Ma sempre, sia pure talvolta con ritardo, Luigi era stato edotto dell'andamento dei conti. Del resto, la lettera scritta da Pirandello il 20 novembre (l'ultima delle tre provenienti dagli Stati Uniti), appena una settimana dopo quella terribile del 13, mostra chiaramente che proprio in quei giorni, pur non avendo ricevuto dal padre nessuna lagnanza, Stefano l'aveva informato sia delle loro questioni economiche sia delle difficoltà incontrate nelle trattative per il villino. Ed era stato esauriente e persuasivo in misura tale che Luigi adesso non manifestava più alcun risentimento o sospetto. Anche sulle ragioni del ritardo nel pagamento della retta della madre doveva aver dato spiegazioni sufficienti, visto che Luigi senza contestare scrive semplicemente che provvederà lui a spedire le 9.500 lire appena riceverà i soldi dell'editore. Le cose insomma erano di nuovo in chiaro. E la loro corrispondenza proseguirà negli anni nei toni consueti di un affetto ora più caldo ora un po' raffreddato dalle angustie economiche. Anni dopo, nell'ottobre del 1935, riferendosi allo stato d'animo del padre dopo il suo ritorno dal viaggio compiuto negli Stati Uniti (nel momento di sbarcare a Napoli, il giorno 12, Pirandello aveva subito un duro attacco di cuore), Stefano scrisse a Marta Abba lamentando che lei avesse spesso versato nell'animo del Maestro «risentimenti verso persone, fatti, congiunture», che non avevano giovato alla sua salute. Marta in risposta assicurò di aver voluto fare sempre il «suo bene [...] raccontandogli certe cose» per «aprirgli gli occhi». E ammetteva di aver potuto qualche volta sbagliare. Certe improvvise ire dello scrittore potrebbero essere state dunque provocate, sia pure in buona fede, da influenze di persone estranee alla famiglia, le quali non potevano conoscere i segreti dei loro rapporti, le motivazioni profonde di certi atti e comportamenti. Quanto alla procura conferita ai due figli per trattare i suoi affari si ricorderà che già alla fine del 1926 nella corrispondenza familiare era emersa la loro stanchezza per un compito che li soverchiava. Stefano allora lavorava al giornale come redattore tuttofare e a tempo pieno e doveva recarsi per due giorni ogni settimana a Milano per impaginare e chiudere in tipografia il supplemento agricolo. Inoltre produceva come scrittore i racconti che veniva pubblicando in vari giornali e riviste. Anche Fausto, lui come pittore, era alle prese con i severi anni dell'apprendistato artistico. Il carico dell'amministrazione pirandelliana, disordinata e implicante ormai rapporti con impresari teatrali, capocomici, editori, produttori cinematografici di ogni parte del mondo e un traffico continuo con le autorità di governo, la burocrazia e il partito fascista, era diventato intollerabile e anche superiore alle stesse loro capacità in quel campo estraneo. Avevano reso partecipi il padre delle difficoltà ormai insormontabili e della necessità di trovare amministratori efficienti. In effetti alla fine del 1927 i due figli ne furono finalmente sollevati: l'atto notarile che revocava la loro procura reca la data del 7 dicembre. Quello stesso giorno con un altro atto del notaio Luigi Pirandello affidava a Stefano una diversa procura per la vendita del villino autorizzandolo «a vendere in blocco oppure a lotti [...] a chi crederà meglio e per i prezzi che riterrà più convenienti». Era tornata una fiducia incondizionata, insomma.

[294] Gino Pierantoni, presidente della Corporazione dello Spettacolo.

[295] Le difficoltà economiche di questo periodo sono documentate anche dalla lettera di Enrico Bemporad a Luigi del 31 ottobre 1927: «Io sono in un curioso imbarazzo per pagare i Suoi diritti d'Autore in quanto, prima mi viene dichiarato che devo trattare unicamente coi Suoi Figliuoli, poi ricevo una lettera della Società Italiana del Teatro Drammatico di Milano, con acclusa una di Suo Figlio che la conferma, nella quale mi si dice che devo regolare e pagare unicamente a tale Società i Suoi diritti d'Autore. In terzo luogo ricevo una lettera da Federico Nardelli che mi prega di versare a Lui 6.000 lire da trattenere sulle Sue percentuali, dichiarandosi in ciò perfettamente d'accordo con Suo Figlio Stefano. Io chiaramente ho spiegato in varie e replicate lettere che ho scritto al signor Stefano nel corrente mese, dichiarandomi pronto ad eseguire ciò che avevo promesso al medesimo non appena mi fossero date le indicazioni precise di come mi devo regolare» (in Stefano Pirandello, *Tutto il teatro*, cit., vol. 1°, p. 164).

[296] Per consentire un periodo di riposo a Marta Abba, la Compagnia rinuncia ad altri debutti in Sicilia e non lavora sino al 16 gennaio. Il 17 riprende le rappresentazioni al «Politeama Giacosa» di Napoli, dove resta fino al 29 gennaio. Tappa successiva, dal 31 gennaio al 14 febbraio, al «Della Pergola» di Firenze. E poi ancora, dal 15 al 20 febbraio, Siena, Empoli, Lucca. Il 23 febbraio la Compagnia ritorna sul palcoscenico del «Teatro Argentina» di Roma, dove si trattiene fino al 3 aprile. Dal 7 al 30 aprile è al «Teatro Manzoni» di Milano, dove debutta con *La ragione degli altri*, interpreti Marta Abba, Lamberto Picasso, Gilda Marchiò, Arnaldo Martelli. Cfr. al riguardo: Alessandro d'Amico e Alessandro Tinterri, *Pirandello capocomico*, cit.

[297] Stefano si adopera per l'assegnazione del «Premio» del Governatorato di Roma alla Compagnia del padre. L'ammontare del premio sarà di 30.000 lire.

[298] Antonio Ferreira, titolare di un'agenzia internazionale cinematografica di Parigi, fu in trattative, come si ricava anche dalla lettera, con Pirandello per la realizzazione di un film dai *Sei personaggi in cerca d'autore*.

[299] Cfr. al riguardo: Luigi Pirandello, *Lettere al figlio Fausto*, a cura di

Sarah Zappulla Muscarà, in AA.VV., *Omaggio a Pirandello. Almanacco Bompiani 1987*, a cura di Leonardo Sciascia, Milano, Bompiani, 1987, in appendice comprende in anastatica l'edizione del 1938.

[300] Del progetto di ricavare un film dai *Sei personaggi in cerca d'autore* per la Feldner und Samle, Pirandello dà notizia, fra l'altro, nel corso di un'intervista ad Enrico Rocca, apparsa su «Il Popolo d'Italia» del 4 ottobre 1928, dal titolo *Luigi Pirandello e le sue grandi novità cinematografiche*. L'anno successivo, in un articolo apparso su «La Nación» del 7 luglio 1929, dal titolo *Il dramma e il cinematografo*, annuncia che lo scenario, realizzato insieme ad Adolf Lantz, è quasi pronto e presto potrebbero iniziare le riprese. Il testo sarà pubblicato nel 1929 dalla Reimar Hobbing di Berlino (tradotto in francese da Emil Goldey, apparirà su «La Révue du Cinéma», Paris, 1 maggio 1930; poi in «Cinema», Roma, 25 giugno 1941). Il film non sarà, nonostante i molti tentativi, realizzato. Ci rimane un «treatment» in cui è detto: «Il personaggio dell'autore è Luigi Pirandello stesso e deve essere interpretato da lui stesso nel film». I personaggi, rispetto all'opera teatrale, dovevano così essere sette. Cfr. al riguardo, fra gli altri: Rossano Vittori, *«Sei personaggi» in cerca di un autore... cinematografico*, in AA.VV., *La musa inquietante di Pirandello: il Cinema*, a cura di Nino Genovese e Sebastiano Gesù, Acireale, Bonanno, 1990, pp. 349-357; Liborio Termine, *L'autore alla ricerca di personaggi*, in AA.VV., *Il cinema e Pirandello*, a cura di Enzo Lauretta, Agrigento, Edizioni del Centro Nazionale di Studi Pirandelliani, 2003, pp. 101-121.

[301] Due giorni dopo, il 18 aprile 1928, al «Teatro Manzoni» di Milano, la Compagnia di Luigi Pirandello mette in scena con successo il mito in un prologo e tre atti *La nuova colonia*, nuovo per Milano. Sul «Corriere della Sera» del 19 aprile, Renato Simoni scrive: «Il "mito", come l'ha chiamato l'autore, conquistò iersera l'ammirazione e gli appalusi del pubblico. Non ci furono nel successo né esitazioni né riserve. [...] Degna di ogni lode per la concertazione, per l'ordine nell'apparente tumulto, per la perfezione d'ogni particolare, fu l'esecuzione. La compagnia ha dato ieri sera una prova d'organicità, di disciplina, di passione davvero eccellente. Converrebbe lodare tutti gli attori, uno per uno, anche i minori, ché nessuno fu inferiore al suo compito. Diremo solo che Marta Abba, per la forza drammatica, ma sopra tutto per la dolcezza chiara e mite raggiunta nelle scene di bontà e di poesia, meritò l'unanime ammirazione del pubblico; e il Picasso recitò con una forza sobria, risoluta, intensa, veramente singolare. Tre chiamate dopo il prologo, cinque dopo il primo atto, sei dopo il secondo, cinque dopo il terzo».

[302] Raffaele Mattioli (1895-1973), avvocato, segretario particolare di Lodovico Toeplitz, economista, dirigente e poi presidente della Banca Commerciale.

[303] Alberto Megale, titolare, insieme ad Antonio Ferreira, di un'agenzia internazionale cinematografica di Parigi, fu in trattative, come ricordato, con Pirandello per la realizzazione di un film dai *Sei personaggi in cerca d'autore*.

[304] Allude ad un tema che sarà nel 1932 al centro del film *Acciaio*, su cui cfr. le lettere dell'ottobre 1932 e del 17 aprile 1933.

305 Maffio Maffii (1881-1957), giornalista, direttore del «Corriere della Sera» dal 18 dicembre 1927 al 31 agosto 1929.

306 Roberto Bencivenga (1872-1949), redattore de «Il Paese» (1921-'22) e de «Il Mondo» (1924-'25); deputato d'opposizione nel 1924; fu presidente della Federazione della Stampa; scrisse una serie di opere storiche sulla guerra 1915-'18; nel 1943 fu membro del C.L.N. romano; nel 1944 ebbe il comando militare clandestino di Roma; dal 1948 al 1953 fu senatore della Repubblica.

307 Dal 1° maggio, giorno del debutto a Parma, con *Come prima, meglio di prima*, fino al 28 giugno, la Compagnia del «Teatro d'Arte» è in *tournée* in Emilia Romagna, Friuli-Venezia Giulia e Veneto.

308 Jules Romains (1885-1972), romanziere, poeta, filosofo e drammaturgo. Fra i numerosi testi in programma per la Compagnia del «Teatro d'Arte» Pirandello annuncia anche *Le mariage Letrouades* di Romains, poi non messo in scena (cfr. Osvaldo Gilbertini, *Luigi Pirandello e la Compagnia del Teatro d'Arte*, «La Tribuna», Roma, 27 novembre 1924).

309 Giovanni Acquarone, attore del «Teatro d'Arte» e amministratore.

310 Dario Lupi (1876-1932), avvocato, deputato, sottosegretario di Stato per la Pubblica Istruzione del ministro Giovanni Gentile.

311 Stefano Landi, *Storielle. 1- Chi s'aiuta. 2- La pappa mia*, «Il Tevere», Roma, 27 giugno 1928 (poi su «La Nazione», Firenze, 29 luglio e 20 settembre 1932).

312 Dopo una serie di recite al «Giardino d'Italia» di Genova, dal 16 al 23 luglio, e al «Politeama» di Viareggio, dal 1° al 15 agosto, la Compagnia del «Teatro d'Arte» si scioglie. Ricorderà Marta Abba, molti anni dopo: «E una sera, dopo quattro anni di lotte, il sogno di Pirandello capocomico naufraga in un'ultima rappresentazione, davanti alle panche, della *Donna del mare* di Ibsen» (*Dieci anni di teatro con Luigi Pirandello*, «Il Dramma», Torino, novembre-dicembre 1966). Amareggiato per le sorti della Compagnia e deluso dall'indifferenza delle istituzioni nei confronti della sua arte, Pirandello, nei primi di ottobre, presumibilmente l'8, si reca a Berlino per curare alcuni progetti, primo fra tutti la realizzazione del film dai *Sei personaggi in cerca d'autore*. Così Luigi, da Nettuno, l'11 luglio 1928, aveva scritto a Marta Abba: «Sì, cara Marta, si possono fare col cinematografo cose veramente meravigliose; ne sono convinto da un pezzo; e vedrai che riuscirò a farne, da sbalordire tutti, se mi ci metto. Ho in mente cose straordinarie. E non mi par l'ora di concludere per attuarle e per levare i piedi da questo nostro paese dove avvengono cose inaudite, che non ti posso riferire per lettera, ma che ti dirò a voce a Genova. Ne ho parlato a lungo con Interlandi, da cui appunto le ho sapute; e sempre più mi s'è ribadita l'idea di spatriare, convinto come sono ormai che per uno come me non è più possibile vivere in Italia. Ritornerò, se ritornerò, quando non avrò più bisogno di nessuno» (in Luigi Pirandello, *Lettere a Marta Abba*, cit., p. 44). Marta e la sorella Cele lo seguono. Pieno di entusiastiche aspettative, pochi giorni prima della partenza, il 25 settembre 1928, Luigi, da Roma, ancora a Marta: «Guadagneremo, e poi ritor-

375

nerai – da padrona – al teatro. Ed io – dopo assolto il mio còmpito – ti leverò d'accanto l'ingombro della mia presenza, per viverti dentro, in spirito, mia cara Marta, della vita che Tu vorrai seguitare a darmi, se vorrai! [...] Qua o là, si andrà certo, prestissimo; e perciò fai bene a prepararti in gran fretta per la partenza; oltre il giorno 8 di Ottobre non resteremo in Italia» (ivi, pp. 53, 55). Partito per qualche mese appena, lo scrittore rimarrà in Germania sino alla fine del 1930 (cfr. al riguardo: AA.VV., *Pirandello e la Germania*, a cura di Gilda Pennica, Palermo, Palumbo, 1984; Michele Cometa, *Il Teatro di Pirandello in Germania*, Palermo, Novecento, 1986). Marta e Cele faranno ritorno in Italia nel marzo del 1929.

313 Iniziato a Nettuno con la collaborazione di Stefano, *Il pipistrello*, come documenta la lettera, da Luigi è stato soltanto «finito». Nel luglio 1925, durante la tappa parigina della prima trasferta europea della Compagnia del «Teatro d'Arte», una notte, «fino alle quattro del mattino», Luigi Pirandello dettò al suo fido collaboratore e aiuto regista Guido Salvini «un soggetto cinematografico vivacissimo» tratto dalla novella *Il pipistrello* scritta nel 1919. Successivamente, nel 1928, da quelle «cinque paginette dattiloscritte», sconnesse in alcune parti e mancanti della conclusione, fu sviluppato uno scenario di 58 cartelle composto da un manoscritto di 53 cartelle che, secondo un esame calligrafico, sono di pugno di Stefano e da altre 5 dattiloscritte di Luigi, con correzioni autografe, al quale si deve anche l'aggiunta del titolo opzionale *Il demonio degli spettacoli* e del sottotitolo *Soggetto originale di Luigi Pirandello per un film comico in quattro parti*. Ancora una volta, dunque, Stefano coadiuvò il padre in un progetto cinematografico. In un quaderno di appunti databile 1938-1939, rivelò addirittura che, a differenza degli altri soggetti, realizzati interamente dai «negri» e firmati dal Maestro, questo fu l'unico ad essere scritto a quattro mani col genitore. Se la seconda stesura del testo, riveduta e ampliata, è di Stefano, la parte conclusiva è di Luigi. Le sorti del soggetto non furono felici. Pirandello non riuscì a piazzarlo né in Italia né all'estero e il film non fu mai realizzato. Cfr. al riguardo: Tullio Kezich, *Il pipistrello uno e due*, «Ariel», Roma, settembre-dicembre 1986, pp. 155-188 (poi in AA.VV., *La musa inquietante di Pirandello: il Cinema*, cit., pp. 391-428); Elio Providenti, *Luigi Pirandello: falsi d'autore?*, «Lettere italiane», Firenze, aprile-giugno 1987, pp. 282-287 (poi, col titolo *Falsi d'autore*, in *Archeologie pirandelliane*, Catania, Maimone, 1990, pp. 199-206); Sarah Zappulla Muscarà, *Luigi e Stefano Pirandello e il cinema. Dalla parte di Stefano...*, in AA.VV., *Il cinema e Pirandello*, cit., pp. 167-189. Ma cfr. pure il *Memoriale* redatto da Stefano Pirandello nel 1937, in occasione della controversia legale con il produttore cinematografico Giulio Manenti, il quale lamentava che l'opera da lui acquistata, *Il figlio dell'uomo cattivo* (altri titoli *La fuga in Egitto*, *Amor sacro*, *Fiamme all'Occidente*), non fosse stata scritta da Pirandello. L'intero *Memoriale* è ora riprodotto in Stefano Pirandello, *Tutto il teatro*, cit., vol. 3°, pp. 1483-1498.

314 Richard Albert Eichberg (1888-1953), attore, regista e produttore

cinematografico, dirigente a Berlino della casa cinematografica Tonfilm.

315 Anna May Wong, pseudonimo di Liu Tsong Wong (1905-1961), attrice nordamericana d'origine cinese del cinema muto, fu la protagonista di film cui Pirandello collaborò. Alcuni mesi dopo Corrado Alvaro scrive: «Di un Pirandello inedito e tutto pura abilità apparirà un film che egli ha scritto per la giapponese [sic] May Wong, con un ricettario cinematografico furbissimo: nave in mare, rivolta cinese, zingari, bambini rubati, ecc.» (*Pirandello parla della Germania del cinema sonoro e di altre cose*, «L'Italia Letteraria», Roma, 14 aprile 1929; poi in *Scritti dispersi*, 1921-'56, cit.). Per lei Pirandello progetta di scrivere un soggetto, tratto dalla novella *Ignare*, per un film mai realizzato, la cui vicenda e il cui titolo ha cambiato diverse volte a seconda delle richieste di registi e produttori.

316 Tomaso (Tommaso) Bisi, sottosegretario per l'Economia Nazionale, fu incaricato delle trattative per gli accordi Luce-Ufa. Nel 1928 Mussolini lo nominò direttore dell'Ente Nazionale per la Cinematografia.

317 Francesco Prandi, giornalista, attore, era stato sul punto di dare vita ad una Compagnia con Camillo Pilotto allorché questi, nell'agosto del 1926, aveva accettato l'offerta di recitare nella Compagnia di Pirandello in sostituzione di Uberto Palmarini. Nonostante Pirandello avesse avuto delle rassicurazioni sul fatto di non dover corrispondere la penale al Prandi, alla fine questi aveva preteso di essere risarcito. Pilotto pagò la penale e quindi chiese d'essere rimborsato da Pirandello. Ne nacque una causa che si trascinò per anni: lo scrittore venne condannato a pagare, ma all'inizio del 1931 si giunse a una transazione che riduceva a un terzo l'esborso.

318 Allude al posto presso «La Domenica dell'Agricoltore».

319 Stefano si era trasferito con la famiglia nel periferico villino di via Panvinio per non farlo andare in rovina, disabitato, e mostrarlo, invece, accogliente e in buone condizioni agli eventuali compratori. Il centrale appartamento di via Piemonte era stato dunque affittato.

320 Nannarelli, ragioniere della «Sitedramma» o «Sitedrama».

321 Riduzione in romanesco di Ettore Petrolini della commedia in un atto *Lumie di Sicilia* di Pirandello (1911), tratta dall'omonima novella del 1900, *Agro de limone*, era stata messa in scena per la prima volta il 2 maggio 1923 al «Teatro Manzoni» di Roma, dalla Compagnia Petrolini, protagonisti Francesco e Anita Durante. Molti anni dopo, il 9 luglio 1936, da Anticoli Corrado, Pirandello scriverà a Marta Abba: «Avrai saputo della morte del povero Petrolini. Non aveva che 50 anni! E s'è "vergognato" di morire a quest'età. È veramente una vergogna morire quando ancora lo spirito è vivo» (in Luigi Pirandello, *Lettere a Marta Abba*, cit., p. 1349).

322 L'agenzia teatrale tedesca Felix Bloch-Erben, presso cui Pirandello ha stipulato un contratto con cui ha designato Hans Feist come traduttore delle sue opere in tedesco, non riuscirà a collocare *Lazarus*.

323 Scrive a Ugo Ojetti da Berlino: «Che avrai pensato di me e del mio lungo silenzio? Sono qua a combattere con queste teste dure, e spero che riu-

scirò alla fine a ottenere qualche cosa. Intanto lavoro a una nuova commedia che certo è, tra tutte, la più originale: *Questa sera si recita a soggetto*. Te ne mando il prologo, che può stare da sé e che pone (mi pare) all'estetica in genere, e alla critica in particolare, un problema nuovo. Se ti va, pubblicalo nel "Pégaso"» (in Luigi Pirandello, *Carteggi inediti con (Ojetti, Albertini, Orvieto, Novaro, De Gubernatis, De Filippo)*, cit., p. 107). La commedia in tre atti *Questa sera si recita a soggetto*, tratta dalla novella *Leonora, addio!* (1910), sarà rappresentata, nella traduzione in tedesco di Otto Harry Kahn, dirigente del «Deutsches Theater», con il titolo *Heute Abend wird aus dem Stegreif gespielt*, al «Neues Schauspielhaus» di Königsberg, il 25 gennaio 1930, regia di Hans Karl Müller, interpreti Paul Lewitt, Kitty Stengel, Kurt Hofmann, Herta Wolff. Ludwig Goldstein, sul «Berliner Tageblatt» del 30 gennaio 1930, la definì una modernizzazione della commedia dell'arte all'italiana e dunque un «plaidoyer» dell'arte della recitazione di contro all'arte del regista. In Italia soltanto un trafiletto sul «Messaggero» del 17 marzo 1930. La prima italiana avrà luogo il 14 aprile 1930, al «Teatro di Torino», Compagnia appositamente costituita e diretta da Guido Salvini, protagonisti Bella Starace-Sainati, Guido Salvini, Annibale Ninchi, Renzo Ricci. Il giorno dopo, su «La Stampa»: «L'inizio fu invero strambo e brillante, rivolto a sorprendere assai più che a commuovere. Ma poi, a poco a poco, battuta per battuta, a mezzo di mille trovate e invenzioni curiose, con un'abilità stupenda e sicura – vorremmo dire infallibile – Pirandello riuscì ad attirare nel gioco sottile tutto il pubblico; ed allora non fu solo più divertimento e gioia teatrale, ma ansiosa curiosità, interesse vivo, commossa partecipazione. Perché ciò che Pirandello è riuscito a rappresentare, in maniera sensazionale, è l'oscillazione perenne e oscura tra finzione e realtà, tra illusione caduca e appassionata spiritualità, colta nei momenti convenzionali, e pure, a tratti, gonfi di insospettata poesia [...]. La Compagnia diretta da Guido Salvini ha superato l'ardua prova di mettere in scena una commedia siffatta, assai felicemente. Essa si è rivelata, ieri sera, agile, affiatata e brillante. Tutti gli attori, e tutto il congegno di questa complicata macchina teatrale, hanno funzionato a dovere, il che non è poco» (f.b., *Al Teatro di Torino «Questa sera si recita a soggetto» di Pirandello*, «La Stampa», Torino, 15 aprile 1930).

[324] Passeranno alcuni anni prima che una nuova novella di Pirandello appaia sul «Corriere della Sera».

[325] John Pierpont Morgan *junior* (1867-1943), rappresentante a Roma della United Press.

[326] Qualche tempo prima, il 26 settembre 1928, da Roma, Pirandello aveva scritto a Marta Abba: «Intanto questa mattina è venuto ad intervistarmi Bottazzi, per il "Corriere della Sera". L'ha mandato Maffii che vuole che riprenda presto con qualche novella la mia collaborazione al "Corriere". Gli ho promesso che lo farò; e nell'intervista ho parlato un po' di tutto. A Milano, poi, andrò a trovarlo perché bisogna che mi accordi con lui per una serie d'articoli sul mio teatro per cui ho steso il contratto col Morgan rappresentante a Roma dell'*United Press*. Ma bisognerà prima lasciar passare la baraonda del-

l'elezione presidenziale agli Stati Uniti. Tutti i giornali, in questo momento laggiù non si occupano d'altro» (in Luigi Pirandello, *Lettere a Marta Abba*, cit., pp. 56-57).

[327] Scrive Corrado Alvaro, rievocando quel tempo: «Pirandello abita un appartamento mobiliato a Herkules Brücke. Ha dimenticato il tedesco. [...] Quando vado a trovarlo, la sera, si passano delle belle ore. Vivono nello stesso albergo le due sorelle Abba. A volte si esce per la città che la sera è tutta un abbraccio, e noi come un gruppo di discepoli o di collegiali intorno a Pirandello, questo padre siciliano, e che resta sempre padre con le donne che lo attorniano a Berlino» (Corrado Alvaro, *Quasi una vita*, Milano, Bompiani, 1950, p. 42)

[328] Luigi Aldovrandi Marescotti (1876-1945), Conte di Viano, diplomatico, ambasciatore d'Italia a Buenos Aires e poi a Berlino dove divenne ministro plenipotenziario nel 1928. Nel 1939 sarà nominato senatore. È autore del volume *Guerra diplomatica – Ricordi e frammenti di diario (1914-1945)*, Milano, Mondadori, 1936.

[329] Sulla «Nuova Antologia» del 1° e del 16 gennaio 1929 ha visto la luce il poemetto *Scamandro*, già sulla «Rivista di Roma», 25 giugno-10 luglio 1906 e, in volume, per i tipi della Tipografia «Roma» di E. Armani e W. Stein, nel 1909, con la dedica: «a Guido Treves e Antonietta Pesenti sposi Luglio 1909». *Scamandro* era stato rappresentato il 19 febbraio 1928 a Firenze, nel «Teatro dell'Accademia dei Fidenti», a cura del «Gruppo Accademico», musiche di Fernando Liuzzi.

[330] Cesare Giulio Viola (1886-1958), poeta, narratore, commediografo, redattore-capo della «Nuova Antologia». Fra le sue opere ricordiamo: *L'altro volto che ride* (1909); *Mattutino* (1910, in collaborazione con Fausto Maria Martini); *L'ombra* (1915, scritto a due mani con Luigi Antonelli); *Il cuore in due* (1916); *Capitoli* (1922); *La donna dello scandalo* (1927); *Fine del protagonista* (1930); *Vivere insieme* (1938); *In nome del padre* (1952). Dal romanzo *Pricò (1922)* De Sica e Zavattini trassero il soggetto del film *I bambini ci guardano* (1942). Nel 1946 collaborò alla stesura del soggetto e della sceneggiatura di *Sciuscià* di De Sica e, nel 1948, a quella dei *Pagliacci,* interpreti Alida Valli e Beniamino Gigli.

[331] Luigi Pirandello, *Questa sera si recita a soggetto*, «Pègaso», Milano, aprile 1929. Le bozze del prologo della commedia, con correzioni autografe di Pirandello, che ho rinvenute fra le carte di Ugo Ojetti, recano l'annotazione dattiloscritta: «Con preghiera vivissima di rimandare il manoscritto insieme alle bozze corrette». E, a mano: «Prego che mi siano conservate queste bozze. U.O.».

[332] L'autore drammatico di maggior prestigio e notorietà, anche all'estero, in Italia è emarginato al punto di non riuscire a far mettere in scena i suoi nuovi lavori e costretto a uno sdegnoso, forzato esilio. Qualche mese dopo, il 10 novembre 1929, in una lettera aperta apparsa su «L'Italia Letteraria», Pirandello amaramente lamenta che da circa «un mese il "Corriere

della Sera" informò i suoi lettori della somma di lavoro da me preparata per il teatro. Quattro commedie: *Lazzaro, Questa sera si recita a soggetto, O di uno o di nessuno, Come tu mi vuoi.* Di questi quattro lavori il primo, *Lazzaro*, è pronto da più di un anno, il secondo, *Questa sera si recita a soggetto*, da sette mesi. È naturale che, aspettando la rappresentazione di questi due lavori, io abbia avuto il tempo di scriverne altri due. Non è naturale, al contrario, che nelle presenti miserevoli condizioni del teatro in Italia, un autore del mio nome abbia dovuto aspettare tanto tempo per la rappresentazione dei miei lavori. Mi si è voluto far credere che, per il fatto che io avevo avuto per tre anni una mia compagnia, mi sia alienato tanto i proprietari quanto le attrici e gli attori di tutte le altre compagnie, cosicché sia stato difficilissimo collocare adesso i miei lavori».

333 Il 21 luglio 1928, a proposito dell'«Istituto di Cinematografia Educativa», d'Annunzio scrive a Mussolini: «Penso che tu porrai a capo dell'Istituto Tomaso Bisi, della materia ormai conoscitore sommo, com'ebbi modo di provare nelle nostre conversazioni del Vittoriale. Tomaso Bisi non potrebbe avere cooperatore più efficace – e, aggiungo, più gradito – di Tomaso Antongini» (*Carteggio d'Annunzio-Mussolini*, a cura di Renzo De Felice e Emilio Mariano, Milano, Mondadori, 1971, p. 225).

334 Tomaso (Tommaso, Tom) Antongini (1877-1967), segretario di Tomaso Bisi. Dopo una sfortunata esperienza come editore, si trasferì in America e poi a Parigi (dove fondò il «Journal des Dames et des Modes»). Scrittore di successo, dei suoi romanzi ricordiamo: *La stagione dei gonzi* (1916); *La volpe azzurra* (1921); *L'immorale testamento di mio zio Gustavo* (1948); *Ingranaggio. Intrecci d'amore come giri di valzer* (1949). Segretario *factotum* di d'Annunzio, per quasi un quarantennio, ne fu documentato biografo: *Vita segreta di Gabriele d'Annunzio* (1938); *D'Annunzio aneddotico* (1939); *Quarant'anni con d'Annunzio* (1948); *Un d'Annunzio ignorato* (1963). È ricordato anche come uno dei pionieri del tennis in Italia.

335 E lo stesso giorno, il 19 marzo, Luigi a Marta scrive: «Vuoi che a quest'ora e già da un pezzo, non sia stabilito chi saranno i primi 30 accademici? O io son tra questi trenta, o ne sono stato escluso. Impossibile rimediare all'ultimo momento; né io, trovandomi a Roma, sarei stato capace di muovere un dito per farlo. Avrei avuto, invece, l'aria, e senz'alcun risultato, di essere corso anch'io a brigare, o ad aspettar d'essere preso in considerazione, pauroso che mi si potesse fare un tal torto. – Se me l'hanno fatto, addio! Peggio per loro che me l'hanno fatto; non peggio per me, se l'ottenere la nomina non doveva dipendere dal riconoscimento puro e semplice, indiscutibile, dei miei meriti letterarii, ma da pressioni e raccomandazioni e brighe. Non me ne sarebbe venuta la più piccola soddisfazione, a ottenerla così; e allora perché? Per non darla vinta ai miei nemici? Se i miei nemici possono valer tanto da mettersi sotto i piedi tutti i miei meriti e le mie opere e la mia fama mondiale, vuol dire che non c'è più posto per me nel mio paese. T'immagini, dopo la mia sconfitta, come me ne sarei tornato all'estero? Invece, sto qua, ad aspet-

tare, nell'attesa più dignitosa. Viene il riconoscimento; e ne sarò lieto tanto più, quanto meno avrò fatto per averlo; non viene, e nessuno potrà dire che anch'io ero corso a perdifiato per sollecitarlo. Il silenzio d'Interlandi si può interpretare nel senso che non stima imprescindibile la mia presenza a Roma; forse perché anche lui ritiene che sia troppo tardi e che non ci sia più da far nulla, in qualunque caso; forse perché cercherà di sapere qualche cosa, prima di telegrafarmi. Certo non deve sapere ancor nulla; o se sa, non vuole annunziarmelo per telegramma, e m'avrà scritto una lettera, che potrò ricevere domani. Ma è anche possibile che m'arrivi qualche telegramma in giornata. Io, Ti ripeto, sono preparato a tutto; e ormai non m'aspetto più nulla da nessuno» (in Luigi Pirandello, *Lettere a Marta Abba*, cit., pp. 73-74).

[336] Il 18 marzo 1929, su proposta di Mussolini, è nominato Accademico d'Italia per la Classe Lettere insieme a Antonio Beltramelli, Salvatore Di Giacomo, Carlo Formichi, Filippo Tommaso Marinetti, Alfredo Panzini, Ettore Romagnoli, Alfredo Trombetti. Sul «Corriere della Sera» del 22 marzo 1929, la notizia è data con una scheda degli Accademici e la precisazione: «Con la nomina odierna si è completato il primo gruppo di trenta Accademici con i quali inizierà la vita la Reale Accademia d'Italia nella magnifica sede della Farnesina. Presidente dell'Accademia è, come è noto, il sen. Tommaso Tittoni, Segretario sarà l'on. Gioachino Volpe». Alcuni dei nuovi Accademici erano già fra i *Probabili membri dell'Accademia d'Italia* indicati sul «Corriere della Sera» del 7 gennaio 1926: «Oltre i nomi già fatti di Gabriele d'Annunzio e Guglielmo Marconi come membri dell'Accademia d'Italia, risulta all'"Impero" che della lista delle trenta personalità che saranno nominate per decreto faranno parte anche Enrico Corradini, Luigi Pirandello, Arturo Toscanini, il prof. Ettore Romagnoli, Giovanni Gentile, Vittorio Scialoia, Tommaso Tittoni, Pietro Mascagni, Salvatore Di Giacomo».

[337] Due mesi dopo, il 10 maggio 1929, da Berlino, fortemente irritato per le tante inadempienze, a Bemporad così scriverà: «Le debbo dire che ho ancora da riparare al deficit di seicento mila lire che mi costò nel nostro felicissimo paese il mantenimento per tre anni d'una Compagnia drammatica, a cui tutti i proprietarii di teatro, legati in congrega di masnadieri, fecero la più accanita e iniqua delle guerre? Tutti i miei guadagni non bastano ancora a finir di colmare questo deficit enorme! E ben per questo le dicevo che abbiamo tutti le nostre difficoltà e che a volere allentare la corda al collo altrui la stringiamo al nostro fino a restarne strozzati! Vede, Illustre Amico, mi ha fatto scrivere nell'orgasmo! E al dispiacere che la sua lettera mi ha cagionato, fortissimo, s'aggiunge anche questo che ora mi cagiona la risposta che sono stato costretto a darle. Ma aspetto da sabato questo danaro che Lei sacrosantamente mi deve, non a termine di contratto ma sulla parola di galantuomo! Perché mi fa questo? Lei avrà le sue difficoltà; ma creda che a crearne a me, immeritatamente, è proprio un di più! Consideri, pur sotto le aspre parole, il bene che Le voglio; faccia quanto deve; e mi voglia bene anche Lei, perché me lo merito!» (in Alfredo Barbina, *Editori di Pirandello*, cit., p. 332).

338 Così, qualche giorno prima, il 22 marzo, scrive a Marta: «La comunicazione della nomina la ebbi direttamente questa mattina da Mussolini stesso, con queste parole: "Sono lieto di parteciparle che Sua Maestà il Re su mia proposta ha nominato la S.V. Accademico d'Italia per la classe delle lettere. Mussolini". [...] A Mussolini ho risposto così: "Sopratutto orgoglioso Suo alto riconoscimento, ringrazio Eccellenza Vostra grande onore e torno a esprimerLe mia intera profonda devozione". Dunque sono Accademico d'Italia. Ma rimango, mia cara Marta, lo stesso stessissimo pover'uomo di prima, che nessun premio, nessun onore potrà mai ricompensare della perdita che ha fatto della tua compagnia che, sola, avrebbe potuto farmene gioire, e più per Te che per me» (in Luigi Pirandello, *Lettere a Marta Abba*, cit., pp. 80-81).

339 Alfredo Trombetti (1866-1929), linguista e glottologo.

340 Carlo Formichi (1871-1943), professore di sanscrito e indianista, filologo, studioso di lingua e letteratura inglese.

341 Ettore Romagnoli (1871-1938), grecista e traduttore dei classici greci. Per la traduzione del *Ciclope* di Euripide in dialetto siciliano Pirandello utilizzò la versione italiana di Romagnoli (cfr. Luigi Pirandello, *'U Ciclopu*, in *Tutto il teatro in dialetto*, cit).

342 Salvatore Di Giacomo (1860-1934), giornalista, poeta, narratore, drammaturgo, storico. Fra le sue opere: *Minuetto settecentesco* (1883); *'O voto* (1889); *Cronache del Teatro San Carlino* (1891); *Pipa e boccale* (1893); *Assunta Spina* (1909); *Quand l'amour meurt* (1911); *Novelle napolitane* (1914); *L'ignoto* (1920).

343 Alfredo Panzini (1863-1939), narratore e saggista, di lui Pirandello apprezzava l'umorismo che glielo rendeva congeniale. «Meno male che son con me il Di Giacomo e il Panzini», scrive Pirandello a Marta Abba, il 23 marzo 1929, da Berlino, a proposito del non esaltante elenco del primo gruppo di Accademici d'Italia fra cui era stato incluso (in Luigi Pirandello, *Lettere a Marta Abba*, cit., p. 85).

344 Pochi giorni prima, nella citata lettera del 23 marzo 1929, da Berlino, a Marta scrive: «Marta mia, hai veduto l'elenco degli Accademici? Son cadute a tutti le braccia leggendolo: Beltramelli, Marinetti... e Trombetti, che è uno scienziato glottologo, e Formichi che è un filologo, e Romagnoli che è un traduttore, filologo anche lui, messi tra i letterati; e non D'Annunzio, e nemmeno Ojetti al posto di quel Beltramelli; e non parliamo di tutto il ridicolo che rovescia sull'elenco la nomina del Marinetti che per tutta la vita ha sparato i suoi fragorosi ma innocui cannoni contro tutte le Accademie e tutti i musei e le biblioteche e le scuole... Se avessi saputo che il mio nome doveva andar confuso tra codesti altri, avrei sollecitato che mi lasciassero fuori; perché in codesta compagnia è meglio restar fuori dell'Accademia, che esserci. Meno male che son con me il Di Giacomo e il Panzini» (*ibidem*).

345 «Luigi Pirandello ha concesso, tra Colonia e Berlino, un'intervista al redattore letterario della "Deutsche Allgemeine Zeitung". Dopo aver parlato

del teatro in genere e dei suoi ultimi lavori in particolare, l'amletico scrittore siciliano, opportunamente stuzzicato, ha espresso il proprio giudizio su alcune personalità della letteratura mondiale. "Rabindranath Tagore?" ha detto tra l'altro. "Ma di lui non vive che la barba, ormai. Ecco gli scrittori che veramente amo: l'inglese Shaw, il tedesco Sternheim e il francese Jules Romains. In una parola: i così detti ironici. "Si vuole che gli ironici siano più infelici degli altri uomini" ha osservato l'intervistatore. "Che ne pensa lei?". "È vero, sono più infelici, perché sono più ricchi degli altri. Essi vivono la vita mediocre dei comuni mortali, ma anche... il rovescio della medaglia della vita. E questa infelicità è la felicità degli eletti". "Vuol dirmi un'altra cosa: non prova lei il tormento della nostalgia? Non desidera ardentemente di tornare in Italia?". "No. Non sono italiano, bensì un uomo di questa terra". "Scusi, Maestro, ma la sua non è un'affermazione fascista!". "Io sono fascista!". "Sta bene, ma non cittadino del mondo, allora...". "Due cose diverse. Se dò ascolto alla ragione, il mondo mi appare come un'unica comunità; il sentimento, invece, mi induce ad amare la Patria e per questo sono fascista. Lo sono anche per questo: perché le masse, come tali, sono incapaci di creare. Creatori possono essere unicamente individui singoli. La vita è composta di creatori e di materia. La massa è materia, non ha una propria volontà, una propria forza; essa è, insomma, la materia che deve essere plasmata dalle mani dei grandi creatori. Ed io sono un creatore e per ciò mi sento profondamente fascista"» (Taulero Zulberti, *Pirandello ironista*, «Il Resto del Carlino», Bologna, 15 marzo 1929).

[346] In realtà l'assegno mensile, come detto, sarà di poco più di 2.000 lire.

[347] Francesco Fedele nominato, agli inizi del 1929, Direttore Generale della Società Italiana degli Autori e degli Editori (S.I.A.E.), carica che ricoprì fino al 1933.

[348] Dopo averle segnalato gli innumerevoli telegrammi di congratulazioni arrivatigli per la nomina all'Accademia, il 26 marzo 1929 così scrive a Marta: «Ma questo non è niente. Sta' a sentire. I "Dieci" mi offrono la direzione "ben remunerata" della nuova grande rivista letteraria che pubblicheranno "Rivista di Villa Madama", (perché è stata loro ceduta, come sede, la villa Madama, una delle più splendide di Roma). Interlandi mi offre altre due mila fisse al mese per due articoletti al "Tevere" *senz'obbligo di consegna*, o, se voglio, anche lui, la direzione già propostami d'un nuovo giornale letterario settimanale di battaglia ["Lunario siciliano"]. La nomina del Com. Fedele, voluta espressamente da Mussolini, a Direttore Generale della Società degli Autori, è stata un terribile schiaffo per Morello e un calcio nel sedere per Giordani; D'Annunzio l'ha giurata a Morello; e il Comm. Fedele ha detto a Interlandi che non vede impossibile, ormai, un accordo tra me e D'Annunzio; e me, prossimamente, alla Presidenza della Società degli Autori. Bisi ha poi detto allo stesso Interlandi che l'Ente mi domanderà certamente un soggetto; non solo, ma che si ventila l'idea di chiamarmi all'Ente stesso con la funzione di alto consigliere per la scelta dei soggetti. È poi certissimo che i

Teatri di Stato saranno fatti, col mio progetto, perché Mussolini tutto quello che promette, lo mantiene; bisogna saper aspettare, perché ci mette tempo; guaj con lui a chi si stanca. A compimento di tutto questo ben di Dio, Marchesano mi scrive (credendomi a corto di quattrini) che mette a mia disposizione sessantamila lire, perché io ritorni subito in Italia; dicendomi che gliele restituirò quando ne avrò da buttar via. E intanto l'atto di vendita della villa è già stato firmato, e intorno al venti aprile avrò il pagamento in 865.000 lire; di cui però 230.000 andranno al Monte dei Paschi; con le 635.000 restanti sistemerò i figli, darò la dote a Lietta; pagherò i debiti alla Banca Commerciale; mi libererò insomma di tutto, e una quarantina di migliaia di lire potranno restarmi in tasca. Qui, d'altra parte, le cose pare che si mettano molto bene. Va tutto a serie: prima era infilata la serie delle disgrazie, ora infila quella delle fortune. Per il Tonfilm (secondo la mia idea) oltre l'interesse dell'America, per cui avrò una conferenza il 3 aprile, ci son premure vivissime da Londra; e verrà uno oggi alle cinque a parlarmi, dopo avermi ansiosamente domandato per telegramma se io non ho finora altri impegni. E anche la realizzazione dei *Sei personaggi* si farà con ogni probabilità col Tonfilm, o in America, o a Londra» (in Luigi Pirandello, *Lettere a Marta Abba*, cit., pp. 91-93).

[349] Max Reinhardt, con la collaborazione di Hans Niederfuhr e Walter Feigl, riprenderà, per un pubblico ristretto, i *Sei personaggi in cerca d'autore*, nella prima metà di agosto (presumibilmente il 9) del 1931, allo «Schlosstheater Schonbrunn» di Vienna. Protagonisti Stefan Wendt, Adolf Müller, Robert Horky, Edith Leporini, allievi della sua scuola teatrale.

[350] La casa cinematografica statunitense Warner Brothers, fondata nel 1923 dai fratelli Albert, Harry M., Samuel L. e Jack, aveva iniziato a produrre, nel 1927, grazie al brevetto Vitaphone, i primi film sonori. Così, il 6 aprile, da Berlino, Pirandello a Marta Abba descrive la straordinaria «rivoluzione»: «Pare che il film-parlante sia veramente un prodigio: sono riusciti ad ottenere alla perfezione la voce umana, vicina, lontana, timbrata in tutti i modi. Il che vuol dire che avranno bisogno per forza degli attori che sappiano parlare, e anche perciò bisogno degli autori drammatici che sappiano far parlare i personaggi del film non più muto. Tu capisci: se i personaggi del film d'ora in poi parleranno, non li potrà far parlare un signor X qualunque: ci vorrà per forza uno scrittore che conosca l'arte del dialogo drammatico o comico; uno scrittore di teatro. Si dovranno accaparrare i migliori. Resterà sempre però da risolvere la internazionalizzazione del film, che con la parola verrà a essere distrutta: gli attori inglesi non potranno parlare che inglese; i tedeschi, tedesco; i francesi, francese; gl'italiani, italiano; né si può ricorrer alle traduzioni; perché gli stessi attori non potranno pronunziar bene le parole tradotte in una lingua a loro straniera; non si avranno allora più films internazionali; ma inglesi, tedeschi, francesi, italiani, con enorme danno della diffusione che ha potuto permettere finora di spendere fortissime somme per la produzione d'ogni film. Non so come risolveranno questo problema, che non è soltanto linguistico, ma anche finanziario. Per ora sono tutti invasati della prodigiosa

novità del film che parla (*in inglese*); ne sono invasati gli Inglesi, e anche i Tedeschi perché contano che presto parlerà anche *in tedesco*; ma quando parlerà *in tedesco*, come farà a farsi intendere dagli Americani e dagli Inglesi, e viceversa? Non ci pensano. Affermano però con una tracotanza da prendere a schiaffi che il teatro è morto e sepolto; che nessuno tra qualche tempo vorrà più saperne, perché d'ora in poi ci sarà il film-parlante, che non solo ne farà le veci, ma potrà far cose che il teatro non si è mai sognato di fare» (in Luigi Pirandello, *Lettere a Marta Abba*, cit., p. 117).

351 Qualche giorno prima, il 1° aprile 1929, da Berlino, Luigi aveva scritto a Marta Abba: «Vado a Londra con Eichberg per contrattare altri due films; prima di partire, domani o doman l'altro, vedrò qua gli Americani; ho già preparato il mio memoriale, dove ho esposta, con la massima chiarezza ed efficacia, la mia nuova idea: la mia speranza più grande è qua; se l'idea è accettata, Marta, la *nostra* fortuna è fatta» (ivi, pp. 105-106).

352 Il 15 marzo, da Berlino, a Marta Abba, a cui aveva in passato più volte parlato di questo suo progetto, deluso ed amareggiato, confida che un «musico e architetto» tedesco, Lempel: «Ha già preparato per il Tonfilm quattro *Sinfonie* di Beethoven e due *Notturni* di Chopin. La mia idea, già attuata; il mio segreto! Figurati come io sia rimasto! Ed era già quasi un anno che me la portavo dentro di me, la mia idea! Non volevo dire a nessuno; e un altro – questo signor Tempel [*sic*] – da quattro mesi (come lui stesso mi confessò), da soli quattro mesi l'aveva accolta in sé, e subito s'era affrettato a comunicarla ai signori del Tonfilm, che ne faranno tesoro!» (ivi, p. 66).

353 Mario Pettinati, avvocato, giornalista (talora con lo pseudonimo di M. P. Helder), fondatore della «Gazzetta Letteraria» di Torino, è nominato da Pirandello nel 1929 suo rappresentante a Londra.

354 Antonio Chiaramonte di Bordonaro, barone, ministro d'Italia a Praga dal 1920 al 1923, quindi segretario generale del Ministero degli Esteri, ambasciatore plenipotenziario a Londra dal 1927 al 1932.

355 Eugenio Balzan, redattore e direttore amministrativo del «Corriere della Sera», il 15 maggio 1929, gli scrive: «L'Anglo-American Newspaper Service ci offre il copyright per una serie di dieci articoli che Lei dovrebbe scrivere quest'anno. Credo si tratti dei medesimi articoli di cui Ella mi parlò tempo fa quando ebbe la cortesia di venirmi a trovare. So che in proposito Le ha già scritto il Direttore, ma voglio anch'io pregarla di saperci dire come dobbiamo risolvere la faccenda. Ad ogni modo nel caso che il copyright fosse stato ceduto all'Anglo-American Newspaper Service bisognerebbe che Ella avesse la corte sia di farci avere l'originale italiano degli articoli per non dover sciupare traducendo dall'inglese la Sua prosa» (in Luigi Pirandello, *Carteggi inediti (con Ojetti, Albertini, Orvieto, Novaro, De Gubernatis, De Filippo)*, cit., p. 231).

356 Max Pallemberg (1877-1934), attore viennese, scoperto da Max Reinhardt e ingaggiato nel 1914 al «Deutsches Theater» di Berlino, nel 1924 fu il Padre nei *Sei personaggi in cerca d'autore* nella celebre messa in scena di Max Reinhardt, di lui Pirandello aveva grande stima. A Marta Abba, da Ber-

lino, il 20 settembre 1929, scriverà: «Il giorno 24 aspetto qua Max Reinhardt che cenerà con me e con Wreede per parlare e stabilire circa alla rappresentazione di *Questa sera si recita a soggetto*. La difficoltà massima è per Pallemberg che è impegnato fino alla fine dell'anno a Vienna. Sostituirlo, ai fini del successo, sarebbe un gran danno. Con Pallemberg il trionfo sarebbe certo, ritiene il Wreede, e anche Reinhardt è di quest'avviso» (in Luigi Pirandello, *Lettere a Marta Abba*, cit., p. 261).

[357] Lilian Nancy Bache Price (1880-1970), attrice inglese (ma pure pittrice, musicologa e fertile scrittrice), fondò il «People's National Theatre», a lei si devono varie messe in scena di commedie pirandelliane in Inghilterra.

[358] Il dramma in tre atti *La vita che ti diedi*, derivato dalle novelle *I pensionati della memoria* (1914) e *La camera in attesa* (1916), era stato ideato da Pirandello nel 1921 per Eleonora Duse, poi steso nel 1923. Così Pirandello, il 22 marzo 1923, scriveva all'attrice: «Illustre Signora, so che da jeri è nelle Sue mani *La vita che ti diedi*. L'ho scritta con religioso amore, pensando costantemente a Lei, tutto inteso a raccogliere e a contenere nelle parole di questa madre quelle vibrazioni che solo la Sua arte sa e può destare in chi veramente sia capace di soffrirne e di goderne, quasi divinamente. Stimo per me una fortuna (e so che può parer disgrazia in un paese come il nostro) non avendo nessuna pompa di parole, ma nudo stile di cose. Cose presentate di fronte, sempre, e guardate, per così dire, in faccia, con lealtà intera, che solo gli sciocchi possono credere voluta temerità. Certo è difficile usarla, senza offendere. Attendo, con un'ansia che Ella può bene immaginarsi, una Sua parola sul mio lavoro, e intanto mi metto a Sua disposizione, pregandoLa d'accogliere, Illustre Signora, il mio più devoto e reverente ossequio» (in Luigi Pirandello, *Maschere nude*, cit., vol. 3°, p. 228). Il 25 marzo la Duse rispondeva: «Son qui, legata, a contratti, a direzioni di teatro… (ah! miseria!) per contratti rimandati – tutta una miscela di cose amare, assurde, vili e odiose, che compongono questa non mai assai rammaricata vita di teatro! […] Se dunque esco da codesto inferno, *non so quando*, non so come, verrò [a] cercarla e forse, Lei, nell'attesa non avrà nulla perduto, poiché il mio lavoro è *precario*, fugace, né lascia traccia, il Suo permane» (ivi, p. 229). Alla rinuncia della Duse, Pirandello consegnò il copione alla Compagnia Alda Borrelli. La messa in scena ebbe luogo il 12 ottobre 1923, al «Teatro Quirino» di Roma, interpreti Alda Borrelli, Gina Sammarco, Giuseppina Solazzi, Vittorina Benvenuti, Piero Carnabuci.

[359] L'agenzia Golden Dreit, rappresentante a Londra della società di Giordani.

[360] Giovacchino Forzano (1884-1970), giornalista, drammaturgo, librettista (di Puccini), regista teatrale, in particolare lirico, e cinematografico. Ideatore dei «Carri di Tespi», teatri mobili per *tournées* estive in luoghi privi di strutture sceniche, rivelatisi uno dei principali successi in campo culturale. Nel settembre del 1927 aveva realizzato una spettacolare messa in scena de *La figlia di Iorio* al «Teatro del Vittoriale», all'aperto, su due palcoscenici,

protagonisti Maria Melato e Annibale Ninchi. Il 20 dicembre 1930 al «Teatro Argentina» di Roma è messo in scena il dramma *Campo di maggio* (protagonista Napoleone) di cui era coautore Mussolini, che però farà apparire anche il suo nome soltanto all'estero. La collaborazione proseguì con *Villafranca* (1931, protagonista Cavour) e *Cesare* (1939). Di *Campo di maggio* e *Villafranca* fu fatta una trasposizione cinematografica con la regia di Forzano e la supervisione di Mussolini. Nei riguardi di Forzano, vicinissimo a Giordani, Pirandello nutriva una forte avversione. A Marta Abba, da Parigi, il 6 febbraio 1931, a proposito della «melma di codesto così detto "teatro italiano"», scrive: «Nocchiero della cloaca Giovacchino Forzano, timoniere Paolo Giordani, sirena incantatrice Olga Aillaud»; il 9 marzo 1931, sempre da Parigi: «Ma salva per tutti l'onore del teatro italiano Giovacchino Forzano! Finché scrive *Don Bonaparte* e *Campo di maggio* e guida per la Penisola "i Carri di Tespi", l'onore è salvo, e tutti contenti e soddisfatti» e, da Roma, il 17 maggio 1933, definisce Forzano «il vero nemico d'ogni iniziativa per la rinascita del teatro in Italia. Non si abbatte Giordani senz'abbattere contemporaneamente Forzano: tutte le difficoltà consistono in quest'unione, perché si sa che Forzano è protetto dal Duce» (in Luigi Pirandello, *Lettere a Marta Abba*, cit., pp. 636, 677 e 1090-1091).

361 Fra cui *The Singing Fool*.

362 Pirandello era rimasto sconcertato al primo impatto con il film sonoro e, interrogato a caldo dal giornalista Oreste Rizzini, aveva espresso le proprie impressioni molto negative. L'illusione di realtà data dalle immagini del cinema gli pareva «irrimediabilmente distrutta» dalla voce meccanica dei personaggi, i quali nel cinema non sono corpi ma ombre: e se si dà loro voce, le ombre «danno la sensazione macabra di spettri». Ritorna quindi alla proposta della «cinemelografia», «linguaggio di apparenze»: «Le apparenze non parlano. Un'apparenza non può avere una voce viva e presente che suppone un corpo vivo e presente. Il linguaggio delle apparenze può essere soltanto la musica. Bisogna levare la cinematografia dalla letteratura e metterla soltanto nella musica. Musica e non più letteratura deve essere l'elemento fantastico della cinematografia. Il linguaggio nuovo delle apparenze non può essere altro che la musica e la cinematografia deve essere il linguaggio visibile della musica. Le immagini del nuovo film debbono nascere dalla musica attraverso l'interpretazione di un poeta, come un linguaggio visibile della musica, come un linguaggio che nasce soltanto per gli occhi dal sentimento che la musica esprime. Cinemelografia. La musica parla a tutti, e tutti ascoltandola immaginano qualche cosa: immagini varie, fluttuanti, luminose o fosche, lievi o potenti, liete o dolorose, tutte immagini che nascono dai sentimenti che la musica esprime, con un movimento lento o affrettato a seconda del ritmo. Non vi è bisogno d'altro. Pura musica e pura visione» (*Pirandello contro il film parlato*, «Corriere della Sera», Milano, 19 aprile 1929). Due mesi dopo vede la luce il noto articolo pirandelliano *Se il film parlante abolirà il teatro*, «Corriere della Sera», Milano, 16 giugno 1929 (ora in *Saggi, poesie, scritti*

varii, cit., pp. 1030-1036). Qualche tempo dopo, nel corso di un'altra intervista, richiamatosi alle idee già espresse sul cinema sonoro, polemizza in particolare con il cosiddetto «fonofilm» che «non valeva neanche la pena di essere scoperto» e con la proposta dei «melodrammi italiani passati attraverso il *grammofono* filmato». «Tanto varrebbe», conclude, «godermi in santa pace il teatro lirico» (–, *Luigi Pirandello e... l'altro mondo*, «La Tribuna», Roma, 23 agosto 1929). Si trattava però di reazioni e sensazioni del momento che lo scrittore supererà rapidamente: già nella lettera a Marta del 6 aprile aveva del resto manifestato il proprio entusiasmo per le nuove possibilità espressive che il «film parlante» offriva. E in futuro ricercherà e favorirà ogni possibile occasione di trasporre le proprie opere in realizzazioni cinematografiche, spesso non soltanto per il profitto economico da trarne. Cfr. al riguardo: AA.VV., *Il cinema e Pirandello*, cit., in particolare Sarah Zappulla Muscarà, *Luigi e Stefano Pirandello e il cinema. Dalla parte di Stefano...*, cit., pp. 167-189 e Stefano Milioto, *Pirandello e il cinema nelle lettere a Marta Abba*, pp. 193-208.

[363] Dell'incontro con il magnate americano Otto Harry Kahn, il 29 aprile 1929, da Berlino, aveva riferito a Marta Abba: «Sono stato oggi invitato a colazione all'Adlon da Otto Kahn che si trova a Berlino. Come sai, Otto Kahn è uno dei più ricchi uomini del mondo; dicono che nell'ordine dei più ricchi sia il sesto. Tu sai anche che egli ha per me molta simpatia. Dunque, mi ha voluto a colazione, oggi, all'una e mezzo: me solo. Ha lasciato tutti; mi ha preso sotto braccio e mi ha condotto alla sala da pranzo dell'Adlon, dove è rimasto con me per un'ora e mezza, fino alle tre. Ha voluto essere informato di tutte le mie idee sulla cinematografia, e quando gliel'ho esposte, se n'è mostrato *entusiasta*, entusiasta dei *Sei personaggi*, entusiasta dei films-musicali, entusiasta anche della nuova idea del film-parlante con la sola macchina che parla. Ha detto testualmente: "Tutte codeste cose, oltre ad essere magnifiche e geniali, sono anche dei grandi affari, e bisogna essere veramente stupidi per non capirlo. Un uomo così pieno di idee nuove come voi non può aver fortuna in Europa; voi dovete venire in America. I due direttori della Paramaunt [*sic*] sono adesso a Parigi; io parlerò con loro e dico che c'è da fare con voi dei veri grandi affari"» (in Luigi Pirandello, *Lettere a Marta Abba*, cit., pp. 165-166).

[364] La commedia in tre atti *O di uno o di nessuno* (tratta dall'omonima novella del 1912, poi rielaborata nel 1925), scritta nella primavera del 1929, sarà messa in scena il 4 novembre 1929, al «Teatro di Torino», Compagnia Almirante-Rissone-Tòfano. Scrive Mario Gromo su «L'Italia Letteraria»: «Tutto il primo atto, mosso e colorito, e la scena del terzo in cui Melina moribonda delira esprimendoci intera, e liricamente, il nucleo di questi tre atti, sono ben degni del grande scrittore. Nella signorile e raffinata cornice del Teatro di Torino, la compagnia Almirante-Rissone-Tòfano ci ha offerto un altro saggio degno di questo disciplinato e intelligente complesso d'attori» (*Cronache delle scene. Serate torinesi*, 17 novembre 1929).

[365] Domenico (Mimì) Pàstina, avvocato, cognato di Stefano e Olinda,

era stato incaricato di sbrigare complicate pratiche di Pirandello con il fisco.

366 La novella *Il dovere del medico* (1910), rielaborazione de *Il gancio* (1902), era stata pubblicata nella raccolta *Novelle per un anno* (Firenze, Bemporad, 1922).

367 La commedia in un atto *Il dovere del medico* era stata messa in scena il 20 giugno 1913, nella «Sala Umberto» di Roma, Compagnia del «Teatro per Tutti», diretta da Lucio D'Ambra. Nel 1925 Pirandello aveva riscritto quasi interamente l'atto unico, apparso, insieme a *La morsa*, *All'uscita* e *L'uomo dal fiore in bocca*, nella raccolta *Maschere nude* (Firenze, Bemporad, 1926).

368 Effervescente la vita intellettuale e mondana di Berlino in quegli anni a cui Pirandello non resta estraneo: «Per poco che abbiate l'occhio esercitato, nel via vai di questo "Botegon" qualche celebrità la scoprite sempre. Qui bazzica Emil Jannings, qui tra un allenamento e uno scontro capita Schmelling, il pugilatore preconizzato campione del mondo, qualche sera viene Albert Einstein, qualche sera Georg Kaiser, o Rosso di San Secondo, o Maria Jacobini, e tutte le sere c'è Pirandello» (Pietro Solari, *Meridiano di Berlino*, «L'Italia Letteraria», Roma, 3 novembre 1929).

369 Joe May (1880-1954), produttore, regista e scenarista austriaco. Dichiara un anno dopo, nel corso di un'intervista, Pirandello a Mario Corsi: «Joe May, il celebre Direttore dell'Ufa che da poco ha finito il più bel film sonoro europeo, *Die Letze Compagnie*, un episodio della guerra prussiana con la battaglia di Jena, mi ha chiesto di ridurre in commedia musicale cinematografica *Ma non è una cosa seria* e di ricavare dalla stessa un'operetta. Come vedi, non ho prevenzioni contro nessun genere. Nel mio cervello c'è posto per le più disparate forme d'arte...» (*La valigia di Pirandello*, «Comœdia», Milano, 15 luglio-15 agosto 1930). Sempre nell'estate del 1930 al May scrive: «Io non ho prevenzione contro nessun genere: nel mio cervello c'è posto per le più disparate forme d'arte» (in Francesco Callari, *Pirandello e il cinema*, Venezia, Marsilio, 1991, p. 76). Alcuni anni dopo, nel 1934, ci informa Alessandro d'Amico: «fu chiesto a Pirandello di trarre da *Ma non è una cosa seria* un libretto per un'operetta. La trattativa dovrebbe essersi svolta nel dicembre durante un soggiorno dello scrittore a Parigi, presumibilmente con un impresario francese, ma a quanto pare senza alcun esito» (in Luigi Pirandello, *Maschere nude*, cit., vol. 2°, p. 24).

370 Emil Jannings (1884-1950), attore drammatico e cinematografico svizzero, per lui Pirandello progetta un soggetto dalla novella *L'abito nuovo* per un film mai realizzato.

371 Il progetto fallirà.

372 Per aiutare Marta Abba nella formazione della sua Compagnia per la stagione 1929-1930 e nella scelta del repertorio, Pirandello il 3 agosto si è recato a Milano, dove rimarrà fino alla prima metà di settembre.

373 Partito da Berlino il 17 ottobre, Pirandello si è recato nuovamente a Milano per incontrare Marta Abba. Da qui si è spostato a Roma per l'inaugurazione della Reale Accademia d'Italia. Tornerà a Milano il 30 ottobre, per

ripartire il 2 novembre per Vienna dove incontrerà Otto Preminger e Jacob Feldhammer, direttori del «Neues Schauspielhaus», quindi rientrerà a Berlino il 6 novembre.

[374] Arnoldo Mondadori ('Montedoro', come lo chiamava Gabriele d'Annunzio) era riuscito finalmente a strappare a Bemporad lo scrittore agrigentino con cui stava perfezionando accordi editoriali non semplici.

[375] Il decennale contratto con Bemporad era scaduto il 5 settembre 1929; il 22 agosto l'avvocato Mario Pelosini ne dava comunicazione all'editore. Nei fogli della disdetta Pirandello aveva aggiunto di suo pugno: «Illustre Amico, Le confermo quanto Le scrisse più su l'amico Pelosini. L'essere obbligato – come sono – a rispettare un impegno da me assunto a suo tempo con ogni forma legale, non significa per me alterare d'un punto i nostri amichevoli rapporti. Il fatto stesso d'averle mandato recentemente l'ultimo mio manoscritto, ora in corso di stampa, Le dimostra che io non Le avrei inviato la presente disdetta, se – come Le ripeto – non fossi stato richiamato all'osservanza di un impegno tassativo» (in Alfredo Barbina, *Editori di Pirandello*, cit., p. 335).

[376] Giuseppina (Pinì) De Castro, figlia minore dei ricordati zii Calogero e Lina Pirandello, sorella di Luigi, si era sposata nel 1928 con l'ingegnere Raffaele Marsili. Scelto dalla nipote come testimone, Luigi ne aveva affidato la procura a Stefano. Cfr. al riguardo il volume che la figlia di Giuseppina De Castro ha dedicato alla famiglia materna: *Luigi Pirandello intimo. Lettere e documenti inediti*, a cura di Renata Marsili Antonetti, Roma, Gangemi Editore, 1998.

[377] Anna Pirandello (1869-1958), sorella minore di Luigi.

[378] La mostra personale di Fausto ha luogo nel mese di novembre 1929 a Vienna, nello spazio espositivo «Bukum». Così, da Parigi, aveva scritto, qualche tempo prima, al fratello Stefano: «Ricevo in blocco la tua lettera con allegato un foglilino riempito a cura di Ninnì e Olinda (ma questa Ninnì fa dei progressi eprouvantabili!) e ci sento in pieno il tuo stato d'animo surelassé, come hanno il vizio di dire da queste parti. [...] Ora poi ho fatto il facchino per la preparazione di questa che saprai mostra viennese e ancora non ne tiro i piedi. La cosa è laboriosissima e di qualche importanza, mi dicono, perché, Vienna pare sia un buon centro artistico, almeno in fatto di pittura. Si aprirà il 1° novembre con una ventina di quadri e una quindicina di disegni tutti capati. Ti mando queste fotografie caso mai, a suo tempo, "Il Tevere" si volesse onorare riproducendone una e per fartele vedere, perché mi fa piacere e così spero sia di te. Papà, questa volta, è stato Papà davvero e ha promesso alla galleria – che fa anche concerti, conferenze, edizioni d'arte, ecc. – di passarci in novembre a fare una conferenza. Così mi assicurano che venderò qualche cosa per rispetto e amore di Papà. Vedremo. La storia intanto (cornici, spedizioni, casse, dogana) mi sta costando un duemila franchi per cui sono morto di freddo, di fame e pezzente da fare schifo. [...] E quando sarà [si riferisce alla vendita del villino di via Onofrio Panvinio] sarò davvero preoccupato sul modo d'investire questa somma che, per essere l'unica che possegso, avrà

un'importanza capitale. [...] Qui sono straniero, in Italia non ho troppa voglia di stabilirmi. [...] Mi avevi parlato nell'ultima tua della combriccola in cui eri entrato, Govoni in testa. Di una rivista che dovevate fare ad ottobre ecc. Dei tuoi lavori. Dimmi che si produce di bello (vai a morire ammazzato! mi risponderai). E allora la pianto» (in Stefano Pirandello, *Tutto il teatro*, cit., vol. 1°, pp. 180-181).

[379] Pirandello, che aveva lasciato Berlino a metà novembre, si era recato a Torino per assistere alla prima nazionale di *Lazzaro*, avvenuta, con scarso successo, al «Teatro di Torino», Compagnia Marta Abba, il 7 dicembre 1929. L'opera sarà affidata, per la rappresentazione al «Teatro Olympia» di Milano, alla Compagnia di Maria Melato.

[380] Maria Melato (1885-1950), attrice teatrale e cinematografica, nel 1906 fu primattrice giovane nella Compagnia Irma Gramatica-Flavio Andò; dal 1909 al 1921 fu nelle compagnie formate o dirette da Virgilio Talli. Dal 1922 formò diverse compagnie proprie. Sue interpretazioni pirandelliane: *Così è (se vi pare)*, *Vestire gli ignudi*; *Lazzaro*; fra gli altri autori del suo repertorio ricordiamo: Rosso di San Secondo, d'Annunzio, Wilde, Sardou, Andreev, Cocteau.

[381] Sulle nozze del Principe di Piemonte Umberto di Savoia, figlio del Re d'Italia, Vittorio Emanuele III, con la Principessa Maria Josè del Belgio, avvenimento a cui la stampa dà ampio spazio, nello stesso giorno appare un articolo sul «Corriere della Sera» (*Le nozze del Principe Ereditario*). Il matrimonio avrà luogo a Roma l'8 gennaio 1930.

[382] Venceslao Jiřina, regista di Praga, tradusse in ceco il *Non si sa come*. Alcuni mesi dopo, l'8 aprile 1930, da Berlino, a Marta Abba Pirandello comunica: «Mi ha scritto Jirina da Praga, incaricandomi di mandarti i suoi saluti. Mi dice che le repliche de *L'amica delle mogli* seguitano ancora al Teatro Nazionale e vorrebbe che ci andassi: mi farebbero, anche con tanto ritardo, grandissime feste. Ma come faccio a muovermi, così mal'andato [*sic*] come sono? Mi parla poi dei lavori che si daranno nella prossima stagione d'autunno: *Questa sera si recita a soggetto* e *Pensaci Giacomino*, al Teatro Municipale, e a Burno [*sic*] e a B[r]atislava *L'uomo, la bestia e la virtù*. È sempre quel bravo Jirina che noi conosciamo, contento del suo lavoro, contento della sua moglie e della sua figliuola... Che felicità, poter essere così!» e il 6 dicembre 1934: «Il 15, partenza per Praga: altri infiniti festeggiamenti anche colà, da morirne dalla stanchezza: conferenza alla Casa di cultura degli Italiani, banchetti, discorsi, e al 19 prima rappresentazione mondiale del *Non si sa come* in lingua ceka, traduzione del buon Jirina, al Teatro Nazionale» (in Luigi Pirandello, *Lettere a Marta Abba*, cit., pp. 374 e 1153).

[383] Pietro Solari (1895-1955), corrispondente da Berlino di diverse testate, commediografo, così ricorderà Pirandello, di cui fu molto amico, durante il suo soggiorno nella capitale tedesca dal 1928 al 1930: «Pirandello se ne stava chiuso otto ore al giorno in un appartamentino della Lützow Platz, al quarto piano, dove il frastuono della metropoli ubriaca arrivava velato e

stanco, eco di una catastrofe remota. Con un dito solo batteva i tasti della macchina da scrivere, senza fretta, eguale, monotono, tutt'uno anche lui con la macchina. Se sbagliava una lettera strappava il foglio, ricopiava tutto e riprendeva a comporre al punto dove s'era fermato, sempre con lo stesso ritmo, la stessa padronanza. Apriva e chiudeva l'ispirazione come il rubinetto d'una fontana. Pensava in quei mesi i *Giganti della Montagna* e aveva in animo di chiudere la serie delle composizioni drammatiche per dedicarsi interamente ad un romanzo di vastissima mole che negli ultimi mesi della sua vita aveva effettivamente cominciato a stendere col titolo *Relazione del mio involontario soggiorno su questa terra*» (in *Giornate a Berlino*, in AA.VV., *Almanacco Letterario Bompiani 1938*, cit., p. 78).

384 Dopo questa lettera c'è un vuoto di corrispondenza di tre mesi. Da altre fonti si apprende che lo scambio epistolare era invece continuato, ma evidentemente se ne sono perduti dei 'pezzi'. Per esempio, in una sua del 25 febbraio 1930 indirizzata al fratello Fausto, Stefano lo informa di avere scritto al padre per «dirgli chiaramente che se lui voleva aver ragione di Giordani e di Forges doveva stabilirsi qui [in Italia] a combatterli con le loro armi, aderenze, mezzi, ricorrendo all'Accademia come accademico, al ministro delle corporazioni come autore del sindacato, al Partito come tesserato: e mai all'opinione pubblica come uomo e artista Luigi Pirandello, perché l'uomo non esiste e l'opinione pubblica non esiste: e che a mio modesto avviso era meglio che si chiudesse a lavorare sbattendo tutte le porte in faccia alle miserie invece di invitarle a entrare e di andarle a cercare se non vogliono venire. Pare che abbia seguito il consiglio. Così potrà scrivere un lavoro di più, che può essere un capolavoro, e farsi dare una ragione di meno: e sono due bei vantaggi». Nella stessa lettera Stefano aggiungeva che stava lavorando alla preparazione di una commedia e che avrebbe iniziato a scriverla dopo qualche giorno.

385 La lettera è apparsa in parte sul «Corriere della Sera» del 1° dicembre 1984 con una nota di Enzo Lauretta e una di Roberto De Monticelli.

386 La commedia *Questa sera si recita a soggetto*, in scena al «Neues Schauspielhaus» di Königsberg dal 25 gennaio 1930, seguita ad essere rappresentata. Pirandello, entusiasta, il 1° marzo, da Berlino, ne informa Marta: «Le recite a Könisberger [*sic*] seguitano con enorme successo e seguiteranno per tutto il mese di marzo: il che è inaudito, trattandosi di una città di provincia. Non avviene quasi mai che in provincia si diano più di otto o dieci repliche d'un lavoro. Il mio si replica da circa un mese e seguiterà a replicarsi per un mese ancora'» (in Luigi Pirandello, *Lettere a Marta Abba*, cit., p. 312).

387 Così leggiamo su «Il Messaggero» del 7 marzo 1930: «Ieri sera si è rappresentata a Königsberg la commedia di Pirandello: *Questa sera si recita a soggetto*. L'Autore era presente. Pirandello è stato assai festeggiato ieri sera e quest'oggi dalle autorità locali. Un pranzo ha avuto luogo nella sede del comune e vi hanno partecipato il Presidente generale della Prussia Orientale, il Primo Borgomastro di Königsberg, il direttore del massimo teatro locale e altre autorità. Sono stati pronunziati vari discorsi nei quali è stata esaltata

l'arte italiana e in particolare l'arte di Pirandello. A Pirandello è stato offerto un pregevole regalo del Comune. Prima di lasciare la città, quest'oggi Pirandello ha visitato la casa di Kant».

388 Hermann Scherchen (1891-1966), musicista berlinese (morirà a Firenze), dal 1912 direttore d'orchestra, nel 1919 fondò la Società per la musica nuova, nel 1920 la rivista «Melos», nel 1933 la rivista «Musica viva». Elias Canetti ne dipinge l'interessante personalità nel romanzo autobiografico *Il gioco degli occhi*.

389 *L'histoire du soldat*, testo di Charles-Ferdinand Ramuz, musiche di Igor Strawinsky, direttore d'orchestra Hermann Scherchen, traduzione di Alberto Savinio, era stata messa in scena, per la prima volta in Italia, al «Teatro Odescalchi», il 28 aprile 1925.

390 La prima berlinese di *Questa sera si recita a soggetto* avrà luogo il 31 maggio 1930, al «Lessing-Teather», regia di Gustav Hartung, interpreti Hedwig Wangel, Elisabeth Lennartz, Lupu Pick, Hermann Vallentin, Ludwig Andersen, Maria Asti. L'esito sarà catastrofico, come riferirà il giorno dopo il critico Herbert Ihering: «In occasione della prima di *Questa sera si recita a soggetto* di Pirandello si è avuto ieri sera al Lessing-Theater un enorme scandalo. Dai fischi vivaci ai furiosi inviti a farla finita si sono percorsi tutti i gradi dell'indignazione degli astanti. Per minuti non si è capita nemmeno una parola. Solo la valorosa prestazione di Elisabeth Lennartz ha consentito di portare a termine la rappresentazione. Lo scandalo era giustificato. Il dramma: un ingarbugliato nonsense che si spaccia per profondità. La messinscena: incomprensibile, fatta male persino dal punto di vista dell'acustica, pesante invece che briosa. La regia: Gustav Hartung che a Berlino ci si ostina a considerare ancora un regista» (cfr. al riguardo: Michele Cometa, *Il Teatro di Pirandello in Germania*, cit., p. 307). Pochi giorni dopo la prima, il 3 giugno 1930, da Berlino, a Marta Abba Pirandello scrive: «Qua la gazzarra della stampa non è minore di quella del pubblico alla prima, la sera del 31. Ho osato toccare il Dio, capisci? Max Reinhardt, proprio nelle feste giubilari che gli si stanno facendo. Tutti han voluto vedere nel Dr. Hinkfuss la satira del dio dei régisseurs tedeschi, Max Reinhardt, e così si spiega la tempesta che mi s'è scatenata addosso. Dàlli al sacrilego, dàlli all'iconoclasta straniero, al profanatore del tempio! Via! via! via! Mi cacciano proprio, a furia d'insulti e di vituperii. Tutto questo pandemonio, tanto in teatro quanto nei giornali, è concertato, non c'è il minimo dubbio: il Feist, l'ho saputo, è da cinque mesi agli stipendi di Reinhardt, come capo propaganda stampa; l'attacco l'ha sferrato lui con tutto l'*entourage* Reinhardt! Lui ha dato a credere a tutti che nel Dottor Hinkfuss io abbia voluto raffigurare il Reinhardt, che oggi tutta Berlino festeggia; di modo che la rappresentazione del mio lavoro, proprio nella stessa sera che alla "Marmorsaal" si teneva il grande banchetto del Festeggiato, è parso un insulto inaudito, e tanto più grave, in quanto scagliato da uno straniero. La dedica del mio lavoro, proprio al Reinhardt, non solo non è valsa a distruggere la perfida insinuazione, ma è parsa un'impudenza e una

tracotanza inaudita; e ne han veduto la prova (cosa che io non m'immaginavo affatto) nella persona dell'Hartung, che qui è considerato come il rivale del Reinhardt, il rivale sconfitto e privato del suo teatro, il rivale cacciato dal "Reinaissance-theater" proprio per aver voluto competere col dio Reinhardt. Capisci? Tutte queste cose io non le sapevo affatto; son venuto a saperle adesso, nello stordimento di quest'assalto che m'è sopraggiunto di sorpresa. Non credere, Marta mia, che io ne sia menomamente avvilito. Tutt'altro! Perché questo dio Reinhardt non è dio per tutti, neanche qua a Berlino: ha con sé la stampa, ma non il pubblico. Nella sua stessa casa, al "Deutsches Theater", alla prima di *Phaea* di Unruh, data undici giorni or sono *e caduta*, proprio all'inizio delle sue feste giubilari, il pubblico gridò: "*Pfui Reinhardt! Pfui Reinhardt!*" che è peggio che "abbasso Reinhardt!", perché nel *pfui* c'è un senso di sputo. E il pubblico, nella maggioranza, *era con me* la sera della prima rappresentazione, e solo i congiurati fischiarono e fecero baccano, e poi tacquero quando alla fine scoppiarono le grandi ovazioni di tutto il pubblico in piedi, che mi evocò gridando "Och Pirandello!" cioè "Viva Pirandello!" per più di 20 volte. E ora ogni sera il pubblico riempie il teatro e si diverte un mondo e si spella le mani a applaudire, indisturbato: la commedia trionfa ogni sera, come trionfò a Königsberg. Ma mi secca di passare, in terra straniera, come il conduttore d'una battaglia personale, che non ho pensato affatto di dare, perfidamente inventata e messa su da una canaglia che non avrei mai stimato capace di tanto» (in Luigi Pirandello, *Lettere a Marta Abba*, cit., pp. 502-504). Nel 1929 Hans Feist aveva procurato a Pirandello un «piccolo appartamento d'affitto» a Berlino nella Hitzigstrasse, Ecke Kaiserin Augustrasse. La padrona di casa si chiamava Hinkfuss (cfr. al riguardo: M. Adank, *Luigi Pirandello e i suoi contatti con il mondo tedesco*, Druckereigenossenschaft, Aarau, 1948), nome che sarà dato al direttore di *Questa sera si recita a soggetto*.

[391] Frank Wedekind (1864-1918), autore drammatico tedesco. Alcuni mesi prima, il 4 novembre 1929, da Vienna a Marta Abba aveva scritto: «Domani sera sono invitato dai due direttori del "Neues Deutsches Schauspielhaus", dove Tu verrai a recitare, per assistere alla prima rappresentazione d'una commedia di Wedekind, con cui il teatro si riapre al pubblico» (in Luigi Pirandello, *Lettere a Marta Abba*, cit., p. 297).

[392] Nel giugno 1930 Lietta ritornerà in Italia, secondo un suo vivo desiderio, dal secondo soggiorno cileno (1927-1930). I biglietti sulla "Motonave Virgilio" furono pagati dal padre che l'aspettava a Genova. Cfr. al riguardo: Maria Luisa Aguirre d'Amico, *Vivere con Pirandello*, cit., p. 143.

[393] Gino Rocca (1891-1941), giornalista, romanziere, drammaturgo, critico, capo della Sezione stampa e propaganda della S.I.A.E.. Pochi giorni prima, il 21 marzo, a Marta Abba Pirandello scrive: «[Nulli] mi dice che il quarto trimestre dei miei diritti d'autore è di lire 41.938,25 (circa quarantadue mila lire), di cui però me ne resteranno ben poche, perché la metà andranno alla Banca Commerciale, un quarto alla Società degli Autori per il residuo debito contratto per mio figlio Stefano. Con il primo trimestre di que-

st'anno, infine, respirerò, perché tutti i debiti saranno pagati. Devo ancora una ventina di mila lire alla Banca Commerciale e tre mila e qualcosa alla Società degli autori; tutto il resto verrà a me. Della Società degli autori non so più nulla; nessuno mi ha più scritto, e ignoro se qualche decisione sia stata presa sulle mie dimissioni da socio. Ho visto dai giornali che Gino Rocca è stato però a Roma, e forse avrà parlato» (in Luigi Pirandello, *Lettere a Marta Abba*, cit., pp. 340-341).

394 Giuseppe Bottai (1895-1959), giornalista, aderì al movimento del Futurismo, fu uno dei fondatori del Partito nazionale fascista nel 1919; deputato, nel 1924 fu nominato sottosegretario e poi ministro delle Corporazioni (1929-1932), governatore di Roma, e dal 1936 ministro della Pubblica Istruzione. Diresse il quotidiano «L'Epoca» e nel 1923 fondò la rivista «Critica fascista». Scrive Pirandello a Marta Abba, da Roma, il 28 ottobre 1929, che Bottai, «protettore di Giordani», «senza che nessuno ne possa dire la ragione – *è un mio nemico*: forse perché lo vidi ragazzetto a casa mia, in via S. Martino al Macao, quando mi portava *il quartarolo* del vino di Velletri, ogni quindici giorni. Ma se questa è la vera e sola ragione, il signor Bottai, S.E. Bottai deve avere molti e molti nemici: tutti i signori che venti e più anni fa hanno abitato nel vasto quartiere del Macao a Roma!». E da Berlino, il 1° marzo 1930: «Gino Rocca mi ha scritto d'avere ricevuto invito da Roma ad andare con me a parlare con Bottai. Io gli risponderò questa sera che faccia lui del suo meglio: che si rechi da Interlandi e si faccia dar copia di tutta la corrispondenza scambiata con la Società degli Autori e copia anche del mio memoriale, e che lo illustri lui punto per punto a Bottai. Io già ebbi a Milano, prima di partire, una lunga conversazione con Rocca e gli lessi tutto l'incartamento. Certo, in questo momento, la mia presenza a Roma sarebbe stata utilissima» (ivi, pp. 295, 313).

395 La Suvini-Zerboni era la società teatrale che in quell'epoca aveva il quasi totale monopolio dei teatri e dei repertori italiani.

396 Il 23 maggio 1930, da Berlino, a Marta Abba, Pirandello scrive: «A proposito dell'Aillaud, ricevo una lettera di Nulli con la sibillina notizia: "Stanno svolgendosi fatti che, se si realizzano, possono mutare molte cose nel teatro italiano". Non so a che fatti voglia alludere. A qualche passo di Gino Rocca, in seguito alla Tua denunzia per il rifiuto al "Valle" del suo lavoro? O si tratta del passaggio della "Suvini Zerboni" dalle mani del Giordani a quelle del Ponti? Mistero!» (in Luigi Pirandello, *Lettere a Marta Abba*, cit., p. 477).

397 Richard Dehmel (1863-1920), poeta tedesco. L'amore è la tematica fondamentale della sua opera.

398 Derivata dall'omonima novella (1922), la commedia in tre atti *Un gradino più giù* (1942) sarà rappresentata il 12 maggio 1942 al «Teatro Manzoni» di Milano, Compagnia del «Teatro Nazionale» dei G.U.F., regia di Nino Meloni, interpreti Salvo Randone, Paola Borboni, Lina Volonghi, Adolfo Geri. Renato Simoni sul «Corriere della Sera» scrive: «Un bellissimo successo, conquistato con una commedia difficile, tormentata concettualmente e nella

psicologia dei personaggi; nera e fonda, ma, giù, con una mestizia misericordiosa di luce. [...] Quest'opera ha i caratteri del poema drammatico» (13 maggio 1942) e gi. mi. sulla «Gazzetta del Popolo»: «In *Un gradino più giù*, dramma che è fatto di passioni troppo forse vicine al vero perché appaiano verosimili e che ha una sua poesia, ma va cercata in vene profonde e non facilmente reperibili, Stefano Landi ha subito, assai più che in altri lavori, l'influenza paterna. Affiorano qui, e in modo evidente, le ansie, le inquietudini e le ossessioni che hanno tanta parte nella natura, nello stile e nella tecnica pirandelliana. Ma c'è anche qualche cosa di profondamente diverso: il segno inconfondibile di una singolare e robusta personalità. [...] Il dramma raggiunge [...] una poesia inconsueta e una commossa umanità» (24 maggio 1942). Successivamente rielaborata nel 1966, nella stesura definitiva è ora in Stefano Pirandello, *Tutto il teatro*, cit.

[399] Da Berlino, il 30 marzo 1930, a Marta Abba, Pirandello scrive: «Se Ti avvenisse di toccare per qualche giorno Girgenti (pagata, s'intende!) scrivendone a Federico Lauricella, perché Ti combini la "piazza", salutami il pino del Caos e la vecchia bicocca dove sono nato. Forse non li vedrò mai più!» (in Luigi Pirandello, *Lettere a Marta Abba*, cit., p. 356).

[400] Di quelle circostanze ormai lontane Luigi Pirandello ha un ricordo confuso. Del resto dubbi e interrogativi erano sorti tra i familiari a proposito delle pratiche per la vendita dei beni di Antonietta Portolano. Per esempio quando, proprio nell'agosto 1926, nei giorni più crudi della rottura col genero e la figlia, era stato scoperto alla banca un conto (dove erano depositate 64 mila lire) diverso da quello nel quale confluivano tutti i diritti d'autore dello scrittore. Si trattava di una somma stornata dalla giusta destinazione? Manuel Aguirre, che era stato fino a quel momento procuratore e amministratore degli affari del suocero, ne poté dare invece una spiegazione indiscutibile. Egli aveva ricevuto prima dell'agosto a titolo di caparra alcuni importi, che in totale ammontavano alla somma lì collocata, dai futuri compratori di terreni e appartamenti di proprietà di Antonietta, e li aveva versati in quel conto bancario "chiuso" che aveva correttamente a lei intestato. Il suo torto, semmai, era stato di averne taciuto l'incasso, e se ne giustificò dichiarando di avere voluto evitare in quel modo che anche quella somma venisse richiesta dal suocero, cosa che sarebbe potuta accadere. Una sfiducia di cui Pirandello si era adontato. Ma sull'operazione si dovette riconoscere l'onestà e regolarità della condotta di Manuel. Allo stesso modo fu in seguito constatata la totale infondatezza di qualsiasi rilievo nei confronti di Federico Lauricella. Quella somma, versata nel conto bancario registrato a nome di Antonietta, era andata a costituire una prima quota del capitale in cartelle, sempre intestato alla moglie di Pirandello, che si formò poi con la effettiva vendita dei suoi beni avvenuta in diverse date tra la fine del 1926 e i primi giorni del 1927. A proposito di quel capitale, che Luigi valutò in 600.000 lire (uno dei figli lo stimò invece inferiore), va detto che della proposta di investirlo «più proficuamente» (come scrive nella lettera) perché ne potessero beneficiare la moglie e i figli, non si

avrà più traccia nei carteggi familiari, e non risulta che sia stata attuata, come si desume indirettamente dal seguito di questa corrispondenza e dal fatto che tutti e tre i figli rimasero ancora in qualche misura dipendenti dal soccorso paterno.

401 Venduto il villino di via Onofrio Panvinio e ricevute le somme promesse loro dal padre, Stefano e Fausto, quest'ultimo ancora a Parigi, accarezzano per qualche giorno l'idea (che non si realizzerà) di trasferirsi a Capri, pur mantenendo una dimora a Roma.

402 Il viaggio, annunciato più volte anche sulla stampa, sarà annullato, fra l'altro, per la crisi finanziaria che colpisce l'America e, di conseguenza, pure l'Europa. Pirandello andrà in Sud America nel 1933.

403 Soltanto su «Il Tevere» del 9 maggio 1930 apparirà un articolo dal titolo *Pirandello girerà quattro film a Hollywood*.

404 Il contratto con la Paramount rimane sulla carta. Il sospetto di Pirandello che in Italia sia stato imposto il silenzio su una notizia importante che riguarda non soltanto lui ma pure l'arte e la cultura italiana, è un chiaro segno dell'ostilità crescente che egli avverte da parte del governo fascista e della stampa.

405 Jesse Lasky (1880-1958), produttore cinematografico americano, al tempo delle trattative con Pirandello era Vicepresidente della Paramount, di cui si occupava per l'Europa. Il 1° aprile 1930, da Berlino, Pirandello scrive a Marta Abba: «È finalmente arrivato a Parigi, e sarà tra pochi giorni a Berlino, il signor Lawrski [*sic*], che è il rappresentante generale della Paramount. Da Parigi stessa ha fissato per telegramma (e il telegramma l'ho visto io) l'appuntamento con me per i giorni che sarà qua a Berlino. Questa è un'altra proposta, che non ha niente da fare con quella della Metro-Goldwin-Mayer né con quella degli *United Artists*. Io suppongo che la devo a Otto H. Kahn, che ne avrà parlato al Lawrski a New-York prima della partenza. Otto H. Kahn è infatti uno dei più forti finanziatori della Paramount. Staremo a vedere che vorrà e che proposte mi farà. Certo è un altro sintomo del grande interesse dell'America per me». E il 5 maggio, a proposito del loro incontro: «Non mi sono arreso se non quando ottenni nei fatti l'assicurazione che almeno *due* soggetti saranno presi dalla Paramount. Ma il contratto contempla *quattro* soggetti, per l'ammontare di 67 mila dollari; più un pagamento per tre mesi in ragione di mille dollari la settimana per il mantenimento e il viaggio pagato di andata e ritorno: obbligo di restare parte dei tre mesi a New-York e parte a Hollywood. Partenza, in agosto o in settembre, appena sarà chiamato dalla Sede. Inoltre il Lasky s'è dimostrato interessatissimo alla filmazione dei *Sei personaggi*, che io ho voluto escludere dal contratto, perché, se mai, oggetto di un contratto a parte» (in Luigi Pirandello, *Lettere a Marta Abba*, cit., pp. 432-433, 443-444).

406 Kurt Harald Isenstein (1898-1980), scultore, pittore, designer, scrittore tedesco. Il 17 maggio 1930, da Berlino, a Marta Pirandello scrive: «Appena alzo gli occhi dalla carta, gli occhi mi vanno al mio busto, di cui lo

397

scultore Isenstein mi ha voluto regalare una copia in gesso. L'ho collocata sulla mensoletta della stufa monumentale che è nel mio studio – ti ricordi? – all'angolo presso l'uscio. Con quel busto di gesso, la stufa pare la mia tomba; e io mi vedo come in camposanto. Una vista allegra! Il busto però è molto bello. Lo darò a Te, al mio ritorno, se lo vorrai» (ivi, p. 466).

[407] Gustav Hartung (1887-1946), regista e direttore artistico, lavorò in Germania e in Svizzera, a lui si deve la turbolenta prima di *Questa sera si recita a soggetto* a Berlino, in seguito alla quale Pirandello abbandonerà la città tedesca. Cfr. al riguardo la lettera del 24 marzo 1930.

[408] «L'uomo con una valigia» era solito definirsi Pirandello, come ricorda Corrado Alvaro nella prefazione a *Novelle per un anno*, cit., pp. 32-33.

[409] Lietta effettivamente arriverà in Italia in giugno con la secondogenita Lietta (l'altra figlia Maria Luisa era rimasta in Cile col padre), accolta allo sbarco a Genova da Luigi e Stefano. Questi aveva anticipato il consenso del padre a mandarle il denaro richiesto per il viaggio: egli già da tempo s'era impegnato per giungere alla riconciliazione familiare dopo la rottura del 1926 e per attenuare a poco a poco il risentimento di Luigi. Forse era stato spinto a farlo anche dall'avvertimento di una propria parte di responsabilità, insieme con Fausto. I tre figli di Pirandello si ritrovano tutti insieme a Positano nell'estate. Lietta e la figlia sono ospiti di Stefano; anche Fausto ha preso una casa con la moglie e il figlio Pierluigi. Luigi li raggiungerà nel tardo agosto per pochi giorni soltanto durante i quali avrà discussioni anche vivaci coi figli. È probabile che, dopo il colpo subito in Germania con l'insuccesso di *Questa sera si recita a soggetto*, e visto che egli intendeva adesso abbandonare Berlino, essi volessero con insistenza convincerlo a fare ritorno in Italia e che lo scrittore avesse con foga respinto la prospettiva di rimpatriare. Anche Corrado Alvaro con la moglie Laura e il figlio furono ospiti di Stefano a Positano.

[410] Sulla «Gazzetta del Popolo» del 1° giugno 1930 leggiamo: «Berlino, maggio. Trovo Luigi Pirandello nel suo elemento naturale, fra quinte e scenari, attori, macchinisti e comparse, sul palcoscenico del Lessing Theater, dove a giorni si darà la prima di *Questa sera si recita a soggetto* nell'edizione di Gustav Hartung» (P. S. [Pietro Solari], *Tre nuove opere di Pirandello*, «Gazzetta del Popolo», Torino, 1 giugno 1930). Sarà un insuccesso anche per la campagna antipirandelliana e xenofoba della stampa tedesca.

[411] Gilbert Miller, impresario teatrale americano, «uno dei maggiori proprietarii di teatro di New York, e importatore di commedie europee laggiù» lo definisce Pirandello. Fu Miller che nel 1936 impose Marta Abba a Broadway.

[412] Al suo ritorno andrà ad alloggiare presso Stefano, in via Piemonte.

[413] Il «Corriere della Sera» del 29 luglio 1930, in una corrispondenza da Parigi, informa: «Pirandello è a Parigi: non per rimanervi, ché egli non riesce a rimaner fermo per due settimane in una stessa città. È venuto a Parigi come alla stazione d'incrocio delle grandi vie del mondo. Qui la Paramount, con la

quale Pirandello ha firmato un contratto, ha inviato due esperti di letteratura cinematografica che, studiate tutte le opere dello scrittore italiano, dovranno scegliere i quattro lavori meglio adatti alla riduzione cinematografica. Lo stesso Pirandello partirà tra qualche tempo per Hollywood dove resterà almeno tre mesi. Ma da Parigi egli partirà domani per Londra, dove il più grande impresario d'Europa, Cochran, che fu impresario della Duse, gli propone di organizzare nella metropoli inglese una stagione pirandelliana sul tipo di quelle che Shubert si prepara a dare a New York l'autunno prossimo. Shubert è forse la figura più interessante del mondo teatrale americano. Egli possiede sessantacinque teatri e ne gestisce centocinquanta. Con Pirandello egli ha fatto un contratto per quattro lavori dei quali due sono già rappresentati e noti al pubblico italiano: *Questa sera si recita a soggetto* e *Come tu mi vuoi*, e due sono in gestazione. Di questi ultimi il primo, *I Giganti della Montagna* è quasi finito; l'altro, *Quando si è qualcuno*, sarà scritto dal Maestro durante quelle che egli chiama le sue vacanze estive».

[414] In data 3 ottobre 1930 sul «Corriere della Sera» appare una corrispondenza da Venezia del giorno precedente dal titolo *La Compagnia di Marta Abba a Venezia*: «Ha esordito al Goldoni di Venezia la nuova Compagnia di Marta Abba. Il teatro era gremito. Si è rappresentato *Come tu mi vuoi* di Pirandello. Il pubblico ha applaudito parecchie volte a scena aperta e alla fine degli atti ha chiamato ripetutamente alla ribalta Marta Abba, Romano Calò, e gli altri. Pirandello, che assisteva allo spettacolo, ha dovuto pure presentarsi al proscenio». Sul «Corriere della Sera» del 4 ottobre si dà notizia, inoltre, che «tre commedie di Pirandello sono state rappresentate con successo recentemente all'estero: *Pensaci, Giacomino!*, al Teatro Municipale di Praga; *La vita che ti diedi*, a Bucarest e a Amsterdam; *O di uno o di nessuno*, a Dresda».

[415] La commedia in tre atti *Come tu mi vuoi* era stata rappresentata per la prima volta al «Teatro Filodrammatici» di Milano, il 18 febbraio 1930, Compagnia Marta Abba. «La commedia è stata accolta da quattro chiamate al primo atto, da sette, di cui tre anche a Luigi Pirandello, al secondo e da quattro al terzo, di cui due anche all'autore. Durante il secondo atto s'è avuto un applauso a scena aperta. Lo stile, l'arte e la ricerca si ricollegano a tutto il rimanente teatro di questo scrittore. [...] La recitazione è stata accurata ed efficace da parte di tutti. Marta Abba ha vissuto il giuoco di Helma e di Lucia con impeto, con intelligente penetrazione delle difficoltà della parte, e ha avuto momenti di viva drammaticità. La Graziosi, il Zambuto, il De Marchi, lo Stival, la Marchiò e gli altri hanno colorito i vari personaggi» (–, «*Come tu mi vuoi*» *di L. Pirandello al Teatro Filodrammatici di Milano*, «Corriere della Sera», Milano, 19 febbraio 1930). La Compagnia, rinnovata in alcuni suoi elementi, riprende *Come tu mi vuoi* il 2 ottobre 1930, al «Teatro Goldoni» di Venezia.

[416] Il romanzo *Il muro di casa* sarà pubblicato da Bompiani nel 1935.

[417] Il 10 ottobre 1930, da Roma, a tal riguardo così Pirandello informa Marta Abba: «Jeri mattina, appena arrivato, son corso alla Farnesina, sede dell'Accademia, e benché stanco morto, mi sono battuto dalle 10 fino alle 2 del

pomeriggio perché fossero eletti i due che portavo. Ci sono riuscito per uno, cioè per Ugo Ojetti. Quando s'è passato all'elezione dell'altro, cioè del Bontempelli, è venuta fuori la camorra e, quantunque il Bontempelli avesse ottenuto quattro voti e F.M. Martini 3, hanno fatto risultare eletto il Martini dandogli prima il voto del Presidente, e facendo perciò 4 a 4, e poi, ottenuto così il ballottaggio, facendo che un secondo voto del Presidente, arbitro in caso di ballottaggio, dèsse la maggioranza di 5 voti al Martini, contro i quattro effettivi del Bontempelli. E tutto questo per far piacere al Capo del Governo, che voleva eletto il Martini, mutilato di guerra. Non faccio commenti. Puoi farli da Te» (in Luigi Pirandello, *Lettere a Marta Abba*, cit., p. 542). Tuttavia, pochi giorni dopo, il 15 ottobre 1930, da Roma, Bontempelli scrive a Mussolini sollecitando la propria investitura ad Accademico d'Italia facendo leva sulle difficoltà economiche in cui versa e sull'immagine dell'Italia all'estero, specie in Francia, che, da una sua nuova esclusione, risulterebbe «vie più intorbidita» e il 22 ottobre gli invia un telegramma per ringraziarlo della nomina ad Accademico d'Italia: «Gioioso commosso vi mando tutta la mia gratitudine la mia devozione filiale» (in AA.VV., *Massimo Bontempelli*, a cura di Simona Cigliana, «L'illuminista», Roma, gennaio-dicembre 2005, pp. 83-84).

[418] Circa l'annuncio del fidanzamento della Principessa Giovanna di Savoia, quartogenita di Vittorio Emanuele III, con lo Zar dei Bulgari Boris III, sul «Corriere della Sera», si legge: «L'annuncio del fidanzamento della principessa Giovanna ha destato nella Nazione Italiana un senso di affettuosa compiacenza e di vivo interessamento. [...] Giovanna di Savoia, che fra breve col matrimonio acquisterà senz'altro il titolo di Regina, è per altezza d'animo, per originalità intellettuale, per maturità di coscienza assolutamente preparata al grave e delicato compito che l'attende. Il giovane e cavalleresco Zar dei Bulgari non poteva far scelta migliore, né più meditata» (–, *L'esultante attesa per le nozze della Principessa Giovanna*, 5 ottobre 1930). Il matrimonio avrà luogo ad Assisi il 25 ottobre 1930.

[419] Durante il 1930, di Stefano su «Il Tevere» appariranno le novelle: *Morte dell'amore* (7 ottobre); *Storielle. 1-Imbroglione. 2-Vile e imbecille* (8 novembre); *Padrone di se stesso* (18 e 19 novembre); *Storielle. Il buono e il cattivo* (27 novembre; poi su «La Nazione», 29 luglio 1932); le poesie *Tantalo* (24 ottobre) e *La moglie* (8 dicembre; quest'ultima poi su «Nuova Antologia», 16 febbraio 1937, quindi confluita nella raccolta *Le Forme*, prefazione di Corrado Alvaro, Milano, Bompiani, 1942); con lo pseudonimo Fortunio, usato soltanto due volte, firma l'articolo *La prima Quadriennale romana* (22 luglio).

[420] Su «Il Lavoro Fascista» erano apparse le novelle *Il sonno* (3 novembre 1930) e *Mirella signorina* (23 novembre 1930).

[421] Il racconto *Ragionevole richiesta* sarà pubblicato su «L'Italia Letteraria» del 26 aprile 1931.

[422] I racconti su «Pègaso» e sulla «Nuova Antologia» non vedranno la luce. Ma sulla sua attività giornalistica si rinvia a Stefano Pirandello, *Tutto il teatro*, cit.; e a Sarah Zappulla Muscarà, *Stefano Pirandello giornalista*, cit.

[423] Da: Maria Luisa Aguirre d'Amico, *Vivere con Pirandello*, cit., pp. 145-146.
[424] Luigi indirizza la lettera ai tre figli insieme. Dopo la parte dedicata a tutti, riportiamo i brani che sono diretti al solo Stefano.
[425] Ulteriore conferma di quanto più volte ribadito circa i tanti articoli firmati dal padre ma dovuti a Stefano che, naturalmente, li discuteva con lui e glieli sottoponeva per la definitiva approvazione.
[426] Desiré Schwarz, avvocato di Parigi dell'Agenzia Internazionale Copyright.
[427] I fratelli Lee e Jacob Shubert erano i più importanti impresari e proprietari di teatri di New York e di tutto il Nord America.
[428] Pirandello progettava di rivedere l'intera produzione poetica per una sistematica riedizione.
[429] Il romanzo, come accennato, è *Il muro di casa*.
[430] Edoardo Nulli, rappresentante di Pirandello all'estero.
[431] Eric Allatini, agente di Pirandello a Parigi.
[432] Mario Nicolis dei Conti di Robilant (1855-1943), torinese, generale, senatore del Regno (nominato nel 1917), ricoprì vari incarichi militari. Pubblicò nel 1934 per la Zanichelli un carteggio in 4 volumi: *Lettres de la princesse Radziwill au general De Robilant, 1889-1914: une grand dame d'avant guerre*.
[433] Desy Francesetti di Hautecour, Contessa di Robilant.
[434] Margherita Nicolis, Contessa di Robilant, moglie del Marchese Saint Amour de Chanaz, sorella maggiore di Irene.
[435] Costituite le Corporazioni dello Spettacolo, Bottai ne propone la direzione a Silvio d'Amico, come gli scrive Roberto Forges-Davanzati: «Ho l'incarico da Bottai di proporti l'ufficio dello spettacolo. (Dovresti poi anche occuparti di cinematografo etc.)» (in Pietro Milone, *Lettere a un maestro di scuola umana*, «Stilos», suppl. letterario de «La Sicilia», Catania, 9-22 maggio 2006). D'Amico si schernisce per la sua incompetenza sulle questioni economico-organizzative e sindacali ma precisa che sta scrivendo un volumetto *La crisi del teatro*, di cui un capitolo (*Il progetto nostro*) contiene il progetto di un Istituto Nazionale del Teatro Drammatico, con tre stabili. Il progetto, e da ciò l'irritazione, era simile a quello di Pirandello che, per quanto «approvato dal Consiglio dei Ministri, e diventato legge dello Stato», non giunse mai a compimento, anche per i tanti consiglieri di Mussolini, avversari di Pirandello.
[436] Enrico Corradini (1865-1931), giornalista (è stato direttore de «Il Giornale d'Italia»), scrittore, commediografo. Fu senatore e ministro di Stato durante il fascismo. Avverso a Pirandello.
[437] Stefano parte il 15 luglio alla volta di Studeno dove si trova il suo reggimento, per poi essere trasferito a Cosarsa, un paesino vicino a Santa Lucia di Tolmino (nella Venezia-Giulia, ora territorio sloveno). Olinda e i figli villeggiano a Cutigliano (Pistoia) insieme a Laura, moglie di Corrado Alvaro (anch'egli sotto le armi), e il figlioletto Massimo. Fausto e la moglie Pompi-

lia fanno ritorno a Roma. Il 20 luglio 1931, Stefano, da Studeno, alla moglie scrive: «Qui non arrivano giornali: io non so più se la "Stampa" e la "Nazione" hanno pubblicato altri scritti di quel signor Stefano Landi che mi pare di non conoscere più nemmeno di vista. Tu hai potuto seguirli? Cerca di farlo, Picì, e se vedi la mia roba dammene notizia». E il 2 agosto, da Cosarsa: «Hai visto nelle "Opere e Giorni" la seconda puntata del mio racconto? Certo non avrai avuto tempo di scorrerla: chissà come sarà piena di spropositi. Al ritorno a Roma farò una capatina alla "Nuova Antologia" per una risposta, e una delle prime cose che scriverò appena sistemati nella nuova villeggiatura sarà il racconto per "Pègaso". Ma attaccherò subito il romanzo. Brucio dalla voglia di arrivare, penso che gioja è poter lavorare in pace: guai d'ora in poi a chi mi frastorna, non voglio più sapere nemmeno in che mondo vivo. La mia famiglia e il mio lavoro sono la mia vita. M'allontanerei molto volentieri da Roma per un pajo d'anni, o anche per un anno solo. Ma, certo, per andare in un posto molto bello e con tutti i conforti civili. Si vedrà, ci consiglieremo insieme. Entro i trentasei anni io devo aver scritto il romanzo, che è tempo: e quanto più ne passa, di tanto allungo l'incertezza della nostra situazione familiare e della mia di artista. Tutti producono e mi passano avanti, io non resisto più all'avvilimento di segnare il passo così a lungo. E per Dodi mia è necessario pure: lei s'è sposata con uno scrittore, non con uno spostato figlio di Papà; lei è la signora Landi, Dodi Landi. E certo che lavorando diventerò bravo, lo so; e anche buono diventerò, sai. Perciò questa dev'essere la vita nostra. Quanto mi piacerebbe una villetta con un bel giardino in un bel posto, e Dodi mia che respira aria buona coi figlioletti belli abbronzati, e lui lavora sempre in casa, ogni tanto s'affaccia, tutto va bene e liscio come l'olio, l'opera aumenta ogni giorno, finché viene quello che si scrive 'fine' e si stampa. Sogni, ma potrebbero essere veri» (in Stefano Pirandello, *Tutto il teatro*, cit., vol. 1°, pp. 187, 190-191). Nel 1931 su «La Nazione» appaiono gli articoli: *L'amico e il tempo* (21 febbraio); *Siesta d'aprile* (19 aprile); *Le vesti lunghe* (26 giugno) e le novelle: *Il monaco Chandra Purna* (22 marzo); *Delusione del vecchio Samuele* (22 maggio), versione riveduta di *Ladro compiuto* («Il Tevere», 11 luglio 1927), nucleo originario dell'atto unico *Qui s'insegna a rubare*; *Un vecchio giornale* (17 luglio); *Storielle. 1-La tribù. 2-Nuvole e fichi* (31 luglio; quest'ultima già su «Il Tevere», 23 dicembre 1925); *Un uomo dispettoso* (21 agosto); *Muso e faccia* (17 settembre); *Storielle. 1-A non sapere chi è il padrone. 2-Pensieri da ricordare. 3-Le sorprese dell'allegria* (2 ottobre); *Storielle. 1-Pretese. 2-Il tonico. 3-Partito preso* (22 ottobre); *Strana avventura* (11 novembre); *Storielle. 1-L'obbligo. 2-Dedizione* (29 novembre); *Atto di presenza* (17 dicembre; poi su «Il Tevere», 2 agosto 1932). Su «La Stampa» le novelle: *Un po' di buon gusto* (16 giugno); *I compagni d'arme* (7 luglio); *Intrepido amore* (17 ottobre); *La moglie* (18 novembre). Sul mensile milanese «Le Opere e i Giorni» la novella *Aida vuol vivere* (1 luglio e 1 agosto).

[438] In Portogallo dal 19 al 27 settembre 1931, in occasione del «Congresso internazionale della critica di tutti i paesi d'Europa e d'America», di cui

Pirandello è stato nominato Presidente Onorario, il 24 settembre, da Estoril, scrive a Marta Abba: «Mi hanno reso onori regali. Il Presidente della Repub[b]lica, dopo la rappresentazione al Teatro Nazionale del *Sogno (ma forse no)* mi ha insignito della più alta onorificenza portoghese "la gran Croce di San Giacomo della Spada" che il Ministro della Pubblica Istruzione mi ha appeso al collo, pronunziando un discorso d'occasione. Tutto il teatro era in piedi, e non Ti dico le ovazioni fino al delirio. Sono stanco morto. Visite, banchetti, escursioni senza fine. Ho visto a Villafranca la caccia dei tori selvaggi. Cose interessantissime, piene di calore. L'esaltazione degli animi, qua, è lo stato normale. Ma è un popolo veramente ospitale e generoso. Sono stato assistito in modo mirabile dal Ministro d'Italia, S.E. il Barone Valentino e dalla Ministressa, che m'hanno messo a disposizione la magnifica sede della Legazione e la loro automobile. Mi hanno offerto un the tanto il Ministro degli Esteri quanto quello della Pubblica Istruzione, quanto quello della Marina. Tutti i discorsi erano in mio onore, e insomma tutto il Congresso è consistito sulla mia presenza a Lisbona» (in Luigi Pirandello, *Lettere a Marta Abba*, cit., pp. 877-878). A Lisbona l'atto unico *Sogno (ma forse no)*, scritto nel 1929, viene rappresentato in prima mondiale, al «Teatro Nazionale», il 22 settembre 1931, traduzione di Caetano de Abreu Beirão, col titolo *Sonho (mas talvez não)*; in Italia, dopo una trasmissione radiofonica, a cura dell'Ente Italiano Audizioni Radiofoniche, l'11 gennaio 1936, è messo in scena a Genova, al «Giardino d'Italia», dalla Filodrammatica del Gruppo Universitario, il 10 dicembre 1937, in occasione del primo anniversario della scomparsa dello scrittore.

[439] Guglielmo Marconi (1874-1937), dal settembre 1930 Presidente della Reale Accademia d'Italia e membro del Gran Consiglio del Partito nazionale fascista. Per le sue scoperte scientifiche il 2 ottobre 1933 sarà chiamato in tutta l'America *The Marconi Day*, per onorare l'inventore della telegrafia senza fili.

[440] *L'uomo, la bestia e la virtù*, nella traduzione di Louise Servicen e Max Maurey, sarà messa in scena il 19 novembre 1931, al «Théâtre Saint Georges», interpreti André Lefaur, Marta Abba, Geoges Clarins, André Béart, Yvonne Yma, Berte Berty. La prima del *Come tu mi vuoi* avrà luogo soltanto il 7 novembre 1932, al «Teâtre Montparnasse», nella traduzione di Benjamin Crémieux, interpreti Marguerite Jamois, Roger Karl, Georges Vitray. Cfr. al riguardo la lettera del 21 febbraio 1932.

[441] Il citato discorso apparso sulla rassegna di *Studi verghiani*, diretta da Lina Perroni. Cfr. al riguardo la lettera del 26 luglio 1920.

[442] Sebbene nella nuova stesura le varianti rispetto alla conferenza tenuta a Catania nel 1922 non siano di rilievo, ora il suo antidannunzianesimo risulta più sgradito: «Gli accademici amici di D'Annunzio passeggiavano nervosamente nella sala accanto; non avevano potuto resistere seduti tra il pubblico, e di quando in quando porgevano l'orecchio alle parole di Pirandello per ripetersele l'un l'altro allibiti» (Corrado Alvaro, *Appunti e ricordi*, «Arena», ottobre-dicembre 1953, p. 178).

[443] Anton Giulio Bragaglia (1890-1960), fondatore del «Teatro degli Indipendenti» (1922-1931), la cui aura esaltante sarà rievocata molti anni dopo da Ercole Patti: «Fu lì che si recitò per la prima volta *L'uomo dal fiore in bocca* di Pirandello che tenne il cartellone con molto successo per più di un mese. [...] Si può immaginare con quale riverente e spasmodica curiosità di ragazzo io abbia assistito fra le umide pareti del teatrino di Via degli Avignonesi alla nascita di *L'uomo dal fiore in bocca* proprio alla nascita di quell'atto unico che poi doveva diventare famoso. Si sa che gran parte del teatro pirandelliano proviene dalle sue novelle, ma il modo come *L'uomo dal fiore in bocca* è passato dal racconto al palcoscenico è forse unico nella storia del teatro. [...] Bragaglia aveva molto insistito per avere da lui qualcosa almeno un breve atto per il Teatro degli Indipendenti; e un giorno Pirandello per accontentarlo prese un suo volume gli scelse la novella *Caffè notturno* e segnando con una matita rossa negli stretti margini delle pagine stampate qualche brevissima didascalia e una o due mezze battute mise su in pochi minuti l'atto unico. Ho ancora davanti agli occhi, in quella penombra per me così emozionante del teatrino, quel volume un poco spiegazzato con quelle poche parole annotate in rosso. Poi il libro fu passato alla dattilografa e così nacque il copione dell'*Uomo dal fiore in bocca* senza che Pirandello lo avesse mai scritto» (in *Roma amara e dolce*, Milano, Bompiani, 1972, pp. 40-42; ora riedito a cura di Sarah Zappulla Muscarà, Milano, Bompiani, 2006, pp. 40-42). Scrive Anton Giulio Bragaglia nel 1938, dopo aver ricordato gli anni giovanili in cui frequentava con Pier Maria Rosso di San Secondo la casa di Pirandello: «Ma io ricordo pure alcune sue prime rappresentazioni nei teatri di Berlino e di Parigi, dove gli spettatori di razza riflessiva e non impulsiva, si cacciavano i pugni nelle tempie a seguire l'ossessionante e persecutivo dialogo, di questo terribile indagatore crudelmente lucido, lampeggiante di amaro sarcasmo nella diavoleria quasi poliziesca della sua ricerca psicologica. Le sconcertanti scoperte alle quali portavano le sue strette dialettiche, sbalordivano e straziavano gli ascoltatori per l'umano accento accorato affiorante sotto l'amarezza del ghigno» (in *Pirandello: l'uomo*, in AA.VV., *Almanacco Letterario Bompiani 1938*, cit., p. 88).

[444] Nel saggio *Dialettalità*, apparso su «Cronache d'attualità», agosto-settembre-ottobre 1921 (poi in «Giornale dell'Isola», 28 febbraio 1922 e in «Scenario», gennaio 1939), Pirandello elogia la *dialettalità*, «vero e unico idioma», «ricchezza di storia, ricchezza di vita, ricchezza di forme e di costumi, ricchezza di caratteri» e distingue fra scrittori di cose (Verga) e scrittori di parole (d'Annunzio), proponendo quella contrapposizione svolta nei due discorsi su Verga (1920; 1931): «Negli uni la parola che pone la cosa e per parola non vuol valere se non in quanto esprime la cosa, per modo che, tra la cosa e il lettore o lo spettatore che deve vederla, essa, come parola, sparisca, e stia lì, non parola, ma la cosa stessa. Negli altri, la cosa che non tanto vale per sé quanto per come è detta, e appar sempre il letterato che vi vuol far vedere com'è bravo a dirvela, anche quando non si scopra. E lì, dunque, una costruzione da dentro, le cose che nascono e vi si pongono davanti sì che voi ci camminate in mezzo, ci respi-

rate, le toccate: terra, pietre, carne, quegli occhi, quelle foglie, quell'acqua; e qua una costruzione da fuori, le parole dei repertorii linguistici e le frasi che vi sanno dir queste cose, e che alla fine, poiché ci sentite il giuoco e la bravura, vi saziano e vi stancano» (ora in *Saggi, poesie, scritti varii*, cit., p. 1211).

[445] La promessa dell'invio del compenso documenta che la stesura definitiva della novella *I muricciuoli, un fico, un uccellino*, apparsa, con la firma di Luigi Pirandello, sul «Corriere della Sera» del 18 ottobre 1931, come altri scritti di questi anni, è da attribuire a Stefano, seppure su idea, traccia e revisione finale del padre. Cfr. al riguardo: Sarah Zappulla Muscarà, *Una novella sconosciuta dell'ultimo Pirandello*, in *Pirandello in guanti gialli*, cit., pp. 303-332 (2ª ed. aggiornata, 1988, pp. 313-342) e Luigi Pirandello, *I muricciuoli, un fico, un uccellino*, prefazione di Sarah Zappulla Muscarà, Catania, Maimone, 1986, con un'incisione di Antonio Santacroce.

[446] Il 27 ottobre 1931 Lietta, da Roma, gli scrive: «Papetto mio bello – dunque ti avremo a Roma il prossimo mese. È già più di un anno che non ti vediamo e siamo ansiosissimi di riabbracciarti. Aspettiamo tue notizie, papetto – anche un telegramma è una festa per noi» (in Maria Luisa Aguirre d'Amico, *Vivere con Pirandello*, cit., p. 149). Lietta ritornerà in Cile all'inizio del 1932 per rientrare in Italia il 14 ottobre 1936.

[447] Il 3 settembre 1931, da Firenze, Ugo Ojetti gli scrive: «Torno da Venezia dove in una riunione della Commissione per gl'inviti alla prossima Biennale ho avuto il piacere di proporre, e di far accettare, l'invito a tuo figlio Fausto. È un invito *all'opera*, non proprio al pittore. Maraini cioè scriverà a tuo figlio e a tempo debito andrà a studio di lui a scegliere uno o due quadri per la Biennale. Te lo scrivo subito perché ti farà piacere. Leggo che in autunno andrai in America. Spero che tu parta solo dopo le sedute di mezzo novembre all'Accademia per le elezioni. Se tu non vieni questa volta il danno sarà grave. Salgono all'orizzonte certe candidature da manicomio… Fai questo sacrificio: vieni. L'Accademia, specie la Classe di lettere, va in malora, mentre con un poco di buona volontà potrebbe essere arciutile» (in Luigi Pirandello, *Carteggi inediti (con Ojetti, Albertini, Orvieto, Novaro, De Gubernatis, De Filippo)*, cit., p. 110).

[448] Alcuni giorni prima si era sentito male. Si trattava di un attacco di cuore di cui non si era reso però ben conto.

[449] Simon Gantillon, drammaturgo e scenarista francese. Il 29 gennaio 1932, da Parigi, Luigi scrive a Marta Abba: «Jeri sera sono stato a veder *Bifur* di Gantillon al Teatro Montparnasse. Un indegno aborto. È prevedibile che non durerà che poco. Io vedrò Baty oggi o domani. E ti terrò informata sull'esito del colloquio». E l'11 febbraio 1932: «Intanto so che *Bifur* di Gantillon va molto male, con incassi lordi di Fr. 2200; ma Gantillon che è molto ricco, paga per tenere l'*affiche*; ma fino a quando? Dullin ha preso il *Berretto a sonagli*; ma purtroppo si trova in questo momento in cattive acque» (in Luigi Pirandello, *Lettere a Marta Abba*, cit., pp. 917, 925).

[450] Gaston Baty (1885-1952), attore e regista francese, diresse la prima parigina di *Come tu mi vuoi*.

[451] Charles Dullin (1885-1949), regista francese, il 20 dicembre 1922, al «Théâtre de l'Atélier» di Parigi, aveva messo in scena *La volupté de l'honneur* (*Il piacere dell'onestà*), traduzione di Camille Mallarmé, prima commedia di Pirandello in Francia.

[452] «*Horse in the moon*». *Twelve short stories* («*Un cavallo nella luna*». *Dodici brevi novelle*), traduzione di Samuel Putnam, New York, Dutton, 1932.

[453] *Tonight we improvise* (*Questa sera si recita a soggetto*), traduzione di Samuel Putnam, New York, Dutton, 1932.

[454] Arturo Marpicati (1891-1960), scrittore, magistrato, cancelliere della Reale Accademia d'Italia, vicesegretario del Partito fascista.

[455] Il 16 febbraio 1932, da Roma, Marta Abba scrive a Pirandello: «Marpicati poi mi fece vedere la lettera sua e non le nascondo che sono rimasta molto male di quanto Lei ha voluto fare. Se Lei avesse chiesto a me, glielo avrei sconsigliato assolutamente. Non era il *momento ora* e *non è stato il modo* di prospettare una posizione già difficile. Se Lei proprio ci teneva a dire certe cose avrebbe dovuto trovare il mezzo per parlarne Lei e non per mezzo d'altri, e *non così*. Basta, lei l'ha fatto e non c'è nulla da recriminare ormai. In certo qual modo poi mi ha scoperta. Dire proprio la stessa parola che lui [Mussolini] m'aveva detto, "brutto carattere". Ma pazienza, non me ne importerebbe se non avessi visto in ciò una mossa sbagliatissima. Il risultato purtroppo non è tale, credo, da rallegrarci e poi credo che glielo scriverà Marpicati. Dice che la Sua è un'arte sorpassata credo, parla insomma come tutti gli altri, che il pubblico non vuol più sentire queste cose e che si rivolge di preferenza alla vita romanzata o alla commedia». E, due giorni dopo, il 18 febbraio: «Ieri sera ho telefonato a Marpicati domandandogli se Le aveva scritto riferendole di tutto ciò che è passato, perché a me [*sic*], durante lo spettacolo avevo ben potuto capire poco. Mi ha detto che doveva scriverle e che l'avrebbe fatto ieri stesso. Speriamolo...» (in Marta Abba, *Caro Maestro... Lettere a Luigi Pirandello (1926-1936)*, a cura di Pietro Frassica, Milano, Mursia, 1994, pp. 246-247, 249). Cfr. inoltre: Pietro Frassica, *A Marta Abba per non morire*, Milano, Mursia, 1991.

[456] Antonio Aniante, pseudonimo di Antonio Rapisarda (1900-1983), giornalista, poeta, drammaturgo, saggista, si trasferì in Francia dove, sempre in difficoltà economiche, esercitò vari mestieri. Personaggio bizzarro, aveva un gusto feroce della beffa e dell'autoironia. Nel 1932 un suo libro su Mussolini, pubblicato da Grasset, in cui affermava che «quell'uomo avrebbe portato l'Italia alla guerra», lo rese inviso al regime il quale fece ritirare dalla circolazione il «libello diffamatorio». «L'autore più cestinato che ci sia al mondo», come si autodefinì; molti anni dopo racconta: «Nel 1932, quando mi furono tagliati i ponti con l'Italia, fui costretto a vivere di espedienti e di imbrogli. [...] Pirandello mi prestò cinquanta franchi non senza essere stato prima supplicato. Mi ricordò da Roma il debito con tre righe glaciali. L'autografo mi fruttò trecento franchi. Presi la penna e gli scrissi, provocando una seconda risposta di sei velenose righe. L'autografo mi fruttò seicento franchi.

Gli scrissi di nuovo. Questa volta Pirandello non rispose, anzi, morì» (*Obbrobriose confessioni*, Milano, dell'Oglio Editore, 1952, pp. 65-66). Il risentimento dell'agrigentino nei riguardi del conterraneo è ben giustificato, se si pon mente a quanto, nell'entusiamo per il Pirandello siciliano, osserva a proposito di *Liolà*: «Il suo miglior lavoro, in quanto che tutto quel teatro profondo e teorico del nostro scrittore credo che sia di gusto transitorio. [...] Non dimentichiamo di avere avuto un Pirandello prettamente isolano, poeta, novelliere, romanziere, drammaturgo e pensatore che a parer mio sovrasta quello nordico e nebbioso, il quale ultimo può scomparire senza arrecargli alcun danno» («*Liolà» di L. Pirandello*, «L'Italia Letteraria», Roma, 17 novembre 1929).

[457] Direttore de «Il Tevere», Telesio Interlandi, qualche tempo dopo, gli scrive: «Illustre Amico, nei prossimi giorni uscirà in Roma un grande settimanale letterario, da me diretto, e che si intitolerà "Quadrivio". Questo giornale, che nasce sotto Alti auspici e con l'appoggio di importanti Enti culturali del Regime, si propone di presentare al pubblico italiano e straniero, senza preoccupazioni di tendenze o di scuole, tutte le forze vive dell'arte e della cultura italiana, che nella pienezza spirituale creata dal Fascismo, hanno raggiunto il loro rigoglio. Le diverse tendenze, dovute alla diversità di talento e di temperamento, hanno assolto, e forse non ancora del tutto, una loro importante funzione; ma oggi occorre che un grande giornale raccolga da ogni parte i frutti che vengono maturando, e che danno, come ha recentemente detto il Duce, "l'assoluta certezza nelle forze dello spirito e dell'intelligenza italiana". In questo settimanale, i giovani si troveranno non indegnamente accanto agli scrittori più illustri. Sono certo, Illustre Amico, che Ella vorrà essere presente, fin dal primo numero, con un Suo scritto, che Le verrà puntualmente retribuito. Con i migliori saluti e ringraziamenti». In alto troviamo l'aggiunta: «Caro Maestro, è certo che io non uscirò se non ho uno scritto suo. Il suo nome darà il tono al giornale. Verrò a cercarla presto e a mettermi d'accordo con Lei. Affettuosamente Interlandi».

[458] La parentesi è stata aggiunta successivamente, a pie' di pagina.

[459] Luigi Pirandello, *I Fantasmi*, prima parte del «mito» *I Giganti della Montagna*, «Nuova Antologia», Roma, 16 dicembre 1931. Il mito dell'arte era destinato a concludere la trilogia iniziata con *La nuova colonia* (il mito sociale) e proseguita con *Lazzaro* (il mito religioso). In una nota al testo l'autore annunciava una rappresentazione dell'intera opera col titolo definitivo e con altri quattro lavori per l'anno successivo in America. Ma il progetto non è stato realizzato.

[460] In pena per il padre lontano, sempre alla ricerca di un grosso affare cinematografico per risolvere la situazione economica sua e di Marta, in un'ansia di soccorso, Stefano, il 6 febbraio 1932, si rivolge a Mussolini, colui che, solo, spera possa aiutarlo: «Debbo, come figlio di Luigi Pirandello, far presente all'E.V. il modo di compiere un atto di illuminata bontà e di non trascurabile utilità per l'arte italiana. Pirandello, da qualche anno, perde inte-

resse alla vita: da un giorno all'altro può cedere alla tentazione di finirla in maniera tragica o, peggio, clamorosa, troncando tutti i ponti che lo legano alla società degli uomini e, in definitiva, allo Spirito. Io so che basterebbe ancorarlo di nuovo all'arte per dargli un altro destino, lungo e benefico. Ciò non è possibile finché egli va dietro alla vana lusinga di realizzare praticamente una sostanza coi suoi vecchi lavori, facendosi ingannare da cento mestatori, poiché la sua opera, troppo alta e severa, non è di quelle che possano dare grandi ricchezze: egli viene da anni illuso e sfruttato. Bisognerebbe costringerlo di nuovo al lavoro. Oggi in Terra può farlo soltanto: V.E. manifestandoglielo come un desiderio. Conosco mio Padre, so che egli sarebbe sensibilissimo all'attesa di V.E. Se l'E.V. gli facesse comunicare che desidera consultarlo, e magari lo ricevesse per rimproverarlo, per dirgli che non ha piacere di vederlo perder tempo pel mondo e che desidera "confinarlo" in Italia per qualche anno dandogli come còmpito di lavorare, mio Padre sarebbe salvo. L'E.V. potrebbe dargli una vera soddisfazione, risolutiva, determinandogli il lavoro da fare: dicendogli, per esempio, d'essere a conoscenza della trama del grande romanzo ch'egli ha in mente da quasi vent'anni (*Adamo ed Eva*, di cui è stato parlato in numerose interviste), e che gli dà tempo due anni per compierlo. E se mio Padre obiettasse ragioni d'indole materiale (vere soltanto nella sua apprensione di non possedere più alcun capitale), l'E.V. può dirgli pure che a questo penserà suo figlio Stefano, per ordine di V.E. e io farò in modo che egli non abbia preoccupazioni» (in Stefano Pirandello, *Tutto il teatro*, cit., vol. 1°, p. 195).

461 Dal 1° marzo al 30 aprile 1932 ha luogo, nel Palazzo delle Esposizioni di Roma, la «Terza Mostra del Sindacato Regionale Fascista Belle Arti del Lazio», promossa dal Ministro delle Corporazioni Giuseppe Bottai e dal Segretario Nazionale del Sindacato Fascista Belle Arti Cipriano Efisio Oppo. Fausto espone nella sala IV undici opere, tra le quali: *Oggetti, Tetti e monti di Roma, Mosè salvato, Paesaggio di Roma, Donna e bambino, Agosto a Roma, Interno di mattina*. Cfr. al riguardo: AA.VV., *Fausto Pirandello*, cit.

462 Protagonista de *Il giuoco delle parti*.

463 Di *Adamo ed Eva*, «storia, tra mitica e umoristica», che Pirandello coltivava da tempo, se ne traccia una prima trama in un'intervista che risale ad anni lontani (cfr. Alberto De Angelis, *I prossimi romanzi «conclusivi» di Luigi Pirandello*, «La Tribuna», Roma, 15 marzo 1916). Un frammento del romanzo è apparso nell'*Almanacco Letterario Bompiani 1938*, cit., p. 17; poi, insieme ad altri tre frammenti, in Manlio Lo Vecchio-Musti, *Bibliografia di Pirandello*, Milano, Mondadori, 1952, (2ª ed. aggiornata), pp. XI-XIX; ora in Luigi Pirandello, *Saggi, poesie, scritti varii*, cit., pp. 1098-1099. La trama del romanzo è ivi riportata e tracciata da Stefano in *Le opere che Pirandello non scrisse*, commemorazione tenuta il 10 dicembre 1938 alla stazione radiofonica di Roma. Sul romanzo *Adamo ed Eva*, Stefano aveva firmato, con lo pseudonimo di Fortunio, la citata intervista al padre dal titolo *Se Pirandello scrivesse il romanzo di Adamo ed Eva*, apparsa su «Il Tevere» del 31 luglio 1926.

⁴⁶⁴ Saul Colin, rappresentante di Pirandello per gli affari all'estero.
⁴⁶⁵ Curzio Malaparte, pseudonimo di Kurt Suckert (1898-1956), scrittore e giornalista, dal 1929 al 1931 direttore de «La Stampa».
⁴⁶⁶ Tornato in Italia ai primi di marzo, dopo una breve sosta di alcuni giorni a Milano per incontrare Marta Abba, Pirandello si reca a Roma per partecipare ai lavori dell'Accademia. Rientrato a Parigi ai primi di maggio, fa ritorno in Italia all'inizio di giugno. Il 25 raggiungerà la Abba al Lido di Camaiore, da dove si sposterà, il 1° agosto, a Castiglioncello, ospite di Stefano e Olinda.
⁴⁶⁷ Qualche tempo dopo, il 22 agosto 1932, da Castiglioncello, Stefano scrive a Corrado Alvaro: «Papà è qui da me dal 1° del mese e si tratterrà fino a tutto settembre. Ha finito una commedia, *Trovarsi*, e sta lavorando all'altra, *Quando si è qualcuno*. Lavora con un'energia tranquilla e inesorabile che è il mio più vivo desiderio. C'è qui anche Massimo Bontempelli, lavora anche lui pel teatro; mi ha fatto leggere il primo atto della *Famiglia del fabbro*: graziosissimo. Ma è un giuoco. Io sono pieno di ribollimenti, e vorrei che anche lui facesse altro. Se qualcuno non mette fuori presto un libro importante, è un guaio per la letteratura; si ricomincia a soffocare. Non sarò io nemmeno questa volta; ho riperduto il turno» (in Stefano Pirandello, *Tutto il teatro*, cit., vol. 1°, p. 201). La prima della commedia in tre atti *Trovarsi* avrà luogo il 4 novembre 1932, al «Teatro dei Fiorentini» di Napoli, Compagnia Marta Abba.
⁴⁶⁸ Enrico Pea (1881-1958), poeta, narratore, commediografo. Il suo romanzo *La figlioccia* (1931) ottenne il Premio Viareggio. Fu organizzatore delle rappresentazioni dei cosiddetti «maggi», proprietario (e a lungo gestore) del «Politeama» di Viareggio. Delle sue opere ricordiamo: *Giuda* (1918); *Prime piogge d'ottobre* (1919); *Rosa di Sion* (1919); *Parole di scimmie e di poeti* (1919); *Moscardino* (1922); *La passione di Cristo* (1923); *Il servitore del diavolo* (1931); *L'anello del parente folle* (1932); *La maremmana* (1938); *Vita in Egitto* (1949); *Tre alberi* (1951); *L'invidia, la gelosia* (1952).
⁴⁶⁹ Cesare Vico Lodovici (1885-1968), drammaturgo, librettista, sceneggiatore, traduttore (in particolare di Shakespeare, ma spazia dal teatro classico al moderno e contemporaneo). Dei suoi testi teatrali ricordiamo: *L'Eroica* (1912); *Nikita* (1920); *La donna di nessuno* (1920); *Per scherzo* (1920); *Tobia e la mosca* (1921); *Nemmeno per sogno* (1921); *Con gli occhi chiusi* (1923); *L'idiota* (1923); *La buona novella* (1924); *Le fole del bel tempo* (1925); *Il grillo del focolare* (1930); *Ruota* (1932); *L'incrinatura* (1937), *La vecchia ballata* (1947); *Caterina da Siena* (1950); *La contadina furba* (1958). Dedicato a Luigi Pirandello, suo amico, il racconto *Una notte d'amore* (1921). Nel 1943 tenne, presso l'Accademia di arte drammatica, voluta da Silvio d'Amico, un corso di drammaturgia per giovani autori a cui invitò ad intervenire scrittori affermati del tempo quali Ugo Betti e Stefano Pirandello (con cui Lodovici condivideva il giovanile amore per la musica). A Luigi Pirandello, più volte suo ospite, come Enrico Pea e tanti altri illustri letterati del tempo, nella casa di Potrignano (Carrara), si deve il titolo della commedia *Ruota*. «Bel titolo *Ruota*, me lo suggerì Pirandello che fu il primo a conoscerla e che accettò la com-

media per la compagnia Abba che poi la mise in scena nel 1932 al teatro Valle di Roma», così scrive il Lodovici a Pastorino, suo ex compagno di prigionia nella fortezza di Theresienstadt in Boemia (durante il primo conflitto modiale, come Stefano Pirandello, era partito volontario per il fronte, ferito, fatto prigioniero e deportato). In occasione della prima, con la direzione di Pirandello e la regia di Strenkowsky, Silvio d'Amico osserva che «è stata la più bella vittoria riportata, fino a oggi, da Lodovici a teatro». All'agrigentino il Lodovici ha dedicato alcuni articoli: *Sostanza di Pirandello*, «Italia letteraria», Roma, 2 febbraio 1936; *Ricordando Pirandello*, «Circoli», Roma, gennaio 1937; *La sua liberazione fu l'incontro con Pirandello*, «Teatro-Scenario», Roma, 1-15 agosto 1953 (fasc. dedicato a Ruggero Ruggeri).

470 Non ricordando il giorno esatto Pirandello mette un punto interrogativo. Come si ricava dalla lettera la data deve essere anteriore al 27 ottobre. A Napoli lo scrittore si trovava per assistere alle prove della commedia *Trovarsi*.

471 L'atto unico *Bellavita*, dalla novella *L'ombra del rimorso* (1914), scritta nel 1926, era stato messo in scena per la prima volta il 27 maggio 1927, al «Teatro Eden» di Milano, Compagnia Almirante-Rissone-Tòfano. Del 28 maggio la recensione di Renato Simoni sul «Corriere della Sera»: «In questa scheggia dell'arte di Pirandello è chiuso il concetto del *Giuoco delle parti*. L'atto non è costruito bene. Oscura e lenta v'è la presentazione dei personaggi e delle loro "posizioni"; ma poi un magnifico movimento di passione si esprime con parole piene di spasimo potente. *Bellavita*, rappresentato con viva e tormentata evidenza e con grande forza drammatica da Luigi Almirante, venne applaudito tre volte».

472 Giuseppe Volpi (1877-1947), uomo d'affari e politico.

473 A proposito dell'andamento delle prove, Benjamin Crémieux, da Parigi, il 16 ottobre 1932, così scrive a Pirandello: «Mon cher ami, j'ai attendu pour répondre à ton télégramme de pouvoir te donner la date exacte de la générale de *Comme tu me veux*! Elle est fixée au 7 novembre (sept novembre). On répète déjà tous les jours dans les décors. Celui du 1 acte n'est "pas mal", mais rien de plus. Celui du 2 et 3 est très, très bien. Jamois et Salter-Roger Karl sont extraordinairement pirandelliens et Baty fait pousser presque jusqu'au comique par Vitray le "culte des faits" de Boffi. Le premier acte est tout à fait en place et je crois que, sauf Pitoëff à la fin de *Six personnages* et au 2 acte de *Henri IV*, jamais en n'avait réussi en France à donner de ta vision des choses une projection aussi hallucinante, aussi fidèle. Le deux et le trois ne sont pas encore au point. Mais la direction où travaille Baty, les recherches chorales pour le 3 paraissent excellentes. Il travaille à faire vivre pour le spectateur ces trois actes comme un cauchemar, de les entraîner dans la ronde infernale des incertitudes. Et aussi à dégayer la pureté de l'Incunnue. Jamois sait déjà tout son texte par cœur et elle se donne à son rôle avec une véritable frénésie» (in Alfredo Barbina, *La biblioteca di Luigi Pirandello*, cit., p. 181). L'8 novembre 1932, da Parigi, a proposito della messa in scena, il 7 novembre, di *Comme tu me veux*, diretta da Gaston Baty, Pirandello informa Marta Abba: «Dal mio

telegramma saprai a quest'ora del magnifico esito di *Come tu mi vuoi* a Parigi. Ti dirò ora le mie impressioni sulla rappresentazione di jeri sera: interpretazione e messa in iscena. La Jamois recita con vera passione la parte dell'"Ignota" e, a detta di tutti, questa è la parte che ha interpretato meglio in tutta la sua carriera d'attrice. A me è piaciuta molto nel primo atto, molto meno nel secondo, e un po' di più nel terzo. [...] Nel terzo atto, specialmente per il felice movimento trovato da Baty e la disposizione dei gruppi nella scena, ha saputo imprimere un certo slancio drammatico a tutte le sue battute, ottenendo effetti molto persuasivi. La messa in iscena del Baty è stata veramente bellissima. Ha saputo creare l'atmosfera berlinese del 1° atto in una maniera prodigiosa. L'entrata dell'"Ignota" con la frotta degli ubriachi è stata impressionantissima. L'abito della Jamois è bellissimo, bianco e tutto frusciante di seta, amplissimo, con applicazioni nere. Il giuoco delle luci, magnifico. Tutta la parte corale ha avuto un potente rilievo, ma questo è merito soprattutto del Baty. Roger Karl è stato un ottimo Salter e Vitray un Boffi efficacissimo. Gli applausi sono stati infiniti e insistentissimi, l'attenzione del pubblico spasmodica. Io ero nel palco della direzione, e alla fine mi sono sporto a ringraziare. Denis Amiel, Gantillon, S.T. Bernard, Bourdet e altri autori e critici sono venuti nel palco a congratularsi; Bourdet, entusiasmato, ha detto che *Come tu mi vuoi* è il mio capolavoro» (in Luigi Pirandello, *Lettere a Marta Abba*, cit., pp. 1041-1042).

[474] Intenso il movimento culturale italiano a Malta nel periodo che va dal 1931 al 1936, con un'interruzione nel 1934, grazie all'Istituto Italiano di Cultura diretto da Ettore De Zuani. A tal riguardo, il 4 settembre 1932, da Castiglioncello, Pirandello comunica a Marta Abba: «Ho scritto, in termini efficacissimi, non al Pavolini ch'era servito soltanto da tramite tra me e De Zuani, ma al De Zuani stesso, il quale ha l'incarico di trattare coi letterati e gli scienziati per questa propaganda d'Italianità a Malta, e che per primo s'era rivolto a me, anche a nome di Piero Parini. L'idea di questa recita a Malta l'aveva avuta proprio lui, a complemento della conferenza che io vi darò, e tutto l'interesse che le recite si facciano, l'ha dunque lui principalmente, che s'è impegnato di dare la maggiore solennità possibile all'avvenimento» (ivi, p. 1018).

[475] In un'informativa della polizia fascista, datata «Roma 13 ottobre 1932», si legge: «Negli ambienti cinematografici e giornalistici, si critica molto il fatto che Luigi Pirandello, Accademico d'Italia, abbia venduto il suo soggetto alla Cines, con l'obbligo però che fosse diretto ed espletato da direttore e operatori stranieri. Il Pirandello ha ricevuto, per il soggetto, 70.000 lire. Tutti si meravigliano come un Accademico d'Italia abbia imposto che il film sia dato in mano a stranieri» (in AA.VV., *I libri in maschera. Luigi Pirandello e le biblioteche*, cit., p. 119; riprodotta pure in Natalia Marino e Emanuele Valerio Marino, *L'Ovra a Cinecittà. Polizia politica e spie in camicia nera*, Torino, Bollati Boringhieri, 2005, p. 110).

[476] Il soggetto originale cinematografico *Giuoca, Pietro!* vede la luce nella rivista diretta da Silvio d'Amico «Scenario», Roma, gennaio 1933; poi in

411

«Cinema nuovo», febbraio-aprile 1982 (nella copertina è specificato: «Scenario da cui Walter Ruttmann ha tratto, con libera interpretazione cinematografica, il film Cines *Acciaio* con commento musicale di Gian Francesco Malipiero»); «Teatro contemporaneo», ottobre 1985-maggio 1986; Claudio Camerini, *«Acciaio». Un film degli Anni Trenta*, Roma, Nuova ERI-Edizioni RAI, 1990. Firmato Luigi Pirandello, il soggetto è in realtà di Stefano. Cfr. al riguardo il citato *Memoriale*.

[477] Il 4 settembre 1932, da Castiglioncello, a proposito della distribuzione delle parti della commedia *Trovarsi*, Pirandello ha scritto a Marta Abba: «Non sappiamo ancora che cosa sarà in grado di dare l'Erler, nella vistosissima parte di Elj Nielson. Vedo il personaggio di Giviero molto fine, sinuoso, un po' affettatamente elegante, con artistica civetteria, e il Ninchi è duro; ma pur comprendo che la parte di Giviero Tu non potrai darla ad altri. La parte di Salò poi sarà meglio che Tu la dia a Barnabò anziché a un attore secondario; non credo il Barnabò molto intelligente, e perciò più adatto; anche per il corpo, così grosso, e per la sua voce troppo squillante, non lo vedo nel personaggio di Salò (per come l'ho descritto: piccoletto, con un naso aquilino impertinente, tipo Massimo Bontempelli); ma vedrai che nel primo atto Salò verrà molto fuori, e perciò non sarà possibile che Tu dia questa parte ad un attore secondario come il Meneghetti, che non so chi sia o che capacità abbia. Ma, del resto, Tu fa' come credi meglio, Marta mia: ho l'esperienza che sai far miracoli coi Tuoi attori; e la commedia è Tua. Quello che fai sarà sempre ben fatto per me» (in Luigi Pirandello, *Lettere a Marta Abba*, cit., p. 1020).

[478] La commedia in tre atti *Quando si è qualcuno*, nella traduzione di Homero Guglielmini dal titolo *Cuando se es alguien* (Buenos Aires, Ediciones Argentinas «Condor», 1933), sarà rappresentata in prima assoluta il 18 settembre 1933 (non il 20 come indicato nella bibliografia del Lo Vecchio-Musti), al «Teatro Odeón» di Buenos Aires, interpreti Miguel Faust Rocha, Iris Marga, Juan Vehil, Amanda Varela. Pirandello si recherà in Argentina, in compagnia di Massimo Bontempelli, per dirigere la messa in scena, coadiuvato dal regista catalano Antonio Cunill Cabanellad. In Italia l'opera sarà messa in scena per la prima volta il 7 novembre 1933, al «Teatro del Casinò Municipale» di San Remo, Compagnia Drammatica Città di San Remo, diretta da Marta Abba, protagonisti Marta Abba e Romano Calò. Cfr. al riguardo: Renato Simoni, *Quando si è qualcuno*, «Corriere della Sera», Milano, 8 novembre 1933 (ora in *Trent'anni di cronaca drammatica*, Torino, Società Editrice Torinese, 1951-1960, vol. IV, pp. 64-65); Silvio d'Amico, *L'inaugurazione dello Stabile di Sanremo. «Quando si è qualcuno»*, «La Tribuna», Roma, 8 novembre 1933 (ora in *Cronache 1914-1955*, vol. 3°, tomo III, 1932-1933, Palermo, Editore Novecento, 2003, pp. 769-774); Enrico Bassano, *Quando si è qualcuno*, «Il Secolo XIX», Genova, 8 novembre 1933. Ci sia consentito rinviare, fra l'altro, a: Luigi Pirandello, *Quando si è qualcuno*, a cura di Sarah Zappulla Muscarà, Milano, Mursia, 1974, con una nota introduttiva di Marta Abba. Bisognerà attendere un settantennio perché la com-

media sia rappresentata nuovamente, il 10 marzo 2004, al «Teatro Argentina» di Roma, regia di Massimo Castri, protagonisti Giorgio Albertazzi e Giovanna Di Rauso.

[479] Luigi Riboldi, avvocato della Suvini-Zerboni.

[480] A Ruggero Ruggeri non sarà possibile mettere in scena *Quando si è qualcuno* (se ne parlerà nella fitta corrispondenza dei giorni successivi), lavoro che esigeva una scenografia e apparati di palcoscenico complessi, numerosi interpreti, parecchie comparse e perciò adeguati finanziamenti.

[481] Ruggero Lupi (1882-1933), in trattative nel 1932 per la formazione della «grande Compagnia» Marta Abba-Ruggero Lupi-Luigi Almirante, che l'anno seguente sarebbe dovuta diventare la Compagnia di Stato, scomparve improvvisamente nel 1933.

[482] Cfr. la lettera del 24 febbraio 1932. Il secondo atto de *I Giganti della Montagna* apparirà nel 1934 su «Quadrante».

[483] Pirandello è a Parigi per assistere, come ricordato, a *Comme tu me veux*, diretta da Gaston Baty, messa in scena il 7 novembre.

[484] Valerio De Santis, avvocato, consulente della Società Italiana degli Autori e degli Editori.

[485] *Quando si è qualcuno*, come detto.

[486] I fratelli Achille e Giovannino Chiarella, proprietari di importanti sale teatrali, Michele Suvini e Luigi Zerboni, impresari del «Teatro Olympia» di Milano, costituivano un famoso Consorzio Teatrale.

[487] Cfr. nota n. 484.

[488] I tre asterischi sono il segno con il quale è denominato il protagonista del dramma pirandelliano.

[489] Per la ricordata prima del *Come tu mi vuoi* del 7 novembre.

[490] *Richiamo all'obbligo* è il titolo, per ciò virgolettato, della novella di Luigi Pirandello apparsa su «Il XX di Genova» il 10 giugno 1906.

[491] La protagonista di *Quando si è qualcuno*.

[492] Kiki Palmer (1907-1949), attrice teatrale e cinematografica, formò Compagnia nel maggio del 1932. In quel novembre 1932 era interprete acclamata della commedia più famosa di Rudolph Besier, *La famiglia Barrett (The Barretts of Wimpole Street)*.

[493] Paola Borboni (1900-1995) esordì giovanissima (1916), affermandosi (con Armando Falconi, 1921-'29) in un repertorio leggero (famosa l'apparizione, svestita, in *Alga marina* di Carlo Veneziani, 1925); quindi passò a ruoli drammatici (con Ruggero Ruggeri, 1933-'34), rivelandosi sensibile interprete di Pirandello. Ha diretto due compagnie pirandelliane (una con Lamberto Picasso). Delle tante sue interpretazioni dell'agrigentino ricordiamo: *Come prima, meglio di prima*; *Come tu mi vuoi*; *Sei personaggi in cerca d'autore*; *Vestire gli ignudi*; *La vita che ti diedi*; *Sgombero*; *Così è (se vi pare)*; *Il berretto a sonagli*.

[494] Evi Maltagliati (1908-1986), moglie del capocomico, attore e amministratore Eugenio Cappabianca, dopo l'esordio con la Compagnia Galli-Guasti (1923), lavorò con Maria Melato, Tatiana Pavlova, Renzo Ricci, Rug-

gero Lupi, Armando Falconi. Formò una Compagnia con Gino Cervi e Sergio Tòfano; tra il 1951 e il 1954 lavorò al «Piccolo Teatro» di Roma con la regia di Orazio Costa. Fra le sue interpretazioni pirandelliane: *Lazzaro; Come tu mi vuoi; Vestire gli ignudi; Così è (se vi pare)*.

[495] Camillo Pilotto fu a fianco della Palmer negli anni 1932-'34, con lei nel 1933 a Venezia fu Otello con la regia di Pietro Sharoff.

[496] Agente teatrale.

[497] Febo Mari (nome d'arte di Alfredo Rodriguez, 1884-1939), attore teatrale e cinematografico, scenarista e regista cinematografico. Nel 1911 assunse la direzione della Compagnia del «Teatro Manzoni» di Milano, imponendosi a fianco di Tina Di Lorenzo e Armando Falconi; nel '15 entrò a far parte della Compagnia Talli-Melato, negli anni successivi diresse varie compagnie proprie. Nel cinema muto interpretò, fra l'altro, *L'Innocente* e *Il Fuoco* di d'Annunzio, *Tigre reale* di Verga; diresse *Cenere* della Deledda con Eleonora Duse.

[498] Di Letizia Bonini (1902-1974), attrice teatrale e cinematografica, ricordiamo l'interpretazione di Gasparotta in *Ma non è una cosa seria*.

[499] Ettore De Zuani, funzionario della Cines. A Marta Abba, il 7 ottobre 1932, da Castiglioncello, Pirandello aveva scritto: «La disposizione, tanto di lui [De Zuani] quanto di Piero Parini, non potrebbe essere migliore. Peccato che, per Alessandria d'Egitto, l'andata colà della Compagnia della "Petite Scène" con un mio lavoro (che sarà certo *La vita che ti diedi*) può affievolire un po' l'interesse d'aver anche una compagnia italiana, benché non ci sia da far paragoni con ciò che Tu sei e le cose che porteresti. E questo l'ho già scritto al De Zuani» (in Luigi Pirandello, *Lettere a Marta Abba*, cit., pp. 1038-1039).

[500] Piero Parini (1894-1993), giornalista (collaborò, fra gli altri periodici, alla «Provincia di Como», alla «Perseveranza», al «Popolo d'Italia»), combatté nella Grande Guerra da ufficiale pilota nella squadriglia di Gabriele d'Annunzio, direttore generale degli Italiani e delle Scuole Italiane all'Estero, segretario generale dei Fasci all'estero, Podestà di Milano dopo l'8 settembre, Capo della provincia sino all'agosto del '44. Arrestato, processato, condannato per aver ricoperto cariche nel Fascismo, Parini beneficiò dell'amnistia Togliatti nel '46 e riparò in America Latina, Argentina, Brasile. Trascorse gli ultimi anni ad Atene dove morì sulla soglia dei 99 anni.

[501] Su «Il Mattino Illustrato» di Napoli del 14 novembre 1932, firmato a.v., è apparso l'articolo *Si prova una nuova commedia di Pirandello*, corredato da due foto di Pirandello e della Abba durante le prove di *Trovarsi* al Teatro Fiorentini: «Da otto ore, sul palcoscenico del "Fiorentini" di Napoli, Marta Abba è in mezzo ai suoi attori a dirigere le prove del recentissimo dramma di Luigi Pirandello. Taciturno, pensoso, con quel suo tagliente ghigno di fauno, con quei suoi piccoli occhi inquieti e sfavillanti, che frugano ogni angolo del palcoscenico, Pirandello segue, fra le quinte, il lavoro febbrile dell'Attrice. – Va bene, Maestro? – Va bene. Ma continuate… Continuano. Ora Marta Abba non è di scena. I fulvi capelli in rivolta, stremata, ma

con nei chiari occhi una sconfinata volontà di dare, alla nuovissima creatura che il maggiore drammaturgo del mondo ha affidato alla sua grande arte, il tormento e la vita di cui essa ha bisogno per essere, sulla scena, viva, l'Attrice eletta si concede un momento di sosta. Sta provando, dirigendo, tormentandosi, dalle dieci del mattino. E, fra qualche ora, la rappresentazione: *Vedova scaltra* di Carlo Goldoni. Finirà a notte, dopo il tocco... – Stanca? – Sì, ma contenta. Sento potentemente il dramma di Donata Gensi, la protagonista di *Trovarsi*: di questa spirituale e bellissima donna di teatro che non ha mai vissuto "per sé", che solo ai personaggi che le hanno dato ad interpretare ha dato la febbre dei suoi polsi, le lacrime dei suoi occhi, i battiti del suo cuore e dei suoi sensi... che è stata, nella finzione della scena, tante e, "per sé" nessuna... che si è sempre "trovata" nelle eroine dei drammi che ha recitati, e quando, ansiosa d'essere finalmente qualcuna per sè, cerca di "trovarsi", nella vita, deve irrimediabilmente rinunziarvi. [...] Chiamano. È scena sua. Marta Abba torna in mezzo agli attori. Pirandello ci dice ora, con quel suo parlare tutto brividi e bagliori, dei motivi poetici e ideologici di *Trovarsi*. Come siamo nei nostri atti? L'atto è di un momento... di un istante che non comprende, che non può comprendere, "tutto noi stesso". E questi singoli atti ci imprigionano, ci legano, ci inchiodano, talvolta per sempre, alle responsabilità ed alle conseguenze che ne derivano. Tutto lo spirito dovrebbe essere contenuto in ciascun nostro gesto: impossibile impresa, ché la vita è ricca d'infiniti germi e, dunque, ogni nostro fatto esclude necessariamente una parte del nostro spirito. Ascoltate questa battuta... Scene finali. Marta Abba è sola nel mezzo della scena. Le lampade rossastre della ribalta illuminano appena quel volto ispirato, acceso da una luce tutta interiore. Risuona, nel chiuso vuoto della sala deserta, tuffata nell'ombra, la sua voce ardente e straziata: di tanti germi che sono in noi, un germe solo cade lì: l'albero sorge lì, non può più muoversi di lì... Tutto lì. Per sempre». E su «Il Mattino Illustrato» del 21 novembre 1932, la cui copertina a colori ritrae una scena di *Trovarsi* con Marta Abba e Erler, l'interprete di Elj, «una scena del secondo atto, tra Elisa, l'amico, e Donata, la bella attrice che, in una notte di tempesta, è scappata con Elj, su una lancia a vela, ed è rimasta con lui, che l'ha salvata nel naufragio».

502 Qualche tempo prima Silvio d'Amico informava: «Il nuovo lavoro di cui, per la prima volta, Pirandello ci ha minutamente esposto la trama è quello destinato a Ruggero Ruggeri e che porterà il titolo *Quando si è qualcuno*» (*Pirandello lavora*, «Gazzetta del Popolo», Torino, 26 agosto 1932). E Testor [Corrado Alvaro]: «Ora sta scrivendo il dramma *Quando si è qualcuno* per Ruggeri» (*Da «Adamo ed Eva» a «Quando si è qualcuno»*, «La Stampa», Torino, 21 settembre 1932).

503 A Marta Abba, qualche giorno prima, il 14 novembre 1932, da Parigi, Pirandello ha scritto: «So che la sua [di Ruggeri] "Compagnia" è un "disastro", e che i signori Chiarella-Suvini-Zerboni sono pentitissimi d'avergliela fatta, e che non vogliono perciò spendere nemmeno un soldo per essa, oltre il previsto, essendo già con lui ai ferri corti. Stefano, che mi dà questa noti-

zia, stima che sia un bene, in fondo, che *Quando si è qualcuno* non sia rappresentato da questa compagnia, quantunque nessun attore avrebbe potuto rappresentare la parte del protagonista meglio di Ruggeri. Ma non c'è solo la parte del protagonista; c'è tutto l'insieme del lavoro, lo stile dello spettacolo, la novità della messa in iscena, che sono fuori delle vedute e delle possibilità direttoriali del Ruggeri, rimasto in fondo attore di vecchio stile e ormai fuori del tempo» (in Luigi Pirandello, *Lettere a Marta Abba*, cit., p. 1048).

[504] Edmondo Sacerdoti, avvocato di Roma.

[505] Due giorni dopo, il 20 novembre 1932, da Parigi, a Ruggero Ruggeri scrive: «Illustre e caro Amico, ho ricevuto qua a Parigi la sua lettera. Le confesso che quanto è avvenuto mi è dispiaciuto tanto più, in quanto mi son trovato ad aver da fare con gente, da cui m'ero allontanato con giusta indignazione e con la quale non volevo avere alcun rapporto. Io avevo scritto il lavoro per il mio grande interprete Ruggero Ruggeri, e a lui soltanto lo avevo consegnato, credendo che avesse il potere d'imporlo ai suoi impresari. Se minimamente avessi supposto che l'accettazione di esso dovesse dipendere da codesti suoi impresari, io non Le avrei certo mandato il lavoro» (*Un carteggio in chiaro-scuro*, cit., p. 366).

[506] Cécile Sorel (1873-1966), pseudonimo di Céline-Émile Seurre, attrice della «Comédie Française», colpita dalla messa in scena del *Come tu mi vuoi* al «Teatro Montparnasse», aveva invitato a colazione Pirandello per discutere con lui della possibilità di rappresentare la commedia.

[507] Jean-Jacques Bernard (1888-1972), drammaturgo e narratore, subì la persecuzione razziale.

[508] Marguerite Jamois (1903-1964), attrice, protagonista del *Come tu mi vuoi*.

[509] Tre giorni dopo, il 21 novembre 1932, da Parigi, Pirandello informa Marta Abba: «*Come tu mi vuoi* rappresenta forse il più grande successo che io abbia avuto finora in Francia, almeno dopo quello di *Chacun sa verité*; e poiché si è sempre come alla Borsa, posso dire che tutte le mie "azioni" sono enormemente rialzate. Ora è di nuovo possibile che almeno una mia commedia all'anno sia rappresentata nei teatri di Parigi. Anche per i direttori dei teatri rappresento un sicuro affare, e tutti infatti oggi invidiano Gaston Baty, perché il maggior successo, anche finanziario, l'ha lui col *Come tu mi vuoi*. Il risultato, come vedi, non poteva essere migliore. [...] La Sorel, da cui sono stato a colazione, m'ha fatto la curiosissima impressione d'una che non viva più, ma *sopravviva*, non so per quale virtù di magico e raccapricciante congegno elettrico. Ha una casa che non par vera, tutta d'oro e a colonne e con specchi per terra. Ha voluto fotografarsi con me, con un braccio sulle mie spalle. Vuole a ogni costo che si rappresenti un mio lavoro alla "Comédie française". Lo vogliono anche, come T'ho detto, i giovani societaires della Casa Di Molière» (in Luigi Pirandello, *Lettere a Marta Abba*, cit., pp. 1054-1056).

[510] Partito, il 26 novembre 1932, per Milano, dove si trattiene alcuni giorni per incontrare l'avvocato Gianturco e Mondadori, Pirandello si reca a Roma, e qui, il 4 dicembre, viene ricevuto a colloquio da Mussolini. Il 6 dicem-

bre ne informa Marta Abba: «Gli parlai poi del mio progetto dei teatri, di cui non avevo saputo più nulla dopo le dimissioni del Bottai. Allora egli si mise a parlarmi come non mi sarei mai aspettato. Ciò che mi disse è veramente d'una gravità eccezionale. La situazione politica del momento in tutto il mondo è tragica; non è mai stata più tragica: tutto è possibile che avvenga da un momento all'altro, è anche imminente la probabilità d'una guerra. Parole testuali. Non c'è da pensare in questo momento che a questioni generali; le particolari di ciascuno Stato d'Europa e del Mondo, per necessarie che possano essere, debbono passare in seconda linea, tutte. Per ciò che riguarda gli spettacoli, il popolo bisogna che si contenti di quelli che può avere in massa, gli stadii e il cinematografo. Per tutto il resto, bisogna aspettare tempi migliori» (ivi, pp. 1066-1067). L'11 dicembre riparte per Alessandria d'Egitto, dove assiste alla rappresentazione, alla «Petite scène», della *Vie que je t'ai donné* (*La vita che ti diedi*). Rientrato a Roma il 19 dicembre, vi si trattiene fino alla metà di febbraio, per poi ripartire, il 23 febbraio, alla volta di Parigi, dove toglie a Saul Colin la rappresentanza delle sue opere in molti paesi occidentali. Il Colin tuttavia seguiterà a curare una parte degli affari cinematografici e teatrali di Pirandello all'estero (lo accompagnerà per esempio nel suo viaggio americano nell'estate del 1935); successivamente favorirà l'inizio della carriera di Marta Abba in Inghilterra e negli Stati Uniti.

511 Umberto Mauri (1896-1963), avvocato, amministratore degli affari di Pirandello, in Italia e all'estero, consigliere della Mondadori.

512 Lo stesso giorno, da Parigi, a Marta Abba Pirandello scrive: «Il giorno 9 sarò a Milano per consegnare al Dr. Mauri tutti gl'incartamenti ritirati definitivamente da Colin e per spiegargli tutto l'andamento delle trattative in corso. Prevedo che in un giorno solo non riuscirò a terminare tutto ciò che avrò da fare a Milano, dovendo anche vedere il Gianturco e Mondadori; mi tratterrò dunque anche il 10 fino alla sera, cioè fino alla partenza del treno per Roma, via Sarzana, dovendo il giorno 11 trovarmi assolutamente all'Accademia per l'assegnazione del premio Mussolini. [...] Ho visto qua a Parigi Dino Alfieri venuto con Fedele per non so che riunione tra presidenti e direttori di Società d'Autori di varii paesi. Sono stato a colazione con lui e mi promise che appena di ritorno a Roma avrebbe avuto un lungo abboccamento con me; ma a quanto m'è parso di capire a "Palazzo Venezia" non spira vento favorevole per nessun tentativo di salvazione del teatro italiano. Cosa che, del resto, supponevo» (in Luigi Pirandello, *Lettere a Marta Abba*, cit., pp. 1080-1082). Ripetute in quest'epoca le denunce di Pirandello delle disastrose e disperanti condizioni del teatro in Italia, ridotto in uno stato di monopolio nelle mani di Giordani, Forzano e compagni, con la complicità della Società Autori, sicché, mentre uno scrittore del suo livello e della sua fama internazionali per le difficoltà di rappresentare le proprie commedie era costretto a farlo all'estero prima che in patria, alle compagnie drammatiche italiane s'imponevano testi stranieri, spesso di scarso valore artistico, rifacimenti di vecchie commedie, per le quali agli autori si pagavano percentuali minime, sod-

disfatti com'erano della loro circolazione all'estero. Situazione aggravata dalla mancanza di un Teatro di Stato, che tanto stava a cuore a Pirandello, in cui individuava la possibilità di un'autentica rinascita socio-culturale.

513 Gianturco, avvocato di Milano.

514 Arturo Foà.

515 A tal proposito, il 13 marzo 1932, da Roma, Pirandello informa Marta Abba: «Ho avuto un convegno con gli Avvocati Gianturco e Dell'Aquila, a cui ha partecipato anche l'Avv.to Rimini, patrocinatore di Nulli, a[l] fine di porre termine alla causa che minaccia di protrarsi per almeno altri *tre* anni, quando invece il termine del contratto è il 31 dicembre dell'anno venturo, cioè tra un anno e mezzo. Il Rimini stesso ha avanzato la proposta d'un accomodamento per via d'arbitrato, designando come arbitro il Foà. Naturalmente Gianturco ha rifiutato, essendo il Foà autore del contratto, su cui e per cui era sorta la causa... E allora s'è venuto a un accordo tra le parti con un primo colloquio in mia presenza: tra loro gli avvocati concerteranno un progetto d'accordo da sottomettere all'approvazione dei contendenti, se sarà approvato, bene; se no, si seguiterà la causa. E si è rimasti così» (in Luigi Pirandello, *Lettere a Marta Abba*, cit., pp. 1083-1084).

516 La signorina Scialtel era rappresentante a Parigi dell'agenzia teatrale inglese Curtiss Brown. A Marta Abba, da Parigi, il 25 febbraio 1933, Pirandello scrive: «Sono da due giorni a Parigi e ho quasi finito di raccogliere tutti gl'incartamenti e la corrispondenza annessa che si trovavano presso Colin. Mi ha aiutato molto la Sig.na Scialtel, rappresentante qua a Parigi della Curtiss Brown. Non ti so dire quanto m'è toccato combatter contro la melliflua *amorosità* del Colin per strappargli a una a una le carte che più mi premeva riavere; pareva che gli strappassi a ognuna un brano di carne viva. Ma sono stato senza pietà» (ivi, pp. 1078-1079).

517 Anatole De Monzie (1876-1947), politico e letterato, ministro dell'Educazione Nazionale (1932-1934), è stato l'ideatore, con Lucien Febvre, dell'*Encyclopédie française*.

518 Émile Fabre (1869-1955), drammaturgo e direttore della «Comédie Française».

519 A Marta Abba, da Parigi, l'11 gennaio 1931, Pirandello aveva scritto: «Sarebbe veramente un grande onore essere rappresentato alla *Comédie* dove non può entrar chi vuole: è la Casa di Molière; e gli stranieri non vi hanno accesso se non per rarissima eccezione» (in Luigi Pirandello, *Lettere a Marta Abba*, cit., p. 604).

520 Edoardo (Dino) Alfieri (1886-1966), durante il governo di Mussolini ricoprì vari incarichi.

521 Il 9 febbraio 1933, da Roma, a proposito della realizzazione di un nuovo progetto da sottoporre a Mussolini, Pirandello scrivea a Marta Abba: «Intanto qui sto lavorando a preparare un disegno completo per l'istituzione d'un Teatro Nazionale di Prosa a Roma, prendendo l'"Argentina" così com'è, solo con l'abolizione dei palchi, cioè riducendo i palchi in tante gallerie, tolte

le pareti divisorie, per farlo diventar capace di almeno 1200 posti da vendere agli stessi prezzi del cinematografo. Il disegno, dal lato finanziario, è già ultimato; ora preparo il disegno artistico sugli appunti già presi. Quando tutto sarà fatto, andrò da Alfieri per recarci insieme dal Duce. È l'ultimo tentativo che faccio per restare in Italia; se anche questo fallirà, andrò via per sempre, e l'Italia non mi vedrà più. Fortuna che mi resta ancora così poco tempo da vivere. Ma non parliamo di malinconie. Non sarò mai io lo sconfitto, se mai, il teatro in Italia. Io sarò sempre, e dovunque, un vittorioso» (in Luigi Pirandello, *Lettere a Marta Abba*, cit., p. 1076).

522 Francesco Di Cocco (1900-1989), regista, pittore, scultore. Di lui, nel corso di un'intervista apparsa sulla «Gazzetta del Popolo» del 31 marzo 1933, Pirandello dichiara: «[è] uno che sa vedere con i suoi occhi ed ha quindi uno stile suo, non uno stile fatto con un mosaico di visioni copiate dai più celebri modelli di ogni paese. Un vero regista insomma, che ha il dono che hanno Pabst, Eisenstein, ecc., di inventare vedendo, di creare vedendo».

523 Ceduti alla Cines i diritti della novella *Donna Mimma* (1917), nel 1932 Pirandello aveva lavorato, insieme a Stefano, per cavarne uno scenario. Accantonato temporaneamente il progetto, lo riprende nel 1933, sottoponendo la novella a Francesco Di Cocco che lavora alla Cines, per cui ha realizzato vari documentari quali *La circolare esterna* (1928), *Il ventre della città* (1932). Il 20 giugno 1933 così dichiara al giornalista de «La Stampa» che lo intervista: «Attendo che un giovane regista di cui ho molta fiducia, il Di Cocco, inizi alla Cines la riduzione cinematografica d'una mia novella: *Donna Mimma*. Il film sarà forse intitolato *Nascere*; ho approvato pienamente la sceneggiatura fatta, salvo qualche leggera modificazione che ho consigliato, e mi auguro finalmente che venga fuori un film umano, sincero e fedele nella sua essenza al mio lavoro originale». Il film, tuttavia, «non poté essere realizzato», come lo stesso Di Cocco dichiarerà molti anni dopo a Francesco Callari, «prima, a causa delle precarie condizioni finanziarie in cui si venne a trovare la Cines e, poi, a motivo di ostilità e interferenze politiche nei confronti dello scrittore, infine, per la guerra» (Francesco Callari, *Pirandello e il cinema*, cit., p. 100).

524 Emilio Cecchi (1884-1966), narratore, poeta, saggista, critico de «Il Tevere», sceneggiatore, capo di produzione della Casa cinematografica Cines di Roma tra il 1932 e il 1933. Il 13 marzo 1936 Pirandello comunicherà a Marta Abba di aver fatto assegnare il Premio Mussolini a Cecchi che si trovava «in strettissimo bisogno. Tu sai, Marta mia, che non riesco a tener rancore contro nessuno. C'è tanti modi di vincere, e forse il migliore, o almeno il più cristiano, è quello di vincere facendo bene a chi t'ha fatto male, specie quando del male che t'è stato fatto, non tu da te, ma altri t'abbia già vendicato. Fare, in questo caso, una buona azione non è facile; e averla fatta è cosa meritoria. Perciò sono contento. Una povera moglie e tre poveri figli in bisogno m'avranno, oggi, benedetto» (in Luigi Pirandello, *Lettere a Marta Abba*, cit., p. 1298).

525 Artuni, funzionario della Cines.

[526] Qualche giorno dopo, il 13 marzo 1933, da Roma, a tal riguardo, racconta a Marta Abba: «La *Cines* è sottosopra, pare che il Toeplitz sia stato cacciato via; resta quel pesce in barile che risponde al nome di Cecchi, ma senza nessun potere; il mio contratto lo debbono comunque rispettare, anche se a capo della Cines debba venire Paolo Giordani; ma questo pericolo, almeno per ora, pare che sia scongiurato, si dice per opposizione del Duce. Ma Tu capisci che volevano ficcarlo anche qua? Così si sarebbe assiso trionfante sulle rovine del teatro, e della cinematografia italiani! Paolo Giordani Re e Giovacchino Forzano suo Ministro» (in Luigi Pirandello, *Lettere a Marta Abba*, cit., p. 1083).

[527] La Casa di produzione cinematografica americana Metro-Goldwin-Mayer, fondata nel 1924 da Marcus Loew, derivata dalla fusione tra la Metro Pictures Corp., la Goldwin Company e la Louis B. Mayer Pictures, grazie all'impresario Irving G. Thalberg, divenne una delle più prestigiose di Hollywood.

[528] Cfr. Renato Simoni, *Trovarsi*, «Corriere della Sera», Milano, 24 marzo 1933.

[529] Mimì Maselli, fratello di Ercolino, il quale studiava al Convitto Nazionale insieme a Stefano. Lì si conobbero e poi, introdotti da Mario Labroca (anch'egli al Convitto), iniziarono a frequentarne la casa. Mimì si era aggregato a quel gruppo di amici. Divenuto poi medico, fu per qualche tempo nei primi anni venti il medico curante della famiglia Pirandello, compreso Luigi.

[530] Il primo incontro di Pirandello con Paola Masino (1908-1989), giornalista e scrittrice, presto divenuta compagna di Massimo Bontempelli, risale al 1923, quando la giovanissima studentessa gli aveva parlato, al «Teatro Argentina» di Roma, del suo primo lavoro, il dramma *Le tre Marie*. Paola Masino amava raccontare delle villeggiature trascorse insieme a Castiglioncello dove lo scrittore soleva giocare a scopone con Massimo Bontempelli e Silvio d'Amico. Fra loro una assidua frequentazione e una fraterna amicizia. A Marta Abba, da Parigi, il 10 dicembre 1930, con non celata invidia, Pirandello scrive: «Questa prima notte non ho potuto chiudere occhio. Il letto nuovo, il senso di quest'orribile solitudine... Non so come farò a resistervi e ad abituarmi... Ho passato una notte atroce. Ero stato al teatro "Atelier" ad assistere a una rappresentazione del *Piacere dell'onestà*, che il Dullin dà magnificamente. Erano con me Massimo Bontempelli e la sua giovane amica Paola Masino. Vivono insieme, beati loro, in un alberguccio sul Boulevard Montparnasse» (in Luigi Pirandello, *Lettere a Marta Abba*, cit., p. 555). Scrive Gian Gaspare Napolitano che «laureato sontuosamente a Stoccolma», solo Massimo Bontempelli andò a prenderlo alla stazione «un mattino presto, di freddo e nebbia. Lo accompagnava Paola Masino. Non c'erano giornalisti o fotografi ad attendere il premiato, nessuno. E sbucando dal treno e abbracciando gli amici, dentro quella nebbia, la fantasia di Pirandello si accese all'improvviso. "Vedi, siamo solo noi tre al mondo, solo noi tre", disse a Massimo» (*Pirandello di buon umore*, «Corriere della Sera», Milano, 18 febbraio

1962). Cfr. pure: Giuliano Manacorda, *Puntualizzazioni critico-biografiche. Pirandello a Parigi*, in AA.VV., *Pirandello in America*, a cura di Mario Mignone, Roma, Bulzoni, 1988, pp. 75-90.

[531] A proposito delle sedute alla Reale Accademia d'Italia, il 16 marzo 1933, da Roma, molto contrariato, Pirandello aveva scritto a Marta Abba: «All'ultima [adunata], per i premii Mussolini, non sono intervenuto, e probabilmente non interverrò neanche a quella che si terrà ai primi d'aprile, il 9 o il 10, per le proposte di nomine dei nuovi accademici. L'intervento è proprio inutile, data la servilità del Presidente che va prima a interpellare su quali nomi gradirebbe il Capo del Governo che cadesse la designazione degli accademici. L'Accademia vota i nomi che il Capo del Governo gradisce; e allora, se dev'esser questa la sua funzione, tanto varrebbe che fosse soppressa e che senz'altro il Capo del Governo nominasse (come, del resto, fa) chi vuole. Io non dico che faccia male; farà benissimo; ma per far questo, ci sono già tanti obbedienti, che è proprio inutile ch'io m'esponga a far la parte solitaria d'esprimere, secondo la mia coscienza, un parere contrario. La maggioranza decide, e io non credo alla storia che si fa come si vuole. Poi forse ne farò una io, a mio modo. Per ora la storia è questa, e c'è poco da dire, e meno da fare. Obbediente fino a questo punto non mi sento di poter essere, pur riconoscendo giuste, come sempre, Marta mia, le riprensioni che Tu mi fai sui miei tanti difetti ed errori della mia condotta. Ho paura di essere veramente un "cattivo carattere" e – almeno nel senso che si vorrebbe – del tutto incorreggibile» (in Luigi Pirandello, *Lettere a Marta Abba*, cit., pp. 1085-1086). Giuseppe Ungaretti attribuirà a Pirandello la responsabilità della mancata assegnazione a lui del Premio Mussolini, come documenta la lettera inviata a Ottone Rosai nel 1934: «Non ho avuto il premio, mio caro Rosai. Ti sorprende? Secondo giustizia avrei dovuto averlo senza discussioni. Il regolamento del Premio Mussolini dice che il premio va all'opera letteraria che abbia avuto successo maggiore nell'annata, oppure, in mancanza d'un'opera di larga risonanza, a quel complesso d'opere d'uno scrittore degno di alta considerazione. Unica base per il giudizio non può essere che la manifestazione dell'opinione pubblica attraverso i suoi organi. Ora, dai tempi di D'Annunzio, nessun poeta aveva suscitato tanta larghezza di discussione in Italia e all'estero quanta il sottoscritto col suo *Sentimento*. Si sono scritti in quest'anno su quel libro migliaia di articoli e la stampa italiana come l'estera, nel complesso, ha dovuto riconoscere che da 20 anni non s'era pubblicato nulla d'altrettanto poetico e originale. Non c'era da esitare. Veramente io avrei avuto il diritto all'Accademia. Ma insomma potevo aspettare qualche altro anno il "seggiolone". Ma intanto l'ingiustizia non poteva essere sfacciata. Nossignori. S'alza Pirandello. Bisogna riconoscere a suo discarico che Rosso di San Secondo è un suo vecchio amico, che hanno diretto insieme una compagnia drammatica, ecc. Ma gli altri? Argomenti d'arte Pirandello non ne poteva avere. Disse che R. di S. S. aveva un romanzo e un lavoro teatrale di primissimo ordine nei cassetti. Ma si trattava di giudicare il passato, e il passato

prossimo e non l'avvenire. P. disse allora che bisognava dare il premio a R. di S. S. perché era ammalato, perché soffriva di mania di persecuzione, perché bisognava ridargli fede nel suo genio, perché, se non gli si dimostrava questa solidarietà, sarebbe finito in manicomio. Uno disse: "Diamogli una somma forte, e il premio a Ungaretti". No, la somma forte senza il premio non serve; Ungaretti può aspettare. Per Pirandello, l'amico malato è una ragione umanissima. Ma per gli altri? Non sono forse ammalato anch'io? Non è forse urgente anche per me un po' di tranquillità? Pensa che dopo 4 mesi di malattia, non sto ancora bene, che in seguito agli strapazzi di questi giorni – conferenze a Salerno, Genova, Lucera, per guadagnare appena appena di che vivere – m'è rivenuto forte il catarro bronchiale. Per di più ho due figli da allevare e R.S.S. è scapolo. Per di più dal 1914 milito a fianco di Mussolini con una fedeltà assoluta, e non a parole. Ma dove va a finire la giustizia se entrano in ballo simili considerazioni? Si trattava di giudicare non la salute d'uno, non il suo stato economico, ma *il suo valore secondo un dato regolamento*. Fatto sta che aperta molto teatralmente da P. la porta della filantropia, ci si sono slanciati quasi tutti, salvo Ojetti, Bontempelli e Pavolini per me, Panzini che sosteneva Baldini e Novaro che sosteneva Betti. *Devo dirti che non avevo chiesto nulla? Che non ho fatto un passo perché il premio mi venisse attribuito?* Tu mi conosci e sai che non è nel mio carattere andare a chiedere ricompense e onori. Se il mio libro ha avuto successo, ha fatto la sua strada schiettamente da sé. Se la mia lunga fede nella poesia avesse avuto il premio meritato, sarebbe stato un premio tanto più onorevole per chi me lo dava che *non* mi sono mai abbassato a leccare i piedi a nessuno, e ho sempre espresso il mio sentimento sinceramente in faccia a chiunque. Un abbraccio» (Vittoria Corti [a cura di], *Lettere di Ungaretti a Ottone Rosai*, in «Il Ponte», Genova, febbraio 1994, pp. 97-109; ora in *Lettere a Rosai*, Roma, Lo Faro Editore, 1995).

532 Celestina (Cele) Abba (1903-1991), sorella minore di Marta. Fece parte della Compagnia di Pirandello dal marzo all'agosto 1927, con lo pseudonimo di Tiziana Maloberti, poi come Tina Abba.

533 Il teatro «Habima» (in ebraico «scena») nasce a Varsavia nel 1912, sospende la sua attività con lo scoppio della Prima Guerra mondiale ed è fondato ufficialmente a Mosca nel 1917 da Naum Zemach. Collaborano con l'«Habima» esponenti del mondo teatrale russo della statura di Stanislavskij e Vachtangov, nonché artisti-scenografi come Chagall e Altman. I dissapori con il potere sovietico (ideologici, più che estetici), le ardue contingenze economiche e la difficoltà di ottenere una sede definitiva (inizialmente la sede è quella della Ninnaja Kislovska, 6) spingono gli attori a lasciare la Russia (1926), per una lunga *tournée* in America, Inghilterra, Francia, Germania, Italia. All'estero parte della *troupe* deciderà di restare in America, parte di tornare in Europa. Nel 1928 l'«Habima» si trasferisce in Israele, dove, nel 1958, diventa Teatro Nazionale. Vedi: Vsevolod Ivanov, *Russkie sezony teatra «Gabima»* (Le stagioni russe del teatro «Habima»), Moskva, Artist, Reisser. Teatr, 1999.

534 Massimo Bontempelli con Pier Maria Bardi era direttore del «Quadrante» di Milano, dove, nel luglio 1933, appare, col titolo *(Denunce) Pirandello in Italia* e la firma «Quadrante», ancora una chiara e esplicita denuncia del clima di ostilità che circondava il più autorevole drammaturgo italiano: «Un teatro di Buenos Ayres, avendo saputo che Pirandello ha scritto un nuovo lavoro, invita colà Pirandello per avere l'onore di rappresentare alla sua presenza, per la prima volta nel mondo, il lavoro. Questo lavoro è *Quando si è qualcuno*. È scritto da un anno: e in un anno Pirandello, il più grande drammaturgo del teatro contemporaneo, *non ha trovato da farlo rappresentare in Italia*. (In questi stessi giorni, anche Amsterdam e Madrid hanno invitato Pirandello ad andarvi a dirigere un suo repertorio). Pirandello, un anno fa, ha scritto un soggetto originale per la "Cines". La "Cines" glielo ha manomesso fino a renderlo irriconoscibile. Perché i soliti competenti hanno dichiarato che come lo aveva fatto lui non andava; così lo han disfatto e rifatto a modo loro. E *Acciaio* è stato un fiasco. I tre piani di Pirandello per un Teatro di Stato (unico tentativo serio di rialzare le sorti del teatro di prosa, gli altri non sono che tentativi per salvare i capocomici e i gerenti di teatro e lasciar le cose come stanno) giacciono in un cassetto. Pirandello non è nel consiglio della Società degli Autori. Pirandello non è nel consiglio della Corporazione dello Spettacolo».

535 Gaspare Casella, editore napoletano.

536 Max Sonino, produttore e traduttore.

537 Mario Federici (1900-1975), autore drammatico. Il suo *Teatro* è apparso in due volumi (Roma, Abete, 1976-1977). Cfr.: AA.VV., *Mario Federici*, a cura di Giovanni Antonucci, Roma, Bulzoni, 1983. Il 26 febbraio 1936, a proposito della messa in scena, avvenuta due giorni prima al «Teatro Eliseo», della commedia *Lunga marcia di ritorno* di Mario Federici, Pirandello, da Roma, scrive a Marta Abba: «So soltanto del grande fiasco dell'impresa del Teatro Nuovo italiano all'"Eliseo", perché c'ero. Roba pietosa! Quel povero Lodovici è proprio senza criterio. Credeva che la commedia del Federici, scelta per l'inaugurazione, fosse un *capolavoro*. Niente di più mediocre. Un'insulsaggine, senz'un'ombra di vita. E altro che giovine! Una barba di nonno centenario E non ti parlo degli attori e non ti parlo della messa in scena di Bragaglia. Incasso, zero. Mezzo teatro, tutto di portoghesi, che non si sono neanche molto sbracciati ad applaudire. Insomma, come inizio, un disastro. Se sono queste le imprese, di cui l'Ispettorato si assume intera la responsabilità, addio teatro. La prova non poteva essere più lacrimevole» (in Luigi Pirandello, *Lettere a Marta Abba*, cit., pp. 1287-1288).

538 Nino Savarese (1882-1945), giornalista, narratore, saggista, drammaturgo, fondatore, insieme a Francesco Lanza, del periodico letterario mensile «Lunario siciliano», dove Stefano ha pubblicato l'articolo *Ascolta, Giufà* (giugno 1929). Fra le sue opere: *Gatteria* (1925); *Malagigi* (1929); *Storie di un brigante* (1931); *I fatti di Petra* (1937); *Il capo popolo* (1940) Nel 1932, a Massimo Bontempelli Luigi Pirandello scrive: «Vuoi i nomi degli scrittori che pre-

mierei oggi, sicuro di far bene e seriamente il giudice? Enrico Pea, Nino Savarese primissimi». Di Savarese a Pirandello residuano due brevi lettere, la prima datata «Roma, ottobre 1934» («Egregio Pirandello, mi hanno fatto una magnifica impressione le profonde, vere e schiette parole da lei dette al Convegno Volta»), la seconda «Roma, 31 luglio 1935» («Caro Pirandello, la ringrazio della sua lettera. Non può credere il bene che mi fanno le Sue parole che vengono da un grande artista come Lei. Mi permetta di considerarmi uno dei Suoi più devoti amici»). Nella biblioteca di Pirandello residuano due sue opere: *La goccia sulla pietra* (1930) e *Rossomanno* (1935).

[539] Anna Letizia Pecci Blunt (1885-1971), collezionista e mecenate. Nel 1933 inaugura i "Concerti di primavera". Nel 1936 ai concerti si alternano conferenze dei più noti scrittori e artisti del tempo: Giuseppe Ungaretti, Emilio Cecchi, Corrado Alvaro, Alberto Moravia, Massimo Bontempelli, Alberto Savinio, Margherita Sarfatti, Renato Guttuso. Nel 1935 inaugura la Galleria della Cometa, che sarà attiva fino al 1938. In seguito alla campagna antisemita si trasferisce a New York sino al 1947.

[540] Margherita Sarfatti (1882-1961), prima del fascismo socialista e femminista, fu redattrice letteraria de «Il Popolo d'Italia» e poi condirettrice con Mussolini della rivista «Gerarchia». Il suo salotto fu al centro della vita culturale del tempo. Fra le sue opere *Dux* (Milano, Mondadori, 1926), la celebre biografia di Mussolini. Nonostante ciò, a causa della sua origine israeliana, fu in seguito costretta a partire per gli Stati Uniti. Così nel 1938 scrive di Pirandello: «Confesso, non mi ero mai accorta che vi fosse anche l'arguto sorriso, oltreché l'angoscia, nell'opera di Pirandello. La comparavo a quella di altri siciliani, e soprattutto a quella di Giovanni Verga, tipica per l'assenza del sorriso, che ne forma una caratteristica spiccata. Mi accorsi di avere avuto torto, vedendo rappresentare *Chacun sa verité* di Pirandello al teatro della Comédie Française. La recitazione, tutta opposta alla nostra, si mantiene diversamente, e non meno, fedele al testo e allo spirito dell'autore. Niente cupezze, niente tetraggini; anzi, una sciolteza colorita e lieve scorre attraverso la pittura di quel piccolo ambiente provinciale. L'ironia garbata, quasi benevola, quasi allegra, si mantiene nella gamma delle sfumature comiche, senza cipiglio drammatico, senza grottesco aspro e ferino. Non mi era mai avvenuto prima di udire un pubblico intelligente scoppiare dalle risa, a certe battute di Pirandello; né mi era avvenuto di riderne, gaiamente, di buon cuore, io stessa. La tragedia prende, in quell'ambiente comico, una importanza, una vastità, una grandezza imprevista; la risata si prolunga nella sghignazzata, e finisce nel singhiozzo, con una logica, umana in profondo e pirandelliana due volte» (*L'amore, unica evasione*, in AA.VV., *Almanacco Letterario Bompiani 1938*, cit., p. 73).

[541] Gian Francesco Malipiero (1882-1973), musicista, compose le musiche de *La favola del figlio cambiato*, scritta nel 1930, poi rielaborata nel 1932, derivata dalla novella *Il figlio cambiato* (1902). Confesserà anni dopo l'artista: «Il meraviglioso primo atto, lettomi dall'autore in persona, vinse la mia

riluttanza contro i libretti altrui e riuscì pure a farmi assimilare gli altri due atti, che tendono a risolvere logicamente una situazione paradossale, e mi trasportarono in un mondo diverso da quello del primo» (in *L'opera di Gian Francesco Malipiero*, introduzione di Guido M. Gatti, Bologna, Ed. di Treviso, 1952, p. 320). Così Malipiero, il 29 giugno 1932, da Asolo, a proposito dell'andamento del lavoro, scrive a Luigi: «Gentilissimo amico. Di ritorno da Vienna, e son otto giorni, ho trovato i tre ultimi quadri della "favola". Nulla posso dirle se non che sono stato preso violentemente e mi son messo subito al lavoro. "L'uomo saputo" sta già delineandosi nella sua profonda comicità. Finora sono stato *in tutto* d'accordo con lei, ma se ella mi permette, vorrei sopprimere soltanto l'ultima battuta del figlio (V quadro) quando dice: "Mamma, mamma, mamma". Ritengo (perdoni l'ardire) che in ogni modo sia più efficace e all'altezza di tutto il resto se il figlio *butta le braccia al collo della madre* senza nulla dire, mentre la madre grida "Figlio mio, figlio mio!". Ecco tutto e scusi se non riesco a dirle molte cose, cioè soltanto che l'opera sua è ormai mia e che spero di poter rivestire di musica l'opera che ella mi ha affidato. Il mio entusiasmo glielo posso esprimere con una sola parola: grazie. Perdoni anche se insisto nel desiderio di considerarla uno dei miei più grandi amici e perciò se la prego ancora di farmi sapere se è da queste parti. Io a Roma non ci verrò, credo, prima di marzo, cioè per l'esecuzione della mia *Cena* che si farà all'Augusteo. Prima non credo potermi muovere anche perché desidero finire *La favola* d'un fiato. La pregherei d'un gran favore: mi mandi la lista dei personaggi che manca. Mi occorre perché il mio editore (Universal-Edition di Vienna) desidera conoscere la sua favola. Egli è rimasto molto impressionato dalla possibilità di una nostra collaborazione e il suo *nome l'ha elettrizzato*. Nonostante "la crisi" vuole assolutamente tentare la sorte colla *Favola del figlio cambiato*» (in Alfredo Barbina, *La biblioteca di Luigi Pirandello*, cit., p. 180; poi in Giorgio Petrocchi, *Il carteggio Pirandello-Malipiero*, «Ariel», Roma, settembre-dicembre 1986, pp. 126-138). La prima de *La favola del figlio cambiato* avrà luogo il 13 gennaio 1934 a Braunschweig, con molti consensi da parte del pubblico. In Italia andrà in scena al «Teatro Reale dell'Opera» di Roma il 24 marzo 1934 con esiti contrastati. Già qualche giorno prima, il 19 marzo, Luigi riferisce a Marta Abba delle polemiche suscitate dall'opera: «La guerra che si fa al Malipiero è ignobile e veramente indegna d'un paese civile come dovrebbe essere l'Italia. Figurati che hanno perfino osato inventare di sana pianta sui giornali che l'opera era stata proibita in Germania, dove seguita invece ad avere successi trionfali, accusandola di "disfattismo culturale" e d'offesa allo "spirito d'autorità". Io e Malipiero ci siamo recati dal Conte Ciano, capo dell'Ufficio Stampa, per ottenere che la notizia fosse subito smentita come insussistente; e difatti è stata smentita da qualche giornale, ma non basta, bisognerebbe andar fino in fondo e scoprire chi è stato a fabbricarla in Italia. Il Ciano ci ha detto che il Duce è indignato del modo come si fa la critica in Italia, del suo spirito negativo; e per suo ordine egli ha chiamato all'Ufficio Stampa tutti i direttori dei giornali minacciandoli che, se i signori critici seguitano così, sarà soppressa la critica dai giornali». E il 24 marzo: «Ho fatto l'intervista che mi consigli sulla *Favola del figlio cambiato*; ma il malanimo contro il Malipiero (forse più che contro di me) è tale e tanto, e così manifesto il proposito deliberato di far colare a fondo quest'opera bellissima, che il salvataggio giurato da tutti gli amici intelligenti non credo purtroppo che riuscirà. Ci sarà questa sera senza dubbio, una grossa battaglia, e speriamo che la presenza del Duce varrà almeno a contenerla in qualche modo. Jersera, alla prova generale tanto il libretto quanto la musica sono piaciuti a tutti, specialmente nei primi due atti; l'esecuzione del terzo è parsa deficiente, sia per l'orchestra sotto la direzione del Marinuzzi, sia per i cantanti. In Germania, questo terzo atto, è risultato intanto il migliore, mi assicuravano alcuni critici tedeschi venuti da Berlino. Altra concertazione orchestrale e ben altri cantanti!». L'esito negativo della rappresentazione e le aspre critiche contro l'opera ne determineranno il suo ritiro. Fortemente amareggiato, il 29 marzo: «Sì, Marta mia, l'inimicizia preconcetta, l'ignoranza, la malafede, il proposito deliberato hanno avuto ragione d'una cosa bella, creata in purezza di spirito e in perfetta nobiltà d'arte. Il pubblico non mi aveva mai dato, come la sera del 24, un simile spettacolo d'inciviltà, che tanto più mi ha addolorato e offeso in quanto, attraverso la mia favola malignamente interpretata, s'è voluto colpire sopratutto il musicista contro il quale era il malanimo, anzi addirittura l'odio; e non si sa perché; o si sa benissimo, perché egli è, tra tutti i moderni musicisti d'Italia, quello che vale di più. S'è voluto enormemente gonfiare l'insuccesso, tanto che per ordine superiore si sono vietate le ulteriori repliche dell'opera. Così, le malignazioni ad arte e in antecedenza sparse sui giornali, che nella favola fossero contenute sconce situazioni e offese alla religione e alla monarchia, han trovato credito» (in Luigi Pirandello, *Lettere a Marta Abba*, cit., pp. 1113-1114, 1117, 1120).

[542] Mario Castelnuovo-Tedesco (1895-1968), compositore ebreo fiorentino, nel 1939 lasciò l'Italia a causa delle leggi razziali promulgate dal regime fascista e si trasferì negli Stati Uniti. Musicò il mito *I Giganti della Montagna* messo in scena postumo, nell'ambito del Maggio musicale fiorentino, il 5 giugno 1937, al Giardino di Boboli.

[543] Aldo Palazzeschi, pseudonimo di Aldo Giurlani (1885-1974), narratore e poeta, frequentava Pirandello. Nei *Taccuini* (apparsi postumi, Firenze, Sansoni, 1957), in data gennaio 1930, Ugo Ojetti annota: «Ieri sera all'Albergo Parlamento, povero e buio ma vicino al teatro "Imperiale" dove recita Marta Abba, ho trovato Luigi Pirandello, in una camera squallida, intento a scrivere (a macchina) l'ultimo atto della commedia che l'Abba darà a Milano il 14. Pirandello m'ha voluto parlare dell'Accademia d'Italia. Da Berlino egli mandò il suo voto; i tre nomi da lui dati erano Ojetti, Pavolini, Bontempelli. Stamane è venuto a colazione quassù. V'erano Montale e Palazzeschi. Ha l'aria stanca e rassegnata, la voce opaca e uguale. Mi sembra stanco». E ad Ojetti, da Parigi, il 9 giugno 1931, Pirandello scrive: «Palazzeschi o Marino Moretti, non ricordo bene, insomma uno dei due mi aveva detto che saresti venuto a

Parigi presto e io m'ero promesso il piacere di rivederti dopo tanto tempo» (in Luigi Pirandello, *Carteggi inediti (con Ojetti, Albertini, Orvieto, Novaro, De Gubernatis, De Filippo)*, cit., pp. 108-109). Fra le sue opere: *Poemi* (1909); *L'incendiario* (1910); *Il codice di Perelà* (1911); *Il controdolore* (1914); *La piramide* (1926); *Sorelle Materassi* (1934); *Allegoria di novembre* (1946).

[541] Corrado Govoni (1884-1965), poeta, segretario del Sindacato Autori e Scrittori. Poco più di un mese dopo, il 17 maggio 1933, da Roma, in merito al proposito di spezzare il prepotere del monopolio industriale, Pirandello scrive a Marta Abba: «È ormai indubitabile che si stanno cercando *in alto* le armi per abbattere il monopolio. Me lo prova anche una circolare del Segretario del Sindacato Autori e Scrittori, a firma Corrado Govoni, nella quale mi s'invita a denunziare tutto quello che mi consta a carico del monopolio stesso» (in Luigi Pirandello, *Lettere a Marta Abba*, cit., p. 1089). Fra le sue opere: *Fuochi d'artifizio* (1905); *Poesie elettriche* (1911); *Inaugurazione della primavera* (1915); *La strada sull'acqua* (1923); *Aladino* (1946).

[545] Francesco Pastonchi (1877-1953), poeta e prosatore, nominato Accademico d'Italia nel 1939. Pirandello si era occupato delle sue poesie *Sul limite dell'ombra* (Torino-Genova, R. Streglio & C., 1905) nella rassegna *Libri di versi*, «Nuova Antologia», Roma, 16 dicembre 1905. Altri suoi titoli: *Belfonte* (1903); *Il mazzo di gelsomini* (1913); *Il campo di grano* (1914); *I versetti* (1930).

[546] Italo Balbo (1896-1940), allo scoppio della prima guerra mondiale fu tra i più convinti interventisti. Aderì dall'inizio al fascismo, divenendo uno dei capi più in vista. Governatore della Libia, assunse, all'inizio del secondo conflitto mondiale, il comando di tutte le forze armate della colonia. Morì il 28 giugno 1940, nei cieli di Tobruch, durante un'azione di guerra.

[547] Umberto Notari (1878-1950), romanziere e editore.

[548] Luigi Orsini (1875-1954), poeta, narratore, saggista. Pirandello si era occupato delle sue poesie *I canti delle stagioni* (Milano, Libreria Editrice Lombardo, 1905) nella rassegna *Libri di versi*, «Nuova Antologia», Roma, 16 dicembre 1905.

[549] Clemente Merlo (1879-1960), glottologo, Accademico della Crusca dal 1923, socio nazionale dei Lincei dal 1932 al 1946, fu nominato anche Accademico d'Italia.

[550] Stefano qui lamentava che dei parenti potessero credere che lui «guazzava nel ben di Dio» perché il padre viveva con lui, mentre ciò oltre a levare a lui il tempo per dedicarsi al proprio lavoro di scrittore e danneggiarlo nella carriera era anche causa di un grave esaurimento e di serie malattie della moglie Olinda e di disordine e dissesto nella loro vita domestica.

[551] Arturo Fortunato Alessandri Palma (1868-1950), avvocato e politico, Presidente della Repubblica cilena (1920-1925; 1932-1938). Il 12 novembre 1932, da Parigi, Pirandello a Marta Abba aveva scritto: «È venuto a trovarmi il Rivolta. Mi ha portato la copia di tutte le lettere scritte a Susini e agli altri impresari d'America [...]. Ci sarebbe anche in trattativa il Venezuela e il Messico, e probabilissimo è anche il Cile in seguito all'elezione dell'Alessandri,

italiano, a Presidente della Repubblica» (in Luigi Pirandello, *Lettere a Marta Abba*, cit., p. 1046).

552 Sergio Tòfano (1886-1973), attore e regista teatrale e cinematografico, fu anche disegnatore, caricaturista, costumista e autore teatrale. Faceva parte della Compagnia Merlini-Tòfano-Cimara. Fu un mirabile interprete delle commedie pirandelliane.

553 Elsa Merlini (1903-1983), attrice, faceva parte della Compagnia Merlini-Tòfano-Cimara.

554 Su sollecitazione del senatore Giovanni Agnelli (1866-1945), fondatore della Casa automobilistica FIAT, Pirandello si era deciso all'acquisto di un'autovettura, così come aveva confidato, il 4 settembre 1932, da Castiglioncello, a Marta Abba: «Mi sono alla fine arreso a comprare a metà prezzo la Fiat propostami dal Senatore Agnelli: una magnifica 524 L., per 16 mila e 500 lire, pagabili in due rate a sei mesi. Così verrò a Milano in macchina, da Roma, se avrò l'automobile. E ritornerò prima a Roma in macchina, con un autista provvisorio che mi fornirà l'agenzia di Livorno. Basta, son diventato anch'io ora un signore» (in Luigi Pirandello, *Lettere a Marta Abba*, cit., p. 1020).

555 Il romanzo *Uno, nessuno e centomila*, nella traduzione di Samuel Putnam, apparirà, col titolo *One, none and a hundred thousand*, nel 1933 per i tipi della Dutton di New York.

556 La commedia *L'uomo, la bestia e la virtù* era stata rappresentata, il 5 aprile, al «Teatro Olympia» di Milano: «Questa audace e beffarda commedia di Luigi Pirandello ricompare dopo parecchi anni alla ribalta e in una interpretazione nuova e diversa di tono e di stile. Marta Abba l'ha recitata a Parigi al teatro San Giorgio, l'anno scorso, nella traduzione francese, meritandosi un vivissimo successo personale; e, ieri sera, interpretando la figura della virtuosa signora Perella nel testo originale ha dato un altro limpido saggio del suo talento, della sua penetrazione e della sua lucente e meditata forza d'artista» (–, «*L'uomo, la bestia e la virtù*». *Apologo di Luigi Pirandello*, «Corriere della Sera», Milano, 6 aprile 1933).

557 Questi alcuni stralci delle critiche del film: «Abbiamo vinto una battaglia con soldati nostri e armi nostre, ma con un generale straniero. Questo è il mio turbamento» (Massimo Bontempelli, *Acciaio*, «La Gazzetta del Popolo», Torino, 14 aprile 1933); «Il più notevole film che abbia finora prodotto la rinata cinematografia italiana» (D.J. [Lino De Javanna], «Il Popolo di Roma», Roma, 15 aprile 1933; poi in «Rivista cinematografica», Torino, 30 aprile 1933); «Un poema sinfonico, poderoso e possente, come un episodio biblico» (L.S. [Lea Schiavi], «L'Impero», Roma, 15 aprile 1933); «Miracolo tecnico lo han chiamato questo film, e tale esso è con le persone e le macchine e la musica» (M.I. [Matteo Incagliati], «Il Messaggero», Roma, 16 aprile 1933); «Senza dubbio *Acciaio* è il più bel film di Ruttmann, uno dei più nobili creati in Italia» (L. Chiarelli, «Il Giornale d'Italia», Roma, 16 aprile 1933); «*Acciaio* di Ruttmann e Soldati si classifica di colpo tra i film più belli e severi.

[...] Riconosciuta l'altissima qualità di *Acciaio*, si può dire che il film soffre di un certo squilibrio o mancanza di perfetta saldatura tra la vicenda umana e la rappresentazione delle immagini che devono a questa dare lo sfondo lirico adeguato» (Nicola Chiaramonte, «L'Italia Letteraria», Roma, 16 aprile 1933); «Può darsi che, rivista con più agio, riveli meglio quell'unità e quel ritmo di disciplina appassionata e feroce che porta gli atti dominanti del film: il lavoro, l'amore, il piacere sportivo, a raggiungere talora il tono di una musica solenne» (Enzo Ferrieri, «Radiocorriere», Torino, 16-23 aprile 1933); «Ruttmann dal soggetto di Pirandello non ha preso che degli spunti» (Antonio Petrucci, «Il Tevere», Roma, 17 aprile 1933); «Vidi *Acciaio* una prima volta alla Cines, in visione privata e ne uscii scontento, deluso, irritato. Lessi poi quella montagna di articoli elogiativi che questo film ha ispirato, e dubitai d'essere caduto in errore. [...] Ieri sera ho così rivisto *Acciaio* e sono uscito dalla sala con le stesse convinzioni della volta scorsa» (Leo Longanesi, «Il Tevere», Roma, 17 aprile 1933); «*Acciaio* non può dirsi un film riuscito, pur contenendo quadri d'indiscutibile bellezza» (-, «La Tribuna», Roma, 18 aprile 1933); «Circa l'esito di *Acciaio* si può concludere così: successo di critica, insuccesso di pubblico, inconciliabile dissidio tra buongustai e artisti di sale cinematografiche» (Enrico Roma, «Cinema Illustrazione», Roma, 19 aprile 1933); «La fusione tra la parte originale e quella documentaria non è stata raggiunta» (fer.t., «Rivista cinematografica», Torino, 30 aprile 1933); «Il film è di tal fattura che si può entrare nel suo spirito, ed allora lo si porta alle stelle, o non ci si entra, ed allora lo si demolisce senza pietà» (M.M., «La Rivista del Cinematografo», Roma, aprile 1933); «Del racconto di Pirandello, ecco quel che Ruttmann ritiene: il fatterello spicciolo di paese, divulgato da bottega a caffè, di chiacchiera in chiacchiera, così da acquistare a poco a poco un carattere di leggenda. [...] *Acciaio* è un film italiano, e un film europeo» (Guglielmo Alberti, «Scenario», Roma, aprile 1933); «*Acciaio* avrà un'importanza speciale per questo: che è il primo film per il quale si sia ricorso all'opera di un "grande" musicista. [...] Si guardi come la musica abbia aiutato a fermare i caratteri "nazionali" del film. [...] l'italianità di Malipiero è interna e severa» (Lele [Fedele] d'Amico, ivi); «*Acciaio* è una delle opere artisticamente e tecnicamente più poderose che abbia dato la nostra cinematografia; la più significativa, certo, dall'avvento del parlante» (Alberto Albertazzi, «Il Cinema italiano», Roma, 1 maggio 1933).

558 Il film *As you desire me*, realizzato negli USA nel 1932, per la Metro-Goldwin-Mayer, fu sceneggiato da Gene Markey e diretto da George Fitzmaurice, musiche di Herbert Stothart, interpreti Greta Garbo, Erich von Stroheim, Melvyn Douglas, Owen Moore, Hedda Hopper. Positivi i giudizi della critica: «A visione ultimata, Luigi Pirandello disse: "Il mio *Come tu mi vuoi* è proprio ridotto come lo volevo". [...] reso da interpreti incomparabili [...] *Come tu mi vuoi* [è] un capolavoro del cinema, come già lo era del teatro» (-, «Rivista cinematografica», Torino, 15 marzo 1933); «La deviazione operata nel realizzare filmisticamente il dramma profondissimo di Luigi Piran-

dello: quel mutamento finale, cioè, che ci dona il lieto fine della vicenda, è stato fatto così egregiamente, che lo spirito del fatto umano non ne ha risentito punto, ma ha rivelato un'altra volta, conservandola, tutta la sua forza espressiva di psicologia» (Mario Milani, «La Rivista del Cinematografo», Roma, aprile 1933). Cfr. pure: M.G. [Mario Gromo], *«Come tu mi vuoi» sullo schermo*, «La Stampa», Torino, 16 aprile 1933.

[559] Il 15 aprile 1933 si era inaugurata a Milano, presso la «Galleria Milano», una mostra personale di Fausto Pirandello, che raccoglieva una quarantina di opere dell'artista, tra dipinti ad olio e disegni.

[560] Sul «Corriere della Sera» del 19 aprile 1933 leggiamo: «Ad essere artisti e figliuoli d'artisti famosi, quand'anche si lavori un altro campo da quello paterno, s'è forse in una posizione più svantaggiosa che favorevole, aduggiati più che illuminati dalla celebrità del proprio nome. Ma Fausto Pirandello, ereditando il peso e la gloria d'un nome illustre per sé, è riuscito a farlo valere soprattutto coi meriti della sua opera di pittore. Nella prima giovinezza, allievo di Ximenes, studiò scultura: poi, conosciute meglio le proprie attitudini, dal modellare passò al dipingere, non senza tuttavia ritenere, dell'arte in cui egli esordì, una chiara e corposa plasticità di rilievi. E, mostrando nelle Biennali veneziane ed in altre esposizioni le prove del suo ingegno pronto e vivace, ha saputo farsi un posto non secondario fra i giovani che si sono affermati negli ultimi anni. Chi veda, alla "Galleria Milano", i dipinti ch'egli v'espone in compagnia di altri due pittori, Raffaele De Grada ed Achille Lega, se si ferma su certi quadri di figura, sarà forse colpito dal contrasto fra l'astrattezza concettosa e intellettualistica del soggetto, e la concreta, realistica, lucida evidenza formale. Il gusto della forma concisa e della materia preziosa, l'attenzione non dispersa nei particolari descrittivi, segnano l'indirizzo moderno di questa pittura, che però non deforma le apparenze naturali, ma anzi le rappresenta con una netta e scolpita veracità» (v.b., *Artisti che espongono. Fausto Pirandello, Raffaele De Grada e Achille Lega*).

[561] Del talento di Fausto scrive anche Dino Bonardi: «Ha caratteristiche di viva novità, nei riguardi dell'attuale momento pittorico. Infatti in essa esprime, in un modo già evidente, una nuova forma di realismo. [...] La verità vi appare organizzata secondo un ordine, dominata da un alto concettualismo, e tradotta secondo il cristallo di una sensibilità che, a prima vista, può apparire scabra e quasi petrosa, ma che in sostanza si riconduce ad una viva drammaticità» (*Le mostre d'arte a Milano. Fausto Pirandello*, «Il Secolo. La Sera», Milano, 24 aprile 1933). L'articolo è impreziosito dalla riproduzione dei dipinti *Maria* e *Oggetti*.

[562] «Si è aperta, in questi giorni, alla "Galleria Milano", nella metropoli ambrosiana, una mostra del valoroso e notissimo pittore concittadino Fausto Pirandello che raccoglie una trentina delle sue più importanti opere di cavalletto, dipinte a Roma e a Parigi, e una decina dei suoi prestigiosi e personalissimi disegni. La mostra ha ottenuto vivo successo di pubblico e di critica e i frequentatori hanno riconosciuto la modernità, ma anche la soda sostanza

non effimera, di quest'arte obiettiva e pur trascendente, dovuta, come asserisce Corrado Pavolini nell'acuta presentazione sul catalogo, "ad uno spirito attento in pari grado all'immutabile e alle metamorfosi"» (–, *Una mostra di Fausto Pirandello a Milano*, «Il Lavoro fascista», Roma, 4 maggio 1933). L'articolo è corredato della foto di un disegno di Fausto Pirandello.

563 La festa del sessantesimo compleanno. Luigi era nato, come noto, a Girgenti, il 20 giugno 1867.

564 Alfredo Biagini (1886-1952), scultore.

565 Nel 1933 Samuel Fischer, l'editore della S. Fischer Verlag di Berlino, di famiglia ebrea, fu costretto a lasciare la Germania. Peter Suhrkamp, allora redattore, ne proseguì l'attività.

566 Elisabeth Bergner (1897-1986), attrice teatrale e cinematografica austriaca, moglie del regista Paul Czinner (1890-1972). A Marta Abba, il 2 ottobre 1931, da Milano, Pirandello scrive: «Sui giornali tedeschi è annunziato che Elisabeth Bergner interpreterà quest'inverno a Berlino il *Come tu mi vuoi*, nella traduzione che ne ha fatto la signora Ebelsbächer, che mi chiese tempo fa il lavoro qua a Parigi». E il 25 novembre 1934, da Londra: «Ti mando un ritaglio di giornale, dove si parla di Te come della rivale della Bergner» (in Luigi Pirandello, *Lettere a Marta Abba*, cit., pp. 883, 1149).

567 Il volume *Quando si è qualcuno* apparirà nel 1933, per i tipi di Mondadori, nella Collana *Maschere nude*.

568 Durante il mese di luglio Pirandello va e viene da Castiglioncello, dove lavora alacremente alla stesura de *I Giganti della Montagna*, che intende ultimare prima della partenza per Buenos Aires, in occasione della rappresentazione, in prima mondiale, del *Quando si è qualcuno* (cfr. lettera dell'ottobre 1932). Così, il 7 luglio 1933, da Castiglioncello, a Marta Abba scrive: «Io ho trovato qui un monte di bozze di stampa da correggere. Susini ha accettato le condizioni anche per le due conferenze e mi annunzia imminente l'arrivo del contratto. Cosicché non c'è più dubbio ch'io partirò da Genova il 17 agosto col "Duilio". Non che per trenta repliche, Susini si propone di dare il lavoro sino alla fine della stagione, che sarà il 30 Novembre. Oggi finirò di correggere le bozze, e attaccherò subito domani a lavorare ai *Giganti della Montagna*, che sarà il mio ultimo lavoro drammatico. Spero di finirlo prima della partenza per l'America. Al mio ritorno, se ritornerò, mi metterò al romanzo. Ho ancora tante, tant'altre cose da dire, come se dovessi cominciare adesso, e in un tono del tutto nuovo, più distaccato e lontano» (in Luigi Pirandello, *Lettere a Marta Abba*, cit., p. 1099). Partito insieme a Massimo Bontempelli, Pirandello sbarcherà il 1° settembre 1933 a Buenos Aires, dove terrà, tra l'altro, due conferenze su *Verga e il naturalismo in Italia* e *Teatro vecchio e teatro nuovo*. Dopo una tappa in Uruguay, dove è stato invitato a parlare di *Ariosto e Cervantes*, lo scrittore, il 27 settembre, a bordo del "Conte Biancamano", farà ritorno in Italia. A proposito del secondo soggiorno di Pirandello in Sud America, cfr. Gabriel Cacho Millet, *Pirandello in Argentina*, cit., pp. 143-230.

[569] Alberto Jiménez Frand (1883-1964), direttore della «Residencia de Estudiantes», fino al 1936 vivace centro culturale.

[570] Astrid Ahnfelt (1876-1962), scrittrice, saggista, promotrice della cultura italiana in Svezia, tradusse in svedese *Quando si è qualcuno*.

[571] Il 16 agosto, da Castiglioncello (dove quell'estate si recano anche Fausto e Pompilia col figlio Pierluigi), Stefano scrive a Corrado Alvaro: «Ti scrivo subito appena partito Papà. In nessuna ora del giorno, finché c'è stato lui, siamo stati in casa o fuori meno di sette o otto persone, e fino a venti e a trenta – una dissipazione di tempo e d'energie disperante. Ora mi metterò a una regola di clausura. Abbiamo dovuto ospitare la Abba per parecchi giorni: immagina. [...] Con tutto ciò io ho lavorato bene – tranne questi ultimi quindici giorni di baraonda piena. Sono ai due terzi del romanzo, a pag. 90 [allude a *Liberazione*, poi pubblicato col titolo *Il muro di casa*]. Papà ne è molto contento: io speravo che mi venisse meglio, ma stimo che come primo lavoro possa andare. Già prendo appunti per il secondo romanzo, di cui t'accennai la trama, (*I corpi senza nome*): quello sento che verrà bene davvero. Ora sono all'impegno di finire questo e di scrivere la commedia per la Abba (almeno questo benefizio n'ho avuto) entro ottobre. La commedia, già tutta pensata e schemata, dovrò consegnarla entro il 20 settembre: e mi metterò a scriverla fra due giorni, nel pomeriggio. La mattina seguito il romanzo. Lavorerò ogni giorno da sei a otto ore. Poi ho da sbrigare la segreteria di mio Padre... Mi contento: a me basta di svago fare un tuffetto a mare tra mezzogiorno e l'una, e poi una passeggiatina dalle sette alle otto. Dopo pranzo, dall'1 ½ alle tre un sonnellino, e dopo cena fino alle 10 ½ prendere un po' d'aria in giardino prima d'andare a letto, mi garantiranno la resistenza. M'alzo alle 7 ½: vorrei ora anticipare un po', e vedrò se mi torna conto. Eccoti a giorno delle mie cose. Papà ti ringrazia degli auguri e ti saluta con affetto. In mezzo a tutta questa compagnia, ho rimpianto tanto la tua amicizia: che sarebbe stata la mia solitudine desiderata. [...] Mi sento pieno di cose da dire: verrà il momento che tutto si metterà a posto. Avrò una collaborazione possibile. Collocherò due commedie all'anno. La Abba è a posto per 4 annate teatrali alla Stabile S. Remo e mi dice che ogni anno mi rappresenterà un lavoro. Questo è già un fondamento. Legato ai capricci d'una donna assai capricciosa; ma confido che sia il mio momento d'avere un po' di fortuna. Molto dipenderà da questa prima commedia, intitolata *Vi sono i leoni* [poi *Roma salvata* e, infine, *L'innocenza di Coriolano*]. Poi te ne parlerò». E il 5 settembre, a Marta Abba: «Io posso dire d'aver finito il primo atto, che è a posto tranne alcuni passaggi, che ho tralasciato per ora, per lavorare a caldo su una scena importante del second'atto. Ormai ho tutto ben definito, e appuntato in ogni particolare, lo svolgimento della commedia, sino alla fine. Ora che ci sono dentro non ti posso più dire nulla, ne ho perso il giudizio, ma la segreta impressione è che io mi metterò con essa parecchi gradini più su... Ma ci vuole l'ajuto di Dio! E non fantasticare fuori del cerchio chiuso in cui vivono le immagini: guai quando mi svago a raffigurarmi rappresentato un passaggio. Io non farei l'at-

tore per tutto l'oro del mondo: sudo freddo a pensare come troverai la voce per certi segreti di questa tenerissima e feroce Virgilia. Ma a ciascuno la sua parte. Aschieri, chi sa perché, mi ha mandato la copia delle lettere che ha scritto e delle risposte di Borghesi. Io gli ho scritto dicendogli che non avevo alcuna veste per entrare in merito, e potevo giovargli soltanto per chiarirgli qualche indicazione di Papà, ove gli sorgessero dubbi sul modo d'interpretarla» (in Stefano Pirandello, *Tutto il teatro*, cit., vol. 1°, pp. 210-212).

572 Di ritorno dall'America del Sud, Pirandello raggiunge a San Remo Marta Abba, che sta preparando, con la sua Compagnia, il *Quando si è qualcuno*.

573 Giuseppe Gabetti (1886-1948), critico letterario, storico di letteratura tedesca, promotore di scambi culturali fra l'Italia e i paesi germanici, dal 1932 direttore dell'Istituto Italiano di studi germanici a Roma (Casa di Goethe). Il 1° dicembre 1932, da Roma, a proposito della sua candidatura al Nobel, a Marta Abba Pirandello scrive: «La candidatura è stata posta già da parecchi mesi dal Circolo di coltura fascista presieduto da Giovanni Gentile, che ha mandato in Svezia il prof. Gabetti dell'Università di Roma a fare un ciclo di conferenze su me e sulla mia opera e a intendersi con i membri dell'Accademia Nobel, che son quelli che assegnano il premio». E il 5 aprile 1934, da Roma: «In gran confidenza Ti dico (ma bisogna tener la cosa in gran segreto) che il Gabetti mi ha confidato che per il Premio Nobel su *dieci* votanti, in primo scrutinio, ho avuto *nove* voti favorevoli, cioè quasi unanimità» (in Luigi Pirandello, *Lettere a Marta Abba*, cit., pp. 1061, 1125).

574 Cfr. al riguardo: Panfilo [Giulio Caprin], *Vigilia di «Quando si è qualcuno»*, «Corriere della Sera», Milano, 15 ottobre 1933.

575 Il commediografo siciliano Enrico Serretta (1881-1939) era uno degli autori di successo del repertorio di Angelo Musco. Nel giugno 1925 era stato eletto Consigliere della S.I.A. Grande amico e sodale di Pirandello, con cui ha anche scritto due commedie a quattro mani, *'A vilanza* e *Cappiddazzu paga tuttu*, Nino Martoglio, il 29 agosto 1916, da Marino, rimprovera Musco di avergli anteposto autori di cassetta: «Per ragioni di precedenza, di rispetto e di giustizia dovevate dare Pirandello prima di Serretta e tanto più di Savarino e Rampolla – Avete commesso una *gaffe* a mandarlo dopo. Egli non ne sa niente e non sarò certamente io a dirglielo; ma spero che gli avrete telegrafato l'esito mentre non lo avete fatto da Messina» (in Sarah Zappulla Muscarà, *Nino Martoglio*, Caltanissetta-Roma, Sciascia, 1985, p. 247). E il 31 maggio 1917, da Milano, comunica a Pirandello: «Ho inteso una prova di *Malantrinu* [di Serretta]. E una cosa così melensa che non merita di essi nemmeno discussa. Spero che il pubblico dia, a autore e interprete, il castigo che si meritano!... Intanto tra *Rondinella* e *Malantrinu* avrà rovinata una stagione, mentre aveva la *Giarra*, per risollevarla!...» (in Pirandello-Martoglio, *Carteggio inedito*, cit., p. 93). Scrive Vito Mar Nicolosi: «Capuana, Martoglio e Pirandello furon così i primi scrittori che sentirono, dalla presenza di Musco, la necessità di scrivere per il teatro. Più tardi, Pirandello si rivolse, com'era logico, agli attori italiani e fu ambito dagli attori di tutto il mondo, tuttavia,

il fondamento della sua tecnica, quell'essere loico e gesticolante nel parlare, e soprattutto – quel che più conta – lo stesso spirito della sua arte son da rintracciare nella sua origine siciliana, in quel voler sapere, tipico dei siciliani, "che cosa ci sia sotto a quel che si dice", in quel non accontentarsi delle apparenze o – che è lo stesso – in quel lasciarsi sopraffare dalle apparenze. Dopo i tre, vennero gli altri scrittori più giovani: da Santi Savarino che, dopo la morte di Martoglio, ne prese il posto dirigendo, consigliando e scrivendo per Musco, a Sabato-Agnetta, a Macrì, a Russo-Giusti, a Patanè, a Marchese, a Mulè, a Serretta, a Fazio...» (Vito Mar Nicolosi, *Angelo Musco*, «Il Giornale del Mezzogiorno», Napoli, 6 ottobre 1947).

[576] Gaetano Paternò di Manchi di Bilici (1879-1949), ministro plenipotenziario, appartenente ad un'antica casata nobile siciliana del ramo dei Paternò di Raddusa, dal 12 agosto 1932 fu ambasciatore d'Italia a Stoccolma. Per le sue capacità diplomatiche in campo internazionale, in precedenza era stato in missione diplomatica nei Regi consolati di Barcellona (1910), Trieste (1911), Cetinje (capitale del Montenegro, 1913-'16), Parigi (1917-'18); nella delegazione italiana alla Conferenza della Pace di Parigi (1918-'19); agente diplomatico in Siria (1920-'22); in Afghanistan (1922-'23); capo della delegazione italiana a Mosca (1923-'24); in Finlandia aveva negoziato il trattato italo-finlandese; era stato ambasciatore al Cairo (1926-'30) e negoziatore del protocollo italo-egiziano; in missione diplomatica ad Addis Abeba (1930-'31).

[577] Attilio Tamaro (1884-1956), studioso di storia giuliana, irredentista, nel 1920 soggiornò a Vienna come corrispondente di alcuni quotidiani italiani, poi rientrò a Roma come redattore capo dell'«Idea Nazionale». Nel 1927 fu nominato console generale ad Amburgo, nel 1930 ministro plenipotenziario con destinazione Helsinki; nel 1935 passò a Berna dove rimase fino al 1943, anno della sua forzata messa a riposo. Anche dopo l'occupazione jugoslava dell'Istria e della Dalmazia, continuò a scrivere della loro storia.

[578] Augusto De Marsanich (1893-1973), ministro plenipotenziario a Oslo, sottosegretario al Ministero delle Comunicazioni (1935-'43) e a quello della Marina Mercantile (1939-'43), poi segretario del M.S.I. (1950-'54), deputato e senatore della Repubblica. Sua sorella, Gina, sposata con Carlo Pincherle, è la mamma di Alberto Moravia (pseudonimo di Alberto Pincherle).

[579] Giovanni Capasso-Torre di Caprara (1883-1973), giornalista e diplomatico. Ministro plenipotenziario a Copenaghen nel 1932, vi rimase in rappresentanza dell'Italia fino al 1937.

[580] Luigi Pirandello, *L'Umorismo*, Lanciano, Carabba, 1908 («seconda edizione aumentata», Firenze, Luigi Battistelli, 1920).

[581] La traduzione in finlandese di *Trovarsi*, ad opera di Tyyni Haapanen-Tallgren, col titolo *Löydänkö itseni?*, sarà pubblicata, nel novembre 1933, dalla Soumen Kansallisteatteri di Helsinki.

[582] I coniugi Nino Bertoletti (1889-1971) e Pasquarosa Marcelli (1896-1973), entrambi pittori, sposatisi nell'ottobre del 1915, andarono a vivere presso il villino di via Antonio Bosio, n. 15, messo a disposizione da Pirandello.

⁵⁸³ Stefano parte il 5 novembre da Castiglioncello per raggiungere il padre a San Remo alla vigilia della prima italiana di *Quando si è qualcuno*. Il 7 novembre, alla moglie Olinda: «Ti scrivo dal Bar del Teatro, scappato un momento dalla prova. Jersera, fino alle 4 di stamani, fu la *generale*; il terzo atto andò male, e si è dovuto riprovare due o tre volte, e infinite volte l'effetto finale. Ho lavorato anch'io, utilmente. Stamattina ho avuto a letto il tuo espresso di te e l'altro del telegramma: erano le 10. Poi ho avuto da fare con Marta e con giornalisti; adesso sono le 14,30. Da un'ora siamo in teatro e si riprovano II e III atto. [...] Stasera sarà certamente un seratone. Ma il lavoro, purtroppo, manca il suo effetto per l'insufficienza di Calò: nessuno può credere, nemmeno per un momento, che quello sia "qualcuno": è sempre, esasperatamente, "uno qualunque": che fa finta, come può, di darsi importanza e non ci riesce. Peccato perché altrimenti sarebbe stata l'apoteosi di Papà. Jeri ho parlato con Simoni di me stesso: ancora ricordava *La casa a due piani*, letta su Comœdia, che gli aveva fatto molta impressione. Così l'ho intercessato a *Vi sono i leoni*. Mi ha trattato con molta affabilità». E, l'8 novembre, all'indomani della messa in scena: «Jeri la rappresentazione fu una delusione per noi che vedemmo mancare quasi tutti gli effetti faticosamente preparati, ma il pubblico applaudì molto lo stesso. C'era un pubblico fenomenale. Dopo la recita, ci fu la cena a tavoli separati, io ero coi d'Amico e quella seccatrice svedese Ahnfelt che mi attaccò un bottone a non finire. Papà d'umore pessimo, alla fine si rinfrancò; ma al ritorno in albergo era di nuovo tetro e giurava che non avrebbe mai più scritto pel teatro. Quel Calò è stato un vero assassino. Ci aspettavamo tutti che almeno alla recita si sarebbe un po' montato e avrebbe rimediato con un po' di calore e di mestiere alle sue deficienze d'intelletto: ma a nessuna prova aveva fatto peggio di così. Il finale del secondo, tutto il monologo, non fece più sentire nemmeno le parole... Basta, stasera andrà meglio; e a Roma l'attrezzatura del palcoscenico permetterà di fare di più. Io non riesco ancora a far dire a Gabetti che, quando, dove deve provvedere le cose materiali del viaggio, i biglietti ecc. Così oggi gli ho fatto un telegramma-ultimatum: vedremo. Altrimenti Papà rinunzia a partire. È destino che tutte le cose di Papà debbano essere incerte fino all'ultimo minuto» (in Stefano Pirandello, *Tutto il teatro*, cit., vol. 1°, pp. 212-213).

⁵⁸⁴ Ermanno Amicucci (1890-1955), direttore della «Gazzetta del Popolo» di Torino.

⁵⁸⁵ Jean Giraudoux (1776-1834), drammaturgo francese di successo, grazie anche alla collaborazione con l'attore-regista Louis Jouvet (1887-1951). Il 4 marzo 1933, da Parigi, Pirandello a Marta Abba scrive: «Giraudoux m'ha invitato nel suo palco per assistere alla prova generale del suo *Intermezzo*: un primo atto squisito; ma poi gli altri due, zero». E, da Roma, il 5 aprile 1934: «All'Accademia, Panzini mi ha parlato dell'*Intermezzo* di Giraudoux e si lamentava del difficilissimo lavoro che aveva fatto per la traduzione, lavoro di cui non vedeva ancora alcun compenso. Io gli dissi che il ritardo con cui aveva consegnato la traduzione era la causa di questo, e che ora non era più il caso di far premure

per la rappresentazione; ma insistette tanto che dovetti promettergli che Te ne avrei scritto» (in Luigi Pirandello, *Lettere a Marta Abba*, cit., pp. 1081, 1124).

586 Da Genova, dove si recherà qualche tempo dopo, per seguire le prove de *L'innocenza di Coriolano*, il 13 febbraio 1934, Stefano scrive alla moglie: «Qui Marta mi pare che non sia entrata affatto nel lavoro, non le va nemmeno il 1° atto, non so. Il 2° effettivamente risulta statico e ancora troppo lungo. Ora con Papà ho pensato di rinforzare due scene, quella che ho aggiunta con Valerio e l'altra con lo schiavo. E poi bisognerà tagliare nel colloquio dei due fratelli. Scenate, nervi, storie, una soffocazione! Papà mi pare molto malinconico». E il 14 febbraio: «Jeri ho aggiustato la scena di Valerio al secondo atto, una scena nuova, fatta a Roma prima di partire, che risultava oscura. L'ho abbreviata, chiarita e drammatizzata, e oggi alle prove è risultata bene. Oggi poi ho aggiustato la scena di Marco – lo schiavo – sempre al second'atto: la volevo fare più drammatica, ma temo d'averla fatta solo più lunga. Intanto in queste due prove non si è arrivati altro che alla scena con Plantilla, al II atto. Volumnia, cioè la Benvenuti, è un disastro: non ha nessuna grandezza. Ma il disastro vero è per ora che a Marta la commedia non le si chiarisce: tutto le sembra oscuro, e non dico che qualche punto non lo sia: ma pigliandola così come l'ha presa lei si è arrivati al punto che tutti hanno l'impressione di recitare dei *rebus*. Papà s'affanna a dire che non è vero. Gli attori, Calò dice che il lavoro gli piace, gli pare intelligente e sicuro, Gigetto Almirante dice che è pieno di senso, ma difficile, faticoso a prestarci attenzione, e ha paura che il pubblico si secchi. Poi è lungo, prolisso. Poi le scene non sono nette, ma una intersecata nell'altra, e bisogna di continuo farsi indietro, tener presenti le parole di questo e di quello: mentre il teatro ha esigenze diverse. Quello che debbo dirti è che ancora non è deciso che la commedia sia accettata. Marta è piuttosto persuasa che, nel mio interesse, io debba ritirarla. Si è d'accordo nel finire la prova di tutt'e tre gli atti e nel rifarli poi daccapo: se le oscurità non fossero eliminate, io dovrei rimettermi i copioni sotto il braccio e pazienza. Papà mi sostiene molto, è convinto che il lavoro è bello e che le mende sono tutte di particolari e tutte riparabili. Il vero guaio è nell'ignoranza assoluta della Marta: la quale non ha la minima idea non dico della vicenda di Coriolano, ma della storia romana, nemmeno di quelle cose superficiali che in Roma c'era la plebe e i patrizi, e le lotte fra essi, i consoli e i tribuni, ecc.: e come lei non ne sa niente è convintissima che *nessuno* ne sappia di più... Dice: ma noi dobbiamo farci capire da tutti! e non arriva a concepire che quelle cose in Italia le sanno anche i bambini. Che vuoi che ti dica? È un brutto combattere! Per di più è in prova anche il *Così è (se vi pare)*, nuovo per quasi tutta la compagnia: che si prova prima del mio lavoro, perché deve andare in scena subito. E tutti arrivano stanchi al mio, e con quella prevenzione» (in Stefano Pirandello, *Tutto il teatro*, cit., vol. 1°, pp. 215-216). *L'innocenza di Coriolano* verrà messa in scena il 12 gennaio 1939 dalla Compagnia Bragaglia, al «Teatro delle Arti» di Roma, regia di Nino Meloni, interpreti Bella Starace-Sainati, Giovanna Scotto, Augusto Marcacci, Lauro Gaz-

zolo. Così scriverà Ermanno Contini su «Il Messaggero»: «Coriolano non viene mai in scena, ma la sua figura vive e domina traverso le discussioni che su di lui si accendono fra gli amici, i parenti, gli avversari, il popolo. La vicenda si può dire che non esista: più che un'azione drammatica è questa un'introspezione la quale gira con le parole attorno alle cose, ai sentimenti, alle idee, avvicinandosi lentamente alla loro essenza in un progressivo approfondimento. Il dialogo si volge denso e serrato assumendo a volte il tono analitico e descrittivo proprio del romanzo, a volte quello speculatorio e filosofico del saggio moralistico, a volte quello capzioso dell'argomento sofistico, a volte quello ispirato del frammento lirico» (13 gennaio); Silvio d'Amico su «La Tribuna»: «C'è, in questo dramma fra domestico ed epico, ne' suoi contrasti fra dispettosi e magnanimi, nel suo sforzo costante e spesso vano di mettere a fuoco persone ed eventi, uno spasimo così autentico, che il pubblico l'ha sentito. E l'ha coronato d'un successo cordiale, salutando alla fine d'ogni atto gl'interpreti con applausi lunghi e convinti, e chiamando più volte alla ribalta anche l'autore» (14 gennaio); Alberto Savinio su «Omnibus»: «Se c'è scrittore nel quale la ricerca delle giustificazioni di verità, di umanità e di "storia" è anche più indelicata che in Ibsen o in Pirandello, questi è Stefano Landi. Può darsi che Landi stesso sia convinto del contrario, nel qual caso la sua pia illusione sarebbe l'indiretta conferma della singolarità e stravaganza della sua poetica. [...] In nessun altro scrittore quanto in lui, l'opera è la rappresentazione non del mondo com'è, ma del mondo come l'autore vorrebbe che fosse, o meglio del mondo come l'autore si sogna che sia. [...] Volenterosa l'interpretazione, ma priva di stile. Un testo così immobile e grave, andava "detto" con altrettanta gravità e immobilità» (21 gennaio).

[587] Luigi Almirante (Gigetto, 1885-1963), attore e capocomico, appartenente a una famiglia di attori, interprete pirandelliano, nel 1934 lavorò con Marta Abba.

[588] Antonio Bruers, vicecancelliere della Reale Accademia d'Italia.

[589] A Luigi Pirandello è stata affidata la presidenza del IV Convegno della Fondazione Volta, sul tema *Il teatro drammatico*, che si svolgerà a Roma, nell'aula Giulio Cesare, in Campidoglio, dall'8 al 14 ottobre 1934, promosso dalla Reale Accademia d'Italia, presieduta da Guglielmo Marconi. Il Comitato del Convegno, avvenimento di grande rilievo per le personalità internazionali presenti, sarà costituito, oltre che da Carlo Formichi, vicepresidente per la Classe di Lettere, da Silvio d'Amico (il principale organizzatore, seppure in modo discreto), Ugo Ojetti, Massimo Bontempelli, Ettore Romagnoli e Filippo Tommaso Marinetti. L'anno successivo vennero pubblicati gli Atti del Convegno: Reale Accademia d'Italia, Fondazione Alessandro Volta, *Convegno di Lettere (8-14 ottobre 1934). Il teatro drammatico*, Roma, 1935. Si veda: Sarah Zappulla Muscarà, *Il Convegno Volta e la regia pirandelliana de «La figlia di Iorio»*, in AA.VV., *Pirandello e d'Annunzio*, Palermo, Palumbo, 1989, pp. 347-367; Alfredo Barbina, *Dietro le quinte del Convegno Volta*, «Ariel», Roma, maggio-dicembre 1993, pp. 71-79.

[590] Liborio Capitani, produttore cinematografico, aveva acquistato, nell'ottobre 1933, al prezzo di 30.000 lire, i diritti del romanzo *L'esclusa*. Marta Abba avrebbe avuto il ruolo di protagonista del film, come da clausola del contratto di vendita. Ma il progetto non verrà realizzato.

[591] In Inghilterra, nel 1933, erano apparse, su periodici e riviste letterarie, le seguenti novelle: *Here's another!* (*E due!*), traduzione di J. Redfern, «The fortnightly Review», London, November; *Two double beds* (*Due letti a due*), traduzione anonima, «The Spectator», London, November 24th; e in volume: «*Better think twice about it*» *and twelve other stories* («*Pensaci, Giacomino!*» *e altre dodici novelle*), traduzione di Arthur e Henrie Mayne, London, Lane. Nel corso del 1934 vengono pubblicate le novelle: *Truth* (*La verità*), traduzione di J. Redfern, «The fortnightly Review», London, June; *A finch, a cat and the stars* (*Il gatto, un cardellino e le stelle*), traduzione di J. Redfern, «The Listener», London, September; *The little black kid* (*Il capretto nero*), traduzione di J. Redfern, «Listener», London, November 21th; e in volume: «*The naked truth*» *and eleven other stories* («*La vita nuda*» *e altre undici novelle*), traduzione di Arthur e Henrie Mayne, London, Lane (cfr. al riguardo: Luigi Pirandello, *Saggi, poesie, scritti varii*, cit., pp. 1370-1372).

[592] Il 6 novembre 1933 Stefano scrive alla moglie Olinda di aver impegnato l'appartamento al secondo piano di via Antonio Bosio, n. 15, il cui contratto firmerà al suo ritorno da San Remo, il 13 novembre. Nel dicembre il padre si trasferirà nell'appartamento-studio al piano superiore, il terzo (dove aveva avuto lo studio l'amico pittore Nino Bertoletti), i pasti li consumerà, di solito, presso la famiglia di Stefano. In questa palazzina aveva abitato durante la Grande Guerra. Attualmente è sede dell'Istituto di Studi Pirandelliani e sul Teatro Italiano Contemporaneo.

[593] Mario Corsi (1882-1954), giornalista e commediografo.

[594] «Il Consorzio Icar attende alla concretizzazione del programma della sua prossima attività, nella quale pare sia compreso un film tratto da *Donna Mimma* di Pirandello che il giovane Di Cocco doveva già girare per conto della Cines con Emma Gramatica» (–, *Notizie del cinema*, «Il Messaggero», Roma, 27 gennaio 1934).

[595] *Vestire gli ignudi*, tradotto col titolo *För att skyla sin nakenhet* da Nils Agrell, cit., sarà trasmesso, il 9 dicembre 1934, in un programma di una stazione radiofonica di Stoccolma.

[596] Pirandello fa ritorno a Roma dopo qualche giorno per attendere all'organizzazione del Convegno Volta. A proposito dell'andamento dei lavori, il 2 febbraio 1934, scrive a Marta Abba: «Oggi avrò una nuova riunione per il "Convegno Volta". Sai che il De Santis ha accettato di farsi impresario degli spettacoli? Anche Ruggeri ha accettato di far la parte di "Aligi" recitando con Te la *Figlia di Iorio*; "Lazzaro di Rojo" sarà Tumiati e "Candia della Leonessa" Irma Gramatica» (in Luigi Pirandello, *Lettere a Marta Abba*, cit., p. 1105).

[597] Pirandello si reca a Milano il 27 aprile 1934, chiamato dall'avvocato Gianturco, a causa della controversia legale per lo scioglimento del contratto

stipulato con Edoardo Nulli. Si trattiene nella città meneghina per assistere, il 2 maggio, al «Teatro Manzoni», alla rappresentazione dei *Sei personaggi in cerca d'autore* diretta da Max Reinhardt (la prima aveva avuto luogo il 6 marzo 1934 al «Theater in der Josephstadt» di Vienna). Sull'esito dello spettacolo, il 4 maggio, Pirandello scrive a Marta Abba: «Ho assistito a Milano ai *Sei personaggi* di Reinhardt. Buono, il primo atto; forzati e falsi gli altri due, incomparabilmente inferiore tutto il lavoro alla nostra, cioè alla Tua interpretazione. Il successo, ciò non di meno, è stato ottimo. Ma tutti sentivano il desiderio di riveder Te nella parte della "Figliastra"» (ivi, p. 1131). Appena un anno prima, il 15 aprile 1933, al «Teatro Olympia» di Milano, la Compagnia Abba aveva ripreso i *Sei personaggi in cerca d'autore*, protagonisti Marta Abba, Vittorina Benvenuti, l'Erler e il Barnabò. Sul «Corriere della Sera» Renato Simoni aveva scritto: «Tra gli interpreti, applauditissima è stata Marta Abba, che salì a un tono di scherno e di disperazione, di una bellezza aspra e sofferente e commovente, e fece balzare il suo personaggio, dal complesso del dramma, con un rilievo e un ritmo che eran scultorei e musicali» (*Sei personaggi in cerca d'autore*, 16 aprile 1933). Ritornato a Roma per «gl'impicci del Convegno Volta», Pirandello è nuovamente a Milano in occasione della messa in scena, il 9 maggio, al «Teatro Olympia», del *Come prima, meglio di prima*, Compagnia Abba, interpreti Marta Abba, Luigi Almirante, Romano Calò, Rossana Masi.

[598] Questa la notizia apparsa su «Il Messaggero»: «Milano, 14. Un successo pieno ed incontrastato ha avuto stasera al teatro Olympia il nuovo dramma di Luigi Pirandello *Quando si è qualcuno* nuovo per le scene milanesi. Romano Calò e Marta Abba, con gli attori della stabile di S. Remo, sono stati interpreti efficaci dell'opera che il pubblico ha applaudito calorosamente per sei volte nel finale del primo atto e per sette volte in quelli del secondo e del terzo. Luigi Pirandello, evocato con gli interpreti alla ribalta, è stato fatto segno a speciali manifestazioni di omaggio» (–, «*Quando si è qualcuno*» *di Pirandello applaudita calorosamente a Milano*, 15 maggio 1934). Nella stessa pagina è riportata una corrispondenza da Parigi del 14 maggio, dal titolo *Per la scena di prosa a Parigi*: «Il Teatro degli Italiani, che, come è noto, venne inaugurato il 21 del passato mese, nella Casa degli italiani, alla presenza dell'Ambasciatore, si propone di dare una serie di rappresentazioni di cui la seconda avrà luogo in questa settimana con l'*Enrico IV* di Pirandello, alla presenza del sottosegretario on. Asquini. Una scuola italiana di recitazione alla quale potranno far domanda di iscrizione tutti gli italiani di ambo i sessi è stata creata nel teatro stesso per lo sviluppo intellettuale ed artistico dell'istituzione».

[599] «Molti applausi ieri sera: sei chiamate dopo il primo atto, sette dopo il secondo, cinque dopo il terzo. Luigi Pirandello, comparso dopo il secondo e dopo il terzo atto, è stato festeggiatissimo. Ma nessuno ha avuto l'impressione di applaudire *Qualcuno*, cioè la statua di Pirandello. Tutti hanno battuto le mani a un uomo di gran fama e vivo, vivissimo, non chiuso nella sua

forma e formula, non Pirandello pirandelliano, ma Pirandello uomo e scrittore capace di rinnovarsi, pronto a ricominciare ogni volta, ad ogni nuova opera, la sua fatica di indagatore dei misteri dello spirito, di ricercatore della verità più profonda, di inquieto, attento, scontento, sarcastico e umano osservatore di sé e dei propri simili e di quanto in sé e negli altri trova di uguale, di affine, guardando negli occhi altrui come in altrettanti specchi, vedendo se stesso vivere, agendo e giustificandosi, non mai abbandonato al fiume della vita, ma sempre vigile di quanto avviene nella coscienza più remota» (–, *Quando si è qualcuno*, «Corriere della Sera», Milano, 15 maggio 1934).

[600] Luigi Pirandello, *L'inaugurazione della nuova sede de «La Stampa». Teatro nuovo e teatro vecchio nella conferenza di Luigi Pirandello*, «La Stampa», Torino, 13 maggio 1934. La conferenza, tenuta nel salone del giornale, con alcune modifiche ed aggiunte, riprende quella tenuta a Venezia nel luglio del 1922 e pubblicata su «Comœdia» del 1° gennaio 1923 che diede luogo ad una polemica a cui presero parte Roberto Bracco, Adriano Tilgher e Silvio d'Amico («Comœdia», Milano, 15 gennaio e 1 febbraio 1923). Quella pubblicata da Manlio Lo Vecchio-Musti (in *Saggi, poesie, scritti varii*, cit., pp. 225-243) è la versione de «La Stampa» («l'esordio è tolto dal saggio *Un critico fantastico* [Alberto Cantoni], che è del 1905; la chiusa espone la favoletta del Lessing *La scimmia e la volpe* già riprodotta nel saggio *Soggettivismo e oggettivismo nell'arte narrativa*, compreso nel volume *Arte e scienza*, 1909»).

[601] Il film *Pensaci, Giacomino!*, dalla commedia omonima (1916, in siciliano nella prima stesura), prodotto dalla Capitani Film e dal Consorzio Icar, sarà realizzato nel 1936, regia di Gennaro Righelli, sceneggiatura di Gugliemo Giannini e Sandro De Feo, interpreti Angelo Musco, Dria Pola, Amelia Chellini, Maria Bragaglia, Elio Steiner. Leggiamo sul «Corriere della Sera» del 31 dicembre 1936: «*Pensaci, Giacomino!* è la commedia che Angelo Musco portò al successo sulle scene dello scomparso Teatro Nazionale di Roma, nel 1916, allorché le insistenze del Musco stesso e di Nino Martoglio [...] indussero il già cinquantenne Pirandello a muovere i primi passi su quella via del Teatro che doveva percorrere fino alla celebrità mondiale e che doveva condurlo al supremo riconoscimento del Premio Nobel. *Pensaci, Giacomino!* per lo schermo assume anche, in un certo senso, un valore documentario in quanto Angelo Musco si è ispirato nella creazione del protagonista – il Prof. Toti – all'aspetto fisico di Luigi Pirandello, che, come è noto, fu per anni insegnante. [...] La vis comica di Angelo Musco raggiunge in *Pensaci, Giacomino!* attraverso un'interrotta serie di quadri sveltamente e sicuramente tratteggiati i culmini dell'arte. Ma la sorpresa sta in ciò, che una vena sentimentale di sana e umanissima sensibilità rinnova la comicità di Angelo Musco».

[602] Giuseppe Antonio Borgese (1882-1952), docente universitario, giornalista, critico, narratore, drammaturgo, antifascista su posizioni liberali, nel 1931, rifiutando di prestare il giuramento richiesto dal regime, espatria in America, dove insegna nell'Università di Chicago. Lì sposa in seconde nozze Elisabeth, figlia di Thomas Mann. Ritornato in Italia nel 1946, due anni dopo

viene reintegrato nella Cattedra di Estetica presso l'Università di Milano. Pirandello lo ha definito «un temperamento versato in molte cose, ferocissimo». A lui si deve la splendida traduzione in dialetto siciliano de *La figlia di Iorio* di d'Annunzio (ora in Gabriele d'Annunzio, «*La figlia di Iorio*» *tra lingua e dialetti*, a cura di Sarah Zappulla Muscarà e Enzo Zappulla, Catania, la Cantinella, 1997). Fra le sue opere ricordiamo: *Storia della critica romantica in Italia* (1905); *La vita e il libro* (1910-13); *Rubè* (1921); *I vivi e i morti* (1923); *Il pellegrino appassionato* (1933); *Poetica dell'unità* (1934); *Goliath* (1937).

[603] Alexandru Marcu (1894-1955), uno dei maggiori italianisti rumeni, direttore della Cattedra di Lingua e letteratura italiana nell'Università di Bucarest, autore di numerosi lavori sulla letteratura italiana e del primo Dizionario rumeno-italiano, ha tradotto non soltanto Pirandello ma anche altri scrittori (Dante, Machiavelli, Boccaccio, Goldoni).

[604] Scrive Italo Zingarelli su «Scenario» del maggio 1934: «Gli onori della cronaca odierna spettano a Max Reinhardt, dopo lungo peregrinare ritrovatosi – né la sosta è stata altrettanto lunga – nel Teatro nella Josefstadt, il quale in altri tempi fu ritenuto eminentemente suo. Sia stata colpa della crisi, di molte colpe già carica, che non ha permesso a Reinhardt di ricavare dal grazioso palcoscenico ogni possibile soddisfazione morale e materiale, sia stata invece conseguenza delle numerose chiamate all'estero del celebre regista, certo è che questo teatro non è più il tempio dell'arte reinhardtiana, in quanto direzione ed esercizio sono affidati a fiduciari, o a semplici locatari. [...] Non si può negare verità alle parole del critico del *Neues Wiener Tagblatt*, Moritz Scheyer, che alla fine d'una disanima dei *Sei personaggi* ha sospirato: "Se le cose continuano di questo passo, ben presto sei registi andranno alla ricerca di un autore". Il cinquanta per cento della responsabilità di questa delusione tocca al tempo, l'altro cinquanta a Reinhardt, ricaduto, inscenando i *Sei personaggi*, negli errori di cui ha sofferto la sua arte dell'ultimo periodo: e l'errore principale consiste nella mania di caricare le tinte, di alzare il tono, di lasciar gridare troppo, di strafare, oppure di lasciar muovere troppo poco. Il lavoro ha finito con lo svolgersi in una tetra atmosfera, e chi stava in poltrona s'è convinto che i suoi nervi non erano fatti per resistere a prolungare tensioni del genere. Il regista ha meravigliosamente tracciato i limiti fra il vero e l'irreale; ma le pause benefiche accordate agli spettatori dagli sprazzi d'umorismo che partivano dagli episodii ironizzanti la lotta dell'artificio contro la verità, e la vittoria dell'artificio stesso, venivano presto concluse da nuovi tuffi nel supertragico. Gli attori del teatro nel quale spuntano i sei personaggi desiderosi di vedere inscenata la loro vicenda sono presentati da Reinhardt con naturalezza e freschezza insuperabili: i Sei, per contro, non cessano mai di essere una bieca visione, e la famiglia si muove come un gruppo d'una danza macabra staccatosi dalle pareti d'una cappella quattrocentesca. Tetro, troppo tetro. La figura del Direttore del teatro, a prescindere dalla giovane età di Hans Thiming che l'interpretava, è di una mobilità febbrile, a tratti

paralizzata da attacchi di malinconia morbosa: il suo unico momento felice viene alla fine, quando Reinhardt, calata la tela, fa comparire il Direttore alla ribalta, per intimare al pubblico di allontanarsi, perché mentre sul palcoscenico si prova, nessuno ha il diritto di intrattenersi in sala».

[605] Per la «XIX Esposizione Biennale Internazionale d'Arte» di Venezia, Fausto espone, nella sala XXI, cinque opere: *Scala*, *«Vox ninphæ loci»*, *Bagnanti*, *Oggetti I*, *Oggetti II*. Se Fausto non viene nominato né da Ugo Ojetti nella lunga rassegna *La «XIX Biennale di Venezia». Ottocento, Novecento, e via dicendo* («Corriere della Sera», Milano, 12 maggio 1934) né da Marziano Bernardi nell'articolo *L'Europa alla Biennale di Venezia. Da Manet a Deyneka* («La Stampa», Torino, 25 maggio 1934), la sua arte desta l'attenzione di numerosi altri critici fra cui Vinicio Paladini che lo definisce «uno dei pochi pittori inquietanti che vi siano in Italia. [...] Il suo mondo è farraginoso, caotico, pieno di allusioni e di angosce, qualche volta anche disgustoso e morbido. [...] Il macchinoso mondo pirandelliano è capace di procurare turbamenti psichici, e rimanere vivo nella retina dell'osservatore, com'è fatale destino delle espressioni di personalità significative. Una materia tellurica, arida, che ci ricorda certi punti della campagna romana in estate, cave di tufo ed erba bruciata dalla siccità. Particolarmente interessanti le nature morte che ci richiamano alla mente il grafismo terremotato di Braque, sottili nei toni, sensibilissime, nelle quali le materie sono rese nella loro essenza con una tale sommarietà e semplicità di mezzi da rasentare il virtuosismo» (*Note sulla Biennale veneziana*, «Occidente», Roma, aprile-giugno 1934, pp. 65-66); Pippo Rizzo: «Ha cinque opere fra cui *Scala*, che è oggetto di vive discussioni fra i visitatori i quali non sanno spiegarsi perché sono dipinti dei frammenti di gambe e di piedi accanto a delle figure che scendono da una scala» (*Il padiglione italiano*, «Quadrivio», Roma, 3 giugno 1934). Cfr. inoltre: Virgilio Guzzi, *La XIX Biennale di Venezia*, «Nuova Antologia», Roma, 1 giugno 1934.

[606] Corrado Alvaro firmerà infatti la 'voce' *Luigi Pirandello* per l'*Enciclopedia Italiana*, fondata da Giovanni Treccani, Roma, Istituto Poligrafico dello Stato, vol. 27, 1935. Il 25 gennaio 1935, da Roma, Giovanni Gentile scrive: «Caro Pirandello, La prego di dare una scorsa a questo articolo dell'Alvaro per l'Enciclopedia; e di dirmi se ha osservazioni o suggerimenti da comunicarmi in proposito. Cordialmente» (in Alfredo Barbina, *La biblioteca di Luigi Pirandello*, cit., p. 183).

[607] Il dipinto *Oggetti II* era stato acquistato, per 1.200 lire, da parte del Ministero dell'Educazione Nazionale per la Galleria Nazionale d'Arte Moderna di Roma.

[608] Francesco De Santis, gerente del Casinò Municipale di S. Remo, finanziò la Compagnia Stabile S. Remo Marta Abba.

[609] Umberto Fracchia era scomparso prematuramente in maniera tragica nel 1930. In occasione della prima, il 28 maggio 1934, al «Teatro Olympia» di Milano, della commedia in tre atti *Olimpio*, messa in scena dalla Compagnia Marta Abba, Pirandello pronunciò una commemorazione dell'autore.

Sul «Corriere della Sera» leggiamo: «Dalle parole calde e affettuose che Luigi Pirandello ha pronunciato ieri sera presentando al pubblico *Olimpio*, s'è saputa la storia del lavoro. Il manoscritto era completo e pronto per la rappresentazione. A Luigi Pirandello si chiese un giudizio e specialmente se l'opera fosse tale da non guastare la bella reputazione che il Fracchia si era acquistata e conquistata nella letteratura contemporanea, in particolare con due romanzi, *Angela* e *La stella del nord*. L'illustre autore riconobbe ai tre atti meriti notevoli, proporzionata armonia, sceneggiatura perfetta, grazia, talento, estro, e affermò che avrebbero ben potuto affrontare la ribalta. [...] La recitazione è stata vivace e colorita. Marta Abba, che era Tullia, ha prestato alla figura dolcezze e slanci spontanei e armoniosi; con impeto ha recitato Giovanni Cimara; con misura il Calò, con comicità l'Almirante, e affiatati sono apparsi gli altri» (–, *Olimpio (La locanda della luna)*, 29 maggio 1934).

610 «Caldissime accoglienze ha avuto, ieri sera, la Compagnia di Marta Abba che ha iniziato le sue recite con questa commedia pirandelliana che da parecchi anni non veniva rappresentata sui palcoscenici milanesi. Commedia interessante in cui un groviglio drammatico si stringe e si scioglie con originalità di moti psicologici e con un'esasperazione d'umanità in cui la passione, spoglia d'ogni ornamento romantico, si esprime con parole accese e frementi e gli spiriti liberati dalle reti del sentimento si rivelano con una intensità che aumenta di atto in atto. [...] Quanta forza e verità d'accenti ha posto Marta Abba nell'interpretazione della tormentata figura. Ne ha espresso le sofferenze, le angosce, i dubbi, le ribellioni, le sottomissioni con nobiltà d'arte e limpidità di recitazione. Accanto a lei Luigi Almirante, Romano Calò, Rossana Masi e tutti gli altri sono stati intonati e coloriti» (–, *«Come prima, meglio di prima» di Pirandello all'Olympia*, «Corriere della Sera», Milano, 10 maggio 1934).

611 Qualche tempo prima, il 29 aprile 1934, da Milano, in una lettera a Marta Abba, Pirandello lamenta che la «causa col Nulli [...] dovrà definirsi tra breve, cioè quando il motivo della contesa è reso vano dallo scadere del contratto. Ah che trappola, la giustizia civile! Per non ottener nulla, con tutta la ragione dalla parte mia, mi toccherà pagare parecchie decine di biglietti da mille che non ho, in spese e onorarii agli avvocati, e questo nella migliore ipotesi, che un giudice intelligente mi dia vinta la causa, perché si può dare anche il caso contrario! Sono corso qui ai ripari, e mi sto dando attorno il meglio possibile. La causa si presenta bene, ma chi può fidarsene? Perde sempre chi ha ragione, specialmente quando, chi ha torto, non ha nulla da perdere. Dio me la mandi buona!» (in Luigi Pirandello, *Lettere a Marta Abba*, cit., p. 1127).

612 Pirandello si riferisce alla rappresentazione di *Verde, rosso e nero*, il 23 maggio 1934, al «Teatro Odeon» di Milano, interpreti Kiki Palmer, Filippo Scelzo, Giovanni Cimara. Questa la critica apparsa sul «Corriere della Sera»: «La commedia è fatta a scorci, a sintesi. I tre atti sono divisi in sei quadri e in ciascuno i due autori hanno voluto esprimere un determinato momento della protagonista, che è stata pensata con modernità di visione. Ma questa Alla vien dopo *Nostra Dea* di Bontempelli, dopo *Maia* di Gantillon, dopo

Têtes de rechange di Pellerin e, respirando la stessa aria e vivendo nel medesimo clima, per quanto muti colore del viso, richiama un po' tutti e ciascuno dei personaggi apparsi nelle commedie del genere sopraccitato e non può aver il fascino della creatura d'arte nuova [...] senza contare le donne pirandelliane che sono quali gli altri le vedono e quali esse stesse diventano a contatto con la società e con i casi della vita. [...] Il pubblico ha accolto con tre chiamate e qualche lieve dissenso il primo atto, con quattro il secondo e con un applauso contrastato il terzo, e con applausi non unanimi la fine di ciascun quadro» (–, *Verde, rosso e nero*, 24 maggio 1934).

[613] Romiglio Giacompol, rappresentante della Società Italiana degli Autori e degli Editori a Buenos Aires.

[614] Luis Arata Elizondo (1895-1967), attore argentino di teatro e di cinema. Fra i testi pirandelliani di cui fu protagonista, oltre a *Tutto per bene*, ricordiamo *Il berretto a sonagli* (*El gorro de cascabeles*) e *Il giuoco delle parti* (*Cada cual a su juego*). Cfr. al riguardo: Erminio Giuseppe Neglia, *Pirandello y la dramática rioplatense*, Firenze, Editore Valmartina, 1970.

[615] L'*Enrico IV* verrà messo in scena l'11 giugno 1934 al «Teatro Odeon» di Milano, interpreti Ruggero Ruggeri, Isabella Riva, Sandro De Macchi. «Ruggero Ruggeri ha dato, ieri sera, un'altra sua mirabile interpretazione: l'*Enrico IV* di Pirandello. La figura del finto Imperatore è apparsa manifesta in tutta la sua sostanza, rivelata nelle sue pieghe più tortuose, tormentose e riposte. Dopo averla vissuta per la prima volta dinnanzi al pubblico plaudente nel 1922, il Ruggeri l'ha recitata poi all'estero: in Italia non ne faceva vivere la figura da parecchi anni. Anche ieri sera il successo è stato calorosissimo. Luigi Pirandello che da una poltrona di seconda fila assisteva alla rappresentazione è stato chiamato numerose volte al proscenio insieme con Ruggero Ruggeri. Il pubblico li ha festeggiati entrambi con intensi, insistenti e unanimi consensi» (–, «*Enrico IV*» *di Pirandello all'Odeon*, «Corriere della Sera», Milano, 12 giugno 1934).

[616] Alexander Moissi (1880-1935), attore austriaco di origini italiane, aveva lavorato in particolare con Max Reinhardt. Nel 1933 si era trasferito in Italia.

[617] Chester Bailey Fernald (1869-1938), scrittore e drammaturgo americano, traduttore di Sem Benelli, Luigi Chiarelli e altri.

[618] Corrado Pavolini (1898-1980), poeta, narratore, commediografo, saggista, regista. In collaborazione con Stefano nel 1940 pubblica il dramma in tre atti *Ciro*, per i tipi di Bompiani.

[619] Nicola De Pirro, avvocato, segretario della Corporazione dello Spettacolo.

[620] Paolo Milano, critico teatrale, principale redattore di «Scenario».

[621] Pio Campa (1881-1964), attore e poi amministratore di Compagnie teatrali, insegnò Recitazione al Centro Sperimentale di Cinematografia, sposato con l'attrice Wanda Capodaglio.

[622] Francesco Armellini, autista di Pirandello.

[623] Jacques Ibert (1890-1962), musicista francese. Il 30 gennaio 1935, da

Parigi, Pirandello scrive a Marta Abba: «Oggi sono a colazione da Jacques Ibert, il musicista ora in auge a Parigi, che ha vista l'altro giorno a Bruxelles la Rubistein, la quale vuol fare a qualunque costo una cosa mia con la musica di Ibert. Tu sai che donna ridicola è la Rubistein; ma è arcimilionaria e spende per l'arte come una pazza. D'Annunzio l'ha saputa sfruttare ottimamente col suo *S. Sebastiano* e con *La morte profumata*» (in Luigi Pirandello, *Lettere a Marta Abba*, cit., p. 1164).

624 Giovanni Rissone, amministratore della Compagnia Marta Abba.

625 A Franca Dominici la richiesta parte di Ornella ne *La figlia di Iorio* verrà poi assegnata.

626 Nell'ambito del Convegno Volta, il 10 ottobre 1934, al «Teatro Argentina» di Roma, verrà messa in scena *La figlia di Iorio* di d'Annunzio, con la regia di Pirandello (e la collaborazione di Guido Salvini), scene e costumi di Giorgio De Chirico, interpreti Marta Abba, Ruggero Ruggeri (che ricopre, dopo trent'anni, per non dispiacere a Pirandello e al Duce, non senza imbarazzo, lo stesso ruolo del giovane Aligi della prima del 1904), Teresa Franchini, Giulio Donadio, Cele Abba, Franca Dominici, Elena Pantano, Olga De Caro, Alba Fiori. Su questa memorabile messa in scena cfr.: Francesco Bernardinelli, *La rappresentazione de «La figlia di Iorio»*, «La Stampa», Torino, 12 ottobre 1934; Giovanni Artieri, *«La figlia di Iorio» rappresentata a Roma nella realizzazione scenica di Luigi Pirandello*, «Il Mattino», Napoli, 13 ottobre 1934; Luigi Antonelli, *Il grande successo de «La figlia di Iorio» rappresentata in onore dei congressisti*, «Il Giornale d'Italia», Roma, 13 ottobre 1934; Silvio d'Amico, *«La figlia di Iorio» di d'Annunzio messa in scena da Pirandello all'Argentina*, «La Tribuna», Roma, 13 ottobre 1934; Mario Corsi, *La figlia di Iorio*, «Radiocorriere», Roma, 21-27 ottobre 1934; Antonio Valente, *Il Convegno Volta per il teatro drammatico*, «Comœdia», Milano, ottobre 1934. Oltre a seguire l'organizzazione del Convegno Volta, Stefano cura anche la corrispondenza col Vate (cfr. al riguardo. Gabriele d'Annunzio, *«La figlia di Iorio» tra lingua e dialetti*, cit.).

627 Stefan Zweig (1881-1942), scrittore e drammaturgo austriaco.

628 La rappresentazione del *Come tu mi vuoi*, nella traduzione di Andree Zaro, col titolo *As you desire me*, ha luogo il 2 ottobre 1934, al «Royalty Theatre» di Londra.

629 Fassett, agente teatrale di Londra.

630 Antal Radò (1862-1944), italianista ungherese, traduttore di Pirandello, a lui si deve la prima storia della letteratura italiana in Ungheria, pubblicata nel 1896.

631 Il dramma in tre atti *Non si sa come*, derivato dalle novelle *Nel gorgo* (1913), *La realtà del sogno* (1914) e *Cinci* (1932), era stato scritto nell'estate 1934, durante la villeggiatura a Castiglioncello. La prima rappresentazione assoluta, nella traduzione in ceco di Venceslao Jiřina, dal titolo *Lovk ani neví jak*, ha luogo il 19 dicembre 1934 al «Teatro Nazionale» di Praga, regia di Karel Dostal, alla presenza di Pirandello. In Italia il *Non si sa come* verrà messo in

scena il 13 dicembre 1935, al «Teatro Argentina» di Roma, Compagnia Ruggero Ruggeri, interpreti Ruggero Ruggeri, Andreina Pagnani, Piero Carnabuci, Giovanni Cimara, Fanny Marchiò. Il peso che ha avuto Stefano nell'elaborazione del secondo atto e nella modifica dell'impostazione del dramma, originariamente a protagonista femminile (Ginevra), e non, come desiderava il Moissi a cui era destinato, maschile (Romeo Daddi), è documentato da una lettera di Stefano a Lietta del 16 settembre 1934, già nota, e da un suo *appunto,* tenuto segreto in vita ma lasciato da lui in bella evidenza in un cassetto della scrivania perché fosse reso noto dopo la sua morte. Nell'*appunto* si legge: «Il *Non si sa come* ha di mio tutto il secondo atto che Papà aveva sbagliato in pieno per la preoccupazione di far la parte importante alla Marta, e quando lo lesse, così sbagliato, a Moissi, fu una tale mortificazione che voleva buttar via il lavoro non finito, e non parlarne più: e dovetti trovargli io, in un mese di discussioni violentissime, che mi esaurirono per molti mesi poi ogni facoltà di lavorare per me, dovetti trovargli io tutte le scene e situazioni e, battuta per battuta, i punti risolutivi del secondo atto, ridando il posto principale al protagonista, che è l'uomo. Come nel terzo atto è *mio e soltanto mio* (per dire solo questo) il vertice di spiritualità a cui s'alza il protagonista quando vuole per sé "la libertà come condanna": sentimento ed espressioni pienamente miei, e lontanissimi tanto dalle concezioni di Papà che Egli dapprima non li capì, e per lungo tempo credette che io scherzassi, e dovetti farglielo accettare in seguito a una vera lotta dialettica. Qualunque critico intelligente, ora che l'opera mia, ritardata tanti anni dall'annosa servitù che io m'era data verso di Lui, comincia a farsi strada, qualunque critico intelligente può vedere che il *Non si sa come* esprime, con la forza d'arte di Lui, un mondo spirituale che non era, non poteva essere, il Suo – né tanto meno "ispirato" da Marta, spiritualmente inefficiente. E che ora questo "vero sangue mio", donato liberamente per amore da me a mio Padre, vada a finire, per interesse, nelle mani di Marta... è una delle beffe più enormi che la vita abbia combinato da che mondo è mondo! Prima, l'amarezza della mia vita d'artista sacrificata alla Sua, era compensata dall'amore e dall'orgoglio di partecipare, annullandomi in essa, alla creazione di un Genio; ora l'amore ha avuto qualche ceffone, e l'orgoglio questa beffa...». L'*appunto* di Stefano non è datato. Poiché egli vi esprime la sua protesta morale perché ora il *Non si sa come* «va[da]a finire, per interesse, nelle mani di Marta», si può supporre che esso sia stato scritto poco dopo il marzo 1947, dopo cioè la stipula di un «verbale di conciliazione» tra gli eredi Pirandello e l'attrice. Nell'accordo erano definiti i diritti della Abba sugli ultimi nove lavori teatrali del grande drammaturgo, interpretando e dando attuazione alle «disposizioni testamentarie» scritte da Luigi nel novembre 1926. Sul finale del dramma *Non si sa come* cfr.: Alessandro d'Amico, *Pirandello, l'attore, gli attori*, in AA.VV., *Alle origini della drammaturgia moderna: Ibsen Strindberg Pirandello*, Genova, Costa & Nolan, 1987, pp. 216-225.

[632] Il testo della commedia *Tutto per bene*, nella traduzione di Edmundo Guilbourg, dal titolo *Todo sea para bien*, rappresentata il 23 maggio 1934, al

«Teatro San Martín» di Buenos Aires, viene pubblicata dalla *Ediciones Argentinas* «Cóndor» di Buenos Aires nel 1934.

[633] A proposito del suo romanzo *Liberazione*, il cui titolo definitivo sarà, come già accennato, *Il muro di casa*, il 6 febbraio 1935, da Roma, Stefano scrive a Valentino Bompiani: «Ho terminato il libro con cui voglio "uscire", un romanzo intitolato *Liberazione*; e cerco il mio editore. Penso a Lei per primo. (Già Mauri glielo avrà detto). Ma veramente non si tratterebbe per me di trovar da stampare un libro. Ho aspettato la pienezza delle mie forze perché ragioni, che Lei intenderà, mi consigliavano di non avventurarmi, prima d'esser sicuro che avrei potuto prender posto fra i buoni scrittori del mio tempo. Ora concreterò le opere a cui ho lavorato in questi anni. (Avrei già pronto un secondo volume, da metter fuori però soltanto dopo un altro che sto scrivendo, dei racconti lunghi, che artisticamente varrà di più di *Liberazione*). Il mio problema, ripeto, a questo punto, non è tanto di pubblicare un libro quanto di trovar fin d'ora l'editore che creda in me e mi assecondi. M'è stato detto che anche Lei, dal canto Suo, va in cerca d'uno scrittore sostanzioso su cui puntare sicuro di non esserne abbandonato poi quando la fortuna gli avesse arriso. Perciò mi rivolgo a Lei. Io non ho voluto disperdermi in tentativi artistici, e così desidero che chi si metterà con me non lo faccia solo per provare una volta come andrà: ma legga già nella mia prima opera che alla fine dovrà andar bene per forza: e che perciò conviene impegnarmi e, naturalmente, non farmi i patti che di solito si fanno al giovane autore principiante, abbagliato dalla fortuna d'aver trovato comunque l'editore per il suo primo libro. Non è più il mio caso, né sarebbe giustizia. Voglio dirLe che, se si trattasse solo di questo, un libro da stampare, mi converrebbe forse di provar prima da Mondadori: il romanzo piace molto a mio Padre – sempre severissimo con me – che senz'altro, mi dice, me lo farebbe pubblicar lì. È vero che io non troverei in Mondadori quello che cerco, ma intanto avrei ottenuto che tutto il tempo del mio lavoro segreto mi varrebbe già per qualche cosa. E io desidero proprio questo, che non mi siano considerati zero i dieci e forse quindici anni che ho lavorato per appagare le esigenze della mia coscienza d'artista. Sono chiaro? Ecco: o io vado subito con Mondadori, o non ci vado più. Ma chi mi prende mi deve trattare fin d'ora in modo da togliermi il desiderio di star meglio in séguito. Se anche Lei è in quest'ordine d'idee, ci intenderemo. Il romanzo sarà copiato e pronto alla fine del mese». E Valentino Bompiani, da Milano, il 13 febbraio, a Stefano: «La Sua lettera mi ha fatto piacere. Ho molta stima di Lei e fiducia nella sua possibilità. Perciò sono prontissimo a leggere il Suo manoscritto. Lei forse saprà che io scelgo libri e autori secondo criteri un po' personali, che non vuol dire che sian sempre giusti, ma dai quali non posso d'altro canto distaccarmi. Lei sa pure che io cerco più gli autori che non i libri. Con queste premesse, che trovano un appoggio nella simpatia, mi pare che un nostro accordo sia bene avviato» (in Stefano Pirandello, *Tutto il teatro*, cit., vol. 1°, pp. 224-225). Il romanzo uscirà qualche mese dopo, il 2 luglio 1935.

[634] Il 9 novembre alla famiglia è stata comunicata la notizia del conferimento del Premio Nobel a Pirandello. Su quello che è unanimemente considerato il più prestigioso riconoscimento internazionale si veda il volume di Kjell Espmark, Accademico di Svezia e attuale Presidente della Commissione Nobel per la letteratura, che ha attinto al materiale conservato nell'archivio dell'Accademia di Svezia: *Il premio Nobel per la letteratura. Cento anni con l'incarico di Nobel*, cit., corredato da un ricco materiale documentario di lettere di congratulazioni, ritagli-stampa, foto delle manifestazioni.

[635] La stampa fascista non dà al Nobel a Pirandello il risalto dovuto. Il «Corriere della Sera» del 25 dicembre 1934 e «L'Italia letteraria» del 5 gennaio 1935, per fare soltanto un esempio, accennano ad un'udienza di Mussolini per complimentarsi del prestigioso premio in un trafiletto appena.

[636] Marie-Anne Commène, moglie di Benjamin Crémieux.

[637] Giovanni Battista Angioletti (1896-1961), giornalista, narratore, saggista, nel 1930 fondò la rivista letteraria «Trifalco», dal 1929 al 1932 fu direttore dell'«Italia Letteraria», incarico che riprese nel secondo dopoguerra presso la stessa rivista divenuta «La Fiera Letteraria». Nel 1928 ottenne il Premio Bargutta con il romanzo *Il giorno del giudizio*; nel 1960 il Viareggio con il saggio *I grandi ospiti*.

[638] A proposito del soggiorno a Praga, in una corrispondenza apparsa sul «Corriere della Sera» del 18 dicembre 1934, leggiamo: «Luigi Pirandello è giunto stamani a Praga, proveniente da Stoccolma, ricevuto alla stazione da membri della Legazione d'Italia e dalla Direzione dell'Istituto di cultura italiana, che lo ospita durante il suo soggiorno. L'accademico d'Italia resterà nella capitale boema fino a mercoledì, per assistere alla prima assoluta di *Non si sa come*, l'ultima opera del maestro, messa in scena dal Teatro Nazionale di Praga. [...] Nel pomeriggio Luigi Pirandello ha inaugurato l'anno accademico dell'Istituto con una conferenza sul tema *Giovanni Verga e il naturalismo italiano*». Nella stessa sede, il 20 dicembre 1934: «Le giornate praghesi dell'accademico d'Italia Luigi Pirandello si sono chiuse stasera con la rappresentazione al Teatro Nazionale dell'ultimo dramma del grande maestro siciliano *Non si sa come*, tradotto in cecoslovacco, per la prima assoluta di Praga, dal dott. Vaclav Jirina. [...] Il dramma ha vivamente impressionato per la potenza del dialogo. [...] Ottimi gli artisti, i migliori del Teatro Nazionale; intelligente la regia di Karel Dostal; intonata e perfetta la scenografia di Hofmann».

[639] Il «PEN Club International», associazione apolitica e non governativa di scrittori, è stato fondato a Londra nel 1921 da Catharine Amy Dawson-Scott, primo presidente venne eletto John Galsworthy, premio Nobel 1932.

[640] Edvard Benes (1884-1948), politico cecoslovacco. Fu ministro degli Esteri dal 1918 al 1935 e presidente della Repubblica dal 1935 al 1938. Esule negli Stati Uniti e poi a Londra, dove dal 1940 presiedette il governo cecoslovacco in esilio, nel 1946 fu eletto presidente del governo di coalizione. Nel 1948 legalizzò il colpo di stato comunista, poi si dimise rifiutandosi di firmare la nuova costituzione.

[641] Sul «Corriere della Sera» il 12 dicembre 1934 appare una corrispondenza da Stoccolma siglata «pl», dal titolo *Pirandello riceve da Re Gustavo il premio Nobel. La solenne seduta dell'Accademia svedese*; il 13 dicembre, *Un pranzo offerto dal Re di Svezia a Pirandello e gli altri Premi Nobel*; il 14 dicembre *Le giornate svedesi di Pirandello*. La relazione è svolta dal segretario dell'Accademia Per Hallström, nei cinematografi della capitale svedese si proietta *Come tu mi vuoi* con Greta Garbo, alla radio è data *Vestire gli ignudi*, in teatro *Il piacere dell'onestà*.

[642] Due giorni prima, il 17 novembre, in partenza per un lungo viaggio in Europa (si recherà, tra l'altro, a Stoccolma per la cerimonia di consegna del Premio Nobel), Luigi scrive a Malipiero: «Mio caro Amico, La ringrazio con tutto il cuore delle Sue affettuose congratulazioni. Parto oggi per Parigi, Londra, Berlino, Stoccolma, Praga: a Stoccolma sarò dal 9 al 14 dicembre, ospite della nostra Legazione; e lì Ella potrà farmi avere i due spartiti. Il nostro Ministro, marchese Paternò, uomo d'ingegno in cui ho intera fiducia, mi consiglierà e guiderà nei passi da fare. Egli è in grado di dirmi, senza errare, se, prima di tutto, è opportuno ch'io mi dia attorno di persona: io non lo so, né saprei come fare a profferire, specie all'estero, una cosa ch'è anche mia. Ma vedremo» (in Giorgio Petrocchi, *Il carteggio Pirandello-Malipiero*, cit., p. 138).

[643] Galeazzo Ciano (1903-1944), conte, nel 1934 nominato capo ufficio stampa di Mussolini.

[644] I fratelli Lee (1875-1953) e Jacob (1880-1963) Shubert, importanti impresari e proprietari di teatri di New York e delle principali città nord-americane.

[645] Sul «Corriere della Sera» del 28 novembre 1934 si dà notizia, con una corrispondenza da Parigi del 27, de *L'omaggio del mondo artistico a Luigi Pirandello*: «L'accademico d'Italia Luigi Pirandello, Premio Nobel 1934 per la letteratura, giunto oggi a Parigi proveniente da Londra, è stato simpaticamente festeggiato dai principali rappresentanti dell'intellettualità francese. Nel pomeriggio, nei saloni del quotidiano *Figaro*, l'accademico ha ricevuto l'omaggio di centinaia di letterati, artisti, scrittori e giornalisti ai quali si erano unite numerose autorità politiche francesi. Al ricevimento hanno partecipato numerosi accademici di Francia, direttori di teatro, artisti e una eletta rappresentanza della collettività italiana di Parigi». Altre notizie si leggono sul «Corriere della Sera» del 30 novembre 1934, in *Le feste di Parigi a Pirandello*.

[646] Henry Bernstein (1876-1953), commediografo francese. Nel luglio 1928, da Nettuno, Pirandello a Marta Abba che ha assistito alla rappresentazione di *Melo* scrive: «Mi dici che sei stata a sentire l'ultimo lavoro di Bernstein. Senti, se ti è piaciuto, puoi essere certa che nella traduzione l'hanno tutto tagliato e aggiustato in modo da renderlo sopportabile, togliendo via tutte le sconcezze e le brutali oscenità che ho lette io nel testo, specialmente nel secondo atto ch'era d'una lubricità volgarissima, spaventevole» e il 25 febbraio 1935, da Roma: «A Milano andai a vedere *Il Messaggero* di Bernstein

rappresentato da Ruggeri. Un orrore. Il teatro era pieno» (in Luigi Pirandello, *Lettere a Marta Abba*, cit., pp. 39, 1182).

[647] Alexander Korda (Sandor, 1893-1956), regista e produttore cinematografico ungherese, naturalizzato inglese nel 1936.

[648] Irving Marx, rappresentante di Shubert a Parigi.

[649] Ancora giovanissimo, a Moissi vennero affidate subito parti di grande rilievo, gli *Spettri* di Ibsen, l'*Amleto* di Shakespeare e *Il cadavere vivente* di Tolstoj furono tra le sue interpretazioni più acclamate.

[650] La casa editrice norvegese «H. Aschehoug & Co.» fu fondata nel 1872 dai fratelli Hieronymus e Halvard Aschehoug. Il romanzo *Avdøde Mattia Pascal* vedrà la luce nel 1935 per i tipi di Gyldendal, traduzione di Hedvig Aubert Lie.

[651] Nel 1925 la Jespersen & Pio aveva dato alle stampe *Sei personaggi in cerca d'autore* (*Seks personer søger en forfatter: Et uskrevet skuespil*), traduzione di Johannes Dam, e nel 1926 *Il fu Mattia Pascal* (*Salig Mathias Pascal*), traduzione di Niels Hoffmeyer.

[652] La casa editrice Strachosch, specializzata nel settore teatrale.

[653] Sul «Corriere della Sera» del 14 dicembre 1934, in una corrispondenza da Stoccolma dal titolo *Le giornate svedesi di Pirandello*, leggiamo: «È andato in scena stasera al Teatro Drammatico, per la prima volta in Svezia, il *Piacere dell'onestà* di Pirandello, nell'interpretazione di Anders De Wahl, il massimo attore svedese. La serata era data come rappresentazione di gala in onore del Premio Nobel ed è stata trionfale. Erano presenti il Duca di Sudermania, il Principe Carlo, il Principe P. Eugenio e la Principessa Ingeborg, il ministro del Culto ed Educazione, diversi accademici svedesi, gli altri Premi Nobel, il ministro d'Italia con la marchesa Paternò e tutto il personale della Legazione. L'autore è stato chiamato alla ribalta e il Teatro Drammatico gli ha offerto una corona d'alloro». Dopo la rappresentazione lo scrittore ha presenziato alla caratteristica Festa di Lucia su invito del giornale «Stockholms Tideningen».

[654] Karim de Laval (1894-1973), traduttrice e scrittrice.

[655] *Een, ingen, hundredtusind* (*Uno, nessuno e centomila*), traduzione di Nella Johansen e Dorette Uldall, Copenaghen, Hagerup, 1935.

[656] La Berlingske, casa editrice del quotidiano «Berlingske Tidende», il più antico giornale danese, fondato nel 1749, ad opera di Ernst Henrich Berling (1708-1750).

[657] *I det fjerne* (*Lontano*), traduzione di Rosaly Brøndal e Carmen Zimmer, Copenaghen, Berlingske, Forlag, 1934.

[658] Circa le pubblicazioni pirandelliane presso la Casa editrice svedese Gebers cfr. la lettera del novembre 1926.

[659] Ann Bernstein, foreign editor della Metro-Goldwin-Mayer.

[660] L'agente Raymond Crossett aveva sottoposto al produttore Samuel Goldwin la traduzione in inglese di *Trovarsi* (*To find oneself*), da cui ricavare una sceneggiatura per l'attrice Anna Sten. Il testo era stato però scartato perché ritenuto «too much conversational for pictures». Pirandello allora trasse

dalla commedia uno schema di soggetto, intitolato *I due mari* (*The Two Seas*), «adattissimo per l'interpretazione di Greta Garbo», e lo inviò alla Metro, ma senza esito.

[661] Stefano, come ricordato, scrive il soggetto cinematografico *Dove Romolo edificò*, tratto dalle novelle del padre *Romolo* e *Requiem aeternam dona eis, Domine!* Successivamente ne compone la sceneggiatura in collaborazione con Corrado Alvaro. Il film, prodotto dalla Roma Film e diretto da Mario Baffico nel 1939, prenderà il titolo *Terra di nessuno*, interpreti Mario Ferrari, Laura Solari, Nelly Corradi, Umberto Sacripante, Virginia Balistrieri, Giovanni Grasso *junior*.

[662] Sul «Corriere della Sera» del 1° dicembre 1934 leggiamo: «Per le rappresentazioni in Italia dell'ultima commedia di Luigi Pirandello *Non si sa come* per la cui interpretazione occorrono due prime attrici, Marta Abba entrerebbe a far parte della Compagnia di Alessandro Moissi con Vanda Capodaglio, designata alla rappresentazione»; in quello del 18 dicembre 1934: «La Compagnia di Alessandro Moissi con Vanda Capodaglio riprenderà il 7 dicembre le sue rappresentazioni al Teatro Sannazaro di Napoli; sarà quindi a Siena, Firenze, Ferrara, Bolzano, Merano, Trieste e Milano, dove svolgerà un corso di recite al Teatro Manzoni, dal 30 gennaio al 18 febbraio. Nel repertorio del Moissi sono comprese le due annunziate novità: *Non si sa come* di Luigi Pirandello e *Il volo degli avvoltoi* di Rino Alessi».

[663] Pirandello si è recato a Parigi per la prima, al «Théâtre des Mathurins», di *Ce soir on improvise* diretta da Georges Pitoëff, che va in scena il 18 gennaio, in un'atmosfera di entusiasmo per la conclusione del Patto Italia-Francia, di appena pochi giorni prima. Positivi i giudizi della critica: «Jeu subtil, plein de surprises et d'agréments, qui porte la marque de l'esprit si agile de M. Pirandello. Celui-ci a été servi pour le miex par une troupe on ne peut plus habile à souffler tour à tour le vrai et le faux et au milieu de laquelle se distinguent particuliérement M. e Mme Pitoëff, Mme Dady Berry, MM. Fainsilber et Émile Drain (J.C., *Ce soir on improvise*, «Le Figaro», Paris, 19 janvier 1935); «Dans le rôle du metteur en scène, comme dans la réalité de la mise en scène, celui-ci s'est montré excellent. Un double bravo. Rémarquables aussi, Mme Dady Berry et M. Émile Drain Fort intéressants, Mme Ludmilla Pitoëff, et M. Samson Fainsilber» (Pierre Audiat, *Ce soir on improvise*, «Paris Soir», Paris, 20 janvier 1935). Nei primi di febbraio torna a Roma, dove ottiene udienza da Mussolini per presentargli il rinnovato progetto dei Teatri di Stato (chiamato Teatro Nazionale di Prosa) al quale ha lavorato alacremente Stefano, ricostruendolo sugli appunti del padre. Il 19 febbraio 1935 informerà Marta Abba dell'incontro con Mussolini, avvenuto il giorno prima: «Jeri, alle 17 e 30, sono stato a Palazzo Venezia col mio bravo progetto sotto il braccio per l'istituzione d'un teatro nazionale di prosa in Roma. Sono stato introdotto subito, e subito il Duce, con la sua solita mirabile prontezza di spirito, s'è interessato alla "premessa" introduttiva, intitolata *Il teatro al popolo*, senza perder tempo in disquisizioni inutili. Ha cominciato subito ad appro-

vare quanto man mano leggeva; ha scorso tutto il progetto, intramezzando qua e là, qualche osservazione, qualche rilievo, per esempio, se non conveniva meglio chiamare l'istituzione "Teatro Reale di Prosa", anziché "Teatro Nazionale di Prosa" e poi osservando lui stesso "ma forse 'Reale di Prosa' suona male" e troncando: "basta, studieremo"» (in Luigi Pirandello, *Lettere a Marta Abba*, cit., p. 1179).

664 Holroyd Reece, mediatore principale per l'affare della Pirandello Company relativo ai diritti provenienti da pubblicazioni delle opere di Pirandello nel mondo. A proposito del progetto della Pirandello Company, il 3 febbraio 1935, da Parigi, Pirandello a Marta Abba scrive: «Io ho avuto qua a Parigi tre giorni di conferenza con Reece e alla fine s'è messo su il progetto che egli presenterà a Londra a Sir Edmond Davis. Questo progetto è per una Compagnia Pirandello, compagnia nel senso commerciale e inglese della parola, cioè Società per lo sfruttamento dell'opera, passata presente e futura, di Pirandello, con capitale di 4 milioni, di cui tre andranno a me, alla firma del contratto, e un milione servirà per le spese d'esercizio. Io cederò tutto, libri, teatro, cinematografia, finché l'anticipazione globale di tre milioni non sia recuperata; poi avrò il 60% dei proventi e lascerò alla Società il 40%. Ma l'organizzazione della Compagnia, che sarà presieduta e diretta dal Reece stesso, sarà complessa, perché avrà tante branche sia in Europa, sia in America. Siamo stati a lavorare in questi tre giorni più di 8 ore al giorno e spero che nel progetto si sia completato tutto; naturalmente, prima di passare alla firma del contratto consulterò un avvocato di prim'ordine, come Marchesano» (in Luigi Pirandello, *Lettere a Marta Abba*, cit., pp. 1165-1166). L'affare, considerato più volte già concluso, non verrà poi realizzato, anche per l'ostilità nei confronti della politica coloniale italiana, che Pirandello aveva giustificato in numerose sue interviste.

665 Innocenzo (Enzo) Pirandello (1874-1937), fratello minore di Luigi, aveva sposato Pietrina Lauricella, da cui aveva avuto quattro figli, Maria, Caterina, Laura, Stefano.

666 Pirandello si è recato a Londra per definire il contratto per la costituzione della Pirandello Company e per incontrare Marta Abba che si trova in Inghilterra per studiare l'inglese.

667 Sir Edmond Davis, banchiere inglese, auspicato finanziatore della Pirandello Company.

668 Alexander Moissi era scomparso da pochi giorni, il 22 marzo a Vienna. L'attore volle essere cremato (come poi Luigi Pirandello).

669 Sul tema *Introduzione al Teatro Italiano*. Sul «Corriere della Sera» del 26 aprile, in una corrispondenza da Firenze del giorno prima, dal titolo *Un ricevimento in onore di Pirandello*, leggiamo: «Nel pomeriggio d'oggi, al Lyceum sono convenute le principali autorità cittadine per un ricevimento in onore dell'accademico d'Italia Luigi Pirandello, ospite in questi giorni di Firenze. Mario Puccini ha parlato dell'arte e dell'umanità nella novellistica di Pirandello, ascoltato con attenzione e vivamente applaudito. Luigi Pirandello,

giunto insieme col prof. De Vecchi, rettore dell'Università, è stato molto festeggiato. [...] Viva è l'attesa della cittadinanza per la conferenza che l'illustre commediografo terrà domani sera venerdì, alle 17, nella sala del Dugento, in Palazzo Vecchio, sul tema *Introduzione al Teatro Italiano*», e il 27 aprile, in un'altra corrispondenza, sempre da Firenze, dal titolo *Le «settimane di cultura» inaugurate da Pirandello*: «Nel salone del Dugento, a Palazzo Vecchio, ha avuto inizio, nel pomeriggio di oggi, il ciclo delle "settimane di cultura", organizzato dal Comitato fra gli Enti di alta cultura di Firenze. Alla manifestazione sono intervenute le autorità cittadine, Carlo Delcroix, gli accademici Ojetti e Romanelli, senatori e deputati, personalità straniere di passaggio per Firenze, scrittori e artisti, fra cui Papini, Palazzeschi, Allodoli, Tumiati, Cinelli, Giuliotti ed altri. Il discorso inaugurale è stato tenuto da Luigi Pirandello, il quale vivamente festeggiato dal folto ed eletto pubblico, ha parlato sul tema: *Introduzione al Teatro Italiano*. Gli ha rivolto parole di saluto, nella sua qualità di presidente del Comitato fra gli Enti di alta cultura, il rettore dell'Università, Bindo De Vecchi. [...] Pirandello ha negato che il teatro oggi abbia perso la sua importanza sociale, e che si sia ridotto a un semplice passatempo. [...] Pirandello ha quindi affermato che il primo e più importante teatro del mondo è quello italiano. Ha biasimato il gusto dei detrattori che nei tempi passati, prima del Fascismo, avevano il malvagio gusto di diminuire tutto ciò che era nostro e di trovare in ogni opera italiana reminiscenze straniere, ed ha fatto un ampio e preciso esame del teatro europeo nelle sue origini, per affermare e dimostrare che del teatro italiano tutti gli altri hanno incorporato il senso romanzesco e il senso del movimento teatrale. L'esplosione dell'attività teatrale che si ebbe nel Seicento con Molière, Shakespeare, Calderón, è di origine italiana: origine che i letterati della storia ignorarono poiché giudicarono ingenue e popolaresche quelle rappresentazioni teatrali che invece costituiscono una vera espressione umana di arte. L'errore di valutazione dei criteri letterari deriva dal confronto ostinato con i modelli greci. L'oratore ha affermato che Goldoni, portando sulla scena un riso agile e naturale, i cui pregi si trovano soprattutto nei personaggi di contorno, creò un valore di schiettezza che lo mette al di sopra del teatro francese. [...] Anche dopo Goldoni il teatro italiano, sebbene influenzato dal teatro straniero e soprattutto da quello francese, costituì sempre una reazione all'intellettualismo e un omaggio alla schiettezza e all'aderenza alla realtà della vita». Il testo della conferenza, pubblicato su «Scenario» di maggio con il titolo *Primato del teatro italiano*, costituirà l'introduzione al volume *Storia del teatro italiano*, a cura di Silvio d'Amico, Milano, Bompiani, 1936 (ora in Luigi Pirandello, *Saggi e interventi*, cit., pp. 1516-1536), che raccoglie un corso di dieci lezioni tenute, per iniziativa del Teatro Sperimentale del G.U.F., a Firenze, sullo scorcio dell'autunno del 1935, da Paolo Toschi, Giuseppe Toffanin, Silvio d'Amico, Fausto Torrefranca, Cesare Padovani, Emilio Bodrero, Mario Ferrigni, Cipriano Giachetti, Goffredo Bellonci, Corrado Pavolini (cfr. lettera seguente). Il volume, corredato da illustrazioni, è preceduto da una nota dell'editore che, a proposito dell'introduzione richiesta «all'uomo di teatro oggi più famoso nel mondo», scrive: «È possibile che la lirica personalità dei giudizi qui espressi dall'insigne drammaturgo sembri in qualche punto contrastare con quelli d'altri storici e critici, accettati generalmente, e talvolta anche nelle pagine del presente libro. A noi è parso comunque d'estremo interesse proporre ai lettori, insieme con le vedute dei più geniali studiosi quelle d'un poeta. Tanto più che le une e le altre, muovendo senza preconcetti da strade qualche volta diverse, finiscono col convergere a un punto essenzialmente identico: il posto d'onore tenuto dal Teatro Italiano nella Storia del Teatro moderno».

670 Una lucida sintesi della conferenza di Firenze, che doveva fare «epoca», su cui Pirandello puntava grandemente come un «preludio» alla fondazione di quel sempre auspicato Teatro di Stato, è nella lettera a Marta Abba, da Roma, del 14 aprile 1935: «Dimostrerò in essa che il teatro italiano è la matrice del teatro mondiale: francese, inglese, spagnuolo. Vedrai che questa conferenza, per le cose che dico, farà epoca. Voglio che il teatro che si fonderà a Roma diventi il centro del teatro di tutto il mondo. E di questo Teatro Tu dovrai essere la Regina. La Regina di tutte le attrici del mondo. Faremo cose veramente grandi» (in Luigi Pirandello, *Lettere a Marta Abba*, cit., pp. 1199-1200).

671 Il 3 maggio 1935, da Milano, a proposito della pubblicazione del romanzo *Il muro di casa*, Valentino Bompiani aveva scritto a Stefano: «Non so quanti altri libri di guerra – stranieri inclusi – racchiudano sostanza più vitale del Suo. Opera di grande impegno, e realizzata con mezzi adeguati, di salda e corposa struttura, essa rappresenta un sicuro punto d'arrivo nella nostra narrativa e una forte conquista. Pubblicare questa Sua opera sarà per me una viva gioia. Le condizioni che la mia Casa Le offre sono: Partecipazione del 15% sul prezzo di copertina e contratto con diritto esclusivo di relazione, nei termini indicati nel modulo unito. Cercherò di fare in tempo di pubblicare il libro prima della fine del mese di giugno. Vorrei porre, però, due condizioni: la prima riguarda il titolo, che mi pare scialbo e vecchiotto (non in sé, che naturalmente, ma rispetto al pubblico). La seconda riguarda il nome dell'autore. Il libro dovrebbe essere firmato Stefano Pirandello. È giusto che sia così. Ella ha una personalità ben definita e non deve esser Lei a mostrar timore di confusioni, d'altro canto assurdo. Ho parlato della cosa ieri sera con lo stesso Maestro, che si è dichiarato del mio parere. Caro Pirandello, ho trattenuto il manoscritto più di quanto avrei dovuto, ma non per negligenza. Auguro a Lei e a me una lunga strada felice» (in Stefano Pirandello, *Tutto il teatro*, cit., vol. 1°, p. 227).

672 Le raccolte di novelle, già edite da Bemporad, *In silenzio*, *La mosca* (1923) e *Tutt'e tre* (1924), erano state successivamente pubblicate da Mondadori.

673 Pietro Mignosi (1895-1937), filosofo e critico letterario siciliano, autore de *Il segreto di Pirandello* (Palermo, La Tradizione, 1935; 2ª ed., con

aggiunte e appendici, 1937), il 7 maggio 1935, da Palermo, ha scritto a Pirandello: «Illustre ed Amato Maestro, spero che la presente La raggiunga a Roma per dirLe, con la mia devozione augurale, il sentimento della mia tristezza per il modo veramente glaciale con cui l'alta stampa italiana ha accolto il mio libro sull'opera Sua. Ne sono mortificatissimo e non per me, creda. Le spedisco comunque quella diecina di pezzi usciti in giornali amici, per dimostrarLe, non foss'altro, la mia buona volontà a farLe festa... Avevo pregato il Suo figliolo di farmi avere un elenco di scrittori e critici stranieri di Suo gradimento per l'invio di alcuni saggi. Non oso farlo con Lei perché capisco bene quanto pesi la gloria! Ma tengo ad una sola cosa: al ritratto che Le ho chiesto. E mi faccia contento. Con la devozione che può benissimo intuire, mi creda dev.mo Pietro Mignosi» (in Alfredo Barbina, *La biblioteca di Luigi Pirandello*, cit., pp. 182-183).

[674] Questa la risposta: «Caro Mignosi, ho letto con crescente commozione il Suo libro su me (non so dire più su la mia opera). Le sono profondamente grato d'averlo scritto. In questo sentimento è tutto il giudizio ch'io posso esprimere su una cosa che mi riguarda così nell'intimo. Saranno ritenute legittime le Sue conclusioni? Non sarà Lei amareggiato per averle tratte da un'opera che finora neanche i più benevoli han voluto riconoscere ispirata almeno da un libero e schietto amore per la vita? Ne avrei un gran dolore per Lei, caro Mignosi. Quanto a me, voglio dirLe che, comunque avvenga, il Suo atto m'è stato di gran consolazione, e già mi basta per tutto ciò che mi poteva venir da fuori, in questo senso; come mi basta, dentro il mio cuore, sapere che non ho mai voluto nulla per me dal mio lavoro, e che sono stato uno strumento puro, credo, nella mani di Qualcuno sopra di me e di tutti. Il resto non ha importanza... Le mando il mio ritratto. E la saluto con affetto. Luigi Pirandello» (*Lettere e testimonianze di Pirandello*, in appendice a: Pietro Mignosi, *Il segreto di Pirandello*, 2ª ed., cit., pp. 176-177).

[675] Scrive Manlio Lo Vecchio-Musti: «Delle *Informazioni sul mio involontario soggiorno sulla Terra* sono rimasti due foglietti di appunti e un frammento dell'esordio, redatto in due stesure diverse. Poiché soleva trascrivere di volta in volta le pagine rivedute, Pirandello ha lasciato tre copie della prima stesura e cinque della seconda (la più lunga): in tutto, venticinque foglietti dattilografati, con aggiunte e correzioni a penna. Tre di tali stesure intermedie (e perciò incomplete) sono state pubblicate rispettivamente da Lucio d'Ambra nel suo articolo *Nello studio di Pirandello. La prima pagina di un libro appena incominciato* ("Corriere della Sera", 30 marzo 1937), da P.M. Bardi nel settimanale "Meridiano di Roma" da lui diretto (2 maggio 1937) e dall'editore Valentino Bompiani nel suo *Almanacco Letterario 1938* (riproduzione fotografica dell'originale dattilografato). Esaminati e raffrontati attentamente tutti i fogli rimasti, ho potuto ricostruire il testo completo dei due diversi esordii delle *Informazioni*» (in Luigi Pirandello, *Saggi, poesie, scritti varii*, cit., p. 1102). Qualche tempo dopo, lo scrittore concede a Giuseppe Patanè un'intervista sulla nuova opera che vedrà la luce, col titolo *Parla*

Pirandello. Le «Informazioni sul mio involontario viaggio sulla Terra», in «Il Popolo di Sicilia» del 30 luglio 1936.
676 Pirandello si trova in America dal 20 luglio 1935 per seguire le trattative per la realizzazione di film dalle sue opere. Il 21 luglio, da New York, informa Marta Abba: «Sono arrivato ieri all'alba, dopo una traversata magnifica. Ho trovato una folla di giornalisti e fotografi alla Quarantena ad attendermi. È stato un vero assalto. Per fortuna era prima salito sul piroscafo Colin e il Dr. Bonaschi, incaricato dal Sindaco di New York di ricevermi, che mi hanno difeso. Qua ho trovato tutta la stampa ostile alla nostra impresa africana, in nome dei famigerati principii democratici. Ma io ho tenuto testa a tutti. Oggi tutti i giornali sono pieni della mia strenua difesa delle ragioni italiane e citano in testa ai loro articoli la frase felice che io buttai in faccia ai giornalisti: "Anche l'America una volta era abitata dagli Indios e voi l'avete occupata". Non so quanto tutto questo possa giovare ai miei affari, ma non importa! [...] Io sto qui sul grattacielo del Waldorf Astoria, quasi all'altezza d'una montagna, al 41mo piano: ho un bell'appartamento, e Colin mi è vicino. Mi tratterrò a New York forse ancora una diecina di giorni e poi partirò per Hollywood» (in Luigi Pirandello, *Lettere a Marta Abba*, cit., pp. 1213-1214).
677 Per il romanzo *Il muro di casa*, edito da Bompiani, *ex-æquo* con *Uomo solo* di Mario Massa (Ed. Circoli). Il 31 luglio 1935, da Castiglioncello, Stefano scrive a Valentino Bompiani: «Io per il Premio Viareggio non ho alzato nemmeno un dito: qui non vedo nessuno, faccio una vita da eremita, al tavolino dalla mattina alla sera. Se se ne parla in giro... non è colpa mia. Ho letto su "Perseo" un trafiletto sporco e maligno intitolato *Quando si è qualcuno*: capisco che è una manovra per influenzare contro di me i giudici, ma nessuno invece ha influenzato in mio favore, poiché Massimo, che ha detto di volermi sostenere a spada tratta, l'ha fatto spontaneamente e per intima convinzione, e gli altri di cui t'ho parlato nella mia precedente proprio nessuno li aveva obbligati a manifestarsi favorevoli con mio Padre. Ma tant'è, facciano il loro giuoco, questi poveri letteratucoli: s'affrettino a usare di quest'arma vigliacca prima che gli si spunti nelle mani. Io confido che sarà prestissimo! [...] Del giro che farà il Babbo negli U.S.A. non posso dirti nulla di preciso, perché Egli non aveva un programma stabilito. Contava, quand'è partito, di trattenersi un paio di settimane a New York e d'andare poi a Hollywood: ma si sarebbe regolato secondo le circostanze. Non s'è fissata nemmeno una data per il ritorno: così, approssimativamente, pensava di poter prendere il Rex del 25 settembre» (in Stefano Pirandello, *Tutto il teatro*, cit., vol. 1°, pp. 232-233).
678 L'8 agosto 1935, da Castiglioncello, a Valentino Bompiani Stefano comunica: «Ho avuto qui per tutto un giorno Massimo Bontempelli, che mi porta a spada tratta per il primo premio benché sia intervenuto dall'alto il consiglio di dare questo primo premio *ex-æquo* al libro di Massa e al *Dostoevskij* di Moscardelli. È una notizia riservatissima. Bontempelli mi disse che non era opportuno che io mi facessi vedere a Viareggio: l'indisposizione sopravvenutami dopo la sua partenza me l'avrebbe del resto impedito. Se non altro non

dovrò "mordermi le pugna" dalla rabbia. Domattina telefonerò a Massimo per sapere come si sono messe le cose alla prima riunione della giuria, che è stata oggi: e lui mi consiglierà, se ci fosse qualche mossa opportuna da fare. Scrivo ora a Vergani, benché mi costi. Bontempelli era sicuro che io avrei avuto o il primo o il secondo premio, e mi ha detto di andare senz'altro da lui a Forte dei Marmi (Pensione Alpemare) la mattina di domenica. Ci andrò» e il 16 agosto: «Non ho più voglia di parlare del Premio Viareggio e nemmeno di pensarci; perciò ti dirò soltanto che ho avuto in Massimo Bontempelli un amico fraterno, convinto del valore del mio libro, che m'ha sostenuto senza stancarsi un momento, e m'ha portato alla vittoria contro tutti gli ostacoli, i tranelli e, a un certo punto, una specie di "veto politico" spuntato fuori per tagliarmi le gambe: solidale con lui, sempre, Orio Vergani. Sono molto contento; e mi considero, moralmente, vincitore assoluto della gara. Mi rincresce soltanto di non avere avuto di fronte nessuno con cui valesse la pena di misurarsi: ma non è colpa mia... » (ivi, pp. 233-234).

[679] A proposito dell'andamento degli affari in America, due giorni prima, il 13 agosto 1935, da New York, a Marta Abba Pirandello scrive: «Come vedi io sono ancora a New York impigliato in una rete di trattative che – Colin m'assicura – sono molto serie, trattative con la Metro, con la Paramount, con la "R.C.O.", con la Fox, con la Universal, e poi coi teatri, con la Anderson, con Pemberton, con la Guild, con lo Shumling, con altri; c'è anche in vista un contratto di 3 settimane con la Radio N.B.C. Ma ancora niente di concluso. [...] Vedo che c'è qui per me il più vivo interesse; tutti i miei passi sono seguiti dalla stampa, tutti mi vogliono vedere, direttori di teatro, registi, attori, attrici, e non Ti parlo dei giornalisti e dei fotografi. Da Hollywood Marlene Dietrich ha telegrafato che s'interessava di *Trovarsi*. È venuta a trovarmi all'albergo Silvia Sydney per un soggetto. Anche la Anderson vorrebbe rappresentare, ma a teatro, *Trovarsi*. Lagner della Guild s'interessa al *Piacere dell'onestà*. Ma è inutile che seguiti a parlarti di tutta questa ridda d'"interessi". Forse a qualche cosa s'arriverà. Intanto sono arrivato a stabilire per mezzo d'un avvocato specialista di contratti teatrali, il più bravo di qui, che il contratto con gli Shubert non ha alcun valore, e che tutte le minacce che questi briganti mi hanno fatto di rappresaglie, sono vani tentativi di ricatto e null'altro. Il contratto non esiste più» (in Luigi Pirandello, *Lettere a Marta Abba*, cit., pp. 1217-1218).

[680] Jacob Robert Rubin (1882-1958), impresario della Metro-Goldwin-Mayer.

[681] Rouben Mamoulian (1897-1987), regista armeno naturalizzato americano, allievo di Stanislavskij, insegnante di regia a Londra e a New York, fu dal 1927 al 1930 *metteur-en-scène* di Broadway e quindi regista di drammi, opere musicali e musical a Hollywood.

[682] Saul Colin che, come detto, collaborava con Pirandello per la cura dei suoi affari all'estero, aggiunge le sue più «vives et sincères félicitations» per il successo del romanzo di Stefano e lo informa che il Maestro è un po' depresso (per la mancata conclusione di affari negli Stati Uniti) ma che «nous arriverons cer-

tainement à une conclusion heureuse». Una speranza che fu smentita dai fatti.

[683] La notizia verrà ripresa anche nei giorni successivi, come si legge sul «Corriere della Sera» del 5 ottobre 1935: «Ruggero Ruggeri riunisce in questi giorni l'annunziata nuova Compagnia di cui sono principali esponenti Andreina Pagnani, Isabella Riva, Fanny Marchiò, Piero Carnabuci e Giovanni Cimara, per svolgere, tra il 16 e il 27 corrente, un giro di inizio in provincia e quindi inaugurare il 28 ottobre la stagione al Carignano di Torino con la "serata ufficiale" dell'Anno XIV, il cui programma comprende *Più che l'amore* di d'Annunzio ed una dizione di liriche. Nel repertorio, che a Milano il Ruggeri rappresenterà in due stagioni consecutive ai teatri Odeon e Manzoni, tra dicembre e gennaio, sono comprese, oltre all'annunziata novità di Pirandello *Non si sa come*, quella di Jean Anouilh *C'era una volta un prigioniero* e le riprese de *Il duello*, *L'Artiglio*, *Marchese di Priola* e *Marionette*».

[684] L'11 giugno 1935, da Roma, ad Aldo Borelli, direttore del «Corriere della Sera», Pirandello aveva scritto: «eccoVi finalmente una mia novella [*Visita*]. Spero di mandarVene regolarmente d'ora in poi una al mese, se non m'avverrà di partire per l'America», e il 18 ottobre 1935, sempre da Roma: «Vi mando, appena tornato da New York, questa novella [*La prova*], e Vi prometto che riprenderò regolarmente la mia collaborazione perché è mia ferma intenzione compire le mie *Novelle per un anno*, tenendomi lontano dal teatro» (in Luigi Pirandello, *Carteggi inediti (con Ojetti, Albertini, Orvieto, Novaro, De Gubernatis, De Filippo)*, cit., pp. 247-248).

[685] Ernst Lubitsch (1892-1947), regista e attore tedesco, naturalizzato americano.

[686] David Oliver Selznick (1902-1965), produttore cinematografico americano. Ricordiamo: *King Kong* (1933), *Anna Karenina* (1935), *Via col vento* (1939), *Rebecca* (1940), *Il caso Paradine* (1947).

[687] Precarie, in questo periodo, anche le condizioni fisiche di Pirandello che nell'ottobre 1935 sarà colpito da due infarti.

[688] A proposito di questa commedia, uno dei tanti progetti poi non portati a termine, Stefano confida al suo editore, Valentino Bompiani, da Castiglioncello, il 16 agosto 1935, che sta trascurando la narrativa giacché gli giova moltissimo affacciarsi al teatro: «Per me è divenuta una necessità urgentissima l'uscire dalla soggezione economica in cui sto rispetto a mio Padre: e [...] questo, volendo vivere, come voglio soltanto dell'arte e per l'arte, non me lo può dare che il teatro coi suoi proventi molto più larghi e poi quasi immediati» (in Stefano Pirandello, *Tutto il teatro*, cit., vol. 1°, p. 235).

[689] Pochi giorni dopo, il 5 ottobre, da Milano, Marta Abba scrive a Stefano: «Ricevo telegramma del Maestro annunciandomi il suo ritorno per il 12 alle ore 10 Napoli. Anche tu a quest'ora lo saprai, e non mi resta altro che averne un po' di melanconia conoscendo lo stato d'animo di tuo padre. [...] Ti devo ringraziare molto del favore che mi hai fatto, privandoti per circa un mese di Francesco [...]. Mi abbraccerai per me il caro Maestro, avrei voluto incontrarlo subito allo sbarco ma penso che mi sarà impossibile. Scrivimi e

dammi tue notizie» (ivi, p. 240). Marta Abba allude alle delusioni di Luigi circa le speranze che aveva nutrito di combinare negli Stati Uniti grandi affari teatrali e cinematografici. Proprio al momento dello sbarco Luigi avrà un attacco di cuore. Così descriverà quei momenti, il 14 ottobre, da Roma, a Marta Abba: «Proprio la mattina stessa dell'arrivo, quando eravamo già fermi nel porto di Napoli, dopo una magnifica traversata, e dal ponte del "Conte di Savoia" vedevo sulla banchina Stefano, Fausto, Francesco venuti ad accogliermi con un gruppo di giornalisti e d'amici, mi son sentito male improvvisamente: un dolore bruciante al petto, che mi toglieva il respiro e mi faceva mancar le gambe; mi videro tutti impallidire come un morto; e io mi sentii quasi morire veramente: avevo sulla fronte quel sudore di gelo che precede la morte» (in Luigi Pirandello, *Lettere a Marta Abba*, cit., p. 1226). E Marta Abba, il 20 ottobre 1935, da Salsomaggiore, a Stefano: «Sono molto addolorata e impressionata delle notizie che ho saputo del Maestro sul suo stato di salute in questi giorni. Ti prego di essere così gentile di dirmene le tue impressioni schiette, perché non sono affatto tranquilla»; il 24 ottobre: «Le mie percezioni, i miei dubbi, le mie certezze che tu chiami "risentimenti verso persone, fatti, congiunture", che io ho versato qualche volta nell'animo di tuo padre hanno avuto in me uno scopo solo. Quello di fare il *suo bene*, non per me, perché so che tuo padre non può nulla, e se lo potesse me ne verrebbe a me più male che bene, perché parrebbe interessato, e qualche volta agli occhi degli altri sarebbe anche travisato. Dunque stai certo che io non ho avuto mai un secondo fine raccontandogli certe cose, se non quello di aprirgli gli occhi. Si può sbagliare, io non credo di essere perfetta e questo è solo un possibile rimprovero che io potrei avere» e il 27 ottobre, da Milano: «Sono perfettamente d'accordo con te, e t'assicuro che farò di tutto per cooperare validamente a che il Maestro ricuperi presto la sua salute» (in Stefano Pirandello, *Tutto il teatro*, cit., vol. 1°, pp. 240-241).

[690] Nei primi di luglio Stefano era partito con la moglie e i figli in villeggiatura a Villabassa, in Trentino Alto-Adige.

[691] Pirandello, trascorsi l'inverno e la primavera a Roma, si reca, il 2 luglio, ad Anticoli Corrado, a Villa San Filippo, presso Fausto, Pompilia e Pierluigi, dove si trattiene alcuni giorni. Dal 15 al 18 luglio va a Venezia per gli spettacoli goldoniani messi in scena da Renato Simoni (*Il ventaglio* e *Le baruffe chiozzote*). Lì lo raggiungono Stefano e la sua famiglia.

[692] Il 14 febbraio 1936, al «Teatro Fiorentini» di Napoli, era stato messo in scena dalla Compagnia del Teatro Umoristico «I De Filippo» *Il berretto a sonagli*, nella versione napoletana di Eduardo De Filippo. Cfr. al riguardo: Sarah Zappulla Muscarà, *«Il berretto a sonagli» nella traduzione in napoletano di Eduardo De Filippo*, in AA.VV., *Pirandello e Napoli*, a cura di Gianvito Resta, Roma, Salerno, 2002, pp. 255-266.

[693] Luigi, che ad Anticoli Corrado dipinge, accanto al figlio pittore, i suoi ultimi quadri di paesaggio, scrive, prima dei saluti di Pompilia, in calce ad una cartolina postale di Fausto («Grazie delle vostre cartoline da Vene-

zia alle quali non sapevamo dove rispondere prima che Papà, tornando, ci dicesse del vostro ritorno a Villabassa. [...] Papà seguita la sua attività paesistica»). «Un canto del cigno» definisce quest'«ultima e intensa stagione sua di pittore» Andrea Pirandello: «Così in pochi giorni, una ventina in tutto, vennero alla luce gli ultimi quadri di Luigi Pirandello, di una intonazione lirica e come nostalgica di un mondo non goduto, dai tocchi di colori più leggeri del solito. [...] A guardarli dopo la sua morte quei quadretti davano uno struggimento. Ma era stato felice nel dipingerli, una delle sue poche ultime felicità» (*Oltretutto Nonno era pittore...*, in AA.VV., *I Pirandello ritornano al Caos*, a cura di Antonino Perniciaro, Filomena Capobianco, Cristina Angela Iacono, cit., p. 35; poi in «Ariel», Roma, settembre-dicembre 2003, pp. 165-166).

[694] Moglie di Francesco Armellini, autista di Pirandello.

[695] Lietta, in crisi matrimoniale, desidera far ritorno in Italia insieme alle figlie. Il 26 maggio 1936, da Roma, il padre le scrive: «Perché il tuo ritorno non abbia a portare, prima o poi, le più gravi conseguenze e le più pericolose complicazioni, è necessario che sia regolata avanti, in piena legalità, la situazione tua e delle tue figliuole rispetto a tuo marito, loro padre. Ti mando una lettera che l'avvocato Graziadei ha scritto all'avvocato cileno che dovrebbe assisterti. [...] Tu dici che tuo marito non solo non s'opporrebbe a lasciarti partire insieme con due figliuole, ma che non avrebbe neanche il modo di opporsi. Non so su che cosa tu possa fondare una simile asserzione che, a giudicare da lontano e senza conoscenza dei fatti, a me sembra una vera ingenuità. Perché, quando uno voglia, può trovar sempre *nella legalità della sua figura di marito e di padre*, non uno ma centomila modi di opporsi. Il lasciarti partire, finché egli resta nella legalità di questa sua figura non infirma minimamente il suo pieno potere di richiamare te o le sue figlie quando lo voglia, mettendoti nell'obbligo di ubbidirgli o di passare senz'altro, legalmente se non moralmente, dalla parte del torto. Una separazione consensuale, in cui non sia intervenuta la legge, non dà nessuna garanzia né sicurezza». Qualche tempo dopo, il 17 luglio, da Venezia: «Come hai visto dal mio telegramma, ho deciso per la tua partenza. Pagherò a Roma all'ufficio della Navigazione Italia il passaggio in prima classe per te e le bambine sul piroscafo "Orazio", in partenza da Valparaiso il 15 settembre. Penserà l'Agenzia della Navigazione Italia a farti avere in tempo i biglietti. Si è dovuto ritardare la tua partenza per dar modo a Stefano di trovarsi un'altra casa, e far trovare a te nello stesso tempo un alloggio che mi toccherà ammobiliare in un primo tempo almeno sommariamente» e il 21 agosto, da Viareggio: «Considerato bene ogni cosa e dato che anche a Stefano e a Fausto avevo già espresso la convenienza per me e per tutt'e tre voi figli che io facessi casa per me, che sarebbe aperta a voi tre figli ugualmente e senza differenza, son venuto nella determinazione di abbandonare a fin d'anno, cioè alla scadenza del contratto, la casa dove ora abito; la quale, come forse sai, è dipendente da quella di Stefano perché priva di cucina. In questo modo, avendo anche

tu casa per te, sarebbe più facile un augurabile ricongiungimento con tuo marito, che nella tua ultima lettera mi lasci intravedere. [...] Verrò a rilevarti a Genova il 14 ottobre al tuo arrivo» (in Luigi Pirandello, *Lettere a Lietta*, cit., pp. 119-123).

[696] Scrive Andrea Camilleri: «Nell'estate del 1936 Luigi Pirandello viene chiamato nella giuria del Premio Viareggio (e riuscirà a imporre, quale vincitore, il nome di Riccardo Bacchelli, osteggiato dai fascisti di stretta osservanza). La nipote Linuccia, in una sua lettera, così ricorda Luigi: "Zio Luigi è venuto per il Premio Viareggio ed è stato festeggiatissimo... Era abbastanza sereno e quasi vispo: si è ritrovata un po' dell'intimità di un tempo e sono state delle ore consolanti..."» (in *Biografia del figlio cambiato*, Milano, Rizzoli, 2000, pp. 260-261).

[697] Nel corso del Congresso Internazionale del Teatro, tenutosi a Vienna, sarà messa in scena *Questa sera si recita a soggetto*.

[698] Scritturata dall'impresario teatrale americano Gilbert Miller, che voleva farne la «nuova Stella del teatro americano», Marta Abba parte il 10 settembre per New York, sul *Conte di Savoia*, alla conquista di una ribalta internazionale, incoraggiata da Pirandello che, sofferente e per tanti aspetti amareggiato, confidava nell'ingaggio oltreoceano di Marta quale affermazione del valore artistico dell'attrice a lui così cara. Giunta a New York, dopo aver maturato la messa in scena sui palcoscenici di Baltimora e Filadelfia, il 15 ottobre Marta debutta a Broadway. Il distacco renderà lo scrittore sempre più inquieto, smanioso, depresso. È dal proscenio del «Plymouth Theatre» di New York che l'attrice annunzierà con commozione al pubblico la scomparsa del «Maestro», il 10 dicembre.

[699] Emilio Bodrero (1874-1949), storico della filosofia, presidente della S.I.A.E., ricoprì importanti cariche pubbliche durante il fascismo.

[700] Andrà a Berlino, dove si fermerà dal 27 settembre al 4 ottobre, perché fa parte, insieme ad Alfieri e Bodrero, della commissione per l'XI Congresso della Confederazione Internazionale degli Autori e Compositori.

[701] Anche Stefano, da Villabassa, raggiunge per qualche giorno il padre a Roma, da dove, il 17 agosto, scrive alla moglie: «Il viaggio è stato poco felice. [...] Ho cominciato subito a cercare il materiale per l'articolo "Nación", e è una disperazione perché trovandomelo sotto gli occhi, mi si confonde la memoria e non riesco a ricordarmi se me ne sono già approfittato o no. Non so come fare! Dovrei forse abbandonare l'Idea di rabberciare l'articolo con questi pezzi, e buttarmi a farne uno tutto di mia invenzione: cosa che ormai mi ripugna tanto: dare della mia sostanza viva al nome letterario di mio Padre. Ma credo che non potrò fare altro!» (in Stefano Pirandello, *Tutto il teatro*, cit., vol. 1°, pp. 245-246).

[702] Scriverà Silvio d'Amico, nel decennale della scomparsa dello scrittore, ricordando lo studio dove Pirandello lavorava: «Che se poi era sera, nelle prime ore dopo la cena, a un certo punto irrompevano baldi i nipotini saliti dal piano sottostante ad augurargli, prima d'andare a letto, la buona notte; e

a uno a uno tutti li baciava tre volte, benedicendoli sulla fronte con un piccolo gesto rituale di patriarca» (in *Il bisogno di credere*, «Sipario», Milano, novembre-dicembre 1946).

[703] *Enrico IV* e *Vestire gli ignudi*, nella traduzione di Benjamin Crémieux, rispettivamente col titolo *Henry IV* e *Vêtir ceux qui sont nus*, erano apparsi per i tipi di Gallimard nel secondo volume di *Masques nus* nel 1928.

[704] Inizialmente intitolata *Il minimo per vivere*, la commedia in tre atti *Un padre ci vuole* (1936; poi rielaborata col titolo *La scuola dei padri*, 1955; poi ancora riscritta col primitivo titolo nel 1960, ora in Stefano Pirandello, *Tutto il teatro*, cit.) fu messa in scena il 21 gennaio 1936 al «Teatro Alfieri» di Torino, Compagnia Tòfano-Maltagliati-Cervi. Su «La Stampa» f.b. scrive: «Il tema di questa commedia è delicato e profondo: il tema della paternità. [...] commedia ingegnosa e appassionata [...] non priva di pittoresco, di una sensibilità che per essere trasferita su un piano di concettosa anormalità non è perciò meno viva e acuta. Con in più qualcosa di famigliare, di colto dal vero, che riconduce il tema un po' astratto alla concretezza di un ambiente paesano e colorito. [...] v'è un che di pungente, di pensoso, di spirituale che nelle non infrequenti trovate burlesche si esprime a volte bellamente, e che è pur latente e presente in tutta l'opera» (22 gennaio). Segue, il 2 marzo, una tappa al «Teatro Olympia» di Milano. Renato Simoni scrive sul «Corriere della Sera»: «Il pubblico è stato severo con questa commedia; dopo averla applaudita cinque volte al primo atto, tre, con qualche contrasto, al secondo, l'ha disapprovata alla fine. Per conto mio, trovo in certi personaggi, in Oreste, in Clelia, e in una figuretta di parente che fa da serva, un modo di presentarsi e di immettersi nell'azione, quasi di scorcio, senza superfluità di appariscenze, che mi sembra rivelatore di viva personalità. Sergio Tofano, oltre ad aver messo in scena la commedia con lucidezza pittoresca, e con animato affiatamento, ha recitato la parte di Oreste con naturalezza amaramente appassionata, e con bellissimi sbalzi di collera e aspri nodi di commozione; la signora Maltagliati ha dato a Clelia una grazia piana e fresca di mesto buon senso; Gino Cervi ha efficacemente rappresentato il brusco e diffidente egoismo del padre, e il Porelli, la signora Chellini, il Collino, il Bizzarri e il Cappabianca furono interpreti sobri e coloriti».

[705] Questa è l'ultima lettera conservata. Il mattino del 10 dicembre, nella casa di via Antonio Bosio, 15, Luigi muore, in seguito ad una polmonite, presa a Cinecittà sul set de *Il fu Mattia Pascal* (regia di Pierre Chenal, interprete Pierre Blanchard), lasciando incompiuti *I Giganti della Montagna,* che dovevano costituire l'ultima parte della trilogia del mito. Stefano raccoglie dalle labbra del padre morente la traccia dell'ultimo atto ancora da scrivere. Così annota: «Ecco l'azione del terzo atto (IV "momento") dei *Giganti della Montagna*, come io posso ricostruirla da quanto me ne disse mio Padre, e col senso che avrebbe dovuto avere. Questo è quanto io ne so, e l'ho esposto, purtroppo senza la necessaria efficacia; spero però senza arbitrii. Ma non posso sapere se, all'ultimo, nella fantasia di mio Padre, che fu occupata da questi fantasmi durante tutta la penultima nottata della Sua vita, tanto che alla mattina mi

disse che aveva dovuto sostenere la terribile fatica di comporre in mente tutto il terzo atto e che ora, avendo risolto ogni intoppo, sperava di poter riposare un poco, lieto d'altronde che appena guarito in pochissimi giorni avrebbe potuto trascrivere tutto ciò che aveva concepito in quelle ore; non posso sapere, dico, né nessuno potrà mai sapere se in quell'ultimo concepimento la materia non gli si fosse atteggiata altrimenti, né se Egli non avesse già trovato altri movimenti all'azione, o sensi più alti al Mito. Io seppi da Lui, quella mattina, soltanto questo che aveva trovato un olivo saraceno. "C'è" mi disse sorridendo "un olivo saraceno, grande, in mezzo alla scena: con cui ho risolto tutto". E poiché io non comprendevo bene, soggiunse: "per tirarvi il tendone". Così capii che Egli si occupava, forse da qualche giorno, a risolvere questo particolare di fatto. Era molto contento d'averlo trovato». Ricorda molti anni dopo Valentino Bompiani: «Annunciando che il 13 dicembre Luigi Pirandello è stato cremato, il figlio Stefano ha detto ad Alvaro: "Avessi visto: un pugno di cenere. Come se fossero passati mille anni". Alvaro gli ha domandato: "E il cuore, la piccola pallottola del cuore che non si consuma alla fiamma, lo hai veduto?". "No, niente, cenere". Stefano ha accettato di scrivere una biografia del padre, ma dopo qualche giorno è tornato con le spalle curve e quasi tremava: "Non posso, non posso. Mio Padre è tutto fluido in me; se ne scrivo, mi si pietrifica e lo perdo"» (in Stefano Pirandello, *Tutto il teatro*, cit., vol. 1°, pp. 247-248). *I Giganti della Montagna* verrà messo in scena, nell'ambito del Maggio musicale fiorentino, il 5 giugno 1937, al Giardino di Boboli, regia di Renato Simoni, aiuto regia di Stefano Pirandello, musica di Mario Castelnuovo-Tedesco, interpreti Andreina Pagnani, Memo Benassi, Cele Abba, Salvo Randone, Annibale Ninchi.

INDICE DEI NOMI*

Abba Celestina (Cele, Tina, pseudonimo Tiziana Maloberti), 143, 244, 246, 251-253, 276, 375, 376, 379, 422, 445, 463
Abba Marta, 22, 25, 30-32, 34-36, 38, 80, 96, 97, 112, 117, 118, 143, 145, 162, 163, 201, 204, 208, 217-219, 221, 222, 227, 234, 235, 242, 244, 249, 251-253, 255, 259, 261-264, 267, 269, 270, 272, 273, 276, 278, 281, 286, 287, 289, 290, 297, 299, 301, 302, 305, 324, 329, 332, 333, 338, 340, 341, 344, 347-349, 355-357, 361, 363, 364, 369-389, 391-400, 403, 405-407, 409-423, 425-428, 431-433, 435-439, 442, 443, 445, 446, 449-452, 454, 456-459, 461
Abba Pompeo, 251
Abba Trabucchi Giuseppina, *vedi* Trabucchi Abba Giuseppina
Abbott Elizabeth, 368
Achard Paul, 324
Acquarone Giovanni, 139, 375
Adank Mathias, 394
Agnelli Giovanni, 333, 428
Agrell Nils, 367, 438
Aguirre d'Amico Maria Luisa, 38, 84, 311, 330, 333, 348, 352, 394, 398, 401, 405
Aguirre Lietta (Lillì), 84, 333, 348, 398
Aguirre Manolo, 333, 348
Aguirre Manuel, 32, 43, 81, 83, 86, 88-91, 94, 95, 98, 99, 101, 107, 116, 131, 189, 247, 323, 325, 330, 339, 348-353, 360, 372, 396
Ahnfelt Astrid, 255, 363, 432, 435
Aillaud Olga, 30, 72, 75, 77, 93, 97, 117, 129, 131, 133, 134, 152, 154, 289, 329, 370, 387, 395
Alajmo Maria Emma, 359
Albani Elsa, 17
Albertazzi Alberto, 429
Albertazzi Giorgio, 113
Alberti Alberto Cesare, 333, 337, 340, 344
Alberti Guglielmo, 429
Albertini Alberto, 333, 334, 336, 350, 362, 367, 378, 385, 405, 427, 458
Aldrovandi Luigi Marescotti, 159, 173, 379
Alessandri Palma Arturo Fortunato, 427
Alessi Biagio, 359
Alessi Rino, 451
Alessio Antonio, 321
Alfieri Edoardo (Dino), 239, 302, 417-419, 461
Alighieri Dante, 24, 346, 441
Allatini Eric, 203, 204, 400
Allodoli Ettore, 453
Almirante Luigi (Gigetto), 17, 262, 324, 327, 360, 388, 410, 413, 436, 437, 439, 443
Alonge Roberto, 329, 338

---

* Non sono qui compresi i nomi di Luigi e Stefano Pirandello.

Altman Natan Isaevich, 422
Alvaro Corrado, pseudonimo Testor, 14, 19, 24, 93, 195, 196, 242, 246, 249, 270, 344, 345, 377, 379, 398, 400, 401, 403, 409, 415, 424, 432, 442, 451, 463
Alvaro Laura, *vedi* Babini Alvaro Laura
Alvaro Massimo, 401
Amicucci Ermanno, 261, 263, 435
Amiel Denis, 411
Andersen Ludwig, 393
Anderson Judith, 457
Andò Flavio, 347, 391
Andreev Leonid Nikolaeviã, 391
Andreoli Annamaria, 366
Andreossi Victor (André Victor), 111, 362
Angelini Franca, 327
Angermayer Fred Antoine, 303
Angioletti Giovanni Battista, 281, 448
Aniante Antonio, pseudonimo di Antonio Rapisarda, 209, 212, 406
Annetta, domestica di Pirandello, 49
Anouilh Jean, 458
Anstey F., pseudonimo di Gutherie Thomas Anstey, 324
Antal Radò, 280, 445
Antoine André, 323
Antonelli Luigi, 17, 46, 306, 445
Antongini Tom (Tommaso, Tomaso), 165, 380
Antonucci Giovanni, 423
Appella Giuseppe, 320
Arata Elizondo Luis, 273, 444
Argentieri Claudio, 332, 334
Ariosto Ludovico, 24, 260, 431
Armani Evaristo, 379
Armellini Francesco, 279, 285, 287, 293, 302, 444, 458, 460

Arone Pietro, barone di Valentino, ministro d'Italia, 403
Artieri Giovanni, 445
Artoni, funzionario della Cines, 240, 419
Asaro, 56
Aschehoug Halvard, 288, 450
Aschehoug Hieronymus 288, 450
Aschieri Bruno, 433
Asquini Alberto, 439
Asti Maria, 393
Aubert Lie Hedvig, 450
Audiat Pierre, 451
Azzati Félix, 330, 356

Babini Alvaro Laura, 398, 401
Bacchelli Riccardo, 461
Baeza Ricardo, 356
Baffico Mario, 344, 451
Balbo Ennio, 17
Balbo Italo, 246, 427
Baldini Antonio, 422
Balistrieri Virginia, 337, 451
Balzan Eugenio, 385
Banchelli Ezio, 357, 365
Baratto, 103, 115, 118, 125
Barbina Alfredo, 306, 308, 312, 314-317, 359, 365, 381, 390, 410, 425, 437, 442, 455
Bardi Pier Maria, 423, 455
Barnabò Guglielmo, 412, 439
Barth Maria, 208
Barthes Roland, 18
Barzini Luigi, 70, 76, 326
Bassano Enrico, 412
Bataille Georges, 347
Battistelli Luigi, 47, 307
Baty Gaston, 208, 237, 405, 410, 411, 413, 416
Béart André, 403
Beaunier André, 323
Beethoven Ludwig van, 171, 385

Bellonci Goffredo, 453
Belluzzo Giuseppe, 33, 129, 369
Belot Marthe, 329
Beltramelli Antonio, 35, 93, 167, 332, 334, 345, 381, 382
Beltrami Giovanni, 308
Beltrami, carto, 47, 308
Bemporad Enrico, 56, 60, 86, 103, 104, 106, 108-110, 116, 122, 126, 131, 133, 155, 158, 166, 182, 202, 313, 317, 318, 335, 368, 370, 373, 381, 390
Bemporad Roberto, 313, 454
Benassi Memo, 16, 318, 463
Bencivenga Roberto, 137, 375
Benelli Sem, 444
Benes Edvard, 281, 448
Benvenuti Vittorina, 386, 436, 439
Berg, sig.ra, 130
Bergner Elisabeth, 253, 431
Berlekom H.P. Berdenis van, 334
Berling Ernst Henrich, 450
Bernard Jean-Jacques, 237, 416
Bernard S.Tristan (Bernard Paul), 411
Bernardi Marziano, 442
Bernardi Temistocle Filippo, 70, 325
Bernardinelli Francesco, 445
Bernardini Adelaide, 328
Bernini Gian Lorenzo, 297
Bernstein Ann, 289, 450
Bernstein Henry, 283, 449
Bernstiel, rappresentante della U.F.A., 163
Berry Dady, 451
Bertoletti Nino, 261, 434, 438
Berty Berte, 403
Besier Rudolph, 413
Betrone Annibale, 306
Betti Ugo, 93, 246, 346, 409, 422
Biagini Alfredo, 252, 431
Bilancia Oreste, 328

Biliotti Enzo, 94, 347
Biraghi Lossetti, commendatore, 114
Bisceglie Labroca Maria, *vedi* Labroca Bisceglie Maria
Bisceglie Vincenzo, 86
Bisi Tommaso (Tomaso), 149, 159, 165, 172, 175, 177, 179, 377, 380, 383
Bissi Giovanni, 87, 151, 337
Bizzarri Angelo, 462
Blanchard Pierre, 462
Bloch-Erben Felix, 155, 159, 171, 256, 377
Boccaccio Giovanni, 441
Bodrero Emilio, 302, 453, 461
Boito Arrigo, 308
Bompiani Valentino, 14, 15, 19, 219, 292, 447, 454-456, 458, 463
Bonaparte Napoleone, 387
Bonardi Dino, 430
Bonaschi Alberto C., 456
Bondois Virgilio, 326
Bonghi Ruggero, 308
Bonini Letizia, 234, 414
Bonnard Mario, 347
Bontempelli Massimo, 92-94, 196, 199, 214, 244, 245, 248, 262-265, 293, 332, 334, 341, 344, 400, 409, 412, 420, 423, 424, 426, 428, 431, 437, 443, 456, 457
Booth Edwin, 329
Borboni Paola, 17, 230, 395, 413
Borelli Aldo, 458
Borgese Giuseppe Antonio, 268, 306, 362, 440
Borghesi Angelo, 433
Boris III, zar dei Bulgari, 197, 400
Borletti Senatore, 333
Borrelli Alda, 386
Borsellino Nino, 308, 314, 316, 366
Bottai Giuseppe, 188, 205, 293, 395, 401, 408, 417
Bottazzi Luigi, 324, 329, 331, 378

Bourdet Edouard, 411
Bracco Roberto, 440
Bragaglia Anton Giulio, 16, 24, 44, 204, 246, 333, 337, 340, 344, 346, 404, 423, 436
Bragaglia Maria, 440
Bragaglia Marinella, 337
Brancati Vitaliano, 342
Braque Georges, 442
Brøndal Rosaly, 450
Bronowski Cezary, 329, 358
Bruers Antonio, 262, 264, 265, 437
Buazzelli Tino, 17,
Bucci Vincenzo, 314
Buchhein Max, 340
Budor Dominique, 329
Buffalo Bill, pseudonimo di William Frederick Cody, 93

Cabanellad Antonio Cunill, 412
Cacho Millet Gabriel, 369, 431
Caccia Elvira, 326
Caetani Gelasio, 70, 72, 73, 325
Cagnacci, 50
Calderón de la Barca Pedro, 453
Callari Francesco, 389, 419
Calò Romano, 367, 399, 412, 435, 436, 439, 443
Camerini Augusto, 367
Camerini Claudio, 412
Camerini Mario, 367
Camilleri Andrea, 461
Campa Pio, 277, 279, 286, 289, 290, 444
Campagna Iole, 329
Campanozzi Antonio, pseudonimo Carlo Villauri, 59, 60, 63, 316, 317
Campanozzi Francesco, 317
Campanozzi Primiano, 317
Canetti Elias, 393
Cansinos-Assens Rafael, 330

Cantarella Claudio, 334
Cantoni Alberto, 440
Cantù Cesare, 308
Capasso-Torre di Caprara Giovanni, 260, 434
Capitani Liborio, 262, 264, 267, 302, 438, 440
Capo Carlo, 104, 357
Capo Gian, pseudonimo di Giovanni Capodivacca, 93, 346
Capobianco Filomena, 321, 460
Capodaglio Wanda, 444, 451
Cappabianca Eugenio, 413, 462
Caprin Giulio, pseudonimo Panfilo, 433
Capuana Luigi, 24, 25, 122, 328, 365, 366, 433
Carbone Adela, 356
Carducci Giosuè, 38, 308, 334
Carli Laura, 16
Carlo Oscar Guglielmo, principe di Svezia e Norvegia, 450
Carminati Tullio, 44
Carnabuci Piero, 369, 370, 386, 446, 458
Carraro Tino, 17
Cartesio (Descartes du Perron René), 19
Carton Pauline, 329
Casella Alberto, 123, 366
Casella Alfredo, 316
Casella Gaspare, 245, 332, 423
Cassini Alfonso, 305
Castelnuovo-Tedesco Mario, 246, 426, 463
Castri Massimo, 413
Caterina da Siena, 409
Cavallotti Felice, 308
Cavicchioli Giovanni, 93, 332, 334, 345
Cavour Camillo Benso, conte di, 387
Cecchi Emilio, 240-243, 419, 420, 424
Cecchino, 135

Cegani Elisa, 367
Celli Maria Letizia, 58, 60, 313, 314, 318, 319, 332, 334
Cerio Ferruccio, 345
Cervantes Saavedra Miguel de, 260, 431
Cervi Gino, 17, 219, 333, 338, 414, 462
Cesare Gaio Giulio, 387
Cesareo Giovanni Alfredo, 316
Ceseri Ugo, 367
Chabás Martí Juan, 356
Chagall Marc, 422
Chapiro Joseph, 116, 118
Chellini Amelia, 357, 440, 462
Chellini Didaco, 105, 151, 357
Chenal Pierre, 462
Chesterton Gilbert Keith, 37
Chiaramonte Nicola, 429
Chiarella Achille, 224-226, 228, 229, 413, 415
Chiarella Giovannino, 224-226, 228, 229, 413, 415
Chiarelli Luigi, 111, 174, 276, 306, 362, 428, 444
Chiarini Luigi, 342
Chiesa Francesco, 123, 367
Chopin Fryderyk, 385
Ciangottini, ingegnere, 50, 60, 65, 72, 77, 310
Ciannelli Eduardo, 326
Ciano Galeazzo, 282, 425, 449
Cigliana Simona, 400
Cimara Giovanni, 443, 446, 458
Cimara Luigi, 44, 311, 324, 327, 428
Cinelli Delfino, 453
Cipicchia Pio, 51
Clarins Georges, 403
Clementina, moglie di Francesco Armellini, autista di Pirandello, 301
Cochran Charles Blake, 399
Cocteau Jean Maurice Eugène Clément, 391

Colin Saul, 211, 238, 242, 249, 274, 277, 285, 287, 296, 309, 409, 417, 418, 456, 457
Collino Federico, 462
Comes Salvatore, 316
Cometa Michele, 376, 393
Commène Crémieux Marie-Anne, 185, 281, 448
Consolo Vincenzo, 15, 311
Contessi, 252
Contini Ermanno, 272, 437
Copley, 270
Corradi Nelly, 451
Corradini Enrico, 205, 381, 401
Correggio (Antonio Allegri), 63
Corsi Mario, 92, 263, 267, 389, 438, 445
Corti Vittoria, 422
Costa Antonio, 329
Costa Giuseppe, 43
Costa Orazio, 414
Costanzo Giuseppe Aurelio, 59, 60, 315
Crémieux Benjamin, 68, 103, 104, 125, 126, 134, 155, 238, 239, 283, 294, 303, 323, 324, 350, 356, 364, 403, 410, 462
Crémieux Commène Marie Anne, *vedi* Commène Crémieux Marie Anne
Cristina Olinto, 305
Croce Benedetto, 23, 58, 315
Crommelynck Fernand, 364
Crosset Raymond, 450
Curci Gennaro Mario, 70, 75, 77, 326
Curtiss Brown Albert, 238, 245, 257, 262, 270, 280, 284, 418
Czinner Paul, 431

Dam Johannes, 450
D'Ambra Lucio, 196, 328, 345, 389, 455

d'Amico Alessandro, 8, 305, 307, 321, 333, 348, 373, 389, 446
d'Amico Elsa, 278, 280, 435
d'Amico Fabrizio, 320
d'Amico Fedele (Lele), 429
d'Amico Ninetta, 278
d'Amico Silvio, 67, 72, 77, 92, 185, 205, 222, 245, 248, 262-265, 268-270, 278, 280, 291, 313, 321, 322, 401, 409-411, 415, 420, 435, 437, 440, 445, 453, 461
D'Amora Gemma, 57, 313
D'Ancona, 137
d'Andrea Lino Umberto, 48, 72, 76, 77, 180, 309
d'Annunzio Gabriele, 24, 36, 38, 93, 95, 110, 278, 286, 315, 316, 325, 344, 347, 380-383, 390, 391, 403, 404, 414, 421, 437, 441, 445, 458
D'Aprile Pirandello Pompilia, 209, 320, 401, 402, 432, 459
Davico Bonino Guido, 327
Davis Edmond, 291, 452
Dawson-Scott Catharine Amy, 448
de Abreu Beirão Caetano, 403
De Amicis Edmondo, 308
De Angelis Alberto, 408
De Carmine Renato, 17
De Caro Olga, 445
De Castro Calogero, 49, 182, 183, 202, 309-311, 313, 390
De Castro Giuseppina (Pinì), 182, 183, 202, 312, 390
De Castro Linuccia, 50, 461
De Ceresa Ferruccio, 17
de Chanaz Saint Amour, marchese, 401
De Chirico Giorgio, 347, 445
De Felice Renzo, 380
De Feo Sandro, 440
De Filippo Eduardo, 333, 334, 336, 350, 362, 367, 378, 385, 405, 427, 458, 459
De Filippo Peppino, 300, 459
De Fragoso Carmona Antonio Oscar, 403
De Grada Raffaele, 430
De Gubernatis Angelo, 333, 334, 336, 350, 362, 367, 378, 385, 405, 427, 458
De Javanna Lino, 428
De Laval Karim, 288, 450
De Macchi Sandro, 444
De Marchi, attore, 399
De Marsanich Augusto, 260, 434
De Marsanich Gina, 434
De Monticelli Roberto, 392
De Monzie Anatole, 239, 418
De Paolis, musicista, 63
De Pirro Nicola, 276, 304, 444
De Roberto Federico, 12, 24, 314, 328, 366
De Sanctis Francesco, 308
De Santis Francesco, 270, 442
De Santis Valerio, 224-229, 232, 413, 438
De Sica Vittorio, 289, 367, 379
De Stefani Alessandro, 93-95, 345, 350, 362
De Taran Luis, 356
De Vecchi Bindo, 453
De Wahl Anders, 450
De Zuani Ettore, 235, 247, 411, 414
Dehmel Richard, 23, 188, 395
Deledda Grazia, 37, 111, 334, 362, 414
Deleroix Carlo, 453
Del Grosso, 252
Del Prete Duilio, 17
Dell'Aquila, avvocato, 418
Dell'Aquila Michele, 43
Deri Dante, 276
Deyneka Alexander Alexandrovich, 442

Diaz Plaza Francisco, 356
di Bordonaro Antonio Chiaramonte, 173, 385
Di Cocco Francesco, 239-241, 245, 419, 438
Dietrich Marlene, 457
Di Giacomo, avvocato, 277
Di Giacomo Salvatore, 35, 167, 188, 381, 382
Di Giorgio, miliardario siciliano-americano, 71
Di Lorenzo Tina, 347, 414
Di Rauso Giovanna, 413
di Robilant Francesetti di Hautecourt Desy, contessa di, 203, 204, 326, 401
di Robilant Nicolis de Chanaz Margherita, contessa di, 203, 401
di Robilant Nicolis Irene, contessina di, 70, 76, 129, 326
di Robilant Nicolis Mario, conte di, 203, 204, 326, 401
Dominici Franca, 278, 445
Donadio Giulio, 445
Donadoni Margherita, 327
Donatello (Donato) 185
Doria Luciano, 124
Dostal Karel, 445, 448
Dostoevskij Fedor Michajlovič, 456
Douglas Melvyn, 144, 429
Doumic René, 68
Drain Fort Émile, 431
Dullin Charles, 208, 405, 406, 420
Durante Anita, 377
Durante Francesco, 377
Duse Eleonora, 70, 74, 112, 325, 329, 330, 347, 363, 386, 399, 414
Dutton Edward Payson, 71, 126, 208, 248, 296, 328

Ebelsbächer Berth, 431
Eichberg Richard Albert, 148, 156, 158, 169, 172, 376, 385
Einstein Albert, 389
Eisenstein (Sergej Michajlovič Ejzenštejn), 419
Erdelea Horia, 268
Erler Tino, 412, 415, 439
Erode, 137
Espmark Kjell, 334, 448
Esterhazy Agnes von, 328
Eugenio P., principe di Svezia e Norvegia, 450
Euripide, 337, 382
Evreinov Nikolaj, 347

Fabre Émile, 239, 285, 418
Fainsilber Samson, 451
Falbo Italo Carlo, 70, 326, 345
Falconi Armando, 113, 414
Farinacci Roberto, 91, 248, 341
Farnetani Del Soldato Marise, 366
Fassett, agente teatrale di Londra, 279, 445
Fayart, editore, 208
Fazio Giuseppe, 434
Fedele Francesco, 169, 181, 224, 232, 234, 239, 242, 255, 383, 417
Federici Mario, 245, 423
Federzoni Luigi, 332
Feigl Walter, 384
Feist Hans, 90, 102, 104, 107, 148, 155, 158, 175, 253, 333, 339, 340, 377, 393, 394
Feldhammer Jacob, 390
Felici Italo, 93
Fenoglio Pietro, 63
Ferminelli, 103
Fernald Chester Bailey, 275, 444
Ferraguti Arnaldo, 113, 114, 116, 118, 123, 153, 349, 363
Ferrari Mario, 451
Ferrari Paolo, 308

Ferraris Umberto, 293
Ferreira Antonio, 134, 136, 147, 373, 374
Ferrero Ernesto, 58, 61, 313, 318, 319
Ferrero Leo, 332
Ferrieri Enzo, 429
Ferrigni Mario, 453
Fevbre Lucien, 418
Fidora Romano, 87, 102, 336
Fiedler Kurt, 253, 256
Filati, capitano dalla nave Duilio, 69
Fines, rappresentante di una casa cinematografica francese, 149
Fioravanti, commendatore, 135, 137, 140
Fiore, 149
Fiori Alba, 445
Fiorini Guido, 267
Fischer Samuel, 253, 431
Fitzmaurice George, 144, 429
Fleres Ugo, 326, 328
Foà Arturo, 238, 418
Fojanesi Giselda, 366
Follignami, 133
Folmina Stefano, 355
Forges-Davanzati Roberto, 90-92, 184, 188, 205, 224, 225, 227-233, 339, 392, 401
Formichi Carlo, 35, 167, 264, 284, 381, 382, 437
Forysiak Strazzanti Alicja, 358
Forzano Giovacchino, 174, 257, 362, 367, 386, 387, 417, 420
Fraccaroli Arnaldo, 362
Fracchia Umberto, 89, 271, 338, 442, 443
Franchini Teresa, 445
Frassica Pietro, 406
Frateili Arnaldo, 67, 77, 305, 312, 318, 322, 327, 367
Freddi Luigi, 86, 335
Freschi Maria, 306
Frigerio Jone, 327, 333

Gabetti Giuseppe, 256, 259, 261, 433, 435
Gagliani Giacomo, 331
Gallenga Romeo, 289
Galli Dina, 413
Galli-Curci Amelita, 326
Gallimard Gastone, 103, 104, 239
Gallo Francesco, 320
Gallone Carmine, 289
Galsworthy John, 448
Galluzzi, famiglia, 252
Gandusio Antonio, 45, 47, 305-308
Gantillon Simon, 208, 405, 411, 443
Garbo Greta, 144, 429, 449, 451
Gard Roger Martin du, 37
Gasparotto Luigi, 312
Gatti Guido M., 425
Gatti Salvatore, 102, 354
Gazzolo Lauro, 436, 437
Gebers Hugo, 123, 267, 288, 367
Gémier Firmin (nome d'arte di Firmin Tonnerre), 324
Genette Gérard, 13
Genina Augusto, 17, 45, 47, 305
Genovese Nino, 374
Gentile Giovanni, 108, 260, 359, 375, 381, 433, 442
Geri Adolfo, 395
Geri Manuela, 329
Gesù Sebastiano, 374
Gheraldi, agente di Giordani a Parigi, 93, 344
Ghione Emilio, 307
Giacchetti Cipriano, 453
Giacompol Romiglio, 273, 280, 444
Giaconìa, avvocato, 272
Giacosa Giuseppe, 347
Gian Ferrari Claudia, 320
Giannini Guglielmo, 440
Gianturco Emanuele, 238, 271, 416-418, 438
Giarrizzo Giuseppe, 315
Gigli Beniamino, 379

Gilbertini Osvaldo, 375
Giorda Marcello, 313, 319
Giordani Paolo, 21, 53, 58, 59, 68, 76, 80, 90, 92, 94, 95, 104, 108, 110, 122, 124, 127, 152, 154, 155, 159, 174, 175, 225, 240, 312, 322, 325, 329, 333, 340-344, 357, 358, 365, 383, 386, 387, 392, 395, 417, 420
Giovacchini, 91
Giovanna d'Arco, 71
Giovanna, principessa di Savoia, 197, 400
Giraudoux Jean, 262, 435
Giuffrè Fulvia, 270
Giuffrè Guido, 59, 320
Giuliotti Domenico, 453
Goethe Johann Wolfgang, 11, 39, 433
Goldey Emil, 374
Goldoni Carlo, 415, 441, 453
Goldstein Ludwig, 378
Goldwin Samuel, 242, 289, 290, 397, 420, 429, 450, 457
Gorkij Maksim, pseudonimo di Aleksej Maksimovič Peškov, 310
Govoni Corrado, 246, 391, 427
Gramatica Emma, 94, 313, 318, 319, 347, 438
Gramatica Irma, 347, 391, 438
Grasset Bertrand, 208, 406
Grasso Angelo, 337
Grasso Domenico, 337
Grasso Giovanni (Giovannino) *junior*, 88, 337, 451
Grasso Giovanni *senior*, 337
Graziadei, avvocato, 282, 460
Graziosi Gina, 399
Gromo Mario, 388, 430
Gualino Riccardo, 332
Guarnieri Romano, 261
Guasti Amerigo, 413

Guest Morris, 150
Guglielmini Homero, 369, 412
Guglielmo, duca di Sudermania, 450
Guicciardini Francesco, 24
Guidi, notaio, 132
Guilbourg Edmundo, 446
Guilty Madeleine, 329
Gulstroff Max, 361
Gustavo, re di Svezia, 37, 449
Guttuso Renato, 424
Guzzi Virgilio, 320, 442

Haapanen-Tallgren Tyyni, 434
Hagerup Alf, 150, 288
Hallstrôm Per, 37, 285, 449
Hartung Gustav, 192, 393, 394, 398
Hauser Mea, 333
Hebbel Friedrich, 310
Hébertat, 68
Hecht Emma, 339
Herskowitz, regista, 245
Hidalgo Francisco Gómez, 356
Hindenburg Paul von, 334
Hinkfuss, padrona di casa di Pirandello a Berlino, 394
Hoffmeyer Niels, 450
Höflich Lucie, 364
Hofmann Kurt, 378, 448
Hopper Hedda, 429
Horky Robert, 384

Iacono Cristina Angela, 321, 460
Ibáñez Vicente Blasco, 356
Ibert Jacques, 277, 279, 444, 445
Ibsen Henrik, 30, 117, 310, 347, 361, 363, 364, 375, 437, 446, 450
Ihering Herbert, 393
Incagliati Matteo, 428
Ingeborg Charlotte, principessa di

Danimarca, 450
Interlandi Telesio, 33, 34, 36, 37, 91-93, 102, 108, 109, 114, 116, 118, 122, 129, 133, 135, 137, 139-141, 149, 155, 156, 159, 166, 168, 170, 172, 176, 177, 188, 191, 209, 312, 342, 354, 355, 357, 358, 369, 375, 381, 383, 395, 407
Isenstein Kurt Harald, 192, 397, 398
Ivanov Vsevolod Vjačeslavovič, 422

Jacob Hans, 340
Jacobini Maria, 87, 336, 389
Jamois Marguerite, 237, 403, 410, 411, 416
Jannings Emil, 179, 389
Jensen Johannes Vilhelm, 334
Jespersen, editore, 288
Jessner Leopold, 333
Jiménez Equino Miguel, 356
Jiménez Frand Albert, 255, 432
Jiřina Venceslao, 184, 391, 445, 448
Johansen Nella, 450
Jouvet Louis, 435

Kahn Otto Harry, 70, 175, 179, 378, 388, 397
Kaiser Georg, 364, 389
Kalff Marie, 324
Kant Immanuel, 393
Karl Roger, 403, 410, 411
Karttunen Liisi, 260
Kaufmann Oskar, 364
Kerr Alfredo, 187
Keuls Henricus W.J.M., 260, 330
Kezich Tullio, 376
Kinz Franziska, 364
Korda Alexander (Sandor), 284, 289, 450
Korff Arnold, 70, 325

Kra Simon, 86, 103, 104, 122, 334
Krysiński Wlodzimierz, 358

Labroca Adriana, 317
Labroca Bisceglie Maria, 63, 66, 316, 317, 321
Labroca Mario, 16, 59, 63, 68, 70, 72, 77, 251, 316, 317, 322, 420
Labroca Maselli Elena, 261, 316, 317, 320
Labroca Natalia, 317
Labroca Nicola, 317
Labroca Pirandello Maria Olinda (Dodi, Dodola, Picì), 15, 16, 20, 22, 23, 32, 43, 59, 63-69, 77, 81, 85, 88, 89, 99, 101, 103, 105-107, 109-111, 117, 118, 123, 124, 126, 147, 159, 166, 180, 181, 188, 194, 197, 199, 209, 230, 244, 246, 249-251, 253, 255, 259, 261, 263, 279, 293, 294, 297, 299-301, 303, 316, 317, 320-323, 330, 334, 388, 390, 401, 402, 409, 427, 435, 438
Lacour Leopold, 324
Lagerlöf Selma, 346
Lagner Lawrence, 457
Lajos Nagel Nemes, 282
Lami Gian Franco, 359
Landi Gaspare, 14
Lantz Adolf, 328, 374
Lanza Francesco, 423
Lanza Pietro, principe di Scalea, 281
Lasky Jesse, 191, 397
Lattuada Felice, 346
Lauretta Enzo, 329, 374, 392
Lauricella Antonio (Ninuzzo), 47, 48, 63-65, 72, 77, 84, 104, 247, 308, 339, 360
Lauricella Federico, 109, 125, 189, 197, 360, 396

Lauricella Gaetano (Tano, Tatà), 84, 89, 320, 339, 360
Lauricella Giacomo, 308
Lauricella Pietrina, 452
Laverière C. de, pseudonimo di Françoise-Caroline de La Verryère, nota come Andrée Vollis, 335
Lefaur André, 403
Lega Achille, 430
Lelièvre Renée, 362
Lempel, musico e architetto, 385
Lennartz Elisabeth, 393
Lenormand Henri-René, 364
Leopardi Giacomo, 344, 361
Leporini Edith, 384
Lessing Gotthold Ephraim, 440
Levi Ugo, 293, 294
Lewitt Paul, 378
L'Herbier Marcel, 328, 329
Liberati Franco, 112, 117, 137, 140, 340, 363
Linden, editore, 267, 288
Liuzzi Fernando, 379
Livi, 115, 126
Livingston Arthur, 70-73, 76, 108, 109, 115, 118, 129, 296, 326, 328, 329, 360, 368
Llorca Fernando, 356
Lodovici Cesare Vico, 221, 347, 409, 410, 423
Loew Marcus, 420
Longanesi Leo, 429
Longo Maria, 365
Lope de Vega, pseudonimo di Vega Carpio Lope Félix de, 271, 364
Lopez Sabatino, 306
Lo Vecchio-Musti Manlio, 315, 344, 408, 412, 440, 455
Lubitsch Ernst, 298, 458
Luchini, 50
Ludendorff Erich, 334
Lugné-Poe, pseudonimo di Auré-lien Lugné, 323
Lupi Dario, 141, 375
Lupi Ignazio, 367
Lupi Ruggero, 223, 227, 229-232, 234, 236, 306, 311, 413, 414
Lupo Alberto, 17

Machiavelli Niccolò, 24, 441
Macrì Giuseppe, 434
Maeterlinck Maurice Polydore Marie Bernard, 347
Maffii Maffio, 136, 140, 375, 378
Magni Eva, 17
Maimone, professore, 179
Majeroni Achille, 112
Malaparte Curzio, pseudonimo di Kurt Suckert, 212, 409
Malipiero Gian Francesco, 26, 246, 282, 316, 412, 424-426, 429, 449
Mallarmé Camille, 406
Maloberti Tiziana, pseudonimo di Cele Abba, 422
Maltagliati Evi, 17, 219, 230, 338, 413, 462
Mamoulian Rouben, 296, 457
Manacorda Giuliano, 421
Manenti Giulio, 26, 376
Manet Édouard, 442
Mann Elisabeth, 440
Mann Thomas, 84, 334, 440
Màntica Giuseppe, 315, 326
Manzoni Alessandro, 24
Maraini Antonio, 405
Marcacci Augusto, 306, 328, 436
Marcelli Pasquarosa, 434
Marchesano Giuseppe (Peppino), 95, 96, 122, 169, 176, 178, 179, 184, 193, 196, 268, 272, 289, 347, 363, 384, 452
Marchese Dora, 8
Marchese Giuseppe, 434

475

Marchi Virgilio, 332
Marchiò Fanny, 399, 446, 458
Marchiò Gilda, 373
Marcialis, scultore, 246
Marconi Guglielmo, 37, 206, 381, 403, 437
Marcu Alexandru, 268, 288, 441
Marga Iris, 412
Margherita di Savoia, regina madre, 75
Mari Febo, pseudonimo di Alfredo Rodriguez, 234, 289, 414
Maria Josè del Belgio, principessa, 391
Mariano Emilio, 380
Marinetti Filippo Tommaso, 35, 93, 167, 262-265, 345, 346, 350, 362, 381, 382, 437
Marino Emanuele Valerio, 411
Marino Natalia, 411
Marinuzzi Gino, 426
Markey Gene, 144, 429
Marpicati Arturo, 208, 245, 263-265, 406
Marsili Antonetti Renata, 390
Marsili Raffaele, 390
Martelli Arnaldo, 373
Martinelli Guido, 245
Martinelli Onofrio, 185
Martini Fausto Maria, 92, 314, 325, 345, 362, 379, 400
Martoglio Nino, 306, 307, 314, 316, 337, 344, 346, 433, 434, 440
Marton, editore, 282
Martucci, 176, 180
Marullo Laura, 8
Marx Irving, 284, 296, 450
Marziano Tiziana, 8
Mascagni Pietro, 381
Maselli Domenico (Mimì), 243, 244, 294, 420
Maselli Ercole (Ercolino), 63, 180, 239, 240, 245, 276, 320, 420

Maselli Francesco (Citto), 320
Maselli Labroca Elena, *vedi* Labroca Maselli Elena
Maselli Modesta (Titina), 320
Masi Rossana, 439, 443
Masina Giulia, 17
Masino Paola, 244-246, 420
Massa Mario, 21, 295, 456
Massarani Tullo, 308
Mastrantoni Augusto, 313
Matteotti Giacomo, 76
Mattioli Raffaele, 135, 240, 374
Maurey Max, 403
Mauri Umberto, 27, 238, 239, 242-244, 246, 253-259, 262, 264, 266-275, 277, 279, 280, 282, 284, 286, 288-290, 292-294, 298, 299, 304, 417, 447
May Joe, 179, 180, 389
Mayer Louis B., 420
Mayne Arthur, 438
Mayne Henrie, 438
Mazzolotti Piero, 362
Megale Alberto, 136, 374
Melato Maria, 184, 200, 289, 306, 328, 387, 391, 413
Meloni Nino, 395, 436
Mencarelli Metello, 332
Mendelssohn Francesco von, 330, 340
Mendicini Antonio, 48, 52, 53, 64
Meneghetti Guido, 412
Merlini Elsa, 248, 289, 374, 428
Merlo Clemente, 246, 427
Mignone Mario, 421
Mignosi Pietro, 293, 294, 454, 455
Milani Mario, 430
Milano Paolo, 276, 444
Milioto Stefano, 388
Miller Gilbert, 193, 398, 461
Milone Pietro, 401
Misciattelli Piero, 246
Missiroli Mario, 359

Mitchell Blanche Valentine, 368
Moissi Alexander, 273, 277, 279, 286, 287, 289-291, 444, 446, 450-452
Molière, pseudonimo di Jean-Baptiste Poquelin, 239, 346, 356, 416, 418, 453
Möller Birgit, 367
Molnár Ferenc, 364
Mondadori Arnoldo, 182, 195, 201, 238, 253, 266, 274, 293, 317, 335, 362, 390, 416, 417, 447, 454
Montale Eugenio, 426
Monti Vincenzo, 24
Moore Owen, 429
Moran Löis, 329
Moravia Alberto, pseudonimo di Alberto Pincherle, 424, 434
Morbidelli, 182
Morelli Rina, 17
Morello Vincenzo, pseudonimo Rastignac, 91, 92, 94, 110, 342, 383
Moreto y Cavana Augustin de, 364
Moretti Marino, 336, 426
Moretti Vito, 315
Morgan, famiglia, 64
Morgan John Pierpont *junior*, 156, 165, 201, 378
Morton Andrew, 129
Moscardelli Nicola, 456
Mosjoukine Ivan, 329
Mule Francesco, 134
Müller Adolf, 384
Müller Hans Karl, 378
Musatti Elia, 60, 316
Musco Angelo, 47, 306, 308, 315, 317, 329, 336, 337, 365, 433, 434, 440
Mussolini Benito, 21, 26, 33, 34, 36, 38, 44, 75, 76, 79, 80, 92-94, 102, 109, 113, 116, 119, 144, 159, 168, 208, 217, 238, 246, 251, 264, 265, 297, 312, 315, 332, 333, 337, 340-342, 345, 354, 357, 358, 364, 365, 377, 380-382, 384, 387, 400, 401, 406, 407, 416-422, 424-426, 445, 448, 451

Nannarelli, ragioniere della Sitedramma (o Sitedrama), 154, 377
Napolitano Gian Gaspare, 420
Nardelli Federico Vittore, 32, 115, 118, 126, 133, 363, 373
Neglia Erminio Giuseppe, 444
Negri-Pouget Fernanda, 367
Neppi Alberto, 251
Neri Vincenzo, 342
Niccodemi Dario, 16, 68, 311, 314, 323-325, 327, 342, 367
Niccodemi Tonino, 315
Niccòli Raffaello, 88, 337
Nicolai, agente teatrale, 231, 232
Nicolosi Francesco, 315
Nicolosi Vito Mar, 433, 434
Niederfuhr Hans, 384
Ninchi Annibale, 378, 387, 412, 463
Nobel Alfred Bernhard, 334, 448
Nosari Adone, 93
Notari Umberto, 246, 427
Novaro Angiolo Silvio, 35
Novaro Mario, 333, 334, 336, 350, 362, 367, 378, 385, 405, 422, 427, 458
Novelli Ermete, 347
Nulli Edoardo, 203, 271, 273, 280, 394, 395, 400, 418, 439, 443

O'Neill Eugene, 37
Ojetti Ugo, 14, 16, 18, 22, 34, 39, 81, 87, 98, 159, 207, 248, 262-265,

477

332-336, 345, 349, 350, 362, 363, 367, 377-379, 382, 385, 400, 405, 422, 426, 427, 437, 442, 453, 458
Ongley Leo, 328
Oppo Cipriano Efisio, 92, 250, 251, 408
Orlando Vittorio Emanuele, 315
Orsini Luigi, 246, 427
Ortolani Benito, 338
Orvieto Angiolo, 333, 334, 336, 350, 362, 367, 378, 385, 405, 427, 458
Oviglio, avvocato, 277

Pabst Georg Wilhelm, 419
Padovani Cesare, 453
Paggi Alessandro, 313
Pagnani Andreina, 446, 458, 463
Paladini Ettore, 57, 313
Paladini Vinicio, 442
Palazzeschi Aldo, pseudonimo di Aldo Giurlani, 246, 426, 453
Palazzolo Egle, 329
Palermi Amleto, 107, 328
Palermo Enrico, 325
Pallemberg Max, 173, 364, 385, 386
Palmarini Italo Mario, 326
Palmarini Uberto, 324, 356, 377
Palmer Kiki, 229, 230, 234, 245, 246, 413, 414, 443
Pandolfi Vito, 330
Pandolfini Turi, 365
Pantano Elena, 361, 365, 445
Panzini Alfredo, 35, 167, 262, 381, 382, 422, 435
Paoli Giulio, 318, 319
Papini Giovanni, 111, 245, 246, 361, 453
Paradossi Giuseppe (Peppe), 107, 112, 333, 340

Parini Piero, 235, 411, 414
Pàstina Albina, 317
Pàstina Domenico (Mimì), 178, 388
Pàstina, ingegnere, 115, 118
Pàstina Peppino, 63, 64, 147, 204, 209, 214
Pastonchi Francesco, 246, 427
Pastorino Carlo, 410
Patanè Giuseppe, 434, 455
Paternò di Manchi di Bilici Gaetano, 259, 260, 267, 282, 284, 285, 434, 449
Paternò Tropp Emily, 450
Patti Ercole, 367, 404
Pavlova Tatiana, 366, 413
Pavolini Corrado, 276, 369, 411, 422, 426, 431, 444, 453
Pea Enrico, 221, 409, 424
Pecci Blunt Anna Letizia, 246, 424
Pedullà Walter, 344
Pellerin Jean-Victor, 444
Pelosini Mario, 87, 90, 336, 390
Pemberton Brock, 70, 325, 326, 457
Pennica Gilda, 376
Permanyer Ricardo, 357
Perniciaro Antonino, 321, 460
Perroni Lina, 315, 403
Persico Mario, 346
Pesenti Antonietta, 379
Petrarca Francesco, 24
Petrocchi Giorgio, 425, 449
Petrolini Ettore, 109, 155, 268, 360, 377
Petrucci Antonio, 429
Pettinati Mario, pseudonimo M.P. Helder, 173, 174, 268, 275, 279, 280, 284, 289, 385
Pettinelli Amilcare, 318
Piacitelli Adriano, 322, 336
Picasso Lamberto, 305, 332-334, 337, 349, 355, 369, 370, 373, 374, 413
Piccinni Antonio, 64

Piccoli Valentino, 278
Pick Lupu, 393
Pierantoni Gino, 132, 133, 254, 373
Pierin del Vaga, pseudonimo di Pietro Bonaccorsi, 64
Pilato Ponzio, 137
Pilotto Camillo, 103, 148, 150, 151, 195, 230, 234, 318, 356, 357, 361, 364, 365, 377, 414
Pincherle Adriana, 246
Pincherle Carlo, 434
Pinero Arthur Wing, 314
Pini Tina, 305, 307
Pinker, finanziatore inglese della Compagnia Pirandello, 290
Pio XI, 75
Pirandello Aguirre Lia (Lietta, Lillì), 15, 21, 32, 33, 40, 43, 47-49, 52, 60, 65, 67, 72, 75, 84, 88, 90, 91, 116, 131-133, 153, 154, 156, 161, 164, 168, 183, 184, 187, 188, 190, 192-194, 196, 197, 199, 200, 206, 209, 222, 235, 247, 248, 301, 302, 304, 307-314, 317, 318, 321, 323, 325, 330, 333, 334, 339, 348-354, 361, 384, 394, 398, 405, 446, 460, 461
Pirandello Andrea (Luigi, Poppeo), 8, 11, 23, 81, 85, 87, 89, 98, 101, 103, 105-107, 109-111, 118, 180, 197, 209, 287, 299, 310, 315, 317, 334, 336, 349-354, 370, 460
Pirandello Anna (Annetta), 183, 287, 390
Pirandello Antonio, 320
Pirandello Calogero Fausto (Lulù), 15, 21, 23, 28, 33, 40, 43, 52, 54, 56, 59-61, 63, 67, 74, 75, 77, 81, 84, 89-91, 97, 98, 101, 105, 108-112, 115, 118-120, 123, 125, 128, 129, 131- 134, 137, 139, 145, 147, 153, 154, 156, 164, 166, 168, 175, 183-185, 187, 189, 190, 192-194, 197, 199, 200, 202, 203, 207, 209, 210, 239, 246, 250, 251, 254, 255, 263, 269, 270, 272, 274, 275, 284, 291, 292, 297, 302, 309, 310, 312, 314, 317, 318, 320, 321, 339, 348, 349, 353, 354, 370-373, 390, 392, 397, 398, 401, 405, 408, 430-432, 442, 459, 460
Pirandello Caterina, 452
Pirandello D'Aprile Pompilia, *vedi* D'Aprile Pirandello Pompilia
Pirandello Giorgio (Giorgino), 23, 28, 81, 110, 111, 118, 119, 123, 166, 180, 197, 209, 239, 294, 299, 304, 361
Pirandello Giovanni, 287
Pirandello Innocenzo (Enzo), 291, 314, 452
Pirandello Labroca Maria Olinda, *vedi* Labroca Pirandello Maria Olinda
Pirandello Laura (Lauretta), 291, 452
Pirandello Maria, 452
Pirandello Maria Antonietta (Ninnì, Pupina), 23, 69, 72, 75-77, 81, 84, 85, 88, 89, 98, 101, 103, 105-107, 109-111, 118, 123, 126, 156, 166, 180, 188, 197, 199, 264, 299, 303, 334, 390
Pirandello Pierluigi (Picci), 209, 320, 398, 432, 459
Pirandello Rosolina (Lina), 183, 202, 309, 310, 312, 390
Pirandello Stefano, figlio di Innocenzo, 452
Pirandello Stefano *senior*, 62, 64, 309, 310
Pitoëff Georges, 44, 283, 287, 323, 324, 328, 410, 451

Pitoëff Ludmilla, 324, 451
Pittaluga Stefano, 116, 148, 149, 363, 368
Pizzoli, avvocato, 277
Plutarco, 51, 312
Pola Dria, 440
Ponti, industriale, 188, 395
Porcelli Bruno, 43
Porelli Giuseppe (nome d'arte di Porcelli Giuseppe), 462
Portolano (o Portulano) Calogero, 49, 118, 134, 182, 183, 360
Portolano (o Portulano) Carmelo, 48, 114, 118, 309
Portolano (o Portulano) Giuseppe (Peppino), 114, 118, 309
Portolano (o Portulano) Pasquale, 114, 118
Portolano (o Portulano) Pirandello Maria Antonietta, 19, 22, 38, 43, 306, 309, 313, 314, 348, 351, 360, 365, 372, 396
Pradot Marcelle, 329
Praga Marco, 47, 115, 118, 123, 307, 314, 366
Prampolini Enrico, 344
Prandi Francesco, 150, 151, 356, 377
Prati Giovanni, 308
Preminger Otto, 390
Preti Mattia, 64
Prezzolini Giuseppe, 75, 77, 86, 90, 123, 326, 332, 334, 360
Price Lilian Nancy Bache, 174, 279, 280, 386
Prina Paul, 340
Providenti Elio, 309, 317, 369, 376
Puccini Mario, 386, 452
Pulieri, avvocato, 112, 115, 120, 123
Pupo Ivan, 308, 359
Putnam Samuel, 406, 428

Quasimodo Salvatore, 346

Raffaello Sanzio, 64
Raggio Enrico, 119, 128, 340, 341, 357, 365
Ramirez Octavio, 129, 369
Rampolla Pietro, 433
Ramuz Charles-Ferdinand, 347, 393
Randone Salvo, 17, 395, 463
Rapisardi Mario, 366
Razza Luigi, 87, 92, 337, 340, 362
Reboa, commendatore, 134
Redfern Joan, 438
Reece Holroyd, 290-292, 295, 452
Refini Eugenio, 43
Reggio, 58
Reinhardt Max, pseudonimo di Goldmann Maximilian, 116, 118, 170, 269, 280, 364, 384-386, 393, 394, 439, 441, 442, 444
Rendi Renzo, 86, 334
Resta Gianvito, 314, 328, 366, 459
Riboldi Luigi, 222, 223, 413
Ricci Renzo, 378, 413
Ricci-Gramitto Caterina, 310
Ridenti Lucio, 306
Righelli Gennaro, 87, 336, 440
Rimini, avvocato, 271, 418
Rissone Giovanni, 278, 445
Rissone Giuditta, 289, 360, 388, 410
Riva Isabella, 444, 458
Rivalta Ercole, 126, 368
Rivolta, agente di Pirandello a Parigi, 427
Rizzini Oreste, 174, 387
Rizzo Pippo, 442
Roberts, 198
Robertson Forbes, 279
Rocca Enrico, 374
Rocca Gino, 188, 362, 394, 395
Rocha Miguel Faust, 412
Roelvink Herman C.J., 330
Roma Enrico, 429
Romagnoli Ettore, 35, 167, 263, 381, 382, 437

Romains Jules, 138, 364, 375, 383
Romanelli Romano, 453
Rosai Ottone, 421, 422
Rosmini Enrico, 308
Rossato Arturo, 93, 346
Rossi Renzo, 120
Rosso di San Secondo Pier Maria, 93, 94, 97, 110, 306, 344-347, 389, 391, 404, 421, 422
Rothschild Henri, 64
Rovetta Gerolamo, 308
Rubin Jacob Robert, 296, 457
Rubistein Ida, 445
Ruffini Alessandro, 357, 361
Ruggeri Ruggero, 36, 47, 57, 150, 155, 222-229, 230, 232-234, 236, 262, 273, 298, 304, 307, 308, 316, 318, 327, 361, 410, 413, 415, 416, 438, 444-446, 450, 458
Ruggi Lorenzo, 315
Runge Kurt, 340
Russo, 48
Russo-Giusti Antonino, 434
Ruttmann Walter, 26, 412, 428, 429

Sabatello Dario, 246
Sabato-Agnetta Francesca, 434
Sabbatini Ernesto, 328
Sacerdoti Edmondo, 232, 233, 236, 237, 416
Sacripante Umberto, 451
Sala Franz, 305
Salabert Francis, 277, 279
Salvini Guido, 31, 36, 88, 103, 104, 108, 109, 134, 188, 237, 278, 337, 355, 376, 378, 445
Sambucini Kally, 305
Sammarco Gina, 386
Samuelli, sig.ra, 252
Santacroce Antonio, 405
Saponaro Dina, 8

Sarazani Fabrizio, 272
Sardou Victorien, 391
Sarfatti Margherita, 246, 249, 424
Savarese Nino, 245, 423, 424
Savarino Santi, 433, 434
Savinio Alberto, pseudonimo di Andrea De Chirico, 14, 94, 347, 393, 424, 437
Saya Pasqualino, 328
Sbragia Giancarlo, 17
Scelzo Filippo, 443
Scherchen Hermann, 186, 393
Scheyer Moritz, 441
Schiaffino, comandante piroscafo, 69
Schiavi Lea, 428
Schmelling Max, 389
Schück Henrik, 37
Schwarz Desiré, 201, 202, 401
Scialoia Vittorio, 381
Scialtel, sig.na, rappresentante a Parigi della Curtiss Brown, 238, 418
Sciascia Leonardo, 15, 20, 341, 359, 374
Scipioni Enzo, 371
Scott Moncrieff Charles Kenneth, 363, 367
Scotto Giovanna, 436
Sedita Luigi, 333
Segantini Bianca, 330
Selznick David Oliver, 298, 458
Sempere Maciá Francisco, 104, 128, 130, 356
Sermonti, avvocato, 114, 115, 121, 122, 150, 151, 195
Serneri, 182
Serretta Enrico, 259, 433, 434
Servicen Louise, 356, 403
Shakespeare William, 346, 364, 409, 450, 453
Sharoff Pietro, 114
Shaw George Bernard, 71, 74, 84,

481

138, 167, 168, 325-327, 334, 343, 347, 364, 383
Shubert Jacob, 201, 208, 282, 288, 296, 401, 449, 457
Shubert Lee, 201, 208, 282, 288, 296, 399, 401, 449, 450, 457
Shumling, impresario, 457
Simon Michel, 324, 329
Simone Madame (nome d'arte di Pauline Benda), 331
Simoni Renato, 16, 98, 307, 350, 367, 374, 395, 410, 412, 420, 435, 439, 459, 462, 463
Sinclair Upton, 37
Sipala Paolo Mario, 346, 365
Socrate, 212
Soffici Mario, 280
Solari Laura, 451
Solari Pietro, 184, 303, 391, 398
Solazzi Giuseppina, 386
Soldati Mario, 367, 428
Sonino Max, 245, 250, 423
Sonzogno Edoardo, 308
Sorel Cécile, pseudonimo di Céline-Émile Seurre, 237, 416
Spadaro Ottavio, 16
Spinelli Pier Pasquale, 248
Stanislavskij Konstantin Sergeevič, 422, 457
Starace-Sainati Bella, 17, 378, 436
Stein Wilhem, 379
Steiner Elio, 440
Sten Anna, 450
Stengel Kitty, 378
Stern Betty, 187
Sternheim Carl, 383
Stival Giulio, 399
Stoppa Paolo, 17
Storer Edward, 327, 328
Stothart Herbert, 429
Strachosch, editore, 288
Strati Mario, 344
Strawinskij Igor, 186, 347, 393
Strehler Giorgio, 17, 219
Strenkowsky Sergej, 410
Strindberg August, 446
Stroheim Erich von, 144, 429
Suhrkamp Peter, 431
Sùrico Filippo, 366
Susini Enrique, 427, 431
Suvini Michele, 188, 223-226, 236, 312, 395, 413, 415
Sydney Silvia, 457

Tagore Rabindranath, 383
Talli Virgilio, 46, 306, 316, 346, 391, 414
Tamaro Attilio, 67, 260, 321, 322, 434
Tamberlani Carlo, 259, 260
Tasso Torquato, 24
Taviani Ferdinando, 315, 348
Teldi Tilde, 318
Termine Liborio, 374
Thalberg Irving G., 420
Thiming Hans, 441
Thulin Elsa, 126, 267, 288, 367, 368
Tieri Vincenzo, 93, 347
Tilgher Adriano, 61, 108, 319, 325, 341, 359, 440
Tilgher Livia, 324
Tinterri Alessandro, 333, 373
Tintoretto (Jacopo Robusti), 63
Tiozzo Enrico, 334
Tittoni Tommaso, 381
Toeplitz del Grand Ry Lodovico, 127, 240-243, 368, 374, 420
Tòfano Sergio, 16, 219, 248, 289, 324, 338, 360, 388, 410, 414, 428, 462
Toffanin Giuseppe, 453
Togliatti Palmiro, 414
Tolstoj Lev Nikolaevič, 347, 450
Torelli, stampatore del giornale «Il Contropelo», 134, 136

Torelli-Viollier Eugenio, 308
Torrefranca Fausto, 453
Torsello Lucia, 8
Toscanini Arturo, 381
Toschi Paolo, 453
Tozzi Federico, 349
Trabucchi Abba Giuseppina, 251
Treccani Giovanni, 344, 442
Treves Emilio, 308, 313, 335, 336, 362
Treves Guido, 59, 61, 150, 153, 379
Tricomi Andrea, 8
Trombetti Alfredo, 35, 167, 381, 382
Tumiati Gualtiero, 438, 453
Tuminelli Calogero, 150, 153
Turati Augusto, 135

Uldall Dorette, 450
Ullstein Leopold, 84
Umberto di Savoia, principe di Piemonte, 184, 391
Ungaretti Giuseppe, 421, 422, 424
Unruh Friz, 394

Vaccari Walter, 311
Vachtangov Evgenij Bogratjonovič, 422
Valente Antonio, 445
Valéry Paul, 37
Vallentin Hermann, 393
Valli Alida, 379
Valli Romolo, 17
Varaldo Alessandro, 110, 325, 345, 361
Varela Amanda, 412
Veczi Margit, 339
Vehil Juan, 412
Veidt Conrad, 328
Veneziani Carlo, 413
Verdi Giuseppe, 308
Verdiani Lina Paoli, 369, 370

Veretti Arturo, 346
Verga Giovanni, 23, 24, 35, 58, 60-62, 66, 206, 308, 314, 315, 318, 328, 337, 366, 404, 414, 424, 431, 448
Vergani Orio, 19, 93, 331, 332, 334, 345, 350, 457
Vergani Vera, 307, 324, 331, 361
Vildrac Charles, 364
Villa, 252
Villaregut, 104, 106, 109
Villari Pasquale, 308
Villaroel Giuseppe, 314
Viola Cesare Giulio, 159, 166, 345, 379
Vitale Giulio, 115, 122, 279, 353
Vito Lina, 321
Vitray Georges, 403, 410
Vitta Rosa, 123
Vittoria di Buden, regina di Svezia, 111
Vittori Rossano, 374
Vittorio Emanuele III di Savoia, 235, 382, 391, 400
Viziano Teresa, 321
Volonghi Lina, 17, 395
Volpe Gioacchino, 244, 381
Volpi Giuseppe, 222, 410

Wangel Hedwig, 393
Warner Albert, 171, 384
Warner Harry M., 171, 384
Warner Jack, 384
Warner Samuel L., 384
Wedekind Frank, 187, 394
Wedekind Tilly, 187
Wendbladh Rudolf, 367
Wendt Stefan, 384
Widmar Antonio, 107
Wiegand Edgar, 340
Wilde Oscar, 391
Wolde Ludwig, 340

483

Wolff Herta, 378
Wong May Anna, pseudonimo di Liu Tsong Wong, 148, 155, 377
Wreede Fritz, 27, 171, 386

Ximenes Ettore, 430

Yma Yvonne, 403

Zaccardi Angelo, 73
Zacchi, 50
Zacconi Ermete, 94, 347, 356
Zambuto Gero, 399
Zanardelli Giuseppe, 308
Zandonai Riccardo, 346
Zangrilli Franco, 43, 369
Zanoli Maria, 369
Zappulla Enzo, 13, 308, 334, 441
Zappulla Muscarà Sarah, 13, 43, 307, 308, 319, 328, 329, 333, 334, 365, 366, 374, 376, 388, 400, 404, 405, 412, 433, 437, 441, 459
Zaro Andree, 445
Zavattini Cesare, 379
Zemach Naum, 422
Zerboni Luigi, 188, 224-226, 228, 236, 312, 395, 413, 415
Zimmer Carmen, 450
Zingarelli Italo, 269, 441
Zoff Otto, 340
Zulberti Taulero, 383
Zweig Stefan, 279, 445

INDICE

Luigi e Stefano Pirandello
nel tempo della lontananza .... pag. 11

Aprile 1919 - Febbraio 1924 .... » 43

Ottobre 1925 - Giugno 1928 .... » 79

Novembre 1928 - Febbraio 1932 .... » 143

Luglio 1932 - Settembre 1936 .... » 217

Note .... » 305

Indice dei nomi .... » 465

Finito di stampare nel mese di novembre 2008
per conto dell'Editore Salvatore Sciascia di Caltanissetta
dalle Officine tipografiche Aiello & Provenzano s.r.l. - Bagheria (PA)